JN410594

五書五經讀本

懸吐完譯

書經集傳 中

集傳 蔡沈 譯註 金東柱

전통문화연구회

目 次

書經集傳 總目次

刊行辭

經은 본래 책을 가리키는 말이다. 후대에 특별히 經을 높여 聖賢의 말씀을 담고 있는 책이라는 의미로 사용하였다. 儒學이 중국문화는 물론 동아시아 사상의 주류를 이루면서 經은 일반적으로 유학의 기본 典籍을 가리키는 용어가 되었다. 따라서 經을 읽지 않으면 유학을 이해할 수 없고, 유학을 이해하지 못하면 중국문화나 동아시아의 문화를 이해할 수 없다.

1960년대 民族文化振興과 民族中興이라는 기치를 내건 정부는 學·藝術界 指導者 50여 분을 모시고 가장 시급한 문화 사업으로 漢文古典飜譯事業에 착수하였다. 光復 후 20여 년이 지났지만 韓國學의 기본 資料이자 교과서인 四書五經의 우리말 註釋書 하나 없던 시절이었다. 그러나 한문고전번역사업에서 東洋古典(中國古典篇)은 우리 古典이 아니라 하여 번역대상에서 제외되었고, 2000년대에 들어와서야 정부에서 얼마간의 보조금을 주기 시작하였다.

본회에서는 1990년대에 이미 四書三經을 비롯한 유학의 기본 古典을 선별하여 번역하였다. 당시 逐字譯의 실력이 없이는 현대어로의 완전한 번역이 불가능하다는 생각을 바탕으로, 동양학 전공 여부를 막론하고 유학을 넘어 동양학의 기본서를 머리맡에 사전처럼 두고 볼 수 있는 번역서를 목표로 東洋古典國譯叢書를 기획·간행하였다. 우리나라 漢文讀法의 전통을 계승하고자 懸吐 방식으로 원문을 정리하고 주석까지 完譯하여, 학계에 기여함은 물론 교육과 일반교양의 필독서로도 널리 인정을 받았다.

당시 오역 없는 번역에 力點을 두었음에도 불구하고 시간이 지남에 따라 쌓인 국내외

연구 성과로 인하여 번역서의 수정도 불가피하게 되었다. 그리하여 2005년 改訂增補版 四書를 발간하기에 이르렀다. 그러나 개정증보판 사서를 발간하면서 과거 先賢들의 註釋書와 국내외의 연구 성과, 시대에 따라 변화하는 언어를 오롯이 담아내지 못한 점을 아쉬워하였다. 이후 사서 이외의 개정증보판 발간을 미루고 고민한 결과, 동양고전국역총서가 20세기 버전으로 그 생명력을 다하였으니 21세기 번역의 표준을 제시할 수 있는 고전번역서를 새롭게 만들어보자는 쪽으로 의견이 모아졌다.

본 '五書五經讀本'은 바로 그 고민을 해결하기 위해 기획하였으며, 傳統과 現代를 아우르면서 역대 국내외 연구 성과를 망라하고 연구자는 물론 동양학 열풍으로 수준이 높아진 일반 독자의 눈높이에 맞춰, 독자의 기호에 따라 연구의 기본자료 또는 교재, 입문서 등으로 다양하게 활용할 수 있는 21세기 標準飜譯書 제공을 목적으로 하였다. 따라서 국내외의 역대 註釋書를 비롯하여 동양고전국역총서 발간 이후 축적된 연구 성과를 종합하였다. 이를 위해 몇 분 안 되는 元老漢學者 또는 전공교수와 일정 수준의 소양을 갖춘 신진학자의 協同硏究飜譯을 지향하였다.

본회에서 처음 추진한 협동연구번역은 후속연구자 양성이라는 측면에서도 큰 의미를 갖는다. 번역을 통해 徒弟式 교육을 받은 신진학자는 앞으로 학계를 이끌어나갈 주역으로서 단단히 자리매김하여 우리나라 학계의 큰 자산이 될 것이다.

또 번역뿐만 아니라 古典籍 정리사업에 따라 각종 校勘·潤文·校訂 등에도 번역수준의 전공자로 구성하는 등 기획부터 출간 단계까지 심혈을 기울였다. 이는 誤謬를 최소화한 표준번역서를 목표로 어느 곳에 내놔도 그 가치를 인정받을 수 있는 名品을 만들기 위한 하나의 노력이었다.

또한 과거에는 상상할 수 없던 모바일 器機의 등장과 대중화는 출판환경과 독서형태를 변화시켰다. 이러한 변화에 발 빠르게 對應하고 시대를 先導하기 위해 '오서오경독본'을 스마트 정보화하였다. 연구자, 교수자, 초학자, 原典을 통해 고전을 읽기 원하는 독자 등 누구나 쉽고 부담 없이 접근하여 동양고전의 참맛을 느낄 수 있을 것이다.

'오서오경독본'은 오류를 최소화하고 스마트화로 접근성을 높인 최상의 표준번역서로

서 동양고전 교육의 훌륭한 밑거름이 되어 학계의 수준을 一新하리라 굳게 확신한다. 또한 지식의 국경을 허물고 있는 인터넷 환경은 그 어느 때보다도 동양고전 情報化의 필요성을 切感(例 : 八佾舞)하게 한다. 따라서 시대의 흐름에 맞춰 '오서오경독본'을 정보화하여 그 활용 가치를 극대화할 계획이다. 이는 본회를 넘어 대한민국이 동북아시아뿐만 아니라 전 세계 동양고전 情報와 教育의 허브로서 중추적 역할을 담당할 것이다.

飜譯은 단순히 다른 言語를 옮기는 행위가 아닌, 한 언어를 사용하는 민족의 사상과 문화 전체를 옮기는 행위인 만큼 고전번역은 과거 聖賢의 사상은 물론 그 당시의 문화와 疏通하는 행위이며, 이는 현재 자신의 문화를 이해하는 尺度라 할 수 있다. '오서오경독본'은 21세기 번역의 표준으로서 우리 한국 고전번역의 수준을 가늠할 수 있는 척도가 되리라 스스로 자부해본다.

'오서오경독본' 시리즈의 첫 출간 시점이 우연히도 전통문화연구회 창립 30주년이 되는 해이다. 30년 동안 동양고전 번역에 무던히 매진하면서 고전의 중요성을 늘 강조하였다. 이제 다시금 내놓는 오서오경독본을 보면서 고전의 맛이 늘 새롭고 無窮함을 새삼 깨달았다. 고전과 씨름하며 지낸 30년 세월을 넘어 '오서오경독본'이 앞으로 30년, 50년을 이어갈 고전번역의 새로운 이정표가 되기를 기대하며, 정부에서도 21세기 東北亞 시대를 인식하여 東洋古典飜譯은 물론 東洋古典情報化에도 特段의 관심을 갖기를 고대한다.

나아가 2000여 년간 한자문화를 기반으로 찬란한 문화를 꽃피운 대한민국이 21세기 東北亞 漢字文化圈에서 다시 눈부신 문화의 융성을 목표로 본회와 관련단체에서 추진하는 先進文化韓國 VISION 2030-2050을 '五書五經讀本'과 '漢文讀解捷徑' 및 '東洋古典情報化'가 앞장서 이끌어 동북아 韓·中·日 三國鼎立과 世界平和에 기여하길 바란다.

2018年 10月 日

社團法人 傳統文化研究會 會長 李啓晃

凡 例

1. 본서는 五書五經讀本의 한 책이다.
2. 본서의 底本은 庚辰新刊 內閣藏板 《書集傳大全》(大田 : 學民文化社 影印本)으로 하고, 明內府刊本 《書集傳大全》(日本國立國會圖書館 所藏), 《朱文公訂正門人蔡九峰書集傳》(宋淳祐十年 呂遇龍上饒郡學刻本), 《書集傳硏究與校注》(王春林, 北京:人民出版社 2012) 등을 참고하였다. 書名은 四庫全書의 서지분류를 따라 《書經集傳》으로 하였다.
3. 原文에는 우리나라 전통 방식으로 懸吐하였다. 經文은 朝鮮 校正廳 諺解를 위주로 현토하고 栗谷 李珥의 諺解를 참고하였으며, 또한 蔡傳 등을 참고하여 필요에 따라 조정하였다. 조정할 때에는 참고를 위해 교정청 언해의 吐를 (   ) 안에 附記하였다. 蔡沈의 集傳은 譯註者가 현토하였다.
4. 原文의 分節은 저본을 따르되, 活字의 크기로 구분하고, 번역문도 이를 따랐다. 節마다 원문의 앞에 아라비아 숫자로 일련번호를 표시하여 독자의 이용 및 검색에 편리하도록 하였다.
5. 校勘은 원문의 誤字, 脫字, 衍字, 倒文 등을 대상으로 하였다.
6. 異音, 僻字의 경우는 원문의 해당 글자 뒤에 한글로 音을 달아주었으며, 難解字는 각 節의 아래에 字義를 실었다.
7. 飜譯은 原義에 충실하게 하고, 이해가 어려운 부분은 意譯 또는 補充譯을 하였다.
8. 飜譯文은 한글과 漢字를 混用하였으며, 맞춤법과 띄어쓰기는 한글 맞춤법과 표준어 규정을 따르는 것을 원칙으로 하였다.

9. 譯註는 校勘, 인용문의 出典, 故事, 역사사건, 전문용어, 難解語, 制度 등에 관한 사항을 밝혔다.
10. 孔安國의 傳(뒤에 梅賾(枚賾)이 지었다고 해서 '僞孔傳'이라고도 함)·孔穎達의 疏와 蔡沈의 集傳이 서로 뜻이 다른 경우, 譯註에서 이 점을 밝히고, 韓·中·日의 문헌 중에 孔安國의 傳이나 蔡沈의 集傳을 논란 또는 찬반을 펼치거나 개인의 의견을 제시한 것들을 망라하여《書經》의 깊은 뜻을 알게 하였다.
11. 譯註에서는, 孔安國傳은 '孔傳', 孔穎達疏는 '孔疏', 蔡沈의 集傳은 '蔡傳'으로 略稱하였다.
12.《書經》의 逆置(倒置) 또한 順置(正置)의 구문법이 특이한 것을, 같은 뜻을 표현하는 서경문체와 일반문체를 도표로 나란히 제시하여 번역에서 어순이 바뀌는 것과 바뀌지 않은 것을 참고하게 하였다.

例 : 1. 어순이 바뀌는 경우

[書經] 敷奏以言 : 베풀어 아뢰되 말로써 하게 하셨으며

[一般] 以言敷奏 : 말로써 베풀어 아뢰게 하셨으며

2. 어순이 바뀌지 않은 경우

[書經] 無稽之言勿聽 : 상고함이 없는 말을 듣지 말며

[一般] 勿聽無稽之言 : 상고함이 없는 말을 듣지 말며

13. 器物, 事件, 地理 등 내용의 이해를 돕기 위한 圖版을 수록하였다.
14. 下冊에는 孔安國의 〈書序〉, 〈書百篇序〉, 《書集傳大全》〈書說綱領〉을 附錄하였다.
15. 본서에서 사용한 주요 符號는 다음과 같다.

" " : 對話, 각종 引用

' ' : " " 안에서 再引用, 强調

「 」: ' ' 안에서 再引用, 强調

( ) : 원문에서는 讀音이 다른 글자나 僻字의 音

저본의 誤字 또는 衍字

번역문에서는 간단한 譯註

〔 〕: 번역문과 뜻은 같으나 音이 다른 漢字나 句節
　　譯註에서 인용한 原文
　　저본의 교감한 正字 또는 脫字 補充

《 》: 書名

〈 〉: 篇章名, 作品名, 補充譯

○ : 저본에 사용된 단락 구분 표시 遵用

書經 : 서경문법 표시

一般 : 일반문법 표시

字義 : 字義 표시

書經集傳

書經集傳 卷四

商書

契(설)始封商이러니 湯因以爲有天下之號[1]라 書凡十七篇이라

契을 비로소 商 땅에 봉하였는데, 湯임금이 따라서 천하를 소유한 호칭으로 삼았다. 商書는 모두 17篇이다.

湯誓

湯은 號也니 或曰諡라하니라 湯은 名履요 姓子氏라 夏桀이 暴虐이어늘 湯往征之할새 亳衆이 憚(탄)於征役이라 故로 湯諭以弔伐之意하시니라 蓋師興之時而誓于亳都者也라 今文古文에 皆有하니라

湯은 號이니, 혹은 諡號라고도 한다. 湯임금은, 이름은 履요, 姓은 子氏다. 夏나라의 桀이 포학하기 때문에 湯임금이 가서 정벌하려 하였는데, 亳邑의 군중이 정벌하는 일을 꺼렸다. 그러므로 湯임금이 백성을 위문하고 죄 있는 자를 정벌하려는 뜻으로써 깨우치셨

成湯圖

1 契(설)始封商 湯因以爲有天下之號 : 《史記》 〈殷本紀〉에는 '13世인 〈主癸가〉 湯을 낳았다.'고 하였고, 鄭玄은 "商나라는 太華山의 남쪽에 있었다."라고 하였는데, 〈《史記索隱》에〉 "盤庚이 殷으로 천도한 이후에 국호를 '殷'으로 칭했다."라고 하였다.

다. 〈〈湯誓〉는〉 대개 군대를 일으킬 때에 亳都에서 맹세한 것이다. 〈湯誓〉는《今文尙書》와《古文尙書》에 모두 들어 있다.

字義 憚 : 꺼릴 탄 諭 : 깨우칠 유 弔 : 조문할 조 亳 : 땅이름 박 都 : 도읍 도

1. 王[2]曰 格하라 爾衆庶아 悉聽朕言하라 非台小子 敢行稱亂[3]이라 有夏多罪어늘 天命殛之하시나니라

王이 말씀하였다. "이리 가까이 오너라. 너희 군중에 있는 여러 사람들아. 모두 朕의 말을 경청하라. 나 小子가 감히 〈군대를 동원하여〉 亂을 일으키는 일을 행하려는 것이 아니라, 夏나라 〈王에게〉 죄가 많거늘 하늘이 명하여 죽이게 하신 것이다.

伐夏誓師圖

王曰者는 史臣追述之稱也라 格은 至요 台는 我요 稱은 擧也라 以人事言之면 則臣伐君이니 可謂亂矣나 以天命言之하면 則所謂天吏니 非稱亂也니라

王曰은 史臣이 추후에 서술하면서 칭한 것이다. 格은 至의 뜻이요, 台는 我의 뜻이요, 稱은 擧(일으키다)의 뜻이다. 사람의 일을 가지고 말하면 신하가 임금을 치는 것이니 '亂'이라 이를 수 있으나, 하늘의 명령을 가지고 말하면 이른바 하늘의 관리이니 亂을 일으키는 것이

2 王 : 孔傳은 "湯을 '王'이라 칭한 것은 桀을 한낱 匹夫에 견주었기 때문이다.〔湯稱王則比桀於一夫〕"로, 孔疏에서는 "湯이 桀을 칠 때에 비로소 '王'으로 칭한 것이다.〔湯於伐桀之時始稱王〕"로 풀이하였다.

3 敢行稱亂 : 孔傳은 '稱'을 擧의 뜻으로 보아 "亂을 일으키는 것은 諸侯로서 天子를 치는 꼴이니, 나 小子는 감히 이런 일을 행하지 않을 것이다.〔擧亂 以諸侯伐天子 非我小子敢行此事〕"라고 풀이하였다. 蔡傳은 孔傳을 따랐다.

아니다.

字義 格 : 이를 격 悉 : 다 실 台 : 나 이 稱 : 일으킬 칭 殛 : 죽일 극 擧 : 일으킬 거

2. 今爾有衆[4]이 汝曰 我后不恤我衆하여 舍我穡事하고 而割正夏[5][6]라하나니 予惟聞汝衆言이나 夏氏有罪어늘 予畏上帝라 不敢不正이니라

지금 너의 군중들이, 너희들은 '우리 임금님은 우리들을 불쌍히 여기지 않아, 우리들의 곡식 거두는 일을 놓아두고 夏나라를 처단하여 바로잡으려 한다.'고 말하니, 나는 너희들의 중론을 들었으나 夏氏에게 죄가 있거늘 〈하늘이 명하여 죽이게 하시니,〉 나는 上帝를 두려워하는지라 감히 〈가서 그의 죄를〉 바로잡지 않을 수가 없다.

穡은 刈穫也요 割은 斷也라 亳邑之民은 安於湯之德政하여 桀之虐焰이 所不及이라 故로 不知夏氏之罪하고 而憚伐桀之勞하여 反謂 湯이 不恤亳邑之衆하여 舍我刈穫之事하고 而斷正有夏라 湯言 我亦聞汝衆論如此나 然夏桀暴虐이어늘 天命殛之하시니 我畏上帝라 不敢不往正其罪也라하시니라

穡은 刈穫(작물을 베어 거두다)의 뜻이요, 割은 斷(처단하다)의 뜻이다. 亳邑의 백성들은 湯임금의 德政에 안주하여 桀의 포악한 기염이 미치지 못하였다. 그러므로 夏氏의 죄를 알지 못하고, 桀을 치는 노고만을 꺼려 도리어 "湯임금이 亳邑의 민중을 불쌍히 여기지 않아, 우리의 작물을 베어 거두는 일을 놓아두고 夏나라를 처단하여 바로잡으려 한다."라고 말하였다. 그러자 湯임금이 말씀하기를 "나 또한 너희들의 중론이 이와 같음을 들었으나 夏나라 桀이 포학하거늘 하늘이 명하여 죽이게 하시니, 나는 上帝를 두려워하는지라 감히 가서 그의 죄를 바로잡지 않을 수 없다."라고

---

4 今爾有衆 : 孔疏에서는 "지금 너희 桀이 소유한 군중은 곧 너희들이 이들이다.〔今汝桀之所有之衆卽汝輩是也〕"라고 풀이하였다.

5 而割正夏 : 淸代 段玉裁는 '割正'을 割剝之政으로 보아 "대개 《今文尙書》와 《古文尙書》에 모두 '夏'가 없는데 後人이 正義에 의거하여 망령되이 덧붙인 것은 잘못이다.〔蓋今古文尙書皆無夏字 後人據正義妄增之 非也〕"라고 하였다.(《古文尙書撰異》)

6 汝曰……而割正夏 : 孔傳과 孔疏에서는 '我后'를 桀로, '正'을 政의 뜻으로 보아 "너희들은 '우리 임금은 우리들을 걱정해주지 않아, 우리들의 농사짓는 일을 폐기시키고 수탈하는 정사를 夏나라에 펼쳐서 〈우리들의 재물을 거두어간다.〉'고 말하니"로 풀이하였다. 蔡傳은 '我后'를 商湯으로 보았다.

하셨다.

字義 舍 : 놓을 사 穡 : 작물 거둘 색 刈 : 벨 예 斷 : 처단할 단 焰 : 불꽃 염 憚 : 꺼릴 탄

3. 今汝其曰하되 夏罪가 其如台[7]라하나니 夏王이 率遏衆力하며 率割夏邑[8]한대 有衆이 率怠弗協[9]하여 曰 時日은 曷喪고 予及汝로 皆亡[10]이라하나니 夏德이 若玆라 今朕이 必往하리라

지금 너희들은 '夏나라 〈桀의〉 죄가 우리와 무슨 상관인가.'라고 말한다만, 夏나라 王이 〈군신간에〉 서로 이끌고 〈고된 일을 시켜〉 민중의 힘을 빼고 서로 이끌고 夏나라 도읍을 망치게 한대 민중이 모두 게으름을 피우고 협력하지 않으면서 '저 해는 어느 때나 없어질 건가? 우리는 너와 함께 없어져 버렸으면 〈좋겠다.〉'고 하니, 夏氏의 악덕이 이와 같은지라 이제 朕이 반드시 가서 〈칠 것이다.〉

---

7 今汝其曰……其如台 : 孔傳은 "지금 너희들이 다시 말한 '桀의 惡'은 역시 내가 들은 말과 같다.〔今汝其復言桀惡 其亦如我所聞之言〕"라고 풀이하였다.

8 率遏衆力 率割夏邑 : 孔傳은 "'桀의 君臣이 서로 거느리고 勞役의 일을 시켜 민중의 힘을 뺀다.'고 말한 것은 농사를 폐지시킴을 이르고, '서로 거느리고 夏나라의 邑居를 망치게 한다.'고 말한 것은 征稅와 賦役이 과중함을 이른다.〔言桀君臣 相率爲勞役之事 以絶衆力 謂廢農功 相率割剝夏之邑居 謂征賦重〕"라고 풀이하였다.

9 有衆 率怠弗協 : 孔傳은 "민중이 서로 거느리고 게으름을 부려 윗사람과 화합하지 않는다.〔衆下相率爲怠惰 不與上和合〕"로 풀이하였는데, 이에 대하여 兪樾은 "《史記集解》에서 馬融의 注에 '민중이 서로 이끌어 게으름을 부리고 和同하지 않는다.'라고 한 것을 인용하였는데, 枚傳에서 틀림없이 馬融의 注를 사용한 것이다. 그러나 經文의 뜻은 아니다. 經文에서 바야흐로 桀의 無道함을 말하고 이에 또 백성들의 게으름을 꾸짖었는데, 이는 그렇지 않다. '怠'는 殆의 뜻으로 읽으니, 옛적엔 '怠'와 '殆'가 통하였다. 이 글의 '殆'자는 당연히 '危殆'의 殆가 되어야 하니, '夏나라 王이 민중의 힘을 빼고 夏나라의 도읍을 망치게 하기 때문에 백성들이 위태함을 느끼고 화협하지 않음'을 말한 것이다. 3개의 '率'자는 모두 어조사이다. 《詩經》〈思文〉의 '帝用率育'에 대한 毛傳에 '「率」은 「用」의 뜻이다.'라고 하였다. 馬注에 '相率'로 해석한 것 또한 잘못된 것이다.〔史記集解 引馬注曰衆民相率怠惰不和同 枚傳正用馬注 然非經旨也 經方言桀之無道 乃又責民之怠惰 斯不然矣 怠讀爲殆 古怠與殆通 此文殆字 當爲危殆之殆 言夏王率遏衆力 率割夏邑 故其民率危殆而弗協也 三率字皆語詞 詩思文篇 帝用率育 毛傳曰 率用也 馬注以相率釋之 亦誤矣〕"라고 하였다.(《群經平議》)

10 時日……皆亡 : 이 내용은 《孟子》〈梁惠王 上〉에도 보인다. 《孟子集註大全》의 小註에 "夏桀이 언젠가 '내가 천하를 가진 것은 마치 하늘이 해를 가진 것과 같으니, 해가 없어지면 내가 없어질 것이다.'라고 스스로 말한 적이 있었다. 그래서 백성들이 그의 포학을 원망하기 때문에 그가 스스로 말한 것을 가지고 지목하기를 '저 해는 언제 없어질 것인가. 만일 없어진다면 우리는 차라리 해와 함께 없어질 것이다.'라고 하였으니, 아마 그가 없어지기를 몹시 바라는 마음이었을 것이다.〔夏桀嘗自言 吾有天下如天之有日 日亡吾乃亡耳 民怨其虐 故因其自言而目之曰 此日何時亡乎 若亡則我寧與之俱亡 蓋欲其亡之甚也〕"라고 하였다.

遏은 絶也요 割은 劓割夏邑[11]之割이라 時는 是也라 湯이 又擧商衆言 桀雖暴虐이나 其如我何하고 湯又應之曰 夏王이 率爲重役하여 以窮民力하고 嚴刑하여 以殘民生하니 民厭夏德하여 亦率皆怠於奉上하고 不和於國하며 疾視其君하여 指日而曰 是日은 何時而亡乎아 若亡則吾寧與之俱亡이라하니 蓋苦桀之虐하여 而欲其亡之甚也라 桀之惡德이 如此하니 今我之所以必往也라 桀嘗自言 吾有天下는 如天之有日이니 日亡이라야 吾乃亡耳라하니라 故로 民因以日目之니라

遏은 絶의 뜻이요, 割은 바로 '劓割夏邑'의 割이다. 時는 是의 뜻이다. 湯임금은 또 商나라 민중이 "桀이 비록 포학하나 우리와 무슨 상관인가."라고 한 말을 듣고, 湯임금이 다시 이에 응대하시기를 "夏나라 王이 서로 이끌고서 重役을 시켜 백성들의 힘을 빼고, 엄한 형벌을 써서 민생을 해치니, 백성들이 夏氏의 악덕을 싫어하여 또한 모두 윗사람을 받드는 일에 태만하고 나라에 협력하지 아니하며 그 임금을 질시하여 해를 가리켜 말하기를 '저 해는 어느 때나 없어질 건가. 만일 없어진다면 우리는 차라리 너와 함께 없어져 버렸으면 〈좋겠다.〉'고 하니, 아마 桀의 虐政에 시달린 나머지 없어지기를 바람이 심한 것이다. 桀의 惡德이 이와 같으니, 이제 내가 반드시 가서 정벌해야 된다."라고 한 것이다.

桀이 언젠가 스스로 말하기를 "내가 천하를 가지고 있는 것은 마치 하늘에 해가 있는 것과 같으니, 해가 없어져야 내가 곧 없어진다."라고 하였다. 그러므로 백성들이 따라서 해를 가지고 그를 지목한 것이다.

字義 率 : 거느릴 솔, 모두 솔 遏 : 뺄 알, 막을 알 時 : 이 시 劓 : 코벨 의

4. 爾尙輔予一人하여 致天之罰하라 予其大賚汝하리라 爾無不信하라 朕不食言하리라 爾不從誓言하면 予則孥戮汝하여 罔有攸赦하리라

너희들은 부디 나 한 사람을 도와서 하늘의 벌을 이루도록 하라. 나는 너희들에게 크게 상을 줄 것이다. 너희들은 불신하지 말라. 朕은 식언하지 않으리라. 너희들이 맹세하는 말을 따르지 않는다면 나는 너희들을 처자식까지 죽이고 용서함이 있지 않을 것이다."

賚는 與也라 食言은 言已出而反呑之也라 禹之征苗에 止曰 爾尙一乃心力이라야

---

11 劓割夏邑 : 〈多方〉에 보이는데, "夏나라 도읍을 망쳤다."는 말이다.

其克有勳이어시늘 至啓則曰 用命은 賞于祖하고 不用命은 戮于社하되 予則孥戮汝하리라하고 此又益以朕不食言과 罔有攸赦하니 亦可以觀世變矣라

賚는 주다의 뜻이다. 食言은 말을 이미 뱉었다가 도로 삼키는 것이다. 禹가 苗나라를 정벌할 때에는 단지 "너희들은 부디 마음과 힘을 하나로 뭉쳐야 한다. 그래야만 〈승리의〉 공을 세울 수 있을 것이다."라고만 하였는데, 啓에 와서는 "명령을 따르는 사람은 조상의 祠堂에서 상을 내릴 것이고, 명령을 따르지 않는 사람은 社에서 죽이되 내 너의 처자식까지 죽일 것이다."라고 하였고, 여기서는 또 "朕은 식언하지 않으리라."와 "용서함이 있지 않을 것이다."라는 말을 더 보탰으니, 또한 세상이 변한 것을 볼 수 있다.

字義 尙 : 부디 상 賚 : 줄 뢰 孥 : 처자식 노 攸 : 바 유 赦 : 용서할 사 與 : 줄 여 呑 : 삼킬 탄

仲虺之誥

仲虺(훼)는 臣名이니 奚仲之後로 爲湯左相이라 誥는 告也라 周禮에 士師以五戒[12]로 先後刑罰이라 一曰誓니 用之於軍旅요 二曰誥니 用之於會同이라하니 以喩衆也라 此但告湯이로되 而亦謂之誥者는 唐孔氏謂仲虺亦必對衆而言[13]이라하니 蓋非特釋湯之慙이요 而且以曉其臣民衆庶也라 古文有하고 今文無하니라

仲虺는 신하의 이름이니, 奚仲의 후손으로 湯임금의 左相이 되었다. 誥는 告의 뜻이다. 《周禮》에 "士師가 다섯 가지 경계를 가지고 형벌을 보조하였다. 첫째는 '誓'인데 軍旅에서 사용하고, 둘째는 '誥'인데 會同에서 사용한다."라고 하였으니, 대중을 깨우치기 위한 것이다. 여기서는 단지 湯임금에게만 아뢴 것인데도 '誥'라고 한 것은 唐나라 孔氏(孔穎達)가 "仲虺 또한 반드시 대중을 상대해서 말한 것이다."라고

---

12 五戒 : 《周禮》 〈秋官 士師〉에 "다섯 가지 경계를 가지고 刑罰을 보조하였는데, 첫째는 '誓'로서 軍旅에서 사용하고, 둘째는 '誥'로서 會同에서 사용하고, 셋째는 '禁'으로서 田役에서 사용하고, 넷째는 '糾'로서 國中에서 사용하고, 다섯째는 '憲'으로서 都鄙에서 사용한다.〔以五戒先後刑罰 一曰誓 用之于軍旅 二曰誥 用之于會同 三曰禁 用之田役 四曰糾 用諸國中 五曰憲 用諸都鄙〕"라고 보인다.

13 此但告湯……唐孔氏謂仲虺亦必對衆而言 : 孔疏에는 "여기서는 오직 湯임금 한 사람에게만 고했는데 '會同'이라고 말한 것은, 이내 諸篇에 있는 '誥'의 뜻을 풀이하기 위함이었고, 또 仲虺는 반드시 군중을 대해서 湯임금에게 誥하였을 것이니 또한 이것이 '會同에서 「誥」라고 한다.'는 것이다.〔此惟誥湯一人而言會同者 因解諸篇誥義 且仲虺必對衆誥湯 亦是會同曰誥〕"라고 되어 있다.

하였으니, 대개 단지 湯임금의 부끄러움을 풀어주기 위한 것만이 아니고 또한 그 臣民과 衆庶(대중)를 깨우치기 위한 것이다. 〈仲虺之誥〉는 《古文尙書》에는 들어 있고 《今文尙書》에는 들어 있지 않다.

字義 誥 : 아뢸 고

1. 成湯이 放桀于南巢하시고 惟有慙德[14]하사 曰 予恐來世 以台로 爲口實하노라

成湯이 桀을 南巢에 방치하고 德이 〈옛사람과 같지 못함을〉 부끄러워하며 말씀하셨다. "나는 후세에 나를 口實(핑계 삼을 밑천)로 삼을까 두려워하노라."

武功成이라 故로 曰成湯이라 南巢는 地名이라 廬江六縣에 有居巢城하니 桀奔于此어늘 因以放之也라 湯之伐桀이 雖順天應人이나 然承堯舜禹授受之後하니 於心에 終有所不安이라 故로 愧其德之不古若하고 而又恐天下後世에 藉以爲口實也니라

放桀南巢圖

武功이 이루어졌기 때문에 '成湯'이라 한 것이다. 南巢는 地名이다. 廬江 六縣에 居巢城이 있는데, 桀이 이곳으로 달아났기 때문에 그대로 이곳에 방치한 것이다. 湯임금이 桀을 친 것은 비록 하늘의 뜻과 사람의 마음에 순응한 것이나 堯임금·舜임금·禹임금이 〈帝位를 禪讓으로〉 주고받은 뒤를 이었으니 마음에 끝내 미안한 바가 있었다. 그러므로 그 德이 옛사람과 같지 못함을 부끄러워하였고, 또한 천하 후세에 이를 빌미로 口實을 삼을까 두려워한 것

14 惟有慙德 : 孔安國·林之奇·夏僎(선)·蔡沈 등은 德이 옛사람에게 미치지 못한 것으로 보았고, 呂祖謙은 부끄러운 마음이 가슴속에서 일어나는 것으로 보았는데, 退溪(李滉)는 《三經釋義》에서 "慙한 德을 두사"로 해석하여 '부끄러운 마음을 가진 것'으로 보았으니, 해석이 간단명료하다.

이다.

○陳氏曰 堯舜以天下讓에 後世好名之士 猶有不知而慕之者어늘 湯武征伐而得天下에 後世嗜利之人이 安得不以爲口實哉아 此湯之所以恐也歟인저하니라

○陳氏가 말하였다. "堯임금과 舜임금이 천하를 양보함에 후세에 명예를 좋아하는 선비들 중에 외려 잘 알지도 못하면서 사모한 자가 있었거늘, 湯임금과 武王께서 정벌하여 천하를 얻음에 후세에 이익을 좋아하는 사람들이 어찌 口實로 삼지 않겠는가. 이것이 바로 湯임금이 두려워하신 까닭일 것이다."

字義 放 : 방치할 방 慙 : 부끄러울 참 奔 : 달아날 분 藉 : 빌미 자 嗜 : 즐길 기 安 : 어찌 안

2. 仲虺乃作誥曰 嗚呼라 惟天이 生民有欲하니 無主면 乃亂일새 惟天이 生聰明은(하샨든) 時乂시니 有夏昏德하여 民墜塗炭이어늘 天乃錫王勇智하사 表正萬邦하사 纘禹舊服[15]하시니 玆率厥典[16]하여 奉若天命이니이다

仲虺는 이에 誥를 지었다. "아, 하늘이 내신 백성들은 욕심이 있으니, 君主가 없으면 곧 혼란할 것이므로 하늘이 총명한 사람을 내심은 이들의 다투고 어지러움을 다스리도록 하신 것입니다. 夏나라가 어두운 德을 가져서 백성들이 도탄에 빠지게 되었거늘, 하늘이 곧 王(湯임금)께 용맹과 지혜를 내려주시어 萬邦에 표식을 바로 세워서 禹임금이 예전에 행하셨던 일을 계승하게 하시니, 이는 그 典常을 따라 하늘의 命을 받들어 순종하기만 하면 될 뿐입니다.

仲虺恐湯憂愧不已하여 乃作誥하여 以解釋其意[17]하니라 歎息言 民生에 有耳目口鼻愛惡(오)之欲하니 無主則爭且亂矣라 天生聰明은 所以爲之主하여 而治其爭亂者也라 墜는 陷也요 塗는 泥요 炭은 火也라 桀爲民主而反行昏亂하여 陷民於塗炭하니 旣失其所以爲主矣라 然이나 民不可以無主也라 故로 天錫湯以勇智之德하니 勇足

---

15 纘禹舊服 : 袁仁은 "'服'은 곧 禹가 五服의 제도를 도와 이룬 것이니, 孔傳에서 '禹의 功을 계승하여 그 옛일을 이어받게 한 것이다.'라는 것이 바로 이것이다. 蔡傳은 '禹가 예전에 행하던 일을 계승하게 한 것이다.'로 풀이하였으니, 잘못된 듯하다. 아래의 '玆率厥典'에 이르러서야 이에 禹가 행하던 도리를 따르는 것이다.〔服卽禹弼成之五服 孔傳云 繼禹之功 統其故服是也 蔡解以爲繼禹舊所服行 恐非 至下玆率厥典 乃是循禹所行之道〕"라고 하였다.(《尙書砭蔡編》)

16 典 : 典常으로 곧 언제나 지켜야 할 불변의 도리를 가리킨다.

17 解釋其意 : 宋代 陳傅良은 '釋湯之慙(湯임금의 부끄러움을 풀어주다.)'으로 표현하였다.

以有爲요 智足以有謀니 非勇智면 則不能成天下之大業也라 表正者는 表正於此而影直於彼也라 天錫湯以勇智者는 所以使其表正萬邦하여 而繼禹舊所服行也라 此但率循其典常하여 以奉順乎天而已라하니라 天者는 典常之理所自出이요 而典常者는 禹之所服行者也라 湯은 革夏而纘舊服하시고 武는 革商而政由舊하시니 孔子所謂百世可知[18]者는 正以是也니라 林氏曰 齊宣王이 問孟子曰 湯放桀하시고 武王伐紂라하니 有諸잇가 孟子曰 賊仁者를 謂之賊이요 賊義者를 謂之殘이요 殘賊之人을 謂之一夫니 聞誅一夫紂矣요 未聞弑君也[19]라하시니 夫立之君者는 懼民之殘賊而無以主之니 爲之主而自殘賊焉이면 則君之實이 喪矣니 非一夫而何오 孟子之言은 則仲虺之意也라하니라

仲虺는 湯임금이 걱정하고 부끄러워하는 생각을 그만두지 않을까 염려하여 곧 誥를 지어서 그 부끄러워하는 생각을 풀어준 것이다. 〈仲虺가〉 탄식하고 나서 말하기를 "백성들이 태어남에 耳·目·口·鼻 그리고 좋아하고 미워하는 욕망이 있으니 군주가 없으면 다투고 또 어지러워진다. 하늘이 총명한 사람을 낸 목적은 그를 군주로 삼아 그 다투고 어지러움을 다스리게 하려는 것이다."라고 하였다.

墜는 빠지는 것이요, 塗는 진흙이요, 炭은 불이다. 〈仲虺는 이어서〉 "桀이 백성의 군주가 되어 도리어 혼란을 행해서 백성들을 도탄에 빠뜨리니, 이미 군주가 된 까닭을 잃은 것이다. 그러나 백성들은 군주가 없을 수 없다. 그러므로 하늘이 湯임금에게 용맹과 지혜의 덕을 내려주었으니, 용맹은 족히 일을 할 수 있고 지혜는 족히 일을 도모할 수 있는 것인데, 용맹과 지혜를 가진 사람이 아니면 천하의 大業을 이루지 못한다."라고 하였다.

表正은 表式이 여기에 바르게 서 있으면 그림자가 저기에 곧게 나타나는 것이다. 〈仲虺는 이어서〉 "하늘이 湯임금에게 용맹과 지혜를 내려준 까닭은 萬邦을 표식으로 바로잡아 禹임금이 예전에 행하던 일을 계승하도록 한 것이다. 그러니 단지 그 典常을 따라서 하늘을 받들어 순종만 하면 될 뿐이다."라고 하였다.

하늘은 典常의 이치가 말미암아 나오는 바요, 典常은 禹임금이 행하신 것이다. 湯임금은 夏나라를 개혁하였으나 예전에 행했던 일을 계승하신 것이고, 武王은 商나라를 개혁하였으나 정사는 예전의 典常을 따르신 것이니, 孔子의 이른바 "百世가

---

18 百世可知 : 이 내용은 《論語》 〈爲政〉에 보인다.

19 賊仁者……未聞弑君也 : 이 내용은 《孟子》 〈梁惠王 下〉에 보인다.

지나도 알 수 있다."라는 것은 바로 이 때문이었다.

林氏가 말하였다. "齊 宣王이 孟子에게 '湯임금이 桀을 방치하고 武王이 紂를 쳤다고 하는데, 그런 일이 있었는가?'라고 묻자, 孟子께서 '仁을 해치는 것을 '賊'이라 이르고 義를 해치는 것을 '殘'이라 이르며 殘賊한 사람을 '일개 匹夫'라 이르니, 일개 필부인 紂를 주벌했다는 말은 들었어도 임금을 시해했다는 말은 듣지 못하였다.'라고 대답하였다. 임금을 세우는 것은 백성들이 殘賊한 짓을 하는데도 그를 주관해서 다스릴 자가 없을까 두려워하기 때문인데, 군주가 되어서 스스로 殘賊한 짓을 한다면 임금의 실체를 잃은 것이니, 일개 필부가 아니고 무엇이겠는가. 孟子의 말씀이 바로 仲虺의 생각인 것이다."

字義 墜 : 빠질 추 塗 : 진흙 도 炭 : 숯 탄 錫 : 줄 석 纘 : 이를 찬 服 : 일 복 率 : 따를 솔 若 : 순종할 약 已 : 그만둘 이 陷 : 빠질 함 泥 : 진흙 니 賊 : 해칠 적 殘 : 해칠 잔

3. 夏王이 有罪하여 矯誣上天하여 以布命于下한대 帝用不臧하사 式商受命하사 用爽厥師하시니이다

夏나라 王이 죄를 저지른 끝에 하늘의 뜻이라 사칭하여 아래 〈백성들에게〉 명령을 선포한대, 上帝께서 이를 좋지 않게 여기시고, 商나라로써 하늘의 명을 받아 그 민중을 밝게 다스리도록 하신 것입니다.

矯는 與矯制[20]之矯同이라 誣는 罔이요 臧은 善이요 式은 用이요 爽은 明이요 師는 衆也라 天은 以形體言이요 帝는 以主宰言이라 桀知民心不從하고 矯詐誣罔하여 託天以惑其衆하니 天用不善其所爲하여 用使有商受命하여 用使昭明其衆庶也라

矯는 '矯制'의 矯와 같다. 誣는 罔(속임)의 뜻이요, 臧은 善의 뜻이요, 式은 用의 뜻이요, 爽은 明의 뜻이요, 師는 衆의 뜻이다. 天은 형체를 가지고 말하고, 帝는 주재를 가지고 말한 것이다. 桀은 민심이 따르지 않은 것을 알아차리고 꾸며 거짓으로 속여서 하늘에 의탁하여 백성들을 홀리니, 하늘이 그 소행을 좋지 않게 여기시어 商나라로 하여금 하늘의 명을 받아 그 민중을 밝게 다스리도록 하신 것이다.

○王氏曰 夏有昏德하니 則衆從而昏하고 商有明德하니 則衆從而明이라하니라

○王氏가 말하였다. "夏나라 〈桀〉에게 어두운 德이 있으니 민중이 따라서 어두워

20 矯制 : 거짓 詔書를 이른다.

졌고, 商나라 〈湯〉에게 밝은 德이 있으니 민중이 따라서 밝아졌다.”

○吳氏曰 用爽厥師는 續下文簡賢附勢에 意不相貫하니 疑有脫誤라하니라

○吳氏가 말하였다. “‘用爽厥師’는 아랫글의 ‘簡賢附勢’와 연결시켰을 때 뜻이 서로 관통되지 않으니, 脫誤가 있는 것으로 의심된다.”

字義 矯 : 거짓 교 誣 : 속일 무 臧 : 좋을 장, 착할 장 式 : 써 식 爽 : 밝을 상 師 : 민중 사 罔 : 속일 망 託 : 핑계댈 탁 續 : 이을 속 簡 : 소략할 간 附 : 빌붙을 부 貫 : 관통할 관 脫 : 벗을 탈

4. 簡賢附勢 寔繁有徒하여 肇我邦이 于有夏에 若苗之有莠하며 若粟之有秕하니 小大戰戰하여 罔不懼于非辜어늘 矧予之德이 言足聽聞[21]잇따녀

어진 이를 홀대하고 세력에 빌붙는 자들이 〈서로 동조하므로〉 이에 그 패거리를 많이 소유해서, 당초부터 우리나라가 夏나라에게 있어 마치 곡식의 싹 가운데 난 강아지풀이나 곡식알에 섞인 쭉정이처럼 보였으니, 〈이 때문에 商나라의 민중이 지위의〉 고하를 막론하고 모두 벌벌 떨면서 죄 없이 걸려들까 두려워하지 않는 이가 없었거늘, 더구나 우리 〈임금님의〉 德은 말을 하면 사람들의 들음을 〈鼓吹시키기〉 충분함에 있어서이겠습니까.

簡은 略이요 繁은 多요 肇는 始也라 戰戰은 恐懼貌니 言簡賢附勢之人이 同惡相濟하여 寔多徒衆하여 肇我邦이 於有夏에 爲桀所惡하여 欲見翦除가 如苗之有莠하고 如粟之有秕하니 鋤治簸(파)揚하여 有必不相容之勢라 商衆이 小大震恐하여 無不懼陷于非罪어늘 況湯之德이 言則足人之聽聞하여 尤桀所忌疾者乎아 以苗粟喩桀하고 以

21 矧予之德 言足聽聞 : 孔傳은 “하물며 우리의 道德과 善言이 천하에 널리 알려져 있는 처지가 아닌가.〔我之道德善言 足聽聞乎〕”로, 林之奇(《尙書全解》)는 “하물며 우리의 道德과 善言이 천하에 알려져 있는 처지이거늘, 더욱 미움을 받을 것은 당연한 일이다.〔況我之道德善言 聽聞於天下 宜其愈見疾〕”로, 呂祖謙(《增修東萊書說》)은 “하물며 우리의 德言이 이미 마냥 알려져서 가릴 수 없는 처지가 아닙니까.〔況我之德言 已足聽聞而不可掩乎〕”로 풀이하였고, 이 밖의 夏僎(《尙書詳解》), 朱祖義(《尙書句解》) 등도 이렇게 보고 있다. 그런데 유독 蔡傳만이 朱子와 潘子善의 문답에서 潘子善이 “‘言足聽聞’이 스스로 응당 一句가 되어야 하니, 우리 〈임금님의〉 德이 말을 하여 드러나면 사람들의 들음을 〈鼓吹시키기에〉 충분한데, 저 〈桀이〉 어찌 꺼리지 않을 수 있겠는가라는 점을 말한 것이 아닌지요?’ 하자, 주자가 ‘옳다.’고 했다.〔言足聽聞 自當作一句 言吾之德 言之足使人聽聞 彼安得不忌之 曰是〕”(《晦庵集傳》 권60 〈答潘子善〉)라는 말에 의거하여 풀이하였는데, 너무 천착한 것 같다.

莠秕喩湯은 特言其不容於桀而迹之危如此라 史記에 言 桀이 囚湯於夏臺라하니 湯之危 屢矣라 無道而惡(오)有道는 勢之必至也라

簡은 略의 뜻이요, 繁은 多의 뜻이요, 肇는 始의 뜻이다. 戰戰은 두려워서 떠는 모양이니, "어진 이를 홀대하고 세력에 빌붙는 자들이 같은 악당끼리 서로 동조하므로 이에 그 패거리를 많이 소유해서, 당초부터 우리나라가 夏나라에게 있어서 桀에게 미움의 대상이 되어, 잘려나감을 당하려는 것이 마치 곡식 싹 가운데 난 강아지풀이나 곡식알에 섞인 쭉정이와 같아서, 호미로 뽑아버리고 키로 날려 보내어 반드시 서로 용납되지 못할 형세에 놓여 있습니다. 그래서 商나라 민중이 지위의 고하를 막론하고 모두 벌벌 떨면서 죄 없이 걸려들까 두려워하지 않는 이가 없거늘, 하물며 湯임금의 德은 말만 하면 사람들의 들음을 〈鼓吹시키기에〉 충분하여 더욱 桀이 시기하고 미워하는 대상임에야 말할 것 있겠습니까."라고 말한 것이다.

곡식 싹과 곡식알로 桀을 비유하고 강아지풀과 쭉정이로 湯을 비유한 것은 단지 桀에게 용납되지 못하여 자취의 위태로움이 이와 같음을 말했을 뿐이다.

《史記》〈殷本紀〉에 "桀이 湯임금을 夏臺(감옥)에 가두었다."라고 말하였으니, 湯임금이 위태로움을 겪은 것이 여러 차례였다. 無道한 자가 有道한 이를 미워하는 것은 형세상 필연적으로 이르는 일이다.

字義 寔 : 이 식 繁 : 많을 번 徒 : 무리 도 肇 : 비로소 조 苗 : 싹 묘 莠 : 강아지풀 유
粟 : 곡식알 속 秕 : 쭉정이 비 戰 : 벌벌 떨 전 辜 : 허물 고 矧 : 하물며 신 濟 : 도울 제
除 : 제거할 제 鋤 : 호미 서 簸 : 까부를 파 揚 : 들칠 양 疾 : 미워할 질

5. 惟王은 不邇聲色하시며 不殖貨利하시며 德懋懋官하시며 功懋懋賞[22]하시며 用人惟己[23]하시며 改過不吝하시며(하사) 克寬克仁[24]하사 彰信兆民[25]하시니이다

---

22 德懋懋官 功懋懋賞 : 孔傳은 "德에 힘쓴 사람에게는 벼슬을 가지고 권면하고, 功에 힘쓴 사람에게는 賞을 가지고 권면하였으며〔勉於德者 則勉之以官 勉於功者 則勉之以賞〕"라고 풀이하였다.

23 用人惟己 : 孔傳은 "남의 말을 써주기를 마치 자기에게서 나온 말처럼 여기었으며〔用人之言 若自己出〕"로, 蔡傳은 "사람을 등용할 때에는 자신과 같이 대우하여 사람 중에 善行이 있는 자는 수용하지 않음이 없었다.〔用人惟己 而人之有善者 無不容〕"로 풀이하였다. 洪奭周는 孔傳에 대해서는 "나는 한 글자를 바꾸어서 '남의 착함을 마치 자기에게서 나온 것처럼 여겼으며'로 하고 싶다.〔愚欲易一字曰 用人之善 如自己出〕"고 하였고, 蔡傳에 대해서는 "뜻은 비록 위배되지 않았지만 訓詁가 분명치 못하다.〔意雖不背 而訓詁未晰〕"라고 하였다.(《尙書補傳》)

24 克寬克仁 : 孔傳은 '克'자를 해석하지 않고 단지 "湯임금의 너그럽고 인자한 德〔湯寬仁之德〕"이라고만 하였으며, 蔡傳은 굳이 '克'자를 能자로 바꾸어서 해석하였는데, 이에 대하여 洪奭周는

王께서는 음악과 여색을 가까이하지 않으시고, 재물과 이익을 불리지 않으시고, 德이 많은 사람에게는 벼슬을 많이 내리시고, 功이 많은 사람에게는 상을 많이 내리시고, 사람을 등용할 때에는 자신과 같이 대우하며, 허물을 고치는 일에는 인색하지 않으시며, 능히 관대하고 능히 인자하셔서 〈德이〉 드러나 만백성에게 믿음을 주십니다.

邇는 近이요 殖은 聚也라 不近聲色과 不聚貨利는 若未足以盡湯之德이나 然此本原之地니 非純乎天德而無一毫人欲之私者면 不能也라 本原澄澈然後에 用人處己에 而莫不各得其當이라 懋는 茂也로 繁多之意니 與時乃功懋哉[26]之義同이라 言人之懋於德者는 則懋之以官하고 人之懋於功者는 則懋之以賞하며 用人惟己하여 而人之有善者를 無不容하고 改過不吝하여 而己之不善者를 無不改하며 不忌能於人하고 不吝過於己하여 合併爲公하고 私意不立하니 非聖人이면 其孰能之리오 湯之用人處己者如此라 而於臨民之際에 是以로 能寬能仁이라 謂之能者는 寬而不失於縱이요 仁而不失於柔라 易曰 寬以居之하고 仁以行之는 君德也라하니 君德昭著하여 而孚信於天下矣라 湯之德이 足人聽聞者如此니라

邇는 近의 뜻이요, 殖은 聚(불려 모음)의 뜻이다. 음악과 여색을 가까이하지 않은

"'寬'과 '仁'은 德의 성대함이다. 聖人이 아니면 능히 다할 수 없기 때문에 '克寬'·'克仁'이라고 한 것이니, 대개 그 능하기 어려운 것을 능란히 함을 말했을 뿐이다. 무릇 《書經》에서 말한 '克讓'·'克明'·'克敬' 따위가 모두 이런 뜻이다. 蔡傳은 '「能」이라 이른 것은 너그럽되 放縱에 잃지 않고, 인자하되 柔弱에 잃지 않는 것이다.'라고 하였다. 그렇다면 '克'을 말하지 않고 단지 '寬'과 '仁'만 말할 경우, 장차 모두 '縱'과 '柔'를 면하지 못할 것인가. 趙宋의 정치는 너무 柔弱한 데서 잃었는데, 그 季世에 더욱 심하였다. 이 때문에 蔡氏는 《書經》에서 '寬'과 '仁'을 말할 때마다 항상 救弊論을 펼치고 있으니, 그 뜻은 참으로 좋으나 그렇다고 굳이 '克'자를 해석한 것은 그 본지가 아니다.〔寬仁者 德之盛也 非聖人 莫能盡之 故曰克寬克仁 蓋言其難能而能之耳 凡書言克讓克明克敬之類 皆此意也 蔡傳曰 謂之能者 寬而不失於縱 仁而不失於柔也 然則不言克 而只言寬仁者 將皆不免於縱與柔耶 宋氏之政 失之太柔 而其季世尤甚 是以 蔡氏於書言寬仁者 恒有救弊之論 其意固善矣 以之爲克字之釋 則非其旨也〕"라고 하였다.(《尙書補傳》)

25 克寬克仁 彰信兆民 : 孔傳은 "湯임금의 너그럽고 인자한 德이 밝게 천하 사람들에게 믿음을 받는다.〔湯寬仁之德 明信於天下〕"라고 풀이하였다.

26 時乃功懋哉 : 〈大禹謨〉에 있는 것을 인용하였는데, 蔡傳이 〈大禹謨〉에서는 '懋 勉也'로 풀이하고, 여기서는 '懋 茂也'로 풀이하고서 "繁多之意 與時乃功懋哉之義同"이라고 하였으니, 아마도 착각한 것 같다. 金長生의 《經書辨疑》에서 잘못 인용한 蔡傳의 오류를 지적하고, '德懋懋官'과 '功懋懋賞'을 蔡傳에서 '懋之以官'과 '懋之以功'으로 풀이하였으니, 그 역시 '懋其官'과 '懋其賞'의 뜻으로 풀이하는 것만 못하다고 바로잡았다.

일과 재화와 이익을 불리지 않은 것만으로는 湯임금의 德을 다 표현할 수 없을 것 같다. 그러나 이는 本原의 토대이니, 一毫만큼도 人欲의 私가 없이 天德에 순수한 자가 아니라면 가능할 수 없는 것이다. 本原이 맑은 뒤에야 사람을 등용함과 자신을 처신함에 각각 그 타당함을 얻지 않음이 없을 것이다.

懋는 茂와 같은 글자로 繁多의 뜻이니, "時乃功懋哉"란 뜻과 같은 것이다. 사람 중에 德이 많은 자에게는 관직을 많이 내리고, 사람 중에 공이 많은 자에게는 상을 많이 주며, 사람을 등용할 때에는 자신과 같이 대우하여 사람 중에 善行이 있는 자는 수용하지 않음이 없고, 허물을 고치는 데는 인색하지 않아서 자기의 불선을 고치지 않음이 없으며, 남의 재능을 시기하지 않고 자기의 허물을 고치는 데 인색하지 않아서 합병하여 公正하게 되고 私意를 세우지 않으니, 聖人이 아니면 그 누가 이에 가능하겠는가.

湯임금이 사람을 등용하고 자신을 처신함이 이와 같았다. 백성을 대할 때에 이래서 능히 관대하고 능히 인자하셨다. '能'이라 이른 것은 너그럽되 방종함으로 인해 잘못하지 않고, 인자하되 유약함으로 인해 잘못하지 않는 것이다. 《周易》 乾卦 〈文言傳〉에 "너그럽게 살고 仁愛로 행하는 것이 임금의 德이다."라고 하였으니, 임금의 德이 밝게 드러나서 천하에 믿음을 주는 것이다. 湯임금의 德이 사람들의 들음을 〈鼓吹시키기에〉 충분한 것이 이와 같았다.

字義 邇 : 가까울 이 殖 : 불릴 식 懋 : 성할 무 吝 : 아낄 린 彰 : 드러날 창 澄 : 맑을 징 澈 : 맑을 철 縱 : 방종할 종 孚 : 믿을 부

6. 乃葛伯이 仇餉이어늘 初征自葛하사 東征에 西夷怨하며 南征에 北狄怨하여 曰 奚獨後予오하며 攸徂之民은 室家相慶하여 曰 徯予后하다소니 后來하시니 其蘇라하니 民之戴商이 厥惟舊[27]哉니이다

葛伯이 들밥을 날라다 먹이는 사람을 원수로 여기자, 葛나라로부터 정벌을 시작하시어, 동쪽을 향해 정벌하시면 서쪽의 오랑캐들이 원망하고, 남쪽을 향해 정벌하시면 북쪽의 오랑들이 원망하면서 '어째서 우리만 뒤로 미루시는가.'라고 하였으며, 가시는 곳의 백성들은 가족〔室家〕이 서로 경축하면서 '우리 임금님을 기다리고 있었는데, 우리 임금님께서 오시니 우리는 다시 살아나게 되었다.'고 하였으니, 백성

27 舊 : 孔傳은 "'舊'는 처음 정벌을 葛로부터 하던 때를 이른다.〔舊 謂初征自葛時〕"라고 하였다.

들이 商나라를 떠받든 지는 이미 오래된 일입니다.

葛은 國名이요 伯은 爵也라 餉은 饋也니 仇餉은 與餉者爲仇也라 葛伯이 不祀어늘 湯이 使問之한대 曰 無以供粢盛이라하니라 湯이 使亳衆으로 往耕이어늘 老弱이 饋餉이러니 葛伯이 殺其童子한대 湯이 遂征之하시니 湯征이 自葛始也라 奚는 何요 徯는 待也라 蘇는 復生也라 西夷北狄은 言遠者如此則近者可知也라 湯師之未加者는 則怨望其來하여 曰 何獨後予오하고 其所往伐者는 則妻孥相慶曰 待我后久矣러니 后來하시니 我其復生乎인저하니 他國之民이 皆以湯爲我君하여 而望其來者如此하니 天下之愛戴歸往於商者 非一日矣니 商業之興은 蓋不在於鳴條之役也[28]라

葛은 국명이고, 伯은 작위이다. 餉은 饋(밥을 먹임)의 뜻이니, 仇餉은 들밥을 날라다 먹이는 사람을 원수로 여긴 것이다. 葛伯이 제사를 지내지 않거늘, 湯임금이 사람을 시켜서 그 까닭을 물었더니, "제수를 마련할 수 없기 때문입니다."라고 하였다. 湯임금이 亳邑의 백성들로 하여금 가서 밭을 갈아주게 하였는데, 노약자들이 들밥을 내다 먹이자, 갈백은 〈들밥을 나르는〉 그 아이를 죽이고 〈밥을 빼앗았다.〉 그러자 湯임금이 마침내 정벌하셨으니, 湯임금의 정벌은 葛나라로부터 시작된 것이다.

奚는 何의 뜻이요, 徯는 待의 뜻이다. 蘇는 다시 살아나는 것이다. 西夷와 北狄을 든 것은 멀리 있는 자들이 이와 같았다면 가까이 있는 자들은 짐작할 수 있음을 말한 것이다. 湯임금의 군대가 아직 정벌을 하지 않은 곳의 백성들은 湯임금이 와주기를 애타게 바라면서 "어째서 우리나라의 정벌을 뒤로 미루시는가."라고 하였으며, 가서 정벌하는 곳은 처자(妻孥)들이 서로 경축하면서 "우리 임금님을 기다린 지 오래되었는데 우리 임금께서 오시니, 우리는 다시 살아나게 되었다."라고 하였으니, 다른 나라의 백성들이 모두 湯임금을 "우리 임금님"이라고 하면서 湯임금이 와주기를 바라는 것이 이와 같았다. 온 천하가 商나라를 사랑하고 떠받들어 귀의한 것이 하루 이틀이 아니었으니, 商나라의 基業이 일어난 동기는 아마도 鳴條의 戰役에 있었던 것이 아닐터다.

◯呂氏曰 夏商之際에 君臣易位하니 天下之大變이나 然觀其征伐之時에 唐虞都兪揖遜氣象이 依然若存하니 蓋堯舜禹湯이 以道相傳일새 世雖降이나 而道不降

---

28 商業之興 蓋不在於鳴條之役也 : 湯임금이 夏나라 桀과 鳴條의 들에서 싸워서 商나라를 세웠기 때문에 이렇게 말한 것이다.

也라하니라

○呂氏가 말하였다. "夏나라와 商나라가 교체될 즈음에 군신간의 자리가 바뀌었으니, 천하의 큰 변고였다. 그러나 그 정벌할 때를 살펴봄에 唐虞時代의 군신간에 화목하게 대화하고 서로 겸손하던 기상이 의연히 남아 있는 듯하니, 아마도 堯임금, 舜임금, 禹임금, 湯임금이 道로써 서로 〈帝位를〉 전하였기 때문에 세대는 비록 내려갔으나 道는 내려가지 않은 것일 터다."

字義 仇 : 원수 구　餉 : 먹일 향　奚 : 어찌 해　攸 : 바 유　徂 : 갈 조　徯 : 기다릴 혜
蘇 : 회생할 소　戴 : 떠받들 대　舊 : 오래될 구　饋 : 먹일 궤　供 : 장만할 공　粢 : 기장 자
盛 : 제사지낼 곡식 성　需 : 제사음식 수　待 : 기다릴 대　揖 : 읍할 읍　遜 : 겸손할 손

7. 佑賢輔德하시며 顯忠遂良하시며 兼弱攻昧하시며 取亂侮亡하사 推(퇴)亡固存[29]하시사 邦乃其昌하리이다

〈諸侯 중에〉 어진 이를 돕고 德이 있는 사람을 돌보시며, 충실한 사람을 드러내고 훌륭한 사람을 성취시키시며, 허약한 나라를 겸병하고 어리석은 나라를 공격하시며, 어지러운 나라를 취하시고 망할 짓을 하는 나라를 상실하게 하여, 망할 짓을 하는 나라를 넘어뜨리고 보존할 일을 하는 나라를 튼튼하게 해주셔야 나라가 창성해질 것입니다.

前은 旣釋湯之慙이요 此下는 因以勸勉之也라 諸侯之賢德者를 佑之輔之하고 忠良者를 顯之遂之는 所以善善也라 侮는 說文曰 傷也라 諸侯之弱者를 兼之하고 昧者를 攻之하며 亂者를 取之하고 亡者를 傷之는 所以惡惡(오악)也라 言善則由大以及小하고 言惡則由小以及大라 推亡者는 兼攻取侮也요 固存者는 佑輔顯遂也라 推彼之所以亡하고 固我之所以存이라야 邦國이 乃其昌矣리라

앞에서는 이미 湯임금의 부끄러움을 풀어드렸고, 이 아래는 따라서 권면한 것이다. 諸侯 중에 어질고 德 있는 사람을 돕고 돌보며, 충실하고 훌륭한 사람을 드러내고 성취시킴은 善한 사람을 사랑하는 것이다. 侮는 《說文解字》에 "傷의 뜻이다."라고 하였다. 諸侯 중에 허약한 나라를 겸병하고 어리석은 나라를 공격하며, 어지러운 나라를 취하고 망할 나라를 상실하게 함은 惡한 자를 미워하는 것이다.

---

29 推(퇴)亡固存 : 林之奇는 "망할 징조가 있으면 밀어내 망하게 하고, 보존될 희망이 있으면 도와서 튼튼하게 해준다.〔有亡之道 則推而亡之 有存之道 則輔而固之〕"라고 풀이하였다.(《尚書全解》)

善을 말할 때에는 큰 것으로부터 작은 것에 이르고, 惡을 말할 때에는 작은 것으로부터 큰 것에 이르렀다. "망할 짓을 하는 나라를 넘어뜨린다."라는 것은 겸병하고 공격하고 취하고 상실하게 하는 것이고, "보존할 일을 하는 나라를 튼튼하게 한다."라는 것은 돕고 돌보고 드러내고 성취시키는 것이다. 저들의 망할 짓을 하는 나라를 넘어뜨리고 우리의 보존할 일을 하는 나라를 튼튼하게 하여야 나라가 창성해질 것이란 말이다.

字義 遂 : 이룰 수 侮 : 상실할 모 推 : 밀어낼 퇴 釋 : 풀 석 慙 : 부끄러울 참

8. 德日新하면 萬邦이 惟懷하고 志自滿하면 九族이 乃離하리니 王은 懋昭大德하사 建中于民하소서 以義制事하시며 以禮制心하시사 垂裕後昆하리이다 予聞하니 曰 能自得師者는 王이요 謂人莫己若①者는 亡이라 好問則裕하고 自用則小라하니이다

① 書經 莫己若 : 자기만 못하다.
一般 莫若己 : 자기만 못하다.

德이 날로 새로워지면 萬邦이 그리워할 것이요, 마음이 자만하면 九族도 떨어져 나갈 것이니, 王께서는 힘써 큰 德을 밝히셔서 백성들에게 표준의 中道를 세워주십시오. 義로써 일을 제재하시고 禮로써 마음을 제재하시어야 후손들에게 넉넉한 典範을 남길 것입니다. 제가 듣자오니, '스스로 스승을 얻을 수 있는 사람은 왕 노릇을 할 것이요, 남은 모두가 자기만 못하다고 말하는 사람은 망할 것이다. 묻기를 좋아하면 넉넉해지고, 자기 지혜만을 쓰면 작아진다.'고 하였습니다.

德日新者는 日新其德而不自已也요 志自滿者는 反是라 湯之盤銘曰 苟日新이어든 日日新하고 又日新이라하니 其廣日新之義歟인저 德日新이면 則萬邦雖廣이나 而無不懷요 志自滿이면 則九族雖親이나 而亦離라 萬邦은 擧遠以見(현)近也요 九族은 擧親以見疎也라 王其勉明大德하여 立中道於天下니라 中者는 天下之所同有也라 然이나 非君建之면 則民不能以自中이요 而禮義者는 所以建中者也라 義者는 心之裁制요 禮者는 理之節文이니 以義制事면 則事得其宜요 以禮制心이면 則心得其正이니 內外合德하여 而中道立矣라 如此면 非特有以建中於民이라 而垂諸後世者도 亦綽乎有餘裕矣리라 然이나 是道也는 必學焉而後至라 故로 又擧古人之言하여 以爲隆師好問이면 則德尊而業廣이요 自賢自用者는 反是라 謂之自得師者는 眞知

己之不足하고 人之有餘하여 委心聽順하여 而無拂逆之謂也라 孟子曰 湯之於伊尹에 學焉而後臣之라 故로 不勞而王이라하시니 其湯之所以自得者歟인저

"德이 날로 새로워진다."는 것은 날로 그 德을 새롭게 하여 스스로 중단하지 않는 것이요, "마음이 자만하다."는 것은 이와 반대로 하는 것이다. 湯임금이 목욕통에 새긴 글에 "어느 날 새로워졌거든 나날이 새롭게 하고 또 날로 새롭게 하라."고 하였으니, 이는 '日新'의 뜻을 확대한 것이다. 德이 날로 새로워지면 萬邦이 비록 넓으나 그리워하지 않는 이가 없고, 마음이 자만하면 九族이 비록 친하나 또한 떨어져 나간다. 萬邦은 먼 쪽을 들어서 가까운 쪽을 나타낸 것이고, 九族은 친한 쪽을 들어서 소원한 쪽을 나타낸 것이다.

王은 힘써 큰 德을 밝혀서 표준의 中道를 천하에 세워야 한다. 中이란 온 천하가 똑같이 가지고 있는 것이다. 그러나 임금이 세워주지 않으면 백성들이 스스로 中道를 행할 수 없다. 禮義는 中을 세우는 것이다. 義는 마음의 제재요, 禮는 이치의 節文이니, 義로써 일을 제재하면 일이 그 마땅함을 얻게 되고, 禮로써 마음을 제재하면 마음이 그 바름을 얻게 되니, 안팎의 德이 합하여 中道가 확립되는 것이다. 이와 같이 하면 당대의 백성에게 중도를 세울 뿐만 아니라, 후세에 남기는 것 또한 넉넉하여 여유가 있을 것이다.

그러나 이 道는 반드시 배운 뒤에야 이르는 것이다. 그러므로 또 옛사람의 말을 들어서 "스승을 높이고 묻기를 좋아하면 德이 높아지고 業이 넓어질 것이며, 스스로 어질다고 생각하고 스스로 지혜를 쓰는 사람은 이와 반대가 된다."라고 한 것이다. "스스로 스승을 얻었다."는 것은 자신의 부족함과 남의 넉넉함을 참으로 알아서 마음을 다해 순종하여 어기거나 거스름이 없음을 이른 것이다. 孟子께서 말씀하기를 "湯임금은 伊尹에게 배운 뒤에 신하로 삼았기 때문에 고생하지 않고도 왕 노릇을 할 수 있었다."라고 하였으니, 이것이 바로 湯임금이 스스로 〈스승을〉 얻은 것일 것이다.

仲虺言懷諸侯之道하고 推而至於修德檢身하고 又推而至於能自得師하니 夫自天子로 至於庶人히 未有舍師而能成者하니 雖生知之聖이라도 亦必有師焉이라 後世之不如古는 非特世道之降이라 抑亦師道之不明也라 仲虺之論이 遡(소)流而源하여 要其極而歸諸能自得師之一語하니 其可爲帝王之大法也歟인저

仲虺는 제후들을 회유하는 도리를 말하고, 이를 미루어 德을 닦고 몸을 검속하는 데까지 이르렀으며, 또 미루어 스스로 스승을 얻는 데까지 이르렀으니, 天子로

부터 庶人에 이르기까지 스승을 놓아두고 성공하는 사람은 있지 못하니, 비록 태어나면서부터 아는 성인이라 하더라도 또한 반드시 스승이 있어야 한다. 후세가 옛날만 못한 것은 단지 世道가 낮아져서만 그런 것이 아니라, 아마도 師道가 밝지 못하기 때문일 것이다. 仲虺의 논조가 흐름을 거슬러 올라가 근원에 이르러서 그 핵심을 요약하여 '스스로 스승을 얻는다.'는 한 마디 말에 귀착시켰으니, 帝王의 大法이 될 만하다 할 것이다.

字義 中 : 중도 중 垂 : 남길 수 裕 : 넉넉할 유 昆 : 후손 곤 已 : 그만둘 이 反 : 반대 반
盤 : 목욕통 반 綽 : 넉넉할 작 隆 : 높일 융 委 : 맡길 위 拂 : 어길 불 檢 : 검속할 검
舍 : 놓을 사 遡 : 거슬러 올라갈 소 要 : 요약할 요 極 : 핵심 극 歸 : 귀착할 귀

9. 嗚呼라 愼厥終인댄(홀든) 惟其始니 殖有禮하시며 覆昏暴(포)하사 欽崇天道라사(하시사) 永保天命하시리이다

아. 그 마지막을 삼가서 〈끝맺음을〉 잘하려고 할진대 그 시초를 잘 도모해야 하니, 禮가 있는 사람은 봉해주고, 사리에 어둡고 포악한 사람은 도태시킴으로써 하늘의 道를 공경하고 높이셔야 하늘의 命을 영원히 보존할 수 있을 것입니다."

上文에 旣勸勉之하고 於是에 歎息言 謹其終之道는 惟於其始圖之라하니 始之不謹而能謹終者는 未之有也라 伊尹도 亦言謹終于始[30]라하니 事雖不同이나 而理則一也라 欽崇者는 敬畏尊奉之意라 有禮者를 封殖之하고 昏暴者를 覆亡之는 天之道也니 欽崇乎天道면 則永保其天命矣리라 按仲虺之誥컨대 其大意有三하니 先言天立君之意와 桀逆天命而天之命湯者를 不可辭하고 次言湯德足以得民하여 而民之歸湯者 非一日하고 末言爲君艱難之道와 人心離合之機와 天道福善禍淫之可畏하여 以明今之受夏 非以利己라 乃有無窮之恤[31]하여 以深慰湯而釋其慙하니 仲虺之忠愛 可謂至矣라 然이나 湯之所慙은 恐來世以爲口實者어늘 仲虺終不敢謂無也하니 君臣之分이 其可畏如此哉인저

윗글에서는 이미 권면하는 말을 하였고, 여기서는 탄식하고 나서 말하기를 "마지막을 삼가는 방법은 오직 시초를 잘 도모해야 하는 것입니다."라고 하였으니, 시초

30 謹終于始 : 〈太甲 下〉에는 '愼終于始'로 되어 있는데, 孔傳에서는 "시초에서 마지막을 생각하고 마지막에서 시초를 생각하라.〔於始慮終 於終思始〕"로 풀이하였다.

31 乃有無窮之恤 : 蘇軾의 《書傳》을 인용한 것인데, '乃有無窮之恤'이 《書傳》에는 '乃爲無窮之恤'로 되어 있다.

를 삼가지 않고서 마지막을 삼가는 경우는 있지 못하다. 伊尹 역시 "마지막을 삼가기 위해서는 시초를 잘하십시오."라고 하였으니, 일은 비록 같지 않으나 이치는 하나인 것이다. 欽崇은 敬畏하고 尊奉하는 뜻이다. 禮가 있는 사람을 봉해주고, 어둡고 포악한 사람을 도태시켜 망하게 하는 것이 하늘의 道이니, 하늘의 道를 공경하고 높이면 하늘의 命을 길이 보전할 것이란 말이다.

〈仲虺之誥〉를 살펴보면 큰 뜻이 세 가지가 있으니, 선두에선 하늘이 임금을 세운 뜻과 桀이 하늘의 命을 거역하자 하늘이 湯임금에게 명한 것을 사양할 수 없는 점을 말하였고, 다음은 湯임금의 德이 충분히 민심을 얻어서 백성들이 湯임금에게 돌아온 것이 하루 이틀이 아닌 점을 말하였고, 맨 끝에서는 임금 노릇 하기 어려운 문제와 인심이 이합집산하는 기틀에 관한 문제와 善한 사람에게는 福을 내리고 악한 사람에게는 禍를 내리는 天道의 두려운 점을 말하여, 지금 夏나라를 접수한 것은 자신을 이롭게 하기 위한 것이 아니고 바로 무궁한 근심이 있어서임을 밝혀서, 湯임금을 깊이 위로하고 그 부끄러움을 풀어드린 것이니, 仲虺의 충성과 사랑이 지극하다고 이를 만하다. 그러나 湯임금이 부끄러워한 것은 후세에서 〈자신의 일을〉 구실로 삼을까 그 점을 두려워한 것인데, 仲虺는 끝내 감히 〈그런 일은 절대〉 없을 것이라고 말하지 않았으니, 임금과 신하의 분수는 〈매우 엄격하여〉 그 두려워할 만한 점이 이와 같을 것이다.

字義 殖 : 봉할 식, 심을 식 覆 : 엎을 복 欽 : 공경 흠 崇 : 높을 숭 機 : 기틀 기 恤 : 근심 휼 慰 : 위로할 위

湯誥

湯伐夏歸亳하시니 **諸侯率職來朝**어늘 **湯作誥**하여 **以與天下更始**라 **今文無**하고 **古文有**하니라

湯임금이 夏나라를 정벌하고 亳邑으로 돌아오니, 諸侯들이 직책을 수행하여 와서 조회하거늘, 湯임금이 誥를 지어서 천하와 더불어 〈과거의 일들을 청산하고〉 새롭게 시작하였다. 〈湯誥〉는 《今文尙書》에는 들어 있지 않고 《古文尙書》에는 들어 있다.

字義 率 : 거느릴 솔 更 : 고칠 경

1. 王이 歸自克夏하사 至于亳하사 誕告萬方하시다

王께서 夏나라를 쳐서 승리하고 돌아와 亳邑에 이르시어 萬方에 크게 고하셨다.

誕은 大也라 亳은 湯所都니 在宋州穀熟縣이라

誕은 大(크다)의 뜻이다. 亳은 湯임금이 도읍을 세운 곳인데, 宋州의 穀熟縣에 있다.

字義 克 : 이길 극 誕 : 클 탄

2. 王曰 嗟爾萬方有衆아 明聽予一人誥하라 惟皇上帝降衷[32]于下民하사 若有恒性[33][34]하니 克綏厥猷는[35](사) 惟后[36]니라

王歸至亳圖

王이 말씀하였다. "아, 너희 만방의 백성들아. 나 한 사람의 가르침을 분명히 듣도록 하라. 훌륭하신 上帝께서 모든 사람

32 衷 : 孔傳은 '善'의 뜻으로, 蔡傳은 '中'의 뜻으로 풀이하였다. 이에 대하여 洪奭周는 "'衷'의 뜻에 대하여 先儒들이 혹은 '善'이라고 하고, 혹은 '中'이라고 하였는데, 朱子가 '中'을 따르는 쪽이 낫다고 여김은 당연한 것이다.……당초 중심에 간직하고 있을 때는 다 善하지 않음이 없으니, 이것이 이른바 '天命本然之性'이다. 그러므로 '降衷'이라 한 것이다.〔衷之爲義 先儒或以爲善 或以爲中 朱子以從中爲長固也……若其初之存乎中者 未嘗不皆善也 此所謂天命本然之性也 故曰降衷〕"라고 하였다.(《尙書補傳》)

33 恒性 : 明代 羅欽順은 "六經 속에서 '心'을 말함은 帝舜으로부터 시작되고, '性'을 말함은 成湯으로부터 시작되었다.〔六經之中 言心自帝舜始 言性自成湯始〕"라고 하였다.(《困知記》)

34 若有恒性 : 《尙書注疏考證》에 "이 글귀를 宋儒는 위의 '降衷于下民'과 연결해서 읽었으니, 곧 《中庸》의 '하늘이 명한 것을 「性」이라 이른다.〔天命之謂性也〕'란 것이고, 孔傳의 경우는 아래에 있는 '克綏厥猷'와 연결해서 읽었다.〔按此句 宋儒連上降衷于下民讀 卽中庸天命之謂性也 孔傳則連下克綏厥猷讀〕"라고 하였다.

35 는 : 官吐에는 '사'로 되어 있으나, 退溪(李滉)의 《三經釋義》에 의거하여 '는'으로 바꾸었다.

36 若有恒性……惟后 : 孔傳은 "사람의 有常한 性을 따라 능히 그 道敎(道德敎化)를 편안히 세우는, 그것이 바로 임금이 되는 길이다.〔順人有常之性 能安立其道敎 則惟爲君之道〕"라고 풀이하였다.

에게 中正한 이치를 내려주셔서, 〈그 자연을〉 따라 恒性을 갖게 되었으니, 〈각각 그 性을 따라〉 능히 그 道에 안주하게 할 수 있는 이는 오직 임금뿐이다.

皇은 大요 衷은 中이요 若은 順也라 天之降命에 而具仁義禮智信之理하여 無所偏倚하니 所謂衷也요 人之稟命에 而得仁義禮智信之理하여 與心俱生하니 所謂性也라 猷는 道也라 由其理之自然하여 而有仁義禮智信之行하니 所謂道也라 以降衷而言하면 則無有偏倚하니 順其自然하여 固有常性矣어니와 以稟受而言하면 則不無淸濁純雜之異라 故로 必待君師之職而後에 能使之安於其道也라 故로 曰克綏厥猷는 惟后라하니라 夫天生民有欲은 以情言也요 上帝降衷于下民은 以性言也라 仲虺는 卽情以言人之欲하고 成湯은 原性以明人之善하시니 聖賢之論이 互相發明이라 然이나 其意則皆言君道之係於天下者 如此之重也니라

皇은 大(위대하다)의 뜻이요, 衷은 中의 뜻이요, 若은 順의 뜻이다. 하늘이 命을 내림에 仁·義·禮·智·信의 이치를 갖추어 편벽되거나 치우친 바가 없으니 이른바 '衷'이란 것이고, 사람이 命을 받음에 仁·義·禮·智·信의 이치를 얻어 마음과 함께 나오니 이른바 '性'이란 것이다. 猷는 道의 뜻이다. 그 이치의 자연으로 말미암아 仁·義·禮·智·信의 행실이 있으니 이른바 '道'란 것이다. 衷을 내려준 쪽에서 말하면 기울거나 치우친 바가 없으니, 그 자연을 따라 본디 常性을 가지고 있지만, 받는 쪽에서 말하면 淸과 濁, 純과 雜의 다름이 없지 못하다. 그러므로 반드시 임금과 스승의 직책이 있게 된 뒤에야 그 道에 안주하게 할 수 있는 것이다. 그러므로 "그 道에 안주하게 할 수 있는 이는 오직 임금뿐이다."라고 한 것이다.

〈仲虺之誥〉에서 "하늘이 내신 백성들은 욕망을 가지니"라고 한 것은 情을 가지고 말한 것이고, 여기서 "上帝께서 모든 사람들에게 中正한 이치를 내려주셔서"라고 한 것은 性을 가지고 말한 것이다. 〈왜냐하면〉 仲虺는 情에 입각해서 사람의 욕망을 말하고, 成湯은 性에 근거해서 사람의 善을 밝혔기 때문이니, 성인과 현인의 논조가 서로 발명이 된다. 그러나 그 뜻은 모두 임금의 법도가 천하에 관계된 점이 이와 같이 중대함을 말한 것이다.

字義 皇 : 클 황 衷 : 가운데 중 若 : 따를 약 綏 : 편안할 유 猷 : 도 유 后 : 임금 후
順 : 따를 순 偏 : 기울 편 倚 : 치우칠 의 卽 : 나아갈 즉 原 : 근거할 원 係 : 관계할 계

3. 夏王이 滅德作威하여 以敷虐于爾萬方百姓한대 爾萬方百姓[37]이 罹(리)其凶害하여 弗忍荼毒하여 並告無辜于上下神祇하니 天道는 福善禍淫이라 降災于夏하사 以彰

厥罪하시니라

夏나라 王이 德을 멸실하고 위세를 부려 너희 만방의 백성들에게 포악한 정사를 펴자, 너희 만방의 백성들은 그 흉한 해독에 걸려 荼毒을 견디지 못하여 모두들 죄 없이 고통 받는 것을 천지신명에게 하소연하였다. 天道는 善한 사람에게는 福을 내리고 악한 사람에게는 禍를 내리는지라, 夏나라에 재앙을 내려 그 죄를 밝히신 것이다.

言桀이 無有仁愛하고 但爲殺戮하니 天下被其凶害 如荼之苦하고 如螫之毒하여 不可堪忍일새 稱寃於天地鬼神하여 以冀其拯己라 屈原曰 人窮則反本[38]이라 故로 勞苦倦極이면 未嘗不呼天也라하니라 天之道는 善者福之하고 淫者禍之하나니 桀旣淫虐이라 故로 天降災하여 以明其罪라 意當時必有災異之事하니 如周語所謂伊洛竭而夏亡之類라

桀이 仁愛함은 없고 단지 殺戮만을 일삼으니 온 천하가 그 해독을 입는 것이 마치 씀바귀의 쓴맛이나 독충의 독을 접한 것과 같아서 견디고 참을 수가 없었다. 그러므로 천지신명에게 원통함을 하소연하여 자기들을 구원해주기를 바란 것이다. 《史記》〈屈原傳〉에 "사람이 궁해지면 근본으로 돌아가기 마련이다. 그러므로 몹시 괴롭거나 피곤하면 하늘을 부르지 않는 이가 없는 것이다."라고 하였다. 天道는 선한 사람에게 福을 내리고 악한 사람에게 禍를 내리니, 桀이 이미 음탕하고 사나우므로 하늘이 재앙을 내려서 그 죄를 밝힌 것이다. 짐작컨대, 당시에 필시 災異의 일이 있었을 것이니, 《國語》〈周語〉에 이른바 "伊水와 洛水가 고갈됨에 夏나라가 망했다."라는 따위와 같은 것이다.

字義 敷 : 펼 부 罹 : 걸릴 리 荼 : 씀바귀 도 辜 : 죄 고 祇 : 땅귀신 기 螫 : 쏠 석
堪 : 견딜 감 冀 : 바랄 기 拯 : 구원할 증

---

37 百姓 : 孔傳은 百官으로 보았다.

38 屈原曰 人窮則反本 : '屈原'은 〈屈原傳〉이나 司馬遷의 誤記인 듯하다. 司馬遷의 《史記》〈屈原列傳〉에 "무릇 하늘은 사람의 시초요, 부모는 사람의 근본이다. 사람이 궁해지면 근본으로 돌아가기 마련이다. 그러므로 몹시 괴롭거나 피곤하면 하늘을 부르게 되고, 몹시 아프거나 슬프면 부모를 부르게 되는 것이다.〔夫天者人之始也 父母者人之本也 人窮則反本 故勞苦倦極 未嘗不呼天也 疾痛慘怛 未嘗不呼父母也〕"라고 하였다. 이 글을 林之奇의 《尙書全解》에서 인용하면서 '屈原曰'로 잘못 적었는데, 蔡傳에서 검증 없이 그대로 인용한 것이다.

4. 肆台小子 將天命明威하여 不敢赦릴새 敢用玄牡[39]하여 敢昭告于上天神后하여 請罪有夏하고 聿求元聖하여 與之戮力하여 以與爾有衆으로 請命호라

그러므로 나 小子는 하늘이 명하신 밝은 위엄을 받들어서 감히 〈桀의 죄를〉 용서할 수가 없기에 검은 犧牲을 제물로 써서 천지의 신명께 밝게 아뢰어 夏나라에 죄벌을 내릴 것을 청하고 드디어 큰 聖人(伊尹)을 구하여 그와 함께 힘을 합쳐 너희 백성들과 더불어 하늘의 命을 청하였노라.

肆는 故也니 故로 我小子는 奉將天命明威하여 不敢赦桀之罪也라 玄牡는 夏尙黑하니 未變其禮也라 神后는 后土也라 聿은 遂也라 元聖은 伊尹也라

肆는 故(그러므로)의 뜻이니, 그러므로 나 소자는 하늘이 명하신 밝은 위엄을 받들어서 감히 桀의 죄를 용서하지 못하는 것이다. 玄牡는 夏나라가 검은색을 숭상하였으니, 그 禮를 바꾸지 않은 것이다. 神后는 바로 后土(토지를 맡아 다스리는 신)이다. 聿은 遂(드디어)의 뜻이다. 元聖은 伊尹이다.

字義 肆 : 그러므로 사 將 : 받들 장 牡 : 수컷 무 聿 : 드디어 률 元 : 클 원 戮 : 힘합할 륙

5. 上天이 孚佑下民이라 罪人이 黜伏하니 天命弗僭이 賁(비)若草木이라 兆民이 允殖하니라

하늘이 진실로 백성들을 도왔는지라 죄인이 내쳐져 굴복하였으니, 하늘의 명이 어그러지지 않는 것이 찬연히 아름답기가 마치 풀과 나무에 꽃이 핀 것과 같다. 그래서 만백성이 진실로 生殖(번식)하게 된 것이다.

---

39 敢用玄牡 : 洪奭周는 "가만히 살펴보건대, 《論語》의 卒篇에서 인용한 '敢用玄牡'와 아랫章의 '萬方有罪' 1段은 그 글이 이 篇과 대체로 동일하건만, 孔安國이 해석하기를 '墨子가 인용한 〈湯誓〉의 「桀을 칠 때 하늘에 고유했다.」는 말이 이와 같다.'고 하였다. 孔安國은 곧 벽 속에서 친히 古文을 얻어냈고, 따라서 傳을 지은 사람인데, 어찌 이 글이 〈湯誥〉에서 백성들에게 고유한 말이라는 것을 모르고 멀리 墨子의 異說을 인용했을까. 그렇다면 《今文尙書》의 傳은 아마도 孔安國이 스스로 지은 것이 아닐 것이다. 朱子가 말씀하기를 '나는 일찍이 孔安國의 《書》가 가짜 《書》임을 의심하였다.'고 하고, 또 말씀하기를 '孔氏傳은 절대로 西京의 文字(前漢時代 학자들이 지은 經書의 註解)와 같지 않다.'고 하였으니, 아마 또한 이것을 가지고 유추하였나보다.〔竊按 論語卒篇引敢用玄牡 及下章萬方有罪一段 其文與此篇大同 而孔安國釋之曰 墨子引湯誓伐桀告天之辭如此 安國卽親得古文於壁中而爲之傳者也 豈不知此文之爲湯誥告民之辭 而乃遠引墨子之異說耶 然則今文尙書之傳 殆非安國之所自爲矣 朱子曰 某嘗疑孔安國書爲假書 又曰 孔氏傳 絶不類西京文字 蓋亦以此類推之歟〕"라고 하였다.(《尙書補傳》)

孚允은 皆信也라 僭은 差也라 賁는 文之著也라 殖은 生也라 上天이 信佑下民이라 故로 夏桀이 竄亡而屈服하니 天命無所僭差가 燦然若草木之敷榮하여 兆民이 信乎其生殖矣라

孚와 允은 모두 信(진실로)의 뜻이다. 僭은 差(어그러지다)의 뜻이다. 賁는 문채가 드러나는 것이다. 殖은 生(태어남)의 뜻이다. 하늘이 진실로 백성들을 도왔기 때문에 夏나라 桀이 내쳐져 굴복하였으니, 하늘의 명이 어그러지지 않는 것이 찬연히 아름답기가 마치 풀과 나무에 꽃이 핀 것과 같다. 그래서 만백성이 진실로 생식하게 된 것이다.

字義 孚 : 진실로 부 佑 : 도울 우 黜 : 내칠 출 伏 : 굴복할 복 僭 : 어그러질 참 賁 : 문채날 비 允 : 믿을 윤 殖 : 번식할 식

6. 俾予一人으로 輯寧爾邦家하시니 茲朕이 未知獲戾于上下하여 慄慄危懼하여 若將隕于深淵하노라

나 한 사람으로 하여금 너희들 나라를 화평하고 편안하게 해주도록 하시니, 이에 朕은 하늘과 땅에 죄를 짓지나 않을지 몰라서 두려움에 떨어 마치 깊은 못에 빠질 것처럼 여기노라.

輯은 和요 戾는 罪요 隕은 墜也라 天使我輯寧爾邦家하니 其付予之重을 恐不足以當之요 未知已得罪於天地與否하여 驚恐憂畏하여 若將墜於深淵하니 蓋責愈重則憂愈大也라

輯은 和의 뜻이요, 戾는 罪의 뜻이요, 隕은 墜의 뜻이다. 하늘이 나로 하여금 너희 나라를 화평하고 편안하게 해주도록 하시니, 그 부여해주신 무거운 책임을 감당하지 못할까 두려워하고, 나는 하늘과 땅에 죄를 짓지나 않을지 몰라서 두려움에 떨어 마치 깊은 못에 떨어질 것처럼 여긴다는 것이니, 대개 책임이 무거울수록 걱정이 더욱 커지는 것이다.

字義 俾 : 하여금 비 輯 : 화평할 집 獲 : 얻을 획 戾 : 죄 려 慄 : 떨 률 隕 : 떨어질 운 淵 : 못 연 墜 : 떨어질 추 付 : 부여할 부 責 : 책임 책 愈 : 더욱 유

7. 凡我造邦은 無從匪彝하며 無卽慆淫하여 各守爾典하여 以承天休하라

대범 우리 새로 시작하는 나라들은 옳지 못한 법을 따르지 말며, 태만하고 음탕한

쪽으로 나가지 말아서 각각 너희들의 일정한 법도를 지키어 하늘의 아름다운 명을 받들도록 하라.

夏命已黜에 湯命惟新하니 侯邦雖舊나 悉與更始라 故로 曰造邦이라 彛는 法이요 卽은 就요 慆는 慢也라 匪彛는 指法度言이요 慆淫은 指逸樂言이라 典은 常也니 各守其典常之道하여 以承天之休命也라

夏나라의 운명이 이미 내쳐짐에 湯임금의 운명이 새로워졌으니, 諸侯의 나라들이 비록 오래되었으나 모두 더불어 새로 시작하기 때문에 '造邦'이라고 한 것이다. 彛는 法의 뜻이요, 卽은 就의 뜻이요, 慆는 慢의 뜻이다. 匪彛는 法度를 가리켜 말한 것이고, 慆淫은 逸樂을 가리켜 말한 것이다. 典은 常(떳떳하다)의 뜻이니, 각각 그 典常의 법도를 지키어 하늘의 아름다운 명을 받들도록 하는 것이다.

字義 造 : 지을 조 匪 : 아니 비 彛 : 법 이 慆 : 거만할 도 休 : 아름다울 휴

8. 爾有善이면 朕弗敢蔽요 罪當朕躬이면 弗敢自赦니 惟簡이 在上帝之心하니라 其爾萬方의 有罪는 在予一人이요 予一人의 有罪는 無以爾萬方이니라

너희들에게 착함이 있으면 나는 감히 덮어두지 않을 것이고, 죄가 나의 몸에 당하면 감히 스스로 용서하지 않을 것이니, 오직 〈이것을〉 검열하는 것은 上帝의 마음에 달려 있을 뿐이다. 너희 만방이 죄가 있는 것은 나 한 사람에게 책임이 있고, 나 한 사람에게 죄가 있는 것은 너희 만방과는 무관한 일이다.

簡은 閱也라 人有善이면 不敢以不達이요 己有罪면 不敢以自恕니 簡閱을 一聽於天이라 然이나 天以天下로 付之我하니 則民之有罪는 實君所爲요 君之有罪는 非民所致라 非特聖人이 厚於責己而薄於責人이라 是乃理之所在니 君道當然也라

簡은 閱(검열하다)의 뜻이다. 사람에게 착함이 있으면 감히 〈착함을〉 드러내지 않을 수 없고, 나에게 죄가 있으면 감히 스스로 〈죄를〉 용서할 수 없으니, 검열하는 일은 한결같이 하늘의 명을 따를 뿐이다. 그러나 하늘이 천하를 나에게 부여하였으니, 백성들에게 죄가 있는 것은 실로 임금이 그렇게 만든 것이고, 임금에게 죄가 있는 것은 백성들이 그렇게 만든 것이 아니다. 이는 성인이 자신의 잘못은 깊이 책망하고 남의 잘못은 가볍게 책망하는 것일 뿐만 아니라 바로 이치가 있는 곳이니, 임금의 도리에 당연한 것이다.

字義 蔽 : 덮을 폐 簡 : 점검할 간 閱 : 검열할 열 聽 : 따를 청 特 : 다만 특

9. 嗚呼라 尙克時忱이라사 乃亦有終하리라

아. 부디 능히 이에 성실하여야 또한 유종의 미를 거둘 것이다."

忱은 信也라 歎息言 庶幾能於是而忱信焉이라야 乃亦有終也라 吳氏曰 此는 兼人己而言이라하니라

忱은 信(성실)의 뜻이다. 탄식하고 나서 말하기를 "부디 능히 이에 성실하여야 이에 또한 유종의 미를 거둘 것이다."라고 한 것이다.

吳氏가 말하였다. "이는 남과 자기를 겸해서 말한 것이다."

字義 尙 : 부디 상 時 : 이 시 忱 : 성실할 침

伊訓

訓은 導也라 太甲嗣位에 伊尹이 作書訓導之어늘 史錄爲篇이라 今文無하고 古文有하니라

訓은 導(인도하다)의 뜻이다. 太甲이 왕위를 계승하자, 伊尹이 글을 지어 훈도하였는데, 史官이 이를 기록하여 篇을 만들었다. 〈伊訓〉은 《今文尙書》에는 들어 있지 않고 《古文尙書》에는 들어 있다.

1. 惟元祀十有二月乙丑에 伊尹이 祠于先王[40]할새 奉嗣王하여 祗見(현)厥祖어늘 侯

40 惟元祀十有二月乙丑 伊尹祠于先王 : 孔傳에서 "이는 湯임금이 승하하니 달을 넘겨서 太甲이 즉위하여 殯殿에 奠을 올려 고유한 것이다.〔此湯崩逾月 太甲卽位 奠殯而告〕"라고 풀이하자, 蔡傳에서 이를 배척하였는데, 조선시대 尹鑴(《讀書記》〈讀尙書〉)는 "蔡傳에서 '太甲이 이미 仲壬의 靈柩 앞에서 즉위하였다.'라고 말하며 孔傳의 '湯崩奠殯'이란 說을 배척하였는데……孔傳의 말은 고칠 수 없을 듯하다. 단, 孔傳에서 湯임금이 승하한 지 채 한 해를 넘기기 전에 太甲이 즉위하여 개원한 것으로 여긴 것만은 매우 잘못이다.〔傳言太甲 旣卽位於仲壬之柩前 而斥孔傳湯崩奠殯之說……孔傳之言 恐不可改也 但孔傳以爲湯崩未逾年 太甲卽位改元 則誤甚矣〕"라고 하였고, 明代 王樵(《尙書日記》)는 "초상 때 殯殿과 斂所에서 지내는 제사를 모두 '奠'이라고 명명하고 虞·祔·卒哭에서 비로소 '祭'라고 명명하니, 이 '祠'는 奠이라고 할 수 없다. 그런데 孔氏는 '祠'를 殯殿에 奠을 올려 고유한 것'으로 여겼기 때문에 吳氏가 비난하기를 '殯殿에 朝夕奠이 있거늘 무엇 때문에 제사를 지냈겠으며, 喪主는 殯殿 곁을 떠나지 않는 법이거늘 어찌 경건히 뵐 필요가 있었겠는가.' 했

甸群后咸在하며 百官이 總己하여 以聽冢宰어늘 伊尹이 乃明言烈祖之成德하여 以訓于王하니라

太甲 元祀(元年) 12월 乙丑日 伊尹이 先王(成湯)께 제사 지낼 적에 嗣王(太甲)을 받들어 그 할아버지를 경건히 뵙도록 했는데, 이때에 侯服과 甸服의 여러 諸侯들이 모두 자리에 있었고, 모든 관원들이 자기의 직책을 총괄하여 冢宰에게 명령을 들었거늘, 伊尹이 烈祖(成湯)가 이루어 놓은 德을 분명히 말하여 王에게 다음과 같이 훈계하였다.

夏曰歲요 商曰祀요 周曰年이나 一也라 元祀者는 太甲卽位之元年이라 十二月者는 商以建丑爲正이라 故로 以十二月爲正也라 乙丑은 日也니 不繫以朔者는 非朔日也라 三代雖正朔不同이나 然皆以寅月起數하니 蓋朝覲會同頒曆授時는 則以正朔行事하고 至於紀月之數하여는 則皆以寅爲首也라 伊는 姓이요 尹은 字也니 伊尹의 名은 摯라 祠者는 告祭於廟也라 先王은 湯也라 冢은 長也라 禮에 有冢子冢婦之名하고 周人亦謂之冢宰니라 古者에 王宅憂어든 祠祭則冢宰攝而告廟하고 又攝而臨群臣이라 太甲이 服仲壬之喪일새 伊尹이 祠于先王에 奉太甲하여 以卽位改元之事로 祗見厥祖하니 則攝而告廟也요 侯服甸服之群后咸在하고 百官이 總己之職하여 以聽冢宰하니 則攝而臨群臣也라 烈은 功也니 商頌曰 衎(간)我烈祖라하니라 太甲이 卽位改元하니 伊尹이 於祠告先王之際에 明言湯之成德하여 以訓太甲하니 此는 史官敍事之始辭也라

夏나라에서는 '歲'라 하고 商나라에서는 '祀'라 하고 周나라에서는 '年'이라 하였지만, 동일한 것이다. 元祀는 太甲이 즉위한 元年이다. 12월은 商나라에서는 建丑月을 正月로 삼았기 때문에 12월을 正月로 삼은 것이다. 乙丑은 日辰인데, 朔을 붙이지 않은 것은 초하루가 아니었기 때문이다. 三代가 비록 正朔이 동일하지 않으나 〈달의 순서를 말할 때〉 모두 寅月부터 달수를 시작하였으니, 朝覲과 會同 그리고 冊曆을 반포하여 농사철을 알려주는 것은 正朔을 가지고 행사하였고, 달수를 기록함에 있어서는 모두 寅月을 歲首로 삼은 것이다.

伊는 姓이고 尹은 字이니, 伊尹의 이름은 摯이다. 祠는 祠堂에 告由祭를 지내는 것이다. 先王은 湯임금이다. 冢은 長의 뜻이다. 禮(《禮記》 〈內則〉)에 冢子와 冢婦의

다.〔喪於殯殮祭 皆名爲奠 虞祔卒哭始名爲祭 是祠不可以爲奠也 孔氏以祠爲奠殯而告 故吳氏非之曰 殯有朝夕之奠 何爲而致祠 喪主不離於殯側 何待於祗見〕"라고 하였다.

元祀告廟圖

명칭이 있고, 周나라 사람 또한 '冢宰'라 칭하였다. 옛날에 王이 喪中에 있거든 祠堂에서 제사를 지낼 때 冢宰가 왕을 대신해서 祠堂에 고유제를 지내고, 또한 왕을 대신해서 신하들에게 군림하였다. 太甲이 仲壬의 喪을 입고 있었기 때문에 伊尹이 先王께 제사 지낼 적에 太甲을 받들어 太甲이 卽位하고 원년을 고친 일을 가지고 그 할아버지를 경건히 뵈었으니, 이는 왕을 대신해서 祠堂에 고유한 것이며, 侯服과 甸服의 여러 諸侯들이 모두 자리에 있었고, 百官들이 자기의 직책을 총괄하여 冢宰에게 명령을 들었으니, 이는 왕을 대신해서 신하들에게 군림한 것이다.

烈은 功의 뜻이니, 《詩經》〈商頌 那〉에 "우리 烈祖를 즐겁게 한다."라고 하였다. 太甲이 즉위하고 원년을 고치자, 伊尹이 先王께 고유제를 지낼 적에 湯임금이 이루어 놓은 德을 분명히 말하여 太甲에게 훈계하였으니, 이는 史官이 일을 서술하면서 시작하는 말이다.

或曰 孔氏言湯崩踰月에 太甲卽位라하니 則十二月者는 湯崩之年建子之月也니 豈改正朔而不改月數乎아 曰 此는 孔氏惑於序書之文[41]也라 太甲이 繼仲壬之後하여 服仲壬之喪이어늘 而孔氏曰 湯崩에 奠殯而告라하니 固已誤矣요 至於改正朔而不改月數하여는 則於經史에 尤可攷라 周建子矣로되 而詩言四月維夏하고 六月徂暑라하니 則寅月起數를 周未嘗改也요 秦建亥矣로되 而史記에 始皇三十一年十二月에 更名臘曰嘉平이라하니 夫臘은 必建丑月也라 秦以亥正이면 則臘爲三月이어늘 云十二月者는 則寅月起數를 秦未嘗改也라 至三十七年하여 書十月癸丑에

---

41 孔氏惑於序書之文 : 《書經》 小序에 "成湯이 이미 별세하자, 太甲 원년에 伊尹이 〈伊訓〉을 지었다.〔成湯旣沒 太甲元年 伊尹作伊訓〕"라고 했기 때문이다.

始皇出遊하고 十一月에 行至雲夢이라하고 繼書七月丙寅에 始皇崩하여 九月에 葬酈山이라하니 先書十月十一月하고 而繼書七月九月者는 知其以十月爲正朔이나 而寅月起數를 未嘗改也라 且秦史制書에 謂改年始하여 朝賀를 皆自十月朔이라하니 夫秦은 繼周者也라 若改月數면 則周之十月은 爲建酉月矣니 安在其爲建亥乎아 漢初에 史氏所書는 舊例也라 漢仍秦正이로되 亦書曰 元年冬十月이라하니 則正朔改而月數不改 亦已明矣라 且經曰 元祀十有二月乙丑이라하니 則以十二月로 爲正朔而改元을 何疑乎아 惟其以正朔行事也라 故로 後乎此者 復政厥辟도 亦以十二月朔에 奉嗣王하여 歸于亳하니 蓋祠告復政은 皆重事也라 故로 皆以正朔行之니라 孔氏不得其說하고 而意湯崩踰月에 太甲卽位하여 奠殯而告라하니 是는 以崩年改元矣라 蘇氏曰 崩年改元은 亂世事也라 不容在伊尹而有之니 不可以不辨이라하니라

혹자는 말하기를 "孔氏(孔安國)가 '湯임금이 승하한 지 한 달이 넘어서 太甲이 즉위했다.'고 하였으니, 그렇다면 12월은 湯임금이 승하한 해의 建子月인데, 어찌 正朔은 고치고 달수는 고치지 않았겠는가."라고 말한다. 그러나 이것은 孔氏가 《書經》의 序文에 홀린 것이다. 太甲이 仲壬의 뒤를 이어 仲壬의 喪을 입고 있었는데, 孔氏가 "湯임금이 승하하자 殯所에 奠을 올려 고유했다."라고 했으니 이미 잘못된 말이고, '正朔은 고치고 달수는 고치지 않은 것'으로 말하면 經文과 史策에서 더욱 상고할 수 있다.

周나라는 建子月을 〈正月로 삼았으나〉《詩經》〈小雅 四月〉에 "4월에 여름이 되고, 6월에 더위가 물러간다."라고 말하였으니, 寅月부터 달수를 시작한 것을 周나라가 일찍이 고치지 않은 것이며, 秦나라는 建亥月을 正月로 삼았으나 《史記》〈秦始皇本紀〉에 "始皇 31년 12월에 臘月의 이름을 고쳐 '嘉平'이라 했다."라고 하였으니, 臘月은 반드시 建丑月로 한 것이다. 秦나라가 亥月을 正月로 삼았으면 臘月은 3월이 되어야 하는데, '12월'이라고 말한 것은 寅月부터 달수를 시작한 것을 秦나라가 일찍이 고치지 않은 것이다. 始皇 37년에 이르러 "10월 癸丑日에 始皇이 나가 길을 떠났고, 11월에 행차하여 雲夢에 이르렀다."라고 적고, 뒤이어 "7월 丙寅日에 始皇이 승하하여 9월에 酈山에 장사 지냈다."라고 적었으니, 먼저 10월과 11월을 적고, 뒤이어 7월과 9월을 적은 것은 10월을 正朔으로 삼았으나 寅月부터 달수를 시작한 것을 일찍이 고치지 않았다는 것을 알 수 있다.

또 秦나라 史官이 기록한 制書(詔書)에 "새해의 시작을 고쳐서 朝會하고 賀禮하는 것을 모두 10월 초하루부터 했다."라고 하였으니, 秦나라는 周나라를 이은 나라이니, 만약 달수를 고쳤다면 周나라의 10월은 建酉月이 되는데, 어찌 建亥月이 될

수 있겠는가. 漢나라 초기에 史官이 적은 것은 舊例를 그대로 따른 것이었다. 漢나라는 秦나라의 正月을 그대로 따랐으나 또한 "元年 冬 10월이다."라고 하였으니, 正朔은 고쳤으나 달수는 고치지 않은 것이 또한 너무도 분명하다.

또 經文에 이르기를 "元祀 12월 乙丑日이다."라고 하였으니, 〈商나라〉 12월을 正朔으로 삼아 元年을 고친 것을 어찌 의심할 게 있겠는가. 그 正朔으로 행사했기 때문에 이 뒤에 정사를 임금에게 돌려줄 때에도 또한 12월 초하루에 嗣王을 받들어 亳邑으로 돌아왔던 것이니, 祠堂에 고유한 것과 정사를 임금에게 돌려주는 것이 다 중요한 일이기 때문에 모두 正朔을 가지고 행한 것이다. 孔氏는 그 말을 이해하지 못하고 "湯임금이 승하한 지 한 달이 넘어서 太甲이 즉위하여 殯所에 奠을 올려 고유했다."라고 생각하였으니, 이는 승하한 해에 개원한 꼴이 된 것이다.

蘇氏가 말하였다. "승하한 해에 개원을 하는 것은 난세에나 하는 일이다. 伊尹의 세대에는 이러한 일이 있을 수 없으니, 변별하지 않을 수 없다."

又按 孔氏以爲湯崩이라하여늘 吳氏曰 殯有朝夕之奠이니 何爲而致祠며 主喪者는 不離於殯側이니 何待於祗見이리오하니 蓋太甲之爲嗣王은 嗣仲壬而王也라 太甲은 太丁之子요 仲壬은 其叔父也니 嗣叔父而王이로되 而爲之服三年之喪은 爲之後者爲之子也일새라 太甲이 旣卽位於仲壬之柩前하고 方居憂於仲壬之殯側일새 伊尹이 乃至商之祖廟하여 徧祀商之先王하여 而以立太甲告之라 不言太甲祀而言伊尹은 喪에 三年은 不祭也[42]라 奉太甲하여 徧見商之先王이로되 而獨言祗見厥祖者는 雖徧見先王이나 而尤致意於湯也니 亦猶周公金縢之冊에 雖徧告三王이나 而獨眷眷於文王也라 湯旣已祔于廟하니 則是此書는 初不廢外丙仲壬之事나 但此書本爲伊尹稱湯以訓太甲이라 故로 不及外丙仲壬之事爾라 餘見書序하니라

또 상고해보건대, 孔氏가 "湯임금이 승하했다."라고 하였는데, 吳氏는 말하기를 "殯殿에 朝夕奠이 있으니 무엇 때문에 제사를 지냈겠으며, 喪主는 殯殿 곁을 떠나지 않는 법이니 어찌 경건히 뵐 필요가 있었겠는가."라고 하였다. 太甲이 嗣王이 된 것은 仲壬을 이어 임금이 된 것이다. 太甲은 太丁의 아들이고, 仲壬은 그의 叔父이니, 叔父를 이어 임금이 되었는데 그를 위해 三年喪의 복을 입은 것은 후계자가 된 사람은 자식이 되기 때문이다. 太甲이 이미 仲壬의 靈柩 앞에서 즉위하였고 仲壬의 殯所 곁에서 상주 노릇을 하고 있기 때문에 伊尹이 곧 商나라의 祖廟에 가서 商나

---

42 喪三年不祭也 : 《禮記》 〈王制〉에 보인다.

라의 先王께 두루 제사를 지내어 太甲을 세운 일을 고유한 것이다. 太甲이 제사를 지냈다고 말하지 않고 伊尹이 했다고 말한 것은 喪中에 있는 3년 동안은 제사를 지내지 않기 때문이다. 太甲을 받들어 商나라의 先王들을 두루 뵈었는데 유독 할아버지를 공경히 뵈었다고 말한 것은 비록 先王들을 두루 뵈었으나 더욱 湯임금께 성의를 다한 것이니, 이는 또한 周公이 金縢의 책에 비록 〈太王·王季·文王〉 세 임금에게 두루 고유하였으나 유독 文王에게 정성을 다한 것과 같은 예이다.

湯임금은 〈神主가〉 이미 祠堂에 모셔졌으니 이 글은 애초에 外丙과 仲壬의 일을 폐하지 않았어야 하나, 다만 이 글은 본래 伊尹이 湯임금이 〈이루어 놓은 德을〉 말하여 太甲을 훈계하고자 한 것이기 때문에 外丙과 仲壬의 일을 언급하지 않았을 뿐이다. 나머지는 〈앞의〉 書序에 보인다.

字義 祀(≒年) : 해 사　祠 : 제사지낼 사　嗣 : 이을 사　祗 : 공경 지　總 : 총괄할 총　冢 : 클 총
宰 : 재상 재　繫 : 맬 계　朝 : 뵐 조　覲 : 뵐 근　會 : 뵐 회　同 : 뵐 동　頒 : 반포할 반
曆 : 책력 력　授 : 줄 수　摯 : 도타울 지　宅 : 있을 택　憂 : 상중 우　攝 : 대신할 섭
衎 : 즐길 간　敍 : 서술할 서　踰 : 넘을 유　服 : 입을 복　徂 : 물러갈 조　臘 : 섣달제향 랍
酈 : 땅이름 력　復 : 돌려줄 복　辟 : 임금 벽　徧 : 두루 변(편)　縢 : 봉함할 등　眷 : 돌볼 권
附 : 부제사 부

2. 曰 嗚呼라 古有夏先后는 方懋厥德하실새 罔有天災하며 山川鬼神이 亦莫不寧하며 暨鳥獸魚鼈이 咸若하더니 于其子孫에 弗率한대 皇天이 降災하사 假手于我有命하시니 造攻은 自鳴條어늘 朕哉自亳[43]하시니이다

"아. 옛날 夏나라의 先后(先王)들은 그 德을 힘쓰셨기 때문에 天災가 있지 않았으며, 山川의 鬼神들 또한 안녕을 누리지 않음이 없었으며, 그리고 鳥獸와 魚鼈이

43 造攻……朕哉自亳 : 《孟子》 〈萬章 上〉에 인용된 "天誅造攻 自牧宮 朕載自亳"에 대한 朱子의 集註에는 "지금 《書經》에는 '牧宮'이 '鳴條'로 되어 있다. '造'와 '載'는 모두 始의 뜻이다. 伊尹이 말하기를 '無道한 桀을 최초로 공격한 것은 우리가 그 일을 亳邑에서 시작함으로부터였다.'고 한 것이다.〔今書 牧宮作鳴條 造載皆始也 伊尹言始攻桀無道 由我始其事於亳也〕"라고 하였으니, 다시 말하면, 하늘의 攻伐이 桀의 牧宮에 내려진 것은 우리가 亳邑에서 德을 닦을 때부터였지 군대를 동원하여 공벌하는 날 처음 이루어진 것이 아니라는 뜻이다. 여기의 蔡傳은 "공벌할 수 있는 틈을 최초로 만든 것은 桀이 鳴條에서 惡을 쌓은 데서 연유하였고, 湯임금이 德을 닦은 것은 亳邑에서 시작되었음을 말한 것이다."라고 하였는데, 朴世堂은 "蔡傳에서 '造攻'의 뜻을 해석하면서 朱子의 說을 쓰지 않은 것은 잘한 일이다. 다만 '朕哉自亳'의 뜻을 해석한 것은 또 실수를 범하였다. 위에서는 蔡氏의 해석을 쓰고, 아래에서는 朱子의 해석을 쓰면 모두 좋을 것이다.〔傳釋造攻之義 不用朱子之說者 得矣 但釋朕哉自亳之義 則又失之矣 上用蔡氏 下用朱子 則皆善矣〕"라고 하였다.(《思辨錄》 〈尙書〉)

모두 순하였는데, 그의 자손에 이르러 〈선왕의 법도를〉 따르지 않자, 하늘이 재앙을 내리시어, 우리 天命을 소유한 〈湯임금에게〉 손을 빌리셨으니, 攻伐을 시작한 것은 鳴條로부터 하였지만, 우리 〈湯임금이〉 德을 닦은 것은 亳邑에서부터 시작하였습니다.

詩曰 殷監不遠하여 在夏后之世라하니 商之所宜監者는 莫近於夏라 故로 首以夏事告之也라 率은 循也요 假는 借也라 有命은 有天命者니 謂湯也라 桀이 不率循先王之道라 故로 天降災하사 借手于我成湯以誅之라 夏之先后 方其懋德엔 則天之眷命이 如此라가 及其子孫에 弗率한대 而覆亡之禍 又如此라 太甲이 不知率循成湯之德이면 則夏桀覆亡之禍를 亦可監矣라 哉는 始也라 鳴條는 夏所宅也요 亳은 湯所宅也니 言造可攻之釁者는 由桀積惡於鳴條요 而湯德之修는 則始於亳都也라

《詩經》〈大雅 蕩〉에 "殷나라가 비추어볼 거울이 먼 데 있지 않아 바로 夏后(桀)의 세대에 있다."라고 하였으니, 商나라가 마땅히 거울로 삼아야 할 것은 夏나라보다 가까운 것이 없었다. 그러므로 첫머리에서 夏나라의 일을 가지고 고한 것이다. 率은 循(따름)의 뜻이요, 假는 借(빌림)의 뜻이다. 有命은 天命을 소유한 사람이니, 바로 湯임금을 이른다. 桀이 先王의 법도를 따르지 않기 때문에 하늘이 재앙을 내려서, 우리 成湯의 손을 빌려 誅伐한 것이다. 夏나라의 先后들이 德을 힘쓸 때에는 하늘이 그처럼 잘 보살피다가 자손에 와서 〈선왕의 법도를〉 따르지 않자, 패망하는 禍가 또 이와 같았다.

太甲이 成湯의 德을 따를 줄 모르면 夏나라 桀이 패망한 禍를 또한 거울로 삼아야 할 것이다. 哉는 始(시작하다)의 뜻이다. 鳴條는 夏나라가 도읍했던 곳이요, 亳邑은 湯임금이 도읍했던 곳이니, 공벌할 수 있는 틈을 최초로 만든 것은 桀이 鳴條에서 惡을 쌓은 데서 연유하였고, 湯임금이 德을 닦은 것은 亳邑에서 시작되었음을 말한 것이다.

字義 懋 : 힘쓸 무　暨 : 및 기　鼈 : 자라 별　若 : 순할 약　率 : 따를 솔　假 : 빌릴 가
造 : 시작할 조　哉 : 비로소 재　監 : 거울 감　循 : 따를 순　借 : 빌릴 차　覆 : 전복할 복
宅 : 도읍 택　釁 : 틈 흔

3. 惟我商王이 布昭聖武하사 代虐以寬①하신대 兆民이 允懷하나이다

① 書經 代虐以寬 : 포악함을 대신하기를 너그러움으로써 하시니
一般 以寬代虐 : 너그러움으로 포악함을 대신하셨다.

우리 商나라 왕이 성스러운 무력을 펴서 드러내시어, 너그러움으로 포학함을 대신하신대, 만백성이 믿고 그리워하였던 것입니다.

布昭는 敷著也라 聖武는 猶易所謂神武而不殺者라 湯之德威 敷著于天下하여 代桀之虐以吾之寬이라 故로 天下之民이 信而懷之也라

布昭는 펴서 드러내는 것이다. 聖武는《周易》〈繫辭傳 上〉에 이른바 "신비한 武威로 죽이지 않는 자"라는 것과 같은 것이다. 湯임금의 德과 威嚴이 천하에 펴져 드러나서, 桀의 포학함을 우리(湯임금)의 너그러움으로 대신하였다. 그러므로 천하의 백성들이 믿고 그리워하였다는 것이다.

字義 代 : 대신할 대　虐 : 포악할 학　敷 : 펼 부　著 : 드러낼 저

4. 今王이 嗣厥德인댄(하샬든) 罔不在初하니 立愛惟親하시며 立敬惟長하사 始于家邦하사 終于四海하소서

지금 王께서 그 德을 계승하려 하신다면 즉위 초기에 〈모든 문제가 달려〉 있지 않음이 없으니, 사랑의 도를 확립하되 어버이로부터 하시고, 공경의 도를 확립하되 어른으로부터 하시어, 집과 나라에서 시작하여 온 세상에 끝내 파급되도록 하소서.

初는 卽位之初니 言始不可以不謹也라 謹始之道는 孝悌而已라 孝悌者는 人心之所同이니 非必人人敎詔之라 立은 植(치)也니 立愛敬於此에 而形愛敬於彼하니 親吾親하여 以及人之親하고 長吾長하여 以及人之長하며 始于家하여 達于國하고 終而措之天下矣라 孔子曰 立愛自親始는 敎民睦也요 立敬自長始는 敎民順也라하시니라

初는 卽位 초이니, 처음을 삼가지 않을 수 없음을 말한 것이다. 처음을 삼가는 길은 '효도함'과 '공경함'일 뿐인데, 효도함과 공경함은 사람의 마음에 동일한 것이니, 꼭 사람마다 가르칠 필요가 없는 것이다. 立은 植(세우다)의 뜻이다. 사랑과 공경을 여기에 세움에 사랑과 공경이 저기에 나타나게 되는 것이니, 나의 어버이를 친애함으로부터 남의 어버이에게 미쳐가고, 나의 어른을 공경함으로부터 남의 어른에게 미쳐가며, 집에서 시작하여 나라에 도달해가고 끝내는 온 천하에 파급되게 한다는 것이다.

〈《禮記》〈祭義〉에서〉 孔子가 말씀하기를 "사랑의 도를 확립하되 어버이로부터 시작하는 것은 백성들에게 화목함을 가르치기 위한 것이고, 공경의 도를 확립하되 어른으로부터 시작하는 것은 백성들에게 순종함을 가르치기 위한 것이다."라고 하셨다.

字義 立 : 정립할 립 悌 : 공경 제 詔 : 가르칠 조 植 : 세울 치 措 : 둘 조 達 : 도달할 달
睦 : 화목할 목

5. 嗚呼라 先王이 肇修人紀하사 從諫弗咈하시며 先民[44]을 時若[45]하시며 居上克明하시며 爲下克忠하시며 與人不求備하시며 檢身若不及하사 以至于有萬邦하시니 玆惟艱哉니이다

아. 先王(成湯)께서 비로소 人紀(綱常)를 닦으시어, 신하들의 간하는 말을 따르고 어기지 않으셨으며, 先民을 이에 순종하셨으며, 윗자리에 있을 때에는 능히 밝게 보시고, 아랫사람이 되었을 때에는 능히 충성을 다하셨으며, 사람을 인정할 때에는 완벽하게 갖추어지기를 요구하지 않으시고, 자기를 단속할 때에는 행여 미치지 못할 듯이 하시어, 萬邦을 소유하기에 이르렀으니, 이렇게 하기가 어렵습니다.

人紀는 三綱五常이니 孝敬之實也라 上文에 欲太甲立其愛敬이라 故로 此言成湯之所修人紀者를 如下文所云也라 綱常之理는 未嘗泯沒이니 桀廢棄之로되 而湯始修復之也라 咈은 逆也라 先民은 猶前輩舊德也라 從諫不逆과 先民是順은 非誠於樂善者면 不能也라 居上克明은 言能盡臨下之道요 爲下克忠은 言能盡事上之心이라

人紀는 바로 三綱과 五常이니, 효도하고 공경하는 實事이다. 윗글에서 太甲에게 이 사랑과 공경의 도를 세우게 하려고 하였다. 그러므로 여기에서는 成湯이 人紀를 닦은 점을 말하기를 아랫글에서 이른 바와 같이 하였다. 三綱·五常의 이치는 일찍이 없어진 적이 없으니, 桀이 폐기하였으나 湯임금이 비로소 닦아 회복시킨 것이다. 咈은 逆의 뜻이다. 先民은 前輩나 舊德(덕망이 높은 老臣)과 같은 것이다. “간하는 말을 따르고 어기는 일이 없는 것”과 “덕이 있는 先民을 이에 순종한 것”은 善을 진심으로 즐거워하는 자가 아니면 가능하지 못한 일이다. “윗자리에 있을 때에는 능히 밝게 보셨다.”라는 것은 능히 아랫사람에게 임하는 도리를 다한 점을 말한 것이고, “아랫사람이 되었을 때에는 능히 충성을 다하였다.”라는 것은 능히 윗사람을 섬기는 마음을 다한 점을 말한 것이다.

○呂氏曰 湯之克忠은 最爲難看이라 湯放桀은 以臣易君이니 豈可爲忠이리오 不知

---

44 先民 : 孔疏에서는 ‘先民’을 古賢으로 보았다.

45 先王 時若 : 孔傳은 “湯임금이 비로소 사람이 되는 綱紀를 닦아 과오가 있으면 고치고 諫言을 따르기를 물이 흐르듯이 하며, 반드시 先民의 말을 이에 순종하였음을 말한 것이다.〔言湯始修爲人綱紀 有過則改 從諫如流 必先民之言是順〕”라고 풀이하였다.

湯之心이 最忠者也라 天命未去하고 人心未離에 事桀之心이 曷嘗斯須替哉리오 與人之善은 不求其備하고 檢身之誠은 有若不及하니 其處上下人己之間이 又如此라 是以로 德日以盛하고 業日以廣하여 天命歸之하고 人心戴之하여 由七十里而至于有萬邦也니 積累之勤이 玆亦難矣라 伊尹이 前旣言夏失天下之易하고 此又言湯得天下之難하니 太甲이 可不思所以繼之哉아하니라

○呂氏가 말하였다. "湯임금이 '충성했다.'는 것은 가장 알기 어렵다. 湯임금이 桀을 방치한 것은 신하로써 임금을 바꾼 행위인데, 어떻게 충성이라 할 수 있겠는가. 그러나 이는 湯임금의 마음이 가장 충성스러웠던 점을 알지 못한 것이다. 천명이 아직 떠나지 않고 민심이 아직 이반하지 않았을 때에 桀을 섬기는 마음이 어찌 일찍이 잠시라도 해이한 적이 있었던가. 남의 착한 점을 인정함에 있어서는 〈인격이〉 완벽하게 갖추어지기를 요구하지 않고 자신을 단속함에 있어서는 〈정성이〉 행여 미치지 못할 듯이 여겼으니, 윗사람과 아랫사람의 관계나 남과 나의 사이에 처신하는 것이 또한 이와 같았다. 이 때문에 德이 날로 성해지고 業이 날로 넓어져서 천명이 돌아오고 인심이 추대하여 70리의 작은 영토로부터 萬邦을 소유하기에 이르렀으니, 그동안 날로 쌓고 달로 쌓은 노력 또한 쉬운 것이 아니었다. 伊尹이 앞에서는 夏나라가 천하를 쉽게 잃은 점을 말하였고, 여기서는 또 湯임금이 천하를 어렵게 얻은 점을 말하였으니, 太甲이 이를 계승할 것을 생각지 아니해서야 되겠는가."

字義 從 : 따를 종 咈 : 거역할 불 時 : 이 시 若 : 순종할 약 檢 : 단속할 검 復 : 회복할 복
逆 : 거역할 역 放 : 방치할 방 易 : 바꿀 역, 쉬울 이 須 : 잠시 수 替 : 쇠할 체
戴 : 떠받칠 대 累 : 포갤 루

6. 敷[46]求哲人[47]하사 輔于爾後嗣하시니이다

---

46 敷 : 孔傳은 布의 뜻으로 풀이하였다.

47 肇修人紀……敷求哲人 : 洪奭周는 "'肇'는 開創의 뜻이고, 成湯은 創業한 임금이다. 그러므로 '비로소 人紀를 닦았다.'고 한 것인데, 蔡傳은 '桀은 폐기하였으나 湯임금은 비로소 닦아 회복했기 때문에 「肇」라고 했다.'는 식으로 말하였다. 《詩經》에서 말한 '先民有言'이나 '先民有作'은 모두 古人을 이른 것이다. 孔疏에서는 '先民是若'을 툭하면 '옛 현인을 법 받는 것'으로 여겼는데, 蔡傳은 '先民'을 前輩나 舊德으로 여겼다. 敷란 布의 뜻을 말한 것이다. 孔傳은 '敷求哲人'을 '布求賢智'로 풀이하였으니, '布求'라고 하면 구하는 범위가 정말 넓다. 그러나 蔡傳은 곧장 '廣'으로 敷를 해석하였으니, 訓詁의 例가 아니다. 蔡氏의 說이 義理에 장점을 가진 것은 진실로 先儒보다 월등하게 뛰어난 것이 많지만, 이와 같은 것은 또한 舊說을 그대로 순종하는 것만 못하다.〔肇者 開創之意 成湯 創業之君也 故曰肇修人紀 蔡傳謂桀廢棄之 而湯始修復 故曰肇 詩云 先民有言 先民有作 皆謂古人也 孔疏以先民是若 爲動法古賢 蔡傳則以先民爲前輩舊德 敷之爲言布也 孔傳以敷求哲人 爲布求

널리 어질고 사리에 밝은 사람을 구하여 당신의 후손을 보필토록 하셨습니다.

敷는 廣也니 廣求賢哲하여 使輔爾後嗣也라

敷는 廣의 뜻이니, 널리 어질고 사리에 밝은 사람을 구하여 당신의 후손을 보필토록 한 것이다.

字義 輔 : 보필할 보 爾 : 당신 이

7. 制官刑[48]하사 儆于有位하사 曰 敢有恒舞于宮하며 酣歌于室하면 時謂巫風이며 敢有殉于貨色하며 恒于遊畋하면 時謂淫風이며 敢有侮聖言하며 逆忠直하며 遠耆德하며 比頑童하면 時謂亂風이니 惟茲三風十愆[49]에 卿士有一于身하면 家必喪하고 邦君이 有一于身하면 國必亡하나니 臣下不匡하면 其刑이 墨이라하사 具訓于蒙士[50]하시니이다

〈湯임금이〉 官府의 형벌을 제정하여 벼슬자리에 있는 사람들을 경계하시기를 '감히 宮에서 항상 춤을 추고 室에서 술에 취하여 노래하는 일이 있으면 이것을「巫風」이라 이르며, 감히 재물과 여색을 추구하고 항상 유희와 사냥을 하는 일이 있으면 이것을「淫風」이라 이르며, 감히 성인의 말씀을 업신여기고 충직한 말을 거스르며 나이 많고 덕이 있는 사람을 멀리하고 미련하고 어린 자를 가까이하는 일이 있으면 이것을「亂風」이라 이르니, 이 '三風'과 '十愆' 중에서 卿士의 몸에 한 가지만 있으면 집이 반드시 망할 것이고, 邦君(諸侯)의 몸에 한 가지만 있으면 나라가 반드시 망할 것이니, 신하가 〈그 임금을〉 바로잡지 않으면 그에 대한 형벌은 墨刑이다.'

賢智 夫曰布求 則其求之也 固廣矣 然蔡傳直以廣釋敷 則非訓詁之例也 蔡氏之說 長於義理 固多有逈出先儒若此者 則亦不如仍用舊說之爲順也)"라고 하였다.(《尙書補傳》)

48 制官刑 : 孔傳은 "벼슬아치를 다스리는 형법을 제정했다.(制治官刑法)"라고 풀이하였다.

49 三風十愆 : 세 가지의 나쁜 풍습이 생기게 하는 열 가지 허물이니, 곧 巫風을 초래하는 舞歌와 淫風을 초래하는 貨·色·遊·畋에 亂風을 초래하는 侮聖言·逆忠直·遠耆德·比頑童을 합한 것이다.

50 具訓于蒙士 : 孔傳은 "'蒙士'는 으레 '下士'를 이르니, 士는 爭友와 僕隸로써 잘못을 바로잡는다.(蒙士例謂下士 士以爭友僕隸 自匡正)"로, 蔡傳은 "'童蒙'은 처음으로 배우는 선비이니, 이것을 자세하게 가르치는 것은 그들이 관청에 들어가서 바르게 간할 줄을 알게 하려는 것이다.(童蒙 始學之士 則詳悉以是訓之 欲其入官而知所以正諫也)"로 풀이하였는데, 모두 바른 해석인지 수긍이 가지 않으니, '未詳'으로 두는 것만 못하다.

라고 해서 공부하는 어린 선비를 자세히 가르치셨습니다.

官刑은 官府之刑也라 巫風者는 常歌常舞하여 若巫覡然也라 淫은 過也니 過而無度也라 比는 昵(닐)也라 倒置悖理曰亂이니 好人之所惡하고 惡人之所好也라 風은 風化也라 三風은 愆之綱也요 十愆은 風之目也라 卿士諸侯十有其一이면 已喪其家하고 亡其國矣라 墨은 墨刑也니 臣下而不能匡正其君이면 則以墨刑加之라 具는 詳悉也라 童蒙은 始學之士니 則詳悉以是訓之는 欲其入官而知所以正諫也라 異時에 太甲이 欲敗度하고 縱敗禮하니 伊尹先見其微라 故로 拳拳及此하니라 劉侍講曰 墨은 卽叔向所謂夏書昏墨賊殺이 皐陶之刑이니 貪以敗官爲墨[51][52]이라

官刑은 관청의 형벌이다. 巫風은 언제나 노래하고 언제나 춤을 춰 무당 같은 것이다. 淫은 過(지나침)의 뜻이니, 지나쳐서 한도가 없는 것이다. 比는 昵(친근)의 뜻이다. 도치되어 이치에 어긋나는 것을 '亂'이라 하니, 사람들이 싫어하는 것을 좋아하고 사람들이 좋아하는 것을 싫어하는 행위이다. 風은 곧 風化이다. 三風은 愆의 綱領이고 十愆은 風의 條目이다. 卿士와 諸侯가 열 가지 중에 한 가지만 지니고 있으면 집을 상실하고 나라를 망친다. 墨은 墨刑이니, 신하로서 그 임금을 바로잡지 않으면 墨刑을 가하는 것이다. 具는 상세히 다하는 것이다. 童蒙은 처음으로 배우는 선비이니, 이것을 자세히 가르치는 것은 그들이 관청에 들어가서 바르게 간할 줄을 알게 하려 하기 때문이다. 훗날 太甲이 욕심을 부려 법도를 망치고 방종하여 禮를 무너뜨렸는데, 伊尹이 그 기미를 미리 보았기 때문에 간곡하게 이 점을 언급한 것이다.

劉侍講(劉敞)이 말하였다. "墨은 곧 叔向의 이른바 '夏書에 「昏과 墨과 賊은 사형에 처한다.」고 하였은즉, 이는 皐陶가 정한 형벌이다.'라는 것이니, 재물을 탐하여 직무를 폐기하는 것을 '墨'이라 한다."

字義 制 : 제정할 제　儆 : 경계할 경　酣 : 술취할 감　巫 : 무당 무　殉 : 추구할 구　畋 : 사냥 전

---

51 劉侍講……貪以敗官爲墨 : 淸代 朱鶴齡은 "'昏'과 '墨'과 '賊'은 사형에 처한다.'고 한 것은 '昏'과 '墨'과 '賊' 세 가지의 죄가 있으면 모두 사형에 해당함을 이르니, 이 '墨'은 罪의 이름이고, 여기서 말한 '그 刑이 墨이다.'라고 한 것은 바로 五刑의 墨을 가리키니, 刑의 이름이다. 그러니 劉侍講의 말이 잘못된 것이다.〔昏墨賊殺 謂其有昏墨賊三者之罪 則皆當殺 是墨者 罪之名也 此云其刑墨 是指五刑之墨 刑之名也 劉侍講說非是〕"라고 하였다.(《尙書埤傳》)

52 叔向所謂夏書昏墨賊殺……貪以敗官爲墨 : 《春秋左氏傳》 昭公 14년 조에서 叔向이 이른바 "자신이 악하면서 뇌물로 미명을 취하는 것을 '昏'이라 하고, 재물을 탐하여 관직을 폐기하는 것을 '墨'이라 하고, 살인을 꺼리지 않는 것을 '賊'이라 한다."라는 이 세 가지 죄목을 가리킨다.

淫 : 지나칠 음 侮 : 업신여길 모 比 : 친근할 비 愆 : 허물 건 匡 : 바로잡을 광
墨 : 묵형 묵 覡 : 남자무당 격 過 : 지나칠 과 度 : 한도 도, 법도 도 昵 : 친근할 닐
倒 : 거꾸러질 도 欲 : 욕심 욕 縱 : 방종할 종 拳 : 간곡할 권

8. **嗚呼**라 **嗣王**은 **祗厥身**하사 **念哉**하소서 **聖謨洋洋**하여 **嘉言**이 **孔彰**[53]하시나이다 **惟上帝**는 **不常**하사 **作善**이어든 **降**(강)**之百祥**하시고 **作不善**이어든 **降之百殃**하시나니(하시니) **爾惟德**이어든 **罔小**어다 **萬邦**의 **惟慶**[54]이니이다 **爾惟不德**이어든 **罔大**[55]어다 **墜厥宗**[56][57]하리이다

---

53 祗厥身……孔彰 : 孔傳은 "몸을 경건히 하고 조상의 德을 유념해야 함을 말한 것이고, '洋洋'은 美善이니, 아름다운 말은 매우 밝아서 법 삼을 만하다는 것이다.〔言當敬身 念祖德 洋洋 美善 言甚明可法〕"라고 풀이하였다.

54 爾惟德罔小 萬邦惟慶 : 孔傳은 "德을 닦음에 있어서는 작게 여길 덕이 없으니, 〈아무리 작은 덕이라도 작게 여기지 말고 닦는다면〉 온 천하가 그 경사를 힘입는다는 것이다.〔修德無小 則天下賚慶〕"라고 풀이하였고, 金長生은 "朱子는 '罔小는 하찮게 여길 수 없음을 말한 것이다.'라고 풀이하였는데, 蔡註는 이와 다르다."〔朱子曰 罔小 言其不可小也 蔡註與此不同〕라고 하였다.(《經書辨疑》 〈書傳〉) 살펴보면 朱子 說과 蔡註가 다른 점이 없는 것 같다.

55 罔小·罔大 : 洪奭周는 "나는 가만히 생각하건대, '罔小'는 확충해서 커지게 하는 것이고, '罔大'는 막아서 자라지 못하게 하는 것이다. 이른바 '不德'이란 꼭 일이나 행위에 나타나는 것이 아니라, 미세한 一念이라도 善에서 나오지 않으면 모두 나라를 뒤엎고 종묘를 추락시키는 萌芽 역할을 하는 것이다. 이러므로 君子가 몸을 닦음에 있어서는 반드시 一念의 발출을 살펴서 善이거든 확충해 나가면 天下의 善을 이루 다 쓸 수가 없을 것이고, 不善이거든 미세할 때에 끊어버리면 마음속에 터럭만한 不善도 없을 것이니, 이게 이른바 '罔小'와 '罔大'이다. 반드시 작을 때에 끊어버려야 큼에 이르지 않는 것이다. 만일 '德이 아닌 것이거든 작게 해야 되지 크게 해서는 안 된다.'고 한다면 이는 말을 가지고 뜻을 해치는 것이다.〔愚竊謂罔小者 推擴之 使其大也 罔大者 遏絶之 勿使長也 夫所謂不德者 非必形於事著於爲也 一念之微 不出於善 皆覆國墜宗之萌芽也 是以 君子之修其身也 必察乎一念之發 善耶 擴以充之 而天下之善 不可勝用矣 不善耶 及其微而絶之 而方寸之中 無毫髮不善矣 此所謂罔小罔大也 蓋必絶之於小而後 可以不至於大 若曰爲不德者 可小而不可大 則是以辭而害意也〕"라고 하였다.(《尙書補傳》)

56 爾惟不德罔大 墜厥宗 : 孔傳은 "진실로 德이 되는 것이 아니거든 큰 것이 아니라고 여겨 행하지 말라는 것은 惡에 類가 있는 법이니 類로써 서로 모이면 반드시 宗廟를 실추시킨다는 말이다.〔苟爲不德無大 言惡有類 以類相致 必墜失宗廟〕"라고 풀이하였고, 孔疏에서 "'善을 함에 있어서는 작은 善은 하찮은 것이라고 생각해서는 안 된다.'라고 한 것은 작은 善도 萬邦이 외려 경사일 것인데 하물며 큰 善이야 오죽하겠는가라고 말한 것이다. '惡을 함에 있어서는 큰 악만이 악이라고 생각해서는 안 된다.'라고 한 것은 작은 악도 외려 그 종묘를 실추시키거든 하물며 큰 악이야 오죽하겠는가라고 말한 것이다. 이 經의 두 가지 일은 말은 반대되지만 뜻은 동일한 것이다.〔爲善無小 言小善萬邦猶慶 況大善乎 而爲惡無大 言小惡猶墜厥宗 況大惡乎 此經二事 辭反而意同〕"라고 하였는데, 이에 대하여 林之奇는 "經에서 '罔小'라고 말한 것은 바로 큰 것이고, '罔大'라고 말한 것은 바로 작은 것이다. 그러므로 漢나라 孔氏가 '德을 닦음에 있어서는 작은 덕이라도 작게 여기지 말고 닦을 것이며, 德이 되는 것이 아니거든 큰 것이 아니라고 여겨 행하지 말라.'고 하였으니, 이것이 바로 經의 본뜻이다. 그런데 어떻게 '말은 반대되나 뜻은 같다.'고 할 수 있겠는가. 이것을 가지고

아, 嗣王께서는 몸을 경건히 하고 깊이 생각하소서. 성인의 계략이 위대하여 아름다운 말씀이 매우 밝으십니다. 上帝의 명은 고정되어 있는 것이 아니어서 善을 하면 온갖 祥瑞를 내려주시고 不善을 하면 온갖 災殃을 내려주시니, 당신께서는 德인 것이거든 〈작은 德도〉 하찮게 여기지 마소서. 온 나라의 경사스러운 일일 것입니다. 당신께서는 德이 아닌 것이거든 〈하찮은 惡도 하지 말아야 하니〉 큰 惡만 악으로 여기지 마소서. 종묘를 추락시킬 것입니다."

歎息言 太甲은 當以三風十愆之訓으로 敬之於身하여 念而勿忘也라 謨는 謂其謀요 言은 謂其訓이라 洋은 大요 孔은 甚也니 言其謀訓大明하여 不可忽也라 不常者는 去就無定也니 爲善則降之百祥하고 爲惡則降之百殃하여 各以類應也라 勿以小善而不爲니 萬邦之慶이 積於小요 勿以小惡而爲之니 厥宗之墜 不在大니라 蓋善必積而後成이요 惡雖小而可懼라 此는 總結上文하고 而又以天命人事禍福으로 申戒之也니라

탄식하고 나서 말하기를 "太甲은 마땅히 三風·十愆의 교훈으로 몸을 경건히 가지고 깊이 생각하여 잊지 말아야 한다."고 한 것이다. 謨는 그 계략〔謀〕을 이른 것이고, 言은 교훈〔訓〕을 이른 것이다. 洋은 大의 뜻이요, 孔은 甚(매우)의 뜻이니, 그 계략과 교훈이 크게 밝아서 소홀히 할 수 없음을 말한 것이다. 不常은 거취가 일정함이 없는 것이니, 善을 하는 사람에게는 온갖 상서를 내려주고 惡을 하는 사람에게는 온갖 재앙을 내려주어 각각 類에 따라 應하는 것이다. 작은 善이라고 해서 아니 하지 말아야 하니, 온 나라의 경사가 작은 데서 쌓이기 때문이며, 아무리 작은 惡이라고 해서 하

正義의 說이 經의 뜻만 잃은 것이 아니라 또한 先儒(孔安國)의 뜻까지 잃은 것임을 알 수 있으니, 분변하지 않을 수 없다.〔夫經言罔小則是大矣 言罔大則是小矣 故漢孔氏謂修德無小 不德無大 是乃經之本義也 安得謂辭反而意同乎 以是知正義之說 不惟失經之旨 又失先儒之旨矣 此不可以不辨也〕"라고 하였다.(《尙書全解》)

57 祇厥身……墜厥宗 : 洪奭周는 "'祇厥身'은 그 몸을 경건히 갖는 것이다. 伊尹의 교훈이 수백여 마디 말로 이어지다가 끝맺기를 '몸을 경건히 가지시고 깊이 생각하소서.'라고 하였으니, 그 뜻은 굳이 주석할 필요가 없는데, 蔡傳은 해석하기를 '마땅히 三風·十愆의 교훈으로 몸을 경건히 가져야 함을 말한 것이다.'라고 하였으니, 그 뜻에 있어서는 이미 군더더기가 되고, 그 말에 있어서는 또한 온당치 못하게 되었다. 아랫글의 '聖謨洋洋'이 정히 三風·十愆의 교훈을 지칭한 것인데, 단지 해석하기를 '謨는 그 謀를 이를 뿐이다.'라고만 하였으니, 그 또한 분명하게 깨우치는 데에 결점이 있는 것이다.〔祇厥身者 敬其身也 伊尹之訓 縷縷數百餘言而結之曰 祇厥身念哉 此其意 固不假註釋疑 蔡傳解之曰 言當以三風十愆之訓 敬之於身也 其於意已贅 而其於辭 則亦不穩矣 下文之聖謨洋洋 則正指三風十愆之訓也 而乃但釋之曰 謨謂其謀而已 其亦欠於分曉矣〕"라고 하였다.(《尙書補傳》)

지 말아야 하니, 종묘가 추락하는 것이 큰 것에 있지 않기 때문이다. 善은 반드시 쌓은 뒤에 이루어지고, 惡은 비록 작더라도 두려워해야 할 것이다. 이는 윗글을 모두 매듭짓고 또 天命과 人事의 禍福 관계를 가지고 거듭 경계한 것이다.

字義 祗 : 공경 지 謨 : 계략 모 洋 : 클 양 孔 : 매우 공, 심할 공 彰 : 밝을 창 墜 : 추락할 추 應 : 응보할 응 申 : 거듭 신

太甲 上

商史가 錄伊尹告戒節次와 及太甲往復之辭라 故로 三篇이 相屬成文하고 其間에 或附史臣之語하여 以貫篇意하니 若史家紀傳之所載也라 唐孔氏曰 伊訓, 肆命, 徂后[58], 太甲, 咸有一德이 皆是告戒太甲이로되 不可皆名伊訓이라 故로 隨事立稱也라하니라 林氏曰 此篇도 亦訓體라하니라 今文無하고 古文有하니라

商나라 史官이 伊尹이 告戒한 節次와 太甲이 桐에 갔다 亳으로 돌아온 데 대한 말을 기록한 것이다. 그러므로 3篇이 서로 이어져 글을 이루었고, 그 사이에 간혹 史臣의 말을 붙여 기록하여 篇의 뜻을 관통하게 하였으니, 마치 역사가가 紀傳體로 기재한 것과 같다. 唐나라 孔氏(孔穎達)가 말하기를 "〈伊訓〉·〈肆命〉·〈徂后〉·〈太甲〉·〈咸有一德〉이 모두 〈伊尹이〉 太甲에게 告戒한 것이지만, 다 '伊訓'이라고 편명을 할 수 없기 때문에 일에 따라 명칭을 세운 것이다."라고 하였다. 林氏는 말하기를 "이 篇 또한 訓體이다."라고 하였다. 〈太甲〉은 《今文尙書》에는 들어 있지 않고, 《古文尙書》에는 들어 있다.

字義 復 : 돌아올 복 屬 : 이어질 속 附 : 붙일 부 貫 : 관통할 관 載 : 기재할 재

1. 惟嗣王이 不惠于阿衡[59]하신대

---

58 肆命 徂后 : 〈肆命〉은 天命을 진술하여 太甲을 경계한 내용이고, 〈徂后〉는 옛날의 明君을 진술하여 경계한 내용이었는데, 모두 망실되었다.

59 阿衡 : 《史記》에는 伊尹의 이름을 '阿衡'으로 적고 있고, 《孫武兵書》와 《呂氏春秋》에는 伊尹의 이름을 '摯'로 적고 있다. 또한 '阿衡'에 대하여 洪奭周는 "'阿衡'의 뜻을 옛날에 분명하게 상고한 적이 없다. 孔安國과 鄭康成은 모두 '阿'를 倚(의지하다)의 뜻으로 보았는데, 蔡傳은 이를 따랐다. 그러나 '阿'가 '倚'로 되면 依附하고 曲從하는 뜻이 있으니, 족히 아름다운 이름이 되지 못할 듯하다. 朱子는 《詩》를 해석할 적에 오직 「阿衡」은 伊尹의 벼슬이름이다.'라고만 했을 뿐이니, 대개 한 마디 말도 가볍게 쓰지 않음이 이와 같았다.〔阿衡之義 古無明攷 孔安國鄭康成 皆以阿爲倚 而蔡傳

嗣王께서 阿衡의 뜻에 따라주지 아니하시거늘,

惠는 順也라 阿는 倚요 衡은 平也라 阿衡은 商之官名이니 言天下之所倚平也라 亦曰保衡이라하고 或曰 伊尹之號라하니라 史氏錄伊尹之書에 先此以發之라

惠는 順(따르다)의 뜻이다. 阿는 倚(의지하다)의 뜻이요, 衡은 平의 뜻이다. 阿衡은 商나라의 벼슬 이름이니, 천하가 그에 의지하여 형평을 이루게 됨을 말한다. 또한 '保衡'이라고도 하며, 혹자는 "伊尹의 號이다."라고도 한다. 史氏가 伊尹의 글을 기록할 때에 이것을 선두로 해서 말을 꺼냈다.

字義 惠 : 따를 혜

2. 伊尹이 作書하여 曰 先王이 顧諟天之明命[60]하사 以承上下神祇하시며 社稷宗廟를 罔不祗肅하신대 天監厥德하사 用集大命하사 撫綏萬方이어시늘 惟尹이 躬克左右厥辟하여 宅師하니 肆嗣王이 丕承基緖하시니이다

伊尹이 다음과 같이 글을 지어 말하였다. "先王께서 이 하늘의 밝은 命에 항상 눈길을 두어, 천지의 신명을 받드시며, 社稷과 宗廟를 공경하고 엄숙하게 받들지

從之 然阿之爲倚 有依附曲從之意 恐未足爲嘉名也 朱子釋詩則唯曰 阿衡伊尹官號而已 蓋其不輕下一語如此〕"라고 하였다.(《尙書補傳》)

60 顧諟天之明命 : 孔傳은 "天命을 경건히 받들어〔敬奉天命〕"라고만 풀이하고, 蔡傳은 "하늘에 있어서는 '明命'이 되고, 사람에게 있어서는 '明德'이 된다.〔在天爲明命 在人爲明德〕"라고 풀이하였는데, 洪奭周는 "본래 얕은 것을 파서 깊게 만들고, 본래 낮은 것을 밀어 올려서 높게 만드는 것은 경서를 해석하는 사람의 큰 병통이다. 또 말은 하나이나 베풀어짐에 따라 달라짐이 있으니, 해석하는 사람이 마땅히 각각 그 가리키는 바를 따라야 할 뿐이다. 《大學》에서 '顧諟天之明命'을 인용하여 '明明德'의 뜻을 증명하였다. 그러므로 朱子가 이를 해석하기를 '하늘의 明命은 곧 하늘이 나에게 준 것이고 내가 德으로 삼은 것이다.'라고 하였으니, 그 뜻이 정밀하다. 伊尹이 한 말은 그 뜻이 하늘을 공경함에 있으니, 또한 仲虺가 〈仲虺之誥〉에서 이른바 '하늘의 命을 받들어 순종하기만 하면 될 뿐입니다.〔奉若天命〕'라는 말과 周公이 〈無逸〉에서 이른바 '天命을 가지고 스스로 헤아렸으며〔天命自度〕'라는 말과 같을 따름이다. 그런데 蔡傳은 '사람에 있어서는 明德이 된다.'고 해석하였으니, 너무 깊게 천착하였고 또한 그 가리키는 것이 동일하지 않음도 살피지 않은 것이다. 그렇다면 하늘의 明命이 과연 둘이 있는 것인가. 아니다. 하늘은 하나일 뿐이다. 形氣를 가리켜 말하는 경우가 있고, 主宰를 가리켜 말하는 경우가 있으니, 하늘이 둘이 있는 게 아니고 따라서 말한 것이 같지 않을 뿐이다.〔本淺也而鑿之使深 本下也而抗之使高 解經者之大病也 且言則一也而所施有異 則解之者 當各隨其所指而已 大學引顧諟天之明命 以證明明德之義 故朱子釋之曰 天之明命 卽天之所以與我 而我之所以爲德者也 其義精矣 若伊尹之所言 則其意在於敬天 亦猶仲虺所謂奉若天命 周公所謂天命自度耳 蔡傳乃以在人爲明德釋之 則鑿之大深 而亦不察其所指之不同矣 然則天之明命 果有二乎 曰 天一也 有指形氣言者 有以主宰言者 非天之有二也 所從言之不同耳〕"라고 하였다.(《尙書補傳》)

않음이 없으신대, 하늘이 그분의 德을 살펴보시고 〈그분의 몸에〉 大命을 모아주어 〈천하를 소유하게 하고〉 萬邦을 어루만져 편안하게 하셨거늘, 제가 몸소 그 임금님(成湯)을 잘 보필하여 백성들을 편안히 살 수 있게 하였으니, 이러므로 嗣王(太甲)께서 基緖를 크게 이을 수 있게 되신 것입니다.

伊尹作書圖

顧는 常目在之也라 諟는 古是字라 明命者는 上天顯然之理而命之我者니 在天엔 爲明命이요 在人엔 爲明德이라 伊尹言 成湯常目在是天之明命하여 以奉天地神祇하시며 社稷宗廟를 無不敬肅이라 故로 天視其德하사 用集大命하사 以有天下하고 撫安萬邦이어늘 我又身能左右成湯하여 以居民衆이라 故로 嗣王이 得以大承其基業也라하니라

顧는 항상 눈길을 그곳에 두는 것이다. 諟는 是의 古字이다. 明命은 하늘의 환한 이치로서 나에게 명한 것이니, 하늘에 있어서는 '明命'이고, 사람에게 있어서는 '明德'이다. 伊尹이 말하기를 "成湯은 항상 눈길을 이 하늘의 明命에 두고 있어서, 천지의 신명을 받들고, 社稷과 宗廟를 공경하고 엄숙하게 받들지 않음이 없었기 때문에, 하늘이 그의 德을 살펴보고 〈그의 몸에〉 大命을 모아주어 천하를 소유하게 하고 萬邦을 어루만져 편안하게 하셨거늘, 제가 몸소 그 임금님을 잘 보필하여 민중을 편안히 살 수 있게 했습니다. 그러므로 嗣王께서 基緖를 크게 이을 수 있게 된 것입니다."라고 하였다.

字義 顧 : 항상눈대고볼 고 諟 : 이 시 監 : 살펴볼 감 撫 : 어루만질 무 綏 : 편안할 유
辟 : 임금 벽 宅 : 편안히 살 택 師 : 대중 사 肆 : 이러므로 사 丕 : 클 비 承 : 이을 승

3. 惟尹이 躬先見于西邑夏하니 自[61]周[62]有終한대 相亦惟終이러니 其後嗣王이 罔克有終한대 相亦罔終하니 嗣王은 戒哉하사 祗爾의 厥辟하소서 辟不辟이면 忝厥祖하리이다

제가 몸소 전에 서쪽에 도읍했던 夏나라를 살펴보니, 〈夏나라의 先王께서〉 忠信으로 유종의 미를 거두니 보필하는 宰相 역시 유종의 미를 거두었는데, 그 뒤에 嗣王(桀)이 유종의 미를 거두지 못하자 보필하는 宰相 역시 유종의 미를 거두지 못하였습니다. 嗣王(太甲)께서는 경계하시어 당신의 임금 된 도리를 경건히 지키소서. 임금이 임금 노릇을 못하면 당신의 조상을 욕되게 할 것입니다."

夏都安邑하니 在亳之西라 故로 曰西邑夏라 周는 忠信也니 國語曰 忠信爲周라하니라

夏나라는 安邑에 도읍을 세웠으니, 亳邑의 서쪽에 있었다. 그러므로 '서쪽에 도읍한 夏나라'라고 말한 것이다. 周는 忠信의 뜻이니, 《國語》 〈魯語 下〉에 "忠信을 周라 한다."라고 하였다.

○施氏[63]曰 作僞하면 心勞日拙하니 則缺露而不周요 忠信則無僞라 故로 能周而無缺이라하니라 夏之先王이 以忠信有終이라 故로 其輔相者도 亦能有終이러니 其後에 夏桀이 不能有終이라 故로 其輔相者도 亦不能有終이라 嗣王은 其以夏桀로 爲戒哉하여 當敬爾所以爲君之道니 君而不君이면 則忝辱成湯矣라 太甲之意는 必謂伊尹이 足以任天下之重하니 我雖縱欲이나 未必遽至危亡이라 故로 伊尹이 以相亦

---

61 自 : 孔安國은 '用'의 뜻으로, 蘇軾(《書傳》)은 '由'의 뜻으로, 蔡沈은 '以'의 뜻으로 풀이하였다.

62 周 : 孔安國과 蔡沈은 '周'를 忠信의 뜻으로 보았으며, 《尙書注疏考證》에 의하면, "宋代 魯齋 王柏은 '周는 응당 君으로 보아야 한다.'고 하고, 金履祥은 '古文에 「君」자와 「周」자가 서로 비슷하기 때문에 오류가 생겼다.' 하고, 吳氏의 《經說》에도 '마땅히 君으로 적어야 한다.'고 했다.〔王柏曰 周當作君 金履祥曰 古文君字與周字相似故誤 吳氏經說亦云 當作君〕"라고 하였으며, 權近(《書淺見錄》)은 "先儒가 '周'를 '君'자의 오기로 보았으니, 매우 文義에 합한다. 이 篇은 《今文尙書》에 들어 있지 않으니, 孔安國이 古文을 隸書로 정리할 때에 '周'와 '君'이 古字가 서로 비슷하기 때문에 잘못 傳한 것인가.〔先儒以周爲君字之誤 甚協文義 此篇今文所無 安國古定之時 周與君古字相似 故誤傳歟〕"라고 하고, 洪奭周(《尙書補傳》)는 "忠信을 '周'라고 한 것은 춘추시대 사람의 말이다. 그러나 忠信을 周의 道로 삼는 것은 가하지만, 곧장 周를 가지고 忠信의 훈고로 삼는 것은 불가하다. 하물며 夏나라와 殷나라가 교차하는 시점에서 아래로 쇠망한 周나라 천여 년 이후의 말을 답습하겠는가. 그것은 이치상 반드시 이런 일이 없었을 것이다. 또 忠信을 周로 여긴 것은 〈周官〉에 '德을 행하면 마음이 편안하다.〔作德心逸〕'고 한 것과 같다. 만일 '自周'를 忠信으로 삼는다면 德을 행하는 것을 또한 스스로 편안하다고 이를 수 있겠는가. 나의 생각에 옛사람은 신중하고 주밀하여 자세히 갖춘 것을 일러 '周'라고 하였으니, 여기의 이른바 '自周' 또한 아마 상세하고 신중한 뜻이었을 것이다.〔忠信爲周 春秋人語也 然以忠信爲周之道 則可 直以周爲忠信之詁 則不可 況以夏殷之際 而下襲衰周千餘歲以後之語 其於理 必無是矣 且忠信爲周 猶曰作德心逸也 若以自周爲忠信 則作德者 亦可謂之自逸歟 愚意古人謂愼密詳備者 皆爲周 此所謂自周 蓋亦詳愼之意也〕"라고 하였다.

63 施氏 : 林之奇의 《尙書全解》에는 "施博士의 말이 옳다."라고 하여 '施博士'로 적고 있다.

罔終之言으로 深折其私而破其所恃也니라

○施氏는 말하기를 "거짓을 조작하면 마음이 괴로워 날로 졸렬해지니, 결함이 드러나서 완비하지 못하고, 忠信을 행하면 거짓이 없으므로 완비하여 결함이 없다." 라고 하였다. 夏나라의 先王께서 忠信으로 유종의 美를 거두었다. 그러므로 보필하는 宰相 또한 능히 유종의 미를 거두었는데, 그 뒤에 夏나라의 桀이 능히 유종의 미를 거두지 못하였다. 그러므로 보필하는 宰相 또한 능히 유종의 미를 거두지 못하였다. 嗣王(太甲)은 夏나라의 桀을 경계로 삼아서 마땅히 당신이 임금이 된 도리를 경건히 지켜야 할 것이니, 임금이 임금 노릇을 못하면 成湯을 욕되게 할 것이란 말이다. 太甲의 생각에는 반드시 "伊尹이 충분히 천하의 중임을 맡을 만하니, 내가 비록 욕심을 부리더라도 필시 갑자기 危亡에 이르지는 않을 것이다."라고 여겼을 것이다. 그러므로 伊尹이 "보필하는 재상 또한 유종의 미를 거두지 못하였다."는 말을 가지고 그의 사사로운 생각을 깊이 꺾고 그가 믿는 바를 깨뜨린 것이다.

字義 辟 : 임금 벽 忝 : 욕될 첨 僞 : 거짓 위 拙 : 졸렬할 졸 缺 : 결함 결 縱 : 놓을 종
欲 : 욕심 욕 折 : 꺾을 절 破 : 깨뜨릴 파

4. 王이 惟庸하사 罔念聞[64]하신대

王(太甲)이 예사롭게 여기고 유념해서 듣지 않으신대,

庸은 常也라 太甲이 惟若尋常於伊尹之言하여 無所念聽이라 此는 史氏之言이라

庸은 常(예사롭다)의 뜻이다. 太甲이 伊尹의 말을 예사롭게 여겨 유념해서 듣는 기색이 없는 듯하였다. 이것은 史官의 말이다.

字義 庸 : 예사로울 용

5. 伊尹이 乃言曰 先王이 昧爽에 丕顯하사 坐以待旦하시며 旁求俊彦하사 啓迪後人하시니 無越厥命하사 以自覆하소서

伊尹이 이에 다음과 같이 말하였다. "先王께서는 이른 새벽에 德을 크게 밝히시

---

64 王惟庸罔念聞 : 史官의 말이다. 孔傳은 '庸'을 常(옛 태도)의 뜻으로 보아 "太甲이 옛 태도를 지키어 고치지 않고 伊尹의 경계를 유념해 듣지 않았다.〔太甲守常不改 無念聞伊尹之戒〕"라고 풀이하였고, 朱子는 '庸'을 用의 뜻으로 보아 〈說命〉의 "王庸作書以誥(王께서 글을 지어 誥하셨다.)"처럼 6字를 1句로 삼았는데, 蔡沈은 朱子를 따르지 않고, '庸'을 常(尋常하다, 예사롭다)의 뜻으로 보았다.

어 앉은 채로 아침을 기다리셨으며, 준걸하고 어진 선비들을 사방으로 찾아서 後人(자손)을 인도하게 하셨으니, 그 命을 떨어뜨려 스스로 패망하지 마소서.

昧는 晦요 爽은 明也니 昧爽云者는 欲明未明之時也라 丕는 大也라 顯亦明也라 先王이 於昧爽之時에 洗濯澡雪하고 大明其德하여 坐以待旦而行之也라 旁求者는 求之非一方也라 彥은 美士也라 言湯이 孜孜爲善하여 不遑寧處如此요 而又旁求俊彥之士하여 以開導子孫하시니 太甲은 毋顚越其命하여 以自取覆亡也라

昧는 晦(어둡다)의 뜻이요, 爽은 明의 뜻이니, '昧爽'은 날이 밝을락 말락 할 무렵이다. 丕는 大의 뜻이다. 顯 또한 明의 뜻이다. 先王께서 昧爽에 몸을 깨끗이 씻고 나서 그 德을 크게 밝혀 앉은 채로 아침을 기다려서 행하는 것이다. 旁求는 구하기를 한쪽 방면에서만 하지 않는 것이다. 彥은 아름다운 선비이다. "湯임금은 부지런히 善을 행하느라 편안히 있을 겨를이 없음이 이와 같았고, 또한 준수하고 어진 선비들을 사방으로 찾아서 자손을 啓導하게 하셨으니, 太甲은 그 命을 쓰러뜨리고 넘어뜨려서 스스로 패망하는 화를 취하지 말아야 한다."는 점을 말한 것이다.

字義 昧 : 어두울 매 爽 : 밝을 상 丕 : 클 비 旁 : 사방 방 彥 : 선비 언 迪 : 인도할 적
越 : 떨어뜨리고 넘어뜨릴 월 覆 : 전복할 복 濯 : 씻을 탁 澡 : 씻을 조 雪 : 씻을 설
孜 : 부지런할 자 遑 : 겨를 황 顚 : 쓰러질 전

6. 愼乃儉德하사 惟懷永圖하소서

儉約의 德을 삼가셔서 영구한 계책만을 생각하소서.

太甲이 欲敗度하고 縱敗禮하니 蓋奢侈失之而無長遠之慮者라 伊尹言 當謹其儉約之德하여 惟懷永久之謀니 以約失之者鮮矣라 此는 太甲受病之處라 故로 伊尹이 特言之하니라

太甲은 욕심을 부려 법도를 망치고 방종하여 禮를 무너뜨리니, 아마 사치함으로 잘못되어 長久한 생각이 없는 사람인 것 같다. 伊尹은 말하기를 "마땅히 검약의 德을 삼가서 오직 영구한 계책만을 생각해야 한다."라고 하였으니, 검약으로 잘못되는 경우는 적기 때문이었다. 이 점은 太甲의 부족한 부분이기 때문에 伊尹이 특별히 말한 것이다.

字義 圖 : 계책 도 奢 : 사치할 사 侈 : 사치할 치 鮮 : 적을 선

7. 若虞[65]機張이어든 往省括于度則釋이니 欽厥止하사 率乃祖攸行하시면 惟朕이 以懌며 萬世에 有辭하시리이다

虞人이 쇠뇌의 機牙를 이미 벌려놓았거든 가서 화살의 오늬가 법도(조준기)에 맞게 장착되었는지 살펴서 맞게 장착되었으면 발사하는 것처럼 해야 할 것이니, 그 마음이 그치는 바를 경건히 하시어 당신의 조상께서 행하신 바를 따르시면 저도 기쁠 것이고, 만세토록 기림을 받으시게 될 것입니다.”

虞는 虞人也라 機는 弩牙也요 括은 矢括也라 度는 法度니 射者之所準望者也라 釋은 發也라 言若虞人之射에 弩機旣張이어든 必往察其括之合於法度하고 然後發之면 則發無不中矣라 欽者는 肅恭收斂이라 止는 見虞書[66]하니라 率은 循也라 欽厥止者는 所以立本이요 率乃祖者는 所以致用이니 所謂省括于度則釋也라 王能如是면 則動無過擧하여 近可以慰悅尹心이요 遠可以有譽於後世矣라 安汝止者는 聖君之事니 生而知者也요 欽厥止者는 賢君之事니 學而知者也라

虞는 虞人이다. 機는 쇠뇌의 機牙요, 括은 화살의 오늬이다. 度는 法度(조준이 되는 장치 곧 가늠쇠 등)이니, 射手가 조준하여 바라보는 것이다. 釋은 발사하는 것이다. 虞人이 활을 쏠 적에 쇠뇌에 機牙를 이미 벌려놓았거든 반드시 가서 화살의 오늬가 가늠쇠에 맞게 장착되었는가를 살펴보고, 그렇게 한 뒤에 발사하면 발사한 화살이 맞히지 않음이 없는 것과 같음을 말한 것이다. 欽은 肅恭하고 收斂하는 것이다. 止의 용례는 虞書에 보인다. 率은 循의 뜻이다. ‘그 그치는 바에 경건히 하는 것’은 근본을 세우기 위한 것이고, ‘당신의 조상을 따르는 것’은 쓰임을 지극히 하기 위한 것이니, 이른바 ‘화살의 오늬를 살펴서 법도에 맞았거든 발사한다.’란 것이다. 임금(太甲)이 이와 같이 한다면 행동에 지나친 거동이 없어서 가까이는 伊尹의 마음을 위안하여 기쁘게 할 것이고, 멀리는 후세에 기림을 받을 수 있을 것이다. 安汝止는 聖君의 일이니 태어나면서부터 아는 것이고, 欽厥止는 賢君의 일이니 배워서 아는

---

65 虞 : 孔傳은 度(가늠쇠)의 뜻으로 풀이하였고, 蔡傳은 虞人(周나라 때에 山澤과 苑囿를 담당하던 벼슬아치)으로 보았다.

66 止 見虞書 : 〈益稷〉의 ‘安汝止’를 가리키는데, 孔傳은 “마땅히 먼저 좋아하고 미워함의 그칠 바를 편안히 해야 한다.〔當先安好惡所止〕”라고만 풀이하였고, 孔疏는 “마땅히 모름지기 먼저 임금님 마음의 좋아하고 미워함의 그칠 바를 안정해야 한다.〔當須先安定汝心好惡所止〕”라고 부연하였으며, 蔡傳은 “‘止’는 마음의 그치는 바이니, 사람 마음의 신령인 것이다.〔止者 心之所止也 人心之靈〕”라고 풀이하였다.

것이다.

字義 虞 : 벼슬이름 우 機 : 쇠뇌의 기아 기 張 : 벌릴 장 括 : 화살의 오늬 괄 度 : 법도 도
釋 : 발사할 석, 놓을 석 攸 : 바 유 懌 : 기쁠 예 辭 : 기릴 사 苑 : 동산 원 囿 : 동산 유
弩 : 쇠뇌 노 度 : 법도 도 準 : 조준할 준 發 : 쏠 발, 발사할 발 中 : 맞힐 중
欽 : 엄숙할 흠 斂 : 거둘 렴 率 : 따를 솔 循 : 따를 순 慰 : 위로할 위 譽 : 기를 예

8. 王이 未克變하신대

왕(太甲)께서 능히 〈옛 습관을〉 바꾸지 못하신대

不能變其舊習也라 此亦史氏之言이라

그 옛 습관을 바꾸지 못한 것이다. 이 또한 史官의 말이다.

字義 變 : 바꿀 변

9. 伊尹曰 玆乃不義는 習與性成[67]이로소니 予는 弗狎于弗順[68]이리라하고(케하리니) 營于桐宮하여 密邇先王其訓하여 無俾世迷[69][70][71]케하니라(케호리라)

伊尹이 말하기를 "이 의롭지 못함은 습관이 천성과 더불어 이루어진 것이니, 나는 〈사왕으로 하여금 의리에〉 불순한 사람을 가까이하지 못하도록 할 것입니다."라고 하고는 桐 땅에 宮을 세워 先王과 가까이 있게 해서 교훈을 받음으로써 종신토록 혼미함이 없게 하였다.

狎은 習也라 弗順者는 不順義理之人也라 桐은 成湯墓陵之地라 伊尹이 指太甲所爲하여 乃不義之事는 習惡而性成者也라 我不可使其狎習不順義理之人[72]이리라하고 於是에 營宮于桐하여 使親近成湯之墓하여 朝夕哀思하여 興起其善하여 以是訓之하여

---

67 習與性成 : 呂祖謙(《增修東萊書說》)은 "그 본연이 아니고 습관이 본성과 더불어 이루어졌을 뿐이다.〔非其本然 乃習與性成耳〕"로, 元代 朱祖義(《尙書句解》)는 "습관을 그대로 따르기만 하고 고치지 못하여 그것이 천성과 더불어 이루어진 것이니, 이른바 '습관이 자연을 이룬 것'이다.〔循習不改 其與性俱成 所謂習慣成自然〕"로 풀이하였다.

68 弗狎于弗順 : 洪奭周는 "'弗狎于弗順'을 《孟子》에 일찍이 인용하였고, 朱子는 이를 해석하기를 '「不順」은 太甲의 하는 짓이 義理를 따르지 않음을 말한 것이다.'라고 하였는데, 蔡傳은 '不順'을 義理를 따르지 않는 사람으로 여겼으니, 이미 朱子의 뜻이 아니고, 또 '習與性成'을 이미 그렇다는 말로 여겼으니, 모두 타당하지 못한 듯하다.〔弗狎于弗順 孟子之書 嘗引之矣 朱子釋之曰 不順 言太甲所爲 不順義理也 蔡傳以不順爲不順義理之人 旣非朱子之意 又以習與性成 爲已然之語 俱恐未安〕"라고 하였다.(《尙書補傳》)

無使終身迷惑而不悟也라

狎은 習의 뜻이다. 弗順은 의리를 따르지 않는 사람이다. 桐은 成湯의 墓陵이 있는 곳이다. 伊尹은 太甲이 하는 바를 지적하여 "이 의롭지 못한 일은 惡을 익혀 〈천연의〉 性이 이루어진 것이다. 나는 그분으로 하여금 의리를 따르지 않는 사람을 가까이하지 못하도록 할 것이다."라고 하고는 이에 宮을 桐 땅에 세워 〈太甲으로 하여금〉 成湯의 墓에 가까이 있으면서 아침저녁으로 슬피 생각하여 착한 마음을 흥기하게 해서, 이로써 교훈을 받아 종신토록 미혹되어 깨닫지 못함이 없도록 하였다는 것이다.

字義 狎 : 익힐 압 邇 : 가까울 이 習 : 익힐 습 悟 : 깨달을 오

10. 王이 徂桐宮居憂하사 克終允德[73]하시다

---

69 迷 : 蘇軾은 "'迷'는 '懷寶迷邦(보배를 품고서 나라를 혼미하도록 내버려두다)'의 迷와 같이 읽어야 하니, '내(伊尹)가 太甲을 교훈하여 바로잡지 않는다면 이는 도덕을 품고 있으면서 천하를 혼미하도록 내버려둔 꼴이다.'라는 말이다.〔迷讀如懷寶迷邦之迷 我不訓正太甲 則是懷道以迷天下也〕"로 풀이하였다.

70 伊尹曰……無俾世迷 : 孔疏에서는 "伊尹은 王께서 변개하지 못하기 때문에 이에 조정의 여러 신하들에게 고하기를 '이 嗣王께서 행하는 바는 바로 불의한 일인데, 이 일을 익혀 행하면 습관이 천성과 더불어 이루어지게 될 것이니, -계속 해나가게 되면 장차 불의를 천성으로 삼을 것이란 말이다.- 나는 왕으로 하여금 불순한 일을 가까이하지 못하게 하기 위하여 마땅히 桐墓의 곁을 경영하여 宮을 세워서, 先王을 가까이하게 하여 남의 교훈을 받음으로써 그 과실을 이루어 후세 사람들로 하여금 의혹해 괴이하게 여기는 일이 없도록 하겠다.'고 한 것이다.〔伊尹以王未變, 乃告於朝廷群臣曰 此嗣王所行 乃是不義之事 習行此事 乃與性成 -言爲之不已 將以不義爲性也- 我不得令王近於不順之事 當營於桐墓立宮 使此近先王 當受人教訓之 無得成其過失 使後世人迷惑怪之〕"라고 풀이하였고, 夏僎은 《夏氏尙書詳解》에서 "王께서 이미 능히 善으로 바꾸지 못하자, 伊尹이 이에 조정 신하들에게 고하기를 '이분이 불의한 일을 자행하시니,……나는 지금 다만 그분으로 하여금 불순한 일을 익히지 못하게 할 뿐이다.……그래서 桐宮을 成湯의 묘소 곁에 지어서 거기에 거처하며 아침저녁으로 先王의 교훈을 가까이서 받게 해서 종신토록 혼미하여 善으로 돌아오지 못하는 일이 없도록 하겠다.〔王旣未能變于善 伊尹于是 告于朝曰 玆乃恣行不義之事……我今但使之不狎習于不順之事……于是營于桐宮成湯之墓側 使之居之 朝夕密邇先王之訓 無使終其世迷而不反也〕"라고 풀이하였다.

71 玆乃不義……無俾世迷 : 宋代 錢時는 《融堂書解》에서 "'玆乃不義'에서 '無俾世迷'까지는 바로 조정에 있는 신하들과 桐宮에 관한 일을 논의할 때의 말이다.〔玆乃不義以至無俾世迷 是與在廷議桐宮時語也〕"라고 하여 모두 伊尹의 말로 보았다.

72 我不可使其狎習不順義理之人 : 《孟子》의 集註에서는 "太甲의 하는 바가 의리를 따르지 않는 것이다.〔太甲所爲 不順義理也〕"라고 하여 여기의 註와는 영 다르다. 이에 대하여 조선 중기 申欽은 "《맹자》의 주로 보면 말뜻이 박절하니, 《서경》의 註로 주본을 삼아야 할 것 같다.〔以孟子註觀之 則辭意迫切 似當以書註爲主〕"라고 하였다.(《經書辨疑》 〈書傳〉)

왕이 桐宮에 가서 居喪하여 능히 마침내 德을 실제로 자기 몸에 가질 수 있게 되셨다.

徂는 往也라 允은 信也라 有諸己之謂信이니 實有其德於身也라 凡人之不善은 必有從臾(諛)以導其爲非者니라 太甲桐宮之居에 伊尹이 旣使其密邇先王陵墓하여 興發其善心하고 又絶其比昵之黨하여 而革其汚染하니 此其所以克終允德也라 次篇에 伊尹이 言嗣王克終厥德이라하고 又曰 允德協于下라 故로 史氏言克終允德하여 結此篇하고 以發次篇之義라

徂는 往의 뜻이다. 允은 信의 뜻이다. 자기 몸에 갖는 것을 '信'이라 이르니, 그 德을 자기 몸에 실제로 갖는 것이다. 무릇 사람이 착하지 않은 것은 반드시 달래고 부추겨 비행을 하도록 인도하는 자가 있기 때문이다. 太甲이 桐宮에 거할 때에 伊尹이 이미 先王의 陵墓에 가깝게 해서 착한 마음을 興發하게 하고, 또한 가까이 지내던 〈불순한〉 무리를 끊어서 그 오염된 것을 고치게 하였으니, 이것이 능히 마침내 德을 실제로 자기 몸에 가질 수 있는 계기가 된 셈이다.

다음 篇에서 伊尹은 말하기를 "嗣王께서 능히 그 德을 마무리했다."라고 하였고, 또 "진실한 德이 아래에 화합했다."라고 하였다. 그러므로 史官이 "능히 마침내 덕을 실제로 자기 몸에 가질 수 있게 되셨다."라고 말해서 이 篇을 매듭짓고 다음 篇의 뜻을 발현한 것이다.

字義 徂 : 갈 조 諛 : 아첨할 유 革 : 고칠 혁 汚 : 더러울 오 染 : 물들 염 協 : 화합할 협

太甲 中

1. 惟三祀十有二月朔에 伊尹이 以冕服으로 奉嗣王하여 歸于亳하다

3년 12월 초하룻날, 伊尹이 冕服차림으로 嗣王을 맞아 亳邑으로 돌아왔다.

太甲終喪明年之正朔也라 冕은 冠也라 唐孔氏曰 周禮에 天子六冕[74]이니 備物盡

---

73 克終允德 : 孔傳은 "능히 그 선조를 생각하여 그 信德을 마무리했다.〔能思念其祖 終其信德〕"라고 풀이하였고, 陳經(《陳氏尙書詳解》)은 "왕이 동궁으로 가서 거상하여 과연 능히 그 誠信한 德을 닦았다. '允德'이란 것은 그 誠心이 發見하였기 때문이다.〔王徂桐宮居憂 果能修其誠信之德 允德者 以其誠心之發見也〕"라고 풀이하였다.

文은 惟袞冕耳니 此蓋袞冕之服이라하니 義或然也라 奉은 迎也니 喪旣除에 以袞冕吉服으로 奉迎以歸也라

太甲이 喪을 마친 그 이듬해의 正朔이다. 冕은 冠이다. 唐나라 孔氏(孔穎達)가 말하기를 "《周禮》〈春官 司服〉에 天子는 6種의 冕服이 있는데, 장식물을 구비하여 문채를 최고로 호화스럽게 꾸민 것은 오직 袞冕 뿐이니, 이는 아마 袞冕의 복장이었을 것이다."라고 하였으니, 의미상 혹 그럴 듯하다. 奉은 迎의 뜻이니, 喪服을 이미 벗었기 때문에 袞冕의 吉服 차림으로 〈太甲을〉 받들어 맞이하여 돌아온 것이다.

字義 冕 : 면류관 면 奉 : 맞을 봉 袞 : 곤룡포 곤

2. 作書曰 民非后면 罔克胥匡以生이며 后非民이면 罔以辟四方하리니 皇天이 眷佑有商하사 俾嗣王으로 克終厥德하시니 實萬世無疆之休샷다

伊尹이 다음과 같은 글을 지어 말하였다. "백성은 임금이 아니면 능히 서로 바로잡아 살아갈 수 없고, 임금은 백성이 아니면 四方(天下)에 임금 노릇을 할 수 없는데, 하늘이 商나라를 도우시어 嗣王으로 하여금 능히 그 德을 마무리하게 하셨으니, 이는 실로 만세토록 무궁한 축복입니다."

民非君이면 則不能相正以生이요 君非民이면 則誰與爲君者는 言民固不可無君이요 而君尤不可失民也라 太甲改過之初에 伊尹이 首發此義하니 其喜懼之意深矣라 夫太甲不義 有若性成이라가 一朝에 飜然改悟하니 是豈人力所至리오 蓋天命眷商하여 陰誘其衷이라 故로 嗣王이 能終其德也라 向也에 湯緖幾墜라가 今其自是有永하니 豈不爲萬世無疆之休乎아

"백성은 임금이 아니면 능히 서로 바로잡아 살아갈 수 없고, 임금은 백성이 아니면 누구와 더불어 임금 노릇을 하겠는가."라고 한 것은 백성은 본래 임금이 없을 수 없고, 임금은 더더욱 백성을 잃을 수 없음을 말한 것이다. 太甲이 허물을 고치고 갓 돌아온 마당에 伊尹이 맨 먼저 이 뜻을 발표하였으니, 기쁘고 송구스러운 생각이 깊었던 것이다. 太甲의 의롭지 못함이 천성으로 이루어질 듯하다가 하루아침에 퍼뜩 뉘우쳐 깨달았으니, 이 어찌 인력으로 될 수 있는 것이겠는가. 대개 天命이 商나라를 도우시어 몰래 그 마음을 유인하였기 때문에 嗣王이 능히 그 德을 마무리하게

74 六冕 : 6種의 冕服으로, 곧 大裘冕·袞冕·鷩冕·毳冕·希冕·玄冕이다.

된 것이다. 지난날에는 湯임금의 緖業이 거의 실추될 뻔하다가 이제 이로부터 영원할 수 있게 되었으니, 어찌 만세토록 무궁한 축복이 되지 않겠는가.

字義 胥 : 서로 서 匡 : 바로잡을 광 眷 : 돌볼 권 佑 : 도울 우 疆 : 한정 강 休 : 아름다울 휴
飜 : 뒤집을 번 尤 : 더욱 우 陰 : 몰래 음 誘 : 유인할 유 衷 : 마음 충 向 : 지난날 향
緖 : 실마리 서 幾 : 거의 기 墜 : 떨어질 추

3. 王이 拜手稽首曰 予小子는 不明于德하여 自底(지)不類하여 欲敗度하며 縱敗禮하여 以速[75]戾于厥躬하니 天作孼은 猶可違어니와 自作孼은 不可逭(환)이니 旣往에 背師保之訓하여 弗克于厥初하나 尙賴匡救之德하여 圖惟厥終하노이다

왕이 손을 이마에 얹고 머리를 땅에 대어 큰절을 하고 말씀하였다. "나 小子는 德에 밝지 못하여 스스로 不肖함에 이르러, 욕심을 부려 법도를 망치고 방종하여 禮를 무너뜨려 이 몸에 죄를 급히 불렀으니, 하늘이 내리신 재앙은 외려 비켜갈 수 있으나 스스로 만든 재앙은 피할 수가 없습니다. 이전에는 師保의 교훈을 저버려 시작을 잘하지 못했으나 부디 바로잡아 구해주시는 德에 힘입어, 그 마무리를 잘하도록 힘쓰고자 합니다."

拜手는 首至手也요 稽首는 首至地也라 太甲致敬於師保에 其禮如此라 不類는 猶不肖也라 多欲則興作而亂法度하고 縱肆則放蕩而隳禮儀라 度는 就事言之也요 禮는 就身言之也라 速은 召之急也라 戾는 罪요 孼은 災요 逭은 逃也라 旣往은 已往也라 已往에 旣不信伊尹之言하여 不能謹之於始나 庶幾〔賴〕[76]正救之力하여 以圖惟其終也라 當太甲不惠阿衡之時엔 伊尹之言을 惟恐太甲不聽이러니 及太甲改過之後엔 太甲之心이 惟恐伊尹不言하니 夫太甲은 固困而知之者라 然이나 昔之迷라가 今之復하고 昔之晦라가 今之明이 如日月昏蝕이 一復其舊에 而光采炫耀하여 萬景

75 不類·速 : 孔傳은 '不類'는 不善으로, '速'은 召로 보았는데, 蔡傳은 이와 달리 본 점에 대하여 洪奭周는 "古書에 명백히 訓詁가 있는 것은 쉽사리 새로운 뜻으로 고쳐서는 안 된다. 類가 善의 뜻이 되고 速이 召의 뜻이 됨은 모두 《爾雅》에서 상례적으로 풀이한 것이 있다. 《詩經》 〈大雅 瞻卬〉에서 '威儀가 좋지 못하여〔威儀不類〕'라고 하고, 또 〈小雅 伐木〉에 '諸父를 부르니〔以速諸父〕'라고 한 것이 모두 그 증거인데, 蔡傳은 '不類'를 不肖로, 速을 부르기를 급히 하는 것으로 여겼으니, 모두 예전대로 따르는 것이 나을 듯하다.〔古書之明有訓詁者 不容以新意改也 類之爲善 速之爲召 俱有爾雅之常訓 詩云威儀不類 又云以速諸父 皆其證也 而蔡傳以不類爲不肖 以速爲召之急 俱恐不如仍舊之爲安也〕"라고 하였다.(《尙書補傳》)

76 〔賴〕: 저본에는 없으나, 經文에 의거하여 '賴' 1자를 보충하였다.

俱新하니 湯武는 不可及已어니와 豈居成王之下乎아

拜手는 머리가 손에 닿은 상태이고, 稽首는 머리가 땅에 닿은 상태이다. 太甲이 師保에게 공경을 다 함에 그 禮貌가 이와 같았던 것이다. 不類는 不肖와 같다. 욕심이 많으면 들고 일어나서 법도를 어지럽히고, 방사하면 방탕하여 禮儀를 무너뜨린다. 度는 일에 입각해서 말한 것이요, 禮는 몸에 입각해서 말한 것이다. 速은 부르는 속도가 급박한 것이다. 戾는 罪의 뜻이요, 孼은 災의 뜻이요, 逭은 逃의 뜻이다. 旣往은 바로 已往이다. 이왕에 이미 伊尹의 말을 믿지 아니하여 시작은 삼가지 못했지만, 부디 바로잡아 구해주는 德에 힘입어 마무리는 잘하도록 도모할 가망은 있다는 것이다.

太甲이 阿衡을 따르지 않을 때에는 행여 伊尹의 말을 太甲이 들어주지 않을까 염려하였는데, 太甲이 허물을 고친 뒤에는 太甲의 마음에 행여 伊尹이 말해주지 않을까 염려하였으니, 太甲은 진실로 애써서 아는 사람〔困而知之〕이다. 그러나 옛날에는 미혹했다가 지금에는 정상으로 돌아오고, 옛날에는 어두웠다가 지금에는 밝아진 것이 마치 해와 달이 일식과 월식에 어두워졌다가 한 번 옛 모습을 회복함에 광채가 빛나서 만 가지 경치가 모두 새로워지는 것과 같으니, 湯王과 武王에는 미칠 수 없겠지만 어찌 成王의 아래에야 놓이겠는가.

字義 稽 : 조아릴 계　厎 : 이를 지　速 : 부를 속　戾 : 죄 려　孼 : 재앙 얼　違 : 비껴갈 위, 어길 위　逭 : 피할 환, 도망갈 환　賴 : 힘입을 뢰　圖 : 도모할 도　縱 : 방종할 종　肆 : 방사할 사　放 : 방탕할 방　蕩 : 방탕할 탕　隳 : 무너질 휴　災 : 재앙 재　困 : 애쓸 곤　復 : 돌아올 복　蝕 : 좀먹을 식　采 : 채색 채　炫 : 빛날 현　耀 : 빛날 요

4. 伊尹이 拜手稽首曰 修厥身하며 允德이(하여) 協于下는 惟明后[77]니이다

伊尹이 손을 이마에 얹고 머리를 땅에 대어 큰절을 하고 다음과 같이 말하였다. "몸을 닦고 德을 신실하게 가져 아랫사람들에게 화합하는 것은 오직 밝은 임금만이 그럴 수 있는 것입니다.

伊尹이 致敬以復太甲也라 修身則無敗度敗禮之事하고 允德則有誠身誠意之實하니 德誠于上하여 協和于下는 惟明后然也라

---

77 修厥身……惟明后 : 孔傳은 "그 몸을 닦아 신실한 德이 아랫사람들에게 화합하게 하는 것은 오직 밝은 임금만이 그럴 수 있다고 말한 것이다.〔言修其身 使信德合於群下 惟乃明君〕"라고 풀이하였고, 蘇軾의 《書傳》에는 "'允德'은 신실하게 德을 갖는 것이다.〔允德信有德也〕"라고 풀이하였다.

〈拜手稽首는〉 伊尹이 경의를 다하여 太甲에게 답한 것이다. 몸을 닦으면 법도를 망치거나 禮를 무너뜨리는 일이 없고, 德을 신실하게 가지면 몸을 성실하게 하고 뜻을 성실하게 하는 실제가 있으니, 德이 위에서 성실하여 아랫사람들에게 화합하는 것은 오직 밝은 임금만이 그럴 수 있는 것이다.

字義 協 : 화합할 협

5. 先王이 子惠困窮하신대 民服厥命하여 罔有不悅하여 竝其有邦한 厥隣이 乃曰 徯我后하노소니 后來하시면 無罰아

先王께서는 곤궁한 백성들을 자식처럼 사랑하신대, 백성들이 그분의 명령에 복종하여 기뻐하지 않는 이가 없었습니다. 그분과 함께 나라를 소유했던 이웃나라 백성들까지 이에 말하기를 '우리 임금님을 기다리노니 우리 임금님이 오시면 罰이 없겠는가.'라고 하였습니다.

徯我后來圖

此는 言湯德所以協下者라 困窮之民을 若己子而惠愛之하니 惠之若子면 則心之愛者誠矣니 未有誠而不動者也라 故로 民服其命하여 無有不得其懽心이라 當時諸侯 竝湯而有國者 其隣國之民이 乃以湯爲我君하여 曰 待我君하노니 我君來하시면 其無罰乎아하니 言除其邪虐이라 湯之得民心也如此하니 卽仲虺后來其蘇之事라

이는 湯임금의 德이 아랫사람들에게 화합한 이유를 말한 것이다. 곤궁한 백성들을 자식처럼 사랑하였으니, 사랑하기를 자식처럼 했다면 마음의 사랑이 진실한 것이니, 진실함에 감동하지 않는 자는 있지 않다. 그러므로 백성들이 그 명령에 복종하여 그들의 환심을 얻지 못함이 없었다. 당시 諸侯로서 湯임금과 함께 나라를 소유했던 자의 이웃나라 백성들이 이에 湯임금을 '우리 임금님'이라고 하면서 말하기

를 "우리 임금님을 기다리노니 우리 임금님이 오시면 罰이 없겠는가."라고 하였으니, 이는 사악하고 포악한 자를 제거한 일을 말한 것이다. 湯임금이 민심을 얻음이 이와 같았으니, 이는 바로 〈仲虺之誥〉에 "우리 임금님께서 오시니 다시 소생하게 되었다."는 일이다.

字義 惠 : 사랑 혜 徯 : 기다릴 혜 懽 : 기쁠 환 除 : 제거할 제 蘇 : 회생할 소

6. 王懋乃德하사 視乃烈祖[78]하사 無時[79]豫怠하소서

王께서는 당신의 德에 힘쓰시어 당신의 烈祖를 본받아서 한순간도 놀며 게을리하지 마소서.

湯之盤銘曰 苟日新이어든 日日新하고 又日新이라하니 湯之所以懋其德者如此라 太甲도 亦當勉於其德하여 視烈祖之所爲하여 不可頃刻而逸豫怠惰也라

湯임금의 〈盤銘〉에 "진실로 어느 날에 새로워졌거든 나날이 새롭게 하고, 또 날로 새롭게 하라."고 하였으니, 湯임금이 그 德을 힘쓰는 것이 이와 같았다. 太甲도 마땅히 그 德에 힘써서 烈祖의 하신 바를 본받아서 한순간이라도 안일하게 놀며 게을리하지 말아야 한다는 것이다.

字義 懋 : 힘쓸 무 乃 : 당신 내 豫 : 놀 예

7. 奉先思孝하시며 接下思恭하시며 視遠惟明하시며 聽德惟聰하시면 朕承王之休하여 無斁하리이다

先祖를 받들 때에는 효성을 다할 것을 생각하시고 아랫사람을 대할 때에는 공손할 것을 생각하시며, 멀리 볼 때에는 밝게 볼 것을 생각하시고, 德스런 말을 들을 때에는 귀 밝게 들을 것을 생각하소서. 그러면 저는 임금님의 아름다움을 흔쾌히 받들어서 싫어함이 없을 것입니다."

思孝則不敢違其祖요 思恭則不敢忽其臣이라 惟亦思也라 思明則所視者遠하여 而不蔽於淺近이요 思聰則所聽者德하여 而不惑於憸邪니 此는 懋德之所從事者라 太

78 烈祖 : 四庫全書本에는 '厥祖'로 되어 있다.

79 時 : 孔傳은 '是'의 뜻으로 보았다.

甲能是면 則我承王之美하여 而無所厭斁也라

孝誠을 다할 것을 생각하면 감히 그 조상을 어기지 못하고, 공손할 것을 생각하면 감히 그 신하를 홀대하지 못한다. 惟 또한 思의 뜻이다. 밝게 볼 것을 생각하면 보는 시야가 멀어서 淺近함에 가리워지지 않고, 귀 밝게 들을 것을 생각하면 듣는 것이 덕스러운 말이어서 간사함에 미혹되지 않을 것이니, 이는 德에 힘쓰는 일에 종사하는 것이다. 太甲이 이에 능하면 나는 임금님의 아름다움을 흔쾌히 받들어서 싫어하는 바가 없을 것이라는 말이다.

字義 休 : 아름다울 휴　斁 : 싫을 역　違 : 어길 위　忽 : 소홀할 홀　蔽 : 가릴 폐　憸 : 아첨할 첨
厭 : 싫을 염

太甲 下

1. 伊尹이 申誥于王曰 嗚呼라 惟天은 無親하사 克敬을 惟親하시며 民罔常懷하여 懷于有仁하며 鬼神은 無常享하여 享于克誠하나니 天位艱哉니이다

伊尹이 거듭 王에게 다음과 같이 고하였다. "아, 하늘은 친애하는 사람이 따로 없어 능히 공경하는 사람만을 친애하시며, 백성은 일정하게 그리워하는 사람이 없어 어진 사람만을 그리워하며, 鬼神은 일정하게 흠향하는 사람이 없어 능히 정성을 다하는 사람의 제사만을 흠향하니, 天子의 자리는 어려운 자리입니다.

申誥는 重誥也라 天之所親과 民之所懷와 鬼神之所享이 皆不常也라 惟克敬하고 有仁하고 克誠而後에 天親之하고 民懷之하고 鬼神享之也라 曰敬, 曰仁, 曰誠者는 各因所主而言이라 天謂之敬者는 天者는 理之所在니 動靜語默에 不可有一毫之慢이라 民謂之仁者는 民非元后면 何戴리오 鰥寡孤獨이 皆人君所當恤이요 鬼神謂之誠者는 不誠無物이니 誠立於此而後에 神格於彼라 三者所當盡이 如此하니 人君이 居天之位하여 其可易(이)而爲之哉아 分而言之하면 則三이요 合而言之하면 一德而已라 太甲이 遷善未幾에 而伊尹이 以是告之하니 其才固有大過人者歟인저

申誥는 거듭 고하는 것이다. 하늘이 친애하는 것과 백성이 그리워하는 것과 귀신이 흠향하는 것은 모두 일정하게 정해져 있지 않다. 오직 공경하고, 어질고, 정성을 다한 뒤에야 하늘이 친애하고 백성이 그리워하고 귀신이 흠향하는 것이다. 敬·仁·誠은 각각 주장하는 바에 따라 말한 것이다. 하늘에 대하여 '敬'을 이른 것은 하늘은

이치가 있는 곳이니, 動靜과 語默에 일호의 태만도 있어서는 안 되기 때문이다. 백성에 대하여 '仁'을 이른 것은 백성은 임금이 아니면 누구를 떠받들겠는가. 鰥(홀아비)·寡(과부)·孤(고아)·獨(독거노인)은 모두 임금이 마땅히 돌보아야 할 자들이기 때문이다. 귀신에 대하여 '誠'을 이른 것은 誠이 아니면 사물이 없으니, 誠이 여기에 확립된 뒤에 神이 저기에 이르기 때문이다.

세 가지는 응당 극진히 해야 함이 이와 같으니, 임금이 하늘을 대신하는 자리에 거하여 이것을 쉽게 할 수 있겠는가. 나누어 말하면 세 가지이고, 합하여 말하면 一德(純一한 德)일 뿐이다. 太甲이 改過遷善한 지 얼마 안 되어서 伊尹이 이런 말을 고하였으니, 그 재질이 참으로 보통사람보다 월등히 뛰어났던 것 같다.

字義 享 : 흠향할 향 艱 : 어려울 간 默 : 입다물 묵 慢 : 태만할 만 戴 : 떠받들 대 鰥 : 홀아비 환
寡 : 과부 과 孤 : 고아 고 獨 : 독신 독 恤 : 돌볼 휼 格 : 이를 격 易 : 쉬울 이

2. 德이면 惟治하고 否德이면 亂이라 與治로 同道하면 罔不興하고 與亂으로 同事하면 罔不亡[80]하나니 終始에 愼厥與는 惟明明后[81]니이다

德이 있으면 나라가 다스려지고 德이 없으면 나라가 어지러워집니다. 〈예전 사람 중에서〉 나라를 잘 다스린 사람과 더불어 道를 함께하면 흥하지 않음이 없고, 나라를 어지럽게 만든 사람과 더불어 일을 함께하면 망하지 않음이 없으니, 처음부터 끝까지 함께 할 자를 신중히 선택하는 것은 오직 이미 밝은 데도 더 밝히는 임금만이 그럴 수 있는 것입니다.

德者는 合敬仁誠之稱也라 有是德則治하고 無是德則亂이니 治固古人有行之者矣요 亂亦古人有行之者也라 與古之治者로 同道하면 則無不興이요 與古之亂者로 同事하면 則無不亡이라 治而謂之道者는 蓋治因時制宜하여 或損或益하니 事未必同이나 而道則同也요 亂而謂之事者는 亡國喪家가 不過貨色遊畋作威殺戮等事하니 事同이면 道無不同也라 治亂之分이 顧所與如何耳니 始而與治면 固可以興이나 終而與亂이면 則亡亦至矣니 謹其所與하여 終始如一은 惟明明之君이 爲然也라 上篇은 言惟明后하고 此篇은 言惟明明后하니 蓋明其所已明하여 而進乎前者矣라

---

80 與治……罔不亡 : 孔傳은 "安危는 어떤 사람을 임용하느냐에 달려 있고, 治亂은 어떤 사람을 본받느냐에 달려 있다는 점을 말한 것이다.〔言安危在所任 治亂在所法〕"라고 풀이하였다.

81 明明后 : 孔傳은 明王, 明君으로 풀이하였다.

德은 敬·仁·誠을 합한 칭호이다. 이 德이 있으면 나라가 다스려지고 이 德이 없으면 나라가 어지러워지니, 나라를 잘 다스리는 일은 본디 예전 사람 중에 실행한 이가 있었고, 나라를 어지럽게 만드는 일 또한 예전 사람 중에 실행한 이가 있었다. 예전에 나라를 잘 다스린 이와 더불어 道를 함께하면 흥하지 않을 수 없고, 예전에 나라를 어지럽게 만든 이와 더불어 일을 함께하면 망하지 않을 수 없다.

治에 대하여 '道'를 이른 것은 治는 때에 따라 알맞게 조처하여 덜어내기도 하고 보태기도 하니, 일은 반드시 같지는 않으나 道는 같기 때문이고, 亂에 대하여 '事'를 이른 것은 나라를 망치고 집을 상실하게 된 원인이 財貨·女色·遊樂·畋獵·作威·殺戮 등의 일에 불과하니, 일이 같으면 道도 같지 않음이 없기 때문이다.

治와 亂의 구분은 다만 더불어 함께하는 대상이 어떠한가에 달려 있을 뿐이니, 처음에 잘 다스린 이와 더불어 함께하면 본래 흥할 수 있으나 끝에 가서 어지럽게 만든 이와 더불어 함께하면 망하는 일이 또한 이르게 되니, 그 더불어 함께하는 대상을 신중히 선택해서 처음부터 끝까지 변함이 없는 것은 오직 이미 밝은데도 더 밝히는 임금만이 그렇게 할 수 있는 것이다. 윗 篇에서는 '惟明后'라고 말하고, 이 편에서는 '惟明明后'라고 말하였으니, 이미 밝은 것을 더 밝혀서 前者보다 더 진전시키는 것이다.

字義 戮 : 죽일 륙 顧 : 다만 고

3. 先王이 惟時[82]로 懋敬厥德하사 克配上帝하시니 今王이 嗣有令緒하시니 尙監茲哉인저

先王께서 때때로 힘써 그 德을 공경하시어 능히 上帝에 짝이 될 수 있었습니다. 지금 王께서 훌륭한 전통을 물려받으셨으니, 부디 이 점을 살펴보셔야 합니다.

敬은 卽克敬惟親之敬이니 擧其一하여 以包其二也라 成湯이 勉敬其德하여 德與天合이라 故로 克配上帝라 今王이 嗣有令緒하니 庶幾其監視此也라

敬은 곧 '克敬惟親'의 敬이니, 하나를 들어서 두 가지(仁·誠)를 포괄하였다. 成湯

82 惟時 : 孔傳은 時를 是의 뜻으로 보아 "湯임금만이 처음부터 끝까지 함께할 대상을 선택하는 일'의 어려운 점을 생각하여〔湯惟是終始所與之難〕"로, 蘇軾(《書傳》)은 "湯임금만이 능히 이처럼〔湯惟能如是〕"으로, 林之奇(《尙書全解》)는 "시종의 즈음에〔是其始終之際〕"로, 眞德秀(《書傳大全》 小註)는 "'惟是'라 이른 것은 敬德 이외에 다른 방법이 없음을 이른 것이다.〔惟是云者 謂敬德之外 無復他道〕"로 풀이하였다. 蔡傳에서는 별도의 풀이가 없으므로 우선 官吐와 諺解에 의거하여 '때때로'로 번역해둔다.

이 힘써 德을 공경하여 德이 하늘과 합하였기 때문에 上帝에 짝이 될 수 있었다. 지금 王께서 훌륭한 전통을 물려받았으니, 부디 이 점을 살펴보아야 한다는 것이다.

字義 尙 : 부디 상 監 : 살펴볼 감 包 : 포함할 포

4. 若升高하리 必自下하며 若陟遐하리 必自邇하니이다

높은 곳을 오를 때에는 반드시 낮은 데서부터 시작하는 경우와 같고, 먼 곳을 갈 때에는 반드시 가까운 곳에서부터 시작하는 경우와 같습니다.

此는 告以進德之序也라 中庸論君子之道에 亦謂譬如行遠必自邇하고 譬如登高必自卑라하니 進德修業[83]之喩 未有如此之切者라 呂氏曰 自此는 乃伊尹畫一以告太甲也라

이는 德을 진취하는 순서를 고한 것이다. 《中庸》에서 君子의 道를 논할 때에도 "비유하자면 먼 곳을 갈 때에는 반드시 가까운 곳으로부터 시작하는 것과 같고, 높은 곳에 오를 때에는 반드시 낮은 데서부터 시작하는 것과 같다."라고 하였으니, 德을 진취하고 業을 닦는 데 대한 비유가 이처럼 간절한 것은 없다.

呂氏가 말하였다. "여기서부터는 바로 伊尹이 〈이 아래의 다섯 가지 일을〉 하나하나 구분하여 太甲에게 고한 것이다."

字義 陟 : 갈 척

無輕民事圖

5. 無輕民事하사 惟難하시며 無安厥位하사 惟危하소서

백성의 일을 가벼이 여기지 말고 그 어려움을 생각하시며, 그 임금의 자리를 편안히 여기지 말고 그 위태로움을 생각하소서.

---

83 進德修業 : 《周易》 乾卦 〈文言傳〉에 나온 말이다.

無는 毋通이니 毋輕民事而思其難하고 毋安君位而思其危라

無는 毋와 통하니, 백성의 일을 가벼이 여기지 말고 그 어려움을 생각하며, 임금의 자리를 편안히 여기지 말고 그 위태로움을 생각하라는 것이다.

字義 無 : 말 무 惟 : 생각할 유

6. 愼終于始하소서

끄트머리를 삼가기 위해서는 처음부터 잘하소서.

人情이 孰不欲善終者리오마는 特安於縱欲하여 以爲今日姑若是하고 而他日固改之也라 然이나 始而不善而能善其終者寡矣라 桐宮之事는 往已요 今其卽政臨民하니 亦事之一初也라

사람의 마음은 누군들 마무리를 잘하고 싶지 않겠는가마는, 다만 욕심을 부리는 것을 편안하게 여겨서 "오늘은 우선 이대로 하고 내일 진실로 고치겠다."고 생각한다. 그러나 처음부터 잘하지 못하고서 마무리를 잘하는 경우는 적다. 桐宮의 일은 이미 지나간 일이고, 지금은 친정하여 백성에 군림하였으니, 또한 일의 〈새 출발의〉 시초인 셈이다.

7. 有言이 逆于汝心이어든 必求諸道하시며 有言이 遜于汝志어든 必求諸非道하소서

어떤 말이 당신의 마음에 거역하거든 반드시 道에 맞는 말인가 알아보시고, 어떤 말이 당신의 뜻에 순응하거든 반드시 道에 맞지 않는 말인가 알아보소서.

鯁直之言은 人所難受요 巽順之言은 人所易(이)從이니 於其所難受者엔 必求諸道요 不可遽以逆于心而拒之며 於其所易從者엔 必求諸非道요 不可遽以遜于志而聽之라 以上五事는 蓋欲太甲이 矯乎情之偏也라

곧은 말은 사람이 받아들이기 어려운 것이고, 공손한 말은 사람이 따르기 쉬운 것이니, 받아들이기 어려운 말에 대해서는 반드시 道에 맞는 말인가 알아보아야 하지, 문득 마음에 거역한다고 해서 거절해서는 안 되며, 따르기 쉬운 말에 대해서는 반드시 道에 맞지 않는 말인가 알아보아야 하지, 문득 뜻에 순응한다고 해서 들어주어서는 안 된다는 것이다. 이상 다섯 가지 일은 太甲이 情의 치우친 점을 바로잡게 하기 위한 것이다.

字義 汝 : 당신 여　求 : 알아볼 구　遜 : 따를 손　鯁 : 곧을 경　巽 : 공손할 손　易 : 쉬울 이
遽 : 문득 거　拒 : 거절할 거　矯 : 바로잡을 교　偏 : 치우칠 편

8. 嗚呼라 弗慮면 胡獲이며 弗爲면 胡成이리오 一人이 元良하면 萬邦이 以貞하리이다

아. 생각하지 않는다면 어떻게 얻을 수 있겠으며, 행하지 않는다면 어떻게 이룰 수 있겠습니까. 한 사람(임금)이 매우 선량하면 萬邦이 바르게 될 것입니다.

胡는 何也라 弗慮何得은 欲其謹思之也요 弗爲何成은 欲其篤行之也라 元은 大요 良은 善이요 貞은 正也라 一人者는 萬邦之儀表니 一人元良하면 則萬邦以正矣리라

胡는 何의 뜻이다. 弗慮何得은 삼가 생각하도록 하기 위한 것이고, 弗爲何成은 독실하게 행하도록 하기 위한 것이다. 元은 大의 뜻이요, 良은 善의 뜻이요, 貞은 正의 뜻이다. '한 사람(임금)'은 萬邦의 儀表이니, 한 사람이 매우 선량하면 萬邦이 바르게 되는 것이다.

字義 胡 : 무엇 호　獲 : 얻을 획

9. 君罔以辯言으로 亂舊政하며 臣罔以寵利로 居成功하야사 邦其永孚于休하리이다

임금은 교묘한 말로 옛 정사를 어지럽히지 말아야 하고, 신하는 恩寵과 利祿을 가지고 성공에 거하지 말아야 나라가 영원히 아름다움을 보장하게 될 것입니다."

弗思弗爲하여 安於縱弛면 先王之法이 廢矣요 能思能爲하여 作其聰明이면 先王之法이 亂矣니 亂之爲害 甚於廢也라 成功은 非寵利之所可居者라 至是에 太甲德已進하니 伊尹이 有退休之志矣라 此咸有一德之所以繼作也라 君臣이 各盡其道면 邦國이 永信其休美也라

아무런 생각도 하지 않고 아무런 일도 하지 않고서 방종하고 해이함에 안주하면 先王의 법도가 폐해지고, 잘 생각하고 잘 행하여 총명한 척하면 先王의 법도가 어지럽혀지니, 어지럽히는 폐해가 폐하는 것보다 심하다. 성공은 은총과 利祿을 누리는 사람이 차지할 바가 아니다. 이때에 와서 太甲의 德이 이미 진전되었으니, 伊尹이 물러가 쉬려는 뜻을 가졌다. 이것이 〈咸有一德〉을 이어 짓게 된 이유이다. 임금과 신하가 각각 도리를 다한다면 나라가 영원히 아름다움을 보장하게 될 것이다.

○吳氏曰 上篇에 稱嗣王不惠于阿衡이라하니 必其言有與伊尹背違者요 辯言亂政은 或太甲所失이 在此요 罔以寵利居成功이라하니 己之所自處者 已素定矣라 下

語旣非泛論이면 則上語必有爲而發也라하니라

○吳氏가 말하였다. "上篇에서 '嗣王께서 阿衡의 뜻에 따라주지 않았다.'고 일컬었으니, 필시 그의 말이 伊尹과 위배됨이 있었을 것이고, '교묘한 말로 정사를 어지럽혔다.'는 것은 혹시 太甲의 잘못이 여기에 있는 듯하고, '恩寵과 利祿을 가지고 성공에 거하지 말아야 한다.'고 하였으니, 자신의 자처할 바가 이미 본래에 정해진 것이다. 아랫말이 이미 범연한 말이 아니라면 윗말은 반드시 위한 바가 있어서 한 말일 것이다."

字義 孚 : 믿을 부 休 : 아름다울 휴 縱 : 방종할 종 弛 : 해이할 이 素 : 본디 소 泛 : 범연할 범

咸有一德

伊尹이 致仕而去에 恐太甲德不純一及任用非人이라 故로 作此篇하니 亦訓體也라 史氏取其篇中咸有一德四字하여 以爲篇目이라 今文無하고 古文有하니라

伊尹이 벼슬을 내놓고 떠날 적에 太甲의 德이 純一하지 못하고 올바르지 못한 사람을 등용할까 두려워하였다. 그러므로 이 篇을 지었으니, 또한 訓體이다. 史官이 이 篇 가운데서 '咸有一德' 네 글자를 취하여 篇目으로 삼았다. 〈咸有一德〉은《今文尙書》에는 들어 있지 않고《古文尙書》에는 들어 있다.

字義 致 : 반납할 치

1. 伊尹이 旣復政厥辟하고 將告歸할새 乃陳戒于德하니라

伊尹이 이미 임금에게 정사를 돌려주고 장차 물러가려고 할 때에 純一한 德을 닦도록 경계하였다.

伊尹이 已還政太甲하고 將告老而歸私邑할새 以一德으로 陳戒其君하니 此史氏本序라

伊尹이 이미 太甲에게 정사를 돌려주고 장차 年老함을 이유로 사직을 청하여 私邑으로 돌아가려고 할 적에 純一한 德을 닦을 것을 그 임금에게 경계하였으니, 이것은 史官의 本序이다.

2. 曰 嗚呼라 天難諶(심)은 命靡常이니 常厥德하면 保厥位하고 厥德이 靡常하면 九有

以亡하리이다

〈伊尹은〉 다음과 같이 말하였다. "아. 하늘을 믿기 어려운 것은 天命이 일정하지 않기 때문이니, 그 德을 일정하게 유지하면 그 지위를 보존할 수 있을 것이고, 그 德이 일정하게 유지되지 못하면 九州가 망하게 될 것입니다.

諶은 信也라 天之難信은 以其命之不常也라 然이나 天命雖不常이로되 而常於有德者하니 君德有常이면 則天命亦常하여 而保厥位矣요 君德不常이면 則天命亦不常하여 而九有以亡矣라 九有는 九州也라

諶은 信(믿음)의 뜻이다. 하늘을 믿기 어려운 것은 天命이 일정하지 않기 때문이다. 그러나 天命이 비록 일정하지 않다고는 하지만 德이 있는 사람에게는 일정하니, 임금의 德이 일정하게 유지되면 天命 또한 일정하여 그 지위를 보존할 수 있고, 임금의 德이 일정하지 않으면 天命 또한 일정하지 아니하여 九有가 망하게 된다는 것이다. 九有는 九州이다.

字義 諶 : 믿을 심 靡 : 없을 미 有 : 지역 유

3. 夏王이 弗克庸德하여 慢神虐民한대 皇天이 弗保하시고 監于萬方하사 啓迪有命하사 眷求一德하사 俾作神主어시늘 惟尹이 躬暨湯으로 咸有一德하여 克享天心하여 受天明命[84]하여 以有九有之師하여 爰革夏正하소이다

夏나라 王(桀王)이 능히 德을 일정하게 유지하지 못하여 神을 업신여기고 백성을 학대하자, 하늘이 그를 보호하지 아니하시고 萬方을 둘러보아 하늘의 命을 가질 사람을 啓導하시고, 純一한 德을 유지한 사람을 돌아보고 구하시어 百神의 주인이 되게 하였습니다. 저는 몸소 湯임금과 함께 純一한 德을 유지하여 능히 하늘의 마음에 맞아서 하늘의 밝은 命을 받아 九州의 백성들을 소유하여 이에 夏나라의 正朔을 바꿨습니다.

上文에 言天命無常하여 惟有德則可常하고 於是에 引桀之所以失天命과 湯之所以得天命者하여 證之하니라 一德은 純一之德이 不雜不息之義니 卽上文所謂常德也라

---

84 克享天心 受天明命 : 孔傳은 '享'을 當의 뜻으로 보아 "정벌함에 대적할 자가 없었으니, 이를 일러 '천명을 받았다.'고 이른다.〔所征無敵 謂之受天命〕"라고 풀이하였다. 蔡傳도 '享'을 當의 뜻으로 보았다.

神主는 百神之主라 享은 當也라 湯之君臣이 皆有一德이라 故로 能上當天心하여 受天明命而有天下라 於是에 改夏建寅之正하여 而爲建丑正[85]也라

윗글에서는 "天命이 일정하지 아니하여 오직 德이 있는 사람에게 일정하다."라고 말하였고, 여기서는 桀이 天命을 잃게 된 까닭과 湯임금이 天命을 얻게 된 까닭을 끌어다 증명하였다. 一德은 純一한 德이 섞이지 않고 멈추지 않는다는 뜻이니, 곧 윗글에서 말한 "常德(일정한 德)"이란 것이다. 神主는 百神의 주인이다. 享은 當의 뜻이다. 湯임금의 君臣은 모두 純一한 德을 소유하였다. 그러므로 위로 하늘의 마음에 맞아서 하늘의 밝은 命을 받아 천하를 소유하였고, 이에 夏나라의 建寅의 正朔을 바꿔 建丑의 正朔으로 만든 것이다.

夏王慢神圖

字義 迪 : 인도할 적 眷 : 돌볼 권 俾 : 하여금 비 暨 : 및 기 享 : 맞을 향 師 : 민중 사 爰 : 이에 원 革 : 바꿀 혁 正 : 정삭 정 證 : 증명할 증

4. 非天이 私我有商이라 惟天이 佑于一德이며 非商이 求于下民이라 惟民이 歸于一德이니이다

하늘이 우리 商나라를 사사로이 봐준 것이 아니고 하늘이 純一한 德을 도와준 것이며, 商나라가 백성들에게 요구한 것이 아니고 백성들이 純一한 德으로 돌아온 것입니다.

上言一德故로 得天得民이요 此言天佑民歸는 皆以一德之故니 蓋反復言之라

85 夏建之寅正·建丑正 : 夏나라는 寅月로 正月을 삼고, 商나라는 丑月로 正月을 삼은 것을 말하니, 곧 寅月과 丑月은 月建의 地支가 寅과 丑이 되는 달이다.

위에서는 純一한 德 때문에 천심을 얻고 민심을 얻게 된 것이란 점을 말하였고, 여기서는 하늘이 도와주고 백성들이 돌아온 것은 모두 純一한 德 때문이란 점을 말하였으니, 대개 반복해서 말한 것이다.

字義 佑 : 도울 우

民歸一德圖

5. 德惟一이면 動罔不吉하고 德二三이면 動罔不凶하리니 惟吉凶이 不僭在人은 惟天이 降災祥이 在德이니이다

德이 純一하면 어디를 가나 吉하지 않음이 없을 것이고, 德이 純一하지 않으면 어디를 가나 凶하지 않음이 없을 것이니, 吉과 凶이 어긋나지 않는 것이 사람에게 달려 있어 〈길한 사람은 길하게 되고 흉한 사람은 흉하게 되는 것은,〉 하늘이 재앙과 상서를 내리는 것이 德의 〈純一함과 純一하지 않음에〉 달려 있기 때문입니다.

二三則雜矣라 德之純則無往而不吉이요 德之雜則無往而不凶이라 僭은 差也라 惟吉凶이 不差在人者는 惟天之降災祥이 在德故也라

이랬다 저랬다 하면 섞이는 것이다. 德이 純一하면 어디를 가나 吉하지 않음이 없고, 德이 섞이면 어디를 가나 凶하지 않음이 없다. 僭은 差(어긋나다)의 뜻이다. 吉과 凶이 어긋나지 않는 것이 사람에게 달려 있어 〈길한 사람은 길하게 되고 흉한 사람은 흉하게 되는 것은,〉 하늘이 재앙과 상서를 내리는 것이 德의 〈純一함과 순일하지 않음에〉 달려 있기 때문이란 것이다.

字義 僭 : 어긋날 참

6. 今嗣王이 新服厥命이신댄(하시란대) 惟新厥德이니 終始惟一이 時乃日新이니이다

지금 嗣王께서 새로 天命을 받으시려면 德을 새롭게 하셔야 하니, 처음부터 끝까

지 오직 純一하게 하는, 이것이 바로 날로 새롭게 하는 것입니다.

太甲이 新服天子之命인댄 德亦當新이라 然이나 新德之要는 在於有常而已니 終始有常하여 而無間斷이 是乃所以日新也니라

太甲이 새로 天子가 되는 천명을 받으려면 德 또한 마땅히 새로워져야 한다. 그러나 덕을 새롭게 하는 요령은 일정하게 유지하는 데에 달려 있을 뿐이니, 처음부터 끝까지 일정하게 유지하여 간단이 없게 하는, 이것이 바로 날로 새롭게 하는 요령이란 것이다.

字義 服 : 받을 복 時 : 이 시 要 : 요령 요

7. 任官호되 惟賢材하시며 左右를 惟其人하소서 臣은 爲上爲德하고 爲下爲民[86]하나니 其難其愼하시며 惟和惟一[87]하소서

관리를 임용할 때에는 오직 賢材만을 쓰시며, 보필할 신하는 오직 적격한 사람만을 등용하소서. 신하의 직분은 위를 위해서는 德을 가진 임금을 위하고 아래를 위해서는 백성을 위하니, 어렵게 여기시고 신중히 하시며, 조화를 이루게 하시고 시

86 爲上爲德 爲下爲民 : 孔傳은 "위를 받들어 德을 펴고, 아래를 따라 백성을 가르치는 것이다.〔奉上布德 順下訓民〕"로, 蘇軾의 《書傳》에는 "신하가 백성의 위가 된 까닭은 爵祿을 위함이 아니고 德을 위함이니, 德은 位가 아니면 행하지 못하기 때문이다. 나(임금)의 아래가 되는 까닭은 爵祿을 위함이 아니라 백성을 위해 굽히는 것이다.〔臣之所以爲民上者 非爲爵祿也 爲德也 德非位不行 其所以爲我下者 非爲爵祿也 爲民屈也〕"로, 林之奇의 《尙書全解》에는 "신하가 위를 위하려고 할 경우, 덕이 있는 임금이 아니면 무슨 일을 해볼 수 없다. 백성의 경우는 무슨 불가할 것이 있겠는가.……그러므로 '爲上爲君'이라 하지 않고 '爲上爲德'이라 한 것이다.〔臣欲爲上 非其君之有德 則不可得而爲之也 至於民 則何所不可哉……故不曰爲上爲君 而曰爲上爲德也〕"로, 夏僎의 《夏氏尙書詳解》에는 "신하의 직분은 위를 위할 경우 임금의 덕을 이루려 하고, 아래를 위할 경우 천하의 백성을 다스리려고 한다.〔臣之職 以其爲上則欲成君之德 爲下則欲治天下之民〕"로, 呂祖謙의 《增修東萊書說》에는 "신하가 위를 위하는 까닭은 임금의 덕을 보필하기 위함이고, 신하가 아래를 위하는 까닭은 임금을 위하여 그 백성들을 安撫하기 위함이다.〔臣之所以爲上者 輔君之德也 臣之所以爲下者 爲君安撫其民也〕"로, 蔡傳은 '德'을 임금으로 보아, "'신하의 직분은 위를 위해서는 德을 위한다.'고 함은 그 임금을 보필하는 것이고, '아래를 위해서는 백성을 위한다.'고 함은 백성을 편안히 살게 하는 것이다. '君'이라 말하지 않고 '德'이라 말함은 君道를 겸해서 말한 것이다.〔夫人臣之職 爲上爲德 左右厥辟也 爲下爲民 所以宅師也 不曰君而曰德者 兼君道而言也〕"로 풀이하였다.

87 其難其愼 惟和惟一 : 孔傳은 "그 신하되는 일은 어려우므로 쉽게 여기지 말아야 하고, 그 신하되는 일은 신중해야 하므로 가볍게 여기지 말아야 하니, 신하들이 마땅히 화합하여 일심으로 임금을 섬겨야 정사가 잘 다스려진다는 것이다.〔其難無以爲易 其愼無以輕之 群臣當和一心以事君 政乃善〕"라고 풀이하였다.

종 專一하게 신임하소서.

賢者는 有德之稱이요 材者는 能也라 左右者는 輔弼大臣이니 非賢材之稱可盡이라 故로 曰惟其人이라 夫人臣之職이 爲上爲德은 左右厥辟也요 爲下爲民은 所以宅師也라 不曰君而曰德者는 兼君道而言也라 臣職所係 其重如此하니 是必其難其愼이라 難者는 難於任用이요 愼者는 愼於聽察이니 所以防小人也라 惟和惟一은 和者는 可否相濟요 一者는 終始如一이니 所以任君子也[88]라

賢은 德이 있는 사람의 칭호이고, 材는 유능한 것이다. 左右는 輔弼하는 大臣이니, 賢과 材의 칭호로 다할 수 있는 것이 아니기 때문에 '惟其人'이라 말한 것이다. "신하의 직분이 위를 위해서는 德을 가진 임금을 위한다."라고 한 것은 그 임금을 보필하는 것이고, "아래를 위해서는 백성을 위한다."라고 한 것은 백성을 편안히 살게 하는 것이다. 君이라 말하지 않고 德이라 말한 것은 君道를 겸해서 말한 것이다. 신하의 직분이 매인 바가 이처럼 중대하니, 반드시 어렵게 여기고 신중히 해야 할 것이다. 難은 임용을 어렵게 여기는 것이고, 愼은 듣고 살핌을 신중히 하는 것이니,

---

88 其難其愼……所以任君子也 : 洪奭周(《尙書補傳》)는 "나는 가만히 생각하건대, '其難其愼'은 小人을 막을 뿐만이 아니다. 天下의 일들이 그 시초는 어렵지 않으나 그 종말을 오래 잘 유지시키지 못한다. 그러니 좌우에 있는 여러 大夫들이 모두 '어질다' 말하더라도 임용해서는 안 되고, 온 나라 사람들이 모두 '어질다'고 말한 연후에 살펴서 과연 어짊을 본 연후에 임용해야 하니, 그것이 어려운 일이고 신중해야 할 일이다. 대개 이렇게 해서 일단 임용했으면 진심으로 믿어 의심치 말고 종신토록 신임하여 도태시키지 않는 것이 이른바 '惟和惟一'이다.〔愚竊謂 其難其愼 不獨以防小人也 天下之事 不難於其始者 未有能久於其終也 左右諸大夫皆曰賢未可也 國人皆曰賢然後察之 見賢焉然後用之 其難其愼也 蓋若此旣用之矣 則推誠信寄腹心而不疑 終其身任之而不替 是所謂惟和惟一也〕"라고 하였다.

따라서 蔡傳이 "和는 可와 否가 서로 이루는 것이다."라고 하여, '惟和惟一'에서 '惟和'만을 풀이한 데 대해서, 洪奭周는 또한 "訓詁의 體에는 '正釋'이란 것이 있고, '餘意'란 것이 있다. '和'란 말은 協調하여 乖戾함이 없음을 이른 것이니, 이것이 '正釋'이다. 후세의 君子들이 和가 同으로 흘러가서 阿諛와 黨比가 될까 염려했기 때문에 이에 '적절하게 조화하고 부화뇌동하지 않아야 한다.'란 경계가 있게 된 것이다. 그러므로 可와 否가 서로 이룸을 和라 일렀으니, 이것이 대개 '餘意'이다. 伊尹이 어진 사람을 임용하는 것을 가지고 太甲을 권면하되, 오직 전적으로 맡기지 않고 깊이 들어주지 않아, 情志가 혹 괴려될까 염려했을 뿐이다. 그러므로 반드시 거듭 말하기를 '조화를 이루게 하시고 시종 전일하게 신임하소서.'라고 하였으니, 그 뜻의 중요함은 대개 오로지 協調하여 서로 괴려하지 않는 데에 있었다. 그런데 蔡傳은 '和는 可와 否가 서로 이루는 것이다.'라고만 하여 오로지 餘意에만 치중하고, 正釋에는 미치지 못하였으니, 訓詁의 體가 아닌 듯하다.〔訓詁之體 有正釋焉 有餘意焉 和之爲言 協調而無所乖戾之謂也 此正釋也 後之君子 懼夫和之流於同而爲阿諛黨比也 於是乎有和而不同之誡 故曰可否相濟之謂和 此蓋餘意也 伊尹以任賢勉太甲 惟恐其任之不專聽之不深 而情志之或乖也 故必申之曰 惟和惟一 其意之所重 蓋專在乎協調而不相戾也 蔡傳獨曰 和者可否相濟而已 專在乎餘意而不及於正釋 恐非訓詁之體也〕"라고 하였다.

이는 소인을 막는 것이다. 惟和惟一은, 和는 可와 否가 서로 이루는 것이고, 一은 시종 한결같은 것이니, 이는 군자를 신임하는 것이다.

字義 辟 : 임금 벽 宅 : 편안히살게할 택 師 : 민중 사

8. 德無常師하여 主善이 爲師며 善無常主하여 協于克一[89][90]이니이다

德은 일정한 法이 없어서 善을 주장하는 것이 法이 되며, 善은 일정한 주장이 없어서 克一(統一)에 합해야 하는 것입니다.

上文에 言用人하고 因推取人爲善[91]之要하니라 無常者는 不可執一之謂라 師는 法이요 協은 合也라 德者는 善之總稱이요 善者는 德之實行이요 一者는 其本原統會者也라 德兼衆善하니 不主於善이면 則無以得一本萬殊之理요 善原於一하니 不協于一이면 則無以達萬殊一本之妙라 謂之克一者는 能一之謂也니 博而求之於不一之善하고 約而會之於至一之理라 此聖學始終條理[92]之序니 與夫子所謂一貫[93]者로 幾矣라 太甲이 至是而得與聞焉하니 亦異乎常人之改過者歟인저

---

89 協于克一 : 孔傳은 "能一(마음)에 합한 것을 일정한 德으로 삼음을 말한다.〔言以合於能一 爲常德〕"라고 하고, 元代 朱祖義의 《尙書句解》에는 "오직 純一하여 변하지 않음(마음)에 합하는 것만이 善의 주장이 될 수 있다.〔惟合於純一不變者 可以爲善之主〕"라고 하였다.

90 德無常師……協于克一 : 宋代 錢時의 《融堂書解》에는 "대체로 德을 진전시킴에 있어서 처음에는 일정한 法이 없고 오직 善을 주장하는 것만을 法으로 삼으며, 善 또한 처음에는 일정한 주장이 없고 오직 能一에 합하는 것만이 곧 善을 다하는 셈이 된다.〔大凡進德 初無常師 惟主其善者 以爲師 善亦初無常主 惟合于能一者 乃爲盡善〕"라고 하였고, 陳大猷는 "'專一'의 一이 있으니 '終始惟一'이 이것이고, '統一'의 一이 있으니 '協于克一'이 이것이다. 한 가지 善도 유실함이 없고 한 순간도 간단이 없은 연후에야 一德의 전체를 다하게 된다. 伊尹이 이미 '惟一'의 뜻을 말하고 다시 '協一'의 뜻을 밝혔다. 德의 所在가 당초에는 일정한 法이 없고 善을 주장함을 모두 師로 해야 할 바이니, 이는 널리 취함을 이른 것이다. 善에는 萬端이 있어 또한 일정한 주장이 없으므로 반드시 克一(마음)의 지역에 協合하여 統會하는 것이 귀중하니, '一以貫之'를 이른다.〔有專一之一 終始惟一是也 有統一之一 協于克一是也 無一善之或遺 無一息之或間然後 盡一德之全體 尹旣言惟一之旨 復明協一之義 德之所在 初無常師 凡主於善 皆所當師 謂博而取之也 善有萬端 亦無常主 必貴協合統會于克一之地 謂一以貫之也〕"라고 하였다.(《書傳大全》 小註)

91 取人爲善 : 《孟子》 〈公孫丑 上〉에 보인다.

92 始終條理 : 《孟子》 〈萬章 下〉에 "공자는 집대성했다고 할 수 있으니, '집대성'이란 쇳소리를 울리고 옥소리를 떨치는 것이다. 쇳소리를 울린다는 것은 條理(여러 악기 소리)를 시작하는 것이고, 옥소리를 떨친다는 것은 조리를 마무리하는 것이다.〔孔子之謂集大成 集大成也者 金聲而玉振之也 金聲也者 始條理也 玉振之也者 終條理也〕"라고 보인다.

93 一貫 : 《論語》 〈里仁〉에 보인다.

張氏曰 虞書精一數語[94]之外에 惟此爲精密이니라

윗글에서 인재를 등용하는 문제를 말하고, 따라서 사람에게 취하여 善을 행하는 요점을 유추하였다. 無常이란 어떤 한 가지만 고집해서는 안 됨을 이른 것이다. 師는 法의 뜻이요, 協은 合의 뜻이다. 德은 善의 총칭이고, 善은 德의 實行이며, 一은 그 本原이 統會(한 곳으로 모임)한 것이다. 德은 여러 善을 겸하니, 善을 주장하지 않으면 一本萬殊의 이치를 터득할 수 없고, 善은 一에 근원하니, 一에 합하지 않으면 萬殊一本의 妙理를 통달할 수 없다. '克一'이라 함은 能一을 이르니, 범위를 넓혀서 하나가 아닌 善에 구하고, 범위를 요약해서 至一의 이치에 會合하는 것이다. 이는 聖學의 조리를 시작하고 조리를 마무리하는 차례이니, 夫子(孔子)께서 말씀하신 '一貫(一以貫之)'과 거의 같은 것이다. 太甲이 이에 이르러 참여하여 들을 수 있는 실력을 얻었으니, 또한 보통사람이 허물을 고친 것과는 다르다.

張氏(張栻)가 말하였다. "虞書의 '精一' 몇 마디 말 이외에는 오직 이것이 정밀한 말이다."

字義 推 : 추구할 추　幾 : 가까울 기

9. 俾萬姓으로 咸曰 大哉라 王言이여케하시며 又曰 一哉라 王心이여케하사 克綏先王之祿하사 永底烝民之生하소서

만백성들로 하여금 모두가 '위대하다, 임금님의 말씀이여.'라고 할 수 있게 하시며, 또 '순일하다, 임금님의 마음이여.'라고 할 수 있게 하소서. 그리하여 능히 先王의 天祿을 〈盤石처럼 확고하게〉 안정시키시어 백성들의 안락한 삶을 영원히 누릴 수 있게 하소서.

人君은 惟其心之一이라 故로 其發諸言也大하고 萬姓은 見其言之大라 故로 能知其心之一이라 感應之理 自然而然하여 以見(현)人心之不可欺而誠之不可掩也라 祿者는 先王所守之天祿也라 烝은 衆也라 天祿安하고 民生厚는 一德之效驗也라

임금은 그 마음이 純一하기 때문에 그 말에 발현된 것이 위대하고, 만백성은 임금의 말이 위대한 것을 보았기 때문에 그 마음의 純一함을 아는 것이다. 감응의 이치가 자연히 그렇게 되는 것이니, 인심은 속일 수 없는 것이고 성실함은 가릴 수 없는

---

94 精一數語 : 〈大禹謨〉의 "人心惟危 道心惟微 惟精惟一 允執厥中"을 가리킨다.

것임을 나타내 보였다. 祿은 先王께서 지키던 天祿이다. 烝은 衆의 뜻이다. 天祿이 안정되고 民生이 도타워지는 것이 바로 一德(純一한 德)의 효험이다.

字義 俾 : 하여금 비 綏 : 편안할 수 厎 : 이를 지 烝 : 여러 증

10. 嗚呼라 七世之廟에 可以觀德이며 萬夫之長에 可以觀政이니이다

아. 7世의 사당을 통하여 德을 관찰할 수 있고, 만백성의 우두머리를 통하여 政教를 관찰할 수 있는 것입니다.

天子七廟[95]니 三昭三穆與太祖之廟七이라 七廟는 親盡[96]則遷이나 必有德之主는 則不祧毁[97]라 故로 曰七世之廟에 可以觀德[98]이라하니라 天子는 居萬民之上하니 必政教有以深服乎人而後에 萬民悅服이라 故로 曰萬夫之長에 可以觀政이라하니라 伊尹이 歎息言 德政修否 見(현)於後世하고 服乎當時하여 有不可掩者如此라하니라

天子는 七廟이니, 三昭와 三穆에 太祖의 사당을 합한 일곱이다. 7廟는 제사 지내는 代의 수가 다되면 옮기게 되나, 반드시 德이 있는 임금은 祧毁(祧遷)하지 않기 때문에 7世의 사당을 통하여 德을 관찰할 수 있다고 말한 것이다. 天子는 만백성의 위에 있으니, 반드시 政教가 사람들을 깊이 감복시킬 수 있은 뒤에야 만백성이 기꺼이 복종한다. 그러므로 만백성의 우두머리를 통하여 政教를 관찰할 수 있다고 말한 것이다. 伊尹이 탄식하고 나서 말하기를 "德政이 닦여졌는지 여부가 후세에 나

---

95 天子七廟 : 사당에 신주를 모시는 차례에 있어서 天子는 1世를 가운데 모시고, 2世·4世·6世는 '昭'라 하여 왼편에, 3世·5世·7世는 '穆'이라 하여 오른편에 모시기 때문에 三昭·三穆의 七廟가 된 것이다. 諸侯의 경우는 二昭·二穆의 五廟, 大夫의 경우는 一昭·一穆의 三廟이다.

96 親盡 : 代盡이라고 하는데, 제사 지내는 代의 수가 다된 것을 말한다.

97 祧毁 : 제사 지내는 代數가 다한 사당을 헐고, 헐린 사당의 신주를 祧廟에 간직하는 일이다.

98 天子七廟……可以觀德 : 孔傳은 "天子는 7廟를 세우는데, 德이 있는 임금은 祖宗으로 삼아 그 사당(其廟)을 헐지 않기 때문에 德을 관찰할 수 있다.〔天子立七廟 有德之王 則爲祖宗 其廟不毁 故可觀德〕"로 풀이하였는데, 孔疏는 "天子가 7廟를 세우는 것은 상례적인 일이다. 그중에서 덕이 있는 임금은 祖宗으로 삼으니, 7廟는 제사 지내는 代의 수가 다하더라도 그 사당은 헐리지 않는다. 그러므로 7廟의 밖에서 덕을 관찰할 수 있다.〔天子立七廟 是其常事 其有德之王 則列爲祖宗 雖七廟親盡 而其廟不毁 故於七廟之外 可以觀德矣〕"라고 하여 孔傳의 '其廟'를 7廟 밖의 다른 사당으로 보고 있다. 林之奇는 "太甲이 이미 위로 7世의 사당을 섬기고 아래로 萬夫의 長이 되었으니, 반드시 그 德政에 관찰할 만한 것이 있어야 옳다.〔太甲旣上事七世之廟 下爲萬夫之長 必其德政有可觀者 然後可也〕"라고 하여 다른 각도에서 풀이하였고, 蔡傳은 7世의 사당에 모셔진 신주는 모두 德이 있는 분들이라고 보았다.

타나고 당대를 감복시키어 가려질 수 없음이 이와 같다."라고 한 것이다.

字義 昭 : 신주치레 소 祧 : 체천할 조 毁 : 헐 훼 服 : 감복할 복

11. 后非民이면 罔使며 民非后면 罔事니 無自廣以狹人하소서 匹夫匹婦 不獲自盡[99]하면 民主罔與成厥功하리이다

임금은 백성이 아니면 부릴 대상이 없고, 백성은 임금이 아니면 섬길 대상이 없으니, 자신은 대단하게 생각하고 남은 시시하게 여기지 마소서. 일반 남녀들이 스스로 〈善을〉 다하지 못하면 백성의 임금은 더불어 공을 이루지 못하게 될 것입니다."

罔使와 罔事는 卽上篇의 民非后면 罔克胥匡以生이요 后非民이면 罔以辟四方之意라 申言君民之相須者如此는 欲太甲不敢忽也라 無는 毋同이라 伊尹이 又言 君民之使事 雖有貴賤不同이나 至於取人爲善하여는 則初無貴賤之間이라 蓋天以一理로 賦之於人하여 散爲萬善하니 人君이 合天下之萬善而後에 理之一者可全也라 苟自大而狹人하여 匹夫匹婦 有一不得自盡於上이면 則一善不備하여 而民主亦無與成厥功矣라 伊尹이 於篇終에 致其警戒之意요 而言外之旨는 則又推廣其所謂一者如此하니 蓋道體之純全이요 聖功之極致也라 嘗因是言之컨대 以爲精粹無雜者一也요 終始無間者一也요 該括萬善者一也라 一者는 通古今達上下하니 萬化之原이요 萬事之幹이라 語其理則無二요 語其運則無息이요 語其體則幷包而無所遺也라 咸有一德之書에 而三者之義悉備하니 前乎伏羲堯舜禹湯과 後乎文武周公孔子 同一揆也니라

罔使와 罔事는 곧 上篇에 "백성은 임금이 아니면 서로 바로잡아 살아갈 수 없고, 임금은 백성이 아니면 四方(天下)에 임금 노릇 할 수 없다."라는 뜻이다. 임금과 백성의 유대관계가 이처럼 긴밀함을 거듭 말한 것은 太甲이 감히 소홀히 하지 않도록 하기 위해서이다. 無는 毋와 같다. 伊尹이 또 말하기를 "임금과 백성이 부리고 섬기는 데에는 비록 貴賤의 차이가 있지만, 사람에게서 취하여 善을 행하는 데에는 애초에 貴賤의 간격이 없다. 하늘이 한 이치를 인간에게 부여했기 때문에 흩어져 만 가지 善이 되었으니, 임금이 천하의 만 가지 善을 합한 뒤에야 한 이치를 온전히 할 수 있는 것이다. 만일 자기는 대단하게 생각하고 남은 시시하게 여겨서 일반 남녀

99 不獲自盡 : 孔傳은 마음과 힘을 다할 수 없는 것으로 보았다.

중에 한 사람이라도 스스로 윗사람에게 善을 다하지 못한 사람이 있으면 한 善이 갖추어지지 못하여 백성의 임금 또한 더불어 그 공을 이룰 수 없을 것이다."라고 하였다.

伊尹이 篇의 끄트머리에서 경계하는 뜻을 말로 다 밝혔고, 말에 나타나 있지 않은 뜻에 대하여 또 이른바 '一'이란 것을 미루어 확대시키기를 이와 같이 하였으니, 대개 道體의 純全함이요, 聖功의 極致인 것이다. 이것으로 인하여 말해보건대, 精粹하여 섞임이 없는 것이 一이고, 처음부터 끝까지 간단이 없는 것이 一이고, 萬善을 포괄하는 것이 一이다. 一은 古今을 통달하고 上下를 통하는 것이니, 온갖 造化의 근원이요, 온갖 일의 根幹이다. 그 이치를 가지고 말하면 둘이란 개념이 없고, 運行을 가지고 말하면 멈춤이 없고, 體를 가지고 말하면 모두 포괄하여 빠뜨림이 없다. 〈咸有一德〉의 글에 세 가지의 뜻이 다 갖추어져 있으니, 이전의 伏羲·堯·舜·禹·湯과 이후의 文王·武王·周公·孔子가 동일한 揆法이다.

字義 使 : 부릴 사 事 : 섬길 사 須 : 기다릴 수 該 : 모두 해 括 : 포괄할 괄 幹 : 근간 간 揆 : 법도 규

書經集傳 卷五

盤庚 上

盤庚은 陽甲之弟라 自祖乙로 都耿(경)이러니 圮於河水어늘 盤庚이 欲遷于殷한대 而大家世族이 安土重遷하여 胥動浮言하고 小民은 雖蕩析離居하나 亦惑於利害하여 不適有居하니 盤庚이 喩以遷都之利와 不遷之害라 上中二篇은 未遷時言이요 下篇은 旣遷後言이라 王氏曰 上篇은 告群臣이요 中篇은 告庶民이요 下篇은 告百官族姓이라하니라 左傳에 謂盤庚之誥라하니 實誥體也라 三篇은 今文古文에 皆有로되 但今文은 三篇이 合爲一이니라

盤庚은 陽甲의 아우이다. 祖乙 때부터 耿 땅에 도읍을 세웠는데, 河水에 의해 무너졌기 때문에 盤庚이 殷 땅으로 도읍을 옮기고자 하였으나, 大家와 世族들은 살던 곳을 편안히 여기고 도읍을 옮기는 것을 중난히 여기어 서로 터무니없는 말로 선동을 하고, 하찮은 백성들은 비록 수해로 인해 흩어져 살았으나 또한 이해관계에 현혹되어 새 거주지로 옮겨가려 하지 않자, 盤庚이 도읍을 옮길 경우의 이로운 점과 도읍을 옮기지 않을 경우의 해로운 점을 가지고 깨우쳤다. 上·中 두 篇은 도읍을 옮기기 전에 한 말이고, 下篇은 도읍을 옮긴 뒤에 한 말이다.

王氏는 말하기를 "上篇은 신하들에게 고한 말이고, 中篇은 庶民에게 고한 말이고, 下篇은 百官과 族姓에게 고한 말이다."라고 하였다. 《春秋左氏傳》 哀公 11년에 '盤庚之誥'라고 일렀으니, 실은 誥體인 것이다.

〈盤庚〉 3篇은 《今文尙書》와 《古文尙書》에 모두 들어 있는데, 다만 《今文尙書》에는 3편이 합하여 하나가 되었을 뿐이다.

字義 圮 : 무너질 비 胥 : 서로 서 動 : 선동할 동 蕩 : 옮길 탕 析 : 나눌 석 離 : 떠날 리 適 : 갈 적 喩 : 깨우칠 유

1. 盤庚이 遷于殷할새 民不適有居어늘 率籲(유)衆慼하사 出矢言[1]하시다

---

1 率籲(유)衆慼 出矢言 : 孔傳은 '率'을 領, '籲'를 和, '矢'를 正直의 뜻으로 보아 "여러 슬퍼하는 사람들을 거느리고 和諧하려고 정직한 말을 하였다.〔率和衆憂之人 出正直之言〕"로, 蘇軾은 '籲'를 呼, '矢'를 誓의 뜻으로 보아 "盤庚이 백성들이 원망하는 것을 알았기 때문에 여러 걱정하는 사람들

盤庚이 殷 땅으로 도읍을 옮기려고 할 적에 백성들이 새 거주지로 가려고 하지 않자, 여러 근심하는 사람들을 모두 불러서 맹세하는 말을 다음과 같이 하였다.

殷은 在河南偃師라 適은 往이라 籲는 呼요 矢는 誓也라 史臣言 盤庚이 欲遷于殷한대 民不肯往適有居어늘 盤庚이 率呼衆憂之人하여 出誓言以喩之라하니 如下文所云也라

殷은 河南의 偃師에 있었다. 適은 往의 뜻이요, 籲는 呼의 뜻이요, 矢는 誓의 뜻이다. 史臣이 말하기를 "盤庚이 殷 땅으로 도읍을 옮기고자 하였는데, 백성들이 새 거주지로 가려 하지 않으므로 盤庚이 여러 근심하는 사람들을 모두 불러 놓고 맹세하는 말을 하여 깨우쳤다."라고 하였으니, 아랫글에 말한 바와 같다.

○周氏曰 商人稱殷은 自盤庚始라 自此以前은 惟稱商이러니 自盤庚遷都之後로 於是에 殷商兼稱하고 或只稱殷也라하니라

○周氏가 말하였다. "商나라 사람들이 '殷'이라 칭한 것은 盤庚으로부터 시작되었다. 이 이전에는 '商'이라고만 칭하였는데, 盤庚이 도읍을 옮긴 뒤로는 이에 殷과 商을 겸해서 〈殷商이라고〉 칭하였고, 혹은 단지 '殷'이라고만 칭하기도 하였다."

字義 慼 : 슬플 척 矢 : 맹세할 시 肯 : 즐길 긍 籲 : 고할 유

2. 曰 我王이 來하사 旣爰宅于玆는(하샨든) 重我民이요(이라) 無盡劉어신마는 不能胥匡以生일새 卜稽하니 曰其如台(이)[2]라하나다

"우리 先王께서 오셔서 이미 여기(耿)에 자리를 잡으신 것은 우리 백성들을 소중히 여기신 것이지 모두 죽이려고 하신 것이 아니었건만, 〈백성들이〉 서로 구원하며 살 수 없겠기에 거북점을 쳐보았더니, '이곳은 우리에게 어찌할 수 없는 곳이다.'란

을 불러서 고하여 맹세하였다.〔盤庚知民怨 故呼衆憂之人 而告誓之〕"로 풀이하였는데, 林之奇는 蘇軾의 해석이 孔傳보다 나은 것으로 평가하는 동시에 '矢'를 陳의 뜻으로 보아 "아마 도읍을 옮기게 되는 뜻에 대해 진술하여 고했을 것이다. 先儒(孔安國)가 '정직한 말을 했다.'고 한 것은 그 본의를 잃은 것이다.〔蓋陳其所以遷都之意而告之也 先儒以爲出正直之言 則其意失矣〕"라고 하였다. 夏僎도 '矢'를 陳의 뜻으로 보았다. 宋代 胡士行의 《胡氏尙書詳解》에는 '率'을 皆의 뜻으로 보았다. 蔡傳은 蘇軾을 따랐다.

2 曰其如台(이) : 孔傳은 "'우리가 옮겨가려고 하는 곳이 좋다.'는 점괘가 나왔다.〔曰 其如我所行〕"로 풀이하고, 孔疏는 "우리가 행하여 이주하려고 한 곳이 좋다는 점괘였다.〔其如我所行欲徙之吉〕"라고 부연설명하였다.

〈점괘가 나왔느니라.〉

卜稽如台圖

曰은 盤庚之言也라 劉는 殺也라 盤庚言我先王祖乙이 來都于耿은 固重我民之生이요 非欲盡致之死也언만 民適不幸하여 蕩析離居하고 不能相救以生일새 稽之於卜하니 亦曰此地無若我何라하니라 言耿不可居니 決當遷也라

曰은 盤庚의 말이다. 劉는 殺의 뜻이다. 盤庚이 말하기를 "우리 先王인 祖乙께서 耿 땅에 오셔서 도읍을 세우신 것은 진실로 우리 백성들의 삶을 소중히 여기신 것이지 모두 죽이려고 하신 것이 아니었건만, 백성들이 마침 불행하여 흩어져 살고 서로 구원하며 살지 못하겠기에 거북점을 쳐보았더니, 역시 '이곳은 우리에게 어찌할 수 없는 곳이다.'란 점괘가 나왔다."라고 하였다. 곧 耿은 살 수가 없으니 결단코 도읍을 옮겨야 함을 말한 것이다.

字義 爰 : 이에 원 宅 : 자리잡을 택 重 : 소중할 중 劉 : 죽일 유 匡 : 바로잡을 광
稽 : 占칠 계 台 : 우리 이 適 : 마침 적

3. 先王이 有服이어시든 恪謹天命하시되(하샤대) 玆猶不常寧하사 不常厥邑이 于今五邦이니(이시니) 今不承于古하면 罔知天之斷命이온 矧曰其克從先王之烈아

先王들께서 일이 있으시면 하늘의 命을 공경하고 삼가시되 이에 외려 항상 편안치 않으시어 그 도읍한 곳에서 일정하게 살지 못하고 〈옮기신 것이〉 지금까지 다섯 國都나 되니, 지금 옛 先王을 계승하여 도읍을 옮기지 않는다면 하늘이 우리의 命을 끊을지도 모르는데, 하물며 先王의 功烈을 잘 따른다고 말할 수 있겠는가.

服은 事也라 先王이 有事어든 恪謹天命하여 不敢違越하나 先王이 猶不敢常安하여 不常其邑하고 于今五遷厥邦矣라 今不承先王而遷하면 且不知上天之斷絶我命이어든

況謂其能從先王之大烈乎아 詳此言이면 則先王遷徙에도 亦必有稽卜之事로되 仲丁, 河亶甲篇逸하여 不可考矣라 五邦은 漢孔氏謂 湯遷亳하고 仲丁遷囂(효)하고 河亶甲居相하고 祖乙居耿하니 幷盤庚遷殷하여 爲五邦이라 然이나 以下文今不承于古文勢로 考之하면 則盤庚之前에 當自有五遷이라 史記에 言祖乙遷邢이라하니 或祖乙兩遷也아

服은 事의 뜻이다. 先王들은 〈도읍을 옮길〉 일이 있으면 하늘의 命을 공경하고 삼가서 감히 어기지 않으나 先王들은 외려 감히 항상 편치 못하여 그 도읍한 곳에서 일정하게 살지 못하고 지금까지 다섯 번이나 그 國都를 옮겼다. 지금 先王을 계승하여 도읍을 옮기지 않는다면 장차 하늘이 우리의 命을 끊을지도 모르는데, 하물며 先王의 큰 功烈을 따른다고 할 수 있겠는가라는 것이다.

이 말을 살펴보면 先王들이 도읍을 옮길 때에도 또한 반드시 점을 쳐본 일이 있었을 것이나, 〈仲丁〉편과 〈河亶甲〉편이 일실되어 상고할 수가 없다. 五邦은 漢나라 孔氏(孔安國)가 이르기를 "湯은 亳 땅으로 도읍을 옮기고, 仲丁은 囂 땅으로 도읍을 옮기고, 河亶甲은 相 땅에 살고, 祖乙은 耿 땅에 살았으니, 盤庚이 殷 땅으로 도읍을 옮긴 것까지 아울러 五邦(다섯 國都)이 된다."라고 하였다. 그러나 아랫글에 "지금 先王을 계승하지 않는다."는 文勢로 살펴본다면 盤庚 이전에 응당 다섯 번 도읍을 옮긴 일이 있었을 것이다. 《史記》〈殷本紀〉에 "祖乙이 邢 땅으로 도읍을 옮겼다."라고 하였으니, 혹 祖乙이 두 번 도읍을 옮겼던 것인가.

字義 服 : 일 복 恪 : 공경할 각 常 : 항상 상, 일정할 상 徙 : 옮길 사

4. 若顚木之有由蘖이라 天其永我命于玆新邑하사 紹復先王之大業하사 厎(지)綏四方이시니라

마치 쓰러진 나무의 그루터기에서 움이 돋아나는 것과 같다. 〈우리가 새 도읍으로 옮겨간다면〉 하늘이 우리의 명을 이 새 도읍에서 길이 보전하게 하시어 先王의 大業을 계승하고 회복시켜서 사방(온 세상) 〈사람들을〉 편안케 해주실 것이다."

顚은 仆也라 由는 古文作甹(유)하니 木生條也라 顚木은 譬耿이요 由蘖은 譬殷也니 言今自耿遷殷이 若已仆之木而復生也라 天其將永我國家之命於殷하여 以繼復先王之大業하여 而致安四方乎인저

顚은 仆(쓰러지다)의 뜻이다. 由는 古文에 '甹'로 되어 있으니, 나무에 가지가 나오

는 것이다. 顚木은 耿 땅에 비유하고, 由蘖은 殷 땅에 비유하였으니, 지금 耿 땅에서 殷 땅으로 도읍을 옮기는 것은 이미 쓰러진 나무에서 다시 가지가 나오는 것과 같음을 말한 것이다. 하늘이 장차 우리 국가의 命을 殷 땅에서 길이 보전하게 하여 先王의 대업을 계승하고 회복시켜서 온 세상 사람들을 편안케 해줄 것이란 말이다.

字義 顚 : 쓸러질 전 由 : 돋아날 유 蘖 : 움 얼 紹 : 이을 소 復 : 회복할 복 仆 : 쓰러질 부 甹 : 나무에 싹날 유 條 : 가지 조

5. 盤庚이 斅(효)于民하시되(하샤대) 由乃在位[3]하시고(하사) 以常舊服으로 正法度하사 曰無或敢伏小人之攸箴하라하사 王이 命衆하신대 悉至于庭하니라

盤庚이 백성들을 가르치시되 관직에 있는 자들부터 가르치기 시작하시고, 떳떳한 옛일로써 법도를 바로잡아 말씀하기를 "감히 혹시라도 小人(小民)들이 〈윗사람에게〉 箴規한 것을 숨기지 말라."고 하시어, 王께서 대중에게 명하시자, 모두 대궐 뜰에 이르렀다.

斅는 教요 服은 事요 箴은 規也라 耿地潟鹵墊隘而有沃饒之利라 故로 小民은 苦於蕩析離居로되 而巨室則總于貨寶하니 惟不利於小民而利於巨室이라 故로 巨室不悅하여 而胥動浮言하고 小民은 眩於利害하여 亦相與咨怨이라 間有能審利害之實而欲遷者면 則又往往爲在位者之所排擊阻難하여 不能自達於上하니 盤庚이 知其然이라 故로 其教民에 必自在位始요 而其所以教在位者는 亦非作爲一切(절)之法以整齊之라 惟擧先王舊常遷都之事하여 以正其法度而已라 然이나 所以正法度者는 亦非有他焉이요 惟曰 使在位之臣으로 無或敢伏小人之所箴規焉耳니 蓋

---

3 斅于民 由乃在位 : 孔傳은 "백성들을 가르치시되 '너희들 직위에 있는 관원들의 명령을 따르도록 하라.'고 했다.〔教人使用汝在位之命〕"로 풀이하였는데, 이에 대하여 兪樾은 "傳의 뜻은 잘못된 것이다. 《說文解字》 教部에 '斅는 覺悟의 뜻이다.'라고 하였다. 아마 백성들이 새 거주지로 가려고 하지 않음은 지나친 사치가 풍속을 이룸에서 말미암은 것이고, 백성들의 지나친 사치가 풍속을 이룸은 실로 직위에 있는 자의 인도함에서 말미암은 것이리라. 盤庚은 백성들이 새 거주지로 가려고 하지 않음은 직위에 있는 자의 소행에 말미암은 것임을 깨닫고 법도를 가지고 바로잡으려 하였다. 그러므로 '盤庚斅于民由乃在位' 9字를 1句로 만들어 읽은 것이다. 그 아래에 '以常舊服正法度'란 것과 '無或敢伏小人之攸箴'이란 것은 글 뜻이 본래 한 氣脈이다. 그런데 正義는 枚傳을 잘못 따라서 '먼저 백성을 가르치고 또 신하들의 실책을 경계한 것이다.'라고 했다.〔傳義非也 說文 教部 斅覺悟也 蓋民之不適有居 由于奢淫成俗 而民之奢淫成俗 實由在位者導之 盤庚覺悟于民之不適有居 由于在位者之故 而欲以法度正之 故曰 盤庚斅于民 由乃在位九字作一句讀 其下曰 以常舊服正法度曰無或敢伏小人之攸箴 文義本一氣 正義曲循枚傳曰 先教民 又戒臣失之矣〕"라고 하였다.(《群經平議》)

小民이 患潟鹵墊隘하여 有欲遷而以言箴規其上者면 汝毋得遏絶而使不得自達也라 衆者는 臣民咸在也라 史氏將述下文盤庚之訓語라 故로 先發此하니라

斅는 教의 뜻이요, 服은 事의 뜻이요, 箴은 規의 뜻이다. 耿 땅은 갯벌이어서 저습하고 협소하긴 하지만 토질이 비옥한 이점이 있다. 그러므로 小民들은 침수피해로 흩어져 사는 것을 괴로워하였지만, 豪族들은 寶貨를 거머쥐었으니, 소민들에게만 이롭지 않지 호족들에게는 이로웠다. 그러므로 호족들은 〈도읍을 옮기는 것을〉 싫어하여 서로 근거 없는 말로 선동을 하였고, 소민들은 이해관계에 현혹되어 또한 서로 원망을 하였다. 그 사이에 이해관계의 실속을 살펴서 도읍을 옮기고 싶어 하는 자가 있더라도 또한 왕왕 지위에 있는 자들에게 배격과 저지를 당하여 스스로 위에 의사를 전달하지 못하였는데, 盤庚은 이러한 사실을 잘 알고 있었다.

그러므로 백성들을 가르치되 반드시 지위에 있는 자들로부터 시작하였고, 지위에 있는 자들을 가르치는 방법은 또한 일절의 법을 만들어 〈임시로〉 정제하는 것이 아니라, 오직 先王들이 예부터 항상 도읍을 옮기던 일을 들어서 그 법도를 바로잡았을 뿐이다. 그러나 법도를 바로잡는 것은 또한 다른 방법이 있는 것이 아니고, 오직 "지위에 있는 신하들로 하여금 감히 혹시라도 소민들이 箴規한 것을 숨기지 말라." 고만 했을 뿐이니, 아마 "소민들이 〈耿 땅이〉 갯벌이어서 저습하고 협소한 것을 걱정하여 〈새 도읍으로〉 옮겨가고 싶어서 말로 윗사람에게 箴規하는 자가 있으면 너희들은 가로막아 전달되지 못하게 하지 말라."고 한 것이다.

衆은 신하와 백성으로, 모두 〈현장에〉 있는 이들이다. 史臣이 장차 아랫글에서 盤庚의 訓語를 서술하려고 했기 때문에 먼저 이 말을 꺼낸 것이다.

字義 斅 : 가르칠 효　服 : 일 복　伏 : 숨길 복　攸 : 바 유　箴 : 경계 잠　悉 : 모두 실
潟 : 짠흙 석　鹵 : 염전 로　墊 : 빠질 점　隘 : 좁을 애　沃 : 비옥할 옥　饒 : 풍족할 요
眩 : 어지러울 현　咨 : 원망할 자　怨 : 원망할 원　排 : 배척할 배　擊 : 칠 격　阻 : 막을 조
整 : 정제할 정　遏 : 막을 알　絶 : 끊을 절

6. 王若曰하사대 格汝衆아 予告汝訓하노니 汝猷黜乃心하여 無傲從康하라

王이 이렇게 말씀하였다. "이리 가까이 오라. 너희 대중들아. 내 너희들에게 훈계를 하노니, 너희는 너희들의 私心을 버릴 것을 도모하여 오만을 부리고 자신의 편안함을 따르지 말도록 하라.

若曰者는 非盡當時之言이요 大意若此也라 汝猷黜乃心者는 謀去汝之私心也라

無는 與毋同하니 毋得傲上之命하고 從己之安이라 蓋傲上則不肯遷이요 從康則不能遷이니 二者는 所當黜之私心也라 此雖盤庚對衆之辭나 實爲群臣而發이니 以斅民이 由在位故也라

若曰은 모두가 당시에 한 말이 아니고, 대체적인 뜻이 이와 같은 것이다. '너희는 너희들의 마음을 버릴 것을 도모하라.'는 것은 너희들의 사심을 버릴 것을 도모하라는 것이다. 無는 毋와 같으니, 윗사람의 명령에 오만을 부리고 자신의 편안함을 따르지 말라는 것이다. 윗분에게 오만을 부리면 도읍을 옮기려 하지 않고 편안함을 따르면 도읍을 옮길 수 없으니, 이 두 가지는 마땅히 버려야 할 사심이다. 이는 비록 盤庚이 여러 사람에 대해서 한 말이나 실은 신하들을 위해서 한 말이니, 백성을 가르치되 직위에 있는 자들부터 가르쳤기 때문이다.

字義 猷 : 도모할 유 黜 : 버릴 출, 내칠 출

7. 古我先王이 亦惟圖任[4]舊人[5]하사 共政하시니 王이 播告之修커시든 不匿厥指일새(한들로) 王用丕欽[6]하시며 罔有逸言일새(한들로) 民用丕變하더니 今汝聒聒하여 起信이 險膚하니 予不知乃所訟이로다

옛날 우리 先王들께서 또한 世臣·舊家의 사람들을 등용하여 함께 정사를 하시니 王께서 수행해야 할 정사를 포고하시면 〈신하들이〉 그 뜻을 숨기지 않았기 때문에 王께서 그들을 크게 공경하셨으며, 잘못된 말을 하는 일이 없기 때문에 백성들이 크게 변화하였는데, 지금 너희들은 시끄럽게 떠들어대어 백성들에게 믿음을 사자는 것이 모두 험악하고 얄팍한 말들이니, 나는 너희들이 다투는 것을 도저히 이해하지 못하겠다.

逸은 過也라 盤庚言 先王이 亦惟謀任舊人하여 共政하시니 王이 播告之修어시든 則奉承于內하여 而能不隱匿其指意라 故로 王用大敬之하시며 宣化于外에도 又無過言以惑衆聽이라 故로 民用大變이러니 今爾는 在內則伏小人之攸箴하며 在外則不和吉을 言于百姓하고 譊譊多言하여 凡起信於民者 皆險陂膚淺之說이니 我不曉汝

---

4 圖任 : 사람의 재주를 헤아려 벼슬을 맡기는 일이다.

5 舊人 : 孔傳은 오래된 노성한 사람(久老成人)으로 보았다.

6 王用丕欽 : 孔傳은 "王은 그 政教를 아주 경건하게 수행하였으며(王用大敬其政教)"라고 풀이하였다.

所言이 果何謂也라 詳此所謂舊人者는 世臣舊家之人이요 非謂老成人也라 蓋沮遷都者는 皆世臣舊家之人이니 下文人惟求舊一章에 可見이니라

逸은 過(허물)의 뜻이다. 盤庚이 말하기를 "선왕들께서 또한 世臣·舊家의 사람들을 등용해서 함께 정사를 하시니, 王께서 수행해야 할 정사를 포고하시면 그들이 안에서 잘 받들어 뜻을 숨기지 않았기 때문에 王께서 그들을 크게 공경하였으며, 밖에 교화를 펼 때에도 나쁜 말로 사람들의 이목을 현혹시키는 일이 없었기 때문에 백성들이 크게 변화하였는데, 지금 너희들은 안에 있어서는 小人(小民)들이 〈윗사람에게〉 箴規한 말을 숨기고, 밖에 있어서는 화평함과 좋은 점을 백성들에게 말해주지 않고 시끄럽게 떠들어대어 백성들에게 믿음을 사자는 것이 모두 험악하고 얄팍한 말들이니, 나는 너희들이 하는 말이 과연 무엇을 이르는 것인지 이해하지 못하겠다."라고 하였다.

여기에 이른바 '舊人'이란 것을 살펴보면 世臣·舊家의 사람이고, 老成한 사람을 이른 것이 아니다. 도읍을 옮기는 일을 저지하는 자들은 모두 世臣·舊家의 사람이니, 아랫글의 "사람은 옛사람을 구해야 한다."라는 한 章에서 볼 수 있다.

字義 圖 : 도모할 도 聒 : 시끄러울 괄 險 : 험할 험 膚 : 얕을 부 訟 : 다툴 송
譊 : 시끄러울 요 陂 : 험할 피 沮 : 막을 저

8. 非予自荒茲德이라 惟汝含德하여 不惕予一人하나니 予若觀火[7]언마는 予亦拙謀①라

---

7 非予自荒茲德……予若觀火 : 孔傳은 "내가 너희들을 옮기려 하는 것은 〈先王께서 政敎를 아주 경건하게 수행하던〉 이 德을 폐기하지 않기 위함이다. 너희들이 내 명을 따르지 않는 것은 너희들이 품고 있는 惡德이 나를 畏懼하지 않을 뿐이다. 나는 너희들 마음을 마치 불을 보듯 환히 들여다보고 있다.〔我之欲徙 非廢此德 汝不從我命 所含惡德 但不畏懼我耳 我視汝情如視火〕"라고 풀이하였는데, '汝不從我命 所含惡德 但不畏懼我耳'란 대목에 대하여 兪樾은 "經文에는 '含德'이라고만 말하고 '含惡德'이라고는 말하지 않았는데, 傳에서 '惡'字를 더 보탰으니, 經의 뜻이 아니다. '含'이란 藏의 뜻과 懷의 뜻을 다 포함하고 있음을 말한 것이다. 《國語》〈楚語〉의 '土氣含收'에 대한 韋昭의 注에 '含은 藏의 뜻이다.'라고 하였고, 《戰國策》〈秦策〉의 '含怒日久'에 대한 高誘의 注에 '含은 懷의 뜻이다.'라고 하였다. '惟汝含德'이란 '네가 그 德을 懷藏하였다.'는 것이다. '惕'은 마땅히 '施'로 읽어야 하니, 《白虎通》〈號篇〉에 인용된 《尙書》에는 '不施予一人'이라 하였으니, '너는 그 德을 懷藏하고서 나 한 사람에게 베풀어주지 않는다.'고 말한 것이다. '含'과 '施'는 정확하게 서로 호응하여 뜻을 이루었다. 아랫글에 '汝克黜乃心 施實德于民'이라 하였으니, 백성에게 덕을 베푸는 것이 곧 나 한 사람에게 베푸는 것이다. 임금과 백성은 一體인 것이다. 위에서는 假字를 쓰고, 아래에서는 本字를 썼으니, 古書에 본래 이런 例가 있는데, '畏懼'로 풀이한 것은 그 본뜻이 아니다.〔經文止言含德 不言含惡德 傳乃增出惡字 非經旨矣 含之言 藏也懷也 國語楚語 土氣含收 韋昭注曰 含藏也 戰國策秦策 含怒日久 高誘注曰 含懷也 惟汝含德惟者 惟汝懷藏其德也 惕當讀爲施 白虎通

作乃逸[8]이니라

① 書經 予亦拙謀 : 나 또한 생각이 졸렬한지라 (一般일 경우 : 나 또한 졸렬한 생각인지라)
一般 予亦謀拙 : 나 또한 생각이 졸렬한지라

나 스스로 이 德(온정)을 황폐시킨 것이 아니라, 오직 너희들이 내 德을 선포하지 않아, 나 한 사람을 두려워하지 않기 때문이다. 내가 〈그런 줄을〉 불을 보듯이 환하게 알고 있건마는, 나 또한 생각이 졸렬한지라 너희들이 잘못을 저지르게 하였다.

荒은 廢也요 逸은 過失也라 盤庚言 非我輕易(이)遷徙하여 自荒廢此德이라 惟汝不宣布德意하여 不畏懼於我니 我視汝情이 明若觀火언마는 我亦拙謀라 不能制命하여 而成汝過失也라

荒은 廢의 뜻이요, 逸은 過失의 뜻이다. 盤庚이 말하기를 "내가 도읍을 옮기는 일을 경솔하게 해서 스스로 이 德을 황폐시킨 것이 아니라, 오직 너희들이 이 德의 뜻을 선포하지 않아 나를 두려워하지 않기 때문이니, 내가 너희들의 심정을 꿰뚫어봄이 마치 불을 보듯이 분명하지만, 나 또한 생각이 졸렬한지라 능히 命을 專制하지 못하여 너희들이 과실을 저지르게 한 것이다."라고 하였다.

字義 惕 : 두려울 척 拙 : 졸렬할 졸

9. 若網이 在綱이라사 有條而不紊하며 若農이 服田力穡이라사 乃亦有秋니라

그물에 벼리(굵은 줄)가 있어야 條理가 있어 문란하지 않은 것과 같고, 농부가 밭에서 일하여 농사를 힘들여 지어야 가을에 〈수확할 희망이〉 있는 것과 같은 이치이다.

紊은 亂也라 綱擧則目張은 喩下從上하고 小從大니 申前無傲之戒요 勤於田畝則有秋成之望은 喩今雖遷徙勞苦나 而有永建乃家之利니 申前從康之戒라

紊은 亂(문란하다)의 뜻이다. '굵은 줄이 들리면 그물눈이 펴지는 것'은 아랫사람이

號篇 引尙書曰 不時予一人 言汝懷藏其德 不施及予一人也 含與施正相應成義 下文曰 汝克黜乃心 施實德于民 施德于民 卽施予一人 君民一體也 上用假字 下用本字 古書自有此例 解爲畏懼 非其旨矣〕"라고 하였다.(《群經平議》)

8 不惕予一人……作乃逸 : 元代 陳師凱는 '不惕予一人'은 위에 있는 '傲上'과 같이 보고, '作乃逸'은 '從康'과 같이 보았다.(《尙書蔡傳旁通》)

윗사람을 따르고 작은 것이 큰 것을 따르는 것을 비유한 말이니, 앞의 '오만을 부리지 말라.'는 경계를 거듭 밝힌 것이고, '밭에서 부지런히 일하면 가을에 수확할 희망이 있다.'는 것은 지금 비록 옮겨가는 일이 고생스럽지만, 영원히 너희들의 가정을 세우는 이익이 있다는 점을 비유한 것이니, 앞의 '편안함을 따르는 것'에 대한 경계를 거듭한 것이다.

字義 網 : 그물 망 綱 : 굵은줄 강 條 : 조리 조 紊 : 어지러울 문 服 : 일 복 穡 : 농사 색

10. 汝克黜乃心하여 施實德于民하되 至于婚友오사 丕乃敢大言汝有積德[9]이라하라

너희들은 능히 너희들의 사심을 버리고서 實德을 백성들에게 베풀되 姻戚과 친구들에게까지 〈그 덕이〉 이르고서야 너희들은 이에 감히 크게 말하기를 '너희들(우리들)은 積德을 가졌다.'고 하라.

蘇氏曰 商之世家大族으로 造言以害遷者 欲以苟悅小民爲德也라 故로 告之曰 是何德之有오 汝曷不去汝私心하고 施實德于民與汝婚姻僚友乎아 勞而有功이 此實德也니 汝能勞而有功이어든 則汝乃敢大言曰 我[10]有積德이라하라하니라 曰積德云者는 亦指世家大族而言이니 申前汝猷黜乃心之戒라

蘇氏가 말하였다. "商나라의 世家·大族으로서 말을 만들어내어 도읍을 옮기는 일을 방해하는 자들이 구차하게 小民들을 기쁘게 하는 것을 德으로 삼으려 하였다. 그러므로 이들에게 고하기를 '이것이 무슨 德이 되겠는가. 너희들은 어찌 너희들의 사심을 버리고 實德을 백성과 너희들의 姻戚과 僚友들에게 베풀지 않는가. 노력해서 쌓은 공이 바로 實德이니, 너희들이 능히 노력해서 공이 있거든 너희들은 이에 크게 말하기를「우리들은 積德을 가졌다.」고 하라.' 한 것이다." '積德'이라 말한 것은 또한 世家·大族을 가리켜 말한 것이니, 앞의 '너희들은 너희들의 사심을 버릴 것을 도모하라.'는 경계를 거듭한 것이다.

字義 黜 : 버릴 출 丕 : 클 비 造 : 지을 조 曷 : 어찌 갈

---

9 丕乃敢大言汝有積德 : 孔傳은 丕를 我의 뜻으로 보아 "나는 크게 감히 말하기를 '너희들은 적덕을 가진 신하이다.'라고 할 것이다.〔我大乃敢言汝有積德之臣〕"라고 풀이하였고, 蘇軾은 汝의 뜻으로 보았는데, 蔡傳은 蘇軾을 따른 것이다.

10 我 : 經文의 汝를 我로 고친 것은 글 뜻을 이해하는 데 불편을 덜어주기 위함이다.

11. 乃不畏戎毒于遠邇[11]하나니 惰農이 自安하고(하여) 不昬[12]作勞하여 不服田畝하면 越[13]其罔有黍稷하리라

너희들은 먼 곳과 가까운 곳에 크게 해를 끼치는 것을 두려워하지 않으니, 〈이것은 마치〉 게으른 농부가 스스로 편안히 지내고 힘써 노력하지 아니하여 밭에서 일을 하지 않으면 거둘 黍稷이 없는 것과 같을 것이다.

戎은 大요 昬은 强也라 汝不畏沈溺하여 大害於遠近하고 而憚勞不遷하니 如怠惰之農이 不强力爲勞苦之事하여 不事田畝면 安有黍稷之可望乎아 此章은 再以農喩하여 申言從康之害하니라

戎은 大의 뜻이요, 昬은 强의 뜻이다. 너희들은 물이 잠겨 먼 곳과 가까운 곳에 큰 해를 끼치는 것을 두려워하지 않고 노력하는 것을 꺼리어 〈새 도읍으로〉 옮겨가지 않으니, 이것은 마치 '게으른 농부가 힘써 노력하는 일을 하지 아니하여 밭에서 일을 하지 않으면 어떻게 거둘 黍稷이 있기를 바랄 수 있겠는가.'라는 것과 같은 격이다. 이 章은 다시 농사를 가지고 비유하여 '편안함을 따르는 해'를 거듭 말한 것이다.

字義 戎 : 클 융 昬 : 힘쓸 민 服 : 일 복 憚 : 꺼릴 탄 黍 : 기장 서 稷 : 피 직

12. 汝不和吉을 言于百姓하나니 惟汝自生毒[14]이로다 乃敗禍姦宄로 以自災于厥身하여 乃旣先惡于民이요 乃奉其恫하여사 汝悔身인들 何及이리오 相時憸民한대 猶胥顧于箴言이라도(하논든) 其發에 有逸口니 矧予制乃短長之命이온여 汝는 曷弗告朕하고 而胥動以浮言①하여 恐沈于衆[15]고 若火之燎于原하여 不可嚮邇나 其猶可

11 遠邇 : 孔疏는 느리고 촉박〔徐促〕한 뜻으로 보아 "해독의 닥침이 조만간에 있음을 말한 것이다.〔言害至有早晩〕"라고 풀이하였다.

12 昬 : 暋과 같은 뜻이다.

13 越 : 孔傳은 於의 뜻으로 보았는데, 蔡傳은 설명하지 않았다.

14 汝不和吉……惟汝自生毒 : 孔傳은 '汝'는 公卿으로, '百姓'은 百官으로 보아 "公卿이 능히 百官을 부드럽고 좋은 말로 타일러서 즐거운 마음으로 옮길 수 있게 하지 못하고 있으니, 이는 公卿 스스로가 禍患을 끼치는 것이라고 꾸짖었다.〔責公卿不能和喩百官 是自生毒害〕"라고 풀이하였는데, 이에 대하여 兪樾은 "枚傳은 '和'자의 뜻을 터득하지 못하였다. '和'는 마땅히 宣의 뜻으로 읽어야 하니, '汝不和吉言于百姓'은 '너희들이 좋은 말을 백성들에게 선포하지 않는다.'는 것인데, 枚氏는 〈假字인 '宣'으로 읽지 않고〉 本字인 '和'로 읽었으니, 옳은 뜻이 아니다.〔枚傳未得和字之義 和當讀爲宣 汝不和吉 言于百姓者 汝不宣布吉言于百姓也 枚以本字讀之 非是〕"라고 하였다.(《群經平議》)

15 恐沈于衆 : 孔傳은 "너희들이 여러 사람에게 빠져듦을 자취하여 禍害를 면치 못할까 그것이 두

撲滅이니 **則惟爾衆**이 **自作弗靖**[16]이라 **非予有咎**니라

① 書經 胥動以浮言 : 서로 動함을 浮言으로써 하여
 一般 胥以浮言動之 : 서로 근거 없는 말로 선동하여

너희들(公卿)이 화평함과 좋은 점을 백성들에게 말해주지 않으니, 너희들이 스스로 해독을 끼치는 셈이다. 이는 파괴와 재난과 내분과 반란으로, 너희들 스스로 자신의 몸에 재앙을 초래하는 것이다. 너희들이 이미 백성들에 앞서서 惡을 저지르고는 고통을 받고 나서야 너희들이 자신을 뉘우친들 무슨 소용이 있겠는가. 이 憸民(小民)을 보면 그들은 외려 箴言을 서로 되돌아보면서 그 箴言에 행여 지나친 말이 있을까 두려워하거늘, 하물며 나는 너희들의 목숨을 마음대로 단축시키기도 하고 연장시키기도 하는 권한을 가진 사람이 아닌가. 너희들은 어찌 朕에게 알리지 않고, 서로 근거 없는 말로 선동하여 사람들을 공포 속으로 몰아넣는가. 이는 마치 불길이 평원에 활활 타올라서 가까이 갈 수는 없으나 외려 박멸할 수 있음과 같으니, 너희들이 스스로 불안하게 만든 것이지, 내게 잘못이 있는 것이 아니다.

若花燎原圖

吉은 好也라 先惡은 爲惡之先也라 奉은 承이요 恫은 痛이요 相은 視也라 憸民은 小民

렵다.〔恐汝沈溺於衆 有禍害〕"라고 풀이하였다. 蔡傳은 "'恐'은 禍患을 가지고 恐動하는 것을 이르고, '沈'은 罪惡에 빠뜨리는 것을 이른다.〔恐謂恐動之以禍患 沈謂沈陷之於罪惡〕"라고 '恐'과 '沈'을 둘로 나누어 풀이하여 윗句 "胥動以浮言"의 '動'과 중복되게 하였으니, 이해가 안 된다. 우선 "사람들을 공포 속으로 몰아넣는가."로 번역해둔다.

16 自作弗靖 : 孔傳은 靖을 謀의 뜻으로 보아 "이는 너희들이 스스로 저지른 옳지 못한 꾀의 소치란 것이다.〔是汝自爲非謀所致〕"라고 풀이하였다.

也라 逸口는 過言也라 逸口도 尙可畏어든 況我制爾生殺之命하니 可不畏乎아 恐은 謂恐動之以禍患이요 沈은 謂沈陷之於罪惡이라 不可嚮邇나 其猶可撲滅者는 言其勢焰雖盛이나 而殄滅之不難也라 靖은 安이요 咎는 過也니 則惟爾衆이 自爲不安이요 非我有過也라 此章은 反復辯論하여 申言傲上之害하니라

吉은 好의 뜻이다. 先惡은 惡을 하는 일을 앞장서서 하는 것이다. 奉은 承(받들다)의 뜻이요, 恫은 痛의 뜻이요, 相은 視의 뜻이다. 憸民은 바로 小民이다. 逸口는 바로 過言(지나친 말)이다. 逸口도 외려 두려워할 만한데 하물며 나는 마음대로 너희들을 살리기도 하고 죽이기도 하는 권한을 쥐고 있으니, 두려워하지 않을 수 있겠느냐는 것이다. 恐은 禍患으로 두려워하고 동요하게 하는 것을 이르고, 沈은 罪惡에 빠뜨리는 것을 이른다. "가까이갈 수 없으나 외려 박멸할 수 있다."는 것은 그 形勢와 氣焰이 아무리 성대하더라도 박멸시키기 어렵지 않음을 말한 것이다. 靖은 安의 뜻이요, 咎는 過(허물)의 뜻이니, 너희들이 스스로 불안을 만드는 것이지 내게 허물이 있는 것이 아니다. 이 章은 반복하여 변론해서 윗사람에게 오만을 부리는 害를 거듭 말한 것이다.

字義 姦 : 밖에서 소란피울 간　宄 : 안에서 소란피울 궤　恫 : 아플 통　相 : 볼 상
憸 : 감사할 험, 아첨할 섬　胥 : 서로 서　顧 : 돌아볼 고　逸 : 지나칠 일　動 : 선동할 동
浮 : 뜰 부　燎 : 탈 료　嚮 : 향할 향　撲 : 칠 박　靖 : 고요할 정　視 : 볼 시　陷 : 빠질 함
焰 : 불꽃 염　殄 : 끌 진

13. 遲任이 有言曰 人惟求舊요 器非求舊[17]라 惟新이라하도다

遲任이 일찍이 말하기를 '사람은 오직 世臣·舊家에서 〈경험이 많은〉 노성한 사람을 구하고, 그릇은 옛 것을 구할 것이 아니라 오직 새 것만을 구하라.'고 하였다.

遲任은 古之賢人이라 蘇氏曰 人舊則習하고 器舊則敝하니 當常使舊人이요 用新器也[18]라하니라 今按盤庚所引하면 其意在人惟求舊一句[19]하니 而所謂求舊者는 非謂

---

17 人惟求舊 器非求舊 : 孔傳은 "사람은 옛사람을 귀하게 여기고 그릇은 새 그릇을 귀하게 여기는데, 너희들이 옮겨가지 않는 것은 바로 옛사람을 귀하게 여기지 않는 것이다.〔言人貴舊 器貴新 汝不徙 是不貴舊〕"라고 풀이하였다. 蘇軾과 蔡傳은 孔傳을 따랐다.

18 用新器也 : 蘇軾의 《書傳》은 '用新器也'의 아래에 '我今所以從老成之言而遷新邑也(나는 지금 노성한 사람의 말을 따라서 새 도읍으로 옮긴다.)'란 말이 이어졌으니, 여기까지 읽어야 蔡傳의 '若以舊人爲老人 又何侮老成人之有'란 말을 이해하기 쉬울 것이다.

19 今按盤庚所引 其意在人惟求舊一句 : 袁仁은 "蔡氏가 '盤庚이 인용한 것은 그 뜻이 「사람은 옛사

老人이요 但謂求人於世臣舊家云耳라 詳下文意하면 可見이니 若以舊人爲老人이면 又何侮老成人之有리오

遲任은 옛날의 賢人이다. 蘇氏는 말하기를 "사람은 오래되면 노숙하고 그릇은 오래되면 망가지니, 마땅히 항상 사람은 노숙한 사람을 부리고 그릇은 새 그릇을 사용하여야 한다."라고 하였는데, 지금 盤庚이 인용한 것을 살펴보면 그 뜻이 '사람은 옛사람을 구해야 한다.'는 한 구에 있으니, 이른바 '옛사람을 구한다.'는 것은 노인을 구함을 말한 것이 아니요, 다만 世臣·舊家에서 사람을 구해야 함을 이른 것이다. 아랫글의 뜻을 살펴보면 알 수 있으니, 만약 舊人을 老人으로 여긴다면 또 어떻게 老成한 사람을 업신여길 수 있겠는가.

字義 弊 : 망가질 폐

14. 古我先王이 曁乃祖乃父로 胥及逸勤하시니 予敢動用[20]非罰가 世選爾勞[21]하나니 予不掩爾善하리라 玆予大享于先王할새 爾祖其從與享之하여 作福作災하나니 予亦不敢動用非德하리라

옛날에 우리 先王들은 너희들의 할아버지, 아버지와 더불어 서로 안일과 근로를 함께하셨으니, 내 감히 부당한 형벌을 〈너희들에게〉 사용할 수 있겠느냐. 대대로 너희들의 공로를 가려 뽑았으니, 나는 너희들의 잘한 점을 덮어두지 않을 것이다. 지금 내가 先王들께 크게 제사를 지낼 적에 너희들의 선조도 따라서 함께 配享하

람을 구해야 한다.」는 한 구에 있다.'고 한 것은 잘못이다. '遷都'를 가지고 말하면 기구는 옛 것을 구할 것이 아니라 오직 새 것만을 구해야 하는 것이니, 역시 절실한 비유이다. 아래 〈盤庚 中〉에 있는 '失于政 陳于玆'란 경계를 보면 알 수 있을 것이다.〔蔡謂盤庚所引 其意在人惟求舊一句 非也 以遷都言之 則器非求舊 惟新 亦是切喩 觀下失于政陳于玆之戒 可見矣〕"라고 하여 蔡傳의 주장에 대해 반론을 제기하였다.(《尙書砭蔡編》)

20 動用 : 使用과 같은 말이다.

21 世選爾勞 : 孔傳에서 '選'을 數의 뜻으로 보아 "우리는 대대로 너희들 功勤(功勞)을 일일이 헤아려 왔으니〔我世世數汝功勤〕"라고 풀이하였는데, 이에 대하여 兪樾은 "傳에서 '選'을 數의 뜻으로 풀이한 것은 뜻과 거리가 있으니, 經의 뜻이 아니다. '選'은 마땅히 纂의 뜻으로 읽어야 한다. 《爾雅》 〈釋詁〉에 '纂은 繼의 뜻이다.'라고 하였고, 《禮記》 〈祭統〉의 '纂乃祖服'과 《春秋左氏傳》 襄公 14년 조의 '纂乃祖考'와 《國語》 〈周語〉의 '纂修其緖'는 그 뜻이 동일하다. '世纂爾勞'는 '대대로 너의 공로를 계승한다.'는 것이다. 그러므로 아랫글에서 '나는 너희들의 잘한 점을 덮어두지 않을 것이다.'라고 한 것이다.〔傳訓選爲數 於義迂曲 非經旨也 選當讀爲纂 爾雅釋詁 纂繼也 禮記祭統篇 纂乃祖服 襄公十四年 左傳 纂乃祖考 國語周語 纂修其緖 其義竝同 世纂爾勞者 世繼爾勞也 故下文曰 予不掩蔽爾善也〕"라고 하였다.(《群經平議》)

여서, 〈너희들이 선하면〉 복을 내리고 〈너희들이 악하면〉 재앙을 내리니, 나 또한 감히 부당한 德을 〈너희들에게〉 사용하지 않을 것이다.

胥는 相也라 敢은 不敢也라 非罰은 非所當罰也라 世는 非一世也라 勞는 勞于王家也라 掩은 蔽也라 言先王及乃祖乃父로 相與同其勞逸하시니 我豈敢動用非罰以加汝乎아 世簡爾勞하니 不蔽爾善하리라 玆我大享于先王할새 爾祖도 亦以功而配食於廟하여 先王이 與爾祖父로 臨之在上하시고 質之在旁하사 作福作災가 皆簡在先王與爾祖父之心하니 我亦豈敢動用非德以加汝乎아

胥는 相(서로)의 뜻이다. 敢은 감히 하지 못하는 것이다. 非罰은 마땅히 처벌해야 할 자가 아닌 것이다. 世는 1代만이 아니다. 勞는 王家에 노고한 것이다. 掩은 蔽의 뜻이다. 우리 先王들은 너희들의 할아버지, 아버지와 더불어 서로 근로와 안일을 함께하셨으니, 내 어찌 감히 부당한 형벌을 사용하여 너희들에게 가할 수 있겠느냐. 대대로 너희들의 공로를 가려 뽑았으니, 나는 너희들의 잘한 점을 덮어두지 않을 것이다. 지금 내가 先王들께 크게 제사를 지낼 적에 너희들의 선조들도 공로로써 祠堂에 配享하여서, 先王께서 너희들의 할아버지, 아버지와 함께 위에서 내려다보시고 곁에서 질정하시어, 복을 내리고 재앙을 내리는 것이 모두 先王과 너희들의 할아버지, 아버지의 마음에 달려 있으니, 내 또한 어찌 감히 부당한 德을 사용하여 너희들에게 가할 수 있겠느냐고 말한 것이다.

字義 暨 : 더불어 기, 함께 기　選 : 헤아릴 선　掩 : 가릴 엄　享 : 제향 향　簡 : 헤아릴 간
質 : 참관할 질　旁 : 곁 방

15. 予告汝于難하노니 若射之有志[22]라(하니) 汝無侮老成人하며 無弱孤有幼하고 各長于厥居하여 勉出乃力하여 聽予一人之作猷하라

내 너희들에게 〈遷都의〉 어려움에 대해 고하노니, 활 쏘는 사람이 〈꼭 과녁을 맞히겠다고〉 다짐하는 것과 같다. 〈내 이미 천도할 것을 결심하였으니〉 너희들은 경험 있는 노성한 사람을 업신여기지 말며 외롭고 어린 자를 얕보지 말고 각각 그 거주할 곳을 영구히 할 계책을 세워 너희들의 힘을 내어 나 한 사람이 구상한 계획을

---

22 予告汝于難 若射之有志 : 孔傳은 "너희들에게 행사의 어려움에 대하여 고하노니, 응당 활 쏘는 사람이 맞힐 곳에 마음을 단단히 정해놓고, 반드시 마음을 정해놓은 곳을 맞히려고 하는 것처럼 하여야 곧 잘한 일이다.〔告汝行事之難 當如射之有所準志 必中所志 乃善〕라고 풀이하였다.

따르도록 하라.

難은 言謀遷徙之難也라 蓋遷都는 固非易(이)事요 而又當時臣民이 傲上從康하여 不肯遷徙라 然이나 我志決遷이 若射者之必於中하니 有不容但已者라 弱은 少之也라 意當時老成孤幼 皆有言當遷者라 故로 戒其老成者不可侮요 孤幼者不可少之也라 爾臣은 各謀長遠其居하여 勉出汝力하여 以聽我一人遷徙之謀也라

難은 도읍을 옮기는 일을 계획하기 어려운 점을 말한 것이다. 대개 遷都는 진실로 쉬운 일이 아니고, 또 당시 臣民들이 윗사람에게 오만을 부리고 자신의 편안함을 따라 〈새 도읍으로〉 옮겨가려 하지 않았다. 그러나 내 뜻에 遷都를 결정한 것이 마치 활 쏘는 사람이 과녁을 꼭 맞히고야 말겠다고 다짐하는 것과 같으니, 그만두려야 그만둘 수 없는 것이다. 弱은 얕보는 것이다. 짐작컨대, 당시에 노성한 사람과 외롭고 어린 자는 모두 "마땅히 옮겨야 한다."라고 말했던 듯하다. 그러므로 노성한 사람을 업신여기지 말고 외롭고 어린 자를 얕보지 말라고 경계한 것이다. 너희 신하들은 각각 그 거주할 곳을 영구히 할 계책을 세워 너희들의 힘을 내어 나 한 사람의 천도하려는 계획을 따르도록 하라는 것이다.

字義 射 : 쏠 사 侮 : 업신여길 모 猷 : 계획 유 易 : 쉬울 이 肯 : 즐길 긍 決 : 결정할 결

16. 無有遠邇히 用罪는(란) 伐厥死하고 用德은(으란) 彰厥善[23]하리니 邦之臧은 惟汝衆이요 邦之不臧은 惟予一人이 有佚罰[24]이니라

멀고 가까움(親疎)에 관계없이 죄를 지으면 쳐서 그를 죽이고 덕을 행하면 그의 착함을 표창할 것이니, 나라가 잘 되는 것은 오직 너희들 때문이며, 나라가 잘못 되는 것은 오직 나 한 사람이 벌주어야 할 사람을 벌주지 않은 탓이다.

用罪는 猶言爲惡이요 用德은 猶言爲善也라 伐은 猶誅也라 言無有遠近親疎히 凡伐死彰善은 惟視汝爲惡爲善如何爾라 邦之善은 惟汝衆用德之故요 邦之不善은 惟我一人이 失罰其所當罰也라

---

23 用罪……彰厥善 : 孔傳은 "〈刑殺하는〉 죄로써 징계하여 불법을 범하지 못하게 해서 그들의 죽을 길을 쳐서 없애버리고, 〈살피는〉 덕으로써 밝혀서 권면하고 흠모하여 경쟁적으로 선행을 하도록 함을 말한 것이다.〔罪以懲之 使勿犯 伐去其死道 德以明之 使勸慕 競爲善〕"라고 풀이하였다.

24 有佚罰 : 孔傳은 "이는 자기가 失政한 罰이란 것이니, 자기를 죄주는 뜻이다.〔是己失政之罰 罪己之義〕"라고 풀이하였다.

用罪는 爲惡이란 말과 같고, 用德은 爲善이란 말과 같다. 伐은 誅와 같다. 遠近과 親疎에 관계없이 쳐서 죽이고 착함을 표창하는 것은 오직 너희들이 惡을 하느냐 善을 하느냐만을 볼 뿐이다. 나라가 잘 되는 것은 너희들이 德을 행하기 때문이고, 나라가 잘못 되는 것은 오직 나 한 사람이 응당 벌주어야 할 사람을 벌주지 않은 탓이란 것이다.

字義 邇 : 가까울 이 彰 : 표창할 창 臧 : 착할 장 佚 : 잃을 일

17. 凡爾衆은 其惟致告[25]하여 自今으로 至于後日히 各恭爾事하여 齊乃位하며 度乃口하라 罰及爾身하면 弗可悔리라

너희들은 서로 알려 경계하게 해서 지금으로부터 뒷날에 이르기까지 각기 너희들의 일을 삼가서 너희들의 자리를 整齊하고 너희들의 말을 법도에 맞게 하라. 형벌이 너희들 몸에 미치면 뉘우쳐도 소용이 없을 것이다."

致告者는 使各相告戒也라 自今以往으로 各敬汝事하여 整齊汝位하고 法度汝言하라 不然이면 罰及汝身하여 不可悔也리라

致告는 각기 서로 알려 경계하게 하는 것이다. 지금으로부터 이후로는 각기 너희들의 일을 삼가서 너희들의 자리를 整齊하고 너희들의 말을 법도에 맞게 하라. 그렇지 않으면 형벌이 너희들 몸에 미쳐서 뉘우쳐도 소용이 없을 것이다.

字義 齊 : 정제할 제 乃 : 너 내 度 : 법도 도 悔 : 뉘우칠 회

盤庚 中

1. 盤庚이 作[26]하사 惟涉河하여 以民遷할새 乃話民之弗率[27]하사 誕告用亶①이어시늘

---

25 凡爾衆 其惟致告 : 孔傳은 "나의 성의를 다하여 너희들 대중에게 고한다.〔致我誠 告汝衆〕"라고 풀이하였다.

26 作 : 鄭玄은 "황하를 건너기 위한 도구를 제작한 것〔作渡河之具〕"으로, 孔安國은 "남쪽으로 황하를 건너는 방법을 만든 것〔爲此南渡河之法〕"으로 풀이하여 모두 황하를 건너기 위한 준비를 한 것으로 보았다.

27 乃話民之弗率 : 孔傳에서 "'話'는 좋은 말이다.〔話善言〕"라고 풀이하였는데, 이에 대하여 兪樾은 "《詩經》〈板〉편과 〈抑〉편의 毛傳에서는 모두 '話는 좋은 말이다.'라고 하였으니, '話'가 좋은 말이

其有衆[28]이 咸造하여 勿褻[29]在王庭이러니 盤庚이 乃登進厥民하시다

① 書經 誕告用亶 : 크게 고하기를 정성으로써 하시거늘
一般 用亶誕告 : 정성을 들여 큰 소리로 고하시거늘

盤庚이 일어나서 黃河를 건너 〈도읍을 옮겨〉 백성들을 이주시키려 할 적에 따르지 않으려고 하는 백성들을 좋은 말로 깨우쳐서 정성을 들여 큰소리로 고하시거늘, 백성들이 모두 와서 대궐 뜰에서 무례하게 굴지 말자고 경계하였는데, 盤庚이 곧 그 백성들을 대궐로 올라와 앞으로 나오게 하셨다.

作은 起而將遷之辭라 般在河南이라 故로 涉河라 誕은 大요 亶은 誠也라 咸造는 皆至也라 勿褻은 戒其毋得褻慢也니 此는 史氏之言이라 蘇氏曰 民之弗率을 不以政令齊之하고 而以話言曉之하니 盤庚之仁也라하니라

作은 일어나서 장차 옮기려는 말이다.

涉河遷民圖

된 것은 본디 古訓이었다. 그러나 이 經文의 '話'자는 '民之弗率' 위에 놓여있으니, 좋은 말을 이른 것이 아니다. '백성들 중에 가르침을 따르지 않은 자를 좋은 말로 깨우친다.'라고 하면 뜻에 어찌 통할 수 있겠는가. '話'는 마땅히 '佸'(괄)의 뜻으로 읽어야 한다. 《說文解字》 人部에 '佸은 會의 뜻이다.'라고 하였다. 글자를 또한 '括'로 적기도 한다. 《詩經》 〈車舝〉편의 '德音來括'에 대한 傳에 '括은 會의 뜻이다.'라고 하였으니, 대개 모두 발음이 가까워서 뜻이 통한 것이다. 盤庚이 백성들 중에 가르침을 따르지 않은 자를 모아놓고 고하였다. 그러므로 '乃話民之弗率'에서의 話는 곧 '佸'의 假字이니, 응당 本義로 말해서는 안 된다.〔詩板篇抑篇 毛傳竝曰 話善言也 話之爲善言固古訓矣 然此經話字 在民之弗率上 則非善言之謂也 善言民之弗率 於義豈可通乎 話當讀爲佸 說文人部 佸會也 字亦作括 詩車舝篇 德音來括 傳曰括會也 蓋皆聲近而義通 盤庚會合民之弗率者而誥之 故曰 乃話民之弗率 話卽佸之假字 不當以本義說之〕"라고 하였다.(《群經平議》)

28 誕告用亶 其有衆 : 孔傳은 '告', '衆'에 句를 끊어서 "큰소리로 고하여 백성들에게 정성을 쏟으시니"라고 풀이하였다.

29 勿褻 : 孔傳은 "버릇없이 구는 사람이 없었다.〔無褻慢〕"라고 풀이하였다.

殷 땅이 황하의 남쪽에 있기 때문에 황하를 건넌 것이다. 誕은 大의 뜻이요, 亶은 誠의 뜻이다. 咸造는 모두 이르렀다는 것이다. 勿褻은 버릇없이 굴지 말자고 경계한 것이니, 이는 史臣의 말이다.

蘇氏가 말하였다. "백성들이 따르지 않는 것을 政令으로 정제하지 않고 말로 깨우쳤으니, 곧 盤庚이 인자한 소치다.

字義 作 : 일어날 작 涉 : 건널 섭 誕 : 클 탄 亶 : 정성 단 造 : 이를 조
褻 : 버릇없을 설, 설만할 설

2. 曰 明聽朕言하여 無荒失朕命하라

〈盤庚이 다음과 같이〉 말씀하였다. "朕의 말을 분명히 듣고서 朕의 명령을 폐기하거나 잃어버리지 말도록 하라.

荒은 廢也라

荒은 폐기의 뜻이다.

3. 嗚呼라 古我前后 罔不惟民之承①[30]하신대 保后胥慼[31]일새(혼들로) 鮮以不浮于天時[32]하니라

① 書經 罔不惟民之承 : 백성들을 공경하지 않음이 없었으므로
一般 罔不惟承民之政 : 백성들을 공경하는 정사를 하지 않음이 없었으므로

아. 옛날 우리 先王께서는 백성들을 공경하는 정사를 하지 않음이 없으신대 〈백성들도〉 임금님을 보호하여 〈임금과 백성이〉 서로들 걱정하였기 때문에 天時의 재앙을 이겨내지 못한 적이 거의 없었다.

承은 敬也라 蘇氏曰 古謂過爲浮하니 浮之言은 勝也라 后旣無不惟民之敬이라 故로

---

30 罔不惟民之承 : 孔傳은 '承'을 安의 뜻으로 보아 "백성들을 편안하게 해주는 동시에 걱정도 해주는 정사를 펼치지 않는 이가 없었다.〔無不承安民而恤之〕"라고 풀이하였다.

31 胥慼 : 孔傳은 "〈백성들이〉 서로 더불어 임금님의 명령을 행할 것을 걱정하였다.〔相與憂行君令〕"라고 하여 '相與'의 뜻이 백성임을 분명하게 밝혔다.

32 鮮以不浮于天時 : 孔傳은 '浮'를 行(행함)의 뜻으로 보아 "'天時를 행하지 않는 이가 적었다.'는 것은 모두 天時를 행하였음을 말한 것이다.〔少以不行於天時者 言皆行天時〕"라고 풀이하였다.

民亦保后하여 相與憂其憂하니 雖有天時之災나 鮮不以人力勝之也라하고 林氏曰 憂民之憂者는 民亦憂其憂하나니 罔不惟民之承은 憂民之憂也요 保后胥慼은 民亦憂其憂也라하니라

承은 敬의 뜻이다. 蘇氏는 말하기를 "옛날에는 '過'를 浮라 일렀으니, 浮란 말은 '이겨낸다〔勝〕'는 것이다. 임금이 이미 백성들을 공경하지 않음이 없으므로 백성들 또한 임금을 보호하여 〈임금과 백성이〉 서로 더불어 그 걱정을 근심했으니, 비록 天時의 재앙이 있으나 인력으로 이겨내지 못한 적이 거의 없었다."라고 하였고, 林氏는 말하기를 "백성들의 걱정을 근심하는 임금의 경우, 백성들 또한 임금의 걱정을 근심하나니, '백성들을 공경하지 않음이 없다.'는 것은 임금이 백성들의 걱정을 근심하는 것이고, '임금님을 보호하여 서로들 걱정하였다.'는 것은 백성들 또한 그 임금의 걱정을 근심하는 것이다."라고 하였다.

字義 承 : 공경할 승 胥 : 서로 서 慼 : 슬플 척 鮮 : 적을 선 浮 : 이길 부

4. 殷降(강)大虐[33]이어늘 先王이 不懷하사 厥攸作[34]은 視民利하사 用遷이시니 汝는 曷弗念我의 古后之聞①고 承汝俾汝는 惟喜康共[35]이니 非汝有咎라 比于罰[36]이니라

---

33 殷降(강)大虐 : 孔傳은 "우리 殷나라에 하늘이 큰 재앙을 내리니〔我殷家於 天降大災〕"라고 풀이하였고, 《諺解》도 "殷에 키 虐을 降하야늘"로 풀이하였으니, 孔傳을 따른 셈이다. 그러나 이때는 아직 奄 땅에서 殷 땅으로 도읍을 옮기기 전이므로 '殷나라'라고 할 수 없을 것 같다. 〈盤庚 上篇〉의 孔疏에서 "〈盤庚 中篇〉에서 '殷나라에 하늘이 큰 재난을 내리거늘'이라고 한 것은 장차 殷 땅으로 도읍을 옮기려고 하면서 먼저 그 국호를 바로잡았다.〔中篇云 殷降大虐 將遷於殷 先正其號〕"라고 밝힌 바가 있지만, 억설 같아서 납득하기 어렵다.

蘇軾은 《書傳》에서 '殷'자에 대한 한 마디 언급도 없이 무조건 '天'자로 바꾸어서 "先王들은 하늘이 災虐을 내리기 때문에〔先王以天降災虐〕"라고 풀이하였는데, 蔡傳은 소식의 풀이를 그대로 따랐을 뿐이다. 林之奇도 《尙書全解》에서 소식을 따라 "하늘이 죄를 내리어 殷나라를 크게 학대했다.〔惟天降咎 大虐於殷〕"라고 풀이하였는데, 宋代 金履祥은 《資治通鑑前編》에서 "上天이 殷代에 황하가 터지는 禍患을 내려다보았다.〔上天降監于殷代有河決之患〕"라고 하고, 元代 吳澄은 《書纂言》에서 '降'을 黜去의 뜻으로 보아 "殷家가 水災의 大害를 멀리 내칠 수 있었던 것은〔殷家能遠去水災之大害〕"이라고 독특하게 풀이하였다.

34 攸作 : 孔傳은 '하는 것〔所爲〕', 곧 先王께서 하는 정사로 보았다.

35 承汝俾汝 惟喜康共 : 孔傳은 "너희들을 편안하게 할 목적으로 너희들로 하여금 옮기게 하는 것이니, 그것은 오직 너희들과 함께 편안함을 즐겁게 누리려는 것이다.〔承汝使汝徙 惟與汝共喜安〕"라고 풀이하여 '俾汝'의 뜻을 분명하게 하였고, 蘇軾의 《書傳》은 "우리 예전 임금님들께서 너희들을 공경하여 너희들을 〈옮기게 하신 것은〉 너희들과 함께 안락한 삶을 누리는 것을 기뻐하기 위해서일 뿐이었다.〔我古后所以敬汝使汝者 喜與汝同安耳〕"라고 하여 '俾汝'를 '使汝'로만 바꾸었을 뿐, '俾汝'의 뜻은 밝히지 않았는데, 蔡傳은 蘇軾을 따라 "무릇 내가 너희들을 공경하여 너희들을

① 書經 汝曷弗念我古后之聞 : 너희들은 어찌하여 우리의 옛 임금님들의 〈일을〉 들은 것을 생각하지 않는가.
一般 汝曷弗念我所聞先王之事 : 너희들은 어찌하여 우리가 들은 옛 임금님들의 일을 생각하지 않는가.

하늘이 큰 재앙을 내리거늘 선왕들이 그대로 편안히 거처하지 못하였다. 그리하여 그분들이 興作하신 것은 백성들의 이로움을 살펴보아 도읍을 옮기신 것인데, 너희들은 어찌하여 우리가 들은 先王들의 일을 생각하지 않는가. 너희들을 공경하여 너희들을 〈옮겨가게 하는 까닭은〉 너희들과 안락한 삶을 누리는 것을 기뻐해서이지, 너희들에게 허물이 있어서 〈너희들을 옮기어〉 殃罰에 가깝게 하려는 것이 아니다.

先王이 以天降大虐으로 不敢安居하니 其所興作은 視民利當遷而已니 爾民은 何不

〈옮겨가게 하는 까닭은〉 오직 너희들과 편안한 삶을 함께 누리는 것을 기뻐하기 위해서일 뿐이다.〔凡我所以敬汝使汝者 惟喜與汝同安爾〕"라고만 하였으니, '俾汝'의 뜻은 여전히 알 수 없다. 林之奇의 《尙書全解》에 "그 옮기려는 목적은 대개 너희들 백성을 공경히 받들어 결국 너희들로 하여금 그 옮기는 일을 따르게 하여 오직 너희들과 그 喜樂과 安康을 함께하려고 할 뿐이다.〔其所以遷大抵敬汝民而承之 遂使汝從其遷徙之事 惟欲與汝共其喜樂安康而已〕"라고 한 말을 보면 '俾汝'를 孔傳과 같이 풀이한 것을 알 수 있으니, 蔡傳도 林之奇와 같이 보았을 것으로 생각된다.

宋代 黃倫의 《尙書精義》에는 "백성을 공경하는 것으로 마음먹었을 뿐이다. 오직 백성을 공경할 것으로 마음먹었기 때문에 喜樂과 康寧한 일이 있으면 너희들로 하여금 함께 누리게 하였다.〔以敬民爲心而已 惟以敬民爲心 故有喜樂康寧之事 則使汝共享之〕"라고 하고, 元代 朱祖義의 《尙書句解》에는 "내가 오늘 옮기려고 한 것은 너희들 민심에 따라 너희들로 하여금 喜樂과 康安을 함께하려는 일에 불과하다.〔我今日遷 不過順汝民情 使汝惟喜樂康安之是共〕"라고 하여 '俾汝'를 아랫句에 붙여서 풀이하였다. 吳澄도 《書纂言》에서 "내가 너희들을 받드는 것은 대개 너희들로 하여금 喜樂과 安康의 이익을 함께 누리게 하려는 것이다.〔我奉承汝者 蓋欲使汝共享喜樂安康之利〕"라고 풀이하였다.

孔傳에서 '承'을 安의 뜻으로 보아 "너희들을 편안하게 할 목적으로 너희들로 하여금 옮기게 하는 것이니〔承汝使汝徙〕"라고 풀이한 데 대하여 兪樾은 "'俾'를 使의 뜻으로 풀이한 것은 아마 《爾雅》 〈釋詁〉의 글에 근거하였을 것이다. 그러나 傳의 뜻대로라면 '俾汝' 아래에 반드시 '徙'자가 더 있어야 글에 바야흐로 만족한 표현이 담길 것이다. 《說文解字》 人部에 '俾는 益의 뜻이다.'라고 하였으니, '承汝俾汝'란 것은 '너희들을 이끌어 너희들을 유익하게 하겠다.'는 것이다.〔俾之訓使 蓋本釋詁文 然如傳義 則俾汝下 必增出徙字 於文方足矣 說文人部 俾益也 承汝俾汝者 承引汝俾益汝也〕"라고 하였다.(《群經平議》)

36 非汝有咎 比于罰 : 孔傳은 '比'를 '比近'의 比로 보아 "너희들에게 허물이 있다고 하여 너희들을 옮겨서 殃罰에 가깝게 하려는 것은 절대 아니다.〔非謂汝有咎惡而徙汝 令比近於殃罰〕"라고 풀이하였고, 林之奇의 《尙書全解》도 "너희들의 허물이 謫罰에 가깝다고 해서 드디어 너희들을 핍박하여 옮기려는 것은 절대 아니다.〔非汝之有過咎 近于謫罰 而遂迫汝以遷〕"라고 풀이하였다.

念我以所聞先王之事아 凡我所以敬汝使汝者는 惟喜與汝同安爾요 非爲汝有罪라 比于罰而謫遷汝也니라

先王들은 하늘이 큰 재앙을 내리므로 감히 그곳에 그대로 편안히 거처하지 못하였으니, 그분들이 興作한 바는 백성들의 이로움을 살펴보아 응당 도읍을 옮겼을 뿐인데, 너희 백성들은 어찌하여 우리가 들은 선왕들의 일을 생각하지 않는가. 무릇 내가 너희들을 공경하여 너희들을 옮겨가게 하는 까닭은 오직 너희들과 편안한 삶을 함께 누리는 것을 기뻐해서이지, 너희들에게 허물이 있어서 殃罰에 가깝게 하여 너희들을 귀양보내려는 것이 아니라는 말이다.

字義 咎 : 허물 구　比 : 가까울 비　謫 : 귀양보낼 적

5. 予若籲懷[37]茲新邑은 亦惟汝故니 以丕從厥志[38]니라

내가 이처럼 너희들을 불러서 이 새 도읍으로 오게 하려는 까닭은 또한 너희 백성들 때문이니, 너희들의 뜻을 크게 따르려 해서이다.

我所以招呼懷來于此新邑者[39]는 亦惟以爾民이 蕩析離居之故니 欲承汝俾汝康共은 以大從爾志也라 或曰 盤庚遷都에 民咨胥怨이어늘 而此以爲丕從厥志는 何也오 蘇氏曰 古之所謂從衆者는 非從其口之所不樂이요 而從其心之所不言而同

37 懷 : 蔡傳은 來의 뜻으로 보았는데, 孔傳에서 歸로 본 것처럼 '간다'는 뜻으로 보아야 한다. 아래의 譯註 39) 참조.

38 予若籲懷茲新邑……以丕從厥志 : 孔傳은 '若'을 順, '籲'를 和, '懷'를 歸의 뜻으로 보아 "내가 도리를 따르고 너희들과 화협하여 이 새 도읍으로 가려고 한 것은 너희 대중을 이롭게 하려는 것이다. 그러므로 나의 본지를 크게 따라서 옮기겠다고(나의 본지를 굽히지 않겠다고) 말한 것이다.〔言我順和懷此新邑 欲利汝衆 故大從其志而徙之〕"라고 풀이하였는데, '我順和懷此新邑'에 대하여 兪樾은 "《爾雅》에 '若은 汝의 뜻이다.'라고 하고, 《說文解字》에 '籲는 呼의 뜻이다.'라고 하였으니, '予若籲'는 '予汝呼'로 予呼汝란 말과 같다. 《詩經》〈匪風〉편의 '懷之好音'과 〈皇矣〉편의 '予懷明德'에 대한 毛傳에서 모두 '懷는 歸의 뜻이다.'라고 하였으니, '懷茲新邑'은 '歸此新邑'으로 '내가 너희들을 불러 이 새 도읍으로 가려는 것은 또한 너희들을 유리하게 하기 위해서이다.'라고 말한 것이다.〔爾雅 若汝也 說文 籲呼也 予若籲者 予汝呼也 猶言予呼汝也 詩匪風篇 懷之好音 皇矣篇 予懷明德 毛傳竝曰 懷歸也 懷茲新邑者 歸此新邑也 言予呼汝 歸此新邑 亦惟汝故耳〕"라고 하였다.(《群經平議》)

39 我所以招呼懷來于此新邑者 : '懷'를 孔安國과 兪樾 등은 歸의 뜻으로 보았고, 〈盤庚〉의 序에서 "上篇과 中篇은 아직 遷都하지 못했을 때의 말이다."라고 하였거니와, 蔡傳도 〈盤庚 中〉 1문단의 "盤庚作"이란 '作'에 대하여 "'作'은 일어나 장차 도읍을 옮기려 할 때의 말이다.〔作 起而將遷之辭〕"라고 풀이까지 해놓고, 5문단의 '予若籲懷茲新邑'에 대해서는 "내가 너희들을 불러서 이 새 도읍으로 오게 하려는 까닭은"이라고 풀이하였으니, 스스로 모순을 면하지 못하고 있다.

然者라하니라 夫趨利而避害하고 捨危而就安은 民心同然也라 殷亳之遷은 實斯民所利로되 特其一時에 爲浮言搖動하여 怨咨不樂이니 使其卽安危利害之實而反求其心이면 則固其所大欲者矣[40]니라

내가 너희들을 불러서 이 새 도읍으로 오게 하려는 까닭은 또한 너희 백성들이 침수피해로 흩어져 살고 있기 때문이니, 너희들을 공경하여 너희들을 옮겨가게 해서 편안한 삶을 함께 누리고자 함은 너희들의 뜻을 크게 따른 것이다.

어떤 이가 "盤庚이 遷都할 때에 백성들이 비방하며 서로 원망하였거늘, 여기서 '너희들의 뜻을 크게 따른 것이다.'라고 말한 것은 무엇 때문인가."라고 하니, 蘇氏가 말하기를 "옛날에 이른바 '여러 사람을 따른다.'는 것은 그 입으로 좋아하지 않는 바를 따르는 것이 아니고, 그 마음으로 말하지 않으면서 함께 옳게 여기는 바를 따르는 것이다."라고 하였다. 이익을 따르고 해를 피하며, 위태로움을 버리고 편안함으로 나아가려는 것은 민심의 동일한 생각이다. 殷亳(殷邑)으로 옮기는 것은 실로 이 백성들에게 이로운 것인데, 단지 일시적으로 근거 없는 말에 동요되어 원망하고 즐거워하지 않는 것이니, 가사 安危와 利害의 실제적인 면에 입각해서 그 마음을 돌이켜 구해본다면 본디 크게 원하는 바인 것이다.

字義 籲 : 부를 유 懷 : 갈 회 丕 : 클 비 故 : 연고 고

6. 今予將試以汝遷하여 安定厥邦이어늘 汝不憂朕心之攸困이요 乃咸大不宣乃心하여 欽念以忱①하여 動予一人[41]하나니 爾惟自鞠自苦로다 若乘舟하니 汝弗濟하면 臭厥

---

40 或曰……固其所大欲者矣 : 蔡沈이 林之奇의 《尙書全解》에서 요점을 간추리고 자기의 생각을 보탠 것이다. '或曰……何也'가 《尙書全解》에는 '夫盤庚之遷 蓋民情相與怨咨而不悅 今乃曰 以丕從厥志何也'로 되어 있으며, 그리고 '古之所謂……同然'만 蘇軾의 말인데, 그나마 '古之所謂從衆者'는 林之奇의 말이다. 《東坡全集》〈思治論〉에는 "古之人其所從者 非從其口而從其所同然也"라고 되어 있을 뿐이다.

41 乃咸大不宣乃心……動予一人 : 孔傳은 "너희들은 모두 마음을 크게 열어서 정성으로 나를 감동시킬 것을 경건히 생각하지 않으니, 이는 너희들이 충성을 다하지 못하는 것이다.〔汝皆大不布腹心敬念以誠感我 是汝不盡忠〕"라고 풀이하였는데, 이에 대하여 兪樾은 "枚氏의 句讀는 세심하지 못하다. 여기서는 마땅히 '乃咸大不宣'을 1句로 하고, '乃心欽'을 1句로 하고, '念以忱動于一人'을 1句로 해야 한다. '宣'은 明의 뜻이다. 《春秋左氏傳》 僖公 27년 조의 '未宣其用'과 《國語》〈晉語〉의 '武子宣法以定晉國'에 대한 杜注와 韋注에 모두 '宣은 明의 뜻이다.'라고 하였으니, 이것이 바로 그 뜻이다. '欽'은 欽欽然을 말한 것이니, 《詩經》의 '憂心欽欽'이 바로 그 뜻이다. 중첩으로 말하면 '欽欽'이고, 단독으로 말하면 '欽'이니, 古語가 대체로 그러한 것이다.〔枚氏句讀未審 此當以乃咸大不宣爲句 乃心欽爲句 念以忱動于一人爲句 宣者明也 僖公二十七年左傳 未宣其用 國語晉語 武子宣法以

載하리라 **爾忱**이 **不屬**하니 **惟胥以沈**[42]이로다 **不其或稽**어니 **自怒**인들 **曷瘳**리오

① 書經 欽念以忱 : 경건하게 생각하기를 진심으로써 해서
一般 以忱欽念 : 진심으로 경건하게 생각해서

지금 나는 장차 너희들 때문에 도읍을 옮겨 이 나라를 안정시키려 하고 있는데, 너희들은 내 마음의 고충을 걱정해주지 않고, 또 너희들은 모두 너희들의 마음을 활짝 열어 진심으로 경건하게 생각해서 나 한 사람을 감동시키지 않으니, 이는 너희들 스스로 곤궁함을 부르고 너희들 스스로 괴로움을 부르는 것이다. 이를테면 배를 탄다고 가정했을 때, 너희들이 제때에 건너지 않으면 배에 실은 물건들을 썩게 만드는 것과 같을 것이다. 너희들의 정성이 이어지지 않으니, 서로 침몰하는 결과만 가져올 뿐이다. 그런 사실을 조금도 살피지 않으니, 〈禍가 닥쳤을 때〉 스스로 노여워한들 어찌 고통이 나아지겠는가.

上文엔 言先王惟民之承에 而民亦保后胥感하고 今我亦惟汝故로 安定厥邦이어늘 而汝乃不憂我心之所困하고 乃皆不宣布腹心하여 欽念以誠하여 感動於我하니 爾徒爲此紛紛하여 自取窮苦라 譬乘舟컨대 不以時濟면 必敗壞其所資라 今汝從上之誠이 間斷不屬하니 安能有濟리오 惟相與以及沈溺而已라 詩曰 其何能淑이리오 載胥及溺이라하니 正此意也라 利害若此어늘 爾民而罔或稽察焉하니 是雖怨疾忿怒나

定晉國 杜注韋注 竝曰 宣明也 是其義也 欽言欽欽然也 詩曰 憂心欽欽 是其義也 重言之曰欽欽 單言之曰欽 古語類然〕"라고 하였다.(《群經平議》)

42 爾忱不屬 惟胥以沈 : 孔傳에서 "너희들의 충성이 옛사람에 미치지 못하여, 구차하게 옮겨가려 하지 않아서 서로 더불어 沈溺하게 되었고〔汝忠誠不屬逮古 苟不欲徙 相與沈溺〕"라고 풀이하였는데, 이에 대하여 兪樾은 "經에서는 '不屬'만을 말했는데, 傳에서는 '不屬逮古'를 말했으니, 글자를 보태서 經을 해석하는 것은 經의 뜻이 아니다. 《經典釋文》에는 馬融이 '獨'이라고 말한 것을 인용하였다. '屬'을 '獨'으로 풀이한 것은 아마 聲音을 가지고 풀이하였을 것이다. 《荀子》〈成相篇〉의 '剄而獨鹿棄之江'에 대한 楊注에 '獨鹿은 屬鏤와 같은데 본래에 혹 屬鏤로도 적었다.'고 하였다. 그렇다면 '屬'자와 '獨'자는 옛날에 통용하였던 것이다. '爾忱不獨'은 뜻을 풀이할 수 없는데, 아마 '忱'자는 馬本에 '沈'자로 적었으니, '爾沈不獨 惟胥以沈'은 '유독 너만 스스로 沈溺한 것이 아니라 서로 더불어 沈溺한다.'는 점을 말하였을 것이다. '獨'자와 '胥'자는 꼭 맞게 상응하여 뜻을 이루고, '沈'과 '忱'은 글자 형태가 서로 가깝다.〔經言不屬 而傳言不屬逮古增字釋經 非經旨也 釋文引馬云獨也 屬之訓獨 蓋以聲訓 荀子成相篇 剄而獨鹿棄之江 楊注曰 獨鹿與屬鏤同 本或作屬鏤 然則屬之與獨古通用也 爾忱不獨 義不可解 疑忱字 馬本作沈 爾沈不獨 惟胥以沈 言不獨爾自沈溺 且相與共沈溺也 獨字胥字 正相應成義 沈與忱 字形相近〕"라고 하였다.(《群經平議》)

何損於困苦乎아

윗글에서는 선왕이 백성들을 공경히 떠받들자, 백성들 또한 임금을 보호하여 〈임금과 백성이〉 서로 걱정하는 상태를 말하였고, 지금 나도 너희들 때문에 이 나라를 안정시키려 하고 있다. 그런데 너희들은 내 마음의 고충을 걱정해주지 않고, 또 너희들은 모두 마음을 활짝 열어 진심으로 경건하게 생각해서 나 한 사람을 감동시키지 않으니, 너희들은 다만 이처럼 분분하여 스스로 곤궁함과 괴로움을 취할 뿐이다. 배를 타는 것에 비유하건대, 제때에 건너지 않으면 배에 실은 물건을 썩히는 것과 같은 상황이다. 지금 너희들의 윗사람을 따르는 정성이 단결되어 이어지지 않으니, 어떻게 건널 수 있겠는가. 오직 서로 곤궁에 빠지는 결과만 가져올 뿐이다.《詩經》〈大雅 桑柔〉에 "그 어찌 잘할 수 있겠는가. 서로 빠지고 말뿐이다."라고 하였으니, 바로 이 뜻이다. 이해관계가 이와 같은데도 너희 백성들은 그런 사실을 조금도 살피지 않으니, 이를 비록 원망하고 분노한들 어떻게 고통을 덜 수 있겠는가.

字義 攸 : 바 유　困 : 곤욕스러울 곤　忱 : 진심 침　動 : 감동할 동　鞠 : 곤궁할 국　稽 : 살필 계　瘳 : 나을 추　譬 : 비유할 비　壞 : 무너질 괴　資 : 물건 자　淑 : 착할 숙　察 : 살필 찰

7. 汝不謀長하여 以思乃災하나니 汝誕勸憂로다 今其有今이나 罔後하리니 汝何生이 在上[43]이리오

너희들은 장구한 계책을 해서 〈옮겨가지 않는 데 따른〉 재앙을 생각하지 아니하니, 이는 너희들이 크게 憂患을 조장하는 꼴이다. 지금은 비록 오늘이 있지만 〈지금 옮겨가지 않으면〉 후일이 없을 것이니, 너희들이 무슨 살 수 있는 이치가 하늘에 있겠는가.

汝不爲長久之謀하여 以思其不遷之災하니 是는 汝大以憂而自勸也라 孟子曰 安其危而利其災하여 樂其所以亡[44]이라하시니 勸憂之謂也라 有今은 猶言有今日也요 罔後는 猶言無後日也라 上은 天也라 今其有今罔後는 是天斷棄汝命이니 汝有何生理於天乎아 下文에 言迓續乃命于天이라하니 蓋相首尾之辭라

너희들은 장구한 계책을 해서 옮겨가지 않는 데 따른 재앙을 생각하지 아니하니,

---

43 汝何生在上 : 孔傳은 '上'을 '사람의 위'로 보아 "너희 여러 신하들이 어떻게 인민 위에 오래 있을 수 있겠는가.〔汝何得久生在人上〕"라고 풀이하였다.

44 孟子曰……樂其所以亡 : 이 내용은《孟子》〈離婁 上〉에 보인다.

이는 너희들이 크게 우환을 스스로 조장하는 꼴이다. 孟子가 말씀하기를 "위태로움을 편안하게 여기고 재앙을 이롭게 여겨서 그 망하게 되는 일을 즐긴다."라고 하셨으니, 우환을 조장함을 이른 것이다. 有今은 今日이 있다는 말과 같고, 罔後는 後日이 없다는 말과 같다. 上은 바로 하늘이다. '지금은 오늘이 있지만 〈지금 옮겨가지 않으면〉 후일이 없을 것이다.'라는 것은 바로 하늘이 너희들의 命을 끊어버리는 것이니, 너희들이 무슨 살 수 있는 이치가 하늘에 있겠는가. 아랫글에 나는 "너희들의 命을 하늘에서 맞이하여 계속 이어지게 하려고 하는 것이다."라고 하였으니, 아마 서로 首尾가 되는 말일 것이다.

字義 誕 : 클 탄　勸 : 권장할 권　迓 : 맞이할 아　續 : 이을 속

8. 今予命汝하노니 一하여 無起穢以自臭[45]하라 恐人이 倚乃身하고(하여) 迂乃心[46]하노라

지금 나는 너희들에게 명하노니, 일심으로 〈임금의 명을 들어,〉 더러운 일을 일으켜 스스로 썩은 냄새가 나도록 부패하지 말라. 사람들이 너희들의 몸을 기울게 하고 너희들의 마음을 비뚤어지게 할까 두렵다.

爾民은 當一心以聽上하여 無起穢惡以自臭敗하라 恐浮言之人이 倚汝之身하고 迂汝之心하여 使汝邪僻而無中正之見也라

너희 백성들은 응당 일심으로 윗분(임금)의 명을 들어, 더러운 惡을 일으켜 스스로

45 今予命汝 一 無起穢以自臭 : 孔傳은 "지금 나는 일심으로 너희들을 명하건만, 너희들은 나의 명을 어기니, 이는 스스로 더러운 일을 일으켜 부패하는 것이다.〔我一心命汝 汝違我 是自臭敗〕"라고 풀이하고, 孔疏는 "지금 내가 너희들을 명하는 것은 바로 나의 일심으로 한 것이다. 너희들은 응당 나를 따르고, 穢惡을 일으켜 스스로 부패함이 없어야 할 것인데, 너희들이 나의 명을 어기니, 이는 穢惡을 일으켜 스스로 부패하는 것이다.〔今我命汝 是我之一心也 汝當從我 無得起爲穢惡 以自臭敗 汝違我命 是起穢以自臭也〕"라고 부연 설명하였는데, 孔傳에 대하여 兪樾은 "經文에는 '命汝一'이라고만 말하고, '一心命汝'라고는 말하지 않았으니, 傳의 뜻이 잘못된 것이다. '一'자는 응당 아래에 붙여서 읽어야 한다. 《大戴禮記》〈衛將軍文子〉편의 '則一諸侯之相也'와 《荀子》〈勸學篇〉의 '一可以爲法則'에 대한 注에서 盧辯과 楊倞은 모두 '一은 皆의 뜻이다.'라고 하였으니, '一無起穢以自臭'는 '모두 더러운 일을 일으켜 스스로 썩은 냄새가 나 부패하지 말도록 하라.'는 것이다. '今予命汝'는 응당 따로 1句가 되고 '一'자와 연달아 읽지 않아야 한다.〔經言命汝一 不言一心命汝 傳義非也 一字當屬下讀 大戴記衛將軍文子篇 則一諸侯之相也 荀子勸學篇 一可以爲法則 盧辯楊倞竝曰 一皆也 一無起穢以自臭者 皆無起穢以自臭也 今予命汝 當自爲句 不連一字讀〕"라고 하였다.(《群經平議》)

46 恐人倚乃身 迂乃心 : 孔疏는 "나는 또 다른 사람이 너희들의 몸을 굽히게 하고 너희들의 마음을 궁벽하게 해서 너희들로 하여금 더욱 옮겨가지 못하게 할까 두렵다고 한 것이다.〔我又恐他人倚曲汝身 迂僻汝心 使汝益不用徙〕"라고 풀이하였다.

냄새가 나도록 부패하지 말라. 근거 없는 말을 하는 사람들이 너희들의 몸을 기울게 하고 너희들의 마음을 비뚤어지게 해서 너희들로 하여금 邪僻하여 中正한 소견이 없게 할까 두렵다는 것이다.

字義 穢 : 더러울 예 臭 : 냄새 취 倚 : 의지할 의 乃 : 너 내 迂 : 굽힐 우 臭 : 냄새 취
敗 : 부패할 패

9. 予迓續乃命于天하노니 予豈汝威리오 用奉畜(휵)汝衆이니라

나는 너희들의 命을 하늘에서 맞이하여 계속 이어지게 하려고 하는 것이니, 내 어찌 너희들을 위협하겠느냐. 너희들을 받들어 길러주려는 것이다.

我之所以遷都者는 正以迎續汝命于天이니 予豈以威脅汝哉리오 用以奉養汝衆而已니라

내가 도읍을 옮기려고 하는 것은 바로 너희들의 命을 하늘에서 맞이하여 계속 이어지게 하려고 해서이니, 내 어찌 너희들을 위협하겠느냐. 너희들을 받들어 길러주려고 할 뿐이다.

字義 乃 : 너 내 畜 : 기를 휵

10. 予念我先神后之勞爾先[47]하노니 予丕克羞[48]爾는 用懷爾然이니라

나는 우리 先神后(先王)께서 너희 先人(조상)들을 위로하셨던 일을 생각하노니, 내가 너희들을 크게 길러주려 하는 것은 너희들을 생각해서 그런 것이다.

神后는 先王也라 羞는 養也니 卽上文畜養之意라 言我思念我先神后之勞爾先人하니 我大克羞養爾者는 用懷念爾故也라

神后는 바로 先王이다. 羞는 養의 뜻이니, 곧 윗글에 있는 '畜養'의 뜻이다. "나는 우리 先神后께서 너희 先人들을 위로하셨던 일을 생각하노니, 내가 너희들을 크게 길러주려 하는 것은 너희들을 생각하기 때문이다."라고 말한 것이다.

字義 羞 : 기를 수 懷 : 생각 회

---

47 勞爾先 : 孔疏는 '勞'를 愛의 뜻으로 보아 "너희들의 선인을 사랑하고 위로하여〔愛勞汝之先人〕"라고 풀이하였다.

48 羞 : 孔傳은 '進用'의 進으로 보았다.

11. 失于政하여 陳于兹하면 高后丕乃崇降罪疾하사 曰 曷虐朕民고하시리라

정사를 잘못하여 〈도읍을 옮기지 않고〉 이곳에 오래 머물면 高后(成湯)께서 나에게 罪疾(罪罰)을 크게 내리며 말씀하기를 '어찌하여 朕의 백성들을 학대하는가.'라고 하실 것이다.

陳은 久요 崇은 大也라 耿圮而不遷하여 以病我民이면 是는 失政而久于此也라 高后는 湯也라 湯必大降罪疾於我하사 曰何爲而虐害我民고하시리니 蓋人君이 不能爲民圖安이면 是亦虐之也라

陳은 久의 뜻이요, 崇은 大의 뜻이다. 耿 땅이 무너졌는데도 도읍을 옮기지 않아 우리 백성들을 병들게 하면 이는 정사를 잘못하여 이곳에 오래 머무는 것이다. 高后는 湯임금이다. 湯임금이 반드시 나에게 罪疾을 크게 내리며 말씀하기를 "어찌하여 나의 백성들을 학대하는가."라고 하실 것이니, 대개 임금이 백성을 위하여 편안히 살 수 있는 방법을 마련하지 못하면 이 또한 학대하는 것이다.

字義 乃 : 나 내 陳 : 오랠 진 崇 : 클 숭 圮 : 무너질 비

12. 汝萬民이 乃不生生하여 暨予一人猷로 同心[49]하면 先后丕降與汝罪疾하사 曰 曷不暨朕幼孫으로 有比[50]오하시리니 故有爽德이라 自上으로 其罰汝하시리니 汝罔能迪[51]하리라

너희 만백성이 삶을 즐기고 생업을 일으켜 나 한 사람이 계획한 일과 더불어 마음을 같이해주지 않는다면, 先后께서 너희들에게 罪疾을 크게 내리며 말씀하기를 '어찌하여 朕의 어린 손자와 더불어 옮기는 일을 함께하지 않는가.'라고 하실 것이다. 그러므로 너희들에게 失德이 있는지라 위에서 너희들에게 벌을 내리실 것이니, 너희들은 스스로 〈벌을〉 면할 길이 없을 것이다.

---

49 乃不生生……同心 : 孔傳은 '生生'을 '進進'의 뜻으로 보아 "진취적으로 나아가 마음을 같이하여 옮겨가기를 도모하지 않는다.〔不進進謀同心徙〕"라고 풀이하였다.

50 比 : 孔傳은 '同心', 蔡傳은 '同事'로 풀이하였다.

51 有爽德……汝罔能迪 : 孔傳은 爽을 明의 뜻으로, 迪을 道(해명하다)의 뜻으로 보아 "成湯이 明德을 가지고 하늘에 계시어 너희들의 정실을 굽어보고 너희들에게 벌을 내리실 것이니, 너희들은 뭐라고 해명할 수 없을 것이다.〔湯有明德在天 見汝情 下罰汝 汝無能道〕"라고 풀이하였다.

樂生興事면 則其生也厚하니 是謂生生이라 先后는 泛言商之先王也요 幼孫은 盤庚自稱之辭라 比는 同事也라 爽은 失也라 言汝民이 不能樂生興事하여 與我同心以遷하면 我先后大降罪疾於汝하사 曰 汝何不與朕幼小之孫으로 同遷乎아하시리니 故로 汝有失德이라 自上其罰汝하리니 汝無道以自免也리라

삶을 즐기고 생업을 일으키면 생활이 윤택해지기 마련이니, 이것을 '生生'이라 이른다. 先后는 商나라의 先王들을 범연하게 말한 것이고, 幼孫은 盤庚이 자신을 칭한 말이다. 比는 일을 함께하는 것이다. 爽은 失의 뜻이다. 너희 만백성이 삶을 즐기고 생업을 일으켜서 나와 더불어 마음을 함께하여 도읍을 옮기지 않으면 우리 先后께서 너희들에게 罪疾을 크게 내리며 말씀하기를 "너희들은 어찌하여 朕의 어린 손자와 함께 도읍을 옮기지 않는가."라고 하실 것이다. 그러므로 너희들에게 失德이 있는지라 위에서 너희들에게 벌을 내리실 것이니, 너희들은 스스로 벌을 면할 길이 없을 것이다.

字義 曁 : 더불어 기　猷 : 계획할 유　丕 : 클 비　比 : 함께 일할 비　爽 : 잃을 상
迪 : 해명할 적　泛 : 범연할 범　道 : 해명할 도

13. 古我先后 旣勞乃祖乃父라 汝共作我畜民이니 汝有戕을(이) 則[52]在乃心[53]하면 我先后 綏[54]乃祖乃父이시거늘(하여시든) 乃祖乃父 乃斷棄汝하여 不救乃死[55]하리라

---

52 則 : 蘇軾은 윗句에 붙여서 해칠 象徵으로 보았다.

53 汝共作我畜民 汝有戕則在乃心 : 孔傳은 畜을 治의 뜻으로 보아 "너희들은 나와 함께 백성을 다스리되 잔인한 마음을 가지고 옮기려 하지 않으니, 이는 父祖의 행실을 위반하는 것이다.〔汝共我治民 有殘人之心而不欲徙 是反父祖之行〕"라고 풀이하였다.

54 綏 : 林之奇는 회유해서 알리는 것으로 보았다.

55 我先后綏乃祖乃父……不救乃死 : 孔傳은 '綏'를 安의 뜻으로 보아 "우리 先王께서는 너희들 父祖의 충성을 편안하게 여기셨거늘 지금 너희들은 충성하지 않으니, 너희들 父祖는 반드시 너희들 命을 끊어버려 너희들 죽음을 구제하지 않을 것이란 말이다.〔言我先王安汝父祖之忠 今汝不忠 汝父祖 必斷絶棄汝命 不救汝死〕"라고 풀이하였는데, 이에 대하여 兪樾은 "經文은 본래 한 氣脈이 연속되는데, 만일 傳의 뜻처럼 '今汝不忠'을 더 집어넣어 한번 전환하면 그것은 經의 뜻이 아닐 듯하다. '綏'는 응당 退의 뜻으로 읽어야 하니……'綏乃祖乃父'는 '너희들 할아버지와 너희들 아버지를 斥退한다.'는 것이다. 이는 윗글의 '汝有戕則在乃心'을 이어받아서 말한 것이니, '너희들이 사람을 해칠 마음을 가지고 있는 것을 우리 先后께서 이미 알고 계시므로 반드시 자손의 어질지 못함으로 인하여 너희들 할아버지와 너희들 아버지를 斥退할 터이니, 이에 너희들 할아버지와 너희들 아버지는 너희들 命을 끊어버려 너희들 죽음을 구제하지 않을 것이다.'라고 이른 말이다.〔經文本一氣連屬 若如傳義 加入今汝不忠一轉 恐非經旨也 綏當讀爲退……綏乃祖乃父者 退乃祖乃父也 此乘上文汝有戕則在乃心而言 謂汝有戕害人之心 我先后已知之 必因孫子之不賢而斥退乃祖乃父 於是 乃祖

옛날 우리 先后께서 이미 너희들 할아버지와 아버지를 위로하셨다. 그리하여 너희들이 다 같이 내가 먹여 살리는 백성이 되었는데, 너희들이 해치려는 생각을 너희들 마음속에 갖는다면 우리 先后께서 너희들의 할아버지와 아버지를 회유해 오는 처지일 것이니, 그러면 너희들 할아버지와 아버지는 곧 너희들을 끊어버려 너희들의 죽음을 구제해주지 않을 것이다.

既勞乃祖乃父者는 申言勞爾先也요 汝共作我畜民者는 汝皆爲我所畜之民也라 戕은 害也요 綏는 懷來之意[56]니 謂汝有戕害를 在汝之心하면 我先后固已知之하사 懷來汝祖汝父리니 汝祖汝父도 亦斷棄汝하여 不救汝死也리라

既勞乃祖乃父는 앞에 있는 '勞爾先'을 거듭 밝힌 것이고, 汝共作我畜民은 '너희들은 다 같이 내가 먹여 살리는 백성이 되었다.'는 것이다. 戕은 害의 뜻이요, 綏는 회유해 온다는 뜻이니, 너희들이 해치려는 생각을 너희들 마음속에 갖는다면, 우리 先后께서 그것을 벌써 아시고서 너희들 할아버지와 아버지를 회유해 오는 처지일 것이니, 그러면 너희들 할아버지와 아버지도 너희들을 끊어버려, 너희들의 죽음을 구제해주지 않을 것이라는 말이다.

字義 乃 : 너 내 畜 : 기를 휵 戕 : 해칠 장 綏 : 회유할 유

14. 玆予有亂政同位 具乃貝玉[57]하면 乃祖乃父 丕乃告我高后하여 曰 作丕刑于朕孫[58]이라하여 迪高后하여 丕乃崇降弗祥하리라

乃父 役斷棄汝 不救乃死也)"라고 하였다.(《群經平議》)

56 綏 懷來之意 : 蘇軾의 풀이를 따른 것이다.

57 玆予有亂政同位 具乃貝玉 : 孔傳은 "'내가 소유한 정사를 다스리는 신하들은 官位는 그 父祖와 같지만 〈마음은 그 父祖와 달라서〉 충성을 다할 생각은 하지 않고 단지 貝·玉 같은 재물만을 생각할 뿐이다.'라고 한 것이니, 그들의 탐욕을 말한 것이다.(此我有治政之臣 同位於父祖 不念盡忠 但念貝玉而已 言其貪)"라고 하였다.

58 乃祖乃父……曰作丕刑于朕孫 : 《經典釋文》에서 "'我高后'가 어떤 本에는 또 '乃祖乃父'로 되어 있다.(我高后 本又作乃祖乃父)"라고 하였는데, 이를 근거로 하여 兪樾은 "'乃祖乃父 丕乃告乃祖乃父'는 뜻이 통할 수 없다. 段玉裁는 '응당 告자에 句를 끊어야 한다.'고 하였는데, 이 역시 바르지 못한 말이다. '我高后'가 일단 '乃祖乃父'로 되어 있으면 '乃祖乃父'는 반드시 '我高后'로 되어 있었을 것이다. 《經典釋文》에서 이미 '我高后가 어떤 本에는 또 乃祖乃父로 되어 있다.'고 하였으니, 또한 반드시 '乃祖乃父'가 어떤 本에는 또 '我高后'로 되어 있었을 터인데, 轉寫 과정에서 잘못 바뀌었을 뿐이다. 文義를 깊이 파보면 刊本을 우수한 本으로 삼아야 할 것 같다. 윗글에서 '玆予有亂政同位具乃貝玉'이라 하였으니, 여기서는 응당 '政'자에 句를 끊어야 한다. 《春秋左氏

내가 소유한 정사를 다스리는 신하로서 天位를 같이한 자가 〈민생문제는 생각지 않고〉 貝·玉 같은 재물만을 많이 모으기를 힘쓴다면 너희들 할아버지와 아버지가 우리 高后께 크게 아뢰어 '우리 자손에게 무거운 형벌을 내리소서.'라고 하여, 高后를 開諭해서 상서롭지 못한 재앙을 크게 내릴 것이다.

亂은 治也요 具는 多取而兼有之謂라 言若我治政之臣으로 所與共天位者가 不以民生爲念하고 而務富貝玉者면 其祖父亦告我成湯하여 作丕刑于其子孫이라하고 啓成湯하여 丕乃崇降弗祥而不赦也라 此章을 先儒皆以爲責臣之辭나 然詳其文勢컨대 曰玆予有亂政同位라하니 則亦對民庶責臣之辭요 非直爲群臣言也라 按上四章에 言君有罪, 民有罪, 臣有罪면 我高后與爾臣民祖父로 一以義斷之하여 無所赦也라 王氏曰 先王設敎에 因俗之善而導之하고 反俗之惡而禁之하나니 方盤庚時에 商俗衰하여 士大夫棄義卽利라 故로 盤庚이 以具貝玉爲戒하니 此는 反其俗之惡而禁之者也요 自成周以上으로 莫不事死如事生하고 事亡如事存이라 故로 其俗이 皆嚴鬼神하니 以經考之컨대 商俗爲甚이라 故로 盤庚이 特稱先后與臣民之祖父崇降罪疾

傳》 昭公 6년 조에 '夏나라에서는 문란한 정치가 생겨나자 禹임금이 刑法을 제정했고, 商나라에서는 문란한 정치가 생겨나자 湯임금이 刑法을 제정했고, 周나라에서는 문란한 정치가 생겨나자 아홉 종류의 刑法(墨刑·劓刑·刵刑·宮刑·大辟·流刑·贖刑·鞭刑·扑刑)을 제정했다.'고 하였으니, '玆予有亂政'은 뜻이 그와 같은 것이다. 枚傳에서 亂을 治의 뜻으로 풀이한 것은 잘못이다.

同位는 朝廷의 자리에 같이 있는 자들이니, 신하들을 가리켜 말한 것이다. 신하들의 탐욕이 君政의 문란에 연유하였기 때문에 '이에 내가 문란한 정치를 하므로 同位한 자들이 貝·玉 같은 재물을 모으기만을 일삼는다. 그래서 우리 高后께서 너희들 할아버지와 너희들 아버지에게 크게 고하기를 「朕의 손자에 대한 큰 형벌을 만들도록 하라.」했다.'고 한 것이니, '朕孫'은 盤庚이 스스로를 이른 것이다. 윗글의 '曷不暨朕幼孫有比'에 대한 枚傳에서 '幼孫은 盤庚이 스스로를 이른 것이다.'라고 하였다. 그렇다면 이 글의 '朕孫' 또한 盤庚이 스스로를 이른 것이 분명하다. 문란한 정치가 있기 때문에 큰 형벌을 만든 것이다. 위에서는 '너희들 할아버지와 아버지는 곧 너희들을 끊어 버려, 너희들의 죽음을 구제하지 않을 것이다.'라고 하였고, 여기서는 '高后께서 朕의 손자에 대한 큰 형벌을 만들도록 하라.'고 하였으니, 하나는 신하에 입각해서 말하고, 다른 하나는 임금에 입각해서 말하였으니, 임금과 신하가 장차 그 벌을 함께 받을 것임을 말한 것이다.〔乃祖乃父 丕乃告乃祖乃父 義不可通 段氏玉裁謂當於告字絶句 此亦曲說也 我高后旣作乃祖乃父 則乃祖乃父 必作我高后 釋文旣云我高后 本又作乃祖乃父 亦必云乃祖乃父 本又作我高后 轉寫奪去之耳 尋繹文義 似以刊本爲長 上文云 玆予有亂政同位具乃貝玉 此當於政字絶句 昭六年左傳曰 夏有亂政而作禹刑 商有亂政而作湯刑 周有亂政而作九刑 玆予有亂政 義如彼同 枚傳訓亂爲治非也 同位 同在朝廷之位者 指群臣而言 群臣之貪 由于君政之亂 故曰玆予有亂政 同位具乃貝玉 於是我高后 丕乃告乃祖乃父曰 作丕刑于朕孫 朕孫盤庚自謂也 上文曷不暨朕幼孫有比 枚傳曰 幼孫盤庚自謂 然則此文朕孫 亦盤庚自謂明矣 以其有亂政 故作大刑也 上言乃祖乃父 乃斷棄汝 不救乃死 此言高后作丕刑于朕孫 一就臣言 一就君言 言君臣將同受其罰也〕"라고 하였다.(《群經平議》)

爲告하니 此는 因其俗之善而導之者也라하니라

亂은 治의 뜻이요, 具는 많이 취하고 겸유하는 것을 이른다. 만약 나의 정사를 다스리는 신하로서 天位를 같이한 자가 민생문제는 생각하지 않고 貝·玉 같은 재물만을 모으기를 힘쓴다면 너희들 할아버지와 아버지가 우리 成湯께 크게 아뢰어 '우리 자손에게 무거운 형벌을 내리소서.'라고 하고, 成湯을 개유하여 상서롭지 못한 재앙을 크게 내리어 용서하지 않을 것임을 말한 것이다.

이 章의 내용에 대하여 先儒는 모두 신하를 책망한 말이라고 하지만, 文勢를 살펴보면 '내가 소유한 정사를 다스리는 신하로서 天位를 같이한 자'라고 하였으니, 또한 백성들을 상대하고 신하들을 책망한 말이요, 단지 신하들만을 위해서 말한 것은 아니다. 살펴보건대, 위의 네 章은 임금에게 죄가 있고 백성에게 죄가 있고 신하에게 죄가 있으면 우리 高后께서 너희들 臣民의 할아버지, 아버지와 함께 일심으로 의리를 가지고 결단하여 용서하는 바가 없을 것임을 말한 것이다.

王氏가 말하였다. "先王께서 가르침을 베풂에 있어서 풍속의 좋은 점은 그대로 인도하고, 풍속의 나쁜 점은 뒤집어버려 금하였다. 盤庚 당시에 商나라 풍속이 쇠락하여 士大夫들이 義를 버리고 利 쪽으로 나가기 때문에 盤庚이 貝·玉 같은 재물을 많이 모으는 것을 경계하였으니, 이는 그 풍속의 나쁜 점을 뒤집어버려 금한 것이다. 成周 이전에는 갓 작고한 분을 섬기기를 살아 있는 분을 섬기듯이 하고, 장례 이후 영영 없어진 분을 섬기기를 생존해 있는 분을 섬기는 것처럼 하지 않는 이가 없었다. 그러므로 그 풍속이 모두 귀신을 엄하게 대하였는데, 經傳을 가지고 살펴보면 商나라 풍속이 특히 심하였다. 그러므로 盤庚이 특별히 先后와 臣民의 할아버지와 아버지가 罪疾을 무겁게 내릴 것이라고 칭해서 고하였으니, 이는 그 풍속의 좋은 점을 그대로 인도한 것이다."

字義 亂 : 다스릴 란　貝 : 패물 패　迪 : 개유할 적

15. 嗚呼라 今予告汝不易(이)[59]하노니 永敬大恤[60]하여 無胥絶遠하여 汝分猷念以相

---

59 告汝不易(이) : 孔傳은 "내가 한 말은 모두 쉽지 않은 일이다.〔凡我所言 皆不易之事〕"로, 鄭玄은 "내가 너희들에게 고한 것은 변역하지 않는다. 한 말은 반드시 행한다.〔我所以告汝者 不變易 言必行之〕"로 풀이하였는데, 蔡傳은 孔傳을 따르고 있다.

60 永敬大恤 : 孔傳은 "나의 말을 길이 공경하여 매우 걱정하면서 행하고〔長敬我言 大憂行之〕"로 풀이하였다.

從[61]하여 各設中于乃心[62]하라

아. 지금 나는 너희들에게 〈도읍을 옮기는 일이〉 쉽지 않다는 것을 고하노니, 내가 매우 걱정하는 일을 길이 공경하여 서로 관계를 끊고 등한히 하지 말아서 너희들은 나의 계책과 생각을 나누어 가지고 서로 더불어 각각 너희들의 마음에 中正한 생각을 갖도록 하라.

告汝不易는 卽上篇告汝于難之意라 大恤은 大憂也라 今我告汝以遷都之難하노니 汝當永敬我之所大憂念者라 君民一心然後에 可以有濟니 苟相絶遠而誠不屬이면 則殆矣라 分猷者는 分君之所圖而共圖之요 分念者는 分君之所念而共念之라 相從은 相與也라 中者는 極至之理[63]니 各以極至之理로 存于心이면 則知遷徙之議爲不可易[64]하여 而不爲浮言橫議之所動搖也리라

告汝不易는 곧 上篇의 '告汝于難'이란 뜻이다. 大恤은 큰 걱정이다. 지금 나는 너희들에게 도읍을 옮기는 일이 어렵다는 것을 고하노니, 너희들은 마땅히 내가 매우 걱정하고 있는 일을 길이 공경하여야 할 것이다. 임금과 백성이 한 마음이 된 뒤에야 성사시킬 수 있는데, 만일 서로 관계를 끊고 등한히 하여 성의가 이어지지 않으면 위태롭게 된다는 것이다. 分猷는 임금의 도모하는 바를 나누어 함께 도모하는 것이고,

61 相從 : '從'을 陳師凱는 '從上', 곧 위를 따르는 것으로 보았다.

62 汝分猷念以相從 各設中于乃心中 : 孔傳은 '分'을 分明으로 '中'을 中正으로 보아 "여러 신하들은 응당 분명하게 서로 더불어 謀念을 하고 화협하여 서로 따라서 각각 中正을 너희들의 마음에 베풀어야 한다는 것이다.〔群臣當分明相與謀念 和以相從 各設中正於汝心〕"라고 풀이하였다.

63 中者 極至之理 : 洪奭周는 "漢儒가 '極'을 中의 뜻으로 풀이하자, 朱子는 그 잘못을 깊이 배척하여 심지어 '그 해독이 萬世에 흐른다.'고까지 하였다. 蔡氏의 學은 朱子에게서 나왔건만, 이에 '中'을 極至의 이치로 풀이하였다. 무릇 '中'은 치우치지 않는 것을 이르고, 치우치지 않는 것은 지극한 이치가 존재한 바이다. 그러나 이것으로 곧바로 '中'을 極의 뜻으로 풀이하였으니, 漢儒가 '極'을 中의 뜻으로 풀이한 것과 그 실착이 또한 무엇이 다르겠는가.〔漢儒訓極爲中 而朱子深闢其非 至以爲害流萬世 蔡氏之學 出于朱子 而乃訓中爲極至之理 夫中者 不偏之謂也 不偏者 固至理之所在也 然以是而直訓中爲極 則與漢儒之訓極爲中者 其失亦奚異哉〕"라고 하였다.(《尙書補傳》)

64 則知遷徙之議 爲不可易 : 蔡沈은 "告汝不易"의 '易'자를 孔傳에 의하여 '쉽다'는 뜻으로 풀이하면서 "遷徙에 대한 논의가 바뀔 수 없음을 안다면〔知遷徙之議 爲不可易〕"이라는 식으로 쓴 것은 아마도 鄭玄에 의해 '바꾸다'의 뜻으로 풀이한 林之奇의 《尙書全解》에 "내가 지금 도읍을 옮길 일에 대해서는 謀計가 이미 깊고 思慮가 이미 무르익었으니, 계획은 반드시 행하여 변역할 수 없는 상황에 놓였다.〔我今之遷都謀計之已深 思慮之已熟 計在必行而不可變易也〕"란 말을 축약해 인용하면서 '不可變易'의 '變'자를 빠뜨린 것 같다. 그러므로 본 번역에서는 "遷徙에 대한 논의가 바뀔 수 없는 것임을 알아서"라고 번역하였다.

分念은 임금의 생각하는 바를 나누어 함께 생각하는 것이다. 相從은 相與와 같은 것이다. 中은 지극한 이치이니, 각각 지극한 이치를 마음속에 가지면 遷徙에 대한 논의가 바뀔 수 없는 것임을 알아서 뜬소문과 그릇된 의논에 동요되지 않을 것이다.

字義 易 : 쉬울 이 猷 : 계책 유 從 : 더불어 종 中 : 중정할 중 殆 : 위태할 태 浮 : 뜰 부
橫 : 비낄 횡 搖 : 흔들 요

16. 乃有不吉不迪이 顚越不恭과 暫遇姦宄어든 我乃劓殄滅之無遺育하여 無俾易種于茲新邑하리라

不善하고 無道한 사람이 쓰러뜨리고 넘어뜨리는 〈거친 행동을 하여 임금의 명령을〉 공손히 따르지 않거나 잠시만 기회를 만나도 간악한 짓을 하는 경우가 있거든 나는 그들의 코를 베거나 죽여 없애서 〈그 자손을〉 남기어 기르지 않음으로써 그의 종자가 이 새로 세운 도읍으로 옮겨가지 못하도록 할 것이다.

乃有不善不道之人이 顚隕踰越하여 不恭上命者와 及暫時所遇에 爲姦爲宄하여 劫掠行道者어든 我小則加以劓하고 大則殄滅之하여 無有遺育하여 毋使移其種于此新邑也라 遷徙에 道路艱關하니 恐姦人이 乘隙生變이라 故로 嚴明號令하여 以告勅之니라

불선하고 무도한 사람이 쓰러뜨리고 넘어뜨리는 거친 행동을 하여 임금의 명령을 공손히 따르지 않거나 잠시만 기회를 만나도 간악한 짓을 하여 길가는 사람을 겁탈하고 약탈하는 경우가 있거든, 내가 〈그들을 다스리되〉 죄가 작은 경우에는 코를 베는 형벌을 가하고 죄가 큰 경우에는 사형을 가하여 자손을 남기지 않음으로써 그 종자가 새 도읍으로 옮겨가지 못하도록 할 것이다.

옮겨갈 때에는 도로가 험악하므로 간악한 자들이 그 틈을 타서 변란을 일으킬까 두렵다. 그러므로 호령을 엄하고 분명하게 해서 告勅하는 것이다.

字義 迪 : 도덕 도 顚 : 쓰러질 전 越 : 넘을 월 姦 : 밖에서 소란피울 간 宄 : 안에서 소란피울 궤
劓 : 코벨 의 殄 : 죽일 진

17. 往哉生生[65]하라 今予는 將試以汝遷하여 永建乃家[66]니라

65 往哉生生 : 孔傳은 "지금부터는 善에 매진하도록 하라.〔自今以往 進進於善〕"로 풀이하였다.

66 永建乃家 : 孔傳은 "너희들의 집을 영구히 세워주어 자손들의 무궁한 業으로 삼게 할 것이다. 卿大夫를 '家'라 칭한다.〔長立汝家 卿大夫稱家〕"로 풀이하였다.

〈새 도읍으로〉 가서 삶을 즐기고 생업을 일으키도록 하라. 지금 나는 장차 너희들을 이주시켜 너희들의 집을 영구히 세워주려고 한다.”

往哉는 往新邑也라 方遷徙之時에 人懷舊土之念而未見新居之樂이라 故로 再以生生勉之하여 振起其怠惰而作其趨事也라 試는 用也라 今我將用汝遷하여 永立乃家하여 爲子孫無窮之業也라

往哉는 새 도읍으로 가는 것이다. 막상 옮겨갈 때에는 사람들이 옛날 살던 땅이 그립고 새 거주지에 대한 즐거움은 아직 알지 못한 상태다. 그러므로 다시 '삶을 즐기고 생업을 일으키도록 하라.'는 말로 권면하여, 그들이 게으름을 떨치고 일어나서 事功에 달려가도록 진작시킨 것이다. 試는 用의 뜻이다. 지금 나는 장차 너희들을 이주시켜 너희들의 집을 영구히 세워주어 자손들의 무궁한 業으로 삼으려고 한다는 것이다.

字義 試 : 쓸 시 懷 : 그리울 회 趨 : 달려갈 추

盤庚 下

1. 盤庚이 旣遷하사 奠厥攸居하시고 乃正厥位[67]하사 綏爰有衆하시다

盤庚이 이미 도읍을 옮기어 거주할 곳을 정하고 〈군신과 상하의〉 지위를 바로잡아 백성들의 마음을 편안하게 해주었다.

盤庚이 旣遷新邑하여 定其所居하고 正君臣上下之位하여 慰勞臣民遷徙之勞하여 以安有衆之情也라 此는 史氏之言이라

盤庚이 이미 새 도읍으로 옮기어 거주

遷殷奠居圖

67 乃正厥位 : 孔傳은 “郊(圜丘壇)와 宗廟와 朝廷과 社稷의 자리를 바로잡은 것〔正郊廟朝社之位〕”으로 풀이하였다.

할 곳을 정하고 君臣과 上下의 지위를 바로잡아 臣民의 이사에 따른 노고를 위로하여 백성들의 마음을 편안하게 해주었다. 이것은 史官의 말이다.

字義 奠 : 정할 정　攸 : 바 유　綏 : 편안할 유

2. 曰 無戲怠하여 懋建大命하라

〈盤庚이 다음과 같이〉 말씀하였다. "장난치거나 게을리 하지 말아 大命을 힘써 세우도록 하라.

曰은 盤庚之言也라 大命은 非常之命也라 遷國之初는 臣民上下 正當勤勞盡瘁하여 趨事赴功하여 以爲國家無窮之計라 故로 盤庚이 以無戲怠戒之하고 以建大命勉之하니라

曰은 盤庚의 말이다. 大命은 비상한 命이다. 國都를 옮기는 초기는 臣民과 上下가 바로 있는 힘을 다해서 事功에 달려가 열심히 일하여 국가의 무궁한 계책을 세워야 할 때다. 그러므로 盤庚이 "장난치거나 게을리하지 말라."는 말로 경계하고, 비상한 命을 세우라고 권면한 것이다.

字義 戲 : 희롱 희　懋 : 힘쓸 무　瘁 : 고달플 췌

3. 今予其敷心腹腎腸하여 歷告爾百姓于朕志①[68]하노라(호니) 罔罪爾衆이니 爾無共怒하여 協比讒言予一人하라

① 書經 歷告爾百姓于朕志 : 너희 백성들에게 내 뜻을 다 고하노라.
一般 歷告朕志于爾百姓 : 너희 백성들에게 내 뜻을 다 고하노라.

* '于'가 서경문법에서는 '에'의 토씨로 쓰인 것이고, 일반문법에서는 前置詞로 쓰인 것이다. '에'의 토씨 경우는 이를테면 《春秋左氏傳》 昭公 19년 조에 "자기 집안에서 화난 것을 시장 사람에게 분풀이한다.〔室於怒 市於色〕"는 것과 같은 예이다.

지금 나는 心腹과 腎腸 속에 있는 말들을 펴서 너희 백성들에게 내 뜻을 다 고하노라. 너희들을 죄주지 않을 것이니, 너희들도 함께 성내어 서로 결탁하여 나 한 사

68 歷告爾百姓于朕志 : 孔傳은 "너희 백성들에게 성의를 기울여 내 뜻을 고하노니〔輸誠於百官以告志〕"라고 풀이하였다.

람을 비방하지 말라.

歷은 盡也라 百姓은 畿內民庶니 百官族姓도 亦在其中이라

歷은 盡의 뜻이다. 百姓은 畿內의 民庶(民衆)이니, 百官과 族姓도 또한 이 가운데에 포함되어 있다.

字義 敷 : 펼 부 腹 : 배 복 腎 : 콩팥 신 腸 : 창자 장 歷 : 다할 력 讒 : 참소할 참

4. 古我先王이 將多于前功하리라 適于山하사 用降(강)我凶德[69]하사 嘉績于朕邦하시니라

옛날 우리 先王께서는 '장차 이전 사람의 공보다 더 많은 공을 세우리라.' 하시어 〈산기슭으로 도읍을〉 옮겨가서, 우리의 凶德(재난)을 낮춰(줄여) 우리나라에 아름다운 업적을 이루셨다.

古我先王은 湯也라 適于山은 往于亳也[70]라 契(설)始居亳이러니 其後屢遷하니라 成湯이 欲多于前人之功이라 故로 復往居亳이라 按立政三亳[71]을 鄭氏曰 東成皐, 南轘轅(환원), 西降谷이라하니 以亳依山이라 故로 曰適于山也라 降은 下也라 依山이면 地高水下하여 而無河圮之患이라 故로 曰用下我凶德이라 嘉績은 美功也라

古我先王은 湯임금이다. 適于山은 亳邑에 간 것이다. 契이 처음에 亳邑에 거주하였더니 그 뒤에 여러 번 도읍을 옮겼다. 成湯은 전대 사람의 공보다 더 많은 공을 세우고자 하였다. 그러므로 다시 亳邑으로 도읍을 옮겨서 거주한 것이다. 살펴보건대, 〈立政〉의 '三亳'을 鄭氏는 "동쪽은 成皐, 남쪽은 轘轅, 서쪽은 降谷이다."라고

---

69 凶德 : 孔傳은 惡德이나 惡性, 또는 惡行悖德으로 보았다.

70 古我先王……往于亳也 : 朴世堂은 "蔡傳에서 '先王은 湯이고, 山은 亳邑이다.'라고 하였는데, 어디에 근거한 것인지 알 수 없다. 이것은 臆說에서 나온 것이어서 그 사실을 알아내지 못한 듯하다. 참으로 蔡傳에서 말한 것과 같다면 이 篇의 저작은 이미 遷都한 뒤에 있었을 것이다. 盤庚이 그때는 亳邑에 있었을 것이니, 응당 '山으로 왔다.'고 해야 하고, 응당 '山으로 갔다.'고 하지 않아야 한다. 이것으로 그것이 사실을 알아내지 못한 것이 분명해졌다. 대개 이른바 '先王'은 어떤 王인지 알 수 없고, 이른바 '山'은 어떤 땅인지 알 수 없으나 그것이 成湯이 亳邑에 거주한 일을 가리킨 것이 아니라는 것만은 분명하다. 아니면 湯임금이 물을 피하여 亳邑에 거주한 사실은 옛적에 그런 말이 있었던가.〔傳先王湯也 山亳也 不知何據 恐此出於臆說 而不得其實也 信如傳所謂 則此篇之作 在於旣遷之後 盤庚方在亳矣 當曰來于山 不當曰適于山 以此明其不得實 蓋所謂先王不知爲何王 所謂山不知爲何地 而其非指成湯居亳之事則審矣 抑湯避水居亳 古有其說乎〕"라고 하였다.(《思辨錄》)

71 立政三亳 : 〈立政〉의 三亳에 대한 蔡傳은 "三亳은 蒙은 北亳, 穀熟은 南亳, 偃師는 西亳이다.〔三亳 蒙爲北亳 穀熟爲南亳 偃師爲西亳〕"라고 하였다.

하였으니, 亳邑이 山에 의지하였기 때문에 '산기슭으로 도읍을 옮겨갔다.'고 말한 것이다. 降은 下(낮추다)의 뜻이다. 산에 의지하면 땅은 높고 물은 낮아서 河水에 무너질 폐해가 없다. 그러므로 '우리의 凶德을 낮추었다.'고 말한 것이다. 嘉績은 아름다운 업적이다.

字義 適 : 갈 적 績 : 공적 적 屢 : 여러 루 圮 : 무너질 비

5. 今我民이 用蕩析離居하여 罔有定極[72]이어늘 爾謂朕하되 曷震動萬民하여 以遷고하나다

지금 우리 백성들이 〈침수의 피해로〉 흩어져 살고 있어서 정착할 곳이 없거늘(주거환경이 몹시 불안정하거늘) 너희들은 朕에게 '어찌하여 만백성을 진동(동요)시켜 〈도읍을〉 옮기는가.'라고 말들을 한다.

今耿이 爲河水圮壞하여 沈溺墊隘하니 民用蕩析離居하여 無有定止하여 將陷於凶德而莫之救어늘 爾謂我하되 何故로 震動萬民以遷也오하니라

지금 耿邑이 河水에 의해 무너져서 물에 가라앉았으니, 백성들이 〈침수의 피해로〉 흩어져 살고 있어서 정착할 곳이 없어 장차 재난에 빠져 구제할 수 없게 될 것인데도 너희들은 나에게 '무엇 때문에 만백성을 진동시켜 〈도읍을〉 옮기는가.'라고 한다는 것이다.

字義 蕩 : 옮길 탕 析 : 나눌 석 離 : 떠날 리 圮 : 무너질 비 壞 : 무너질 괴 沈 : 잠길 침
溺 : 빠질 익 墊 : 빠질 점 隘 : 좁을 애 止 : 그칠 지 陷 : 빠질 함

6. 肆上帝 將復我高祖之德하사 亂越我家어시늘 朕及篤敬으로 恭承民命[73]하여 用永地于新邑하라

이어 上帝께서 장차 우리 高后(成湯)의 德을 회복시켜 다스림이 우리나라에 미치게(우리나라를 잘 다스려지게) 하려고 하시거늘, 朕은 돈독하고 공경하는 신하들

---

72 罔有定極 : 孔傳은 極을 中의 뜻으로 보아 "안정된 極中(常性)을 잃었기 때문에 옮기어 極中(常性)을 회복하게 하였다.〔無安定之極 徙以爲之極〕"라고 풀이하였다.

73 恭承民命 : 孔傳은 "奉承民命"으로, 蔡傳은 "敬承民命"으로만 해석했으나 洪奭周는 "나는 생각하건대, '民命'은 곧 '迓屬乃命'에서의 '命'이고, '承'에는 '받들어 가져 이어지게 한다.'는 뜻이 담겨있으니, 흩어져 살아서 民命이 장차 떨어지려 하는데, 새로 세운 도읍으로 옮기는 것은 경건히 받들어 이어지게 하기 위해서이다.〔愚謂 民命卽迓屬乃命之命 承有奉持繼續之意 蕩析離居 民命將墜 遷于新邑 乃所以敬承之也〕"라고 풀이하였다.(《尙書補傳》)

과 더불어 民命을 공손히 받들어 이 새로 세운 도읍에서 영원히 거주하도록 하려고 한다.

乃上天이 將復我成湯之德하여 而治及我國家어늘 我與一二篤敬之臣으로 敬承民命하여 用長居于此新邑也라

이에 하늘이 장차 우리 成湯의 德을 회복시켜 다스림이 우리 나라에 미치게 하려고 하거늘, 나는 한두 명의 돈독하고 공경하는 신하들과 더불어 民命을 경건히 받들어 이 새로 세운 도읍에서 영원히 거주하려는 것이란 말이다.

字義 肆 : 그러므로 사 復 : 회복할 복 亂 : 다스릴 란 越 : 미칠 월 及 : 더불어 급
地 : 거주할 지

7. 肆予沖人이 非廢厥謀라 弔(적)由靈[74]이며 各非敢違卜이라 用宏玆賁[75]이니라

이에 나 어린 사람은 그(너희들) 계책을 폐지한 것이 아니라 여러 계책 중에 좋은 계책을 쓰기까지 했으며, 〈너희들도〉 각각 감히 점괘를 어긴 것이 아니라 이 큰 사업을 더 크게 이루고자 했을 뿐이다.

沖은 童이요 弔은 至요 由는 用이요 靈은 善也라 宏賁은 皆大也라 言我非廢爾衆謀라 乃至用爾衆謀之善者는 指當時臣民에 有審利害之實하여 以爲當遷者言也요 爾衆도 亦非敢固違我卜이라 亦惟欲宏大此大業爾는 言爾衆도 亦非有他意也라 蓋盤庚이 於旣遷之後에 申彼此之情하여 釋疑懼之意하며 明吾前日之用謀하고 略彼

---

74 弔由靈 : 孔安國과 蔡沈은 '弔'을 至, '由'를 用, '靈'을 善의 뜻으로 보아 "계책의 좋은 점을 쓰기까지 했다.〔至用其善〕"로, 兪樾은 '弔'은 善, '由'는 用, '靈'은 善의 뜻으로 보아 "'弔由靈'은 그 좋은 謀策을 잘 썼다.〔弔由靈 善用其善謀也〕"로 풀이하였다.

75 各非敢違卜 用宏玆賁 : 孔傳에서 '宏'과 '賁'을 모두 大의 뜻으로 보아 "임금과 신하가 謀策을 쓰고 감히 거북점을 어기지 않는 것은 이 도읍을 옮기는 큰 사업을 더 크게 이루고자 한 것이다.〔君臣用謀 不敢違卜 用大此遷都大業〕"라고 풀이하였는데, 이에 대하여 兪樾은 "여기서는 응당 '用'자에서 句를 끊어야 한다. 〈大誥〉편의 '寧王惟卜用 克綏受玆命'과 '今天其相民 矧亦惟卜用'은 모두 '卜用'을 連文으로 보았다. 여기에서 말한 '各非敢違卜用'의 뜻 또한 그러하다.……《尙書》의 '卜用'은 連文으로 보아야 本義에 가장 가깝다. '宏玆賁' 3字가 句를 이룬 것은 '弔由靈'과 한 律例이다. 弔과 靈은 모두 善의 뜻이고, 宏과 賁은 모두 大의 뜻이니, 정말 옛사람의 글자 쓰는 정밀함을 보겠다.〔此當於用字絶句 大誥篇曰 寧王惟卜用 克綏受玆命 今天其相民 矧亦惟卜用 竝以卜用連文 此云各非敢違卜用 義亦然也……尙書卜用連文 於本義最近 宏玆賁三字爲句 與弔由靈一律 弔靈皆善也 宏賁皆大也 正見古人用字之精〕"라고 하였다.(《群經平議》) '連文'은 두 글자를 나란히 써서 하나의 어휘를 이루는 것을 말한다.

既往之傲惰하니 委曲忠厚之意가 藹然於言辭之表라 大事以定하고 大業以興하여 成湯之澤이 於是而益永하니 盤庚은 其賢矣哉인저

沖은 童의 뜻이요, 弔은 至(이르다)의 뜻이요, 由는 用의 뜻이요, 靈은 善의 뜻이요, 宏과 賁은 다 大의 뜻이다. '내가 너희들의 계책을 폐지한 것이 아니라 너희들 계책 중에 좋은 계책을 쓰기까지 했다.'고 한 것은 당시 臣民 중에 이해관계의 실상을 살펴서 '마땅히 옮겨야 한다.'고 주장한 사람을 가리켜 말한 것이고, '너희들도 감히 굳이 내 점괘를 어긴 것이 아니라 또한 이 큰 사업을 더 크게 일으키자 했을 뿐이다.'라고 한 것은 너희들도 딴 뜻이 있었던 것이 아님을 말한 것이다.

盤庚은 이미 도읍을 옮긴 뒤에 피차간의 입장을 밝혀서 의구심을 확 풀어버렸으며, 또한 자신이 전일에 그들의 계책을 쓴 일은 밝히고, 저들이 전일에 보인 오만하고 태만한 행동은 생략해버렸으니, 간곡하고 충후한 뜻이 言辭의 밖에 애연히 드러났다. 大事가 정해지고 大業이 일어나서 成湯의 恩澤이 이에 더욱 영원하게 되었으니, 盤庚은 그 어진 분이었구나.

字義 沖 : 어릴 충　弔 : 이를 적　由 : 쓸 유　靈 : 착할 령　宏 : 클 굉　玆 : 이 자　賁 : 클 분
釋 : 풀 석　略 : 생략할 약　傲 : 오만할 오　惰 : 태만할 타　藹 : 성할 애　澤 : 은택 택

8. 嗚呼라 邦伯[76]師長百執事之人은 尙皆隱哉[77]어다

아. 邦伯과 師長과 모든 일을 맡은 사람들은 부디 모두가 마음에 애통해하는 생각을 갖도록 하라.

隱은 痛也라 盤庚이 復歎息言 爾諸侯公卿百執事之人은 庶幾皆有所隱痛於心哉어다

隱은 痛의 뜻이다. 盤庚이 다시 탄식하고 나서 말씀하기를 "너희들 諸侯와 公卿

---

76 邦伯 : 어떤 본에는 '方伯'으로 되어 있다.

77 尙皆隱哉 : 孔傳은 "응당 부디 서로 잘못을 바로잡아가며 함께 善政을 해야 함을 말한 것이다.〔言當庶幾相隱括共爲善政〕"라고 풀이하였는데, 이에 대하여 兪樾은 "枚頤이 '隱'을 隱括로 풀이한 것이 옳으니, 이는 필시 古訓이 서로 이어져옴이 이와 같기 때문에 枚頤이 그를 절취한 것이지만, 함께 善政을 해야 족히 이루어진다는 것은 그 뜻이 아니다. '隱括'은 '檃括'과 같으니, 《荀子》〈性惡〉편에서 楊倞이 注를 달기를 '檃括은 굽은 나무를 바로잡는 나무이다.'라고 하였다. 耿邑의 풍속이 워낙 사치를 숭상하였다. 盤庚이 도읍을 옮긴 목적은 본래 여기에 있었기 때문에 이미 도읍을 옮긴 뒤에는 곧 법도를 가지고 바로잡으려 했던 것이다.〔枚解隱爲隱括是也 此必古訓相承如此 枚竊取之而以共爲善政足成之 則非其義矣 隱括與檃括同 荀子性惡篇 楊倞注曰 檃括 正曲木之木也 耿俗奢侈逾禮甚矣 盤庚遷都之意 本在於此 故旣遷之後 卽欲以法度正之〕"라고 하였다.(《群經平議》)

과 모든 일을 맡은 사람들은 부디 모두가 마음에 애통해하는 생각을 갖도록 하라." 고 하였다.

字義 尙 : 부디 상　隱 : 아플 은

9. 予其懋簡相爾[78]는 念敬我衆이니라

내가 힘써 간택해서 너희들을 인도하는 것은 나의 민중을 생각하고 공경하도록 하기 위함이다.

相은 爾雅曰 導也라 我懋勉簡擇導汝는 以念敬我之民衆也라

相은《爾雅》에 "導의 뜻이다."라고 하였다. 내가 힘써 간택해서 너희들을 인도하는 것은 나의 민중을 생각하고 공경하도록 하기 위함이란 것이다.

字義 懋 : 힘쓸 무　簡 : 간택할 간　相 : 인도할 상　導 : 인도할 도

10. 朕은 不肩好貨[79]하고 敢恭生生하여 鞠人謀人之保居를 敘欽[80]하노라

朕은 재화를 좋아하는 사람에게 관직을 맡기지 않고, 〈오직 백성을〉 공경함에 용감하며 삶을 즐기고 생업을 일으키는 일에 전념하여 사람들을 길러주고 사람들의 편안한 삶을 도모하는 사람만을 관직에 임용하고 존경하겠노라.

---

78 簡相爾 : 孔傳은 "너를 크게 돕는 것〔大助汝〕"으로, 蘇軾(《書傳》)은 "어진 이를 골라 너희들을 돕는 것〔擇賢以助爾〕"으로, 林之奇(《尙書全解》)는 "어진 인재를 면려해서 힘써 서로 염려한 것〔勉勵賢才 務以相念〕"으로 풀이하였다.

79 用降我凶德……朕不肩好貨 : 洪奭周(《尙書補傳》)는 "〈盤庚 下篇〉은 대체로 이해하기 어려운 부분이 많으니, 이를테면 '用降我凶德'과 '亂越我家' 따위 같은 것이 모두 말을 잘 이루지 못하였고, '肆予沖人'과 '朕不肩好貨' 두 文節은 더욱 이해할 수 없으니, 마땅히 의심스런 부분으로 치부해야 할 것이다. 蔡傳의 해석은 대체로 牽强附會한 것인데, '宏玆賁'을 '너희들이 이 큰 사업을 더 크게 이루고자 했을 뿐이다.'로 여긴 것은 더욱 본뜻이 아니다.〔盤庚下篇 大抵多難曉 如用降我凶德 亂越我家之類 皆不成辭 而肆予沖人朕 不肩好貨兩節 尤不可解 當闕疑而已 蔡傳所釋 率牽强 而以宏玆賁 爲汝衆欲宏大此大業 則尤非本旨〕"라고 하였다.

盤誥는 〈盤庚〉 세 편과 周書의 〈大誥〉·〈康誥〉·〈酒誥〉·〈召誥〉·〈洛誥〉 다섯 편을 合稱한 것이다.

80 朕不肩好……敘欽 : 孔傳은 '生生'을 進進의 뜻으로, '鞠'을 窮困의 뜻으로 보아 "나는 貨寶를 탐하는 사람을 관직에 임용하지 않고, 과감하게 善에 매진하는 사람과 곤궁한 사람을 보거든 능히 그들을 편안히 살게 할 방법을 모색하는 사람이면 나는 차서에 따라 경건하게 〈임용하겠노라.〉〔我不任貪貨之人 敢奉用進進於善者 人之窮困 能謀安其居者 則我式序而敬之〕"라고 풀이하였다.

肩은 任이요 敢은 勇也라 鞠人謀人은 未詳이라 或曰 鞠은 養也라하니라 我不任好賄之人하고 惟勇於敬民하고 以其生生爲念하여 使鞠人謀人之保居者를 吾則敍而用之하고 欽而禮之也[81]라

肩은 任의 뜻이요, 敢은 勇의 뜻이다. 鞠人과 謀人은 未詳이다. 혹자는 "鞠은 養의 뜻이다."라고 하였다. 나는 재화를 좋아하는 사람에게 관직을 맡기지 않고, 오직 백성을 공경함에 용감하며 삶을 즐기고 생업을 일으키는 일에 전념하여 사람들을 길러주고 사람들의 편안한 삶을 도모하는 사람만을, 나는 관직에 임용하고 존경하여 예우하겠다는 것이다.

字義 肩 : 맡을 견 敢 : 용감할 감 鞠 : 기를 국 敍 : 임용할 서 欽 : 존경 흠 賄 : 재물 회

11. 今我旣羞告爾于朕志①하니 若否를 罔有弗欽하라

① 書經 今我旣羞告爾于朕志 : 지금 내가 이미 나아가 너희들에게 朕의 뜻을 알렸으니
一般 今我旣羞告朕志于爾 : 지금 내가 이미 나아가 너희들에게 朕의 뜻을 알렸으니

지금 내가 이미 나아가 너희들에게 朕의 뜻을 알렸으니, 내 뜻과 같이 할 것인지 안 할 것인지 〈너희들은 깊이 생각하여, 내가 말한 것을〉 공경하지 않음이 없도록 하라.

羞는 進也라 若者는 如我之意니 卽敢恭生生之謂요 否者는 非我之意니 卽不肩好貨之謂라 二者를 爾當深念하여 無有不敬我所言也라

羞는 進의 뜻이다. 若은 나의 뜻과 같이하는 것이니, 곧 '백성을 공경함에 용감하며 삶을 즐기고 생업을 일으키는 일'을 이르고, 否는 나의 뜻과 같이하지 않는 것이

81 或曰……欽而禮之也 : 明代 王樵는《尙書日記》에서 "'鞠人謀人'에 대하여 만일 '鞠'을 養의 뜻으로 풀이한다면 貨寶를 좋아하는 이는 자신을 보양하고 자신의 삶을 도모하는 사람이고, 〈백성을〉 공경함에 용감하며 삶을 즐기고 생업을 일으키는 일에 전념하는 이는 사람들을 길러주고 사람들의 편안한 삶만을 도모하지 자기의 이익을 위하지 않는 사람이다. 사람들을 길러주고 사람들의 편안한 삶을 도모하여 사람들로 하여금 각각 그 삶을 보전할 수 있게 한다면 이것이 진짜 백성을 공경함에 용감한 사람이다. 그러나 이 구절은 蔡氏가 분명한 해석 없이 이미 '未詳'이라고 하였으니, 그냥 빼놓는 것만 못하다.〔鞠人謀人 若訓鞠爲養 則好貨者 自鞠自謀者也 敢恭生生者 鞠人謀人之保居 而不爲己利者也 鞠人謀人之能使人各保其居 此眞勇于敬民者也 此句 蔡氏無明解 旣以爲未詳 不如闕之〕"라고 주장하였다.

니, 곧 '재화를 좋아하는 사람에게 관직을 맡기지 않는 것'을 이른다. 이 두 가지를 너희들은 응당 깊이 생각해서 내가 말한 바를 공경하지 않음이 없어야 할 것이란 말이다.

字義 羞 : 나아갈 수

12. 無總于貨寶하고 生生으로 自庸[82]하라

재화를 모으는 일에 힘쓰지 말고, 삶을 즐기고 생업을 일으키는 것으로 民功을 삼도록 하라.

無는 毋同이요 總은 聚也라 庸은 民功也라 此則直戒其所不可爲하고 勉其所當爲也라

無는 毋(말다)의 뜻이요, 總은 聚의 뜻이다. 庸은 民功(백성에게 공로가 있음)의 뜻이다. 이것은 다만 해서는 안 될 일을 경계하고, 마땅히 해야 할 일을 권면했을 뿐이다.

字義 總 : 모을 총 庸 : 공 용

13. 式敷民德하여 永肩一心[83]하라

백성을 위하는 德을 경건히 펴서 길이 한 마음을 맡기도록(바치도록) 하라."

式은 敬也니 敬布爲民之德하여 永任一心은 欲其久而不替也라 盤庚篇終에 戒勉之意가 一節이 嚴於一節하고 而終以無窮期之하니 盤庚은 其賢矣哉인저 蘇氏曰 民不悅而猶爲之는 先王이 未之有也라 祖乙이 圮於耿하니 盤庚이 不得不遷이라 然이나 使先王處之면 則動民而民不懼하고 勞民而民不怨이어늘 盤庚은 德之衰也라 其所以信於民者未至라 故로 紛紛如此니라 然이나 民怨誹逆命이로되 而盤庚은 終不怒하고 引咎自責하여 益開衆言하고 反復告諭하여 以口舌로 代斧鉞은 忠厚之至니 此는 殷之所以不亡而復興也라 後之君子 厲民以自用者는 皆以盤庚藉口하니 予

---

82 無總于貨寶……自庸 : 孔傳은 '總'을 가지다의 뜻으로, '生生'을 進進의 뜻으로, '庸'을 功德의 뜻으로 보아 "재화와 보물에 관심을 가지고 官位를 구하지 말고, 응당 善에 매진하여 모두 스스로 功德을 삼도록 해야 한다.〔無總貨寶以求位 當進進皆自用功德〕"라고 풀이하였다.

83 式敷民德 永肩一心 : 孔傳은 '式'을 用의 뜻으로, '肩'을 任의 뜻으로 보아 "이로써 백성들에게 펴서 보이고 반드시 德義를 가지고 길이 맡겨서 일심으로 임금을 섬기도록 한 것이다.〔用布示民必以德義長任 一心以事君〕"라고 풀이하였다.

不可以不論이라하니라

式은 敬의 뜻이니, '백성을 위하는 德을 경건히 펴서 길이 한 마음을 맡기도록 하라.'는 것은 오래도록 衰替하지 않게 하려는 것이다. 〈盤庚〉편이 끝남에 권면하는 뜻이 구절이 거듭될수록 점점 더 엄해지다가 마침내는 국가의 무궁한 터전을 세울 것을 기대하였으니, 盤庚은 참으로 어진 분이었도다.

蘇氏가 말하였다. "백성들이 기뻐하지 않는데도 외려 추진한 것은, 先王은 일찍이 그런 일이 없었다. 祖乙이 耿邑에 〈도읍을 세웠는데 河水에 의해〉 무너졌으니, 盤庚이 도읍을 옮기지 않을 수 없었다. 그러나 가사 先王이 이런 경우에 처했다면 백성들을 움직여도 백성들이 두려워하지 않고, 백성들을 수고롭게 해도 백성들이 원망하지 않았을 것인데, 盤庚은 德이 쇠퇴했는지라 백성들에게 신임을 받는 것이 지극하지 못하였다. 그러므로 분분함이 이와 같았던 것이다. 그러나 백성들이 원망하고 비방하며 명령을 거역하였는데도 盤庚은 끝까지 노여워하지 않고 허물을 끌어다 자신을 책망하는 한편, 사람들이 말할 길을 더욱 열어주고 반복해서 告諭하여 口舌로 斧鉞을 대신한 것은 忠厚함이 지극하니, 이것이 바로 殷나라가 망하지 않고 다시 흥기할 수 있는 계기였던 것이다. 후세의 군자(위정자)로서 백성을 해쳐 자신을 이롭게 하는 자들은 모두 盤庚을 구실로 삼고 있으니, 내 이것을 논변하지 않을 수 없다."

字義 誹 : 비방할 비 斧 : 도끼 부 鉞 : 큰도끼 월 厲 : 엄할 려 藉 : 빌릴 자

說命 上

說命은 記高宗命傅說(열)之言이니 命之曰以下 是也라 猶蔡仲之命, 微子之命이니 後世命官制詞[84]는 其原이 蓋出於此라 上篇은 記得說命相之辭하고 中篇은 記說爲相進戒之辭하고 下篇은 記說論學之辭하니 總謂之命者는 高宗命說이 實三篇之綱領이라 故로 總稱之니라 今文無하고 古文有하니라

〈說命〉은 高宗이 傅說에게 命한 말을 기록한 것이니, '命之曰' 이하가 이것이다. 〈蔡仲之命〉·〈微子之命〉과 같은 것인데, 후세에 벼슬을 임명할 때 임금이 내리는

84 制詞 : 天子의 文詞로 곧 制書·詔書 등과 같은 것이다.

制詞는 그 근원이 아마 여기에서 나왔을 것이다. 上篇은 傳說을 얻어 정승에 임명한 말을 기록하였고, 中篇은 傳說이 정승이 되어 箴戒를 올린 말을 기록하였고, 下篇은 傳說이 학문을 논한 말을 기록하였으니, 이것을 모두 '命'이라 이른 것은 高宗이 傳說에게 命한 것이 실로 세 편의 綱領이 되기 때문이다. 그러므로 모두 '說命'이라 칭한 것이다. 〈說命〉은 《今文尙書》에는 들어 있지 않고 《古文尙書》에는 들어 있다.

1. 王이 宅憂亮陰(암)三祀[85]하사 旣免喪하시고 其惟弗言이어시늘 群臣이 咸諫于王曰 嗚呼라 知之曰明哲이니 明哲이 實作則(칙)[86]하나니 天子惟君萬邦이어시든 百官이 承式하여 王言을 惟作命하나니 不言하시면 臣下罔攸稟令하리이다

王(高宗)이 亮陰(居喪室)에서 〈아버지의 喪을〉 3祀(년) 동안 지키시었는데, 이미 喪을 마치고 나서도 아무 말씀을 하지 않으시자, 여러 신하들이 모두 임금께 간하였다. "아. 먼저 아는 德을 가진 이를 '明哲하다'고 하니, 明哲이 실로 〈천하에〉 법칙이 되는 것입니다. 天子께서 萬邦에 군림하시거든 百官이 법령을 받들어서 왕의 말씀을 명령으로 삼으니, 王께서 말씀하지 않으시면 신하들이 명령을 받을 데가 없습니다."

亮은 亦作諒이요 陰은 古作闇이라 按喪服四制에 高宗諒陰三年이라하여늘 鄭氏注云 諒은 古作梁하니 楣謂之梁이요 闇은 讀如鶉鶴之鶴이니 闇은 謂廬也라하니 卽倚廬之廬라 儀禮에 翦屛柱楣[87]라하여늘 鄭氏謂柱楣는 所謂梁闇이 是也라하니 宅憂亮陰은 言宅憂於梁闇也라 先儒는 以亮陰을 爲信默不言이라하니 則於諒陰三年不言에 爲

85 宅憂亮陰三祀 : 孔傳은 '亮'을 信(믿음), '陰'을 默(침묵)의 뜻으로 보아 "居喪 중에 〈冢宰를〉 신임하여 정무를 일임하고서 침묵을 지키고 3년 동안 말씀하지 않았다.〔居憂 信默三年不言〕"라고 풀이하였다.

86 明哲 實作則(칙) : 孔傳은 "明智하면 능히 法則을 제작할 수 있다.〔明智則能製作法則〕"라고 풀이하였다.

87 翦屛柱楣 : 풀로 병풍을 만들되 그 너덜너덜한 餘草를 자르지 않았다가 이때에 와서 제도를 개선하여 西向(당초에는 北向)을 하고 그 餘草도 잘랐다. 당초에는 기둥과 引中枋이 없어서 처마가 땅에 닿았는데 이때에 와서 짧은 기둥과 인중방을 설치해서 기둥으로 그 인중방의 틀을 버티고 처마를 일으켜 인중방을 높여서 그 아래에 지게문을 만들 수 있게 한 제도이다.(《壺山集》) 引中枋은 引枋과 中枋인데, 引枋은 기둥과 기둥 사이에 門戶를 사이로 아래위로 가로지른 나무이고, 中枋은 引中枋의 준말로 벽 한가운데에 가로지른 나무이다.

語復(複)而不可解矣라 君薨이어든 百官總己하여 聽於冢宰하니 居憂亮陰不言은 禮之常也라 高宗이 喪父小乙하고 惟旣免喪而猶弗言하니 群臣이 以其過於禮也라 故로 咸諫之니라 歎息言 有先知之德者를 謂之明哲이니 明哲이 實爲法於天下라 今天子君臨萬邦이어시든 百官이 皆奉承法令하여 王言則爲命하니 不言則臣下無所稟令矣라

亮은 또한 諒으로 되어 있고, 陰이 古文에는 闇으로 되어 있다. 살펴보건대, 《禮記》〈喪服四制〉에 "高宗諒陰三年"이라 하였거늘, 鄭氏(鄭玄)가 注를 달기를 "諒은 古文에 梁으로 되어 있으니 문설주를 '梁'이라 하며, 闇은 '鶉鵪'의 鵪과 같이 발음하니 闇은 廬幕을 이른다."라고 하였으니, 곧 '倚廬'의 廬인 것이다. 《儀禮》〈喪服〉에 "翦屛柱楣"라 하였는데, 鄭氏가 "柱楣는 이른바 '梁闇'이 이것이다."라고 하였으니, 宅憂亮陰은 梁闇에서 居喪함을 말한 것이다. 先儒(孔安國)는 亮陰을 "〈총재를〉 신임하여 〈정무를 일임하고서〉 침묵을 지키고 말씀하지 않는 것이다."라고 하였는데, "諒陰에서 3년 동안 말씀하지 않았다."라는 것과 말이 겹치니 이해할 수 없다. 임금이 승하하면 百官이 자기들의 직무를 총괄하여 冢宰에게 결재를 받았으니, 亮陰에서 거상하면서 말하지 않는 것은 禮의 정상적인 것이다.

高宗이 아버지 小乙의 喪을 당하였을 때, 이미 喪을 마치고도 아무 말씀을 하지 않자, 신하들이 그것은 禮에 지나친 일이라 생각했기 때문에 모두 간하였다. 그들이 탄식하고 나서 말하기를 "먼저 아는 德을 가진 이를 '明哲하다'고 이르니, 明哲은 실로 천하에 법칙이 되는 것입니다. 지금 천자께서 萬邦에 군림하시면 百官이 모두 법령을 받들어 임금님의 말씀으로 명령을 삼으니, 말씀하지 않으시면 신하들이 명령을 받을 데가 없습니다."라고 한 것이다.

高宗圖

字義 宅 : 거할 택 憂 : 상중 우 亮 : 믿을 량, 어두울 암 祀 : 해 사 則 : 법 칙 承 : 받들 승
式 : 법령 식 攸 : 바 유 稟 : 받을 품 廬 : 집 려 闇 : 어두울 암 梁 : 들보 량
楣 : 문설주 미 鶉 : 메추라기 순 鵪 : 메추라기 암 倚 : 의지할 의 翦 : 자를 전
屛 : 가리개 병 複 : 겹칠 복 總 : 총괄할 총 聽 : 결재받을 청 幕 : 움막 막

2. 王庸作書以誥曰 以台로 正于四方이실새 台恐德의 弗類[88]하여 玆故로 弗言하고(하여) 恭默思道러니(하다니) 夢에 帝賚予良弼하시니 其代予言이리라

王께서 글을 지어 誥하셨다. "나로써 四方을 바로잡으려 하시니 나는 德이 前人만 못할까 두려워하였다. 이 때문에 말하지 않고 다소곳이 침묵을 지키며 治道를 생각하고 있었는데, 꿈에 上帝께서 나에게 어진 보필을 내려 주셨으니, 그가 나를 대신해서 말할 것이다."

庸은 用也니 高宗이 用作書하여 告喩群臣以不言之意하되 言以我表正四方하니 任大責重하여 恐德不類于前人이라 故로 不敢輕易(이)發言하고 而恭敬淵默하여 以思治道러니 夢에 帝與我賢輔하니 其將代我言矣리라 蓋高宗恭默思道之心이 純一不二하여 與天無間이라 故로 夢寐之間에 帝賚良弼하니 其念慮所孚와 精神所格이요 非偶然而得者也니라

庸은 用의 뜻이니, 高宗이 글을 지어 신하들에게 말하지 않는 이유를 고유하되, "나로써 표준을 삼아 四方을 바로잡으려 하니, 임무가 크고 책임이 무거워서 德이 前人만 못할까 두려워하였다. 그러므로 감히 경솔하게 말을 내지 않고 다소곳이 침묵을 지키며 治道를 생각하고 있었는데, 꿈에 上帝께서 나에게 어진 보필을 내려주셨으니, 그가 장차 나를 대신해서 말할 것이다."라고 말씀하였다. 高宗이 다소곳이 침묵을 지키며 治道를 생각하는 마음이 純一하여 하늘과 간격이 없었기 때문에 꿈속에서 上帝가 어진 보필을 내려준 것이니, 이것은 생각이 진실하고 정신이 집중된 결과이지 우연히 얻어진 것이 아니다.

字義 庸 : 써 용 類 : 같을 류 賚 : 줄 뢰 弼 : 도울 필 代 : 대신 대 表 : 표준 표 孚 : 믿을 부
格 : 이를 격

3. 乃審厥象하사 俾以形으로 旁求于天下하시니 說(열)이 築傅巖之野러니(하더니) 惟肖하더라

---

88 台恐德弗類 : 孔傳은 '類'를 善의 뜻으로 보아 "나는 德이 善하지 못할까 두려워서(台恐德不善)"라고 풀이하였다.

이에 그 형상을 자세히 살펴 〈그 형상을 그려서〉 그 형상을 가지고 온 천하에 널리 찾게 하였더니, 傅說이 傅巖의 들에서 거주하고 있었는데, 그 모습이 꼭 닮았다.

審은 詳也니 詳所夢之人하여 繪其形象하여 旁求于天下라 旁求者는 求之非一方也라 築은 居也[89]니 今言所居에 猶謂之卜築[90]이라 傅巖은 在虞虢之間이라 肖는 似也니 與所夢之形相似라

審은 詳(자세하다)의 뜻이니, 꿈속에서 본 사람을 자세히 살펴 그 형상을 그려서 천하에 널리 찾았다. 旁求는 한 곳에서만 찾는 것이 아니다. 築은 거주하는 것이니, 지금도 거주하는 곳을 말할 때에는 외려 '卜築'이라 이른다. 傅巖은 虞나라와 虢나라의 사이에 있었다. 肖는 닮은 것이니, 꿈속에 본 모습과 서로 꼭 닮았다.

字義 旁 : 넓을 방 築 : 쌓을 축 肖 : 같을 초 繪 : 그릴 회 虞 : 나라 우 虢 : 나라 괵

4. 爰立作相하사 王이 置諸其左右하시다

이에 그를 세워 정승으로 삼아서, 王께서 그를 곁에 두셨다.

---

89 築居也 : 袁仁은 "孔氏의 舊注에 '傅氏의 바위는 虞나라와 虢나라의 경계에 있었다. 통로가 지나가는 곳에 澗水가 있어 길을 무너뜨리면 항상 胥靡(囚徒)의 刑人으로 하여금 땅을 다져 그 길을 닦게 하였다. 傅說이 賢人으로 은둔하였는데, 胥靡를 대신하여 땅을 다지는 일을 해서 먹을 것을 마련하였다.'고 하였고, 皇甫謐은 '高宗이 하늘이 胥靡의 옷을 입은 賢人을 보내준 꿈을 꾸고, 그 형상을 그려 천하에 찾았더니, 과연 길을 닦는 자가 胥靡처럼 베옷에 새끼줄로 띠를 띠고서 傅巖의 들에서 역사를 하고 있는 것을 발견했다.'고 하였고, 孟子 또한 '傅說이 版築의 사이에서 등용되었다.'고 했으니, 舊說(孔傳)이 옳다. 蔡氏가 '築'을 거주로 여긴 것은 근거를 찾을 수 없다.〔孔氏舊注 傅氏之巖 在虞虢之界 通道所經 有澗水壞道 常使胥靡刑人築護此道 說賢而隱 代胥靡築之 以供食 皇甫謐云 高宗夢天賜賢人胥靡之衣蒙之而來 寫其形象求之天下 果見築者 胥靡衣褐帶索 執役于傅巖之野 孟子亦云 傅說擧于版築之間 舊說是也 蔡以築爲居無據〕"라고 하였다.(《尙書砭蔡編》)

90 築……猶謂之卜築 : 朴世堂은 "蔡傳의 뜻은 版築이 賤業이기 때문에 傅說처럼 어진 이는 필시 즐겨 하지 않았을 것이라고 여긴 것인가. 孟子께서 '傅說은 版築 사이에서 등용되었다.'고 하였다. 옛말이 대개 이와 같았고, 孟子의 말씀은 더욱 믿을 수 있는 것인데, 蔡傳은 왜 자신의 견해가 틀리지 않았음을 보장하기 위하여 문득 載籍에 서로 전하는 말을 폐기하고 스스로 자기 말을 내세워 구차한 이견을 내는 것을 기꺼워하는가. 더구나 근세에 사는 곳을 '卜築'으로 여기는 것은 새로 지어낸 것이어서 그 말이 아순하고 질박하지 못하다.〔傳之意 其將以版築賤業也 賢如傳說者 必不肯爲之耶 孟子曰 傳說擧於版築之間 古說蓋如此 孟子尤可信者 傳何以保其獨見之不謬 而遽廢載籍相傳之言 自立己說 樂爲苟異也 況近世以居爲卜築者 出於新 其辭本非雅質〕"라고 하였다.(《思辨錄》)

於是에 立以爲相이라 按史記에 高宗得說하여 與之語하니 果聖人이어늘 乃擧以爲相이라하니 書不言은 省(생)文也라 未接語而遽命相은 亦無此理라 置諸左右는 蓋以冢宰兼師保也[91]라 荀卿曰 學莫便乎近其人[92]이라하니 置諸左右者는 近其人以學也라 史臣이 將記高宗命說之辭할새 先敍事始如此라

이에 그를 세워 정승을 삼았다. 살펴보건대,《史記》〈殷本紀〉에 "高宗이 傅說을 찾아내서 그와 더불어 말을 해보니 과연 聖人이었기 때문에 곧 그를 등용하여 정승을 삼았다."라고 하였는데,《書經》에서 이 일을 말하지 않은 것은 글을 생략한 것이다. 접촉해서 말해보지 않고 대번에 정승을 임명하는 것은 또한 그러한 이치는 없을 것이다. '곁에 둔다'는 것은 아마 冢宰로서 師保를 겸했기 때문인 듯하다. 荀卿이 말하기를 "배울 때에는 어진 스승을 가까이 모시는 것보다 더 좋은 방법이 없다."라고 하였으니, 곁에 둔 것은 그 사람을 가까이해서 배운 것이다. 史臣이 장차 高宗이 傅說에게 命하신 말씀을 기록하려 했기 때문에 먼저 일의 시초를 서술하기를 이와 같이 한 것이다.

5. 命之曰 朝夕에 納誨[93]하여 以輔台德하라

〈王께서 다음과 같이〉 命하셨다. "아침저녁으로 가르침을 바쳐 나의 德을 도와다오.

此下는 命說之辭라 朝夕納誨者는 無時不進善言也라 孟子曰 人不足與適(讁)也며 政不足與間也[94]라 惟大人이아 爲能格君心之非라하시니 高宗이 旣相說하여 處之以師傅之職하고 而又命之朝夕納誨하여 以輔台德하니 可謂知所本矣라 呂氏曰 高宗이 見道明이라 故로 知頃刻不可無賢人之言이라하니라

여기서부터 이하는 〈高宗이〉 傅說에게 명하신 말씀이다. '아침저녁으로 가르침을 바치라.'는 것은 좋은 말을 올리지 않을 때가 없는 것이다. 孟子가 말씀하기를 "임금이 등용한 사람에 대해 임금과 더불어 일일이 다 허물을 지적할 수가 없

91 蓋以冢宰兼師保也 : 朴世堂은 "蔡傳에서 '冢宰가 師保를 겸했기 때문이다.'라고 하였는데, 〈그런 일은〉 經傳에 이미 상고할 곳이 없거늘, 어찌하여 문득 이와 같이 단정하였을까.〔傳謂此以冢宰兼師保 經傳旣無所稽 何以輒斷其如此也〕"라고 하였다.(《思辨錄》)

92 荀卿曰……近其人 :《荀子》〈勸學〉에 보이는데, '其人'은 어진 스승을 가리킨다.

93 納誨 : 孔傳은 諫誨와 直辭를 바치는(올리는) 것으로 보았다.

94 孟子曰……政不足與間也 : 이 내용은《孟子》〈離婁 上〉에 나온다.

으며, 임금의 잘못된 정사를 일일이 다 흠잡을 수가 없다. 오직 큰 德을 가진 사람만이 임금 마음의 바르지 못한 것을 바로잡아 〈나라를 잘 다스려지게〉 할 수 있다."라고 하였으니, 高宗이 이미 傅說을 정승으로 삼아 師傅의 직위에 앉히고, 또 아침저녁으로 가르침을 바쳐 자신의 德을 돕도록 명하였으니, 근본을 알았다고 이를 만하다.

呂氏가 말하였다. "高宗은 道를 꿰뚫어본 것이 밝았기 때문에 잠시라도 賢人의 말이 없어서는 안 된다는 것을 알았던 것이다."

字義 納 : 들일 납 誨 : 가르칠 회 適(讁) : 허물 적 間 : 비방할 간 格 : 바로잡을 격

6. 若金이어든 用汝하여 作礪하며 若濟巨川이어든 用汝하여 作舟楫(즙)하며 若歲大旱이어든 用汝하여 作霖(임)雨하리라

쇠일 것 같으면 너를 이용하여 숫돌로 삼겠고, 큰 내를 건널 것 같으면 너를 이용하여 배와 노로 삼겠고, 해가 크게 가물 것 같으면 너를 이용하여 장맛비로 삼겠노라.

三日雨爲霖이라 高宗이 託物以喩望說納誨之切하니 三語雖若一意나 然一節이 深一節也라

3일 동안 내리는 비를 '霖'이라 한다. 高宗이 사물에 가탁하여 傅說이 가르침을 바치기를 바라는 마음이 간절함을 비유하였으니, 세 마디 말이 비록 한 뜻인 듯하나, 한 마디 더할 때마다 더 깊은 뜻이 담겨 있다.

字義 礪 : 숫돌 려 楫 : 노 집 霖 : 장마 림 託 : 가탁할 탁 喩 : 비유할 유 切 : 간절할 절

7. 啓乃心하여 沃朕心하라

너의 마음을 열어서 나의 마음을 계도하도록 하라.

啓는 開也요 沃은 灌漑也라 啓乃心者는 開其心而無隱이요 沃朕心者는 漑我心而厭飫也라

啓는 開의 뜻이요, 沃은 灌漑의 뜻이다. '너의 마음을 열라.'는 것은 그 마음을 열어 숨김이 없는 것이고, '나의 마음을 계도하라.'는 것은 나의 마음에 물을 대듯이 대어 흡족하게 하는 것이다.

字義 启 : 열 계　乃 : 너 내　沃 : 물댈 옥　灌 : 물댈 관　漑 : 물댈 개　隱 : 숨길 은
厭 : 배부를 염　飫 : 배부를 요

8. 若藥이 弗瞑眩하면 厥疾이 弗瘳(추)하며 若跣이 弗視地하면 厥足이 用傷하리라

약이 아찔하여 눈앞이 캄캄할 정도로 독하지 않을 것 같으면 병이 낫지 않고, 맨발로 걸으면서 땅을 살펴보지 않을 것 같으면 그 발이 부상을 당할 것이다.

方言曰 飲藥而毒을 海岱之間[95]에 謂之瞑眩이라하니라 瘳는 愈也라 弗瞑眩은 喩臣之言이 不苦口[96]也요 弗視地는 喩我之行이 無所見[97]也라

揚雄의 《方言》에 "약을 마시되 약이 독해서 〈얼얼한 것을〉 東海와 岱山의 사이에서 '瞑眩'이라 표현한다."라고 하였다. 瘳는 愈의 뜻이다. 얼얼하지 않다는 것은 신하의 말이 입에 쓰지 않음(귀에 거슬림)을 비유한 것이고, 땅을 살펴보지 않는다는 것은 나의 행실에 소견이 없음을 비유한 것이다.

字義 瞑 : 어지러울 명　眩 : 어지러울 현　瘳 : 나을 추　跣 : 맨발 선　岱 : 산이름 대　愈 : 나을 유

9. 惟暨乃僚로 罔不同心하여 以匡乃辟하여 俾率先王하고 迪我高后[98]하여 以康兆民하라

너의 僚屬과 함께 마음을 같이 하여 너의 임금을 바로잡아서, 先王의 道를 따르고 우리 高后의 자취를 밟아서 만백성을 편안하게 하라.

匡은 正이요 率은 循也라 先王은 商先哲王也라 說既作相하여 總百官하니 則卿士而

95 海岱之間 : 東海와 垈山(泰山)의 사이에 있는 땅으로 옛날에는 青州, 지금은 山東省 지방이다.

96 苦口 : 朴文鎬는 "응당 '逆耳'라 해야 할 듯싶다.〔恐當云逆耳〕"라고 하였다.(《壺山集》)

97 我之行 無所見 : 王炎은 "자신의 밝지 못함은 傅說의 開導가 아니면 행할 수 없다.〔己之不明 非說開導 不能行〕"라고 풀이하였다.(《書傳大全》 小註)

98 俾率先王 迪我高后 : 蔡傳에서 '先王'을 商나라의 先哲王으로 여기고, '高后'를 成湯으로 여긴 데 대하여, 吳熙常은 "가만히 생각하건대 이미 '先王'을 商나라의 先王으로 여겼다면 아래에서 다시 '高后'라 칭한 것은 끝내 온당하지 못함을 느끼겠다. 아마 위의 '先王'은 옛적 哲王을 가리키어 그 뜻이 '멀게는 옛적 哲王의 法을 따르고, 가깝게는 우리 成湯의 道를 이행한다.'는 것이리라. 이와 같이 보면 語意가 圓暢하다. 또 湯임금이 商나라의 創業한 임금이 되었는데, 湯임금 이전에 어찌 '先王'이라 칭할 만한 이가 있겠는가.〔竊意 既以先王爲商之先王 則下之復稱高后者 終覺不穩帖 蓋上之先王 指古昔哲王 其意若曰 遠而循古哲王之法 近而蹈我成湯之道 如此看 則語意圓暢 且湯爲商創業之君 則湯以前 豈有先王之可稱乎〕"라고 하였다.(《老洲集》 〈讀書隨記〉)

下가 皆其僚屬이라 高宗이 欲傅說이 曁其僚屬으로 同心正救하여 使循先王之道하고 蹈成湯之迹하여 以安天下之民也라

匡은 正의 뜻이요, 率은 循의 뜻이다. 先王은 바로 商나라의 선대 명철한 임금이다. 傅說이 이미 정승이 되어 百官을 총괄하였으니, 卿士 이하가 모두 그 僚屬이다. 高宗은 傅說이 요속과 함께 마음을 같이 하여 임금을 바로잡아서, 先王의 道를 따르고 成湯의 자취를 밟아서 천하의 백성들을 편안하게 해주기를 바란 것이다.

字義 曁 : 더불어 기　乃 : 너 내　僚 : 동료 료　匡 : 바로잡을 광　辟 : 임금 벽　俾 : 하여금 비
率 : 따를 솔　迪 : 밟을 적　循 : 따를 순　總 : 총괄할 총　救 : 구제할 구　迹 : 자취 적

10. 嗚呼라 欽予時命하여 其惟有終하라

아. 나의 이 명령을 공경히 받들어 유종의 미를 거둘 것을 생각하라."

敬我是命하여 其思有終也니 是命은 上文所命者라

나의 이 명령을 공경히 받들어 그 유종의 미를 거둘 수 있도록 생각하라는 것이다. '이 명령'이란 윗글에서 명령한 것이다.

字義 欽 : 공경 흠　時 : 이 시　惟 : 생각 유

11. 說이 復于王曰 惟木이 從繩則正하고 后從諫則聖하나니 后克聖이시면 臣不命其承①이온 疇敢不祗若王之休命하리잇고

① 書經 臣不命其承 : 신하들은 명령을 하지 않아도 그 뜻을 받들 것인데
一般 不命臣其承 : 명령을 하지 않아도 신하들이 그 뜻을 받들 것인데

傅說이 王에게 대답하였다. "나무는 먹줄을 따르면 바르게 되고, 임금은 간언을 따르면 성스럽게 되니, 임금님께서 성스럽게 되신다면 명령을 하지 않아도 신하들이 그 뜻을 받들 것인데, 누가 감히 임금님의 아름다운 명령을 공경히 따르지 않겠습니까."

答欽予時命之語라 木從繩은 喩后從諫이니 明諫之決不可不受也라 然이나 高宗은 當求受言於己요 不必責進言於臣이라 君果從諫이면 臣雖不命이라도 猶且承之온

況命之如此하시니 **誰敢不敬順其美命乎**아

"나의 이 명령을 공경히 받들라."는 말씀에 대답한 것이다. '나무가 먹줄을 따른다.'는 것은 임금이 간언을 따름을 비유한 것이니, 간언을 결코 받아들이지 않으면 안 된다는 점을 밝힌 것이다. 그러나 高宗은 마땅히 자신에게 〈신하들의〉 말을 받아들이기를 요구할 것이고, 굳이 신하들에게 진언하기를 책망할 필요가 없다. 임금이 과연 간언을 따른다면 신하들은 비록 임금이 명령하지 않더라도 외려 받들 것인데, 하물며 명령하기를 이와 같이 하시니, 누가 감히 아름다운 명령을 공경히 따르지 않겠는가.

字義 復 : 답할 복 繩 : 먹줄 승 承 : 받을 승 疇 : 누구 주 祗 : 공경할 지 若 : 따를 약
休 : 아름다울 휴 求 : 요구할 구 責 : 책망할 책

說命 中

1. **惟說**이 **命**으로 **總百官**하니라

傅說이 왕명으로 百官을 총괄하였다.

說이 **受命總百官**하니 **冢宰之職也**라

傅說이 高宗의 명령을 받아 百官을 총괄하니, 冢宰의 직책이다.

2. **乃進于王曰 嗚呼**라 **明王**이 **奉若天道**하사 **建邦設都**하여 **樹后王君公**하시고 **承以大夫師長**은(하샤든) **不惟逸豫**라 **惟以亂民**이니이다

傅說이 이에 王에게 進言하였다. "아. 명철하신 王께서 天道를 받들어 따르시어 나라를 세우고 도읍을 설립하여 后王과 君公을 세우고 大夫와 師長으로 받들게 하심은 〈임금 한 사람이〉 편안함과 즐

說總百官圖

거움을 누리게 하려는 것이 아니라 오직 백성을 다스리고자 해서였습니다.

后王은 天子也요 君公은 諸侯也라 治亂曰亂이라 明王이 奉順天道하여 建邦設都하여 立天子諸侯하고 承以大夫師長하고 制爲君臣上下之禮하여 以尊臨卑하고 以下奉上하니 非爲一人逸豫之計而已也라 惟欲以治民焉耳라

后王은 天子요, 君公은 諸侯이다. 亂을 다스리는 것을 '亂'이라 한다. 명철하신 왕이 天道를 받들어 따르시어 나라를 세우고 도읍을 설립해서 천자와 제후를 세우고 大夫와 師長으로 받들게 하여 君臣과 上下의 禮를 제정해서 높은 사람으로서는 낮은 사람에게 임하고, 아랫사람으로서는 윗사람을 받들게 하였으니, 이것은 임금 한 사람이 편안함과 즐거움을 누리게 하려는 계책을 따름이 아니라 오직 백성을 다스리고자 해서였다는 것이다.

字義 逸 : 편안할 일　豫 : 즐거울 예　樹 : 세울 수　承 : 받을 승　亂 : 다스릴 란

3. 惟天이 聰明하시니 惟聖이 時憲하시면 惟臣이 欽若하며 惟民이 從乂하리이다

오직 하늘이 총명하시니, 聖王께서 이를 본받으시면 신하들이 공경히 따를 것이며, 백성들도 따라서 잘 다스려질 것입니다.

天之聰明이 無所不聞하고 無所不見은 無他라 公而已矣라 人君이 法天之聰明하여 一出於公이면 則臣敬順하고 而民亦從治矣리라

하늘의 총명이 듣지 않는 것이 없고 보지 않는 것이 없는 것은 다름이 아니라 공평함일 뿐이다. 임금이 하늘의 총명을 본받아 하나같이 공평하게만 한다면 신하들이 공경히 따르고, 백성들 또한 따라서 잘 다스려질 것이란 말이다.

字義 若 : 따를 약　乂 : 다스릴 예

4. 惟口는 起羞하며 惟甲冑는 起戎하나니이다 惟衣裳을 在笥하시며 惟干戈를 省厥躬[99]하사 王惟戒茲하사 允茲克明하시면 乃罔不休하리이다

입에서 나오는 말은 부끄러움을 일으키는 것이고, 갑옷과 투구는 전쟁을 일으키

---

99 惟干戈 省厥躬 : 孔傳은 "병기는 적격자가 아닌 사람에게 맡겨서는 안 된다.〔兵不可任非其才〕"라고 풀이하여 '躬'을 장수에 임명할 사람의 몸으로 보았다. 孔疏에서는 "그 몸이 장수를 감당할 수 있는가를 살펴본 뒤에 〈병기를〉 주도록 하라.〔省其身堪將帥 然後授之〕"고 하였다.

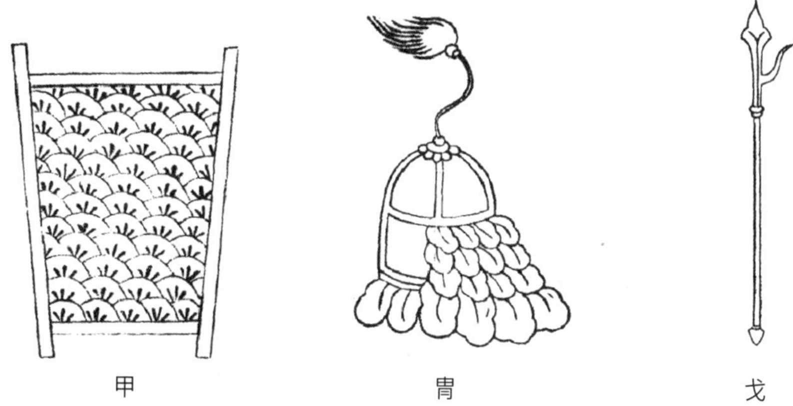

는 것입니다. 〈상으로 내릴〉 옷은 상자에 잘 보관해두시고, 〈죄있는 사람을 토벌하는〉 방패와 창은 자신을 잘 살펴보고 사용하시도록 해야 합니다. 王께서 이것들을 경계하시어, 이것을 꼭 믿고 분명하게 하신다면 〈정사가〉 아름답지 않음이 없을 것입니다.

言語는 所以文身也나 輕出則有起羞之患하고 甲冑는 所以衛身也나 輕動則有起戎之憂라 二者는 所以爲己니 當慮其患於人也라 衣裳은 所以命有德이니 必謹於在笥者는 戒其有所輕予요 干戈는 所以討有罪니 必嚴於省躬者는 戒其有所輕動이라 二者는 所以加人이니 當審其用於己也[100]라 王惟戒此四者하여 信此而能明焉이면 則政治無不休美矣리라

언어란 몸을 문식하는 것이나 함부로 내뱉으면 부끄러움을 일으킬 염려가 있는 것이고, 갑옷과 투구는 몸을 보위하는 것이나 가볍게 움직이면 전쟁을 일으킬 우려가 있는 것이다. 두 가지는 자신을 위하는 것이니, 마땅히 남에게 폐해를 끼칠 까 염려해야 한다. 옷은 德이 있는 사람에게 상으로 내려주는 물건이니, 반드시 상자에 보관하는 일을 삼가는 것은 행여 가볍게 내려주는 일이 있을까 경계하기 위함이고, 방패와 창은 죄가 있는 사람을 토벌하는 무기이니, 반드시 자신을 잘 살펴보고

100 言語……當審其用於己也 : 吳熙常은 "蔡傳에서 남과 자기를 나누어 도리를 설명한 것이 좋지 않은 것은 아니지만, 본문의 文勢와 語脈을 가지고 살펴보면, 끝내는 억지로 끌어다 붙여서 순리롭지 못한 듯싶다. 대개 위 두 句는 폐단을 가설한 것이고, 아래 두 句는 폐단을 구제한 방법이니, 상자에 담겨있으면 부끄러움을 일으킬 폐단이 없고, 몸을 살피면 전쟁을 일으킬 폐단이 없다. 鹿門(任聖周)의 〈箚記〉에도 이와 같은 말이 있다.〔蔡傳分人己說道理 非不好矣 揆以本文文勢語脈 恐終涉牽强不順理 蓋上二句設弊 下二句捄(救)弊 在笥則無起羞之弊 省躬則無起戎之弊 鹿門箚記 亦有如此說者〕"라고 하였다.(《老洲集》〈讀書隨記〉)

엄격하게 사용하는 것은 가볍게 움직이는 일이 있을까 경계하기 위함이다. 이 두 가지는 남에게 가하는 것이니, 이것을 쓸 때에 마땅히 자신을 잘 살펴야 한다. 임금이 이 네 가지를 경계하여, 이것들을 꼭 믿고 분명히 한다면 정치가 아름답게 되지 않음이 없을 것이란 말이다.

字義 羞 : 부끄러울 수 甲 : 갑옷 갑 冑 : 투구 주 戎 : 전쟁 융 笥 : 상자 사 休 : 아름다울 휴 文 : 문식할 문 衛 : 보위할 위 予 : 줄 여

5. **惟治亂**이 **在庶官**하니 **官不及私昵**하사 **惟其能**하시며 **爵罔及惡德**하사 **惟其賢**하소서

나라의 다스려짐과 어지러워짐은 여러 관원에게 달려 있으니, 관직은 사사로이 친한 사람에게 돌아가지 않고, 오직 유능한 사람에게만 돌아가게 하시며, 爵位는 악한 德을 가진 사람에게 돌아가지 않고, 오직 어진 사람에게만 돌아가도록 하소서.

庶官은 治亂之原也니 庶官이 得其人則治하고 不得其人則亂이라 王制曰 論定而後官之하고 任官而後爵之라하니 六卿百執事는 所謂官也요 公卿大夫士는 所謂爵也라 官以任事라 故曰能이요 爵以命德이라 故曰賢이라 惟賢惟能은 所以治也요 私昵惡德은 所以亂也라

여러 관원은 나라가 다스려지고 혼란해지는 근원역할을 하는 것이니, 여러 관원이 훌륭한 인물을 얻으면 다스려지고, 훌륭한 사람을 얻지 못하면 어지러워진다. 《禮記》〈王制〉에 "논의하여 결정한 뒤에 관직을 맡기고, 관직을 맡긴 뒤에 爵位를 준다."라고 하였으니, 六卿과 百執事는 이른바 관직이요, 公·卿·大夫·士는 이른바 작위이다. 관직은 일을 맡기는 것이기 때문에 '能'이라 하고, 작위는 덕이 있는 사람에게 명하는 것이기 때문에 '賢'이라 하였다. 오직 어진 사람에게만 작위를 명하고 오직 유능한 사람에게만 관직을 맡기는 것은 나라가 다스려지는 이유이고, 친근한 사람에게 관직이 돌아가고 惡德한 사람에게 작위가 돌아가는 것은 나라가 어지러워지는 이유이다.

○按古者에 公侯伯子男은 爵之於侯國하고 公卿大夫士는 爵之於朝廷이어늘 此言庶官하니 則爵爲公卿大夫士也라

○살펴보건대, 옛날에 公·侯·伯·子·男은 諸侯國의 爵位이고, 公·卿·大夫·士는 朝廷의 爵位인데, 여기에서 '庶官'이라고 말했으니, 이 爵은 公·卿·大夫·士인 것이다.

○吳氏曰 惡德은 猶凶德也라 人君은 當用吉士요 凶德之人은 雖有過人之才라도 爵亦不可及이라하니라

○吳氏가 말하였다. "惡德은 '凶德'과 같다. 임금은 마땅히 吉士를 써야 하고, 凶德한 사람은 비록 남보다 뛰어난 재주가 있더라도 작위가 또한 돌아가서는 안 된다."

字義 昵 : 친근할 닐

6. 慮善以動하시되(하사되) 動惟厥時하소서

생각이 善하거든 행동하시되 행동을 제때에 하소서.

善은 當乎理也요 時는 時措之宜也라 慮는 固欲其當乎理나 然動非其時면 猶無益也라 聖人이 酬酢斯世도 亦其時而已니라

善은 이치에 맞는 것이고, 時는 때에 따라 알맞게 조처하는 것이다. 생각은 진실로 이치에 맞게 하려고 하나 행동을 제때에 하지 않으면 외려 이익이 없다. 聖人이 세상을 응대함도 또한 때에 맞게 할 뿐이다.

字義 措 : 둘 조 酬 : 응대할 수 酢 : 응대할 작

7. 有其善하면 喪厥善하고 矜其能하면 喪厥功하리이다

善을 가졌다고 생각하면 그 善을 상실하고, 유능한 체 뽐내면 그 功을 상실할 것입니다.

自有其善이면 則己不加勉而德虧矣요 自矜其能이면 則人不效力而功隳矣라

스스로 善을 가졌다고 생각하면 자신이 더 힘쓰지 않아 德이 이지러지게 되고, 스스로 유능한 체 뽐내면 사람들이 힘을 써주지 않아 功이 무너지게 된다는 것이다.

字義 矜 : 뽐낼 긍 虧 : 이지러질 휴 效 : 힘쓸 효 隳 : 무너질 휴

8. 惟事事라야 乃其有備니 有備라사 無患하리이다

일에 종사하여야 대비가 있는 것이니, 대비가 있어야 걱정이 없을 것입니다.

惟事其事 乃其有備니 有備라 故로 無患也라 張氏曰 修車馬하고 備器械하여 事乎兵

事하면 則兵有其備라 故로 外侮不能爲之憂요 簡稼器하고 修稼政하여 事乎農事하면 則農有其備라 故로 水旱이 不能爲之害하니 所謂事事 有備無患者 如此라하니라

일에 종사하여야 대비가 있는 것이니, 대비가 있기 때문에 걱정이 없는 것이다.

張氏가 말하였다. "車馬를 수선하고 器械(장비)를 정비하여 병사에 종사하면 국방에 대비가 있기 때문에 外侵이 걱정을 끼칠 수 없고, 농기구를 점검하고 농정문제를 정비하는 등 농사에 종사하면 농사에 대비가 있기 때문에 홍수와 가뭄이 해를 입힐 수 없으니, 이른바 '일에 종사하여야 대비가 있어 걱정이 없다.'는 것은 이와 같은 것이다."

字義 備 : 갖출 비 械 : 기계 계 侮 : 업신여길 모 簡 : 점검할 간 稼 : 농사지을 가

9. 無啓寵하사 納侮하시며 無恥過하사 作非하소서

〈소인에게〉 총애의 문을 열어놓아 남의 모욕을 초래하지 마시고, 허물을 부끄러워하여 〈고치지 않다가〉 자신의 잘못을 이루지 마소서.

毋開寵幸而納人之侮하고 毋恥過誤而遂己之非라 過誤는 出於偶然이요 作非는 出於有意니라

寵幸의 문을 열어놓아 남의 모욕을 초래하지 말고, 과오를 부끄러워하여 자신의 잘못을 이루지 말아야 한다. 과오는 우연한 데서 나오는 것이고, 잘못을 이룸은 고의적인 데서 나오는 것이다.

字義 寵 : 사랑할 총 過 : 허물 과 幸 : 사랑할 행 遂 : 이룰 수 偶 : 우연 우

10. 惟厥攸居[101]라사 政事惟醇하리이다

의리가 깃든 곳에 안착하여야 시행하는 정사가 순일할 것입니다.

居는 止而安之義니 安於義理之所止也라 義理出於勉强이면 則猶二也요 義理安於自然이면 則一矣니 一故로 政事醇而不雜也라

居는 깃들어서 안착하는 뜻이니, 의리가 깃든 곳에 안착하는 것이다. 의리가 억지로 힘쓰는 데서 나오면 외려 섞여 있는 것[二]이고, 의리가 자연에 안착하면 순일한

---

101 惟厥攸居 : 孔傳은 "기거동작이 모두 말한 바와 같으면[其所居行 皆如所言]"으로 풀이하였다.

것〔一〕이니, 순일하기 때문에 정사가 순수하여 섞이지 않는다는 것이다.

字義 居 : 안착할 거　醇 : 순수할 순

11. 黷(독)于祭祀 時謂弗欽이니 禮煩則亂이라 事神則難하니이다

祭祀를 번독하게 자주 지내는 것, 이것을 일러 '공경치 못함'이라 하니, 禮가 번거로우면 어지러운지라 神을 섬김이 곧 어렵습니다."

祭不欲黷이니 黷則不敬이요 禮不欲煩이니 煩則擾亂이라 皆非所以交鬼神之道也라 商俗이 尙鬼하니 高宗이 或未能脫於流俗하여 事神之禮 必有過焉이라 祖己戒其祀無豐昵(닐)하니 傅說이 蓋因其失而正之也라

제사는 번독하게 지내려 하지 않아야 하니 번독하게 지내면 공경스럽지 못하고, 禮는 번거롭게 하지 않으려 해야 하니 번거로우면 어지러워진다. 이 두 가지는 모두 鬼神을 교접하는 방법이 아니다. 商나라 풍속이 귀신을 숭상하였으니, 高宗이 혹시 流俗에서 벗어나지 못하여 神을 섬기는 禮가 필시 지나침이 있었을 것이다. 祖己가 "제사를 아버지의 사당에만 풍성하게 지내지 말라."고 경계하였으니, 傅說이 아마 그 잘못을 인하여 바로잡은 것일 터이다.

字義 黷 : 번독할 독　時 : 이 시　擾 : 어지러울 요　尙 : 숭상할 상　脫 : 벗을 탈　過 : 지나칠 과
昵 : 아버지사당 닐

12. 王曰 旨哉라 說아 乃言이 惟服이로다 乃不良于言이런들 予罔聞于行①[102]이랏다

① 書經 乃不良于言 予罔聞于行 : 네가 좋은 말을 해주지 않았더라면 나는 듣고서 행할 바가 없었을 것이다.
一般 使汝不善於言 則我無所聞而行之 : 가령 네가 좋은 말을 해주지 않았더라면 나는 듣고서 행할 바가 없었을 것이다.

王이 말씀하였다. "아름답다, 傅說아. 너의 말은 시행할 만하다. 네가 좋은 말을 해주지 않았더라면 나는 듣고서 행할 바가 없었을 것이다."

---

102 予罔聞于行 : 孔傳은 "나는 행할 일을 듣지 못하였을 것이다.〔我無聞於所行之事〕"로 풀이하였다.

旨는 美也라 古人은 於飮食之美者에 必以旨言之하니 蓋有味其言也라 服은 行也라 高宗이 贊美說之所言하여 謂可服行이라 使汝不善於言이런들 則我無所聞而行之也라 蘇氏曰 說之言은 譬如藥石하여 雖散而不一이나 然一言一藥이 皆足以治天下之公患이니 所謂古之立言[103]者로다하니라

旨는 美의 뜻이다. 옛사람들은 음식 중에 아름다운 것에 대하여 반드시 旨(맛)를 가지고 말하였으니, 이는 그 말에 맛이 있다는 것이다. 服은 行의 뜻이다. 高宗은 傅說이 한 말을 찬미하여 "시행할 만하다. 가령 네가 좋은 말을 해주지 않았더라면 나는 들어 행할 바가 없었을 것이다."라고 한 것이다.

蘇氏가 말하였다. "傅說의 말은 비유하자면 藥石과 같아서 비록 흩어져서 하나가 아니지만 한 마디 한 마디가 각각 하나의 藥으로서 모두 천하의 공통된 병을 치료할 수 있으니, 이른바 '옛날의 立言'이란 것이다."라고 하였다.

字義 旨 : 아름다울 지, 맛 지 服 : 행할 복 良 : 좋을 량 贊 : 칭찬할 찬 譬 : 비유할 비
散 : 흩을 산

13. 說이 拜稽首曰 非知之艱이라 行之惟艱①하니 王忱不艱하시면 允協于先王成德하시리니 惟說이 不言하면 有厥咎하리이다

① 書經 非知之艱 行之惟艱 : 아는 것이 어려운 것이 아니라 행하는 것이 어려운 것이니
一般 得於耳者非難 行於身者爲難 : 귀에 얻어 듣는 것이 어려운 것이 아니라 몸에 행하는 것이 어려운 것이니

傅說이 절하고 머리를 조아리며 말하였다. "아는 것이 어려운 것이 아니라 행하는 것이 어려운 것이니, 王께서 진심으로 믿어 어렵게 여기지 않으신다면 진실로 先王들이 이룩하신 德에 합하실 것입니다. 제가 〈외려 숨기고〉 말씀드리지 않는 일이 있다면 〈저에게〉 그 허물이 있을 것입니다."

高宗이 方味說之所言한대 而說이 以爲得於耳者非難이라 行於身者爲難이니 王忱信之하여 亦不爲難이면 信可合成湯之成德하리니 說이 於是而猶有所不言이면 則有

103 立言 : 精要하여 썩지 않게 수립된 언론과 학설이다. 《春秋左氏傳》 襄公 24년 조에 "최상은 덕을 세우는 것이고, 그 다음은 공을 세우는 것이고, 그 다음은 말을 남겨놓는 것이다.〔太上有立德 其次有立功 其次有立言〕"라는 말이 보인다.

其罪矣라 上篇에 言后克聖 臣不命其承은 所以廣其從諫之量而將告以爲治之要也요 此篇에 言允協先王成德 惟說不言 有厥咎는 所以責其躬行之實하여 將進其爲學之說也니 皆引而不發之義[104]니라

高宗이 바야흐로 傅說이 한 말을 음미하자, 傅說이 "귀에 얻어 듣는 것이 어려운 것이 아니라 몸에 행하는 것이 어려운 것이니, 王께서 진심으로 믿어 또한 어렵게 여기지 않으신다면 진실로 成湯이 이룩하신 德에 합하게 되실 것인데, 傅說이 이에 외려 숨기고 말씀드리지 않는 일이 있다면 〈저에게〉 그 허물이 있을 것입니다."라고 한 것이다.

上篇에서 "임금님께서 성스러워지신다면 명령하지 않아도 신하들이 그 뜻을 받들 것이다."라고 한 것은 諫言을 따르는 도량을 넓혀서 장차 정치하는 要體를 고하려고 한 것이고, 이 篇에서 "진실로 先王들이 이룩하신 德에 합하게 되실 것인데, 제가 외려 숨기고 말씀드리지 않는 일이 있다면 〈저에게〉 그 허물이 있을 것입니다."라고 한 것은 몸소 행하는 실상을 책망(요구)해서 장차 학문에 대한 말씀을 올리려고 한 것이니, 모두 활시위만 끌어당겨놓고 발사는 하지 않은 뜻으로 구사한 것이다.

字義 稽 : 조아릴 계　艱 : 어려울 간　允 : 진실로 윤　協 : 합할 협　咎 : 허물 구　忱 : 진실로 침

說命 下

1. 王曰 來汝說아 台小子 舊學于甘盤하더니 既乃遯于荒野하며 入宅于河하며 自河徂亳하여 暨厥終히(하여) 罔顯[105]하노라(호라)

---

104 引而不發之義 : 引而不發은 《孟子》 〈盡心 上〉에 나오는 말이다. 화살을 끼우고 활시위만 잡아당길 뿐 활을 쏘지 않는다는 뜻으로 사람을 가르칠 때 공부하는 방법만 알려주고 터득하는 묘처는 말해주지 않아서 배우는 이로 하여금 궁리하여 스스로 깨닫게 하는 것을 말한다.

105 既乃遯于荒野……罔顯 : 孔傳은 "〈武丁이〉 이윽고 배우다가 중간에 학업을 폐하고 田野로 물러가서 살았다. 그 아버지가 高宗으로 하여금 백성들의 고생을 알게 하려고 했기 때문에 민간에 살도록 하였다. 〈武丁은 말하기를〉 河로부터 亳으로 가서 살아 지금까지 있었기 때문에 마침내 나타난 德이 없다.〔既學而中廢業 遁居田野 其父欲使高宗知民之艱苦 故使居民間 自河往居亳 與今其終 故遂無顯明之德〕"라고 풀이하였고, 蘇軾《書傳》은 "武丁이 太子로 있을 때에 甘盤에게 글을 배웠는데, 武丁이 即位하자 甘盤이 피해가 荒野에 숨었다. 武丁이 사람을 시켜 찾게 하여 그의 간 곳을 추적하였는데, 황하 가에서 살다가 황하로부터 亳邑으로 갔기 때문에 끝내는 그가 간 곳을 알지

王이 말씀하였다. "이리 오라, 傅說아. 나 小子는 옛날 甘盤에게 글을 배웠는데, 이윽고 荒野로 물러갔으며 黃河 안쪽으로 들어가 살았으며 황하로부터 亳邑으로 가서, 종당에까지 학문이 드러나지 못하였노라.

甘盤은 臣名이니 君奭에 言在武丁時則有若甘盤이라하니라 遯은 退也라 高宗言 我小子舊學於甘盤이러니 已而요 退于荒野하고 後又入居于河하고 自河徂亳하여 遷徙不常이라하여 歷敍其廢學之因하고 而歎其學이 終無所顯明也라 無逸에 言高宗舊勞于外하여 爰曁小人이라하니 與此相應이라 國語에 亦謂武丁入于河하고 自河徂亳이라하고 唐孔氏曰 高宗爲王子時에 其父小乙이 欲其知民之艱苦라 故로 使居民間也라하니라 蘇氏謂甘盤遯于荒野라하니 以台小子語脈으로 推之면 非是라

甘盤은 신하의 이름이니, 〈君奭〉에 "武丁 때에는 甘盤 같은 이가 있었다."라고 하였다. 遯은 退의 뜻이다. 高宗은 "나 小子는 옛날 甘盤에게 글을 배웠는데, 이윽고 荒野로 물러가 살았고, 뒤에 또 黃河 안쪽으로 들어가 살았고, 황하로부터 亳邑으로 가는 등 정처 없이 옮겨 다녔다."라고 말씀하여 학문을 폐지하게 된 원인을 죽 서술하고 그 학문이 끝내 드러나지 못한 것을 탄식하였다. 〈無逸〉에서 "高宗은 옛날 밖에서 고생하며 小人(小民)들과 함께 행동했다."라고 말하였으니, 이와 더불어 서로 호응이 된다. 《國語》 〈楚語〉에도 또한 "武丁이 河水 안쪽으로 들어갔고 하수로부터 亳으로 갔다."라고 하였으며, 唐나라

舊學甘盤圖

못하였다.……舊說에서는 '武丁이 荒野로 피해 갔다.'고 하였는데, 武丁이 太子가 되어 피해갈, 그럴 이치는 결코 없을 것이다.〔武丁爲太子 則學于甘盤 武丁卽位 而甘盤遯去 隱于荒野 武丁使人求之 迹其所往 則居河濱 自河徂亳 不知其所終……舊說乃謂武丁遯于荒野 武丁爲太子而遯 決無此理〕"라고 풀이하였는데, 林之奇(《尙書全解》)·呂祖謙(《增修東萊書說》) 등은 蘇軾을 따르고, 夏僎(《尙書詳解》)·蔡沈(《書集傳》)·元代 朱祖義(《尙書句解》)·淸代 毛奇齡(《經問》) 등은 孔傳을 따랐다.

孔氏(孔穎達)는 "高宗이 王子로 있을 때에 그의 아버지인 小乙이 민간의 艱苦한 점을 알게 하려 했기 때문에 민간에 살게 했다."라고 하였다. 蘇氏(蘇軾)는 "甘盤이 荒野에 은둔했다."라고 말하였는데, '나 小子'란 語脈을 가지고 미루어보면 옳지 않다.

字義 遯 : 물러갈 둔(돈) 宅 : 거주할 택 徂 : 갈 조 暨 : 이를 기, 미칠 기, 더불어 기

2. 爾惟訓于朕志[106]하여 若作酒醴어든 爾惟麴糱이며 若作和羹이어든 爾惟鹽梅라 爾交修予하여 罔予棄①하라 予惟克邁乃訓하리라

① 書經 罔予棄 : 나를 버리지 말도록 하라.
一般 罔棄予 : 나를 버리지 말도록 하라.

너는 朕의 뜻을 가르쳐서, 술이나 단술을 만들려고 할 것 같으면 너는 누룩과 엿기름이 되어주고, 간을 맞춘 국을 만들려고 할 것 같으면 너는 소금과 매실초가 되어주도록 하라. 너는 여러 가지로 나를 닦아서 나를 버리지 말도록 하라. 나는 너의 가르침을 실행하리라."

心之所之를 謂之志라 邁는 行也라 范氏曰 酒非麴糱이면 不成이요 羹非鹽梅면 不和며 人君이 雖有美質이나 必得賢人輔導라야 乃能成德이라 作酒者는 麴多則太苦하고 糱多則太甘하니 麴糱得中然後成酒하며 作羹者는 鹽過則鹹하고 梅過則酸하니 鹽梅得中然後成羹이라 臣之於君에 當以柔濟剛하고 可濟否하여 左右規正하여 以成其德이라 故로 曰 爾交修予하여 爾無我棄하라 我能行爾之言也라하니라 孔氏曰 交者는 非一之義라하니라

마음이 지향해가는 것을 '志'라 한다. 邁는 行의 뜻이다. 范氏는 말하기를 "술은 누룩과 엿기름이 아니면 이루어지지 못하고, 국은 소금과 매실초가 아니면 간을 맞추지 못하며, 임금이 비록 아름다운 자질을 가졌으나 반드시 賢人의 輔導를 얻어야 德을 이룰 수 있다. 술을 만들 경우, 누룩이 많이 들어가면 매우 쓰고 엿기름이 많이 들어가면 매우 다니, 누룩과 엿기름이 알맞은 뒤에야 술이 제대로 이루어지게

106 爾惟訓于朕志 : 孔傳은 "너는 마땅히 나를 가르쳐서 내 뜻을 통달하게 해야 한다고 말한 것이다.〔言汝當教訓於我 使我志通達〕"라고 하였다.

되고, 국을 만들 경우, 소금이 지나치면 짜고 매실초가 지나치면 시니, 소금과 매실초가 알맞은 뒤에야 국이 제대로 이루어지게 된다.

신하는 임금에 대하여 마땅히 柔를 가지고 剛을 구제하고, 可를 가지고 否를 구제하여 곁에서 돕고 바로잡아서 그 德을 이루어야 한다. 그러므로 '너는 여러 가지로 나를 닦아서 너는 나를 버리지 말도록 하라. 나는 너의 가르침을 실행하리라.'고 말한 것이다."라고 하였고, 孔氏는 말하기를 "交는 한 가지가 아니라는 뜻이다."라고 하였다.

字義 醴 : 단술 례 麴 : 누룩 국 糱 : 엿기름 얼 和 : 간맞을 화 羹 : 국 갱 鹽 : 소금 염
梅 : 매실초 매 邁 : 행할 매 鹹 : 짤 함 過 : 지나칠 과 酸 : 실 산 濟 : 구제할 제

3. 說曰 王아 人을 求多聞①은 時惟建事니 學于古訓하야사 乃有獲하리니 事不師古하고 以克永世는 匪說의 攸聞이로소이다

① 書經 人求多聞 : 사람의 경우, 견문이 많은 이를 구함은
一般 人則求多聞 : 사람의 경우, 견문이 많은 이를 구함은

傅說이 말하였다. "王이시여. 사람의 경우, 문견이 많은 이를 구하는 것은 이 일을 잘 이루기 위해서이니, 옛 교훈을 배워야 얻는 것이 있을 것입니다. 일의 경우, 옛 교훈을 스승으로 삼지(본받지) 않고서도 장구한 세대를 누릴 수 있다는 말은 저로서는 들어본 적이 없습니다.

求多聞者는 資之人이요 學古訓者는 反之己라 古訓者는 古先聖王之訓으로 載修身治天下之道하니 二典三謨[107]之類 是也라 說이 稱王而告之曰 人求多聞者는 是惟立事나 然必學古訓하여 深識義理然後有得이니 不師古訓하고 而能長治久安者는 非說所聞이라하니 甚言無此理也니라

'견문이 많은 이를 구하는 것'은 남에게 도움을 받는 것이고, '옛 교훈을 배우는 것'은 자신에게 돌이켜 구하는 것이다. '옛 교훈'이란 예전 聖王의 교훈으로서 몸을 닦고 천하를 다스리는 도리가 실린 것이니, 二典과 三謨 따위가 이것이다. 傅說이 '王이시여'라 칭하고서 고하기를 "사람의 경우, 문견이 많은 이를 구하는 것은 이 일

107 二典三謨 : 二典은 〈堯典〉과 〈舜典〉을, 三謨는 〈大禹謨〉·〈皐陶謨〉·〈益稷〉을 가리킨다.

을 이루기 위해서입니다. 그러나 반드시 옛 교훈을 배워서 의리를 깊이 안 뒤에야 얻는 것이 있을 터이니, 옛 교훈을 본받지 않고도 장구히 治安할 수 있다는 것은 제가 들어본 적이 없습니다."라고 하였으니, 이러한 이치가 없다는 것을 심하게 말한 것이다.

○林氏曰 傳說稱王而告之는 與禹稱舜曰帝光天之下로 文勢正同이라하니라

○林氏가 말하였다. "傳說이 '王이시여'라 칭하고서 고한 것은 〈《益稷》에서〉 禹가 舜을 칭하여 '황제시여. 덕이 하늘 아래를 빛내야'라고 말한 것과 文勢가 같다."

字義 獲 : 얻을 획 資 : 도울 자 反 : 돌이킬 반 載 : 실을 재

4. 惟學은 遜志[108]이니다(니) 務時敏하면 厥修乃來[109]하리니 允懷于茲하면 道積于厥躬하리이다

배움은 뜻을 겸손하게 가져야 합니다. 언제나 민첩하기에 힘쓰면 그 학문이 계속 닦여질 것이니, 진실로 그렇게 할 마음을 품는다면 바른 道가 그 몸에 쌓일 것입니다.

遜은 謙抑也요 務는 專力也라 時敏者는 無時而不敏也라 遜其志하여 如有所不能하고 敏於學하여 如有所不及하여 虛以受人하고 勤以勵己면 則其所修 如泉始達하여 源源乎其來矣리라 茲는 此也니 篤信而深念乎此하면 則道積於身하여 不可以一二計矣리라 夫修之來하고 來之積하여 其學之得於己者如此니라

遜은 謙抑의 뜻이요, 務는 專力의 뜻이다. 時敏이란 민첩하지 않을 때가 없는 것이다. 그 뜻을 겸손하게 가져서 마치 능하지 못한 바가 있는 것처럼 하고, 학문에 민첩하게 힘써서 마치 미치지 못하는 바가 있는 것처럼 하여, 겸허히 남에게 받아들이고 부지런히 자기를 격려하면 그 닦여지는 바가 마치 샘물이 처음 솟아서 계속 흘러나오듯이 할 것이다. 茲는 此의 뜻이니, 독실하게 믿고 이것을 깊이 생각하면 바른 道가 몸에 쌓여 일일이 계산할 수 없을 정도로 많을 것이다. 계속 닦여져 오고, 계속 와서 쌓여서 그 학문이 자기 몸에 얻어진 것이 이와 같이 된 것이다.

---

108 惟學 遜志 : 孔傳은 遜을 順의 뜻으로 보아 "배워서 뜻을 순하게 한지라〔學以順志〕"로 풀이하였다.

109 乃來 : 孔傳은 "德이 스스로 자신에게 돌아올 것이다.〔德自來歸己也〕"라고 풀이하였다.

字義 遜 : 겸손할 겸 勵 : 격려할 려 篤 : 독실할 독 抑 : 억누를 억

5. 惟斅(효)는 學半이니 念終始를 典于學하면 厥德修를 罔覺①[110]하리이다

① 書經 厥德修 罔覺 : 그 德의 닦여짐을 스스로 깨닫지 못할 것입니다.
一般 自不覺厥德所修 : 그 德의 닦여진 바를 스스로 깨닫지 못할 것입니다.

가르침은 〈그 효과가〉 배움의 반을 차지하니, 생각을 시종일관 배움에 두면 그 德의 닦여짐을 스스로 깨닫지 못할 것입니다.

斅는 教也니 言教人이 居學之半이라 蓋道積厥躬者는 體之立이요 斅學于人者는 用之行이니 兼體用하고 合內外而後에 聖學을 可全也라 始之自學도 學也요 終之教人도 亦學也라 一念終始 常在於學하여 無少間斷이면 則德之所修 有不知其然而然者矣리라 或曰 受教亦曰斅니 斅於爲學之道에 半之요 半須自得[111]이라하니 此說이 極爲新巧나 但古人論學에 語皆平正的實하니 此章句數非一이어늘 不應中間一語獨爾險巧니 此蓋後世釋教機權而誤以論聖賢之學也[112]니라

斅는 教의 뜻이니, 사람을 가르치는 그 효과가 배움의 절반을 차지한다는 점을 말한 것이다. 대개 道가 몸에 쌓임은 體가 서는 것이고, 배운 것을 남에게 가르침은 用이 행해지는 것이니, 體·用을 겸하고 內·外를 합한 뒤에야 聖學을 온전히 할 수 있는 것이다. 처음에 스스로 배우는 것도 學이고, 나중에 남을 가르치

110 惟斅……罔覺 : 임금의 학문은 어찌 단지 자신만을 닦을 뿐이겠는가. 政教를 행하는 것도 배움의 반이란 뜻이다. 다시 말하면 스스로 배워 德을 밝히는 것이 배움의 반이고, 政教를 통하여 백성들을 새롭게 하는 것이 배움의 반이니, 처음에 스스로 배운 반과 나중에 백성을 가르친 반을 합해야 배움의 전체가 된다는 것이다.

111 受教亦曰斅……半須自得 : '斅學半'에 대한 宋代 葛興仁의 해석인데, 이 중에서 半須自得이란 글귀가 儒者들로부터 禪의 기미가 담겼다고 지적을 받았다.

112 或曰……誤以論聖賢之學也 : 朴世堂은 "'惟斅學半'은 마땅히 葛氏(葛興仁)의 說이 본지를 터득한 것으로 보아야 하는데, 朱子와 蔡氏가 도리어 깊이 공격한 것은 무엇 때문인가. 그 말을 보면 葛氏의 뜻을 터득하지 못한 것 같은데, 그 뜻을 터득하지 못하고서 문득 전인을 공격하는 것은 불가한 일이 아닌가.……만일 이것을 齊家, 治國, 平天下하는 뜻으로 삼는다면 그 說이 또 견강부회하여 新巧하게 됨을 걱정하지 않을 수 있겠는가.〔惟斅 學半 當以葛氏之說爲得 朱子及蔡氏 反深攻之何也 觀其言 似未得葛氏之意 未得其意而遽攻前人 無乃不可乎……若欲以此爲齊治平之義 則其爲說 又不患其牽强而涉於新巧乎〕"라고 하였다.(《思辨錄》)

는 것도 學이니, 한 생각을 시종일관 항상 배움에 두어 조금도 간단이 없이 한다면 德의 닦여지는 바가 그런 줄 알지 못하는 사이에 그렇게 됨이 있을 것이란 말이다.

혹자는 말하기를 "가르침을 받는 것도 '斅'라 하니, 가르침을 받는 것은 학문을 하는 과정에 있어서 반을 차지하고, 나머지 반은 모름지기 스스로 터득해야 한다."라고 한다. 이 말이 지극히 新奇하나 단, 옛사람이 학문을 논하는 데는 말이 모두 平正하고 的實하였으니, 이 章의 句數가 매우 많은데, 중간의 이 한 마디 말만 이처럼 교묘하고 험할 수는 없을 것이다. 이는 아마도 후세 釋教의 기지와 권모술수로서 잘못 聖賢의 학문을 논한 것이리라.

字義 斅 : 가르칠 효　典 : 둘 전

6. 監于先王成憲하사 其永無愆하소서

先王께서 이루어 놓은 法을 살피시어 영원히 허물이 없도록 하소서.

憲은 法이요 愆은 過也라 言德雖造於罔覺이나 而法必監于先王이니 先王成法者는 子孫之所當守者也라 孟子言遵先王之法而過者 未之有也[113]라하시니 亦此意니라

憲은 法의 뜻이요, 愆은 허물의 뜻이다. 德은 비록 자신도 모르는 사이에 진전되나 法은 반드시 先王을 살펴보아야 하니, 先王께서 이루어 놓은 法은 자손들이 마땅히 지켜야 할 바임을 말한 것이다. 孟子께서 "先王의 法을 따르고서 잘못된 경우는 있지 않다."라고 하셨으니, 또한 이러한 뜻이다.

字義 愆 : 허물 건

7. 惟說이 式克欽承하여 旁招俊乂하여 列于庶位하리이다

제가 능히 〈그 뜻을〉 공경히 받들어서 뛰어난 인재들을 널리 불러들여 여러 직위에 앉히겠습니다."

式은 用也라 言高宗之德이 苟至於無愆이면 則說이 用能敬承其意하여 廣求俊乂하여 列于衆職이라 蓋進賢이 雖大臣之責이나 然高宗之德이 未至면 則雖欲進賢이나 有

---

113 孟子言……未之有也 : 이 내용은 《孟子》 〈離婁 上〉에 나온다.

不可得者니라

式은 用의 뜻이다. 高宗의 德이 진실로 허물이 없는 경지에 이르게 된다면 傅說이 그 뜻을 공경히 받들어서 뛰어난 인재들을 널리 구하여 여러 직위에 앉히겠다고 말한 것이다. 어진 이를 등용하는 일이 비록 대신의 책무이나 高宗의 德이 지극하지 못하면 비록 어진 이를 등용하려고 해도 그렇게 할 수 없을 것이다.

8. 王曰 嗚呼라 說아 四海之內 咸仰朕德은 時乃風이니라

왕이 말씀하였다. "아, 傅說아. 四海의 안이 모두 朕의 德을 우러러보는 것은 바로 너의 가르침 덕분이다.

風은 教也라 天下皆仰我德은 是汝之教也라

風은 教의 뜻이다. 천하가 모두 나의 德을 우러러보는 것은 바로 너의 가르침 덕분이란 것이다.

字義 時 : 이 시　乃 : 너 내　風 : 가르칠 풍

9. 股肱이라사 惟人이며 良臣이라사 惟聖이니라

팔다리가 있어야 사람이 되듯 어진 신하가 있어야 聖君이 되는 것이다.

手足備而成人이요 良臣輔而君聖이라 高宗이 初以舟楫霖雨爲喩하고 繼以麴蘖鹽梅爲喩하고 至此엔 又以股肱惟人爲喩하니 其所造益深하고 所望益切矣니라

손과 발이 구비되어야 사람이 온전한 사람이 될 수 있고, 어진 신하가 보필하여야 임금이 성군이 될 수 있는 것이다. 高宗이 처음에는 배와 노, 장맛비를 가지고 비유하였고, 이어서 누룩과 엿기름, 소금과 매실초를 가지고 비유하였으며, 이에 이르러서는 또 팔과 다리가 있어야 사람이 될 수 있는 것을 가지고 비유하였으니, 조예가 더욱 깊어지고 기대한 바가 더욱 간절하였다.

字義 股 : 다리 고　肱 : 팔 굉

10. 昔先正保衡이 作我先王하여 乃曰 予弗克俾厥后로 惟堯舜이면 其心愧恥 若撻于市하며 一夫不獲이어든 則曰時予之辜라하여 佑我烈祖하여 格于皇天하니 爾尙明保予하여 罔俾阿衡으로 專美有商하라

옛날 先正인 保衡(伊尹)이 우리 先王을 흥기시키기 위하여 이르기를 '내가 임금님으로 하여금 堯·舜 같은 성군이 되게 하지 못한다면 마음의 부끄러움이 마치 시장에서 매를 맞는 것처럼 여겼고, 한 사람이라도 살 곳을 얻지 못하면 이는 나의 허물이다.'라고 하여, 나의 烈祖를 도와서 그 功이 皇天에 이르렀으니, 너는 부디 나를 밝게 보좌하여 阿衡으로 하여금 商나라에서 아름다운 공로를 독차지하지 못하게 하라.

先正은 先世長官之臣이라 保는 安也니 保衡은 猶阿衡이라 作은 興起也라 撻于市는 恥之甚也라 不獲은 不得其所也라 高宗이 擧伊尹之言하여 謂其自任如此라 故로 能輔我成湯하여 功格于皇天하니 爾庶幾明以輔我하여 無使伊尹으로 專美於我商家也라 傅說은 以成湯望高宗이라 故로 曰協于先王成德하고 監于先王成憲이라하고 高宗은 以伊尹望傅說이라 故로 曰罔俾阿衡으로 專美有商이라하니라

先正은 바로 先世 長官의 신하이다. 保는 安의 뜻이니, 保衡은 '阿衡'과 같은 것이다. 作은 興起의 뜻이다. 시장에서 매 맞는 것은 부끄러움이 심한 것이다. 不獲은 살 곳을 얻지 못한 것이다. 高宗이 伊尹의 말을 들어서 "스스로 책임을 진 것이 이와 같았기 때문에 능히 우리 成湯을 보좌하여 그 功이 皇天에 이르렀으니, 너는 부디 밝게 나를 보필하여 伊尹으로 하여금 우리 商나라에서 아름다운 공을 독차지하지 못하게 하라."고 한 것이다. 傅說은 成湯처럼 되기를 高宗에게 바랐기 때문에 "先王들이 이룩하신 德과 합하게 하소서."라고 하고, "先王께서 이루어놓은 법을 살피어 보소서"라고 하였으며, 高宗은 伊尹처럼 되기를 傅說에게 바랐기 때문에 "阿衡으로 하여금 商나라에서 아름다운 공을 독차지하지 못하게 하라."고 한 것이다.

字義 撻 : 매맞을 달　獲 : 얻을 획　時 : 이 시　辜 : 허물 고　烈 : 공덕 렬　格 : 이를 격
尙 : 부디 상　專 : 독차지할 전

11. 惟后 非賢이면 不乂하고 惟賢이 非后면 不食하나니 其爾克紹乃辟于先王하여 永綏民하라 說이 拜稽首曰 敢對揚[114]天子之休命하리이다

임금은 어진 이가 아니면 나라를 다스리지 못하고, 어진 이는 임금이 아니면 녹을

---

114 對揚 : 孔傳은 '對'를 答의 뜻으로 보아 "〈天子의〉 아름다운 命을 받은 것에 답하여 드날릴 것이다.〔答受美命而稱揚之〕"라고 풀이하였다.

먹지 못하니, 너는 능히 네 임금으로 하여금 先王의 뒤를 이어서 백성들을 길이 편안하게 할 수 있도록 하라."고 하시니, 傳說이 절하고 머리를 조아리며 "감히 天子의 아름다운 命을 대하여(받들어) 드날리겠습니다."라고 하였다.

君非賢臣이면 不與共治요 賢非其君이면 不與共食이니 言君臣相遇之難이 如此라 克者는 責望必能之辭요 敢者는 自信無慊之辭라 對者는 對以己요 揚者는 揚於衆이라 休命은 上文高宗所命也라 至是에 高宗은 以成湯自期하고 傳說은 以伊尹自任하여 君臣相勉勵如此하니 異時에 高宗이 爲商令王하고 傳說이 爲商賢佐하여 果無愧於成湯伊尹也 宜哉인저

임금은 어진 신하가 아니면 함께 다스리지 못하고, 어진 이는 임금이 아니면 함께 녹을 먹지 못하니, 임금과 신하가 서로 만나기 어려움이 이와 같음을 말한 것이다. 克은 반드시 능히 그렇게 하기를 바라는 말이고, 敢은 자신만만하여 부족함 없는 말이다. 對는 자기를 가지고 대하는(받드는) 것이고, 揚은 여러 사람에게 드날리는 것이다. 休命은 윗글에서 高宗이 명한 것이다. 이에 이르러 高宗은 成湯처럼 되기를 스스로 기대하고 傳說은 伊尹처럼 되기를 스스로 책임을 지는 등, 임금과 신하가 서로 勉勵하기를 이와 같이 하였으니, 후일에 高宗은 商나라의 훌륭한 임금이 되고 傳說은 商나라의 어진 보좌가 되어서, 과연 成湯과 伊尹에게 부끄러움이 없게 된 것은 당연한 일이라 할 수 있겠다.

字義 乂 : 다스릴 예 紹 : 이을 소 乃 : 너 내 辟 : 임금 벽 綏 : 편안할 수 慊 : 부족할 겸

高宗肜日

高宗肜祭에 有雊雉之異어늘 祖己訓王한대 史氏以爲篇하니 亦訓體也라 不言訓者는 以旣有高宗之訓이라 故로 只以篇首四字爲題하니라 今文古文에 皆有하니라

高宗이 肜祭를 지내는 날에 꿩이 우는 이변이 있거늘 祖己가 王을 훈계하였는데, 史官이 이것을 篇으로 만들었으니 또한 訓體이다. '訓'이라고 말하지 않은 것은 이미 〈高宗之訓〉이 있기 때문에 다만 篇 머리의 네 글자를 가지고 題目을 삼았을 뿐이다. 〈高宗肜日〉은 《今文尙書》와 《古文尙書》에 모두 들어 있다.

字義 肜 : 제사 융 雊 : 새울음 구 異 : 이변 이

1. 高宗肜日에 越有雊雉어늘

高宗이 肜祭를 지내는 날에 꿩이 우는 이변이 있었거늘,

肜은 祭明日又祭之名이니 殷曰肜이요 周曰繹이라 雊는 鳴也니 於肜日에 有雉雊之異라 蓋祭禰(녜)廟也니 序言湯廟[115]者는 非是라

肜은 제사 지낸 다음날 다시 지내는 제사 이름이니, 殷나라에서는 '肜'이라 하고, 周나라에서는 '繹'이라 하였다. 雊는 鳴의 뜻이니, 肜祭를 지내는 날 꿩이 우는 이변이 있었다. 아마 아버지 사당에 제사를 지낸 듯하니, 書序에서 '湯廟'라고 말한 것은 잘못이다.

字義 越 : 어조사 월　繹 : 제사이름 역
禰 : 아버지사당 녜

肜祭禰廟圖

2. 祖己曰 惟先格王코사 正厥事[116]하리라

祖己가 말하였다. "먼저 王의 그릇된 마음을 바로잡고서야 그 잘못된 일을 바로잡겠다."

格은 正也니 猶格其非心之格이라 詳下文컨대 高宗이 祀豐于昵(녜)[117]라하니 昵者는 禰廟也니 豐於昵는 失禮之正이라 故로 有雊雉之異하니 祖己自言 當先格王之非心然後에 正其所失之事라하니라 惟天監民以下는 格王之言이요 王司敬民以下는 正

---

115 序言湯廟 : 書序에 "高宗이 成湯에게 제사할 적에 날아가던 꿩이 솥귀에 올라와서 울었다.〔高宗祭成湯 有飛雉 升鼎耳而雊〕"라고 하였다.

116 惟先格王 正厥事 : 孔傳은 先을 先世의 뜻으로, 格을 至(지극하다)의 뜻으로 보아 "〈先世에〉 道를 지극히 한 王은 이변을 만나면 그 일을 바르게 행해서 이변이 저절로 사라졌다.〔至道之王 遭變異 正其事而異自消〕"라고 풀이하였다.

117 昵(녜) : 禰와 통용한다.

事之言也라

格은 正의 뜻이니, '格其非心(그릇된 마음을 바로잡는다.)'의 格과 같은 것이다. 아랫글을 자세히 살펴보건대, '高宗이 아버지의 사당에만 제사를 풍성하게 지냈다.'고 하였으니, 昵는 아버지의 사당인데, 아버지의 사당에만 제사를 풍성하게 지내는 것은 禮의 올바름을 잃은 것이다. 그러므로 꿩이 우는 이변이 있었으니, 祖己가 스스로 말하기를 "마땅히 먼저 임금의 그릇된 마음을 바로잡은 뒤에야 그 잘못된 일을 바로잡겠다."라고 한 것이다. '惟天監民' 이하는 임금을 바로잡는 말이고, '王司敬民' 이하는 일을 바로잡는 말이다.

字義 格 : 바로잡을 격 遭 : 만날 조 昵 : 아버지사당 녜

3. 乃訓于王曰 惟天이 監下民하시되 典厥義니 降年이 有永有不永은 非天이 夭民[118]이라 民中絶命이니이다

그리고 王에게 訓戒하였다. "하늘이 下民을 살펴보시되 그 義를 주관하니, 年數(수명)를 내려줌이 길기도 하고 길지 않기도 한 것은 하늘이 백성을 夭折하게 한 것이 아니라 백성 스스로가 중간에 命(수명)을 끊기 때문입니다.

典은 主也라 義者는 理之當然이니 行而宜之之謂라 言天監視下民하되 其禍福予奪을 惟主義如何爾라 降年이 有永有不永者는 義則永하고 不義則不永이니 非天夭折其民이라 民自以非義而中絶其命也라 意高宗之祀에 必有祈年請命之事리니 如漢武帝五時[119]祀之類라 祖己言 永年之道는 不在禱祠요 在於所行義與不義而已니 禱祠는 非永年之道也라하니라 言民而不言君者는 不敢斥也니라

典은 主의 뜻이다. 義는 이치의 당연함이니, 행하여 마땅하게 하는 것을 이른다. 하늘이 下民을 살펴보되 禍福과 與奪을 오직 義가 어떠한가를 위주로 해서 할 뿐이다. '年數를 내려줌이 길기도 하고 길지 않기도 하다.'는 것은 義로우면 수명이 길고 不義하면 수명이 길지 않은 것이니, 이것은 하늘이 백성을 요절하게 한 것이 아니라 백성이 스스로 不義해서 중간에 수명을 끊기 때문이다. 짐작컨대, 高宗의 肜祭에 필시 긴 수명을 내려주기를 청한 일이 있었을 테니, 漢 武帝가 〈장수를 빌기 위

118 義·民 : '義'자는 범연하게 말하였지만 肜祭가 不義임을 암시한 것이고, '民'자는 高宗을 암시한 것이다.

119 五時 : 天帝에게 제사지내던 곳. 곧 畦時·密時·上時·下時·北時를 가리킨다.

하여〉 五時에 제사 지낸 일과 같은 따위였을 것이다.

그래서 祖己가 말하기를 "수명을 연장하는 방법은 기도를 하거나 제사를 지내는 일에 있지 않고, 소행이 義로운가 不義한가에 달려 있을 뿐이니, 기도하고 제사 지내는 것은 수명을 연장하는 방법이 아니다."라고 한 것이다. 백성을 말하고 임금을 말하지 않은 것은 감히 指斥할 수 없기 때문이다.

字義 夭 : 요절할 요 予 : 줄 여 奪 : 빼앗을 탈 畤 : 제터 치(지) 斥 : 지적할 척

4. 民有不若德하며 不聽罪할새 天旣孚命으로 正厥德이어시늘 乃曰其如台[120]아

백성들 중에 德을 따르지 않고, 지은 죄에 굴복하지 않는 이가 있자, 하늘이 이미 孚命(信命)으로 그 德을 바로잡게 하시었는데, '〈妖孽이〉 나에게 어찌하겠는가.'라고 말할 수 있겠습니까.

不若德은 不順於德이요 不聽罪는 不服其罪니 謂不改過也라 孚命者는 以妖孼로 爲符信而譴告之也라 言民이 不順德하고 不服罪일새 天旣以妖孼로 爲符信而譴告之하여 欲其恐懼修省以正德이어늘 民乃曰 孼祥이 其如我何오하면 則天必誅絶之矣라 祖己意謂高宗은 當因雊雉以自省이요 不可謂適然而自恕라 夫數(삭)祭豐昵(녜)하여 徼福於神은 不若德也요 瀆於祭祀를 傅說이 嘗以進戒[121]어늘 意或吝改하여 不聽罪也라 雊雉之異는 是天旣孚命으로 正厥德矣니 其可謂妖孼이 其如我何耶아

不若德은 德을 따르지 않는 것이고, 不聽罪는 지은 죄에 굴복하지 않는 것이니, 허물을 고치지 않는 것을 이른다. 孚命은 妖孽로 符信을 삼아 견책하여 告하는 것이다. 백성이 덕을 따르지 않고 지은 죄에 굴복하지 않자, 하늘이 이미 요얼로 부신을 삼아 견책하여 고해서 두려워하고 반성하여 덕을 바로잡게 하려고 하였는데, 백성이 이에 말하기를 "妖孽이 나에게 어찌하겠는가."라고 한다면 하늘이 반드시 죽여 없앨 것임을 말한 것이다.

祖己 생각에는 "高宗은 마땅히 꿩이 우는 이변을 계기로 스스로 반성할 것이요, '때마침 그런 일이 발생했겠지'라고 하며 스스로 용서해서는 안 된다."고 여겼다. 자

---

120 乃曰其如台 : 孔傳은 "이에 다시 말하기를 '天道는 내가 말한 바와 같습니다.〔乃復曰 天道其如我所言〕'라고 했다."로 풀이하였다.

121 瀆於祭祀……嘗以進戒 : 이 내용은 〈說命 中〉에 보인다.

주 제사 지내 아버지의 사당에만 풍성하게 하여 神에게 福을 구하는 일은 덕을 따르지 않는 것이고, 제사를 번독하게 자주 지내는 일에 대해서는 傅說이 일찍이 경계하였건만 짐작컨대 혹 고치기를 꺼려해서 지은 죄에 굴복하지 않은 모양이다. 꿩이 우는 이변은 바로 하늘이 이미 孚命으로 덕을 바로잡게 한 것인데, "妖孼이 나에게 어찌하겠는가."라고 말할 수 있겠는가.

字義 孚 : 믿을 부 妖 : 요망할 요 孼 : 재앙 얼 譴 : 꾸짖을 견 數 : 자주 삭 徼 : 구할 요
瀆 : 번독할 독

5. 嗚呼라 王司敬民하시니 罔非天胤이시니 典祀를 無豐于昵(녜)[122]하소서

아. 王께서는 백성들을 공경히 다스리는 일을 주관하십니다. 〈祖宗은〉 하늘의 아들 아님이 없으니, 제사를 주관함에 있어서 아버지의 사당에만 풍성하게 하지 마소서."

司는 主요 胤은 嗣也라 王之職은 主於敬民而已니 徼福於神은 非王之事也라 況祖宗은 莫非天之嗣어늘 主祀에 其可獨豐於昵廟乎아

---

122 王司敬民……無豐于昵(녜) : 孔傳은 '司'는 主의 뜻으로, '胤'은 嗣의 뜻으로, 典은 常의 뜻으로, 昵는 近의 뜻으로 보아 "王者는 백성을 주관하므로 응당 백성의 일을 공경해야 할 것이다. 백성의 일은 하늘이 계승하여 常道로 삼게 하는 바 아닌 것이 없다. 제사에는 常道가 있으니, 특별히 가까운 사당에만 풍성하게 제사 지내는 것은 마땅치 않다.〔王者主民 當敬民事 民事無非天所嗣常也 祭祀有常 不當特豐於近廟〕"라고 풀이하였고, 孔疏는 "王者는 백성을 주관하니 마땅히 백성의 일을 삼가고 공경해야 한다. 백성의 일은 하늘이 계승해서 常道로 삼게 하지 않음이 없는 것이다. 하늘이 그 일을 일정한 것으로 삼으니, 王은 마땅히 하늘을 계승해서 행하여야 한다.〔王者主民 當謹敬民事 民事無非天所繼嗣以爲常道者也 天以其事爲常 王當繼天行之〕"라고 하였다.

兪樾은 孔傳의 "胤嗣昵近也……不當特豐於近廟"에 대하여 "傳文에서 응당 '典常'이라 했을 것인데 傳寫에서 '典'자를 빠뜨렸을 뿐이다. '無非天所嗣'는 '罔非天胤'의 뜻을 해석한 것이다. '典'은 常의 뜻이다. '祭祀有常'은 '典祀'의 뜻을 해석한 것이다. 孔穎達은 잘못된 판본에 의거하여 正義를 만들었기 때문에 傳文의 '民事無非天所嗣常也' 9자를 1句로 만들어 읽으면서 해석하기를 '백성의 일은 하늘이 계승하여 常道로 삼게 한 바 아닌 것이 없다.'고 하였으니, 전연 傳의 뜻이 아니다. 그러나 傳의 뜻처럼 '罔非天胤'을 句로 삼아서 해석한 것은 실로 또한 온당치 못하니, 아마도 응당 '罔非天'을 句로 삼아야 할 것 같다. '王司敬民'의 '司'자가 《史記》에 '嗣'로 되어 있으므로 응당 그를 따라야 하니, '王께서 王位를 계승하여 백성의 일을 경건히 행함은 하늘의 명한 바 아님이 없다.'라고 말한 것이다.〔傳文當曰典常也 傳寫奪典字耳 無非天所嗣 釋罔非天胤之義 典常也 祭祀有常 釋典祀之義 孔穎達據誤本 作正義 乃讀傳文民事無非天所嗣常也 九字爲一句而釋之曰 民事無非天所繼嗣 以爲常道者也 則大非傳義矣 然如傳義 讀罔非天胤爲句 實亦未安 疑當以罔非天爲句 王司敬民 司字 史記作嗣 當從之 言王嗣位敬行民事 罔非天所命也〕"라고 하였다.(《群經平議》)

司는 主의 뜻이요, 胤은 嗣의 뜻이다. 왕의 직책은 백성을 공경히 다스리는 일을 주관할 뿐이니, 神에게 福을 구하는 것은 왕이 할 일이 아니다. 더구나 祖宗은 하늘의 아들 아님이 없거늘, 제사를 지냄에 있어서 어찌 유독 아버지의 사당에만 풍성하게 지낼 수 있겠느냐는 것이다.

字義 胤 : 아들 윤 嗣 : 아들 사

西伯戡黎

西伯은 文王也[123]니 名昌이요 姓姬氏라 戡은 勝也라 黎는 國名이니 在上黨壺(호)關之地라 按史記에 文王이 脫羑(유)里之囚하여 獻洛西之地하니 紂賜弓矢鈇鉞하여 使得專征伐하고 爲西伯이라하니라 文王이 旣受命에 黎爲不道한대 於是에 擧兵하여 伐而勝之하니 祖伊知周德日盛하여 旣已戡黎어늘 紂惡不悛하니 勢必及殷이라 故로 恐懼하여 奔告于王하여 庶幾王之改之也라 史錄其言하여 以爲此篇하니 誥體也라 今文古文에 皆有하니라

西伯은 文王이니, 이름은 昌이고 姓은 姬氏이다. 戡은 勝의 뜻이다. 黎는 나라 이름이니, 上黨 壺關의 땅에 있었다. 살펴보건대, 《史記》 〈殷本紀〉에 "文王께서 갇혀 있던 羑里에서 풀려나서 洛西의 땅을 바치자, 紂가 弓矢와 鈇鉞을 하사하여 마음대로 정벌할 수 있는 권한을 부여하고 西伯으로 삼았다."라고 하였다. 文王께서 이미 왕명을 받은 뒤에 黎나라가 무도한 짓을 하므로 이에 군사를 내어 정벌하여 승리하였다. 그러자 殷나라 祖伊는 周나라의 德이 날로 성하여 이미 黎나라를 이겼는데 紂는 惡을 고치지 않으니, 해가 반드시 殷나라에 미칠 형세라는 것을 알았다. 그러므로 두려워서 王에게 달려가 아뢰어 왕이 악행을 고치기를 바랐던 것이다. 史官

---

123 西伯 文王也 : 孔傳에서도 西伯을 文王으로 보았다. 王夫之(《尙書稗疏》)는 "呂伯恭(呂祖謙) 등 諸儒는 모두 西伯을 武王으로 여겼는데, 朱子와 蔡沈은 그렇게 보지 않았으니, 그것이 武王이 아니란 확증이 없다.〔呂伯恭諸儒 皆以西伯爲武王 朱蔡以爲不然 顧未有確證其非武王者〕"라고 하였고, 袁仁(《尙書砭蔡編》)도 "蔡氏가 《史記》에 의거하여 文王의 일로 여긴 것은 잘못이다. 金仁山·胡五峰·呂成公·陳少南·薛季龍이 모두 武王의 일로 여기고, 吳氏가 '黎나라를 쳐서 승리한 일은 紂를 정벌할 때에 있었다.'고 한 것은 더욱 본지를 터득한 것이다.……黎나라를 쳐서 승리한 것은 武王이 紂를 정벌할 때의 일이었음은 의심할 나위가 없다.〔蔡據史記以爲文王事非也 金仁山胡五峰呂成公陳少南薛季龍 皆以爲武王事 而吳氏以戡黎之師 在伐紂之時 尤得旨……戡黎爲武王伐紂時事無疑矣〕"라고 하였다.

이 그 말을 기록하여 이 篇을 만들었으니, 誥體이다. 〈西伯戡黎〉는 《今文尙書》와 《古文尙書》에 모두 들어 있다.

◯或曰 西伯은 武王也라 史記에 嘗載紂使膠鬲(교격)觀兵한대 膠鬲이 問之曰 西伯이 曷爲而來[124]오하니 則武王이 亦繼文王하여 爲西伯矣라

◯혹자는 말하였다. "西伯은 武王이다. 《史記》에 일찍이 '紂가 膠鬲을 시켜 周나라 군대를 관찰하게 하였더니, 膠鬲이 「西伯이 어찌하여 왔는고?」 하고 물었다.'라고 기재하였다. 그렇다면 武王 또한 文王을 이어서 西伯이 되었던 것이다."

字義 戡 : 이길 감 黎 : 나라이름 려 姬 : 성 희 悛 : 고칠 준 曷 : 어찌 갈

1. 西伯이 旣戡黎어늘 祖伊恐하여 奔告于王하니라

西伯이 黎나라를 쳐서 이기자, 祖伊가 두려워하여 王에게 달려가 고하였다.

下文에 無及戡黎之事어늘 史氏特標此篇首하여 以見祖伊告王之因也라 祖는 姓이요 伊는 名이니 祖己後也라 奔告는 自其邑으로 奔走來告紂也라

아랫글에는 黎나라를 쳐서 이긴 일을 언급한 것이 없는데, 史官이 특별히 이것을 篇 머리에 標題로 내세워서 祖伊가 왕에게 아뢴 연유를 보인 것이다. 祖는 姓이고 伊는 이름이니, 祖己의 후손이다. 奔告는 자기 邑으로부터 달려와서 紂에게 고한 것이다.

字義 奔 : 달릴 분 標 : 표제 표

西伯戡黎圖

124 史記……曷爲而來 : 이 내용이 《史記》에는 보이지 않고 《呂氏春秋》에 보이며, 《帝王世紀》에는 '曷爲而來'가 '將焉之'로 되어 있다.

2. 曰 天子아 天既訖我殷命[125]이라 格人元龜 罔敢知吉이로소니 非先王이 不相我後人이라 惟王이 淫戲하여 用自絕이니이다

"天子시여. 하늘이 벌써 우리 殷나라의 운명을 끊어버렸습니다. 〈앞날을 내다보는〉 格人과 元龜도 감히 앞날의 吉함을 내다볼 수 없는 판국이 되었으니, 先王께서 우리 후손들을 돕지 않으신 게 아니라 王이 음탕하게 놀아서 스스로 天命을 끊으신 것입니다.

祖伊將言天訖殷命이라 故로 特呼天子하여 以感動之하니라 訖은 絕也라 格人은 猶言至人也니 格人元龜는 皆能先知吉凶者라 言天既已絕我殷命이라 格人元龜 皆無敢知其吉者라하니 甚言凶禍之必至也라 非先王在天之靈이 不佑我後人이라 我後人이 淫戲하여 用自絕於天耳라

祖伊가 장차 하늘이 殷나라의 운명을 끊을 것이라고 말하려 하였기 때문에 특별히 '天子'라고 불러서 감동시킨 것이다. 訖은 絕의 뜻이다. 格人은 至人이란 말과 같다. 格人과 元龜는 다 吉凶을 먼저 알아보는 것들이다. '하늘이 벌써 우리 殷나라의 운명을 끊어버렸다. 格人과 元龜도 다 감히 앞날의 吉함을 내다볼 수 없을 판국이 되어버렸다.'고 하였으니, 凶禍가 반드시 이를 것임을 심하게 말한 것이다. 하늘에 계시는 先王의 영혼이 우리 후인들을 돕지 않으신 게 아니고 우리 후인들이 음탕하게 놂으로써 스스로 천명을 끊었을 뿐이란 것이다.

字義 訖 : 끊을 흘 格 : 지극할 격 元 : 클 원 相 : 도울 상

3. 故天이 棄我하사 不有康食하며 不虞天性하며 不迪率典[126]하나다

---

125 天既訖我殷命 : 兪樾은 "이때에 殷나라가 아직 망하지 않았으니, 이에 '이미 우리의 운명을 끊어버렸다.'고 한 것은 뜻이 통할 수 없다. 古書에서는 '既'와 '其'를 매번 통용하였으니, '天既訖我殷命'은 응당 '天其訖我殷命'으로 적어야 한다. 대개 至人과 元龜도 감히 앞날이 吉할 것인지 알지 못할 판국이기 때문에 하늘의 뜻을 추측함이 이와 같았다.〔是時殷猶未亡 乃云既訖我命 義不可通 古書既與其 每通用 天既訖我殷命 當作天其訖我殷命 蓋以格人元龜罔敢知吉 故推度天意如此也〕"라고 하였다.(《群經平議》)

126 故天……不迪率典 : 孔傳은 "紂가 스스로 先王을 끊었기 때문에 하늘 또한 그를 버렸다. 宗廟의 神이 天下에 편안히 흠향할 곳이 없건만, 王은 하늘의 性命이 있는 바를 헤아려 알지 못하고 행하는 바가 常法을 따르지 않았다.〔以紂自絕於先王 故天亦棄之 宗廟不有安食於天下 而王不度知天性命所在 而所行不蹈循常法〕"로, 鄭玄은 "紂는 백성을 학대하여 편안히 먹을 수 없게 하고 陰陽을 逆亂하여 天性을 헤아리지 않고 明德을 傲狎하여 敎法을 닦지 않은 사람이다.〔王暴虐於民 便不得安

그러므로 하늘이 우리를 버리셔서 편안히 먹고 살 수 없는 처지가 되었고, 天性을 헤아리지 않는 판국이 되었고, 따를 법을 따르지 않는 형편이 되었습니다.

康은 安이요 虞는 度(탁)也라 典은 常法也라 紂自絶於天이라 故로 天棄殷이라 不有康食은 饑饉荐(천)臻也요 不虞天性은 民失常心也요 不迪率典은 廢壞常法也라

康은 安의 뜻이요, 虞는 度의 뜻이요, 典은 常法이다. 紂가 스스로 천명을 끊었기 때문에 하늘이 殷나라를 버린 것이다. 不有康食은 饑饉이 거듭 이른 것이고, 不虞天性은 백성들이 常心을 잃은 것이고, 不迪率典은 常法을 廢壞한 것이다.

字義 迪 : 따를 적　饑 : 주릴 기　饉 : 주릴 근　荐 : 거듭 천　臻 : 이를 진

4. 今我民이 罔弗欲喪曰 天은 曷不降威며 大命은 不摯오 今王은 其如台[127]라하나이다

지금 우리 백성들은 나라가 망하기를 바라지 않는 이가 없어서 모두 말하기를 '하늘은 왜 엄한 벌을 내리지 않으며, 하늘의 大命을 받은 분은 왜 오지 않는가. 지금의 王은 우리를 어쩌지 못할 것이다.'라고 합니다."

大命은 非常之命이라 摯는 至也니 史記云 大命이 胡不至오하니라 民苦紂虐하여 無不欲殷之亡하여 曰 天은 何不降威於殷하며 而受大命者는 何不至乎아 今王은 其無如我何라하니 言紂不復能君長我也라 上章은 言天棄殷하고 此章은 言民棄殷하니 祖伊之言이 可謂痛切明著矣로다

大命은 비상한 命이다. 摯는 至(이르다)의 뜻이니, 《史記》 〈殷本紀〉에 "大命이 어찌 이르지 않는가."라고 하였다. 백성들이 紂의 虐政에 시달려 殷나라가 망하기를 바라지 않는 자가 없어서 말하기를 "하늘은 어찌하여 殷나라에 엄한 벌을 내리지 않으며, 大命을 받은 분은 어찌하여 오지 않는가. 지금의 왕은 우리를 어쩌지 못할 것이다."라고 하였으니, 紂는 다시 우리에게 君長이 될 수 없음을 말한 것이다. 윗章에서는 하늘이 殷나라를 버린 것을 말하였고, 이 章에서는 백성들이 殷나라를 버린 것을 말하였으니, 祖伊의 말은 痛切하고도 明著하다 할 수

食 逆亂陰陽 不度天性 傲狎明德 不修敎法者〕"로 풀이하였는데, 蔡傳은 이와 다르게 풀이하고 있다. 그리고 陳師凱는 '不虞天性'을 "사람이 하늘에서 받은 性이 사욕에 가려져서 능히 성찰하지 못함을 이른다.〔謂人所受於天之性 爲私欲所蔽而不能省察〕"로 풀이하였다.(《尙書蔡傳旁通》)

127 今王 其如台 : 孔傳은 "〈지금〉 王의 凶害는 우리가 말한 바와 같다.〔王之凶害 其如我所言〕"라고 풀이하였다.

있겠다.

字義 摯 : 이를 지　台 : 우리 이

5. 王曰 嗚呼라 我生은 不有命이 在天가

王이 말하였다. "아. 나의 삶은 命이 하늘에 달려 있지 아니한가."

紂歎息謂 民雖欲亡我나 我之生은 獨不有命在天乎아하니라

紂가 탄식하고 이르기를 "백성들이 비록 내가 망하기를 바라나 나의 삶은 어찌 命이 하늘에 달려 있지 아니한가."라고 하였다.

6. 祖伊反曰[128] 嗚呼라 乃罪多參在上이어늘 乃能責命于天가

祖伊가 물러와서 말하였다. "아. 당신의 죄가 많아서 하늘에 널려있거늘, 하늘에 命을 책임지울 수 있겠는가.

紂旣無改過之意하니 祖伊退而言曰 爾罪衆多하여 參列在上이어늘 乃能責其命於天耶아하니라 呂氏曰 責命於天은 惟與天同德者라야 方可라하니라

紂가 이미 허물을 고칠 뜻이 없자, 祖伊가 물러와서 말하기를 "당신의 죄가 많아서 하늘에 널려있거늘, 하늘에 命을 책임지울 수 있겠는가."라고 하였다.

呂氏가 말하였다. "하늘에 命을 책임지울 수 있는 것은 오직 하늘과 德이 같은 자여야 바야흐로 가능하다."

7. 殷之卽喪이로소니 指乃功한대 不無戮于爾邦[129]이로다

殷나라가 곧 멸망할 터이니, 당신이 한 일들을 지적하건대 당신의 나라에 죽임이 없지 않을 것이다."

---

128 反曰 : 孔傳은 紂에게 回報(보고)한 것으로 보았다.

129 殷之卽喪……不無戮于爾邦 : 孔傳에서 "殷의 망함은 당신의 행사의 소치임을 지적할 수밖에 없으니, 당신은 殷나라에서 死戮이 없을 수 없다. 반드시 장차 멸망함을 서서 기다릴 수 있을 것이란 말이다.〔言殷之就亡 指汝功事所致 汝不得無死戮於殷國 必將滅亡 立可待〕"라고 풀이하였는데, 兪樾(《群經平議》)은 "枚傳에서는 '指'자의 뜻을 이해하지 못하였다. '指'는 致의 뜻이니, 당신의 일을 추구하면 반드시 장차 死戮될 것이라 말한 것이다.〔枚傳未解指字之義 指致也 言致極爾之事 必將爲戮也〕"라고 하였다.

功은 事也라 言殷卽喪亡矣니 指汝所爲之事컨대 其能免戮於商邦乎아 蘇氏曰 祖伊之諫이 盡言不諱하여 漢唐中主 所不能容者라 紂雖不改나 而終不怒하여 祖伊得全하니 則後世人主 有不如紂者多矣라하니라

功은 事의 뜻이다. "殷나라가 곧 멸망할 터이니, 당신이 한 일을 지적하건대, 商나라에 죽임을 면할 수 있겠는가."라고 말한 것이다.

蘇氏가 말하였다. "祖伊의 諫言은 숨김없이 다 말한 것이어서 漢·唐의 中主(평범한 군주)는 수용할 수 없는 것이었다. 紂가 비록 악행은 고치지 않았으나 끝내 노여워하지 않아서 祖伊가 생명을 온전히 할 수 있었으니, 후세의 임금 중에는 紂만도 못한 자가 많이 있다."

愚讀是篇而知周德之至也로라 祖伊以西伯戡黎 不利於殷이라 故로 奔告於紂하니 意必及西伯戡黎不利於殷之語로되 而入以告后하고 出以語人에 未嘗有一毫及周者하니 是知周家初無利天下之心이라 其戡黎也는 義之所當伐也니 使紂遷善改過면 則周將終守臣節矣리라 祖伊는 殷之賢臣也라 知周之興이 必不利於殷하고 又知殷之亡이 初無與於周라 故로 因戡黎告紂에 反覆乎天命民情之可畏하고 而略無及周者하니 文武公天下之心을 於是可見이니라

나는 이 篇을 읽고서 周나라의 德이 지극한 것을 알 수 있었다. 祖伊는 西伯이 黎나라를 쳐서 이긴 것이 殷나라에게 불리하다고 생각하였기 때문에 달려가 紂에게 고하였으니, 생각건대 반드시 西伯이 黎나라를 쳐서 이긴 것이 殷나라에 불리하다는 말을 할 법하건마는, 들어가서 임금에게 고할 때나 나와서 사람들에게 말할 때에 털끝만큼도 周나라에 대해 언급한 일이 없었으니, 이를 통하여 周나라가 애당초 천하를 탐하려는 마음이 없었음을 알 수 있다. 黎나라를 쳐서 이긴 것은 의리에 마땅히 정벌하여야 했기 때문이니, 가령 紂가 개과천선을 하였더라면 周나라는 끝내 신하의 절의를 지켰을 것이다. 祖伊는 殷나라의 어진 신하였다. 周나라의 흥성함이 殷나라에게 불리하다는 것을 알았고, 또한 殷나라의 멸망은 애당초 周나라와 아무런 관련이 없다는 것도 알았다. 그러므로 黎나라를 쳐서 이긴 일을 가지고 紂에게 고할 때에 天命과 人情의 두려워할 만한 점만을 반복해서 말하였고, 조금도 周나라에 대한 언급은 없었으니, 文王·武王께서 천하를 공정하게 여기는 마음을 여기에서 볼 수 있는 것이다.

字義 功 : 일 공 戮 : 죽일 륙

微子

微는 國名이요 子는 爵也라 微子는 名啓니 帝乙長子요 紂之庶母兄也라 微子痛殷之將亡하여 謀於箕子比干이어늘 史錄其問答之語하니 亦誥體也라 以篇首에 有微子二字일새 因以名篇하니라 今文古文에 皆有하니라

微는 나라 이름이고, 子는 爵位이다. 微子는 이름이 啓이니, 帝乙의 長子이자 紂의 庶母兄이다. 微子는 殷나라가 장차 망하려는 것을 애통해하여 箕子·比干과 대책을 논의하였는데, 史官이 그 문답한 말들을 기록하였으니, 또한 誥體이다. 篇 머리에 '微子' 두 글자가 있기 때문에 그를 가지고 篇名으로 삼은 것이다. 〈微子〉는 《今文尙書》와 《古文尙書》에 모두 들어 있다.

1. 微子若曰 父師少師아 殷其弗或亂正四方이로소니 我祖厎(지)遂陳于上[130]이어시늘 我用沈酗于酒하여 用亂敗厥德于下하나이다(하나다)

微子가 이렇게 말하였다. "父師님! 少師님! 殷나라가 혹여 세상을 다스려 바로잡지 못할 듯한데, 우리 조상들은 功을 이루어 그 업적이 上世에 진열되어 있거늘, 우리는 술에 빠져 주정하여 그 德을 후세에 어지럽히고 무너뜨립니다.

父師는 太師三公이니 箕子也요 少師는 孤卿이니 比干也라 弗或者는 不能或如此也라 亂은 治也라 言紂無道하여 無望其能治正天下也라 厎는 致요 陳은 列也라 我祖成湯이 致功하여 陳列於上이어늘 而子孫이 沈酗于酒하여 敗亂其德於下라 沈酗를 言我而不言紂者는 過則歸己하여 猶不忍斥言之也라

父師는 太師로 三公이니 곧 箕子이며, 少師는 孤卿이니 곧 比干이다. 弗或은 혹여 이와 같지 못할 듯하다는 말이다. 亂은 治의 뜻이니, 紂가 無道해서 천하를 다

---

130 我祖厎(지)遂陳于上 : 孔傳에서 '遂'를 成의 뜻으로 보아 "湯임금이 그 功을 이루어 上世에 진열하였다고 말한 것이다.〔言湯致遂其功 陳列於上世〕"라고 풀이하고 蔡傳에서도 이를 따랐는데, 兪樾은 "'厎遂陳于上'은 대개 德을 가지고 말한 것이다. 아랫글에 '우리는 술에 빠져 주정하여 그 德을 후세에 어지럽히고 무너뜨린다.'고 하였으니, 紂가 어지럽히고 무너뜨린 것은 바로 湯임금이 덕을 이루어 上世에 진열해 놓은 그것이다. 윗句에서 德을 말하지 않은 것은 글이 아래에 보이기 때문에 위에서 생략한 것이니, 옛사람은 본래 이와 같은 文法이 있었거늘, 傳에서는 이것을 모르고 '功'자를 더 보탰으니 잘못이다.〔厎遂陳于上 蓋以德言 下文曰 我用沈酗于酒 用亂敗厥德于下 紂所亂敗者 卽湯所厎遂陳者也 上句不言德者 文見于下 故省于上 古人自有此文法也 傳不知此而增出功字失之〕"라고 하였다.(《群經平議》)

스려 바로잡기를 기대할 수 없음을 말한 것이다. 厎는 致(이루다)의 뜻이요, 陳은 列의 뜻이다. 우리 조상인 成湯이 功을 이루어 업적이 상세에 진열되어 있는데, 자손이 술에 빠져 주정하여 그 德을 후세에 무너뜨리고 어지럽힌 것이다. 술에 빠져 주정하는 것을 '我'라 말하고 '紂'라 말하지 않은 것은 허물을 자신에게 돌려 외려 차마 지척해 말하지 못한 것이다.

字義 亂 : 다스릴 란, 어지러울 란　厎 : 이룰 지　遂 : 이룰 수　沈 : 빠질 침　酗 : 주정할 후

2. 殷이 **罔不小大**히 **好草竊**[131] **姦宄**어늘 **卿士師師非度**하여 **凡有辜罪 乃罔恒獲**[132]한대 **小民**이 **方興**[133]하여 **相爲敵讐**하나이다(하나니) **今殷其淪喪**이 **若涉大水**에 **其無津涯**하니 **殷遂喪**이 **越至于今**이러이다(이러니라)

殷나라 사람들은 아랫사람 윗사람 할 것 없이 좀도둑질과 간사한 짓을 좋아하는데, 卿士들은 법도에 어긋난 일만을 서로 본받아, 죄를 지은 사람들이 〈그 죄값을〉 치른 자가 없자, 小民들이 바야흐로 일어나 서로 원수가 되고 있습니다. 지금 殷나라가 망해가고 있는 것이 마치 큰 강물을 건너야 하는데 나룻목이 없는 것과 같으니, 殷나라가 드디어 망하게 될 날이 지금 다가온 것입니다."

---

131 草竊 : 孔傳은 "초야에서 절도하는 것"이라고 하였으니, 곧 亂民을 뜻한다.

132 卿士師師非度……乃罔恒獲 : 孔傳은 "일을 맡은 六卿이 서로 본받아 불법을 자행하므로 모두 辜罪가 있어 常道를 가지고 中正을 얻은 자가 없다는 것이다.〔六卿典士 相師效 爲非法度 皆有辜罪 無秉常得中者〕"라고 풀이하였는데, 兪樾은 "經文에는 '獲'자만 있고 '中'자가 없으니, 傳의 뜻은 잘못이다. 이 經文의 뜻을 자세히 살펴보면, 〈牧誓〉에 이른바 '오직 사방에서 죄를 많이 지고 도망해온 자들을 높이고 받들며, 믿고 부려서 이들로 大夫와 卿士를 삼았다.'는 것과 똑같은 뜻이다. 《春秋左氏傳》 昭公 7년 조의 '周 文王의 法에 「도망간 자를 대대적으로 수색하라.」고 했기 때문에 문왕은 천하를 차지하게 된 것이다.'라고 하고, 또 '옛적에 武王께서 紂의 罪를 꾸짖어 諸侯들에 알리기를 「紂는 천하의 도망간 자를 위한 임금이 되어 그들이 모이는 소굴 역할을 하였다.」 했다.'고 한 것은 모두 이 經文을 설명한 것이다. 대개 文王의 法에서는 죄인이 도망하면 대대적으로 수색하여 기어이 찾아냈는데, 紂는 이와 반대였다. 그러므로 당시에 도망간 자의 소굴이 되었으니, 죄를 지은 사람들은 언제나 잡히지 않았다. '罔恒獲'은 '常不得'과 같은 말이다. 가령 그 글을 거꾸로 한다면 '乃恒罔獲'이 되어 그 뜻이 밝게 나타나니, 古書의 佶屈體(난삽한 문체)가 아니다.〔經文止有獲字無中字 傳義非也 詳此經之義 正牧誓所謂乃惟四方之多罪逋逃 是崇是長是信是使 是以爲大夫卿士者 昭七年左傳曰 周文王之法曰 有亡荒閱 所以得天下也 又曰 昔武王數紂之罪 以告諸侯曰 紂爲天下逋逃主 萃淵藪 皆可以說此經 蓋文王之法 有罪人逃亡 則大覓其衆 期于必得 而紂則反是 故當時以爲逋逃之淵藪 凡有罪辜者 乃罔恒獲也 罔恒獲 猶言常不得 使倒其文曰 乃恒罔獲 則其義便明顯而非古書佶屈之體矣〕"라고 하였다.(《群經平議》)

133 方興 : 孔傳은 "각각 한 지방에서 일어나서〔各起一方〕"로 풀이하였다.

殷之人民이 無小無大히 皆好草竊姦宄어늘 上而卿士도 亦皆相師非法하여 上下容隱하여 凡有冒法之人이 無有得其罪者한대 小民이 無所畏懼하여 强凌弱하고 衆暴寡하여 方起讐怨하고 爭鬪侵奪하여 綱紀蕩然하니 淪喪之形이 茫無畔岸이라 若涉大水에 無有津涯하니 殷之喪亡이 乃至於今日乎아 微子上陳祖烈하고 下述喪亂하니 哀怨痛切하여 言有盡而意無窮이라 數千載之下에도 猶使人傷感悲憤하니 後世人主觀此면 亦可深監矣리라

殷나라 사람들은 아랫사람 윗사람 할 것 없이 좀도둑질과 간사한 짓을 좋아하는데, 위에서 卿士들도 모두 법도에 어긋난 일만을 서로 본받아 윗사람과 아랫사람이 비호하고 숨겨주어 법을 범한 사람들이 그 죄값을 치른 자가 없자, 小民들이 두려워하는 바가 없어, 강자는 약자를 능멸하고 다수는 소수에게 포학하여 바야흐로 원망하는 마음을 일으키고 쟁투와 침탈을 일삼아 기강이 깡그리 무너지니, 망해가는 형세가 아득하여 끝이 없었다. 이것은 마치 큰 강물을 건너야 하는데 나룻목이 없는 것과 같으니, 殷나라가 드디어 망하게 될 날이 지금 다가온 것인가.

微子가 위로는 조상의 功烈을 진술하고 아래로는 喪亂을 기술하였는데, 너무도 哀怨하고 痛切하여 말은 비록 끝났으나 뜻은 무궁무진하다. 수천 년 뒤에도 외려 사람들로 하여금 感傷하고 悲憤하게 만드니, 후세의 임금들이 이것을 본다면 또한 깊이 거울로 삼을 수 있을 것이다.

字義 姦 : 밖에서 소란피울 간 宄 : 안에서 소란피울 궤 度 : 법도 도 辜 : 허물 고, 죄 고
獲 : 얻을 획 淪 : 빠질 륜 涉 : 건널 섭 津 : 나루 진 涯 : 물가 애 越 : 및 월
凌 : 능멸할 릉 暴 : 폭행할 폭 蕩 : 무너질 탕 茫 : 아득할 망 載 : 해 재 監 : 거울 감

3. 曰 父師少師아 我其發出狂[134]할새 吾家耄 遜于荒[135]이어늘 今爾無指告予顚

134 我其發出狂 : 袁仁(《尙書砭蔡編》)은 "'狂'자는 바로 '往'자의 오류이다. 《史記》 〈宋世家〉에 '發出往'으로 되어 있고, 그 注에서 인용한 鄭玄의 '우리는 일어나 나가야 한다.'는 말이 이것이다. 만일 '顚狂'으로 해석한다면 그런 이치는 없을 듯하다.〔狂字乃往字之誤 史記宋世家 作發出往 注引鄭玄云 我其起作出往是也 若以顚狂釋之 恐無此理〕"라고 하였는데, 洪奭周(《尙書補傳》)는 "孔氏는 '發出狂'을 '微子가 殷이 장차 亡할 것을 생각하여 광증이 발생하는 것'으로 여겼고, 蔡傳은 '紂가 미치광이 짓을 하여 포학하고 무도한 것'으로 여겼으며, 《史記》에서는 이 글을 인용하면서 '狂'을 '往'으로 적었으니, 장차 떠나감을 이른 것이다. 지금 文義를 가지고 추구하면 蔡說이 조금 나은 것 같다. 그러나 '吾家耄'를 '우리 국가의 노성한 사람들'로 여겼으니 또한 매우 순조롭지 못하고, 孔氏는 '집에 있으면 마음이 산란하여 죽을 것만 같기 때문에 荒野로 도망 나가고 싶다는 것'으로 여겼으니 더욱 견강부회하였으며, 《史記》에서는 '우리 집을 喪亂에서 보전하는 것'으로 적었으니 대개 장차 그 집을 상란 속에서 보전하려 함을 이른 것인데, 그 뜻이 더욱 어둡고 난삽하여

隮하나니 若之何其[136]오

다시 말하였다. "父師님! 少師님! 우리가 미치광이 짓을 하므로 우리 국가의 노성한 사람들이 황야로 도피하였는데, 지금 당신들은 나에게 전복되고 실추됨을 〈구제할 수 있는〉 일을 지적해서 알려주지 않으시니, 어찌해야 됩니까."

曰者는 微子更(경)端之辭也라 何其는 語辭[137]라 言紂發出顚狂하여 暴虐無道할새 我家老成之人이 皆逃遁于荒野하니 危亡之勢如此라 今爾無所指示告我以顚隕隮墮之事하니 將若之何哉오 蓋微子憂危之甚에 特更端以問救亂之策이라 言我而不言紂者는 亦上章我用沈酗之義라

曰은 微子가 화제를 바꾸어 한 말이다. 何其는 어조사이다. "紂가 미치광이 짓을 하여 포학하고 무도하자, 우리 국가의 노성한 사람들이 모두 황야로 도피하였으니, 危亡의 형세가 이와 같은데, 지금 머물러있는 당신(父師와 少師)들은 나에게 전복되고 실추됨을 〈구제할 수 있는〉 일을 지적해서 알려주지 않으니, 장차 어찌해야 됩니까."라고 말한 것이다. 아마 微子가 조심하고 두려워함이 심하기 때문에 특별히 화제를 바꾸어서 亂을 구제할 계책을 물은 것일 터이다. '我'라 말하고 '紂'라 말하지 않은 것은 또한 윗章에서 "우리는 술에 빠져 주정한다."라고 할 때의 '우리'란 뜻이다.

字義 耄 : 늙을 모 遜 : 도피할 손 顚 : 넘어질 전 隮 : 떨어질 제 遁 : 도망갈 둔

통하기 어렵다. 그러나 아랫글의 '詔王子出迪'과 '王子不出'이란 두 句의 말을 가지고 본다면, '發出往'으로 적은 것도 또한 타당한 것 같다.〔孔氏以發出狂 爲微子念殷將亡 發疾生狂 蔡傳以爲紂發出癲狂 暴虐無道 史記因此以狂作往 謂將去之也 今以文義求之 蔡說似稍長 然以吾家耄 爲我家老成之人 亦未甚順 孔氏以爲在家耄亂 欲遜于荒野 尤牽强 史記作吾家保于喪 蓋謂將保其家于喪亂之中也 其義尤晦澁難通 然以下文詔王子出迪 王子不出二語見之 則作發出往者 亦似有理〕"라고 하였다.

135 吾家耄 遜于荒 : 孔傳은 "집에 있으면 곧 마음이 산란하여 죽을 것만 같기 때문에 荒野로 도망쳐 나가고 싶다.〔在家耄亂 故欲遯出於荒野〕"로, 蔡傳은 "우리 국가의 노성한 사람들이 모두 황야로 도피하였다."로 풀이하였는데, 丁若鏞(《尙書知遠錄》)은 "梅氏는 본시 온당하지 못하고, 蔡氏 또한 합당하지 못하다. '家耄'는 王室의 老物을 이른다.〔梅固未允 蔡亦未當 家耄 謂王室之老物〕"라고 하였다.

136 今爾無指告予顚隮 若之何其 : 孔傳은 "지금 당신들이 의사표시를 하여 殷나라가 멸망할 것을 나에게 고함이 없다면 어떻게 구제하겠습니까.〔汝無指意告我殷邦顚隕隮墜 如之何其救之〕"라고 풀이하였다.

137 何其 語辭 : 문의로 보아 "'何其'의 其는 어조사이다."라고 해야 된다. 《書傳大全》 小註에도 "'其'는 어조사이다. 《禮記》에 '何居'라는 것도 뜻이 이와 같다.〔其語助辭 記曰何居 義與此同〕"라고 하였다.

隕 : 넘어질 운, 떨어질 운　墮 : 떨어질 타

4. 父師若曰 王子[138]아 天毒降災하사 荒殷邦이어시늘 方興[139]하여 沈酗于酒하나이다(하나다)

父師가 이렇게 말하였다. "王子님! 하늘은 혹독하게 재앙을 내리어 殷나라를 황폐시키고 있는데도, 바야흐로 일어나 〈이제 막 한창〉 술에 빠져 주정을 일삼고 있습니다.

此下는 箕子之答也라 王子는 微子也라 自紂言之하면 則紂無道라 故로 天降災요 自天下言之하면 則紂之無道는 亦天之數라 箕子歸之天者는 以見(현)其忠厚敬君之意니 與小旻詩에 言旻天疾威 敷于下土로 意同이라 方興者는 言其方興而未艾也라 此는 答微子沈酗于酒之語而有甚之之意니 下同이라

여기서부터 이하는 箕子가 답한 말이다. 王子는 微子이다. 紂의 입장으로 말하면 紂가 무도하기 때문에 하늘이 재앙을 내린 것이고, 천하의 입장으로 말하면 紂의 무도함 또한 하늘의 운수인 것이다. 箕子가 이를 하늘에 돌린 것은 忠厚하고 임금을 공경하는 뜻을 나타낸 것이니, 《詩經》〈小雅 小旻〉의 詩에 "旻天(임금)의 포악함이 下土에 펴진다."는 것과 뜻이 같다. 方興은 바야흐로 일어나서 중단하지 않음을 말한 것이다. 이는 微子의 "沈酗于酒(술에 빠져 주정을 일삼는다.)"라는 말에 답한 것으로, 微子의 말보다 더 심한 뜻이 담겨있으니, 아래도 이와 같다.

---

138 王子 : 孔傳은 "比干은 보이지 않으나 마음을 밝히는 일은 동일할 것이므로 글을 생략한 것이다. 微子는 帝乙의 元子이기 때문에 '王子'라고 한 것이다.〔比干不見 明心同 省文 微子帝乙元子 故曰王子〕"라고 하고, 蔡傳은 "比干만이 말한 바가 없었으니, 그것은 比干이 의리상 마땅히 죽어야 할 바에 마음을 편안히 가져서 다시 말을 함이 없었던 것이 아닌가.〔比干獨無所言者 得非比干安於義之當死而無復言歟〕"라고 하였는데, 이에 대하여 洪奭周는 "나는 생각하건대, 微子의 물음은 단지 두 公의 의향만을 들으려는 것이 아니고, 곧 자신의 거취도 택하기 위한 것이었으며, 箕子의 답 또한 微子를 위해 거취문제를 짚어준 것이라 여겨진다. 가령 比干의 마음이 箕子와 달랐다면 또한 어떻게 묵묵히 말이 없을 수 있었겠는가. 鄭玄이 '少師(比干)가 답하지 않은 것은 꼭 죽을 생각을 가졌기 때문이다.'라고 하자, 孔穎達이 말하기를 '그렇다면 箕子의 본의는 어찌 꼭 살기를 구했겠는가. 다만 紂가 죽이지 않았을 뿐이다.'라고 하였다. 朱子는 '比干이 죽은 것은 아마 부득이해서였을 것이고, 箕子 또한 우연히 죽음을 당하지 않았을 뿐이니, 箕子와 比干의 마음은 동일한 것이다.'라고 하였으니, 아마 또한 孔穎達의 說을 옳게 여겼을 것이다.〔愚謂微子之問 非但欲聞二公之志也 乃欲自擇其去就之義也 箕子之答 亦爲微子謀去就也 使比干之心 有異於箕子者 亦安得默而無言哉 鄭玄謂少師不答 志在必死 孔穎達曰 然則箕子本意 豈必求生耶 但紂自不殺之耳 朱子曰 比干之殺身 蓋非得已 箕子亦偶未見殺耳 箕子比干之心一也 蓋亦以孔說爲是也〕"라고 하였다.(《尙書補傳》)

139 方興 : 孔傳은 사방 사람들이 일어나는 것으로 보았다.

字義 沈 : 빠질 침 艾 : 그칠 애

5. 乃罔畏畏하여 咈其耉長舊有位人하나이다(하나다)

두려워해야 할 것을 두려워하지 아니해서, 예전부터 직위에 있던 노성한 사람들의 뜻을 거스르고 있습니다.

乃罔畏畏者는 不畏其所當畏也라 孔子曰 君子有三畏하니 畏天命하며 畏大人하며 畏聖人之言[140]이라하시니라 咈은 逆也라 耉長은 老成之人也라 紂惟不畏其所當畏라 故로 老成舊有位者를 紂皆咈逆而棄逐之하니 卽武王所謂播棄黎老者[141]라 此는 答微子發狂耄遜之語니 以上文特發問端이라 故로 此先答之하니라

乃罔畏畏란 마땅히 두려워해야 할 것을 두려워하지 않는 것이다. 孔子께서 말씀하기를 "군자에게 세 가지 두려워해야 할 것이 있으니, 天命을 두려워해야 하고, 大人을 두려워해야 하고, 聖人의 말씀을 두려워해야 한다."라고 하셨다. 咈은 逆의 뜻이다. 耉長은 老成한 사람이다. 紂는 마땅히 두려워해야 할 것을 두려워하지 않았다. 그러므로 예전부터 지위에 있던 노성한 사람들을 紂가 모두 그들의 뜻을 거슬러서 내쫓았으니, 이는 곧 武王의 이른바 "노인을 버렸다."라는 것이다. 이는 微子의 "發狂耄遜(미치광이의 짓을 하기 때문에 노성한 사람들이 도피했다.)"이라는 말에 답한 것이니, 윗글에서 특별히 묻는 말을 꺼냈기 때문에 이 물음에 먼저 답한 것이다.

字義 咈 : 거스를 불 耉 : 늙을 구 逆 : 거스를 역 播 : 버릴 파

6. 今殷民이 乃攘竊神祇之犧牷牲이어늘 用以容하여 將食無災[142]하나이다(하나다)

지금 殷나라 백성들이 天神과 地祇에게 올릴 犧·牷·牲 등 여러 가지 제물들을 훔쳐가도 서로 숨겨주어 그 제물을 가져다 먹어치워도 아무런 형벌도 내리지 않고 있습니다.

---

140 孔子曰……畏聖人之言 : 이 내용은 《論語》 〈季氏〉에 보인다.

141 武王所謂播棄黎老者 : 〈泰誓 中〉에 보이는데 '播棄犂老'라고 되어 있다.

142 今殷民…… 將食無災 : 孔傳은 民, 用, 食, 災에 句를 끊고 '將'을 行의 뜻으로 보아 "지금 殷나라 백성들이 天神과 地祇에게 올릴 犧·牷·牲 등 여러 가지 제물들을 훔쳐다가 서로 감싸면서 먹어치워도 죄를 주는 사람이 없다."로 풀이하였다.

色純曰犧요 體完曰牷이요 牛羊豕曰牲이라 犧牷牲은 祭祀天地之物이니 禮之最重者어늘 猶爲商民攘竊而去로되 有司用相容隱하여 將而食之라도 且無災禍하니 豈特草竊姦宄而已哉아 此는 答微子草竊姦宄之語라

攘竊犧牲圖

색깔이 순색인 것을 '犧'라 하고, 〈몸을 해체하지 않고〉 전체인 것을 '牷'이라 하고, 소와 양과 돼지를 '牲'이라 한다. 犧·牷·牲은 天地에 제사 지내는 제물이니, 禮에 있어서 가장 소중한 것이거늘, 외려 商나라 백성들이 훔치는데도 有司가 서로 숨겨주어, 가져다 먹어도 형벌을 내리는 일이 없으니, 어찌 다만 좀도둑질과 간사한 짓 정도일 뿐이겠는가. 이는 微子의 "草竊姦宄(좀도둑질과 간사한 짓)"란 말에 답한 것이다.

字義 攘 : 훔칠 양 竊 : 도둑질 절 神 : 하늘의신명 신 祇 : 땅의신명 기 犧 : 희생 희
牷 : 희생 전 牲 : 희생 생 容 : 숨길 용 將 : 가질 장 災 : 형벌 재 純 : 순전할 순

7. 降監殷民하니 用乂讐斂[143]이로다(이로소니) 召敵讐不怠[144]하여 罪合于一하니 多

---

143 斂 : 孔傳은 '賦斂'이란 斂의 뜻으로 보았다. 馬融과 鄭玄도 같다.

144 降監殷民……召敵讐不怠 : 孔傳에서 "아래로 殷의 백성들 상태를 살펴보니, 백성을 다스리는 관리들이 모두 부세를 무겁게 매겨 백성들을 상하게 하되 원수지는 방법을 총동원하고 있고, 게다가 또 자주 暴虐을 행하여 스스로 敵讐를 부르는 일을 게을리하지 않는다.〔下視殷民 所用治者 皆重賦傷民 斂聚怨讐之道 而又亟行暴虐 自召敵讐不解怠〕"라고 풀이하였는데, 이에 대하여 兪樾(《群經平議》)은 "傳의 뜻대로라면 '讐斂'과 '召敵讐'가 동일한 것인데, 어찌 중복된 말을 할 필요가 있겠는가. 鄭玄은 '讐'를 疇의 뜻으로 읽었으니, 응당 이 說을 따라야 한다. 殷나라 제도는 助法을 썼기 때문에 정부의 소득은 公田에서 들어온 것뿐이고, 그 외에는 모두 백성의 私田이었기 때문에 정부에서 거두어 들일 수 없었다. 여기에서 말한 '疇斂'은 바로 井田을 감안해서 거두는 것이니, 이 취렴은 公田만 한정하지 않았다. 이는 아마 殷紂가 처음으로 더 부과한 것인 듯하다. '乂'는 응당 '刈'여야 하니, 《說文解字》에 '乂'와 '刈'가 본래 한 글자였다. 王逸이 《離騷》에 注를 달기를 '刈는 穫의 뜻이다.'라고 하였다. '降監殷民 用乂疇斂'은 '아래로 殷나라 백성들을 살펴보니, 수확

瘠이라도 罔詔[145]로다

殷나라 백성들을 내려다보니, 다스린다는 것이 원수처럼 거두는 일이다. 원수를 맺는 짓만을 열심히 하여 〈아래와 위의〉 죄가 모여 하나가 되었으니, 백성들이 많이 굶어 죽는데도 호소할 곳이 없도다.

讐斂은 若仇敵掊斂之也라 不怠는 力行而不息也라 詔는 告也라 下視殷民하니 凡上所用以治之者는 無非讐斂之事라 夫上以讐而斂下면 則下必爲敵以讐上이니 下之敵讐는 實上之讐斂以召之어늘 而紂方且召敵讐不怠하여 君臣上下 同惡相濟하여 合而爲一이라 故로 民多飢殍而無所告也라 此는 答微子小民相爲敵讐之語라

讐斂은 仇敵처럼 거두는 것이다. 不怠는 힘써 행하고 쉬지 않는 것이다. 詔는 告(호소)하는 것이다. 殷나라 백성들을 내려다보니, 위에서 다스린다는 것은 온통 원수처럼 거두는 일이다. 윗사람이 원수처럼 아랫사람에게 거두면 아랫사람은 반드시 적으로 변하여 윗사람을 원수로 여기는 법이다. 아랫사람이 적으로 변하여 원수로 여기는 것은 실로 윗사람이 원수처럼 거두어 자초한 일이다. 그런데도 紂는 敵讐를 부르는 일을 열심히 하여 君臣과 上下가 악한 짓을 함께하고 서로 협조하여, 그 죄가 합하여 하나가 되었다. 그러므로 백성들은 많이 굶어 죽는데도 호소할 곳이 없는 것이다. 이는 微子의 "小民相爲敵讐(小民들은 서로 맞서 싸우고 있다.)"라는 말에 답한 것이다.

字義 監 : 볼 감 斂 : 거둘 렴 乂 : 다스릴 예 瘠 : 굶어죽을 척 詔 : 호소할 조 仇 : 원수 구 掊 : 거둘 부 濟 : 협조할 제 殍 : 굶어죽을 표

8. 商이 今其有災하리니 我는 興受其敗하리이다(하리라) 商其淪喪이라도 我罔爲臣僕[146]하리이다(하리라) 詔王子出迪하노니 我舊云이 刻子랏다 王子弗出하면 我乃顚隮하리이다(하리라)

할 때에 田疇를 계산해서 거두었다.'는 점을 말한 것이다.〔如傳義則讐斂與召敵讐一也 何必重複言之乎 鄭讀讐爲疇 當從此說 殷制用助法 上所應得者 惟公田所入而已 其外 皆民之私田 上不得而斂之也 此云疇斂 則是按井而斂之 是所取不止公田矣 殆紂始所加賦歟 乂當爲刈 據說文乂刈本一字也 王逸注離騷曰 刈 穫也 降監殷民 用乂疇斂 言下視殷民 方用刈穫之時 計疇而斂之也〕"라고 하였다.

145 罪合于一 多瘠罔詔 : 孔傳은 '詔'를 救의 뜻으로 보아 "殷나라의 백성들이 위아래가 죄가 있어 모두 紂의 한 몸에 합해졌다.(紂가 교화하여 그렇게 만들었다는 뜻이다.) 그러므로 백성들로 하여금 수척한 병이 많게 만들고 구제하는 사람이 없었다.〔殷民上下有罪 皆合於一紂 故使民多瘠病 而無詔救之者〕"라고 풀이하였다.

146 臣僕 : 臣僕인지 臣과 僕인지 결정하기 어렵다. 古本에 僕의 古字인 '𦸗'으로 되어 있는 것을 보

商나라는 지금 재난이 닥쳐올 것이니, 나는 일어나 그 禍敗를 받으리다. 商나라가 멸망하게 되더라도 나는 다른 사람의 臣僕이 되지 않을 것이다. 왕자님께 떠나가 시기를 고하노니, 내가 옛날에 한 말이 당신을 해치게 만들었습니다. 왕자님께서 떠나가시지 않으면 우리 宗祀는 전복되고 무너질 것입니다.

商今其有災하리니 我出當其禍敗라 商若淪喪이라도 我斷無臣僕他人之理라 詔는 告也니 告微子以去爲道라 蓋商祀는 不可無人이니 微子去則可以存商祀也라 刻은 害也라 箕子舊以微子長且賢으로 勸帝乙立之러니 帝乙不從하고 卒立紂하니 紂必忌之라 是는 我前日所言이 適以害子니 子若不去면 則禍必不免하여 我商家宗祀始隕墜而無所托矣라 箕子自言 其義는 決不可去요 而微子之義는 決不可不去也라 此는 答微子淪喪顚隮之語라

商나라는 지금 재난이 닥쳐올 것이니, 나는 나가서 그 禍敗를 받을 것이다. 商나라가 멸망하게 되더라도 나는 단연코 다른 사람에게 臣僕이 될 리 없을 게라는 것이다. 詔는 告의 뜻이니, 微子에게 떠나가는 것이 도리임을 고한 것이다. 대개 商나라의 제사는 받들 사람이 없어서는 안 되니, 微子가 떠나가면 商나라의 宗祀를 보존할 수 있다는 것이다. 刻은 害의 뜻이다. 箕子가 옛날에 "微子가 나이가 많고 또 어질다."고 하여 帝乙에게 微子를 세울 것을 권하였는데, 帝乙이 이를 따르지 않고 끝내 紂를 세웠으니, 紂가 반드시 微子를 꺼릴 것이다. 이는 내가 전일에 말한 것이 마침 당신을 해치게 만들었으니, 당신이 만약 떠나가지 않으면 禍를 반드시 면치 못하여 우리 商나라의 宗祀가 비로소 실추되어 의탁할 곳이 없게 될 게란 것이다. 箕子가 스스로 말하기를 "나는 의리상 결코 떠나갈 수 없고, 微子는 의리상 결코 떠나가지 않을 수 없다."라고 한 것이다. 이는 微子의 "淪喪"과 "顚隮"란 말에 답한 것이다.

字義 迪 : 떠나갈 적　刻 : 해칠 각　忌 : 꺼릴 기　托 : 의탁할 탁　決 : 결단코 결

9. 自靖하여 人自獻于先王[147]이니 我는 不顧行遯하리다(호리라)

면 '臣僕'이라고 해야 할 것이고, 《禮記》〈禮運〉의 "임금에게 벼슬하는 사람은 임금에게 자신을 '臣'이라 일컫고, 大夫에게 벼슬하는 사람은 대부에게 자신을 '僕'이라 일컫는다.〔仕於公曰臣 仕於家曰僕〕"라고 한 것을 보면 '臣과 僕'이라고 해야 할 것이나 당시 箕子의 충절을 감안하면 굳이 '臣과 僕'으로 보는 것보다는 단순히 '臣僕(신하종)'으로 보는 것이 나을 듯하다.

147 自靖 人自獻于先王 : 孔傳은 "각각 스스로 도모하여 그 뜻을 행하고, 사람마다 스스로 先王께

각기 스스로 마음에 편안히 여겨 사람마다 先王께 스스로 뜻을 진달할 것이니, 나는 도피할 것을 전연 고려하지 않겠습니다."

上文에 旣答微子所言하고 至此則告以彼此去就之義라 靖은 安也라 各安其義之所當盡하여 以自達其志於先王하여 使無愧於神明而已니 如我則不復顧行遯也라 按此篇컨대 微子謀於箕子比干이어늘 箕子答如上文이로되 而比干이 獨無所言者는 得非比干이 安於義之當死而無復言歟아 孔子曰 殷有三仁焉이라하시니 三人之行이 雖不同이나 而皆出乎天理之正하여 各得其心之所安이라 故로 孔子皆許之以仁하시니 而所謂自靖者卽此也니라

윗글에서 이미 微子가 말한 바에 답하였고, 이에 와서는 피차의 거취에 대한 뜻을 가지고 고하였다. 靖은 安의 뜻이다. 각기 의리상 마땅히 다해야 할 바를 마음에 편안히 여겨 스스로 그 뜻을 先王에게 진달하여 神明에게 부끄러움이 없도록 할 뿐이니, 나와 같은 경우는 다시 도피할 것을 전연 고려하지 않겠다는 것이다.

이 篇을 살펴볼 때 微子는 箕子와 比干에게 상의하였건만, 箕子는 윗글과 같이 답하였으나 比干만이 말한 바가 없는 것은 比干이 의리상 마땅히 죽어야 할 바에 마음을 편안히 가져서 다시 말을 함이 없었던 것이 아닌가. 孔子께서 말씀하기를 "殷나라에 세 仁者가 있었다."라고 하셨다. 세 사람의 행동이 비록 같지 않았으나 다 天理의 바름에서 나와 각각 그 마음에 편안한 바를 얻었으므로 孔子께서 모두 仁을 가지고 허여하신 것이니, 이른바 '自靖'이란 것이 곧 이것이다.

○又按左傳에 楚克許하니 許男이 面縛銜璧하고 衰絰輿櫬[148]하여 以見楚子어늘 楚子問諸逢伯한대 逢伯曰 昔武王克商에 微子啓如是어늘 武王이 親釋其縛하고 受其璧而祓之하며 焚其櫬하고 禮而命之라하니 然則微子適周는 乃在克商之後하니 而此所謂去者는 特去其位而逃遯於外耳라 論微子之去者는 當詳於是니라

○또 살펴보건대, 《春秋左氏傳》 僖公 6년 조에 "楚나라가 許나라를 쳐서 이기자, 許男이 손을 등 뒤로 결박하고 입에 구슬을 물고, 상복을 입고 棺을 수레에 싣고서 楚子를 뵈었다. 楚子가 이것을 보고 逢伯에게 물으니, 逢伯이 말하기를 "옛날 武王

獻達하는 것은 道를 잃지 않기 위함이다.〔各自謀行其志 人人自獻達於先王 以不失道〕"라고 풀이하였다.

148 衰絰輿櫬 : 《春秋左氏傳》에는 "大夫는 상복을 입고 士는 棺을 싣고 따랐다.〔大夫衰絰 士輿櫬〕"라고 되어 있다.

께서 商나라를 쳐서 이겼을 때 微子 啓가 이와 같이 하였는데, 武王께서 손수 그 결박을 풀어주고 그 입에 물었던 구슬을 받아서 祓除(요망한 것을 물리쳐버림)를 하고, 棺을 불사르고 禮로 대우하고 命을 내려 〈원래의 자리로 되돌아가게 했다.〉"라고 하였다. 그렇다면 微子가 周나라에 간 것은 〈주나라가〉 商나라를 쳐서 이긴 뒤에 있었던 일이니, 여기에서 이른바 "떠나감"이란 것은 다만 그 지위를 버리고 밖으로 도피하는 것일 뿐이다. 微子의 떠나감을 논하는 자들은 마땅히 여기에서 자세히 살펴야 할 것이다.

字義 靖 : 편안할 정 顧 : 고려할 고 縛 : 묶을 박, 결박할 박 銜 : 머금을 함 璧 : 구슬 벽
衰 : 최복 최 絰 : 수질 질 輿 : 수레 여 櫬 : 널 츤(친) 祓 : 제액할 불, 푸닥거리할 불

書經集傳 卷六

周書

周는 文王國號니 後에 武王이 因以爲有天下之號라 書凡三十二篇이라

周는 文王의 國號였는데, 뒤에 武王이 따라서 天下를 가진 칭호로 삼았다. 周書는 모두 32篇이다.

泰誓[1] 上

泰는 大(太)同하니 國語에 作大하니라 武王伐殷한대 史錄其誓師之言하니 以其大會孟津일새 編書者 因以泰誓名之니라 上篇은 未渡河作이요 後二篇은 旣渡河作이라 今文無하고 古文有하니라

泰는 大와 같은 뜻이니, 《國語》 〈鄭語〉에는 大로 되어 있다. 武王이 殷나라를 정벌하니, 史官이 그 군사들에게 맹약한 말을 기록하였는데, 孟津에서 크게 모였기 때문에 책을 엮는 이가 그에 따라서 '泰誓'라고 이름을 붙인 것이다. 上篇은 黃河를 건너기 전에 지은 것이고, 뒤의 두 篇은 이미 황하를 건넌 뒤에 지은 것이다. 〈泰誓〉는 《今文尙書》에는 들어 있지 않고 《古文尙書》에는 들어 있다.

---

1 泰誓 : 孔安國과 顧彪 등이 '泰'를 大의 뜻으로 보아온 것을, 宋代의 王安石(《尙書義》)이 '否泰'의 泰로 보아 "武王이 諸侯들을 크게 모아 군사들과 맹약하여 殷紂를 쳐서 否塞한 정국을 깨뜨렸기 때문에 편명을 '泰誓'라 한 것이다.〔武王大會諸侯 誓師伐以傾否 故命之曰泰誓〕"라고 하였는데, 이에 대하여 林之奇(《尙書全解》)는 "漢나라 孔氏(孔安國)는 '크게 모여서 군중과 맹약했다.'라고 하고, 顧氏(顧彪)는 '이 모임이 모임 중에 가장 큰 모임이었기 때문에 泰誓라 한 것이다.'라고 하였으니, 그 뜻은 다르나 '泰'를 大의 뜻으로 본 것은 동일하다. 先儒들의 풀이는 이와 같았을 뿐인데, 王氏(王安石)는 先儒의 詁訓을 모두 폐기하고 자신의 뜻으로 단정하였으니, 그 說이 반드시 이처럼 고루하게 된 것이다.〔漢孔氏曰 大會以誓衆 顧氏曰 此會中之最大者 故曰泰誓 其意雖異 然而以泰爲大則同 先儒之所解 亦惟如是而已 王氏欲盡廢先儒之詁訓 悉斷以己意 則其說 必至於如此之陋也〕"라고 하였다.

○按伏生二十八篇에 本無泰誓러니 武帝時에 僞泰誓出하여 與伏生今文書로 合爲二十九篇이라 孔壁書雖出이나 而未傳於世라 故로 漢儒所引은 皆用僞泰誓니 如曰白魚入于王舟하고 有火復于王屋流爲烏니 太史公記周本紀에도 亦載其語라 然이나 僞泰誓는 雖知剽竊經傳所引[2]이로되 而古書亦不能盡見이라 故로 後漢馬融이 得疑其僞하여 謂泰誓는 按其文컨대 若淺露하고 吾又見書傳이 多矣나 所引泰誓而不在泰誓者甚多라하더니 至晉孔壁古文書行하여 而僞泰誓始廢하니라

○살펴보건대, 伏生의 28篇에는 본래 〈泰誓〉가 없었는데, 漢 武帝 때에 위작의 〈泰誓〉가 나와서 伏生의 《今文尙書》와 합하여 29편으로 만들었다. 孔壁의 《尙書》가 비록 나왔으나 세상에 전해지지 못했기 때문에 漢儒들이 인용한 것은 모두 위작의 〈泰誓〉였으니, 이를테면 '흰 물고기가 임금의 배로 뛰어들었다.'란 것과 '불이 王이 머물고 있는 집 지붕으로 돌아왔다가 다시 흘러가 까마귀가 되었다.'란 것인데, 太史公(司馬遷)이 〈周本紀〉를 기록할 때에도 〈위작인지 의심해보지 않고〉 또한 그 말을 실었다. 그러나 〈102편의 《尙書》를 만들었다는 漢나라의 張霸 등은〉 위작의 〈泰誓〉가 비록 經傳에서 인용한 〈泰誓〉의 글을 표절하여 작성한 것임을 알았지만, 〈諸儒가 인용한〉 옛 책들을 또한 다 볼 수가 없었다. 그러므로 後漢 馬融은 위작임을 의심하여 "〈泰誓〉는 그 글을 살펴보면 너무 淺露한 것 같고, 내가 또 書籍과 傳記를 본 것이 많은데, 인용한 것은 〈泰誓〉이지만 〈泰誓〉에 들어 있지 않은 것이 너무 많다."라고 하였다. 그러다가 晉나라 때에 와서 孔壁의 《古文尙書》가 행해지자, 위작의 〈泰誓〉가 비로소 폐기되었다.

○吳氏曰 湯武皆以兵受命이나 然湯之辭는 裕하고 武王之辭는 迫하며 湯之數桀也는 恭하고 武之數紂也는 傲하니 學者不能無憾이라 疑其書之晩出하여 或非盡當時之本文也라하니라

○吳氏가 말하였다. "湯임금과 武王은 다 무력을 가지고 天命을 받았으나 湯임금의 말씀은 너그러웠고 武王의 말씀은 박절하였으며, 湯임금이 桀의 죄를 열거한 태도는 공손하였고 武王이 紂의 죄를 열거한 태도는 오만하였으니, 배우는 자가 이에 대하여 유감이 없지 못하다. 그 글이 늦게 출현해서 혹시 모두가 당시의 本文이 아닐 것이란 의심이 간다."

---

2 引 : 明代 王樵의 《尙書日記》에는 '有'로 되어 있다.

1. 惟十有三年春에 大會于孟津하시다

13년 봄에 孟津에서 〈군대가〉 크게 모였다.

十三年者는 武王卽位之十三年也라 春者는 孟春建寅之月也라 孟津은 見(현)禹貢하니라

13년은 武王이 卽位한 13년이다. 봄은 孟春으로서 北斗星의 자루가 寅方을 가리키는 달인 곧 正月이다. 孟津은 〈禹貢〉에 보인다.

○按漢孔氏言 虞芮質成[3]이 爲文王受命改元之年이니 凡九年而文王崩하고 武王立二年而觀兵하고 三年而伐紂하니 合爲十有三年이라하니 此皆惑於僞書泰誓之文하여 而誤解九年大統未集[4]與夫觀政于商[5]之語也라 古者에 人君卽位면 則稱元年하여 以計其在位之久近은 常事也라 自秦惠文始改十四年하여 爲後元年하고 漢文帝亦改十七年하여 爲後元年하니 自後로 說春秋에 因以改元爲重[6]이니라 歐陽氏曰 果重事歟아 西伯卽位하여 已改元年하니 中間不宜改元而又改元이요 至武王卽位하여 宜改元而反不改元하고 乃上冒先君之元年하여 幷其居喪하여 稱十一年하고 及其滅商而得天下하여는 其事大於聽訟이 遠矣로되 而又不改元하니 由是言之컨대 謂文王受命改元과 武王冒文王之元年者는 皆妄也라하니 歐陽氏之辨이 極爲明著라 但其曰十一年者는 亦惑於書序十一年之誤[7]也니 詳見序篇하니라

○살펴보건대, 漢나라 孔氏(孔安國)는 "虞·芮 두 나라 임금이 소송을 해온 해가

---

3 虞芮質成 : 《詩經》 〈大雅 綿〉의 "虞와 芮 두 나라 임금이 文王의 공평한 판결을 받기 위해 송사를 하러 왔다.〔虞芮質厥成〕"를 인용한 것이다. 毛傳에 의하면, "이들 두 나라 임금은 오랫동안 끌어오던 토지분쟁을 해결하기 위해 文王을 만나러 周나라 경내에 들어서자, 밭을 가는 농부는 밭두둑을 양보하고, 길을 가는 사람은 길을 양보하는 것을 보고 감동하여 '우리는 소인이니, 군자 나라의 땅을 밟을 수 없다.'고 하고는 다투던 토지를 서로 양보하였는데, 이 소식을 듣고 周나라로 귀의한 諸侯가 무려 40여 나라나 되었다."라고 한다.

4 九年大統未集 : 〈武成〉에 보이는데, 孔傳은 "諸侯가 귀의하고 9년 만에 〈文王이〉 서거했기 때문에 大業을 성취하지 못했다.〔諸侯歸之 九年而卒 故大業未就〕"로 풀이하였다.

5 觀政于商 : 〈泰誓 上〉에 보이는데, 孔傳은 "父業을 성취하지 못했기 때문에 나는 제후들과 함께 紂의 정사에 대한 善惡을 관찰했다.〔父業未就之故 我與諸侯 觀紂政之善惡〕"라고 풀이하였다.

6 自後……因以改元爲重 : 朴文鎬는 "《春秋》에는 본래 改元에 관한 일이 없는데, 후세에 說者가 망령되이 《春秋》의 중요한 일로 여겼다.〔春秋本無改元事 而後世說者 妄以爲春秋之重事〕"라고 하였다.(《壺山集》)

7 書序十一年之誤 : 書序에 "11년에 武王이 殷나라를 쳤다."라고 하였다.

大會孟津圖

바로 文王이 天命을 받아 改元한 해였으니, 이로부터 9년 만에 文王이 승하하였고, 武王이 즉위한 지 2년 만에 군대를 사열하고 3년 만에 紂를 정벌하였으니, 모두 합해서 13년이다."라고 하였다. 이것은 모두 위작된《書經》〈泰誓〉의 글에 현혹되어 "九年大統未集"이란 말과 "觀政于商"이란 말을 잘못 해석한 것이다. 옛날에 임금이 즉위하면 '元年'이라 일컬어서 在位 기간의 오래고 짧음을 계산하는 것은 일상적인 일이었다. 秦 惠文王으로부터 14년을 고쳐 '後元年'이라고 칭한 사례가 시작되었고, 漢 文帝 또한 17년을 고쳐 '後元年'이라 칭하였으니, 이후로《春秋(편년체로 된 역사책)》를 말할 때에는 따라서 원년을 고치는 것을 중요한 일로 여기게 되었다.

歐陽氏(歐陽脩)는 말하기를 "과연 이것이 중요한 일인가. 西伯이 즉위하여 이미 원년을 고쳤으니, 중간에 원년을 고쳐서는 안 되는데 또한 원년을 고쳤고, 武王이 즉위해서는 마땅히 원년을 고쳐야 하는데 도리어 원년을 고치지 않고는 위로 先君의 元年을 그대로 이어받아 居喪 기간까지 아울러서 11년이라 칭하였고, 商나라를 멸하여 천하를 얻은 것으로 말하면 그 일이 소송을 판결한 것보다 월등하게 중대한데도 또 원년을 고치지 않았으니, 이로 말미암아 말한다면 '文王이 천명을 받아 원년을 고쳤다.'는 것과 '武王이 文王의 元年을 그대로 이어받았다.'는 것은 모두 망령된 말이다."라고 하였으니, 歐陽氏의 변론이 지극히 분명하다. 다만 '11년'이라고 말한 것은 또한 書序의 11년이라고 한 잘못에 현혹된 것이니, 序篇에 자세히 보인다.

又按 漢孔氏以春爲建子之月이라하니 蓋謂三代改正朔에 必改月數요 改月數면 必以其正으로 爲四時之首니라 序에 言一月戊午라하니 旣以一月爲建子之月이요 而經又係之以春이라 故로 遂以建子之月爲春이라 夫改正朔하고 不改月數는 於太甲에 辨

之詳矣요 而四時改易은 尤爲無藝하니 冬不可以爲春이요 寒不可以爲暖은 固不待辨而明也라 或曰 鄭氏箋詩에 維莫(暮)之春을 亦言周之季春이니 於夏에 爲孟春이라하다하니 曰 此漢儒承襲之誤耳라 且臣工詩에 言 維莫之春이어늘 亦又何求오 如何新畬오 於(오)皇來牟 將受厥明이라하니 蓋言暮春則當治其新畬矣니 今如何哉아 然이나 牟麥將熟이면 可以受上帝之明賜라하니 夫牟麥將熟이면 則建辰之月이니 夏正季春이 審矣라 鄭氏於詩에 且不得其義하니 則其攷之固不審也라 不然則商以季冬爲春하고 周以仲冬爲春하여 四時反逆하여 皆不得其正하리니 豈三代聖人奉天之政乎아

또 살펴보건대, 漢나라 孔氏는 "봄은 北斗星의 자루가 子方을 가리키는 달인 곧 正月이다."라고 하였으니, 이는 아마 三代가 正朔을 고칠 적에는 반드시 月數를 고쳤을 것이요, 月數를 고쳤으면 반드시 그 正月을 四時의 첫머리로 삼았을 것이라고 여긴 것이다. 書序에 '一月戊午'라 하였으니, 이미 1월을 北斗星의 자루가 子方을 가리키는 달로 여겼고, 經文에서 또 '봄'을 이어 붙였기 때문에 드디어 子方을 가리키는 달을 '봄'이라 여긴 것이다. 正朔만 고치고 月數를 고치지 않은 것은 〈太甲〉에서 자세하게 변론하였거니와, 四時를 改易하는 것은 더더욱 무법한 일이니, 겨울을 봄이라고 할 수 없고 추운 것을 따뜻하다고 할 수 없다는 사실은 변론이 없어도 자명한 것이다.

혹자는 말하기를 "鄭氏(鄭玄)가 《詩》를 주석함에 〈周頌 臣工의〉 '維暮之春'을 또한 '周나라의 季春이니, 夏나라에 있어서는 孟春이 된다.'라고 말했다."고 하는데, 그것은 漢儒들이 잘못 이어온 오류일 뿐이다.

또 〈臣工〉의 詩에 "늦은 봄이 되었으니, 또한 무엇을 챙겨야 하나. 새로 개간한 밭을 어찌할까. 아! 아름다운 牟麥, 장차 밝게 주심을 받겠네."라고 하였으니, 이는 아마 '늦은 봄이 되면 마땅히 새로 개간한 밭을 다스려야 할 것이니, 지금 어찌할까. 그러나 牟麥이 장차 성숙하면 上帝께서 밝게 주시는 것을 받을 수 있다.'는 점을 말하였을 것이다. 牟麥이 '장차 성숙하면'이라고 한 것은 北斗星의 자루가 辰方을 가리키는 달이니, 夏正의 季春(3月)임이 분명하다. 鄭氏는 《詩》에서도 그 뜻을 파악하지 못했으니, 고찰하는 방식이 참으로 자세하지 못하다. 그렇지 않다면 商나라는 季冬(12月)을 봄이라 하고 周나라는 仲冬(11月)을 봄이라 하여, 四時가 뒤집어지고 거슬러서 모두 그 올바름을 얻지 못했을 것이니, 그것이 어찌 三代의 聖人들이 하늘을 받드는 정사이겠는가.

字義 芮 : 나라이름 예　質 : 질정할 질　冒 : 무릅쓸 모　箋 : 주석 전　襲 : 인습할 습
牟 : 밀 모　麥 : 보리 맥　攷 : 상고할 고　反 : 뒤집힐 반　逆 : 거슬릴 역

2. 王曰 嗟我友邦冢君과 越我御事庶士[8]아 明聽誓하라

왕이 말씀하였다. "아, 우리 우방의 임금들과 우리나라 일을 다스리는 여러 인사들아. 맹세하는 말을 분명히 듣도록 하라.

王曰者는 史臣追稱之也라 友邦은 親之也요 冢君은 尊之也라 越은 及也라 御事는 治事者요 庶士는 衆士也라 告以伐商之意하고 且欲其聽之審也라

王曰은 史臣이 추후에 일컬은 것이다. 友邦은 친하게 대하는 것이고, 冢君은 높이는 것이다. 越은 及(및)의 뜻이다. 御事는 일을 다스리는 것이고, 庶士는 여러 인사들이다. 商나라를 정벌하려는 뜻을 알리고 또 자세히 듣게 하려고 한 것이다.

3. 惟天地는 萬物父母요 惟人은 萬物之靈이니 亶聰明이 作元后요 元后作民父母니라

天地는 만물의 부모요, 사람은 만물의 靈長이니, 진짜 총명한 사람이 천자가 되는 것이고, 천자가 백성들의 부모가 되는 것이다.

亶은 誠實無妄之謂니 言聰明出於天性然也라 大哉라 乾元이여 萬物資始하고 至哉라 坤元이여 萬物資生[9]하니 天地者는 萬物之父母也라 萬物之生에 惟人이 得其秀而靈하여 具四端[10]하고 備萬善하여 知覺이 獨異於物이요 而聖人은 又得其最秀而最靈者라 天性聰明하여 無待勉强이라도 其知先知하고 其覺先覺하여 首出庶物이라

8　御事庶士 : 官吐는 "御事庶士아"라 하고 諺解는 "御事와 庶士아"라고 하여 御事庶士를 두 가지로 만들었는데, 착오인 것 같다. 아마 蔡傳에 "御事治事者 庶士衆士也"란 '者'가 혼란을 준 듯한데, '者'는 '也'와 같이 쓴 것으로 곧 '것'의 뜻으로 보면 무난할 것이다. 孔傳에서 '御事庶士'를 "治事衆士"라고 풀이했듯 蔡傳에서도 애당초 "御事庶士治事之衆士"나 "御事治事也"로 풀이했더라면 이런 착오를 범하게 하지 않았을 것이다. 아래의 〈牧誓〉에서는 "御事언司徒와司馬와"로 현토하고, 諺解도 "御事언司徒와司馬"라고 하였다. 뒤에 〈大誥〉의 "庶士御事" 같은 경우 蔡傳의 "邦君御事"라고 한 것을 '庶士御事'는 '일을 다스리는 여러 관리나 인사'라는 것을 쉽게 알 수 있다. 그런데 官吐는 여기서도 한 군데는 본문에 庶士와 御事로 吐를 달고, 諺解도 庶士와 御事라고 하였고, 한 군데는 본문에 吐를 달지 않고 諺解만 庶士와 御事라고 하였다.

9　大哉……萬物資生 : 《周易》의 乾卦와 坤卦의 彖辭이다.

10　四端 : 사람의 본성에서 우러나오는 네 가지 단서로 곧, 仁의 단서인 惻隱之心, 義의 단서인 羞惡之心, 禮의 단서인 辭讓之心, 智의 단서인 是非之心을 이른다.(《孟子》〈公孫丑 下〉)

故로 能爲大君於天下니 而天下之疲癃殘疾이 得其生하고 鰥寡孤獨이 得其養하여 擧萬民之衆이 無一而不得其所焉하니 則元后者는 又所以爲民之父母也라 夫天地生物而厚於人하고 天地生人而厚於聖人하니 其所以厚於聖人者는 亦惟欲其君長乎民하여 而推天地父母斯民之心而已라 天之爲民이 如此하니 則任元后之責者 可不知所以作民父母之義乎아 商紂失君民之道라 故로 武王發此하니 是雖一時誓師之言이나 而實萬世人君之所當體念也니라

亶은 진실하고 거짓이 없음을 이르니, 聰明이 천성에서 나옴을 말한 것이다. "위대하다, 乾元이여. 만물이 그를 힘입어 시작한다."라고 하고, "지극하다, 坤元이여. 만물이 그를 힘입어 생겨난다."라고 하였으니, 천지는 만물의 부모인 셈이다. 만물이 생겨날 적에 오직 사람만이 그 빼어난 기운을 얻어 신령스러워서 四端을 구비하고 萬善을 갖추었기 때문에 知覺이 유독 사물과 다르고, 聖人은 또 그중에서 가장 빼어난 기운을 얻어 가장 신령스러운지라, 천성이 총명하여 노력하지 않아도 그 앎을 먼저 알고 그 깨달음을 먼저 깨달아서 만물 중에 가장 으뜸으로 뛰어나다. 그러므로 능히 천하에 위대한 임금이 되는 것이니, 천하의 노약자와 장애자가 그 삶을 얻고, 홀아비·과부·고아·독신자가 그 양육을 얻어서 만백성이 한 사람이라도 살 곳을 얻지 못함이 없다. 그렇다면 天子는 또한 백성의 부모가 되는 것이다.

천지가 만물을 낼 적에는 사람에게 후하게 하고, 천지가 사람을 낼 적에는 성인에게 후하게 하였으니, 성인에게 후하게 한 까닭은 또한 백성들에게 君長이 되어서 천지가 백성들을 부모처럼 사랑하는 마음을 본받게 하고자 할 뿐이다. 하늘이 백성을 위하는 마음이 이와 같은데, 천자의 책임을 맡은 이가 백성의 부모가 된 뜻을 몰라서야 되겠는가. 商나라 紂가 백성에게 임금 노릇 하는 도리를 잃었기 때문에 武王이 이와 같은 말씀을 하신 것이니, 이는 비록 한때 군사들에게 맹약한 말씀이지만, 실제로는 만세의 임금이 마땅히 체념해야 할 바이다.

字義 亶 : 성실할 단 資 : 힘입을 자 疲 : 피곤할 피 癃 : 깡마를 륭 殘 : 잔약할 잔 疾 : 병들 질
鰥 : 홀아비 환 寡 : 과부 과 孤 : 고아 고 獨 : 독신 독

4. 今商王受 弗敬上天하며 降災下民하나다

지금 商나라 王인 受가 上天을 공경하지 않고 下民에게 재앙을 내리고 있다.

受는 紂名也라 言紂慢天虐民하여 不知所以作民父母也라 慢天虐民之實은 卽下文所云也라

受는 紂의 이름이다. 紂가 하늘을 업신여기고 백성을 학대하여 백성의 부모가 된 것을 모르고 있는 점을 말한 것이다. 하늘을 업신여기고 백성을 학대한 사실은 곧 아랫글에서 말한 것들이다.

5. 沈湎冒色하여 敢行暴虐하여 罪人以族①하고 官人以世②하며 惟宮室臺榭陂池侈服으로 以殘害于爾萬姓하며 焚炙(적)忠良하며 刳剔孕婦한대 皇天이 震怒하사 命我文考하사 肅將天威하시니 大勳을 未集하시니라

① 書經 罪人以族 : 사람을 죄주되 친족으로써 하고
 一般 罪人及族 : 사람을 죄주되 형벌이 친족에 미쳐가게 하고
② 書經 官人以世 : 사람을 벼슬시키되 세대로써 하며
 一般 官人及世 : 사람을 벼슬시키되 관작이 세대에 미쳐가게 하며

술에 빠지고 여색에 문란한 동시에 감히 포학을 행하여, 사람을 죄주되 형벌이 족속에 미치게 하고, 사람을 벼슬시키되 관작이 대대로 미쳐가게 하며, 宮室과 臺榭와 陂池와 사치스러운 의복을 좋아함으로써 너희 만백성을 해치고, 忠良한 사람을 불태워 죽이고, 임신한 부인의 배를 갈라 보는 〈등 못된 짓을 일삼으니,〉 皇天이 震怒하여 우리 文考(文王)에게 명하시어 하늘의 위엄을 엄숙히 받들어 행하게 하셨는데, 큰 훈업을 이루지 못하셨다.

沈湎은 溺於酒也요 冒色은 冒亂女色也라 族은 親族也니 一人有罪면 刑及親族也라 世는 子弟也니 官使를 不擇賢才하고 惟因父兄而寵任子弟也라 土高曰臺요 有木曰榭라 澤障曰陂요 停水曰池라 侈는 奢也라 焚炙은 炮烙刑之類요 刳剔은 割剝也라 皇甫謐(밀)云 紂剖比干妻하여 以視其胎라하니 未知何據라 紂虐害無道如此라 故로 皇天震怒하여 命我文王하사 敬將天威하여 以除邪虐이시나 大功未集에 而文王崩이라 愚謂 大勳은 在文王時에 未嘗有意요 至紂惡貫盈하여 武王伐之시나 敍文王之辭에 不得不爾니 學者當言外得之니라

沈湎은 술에 빠지는 것이고, 冒色은 여색에 문란한 것이다. 族은 親族이니, 한 사람이 죄를 지으면 형벌이 친족에게까지 미치게 하는 것이다. 世는 子弟이니, 벼슬을 시키는 일을 어진 사람을 선택하지 않고 오직 父兄의 공로만을 가지고 그 자제들을 총애하여 임용하는 것이다.

흙이 높은 곳을 '臺'라 하고, 나무가 있는 곳을 '榭'라 한다. 못을 막은 곳을 '陂'라 하고, 물이 고여 있는 곳을 '池'라 한다. 侈는 奢의 뜻이다. 焚炙은 炮烙의 형벌 따위이며, 刳剔은 배를 가르는 것이다. 皇甫謐이 이르기를 "紂가 比干의 아내를 해부하여 그 잉태한 것을 보았다."라고 하였으니, 무엇을 근거로 해서 말했는지 알 수 없다. 紂의 포학무도함이 이와 같았기 때문에 皇天이 震怒하여 우리 文王에게 명하시어 하늘의 위엄을 경건히 받들어 사악한 자를 제거하게 하셨는데, 큰 훈업을 이루지 못함에 文王이 승하하였다.

나는 생각하건대, '큰 훈업'은 文王의 때는 일찍이 뜻을 가진 적이 없었고, 紂의 죄악이 가득 차자 武王이 정벌한 것이지만, 文王을 서술하는 말에는 이렇게 하지 않을 수 없으니, 배우는 자가 마땅히 言辭 밖의 뜻을 찾아야 할 것이다.

字義 沈 : 잠길 침 湎 : 빠질 면 冒 : 무릅쓸 모 色 : 여색 색 臺 : 돈대 대 榭 : 정사 사
陂 : 제방 피 池 : 못 지 侈 : 사치할 치 焚 : 불태울 분 炙 : 구울 적 刳 : 쪼갤 고
剔 : 뼈발라낼 척 孕 : 임신할 임 肅 : 엄숙할 숙 將 : 받을 장, 행할 장 寵 : 총애할 총
障 : 둑 장, 막을 장 停 : 머무를 정 奢 : 사치할 사 炮 : 구울 포 烙 : 지질 락 割 : 벨 할
剝 : 쪼갤 박 剖 : 쪼갤 부 胎 : 잉태할 태 貫 : 꿸 관 盈 : 찰 영

6. 肆予小子發이 以爾友邦冢君으로 觀政于商하니 惟受罔有悛心하여 乃夷[11]居하여 弗事上帝神祇하며 遺厥先宗廟하여 弗祀하여 犧牲粢盛을 旣于凶盜어늘 乃曰吾有民有命이라하여 罔懲[12]其侮하나다

그러므로 나 小子 發이 너희 友邦의 임금들과 함께 商나라의 정치 상태를 살펴보았더니, 受(紂)는 못된 버릇을 고칠 마음이 전혀 없어서 걸터앉는 등 아무렇게나 행동하여 上帝와 神祇를 섬기지도 않고, 조상들의 宗廟를 버려둔 채 제사 지내지도 않고서 犧牲과 粢盛을 흉악한 도적에게 이미 다 빼앗겼는데도 버젓이 말하기를 '나는 백성을 소유하고 天命을 소유했다.'고 하면서 업신여기고 오만한 생각을 경계하지 않고 있다.

肆는 故也라 觀政은 猶伊尹所謂萬夫之長에 可以觀政이라 八百諸侯 背商歸周면 則商政可知라 先儒以觀政爲觀兵[13]하니 誤矣라 悛은 改也라 夷는 蹲踞也라 武王言

---

11 夷 : 孔傳은 平의 뜻으로 보았다.

12 懲 : 孔傳은 止의 뜻으로 보았다.

13 先儒以觀政爲觀兵 : 앞의 1章의 註에 나오는 孔安國의 말을 가리킨다.

故我小子 以爾諸侯之向背로 觀政之失得於商이러니 今諸侯背叛이 旣已如此어늘 而紂無有悔悟改過之心하여 夷踞而居하여 廢上帝百神宗廟之祀하여 犧牲粢盛以爲祭祀之備者를 皆盡于凶惡盜賊之人하니 - 卽箕子所謂攘竊神祇之犧牷牲者也라 - 受之慢神이 如此어늘 乃謂我有民社하고 我有天命이라하여 而無有懲戒其侮慢之意라하니라

肆는 故(그러므로)의 뜻이다. 觀政은 伊尹이 말한 "만백성의 우두머리를 통하여 政敎를 관찰할 수 있다."는 것과 같다. 800명의 諸侯가 商나라를 배반하고 周나라로 돌아왔다면 商나라의 정치수준을 짐작할 수 있다. 先儒가 觀政을 觀兵으로 본 것은 잘못이다. 悛은 改의 뜻이다. 夷는 걸터앉는 것이다.

武王이 말씀하기를 "그러므로 나 소자가 너희 諸侯들의 向背를 가지고 정교의 득실을 商나라에 관찰하였는데, 지금 諸侯들의 배반상태가 이미 이와 같은데도 紂는 뉘우쳐 깨달아 허물을 고칠 마음이 전혀 없어서 걸터앉는 등 아무렇게 행동하여 上帝와 百神과 宗廟의 제사를 폐하여, 제물을 준비해야 할 犧牲과 粢盛을 흉악한 도적들에게 모두 빼앗겼으니, - 이것이 곧 〈《微子》에서〉 箕子가 말한 '天神과 地祇에게 올릴 犧·牷·牲 등 여러 가지 제물들을 훔쳐갔다.'는 것이다. - 受가 神에 대해 거만함이 이와 같은데도 외려 '나는 백성과 社稷을 소유하고 나는 天命을 소유했다.'고 하면서 업신여기고 거만한 생각을 경계하지 않고 있다."라고 하였다.

字義 肆 : 그러므로 사 悛 : 고칠 전 夷 : 걸터앉을 이 粢 : 기장 자 盛 : 제향곡식 성
懲 : 징계할 징 侮 : 업신여길 모 踞 : 걸터앉을 거 蹲 : 걸터앉을 준 慢 : 거만할 만

7. 天佑下民하사 作之君作之師는(하샨든) 惟其克相上帝하여 寵綏四方이시니 有罪無罪에 予曷敢有越厥志[14]하리오

하늘이 下民을 도우시어 임금을 마련해주고 스승을 마련해주신 것은 능히 上帝를 도와 세상을 사랑하고 편안하게 해주도록 하신 것이니, 죄가 있고 없는 것에 대하여 내 어찌 감히 마음을 과도하게 쓸 필요 있겠는가.

佑는 助요 寵은 愛也라 天助下民하여 爲之君以長之하고 爲之師以敎之하니 君師者는

14 予曷敢有越厥志 : 孔傳은 越을 遠의 뜻으로 보아 "자신의 뜻이 백성을 위하여 惡을 제거하려고 하니, 옳든 그르든 감히 그 뜻을 접지 않을 것이다.〔己志欲爲民除惡 是與否 不敢遠其志〕"로 풀이하였고, 孔疏는 "나의 본뜻이 이미 정벌하는 쪽으로 굳혀졌는데, 어찌 감히 본뜻을 접어두고 정벌하지 않겠는가라고 말한 것이다.〔言己本志欲伐 何敢遠本志 捨而不伐也〕"라고 부연설명하였다.

惟其能左右上帝하여 以寵安天下니 則夫有罪之當討와 無罪之當赦에 我何敢有過用其心乎아 言一聽於天而已라

佑는 助의 뜻이요, 寵은 愛의 뜻이다. 하늘이 下民을 도우시어 임금을 마련해서 백성을 기르게 하고 스승을 마련해서 백성을 가르치게 하시므로 임금과 스승은 능히 上帝를 보필하여 천하를 사랑하고 편안하게 해주어야 할 것이니, 죄가 있는 자는 마땅히 토벌해야 하고 죄가 없는 자는 마땅히 사면해야 할 일에 대하여 내 어찌 감히 마음을 과도하게 쓸 필요가 있겠는가. 이는 한결같이 하늘을 따를 뿐임을 말한 것이다.

字義 綏 : 편안할 수 越 : 지나칠 월

8. 同力커든 度(탁)德하고 同德커든 度(탁)義하리니 受有臣億萬이나 惟億萬心이어니와 予有臣三千이나(호니) 惟一心이니라

힘이 같을 적에는 德을 헤아리고, 〈힘도 같고〉 德도 같을 적에는 義를 헤아리는 법인데, 受는 억만 명의 신하를 가졌으나 억만 개의 마음으로 갈라져 있지마는, 나는 3천 명의 신하만 가졌어도 〈3천 명이〉 한 마음으로 뭉쳐져 있다.

度은 量度(탁)也라 德은 得也니 行道有得於身[15]也라 義는 宜也니 制事達[16]時之宜也라 同力度德과 同德度義는 意古者兵志之詞니 武王이 擧以明伐商之必克也라 林氏曰 左氏襄三十一年에 魯穆叔曰 年鈞擇賢하고 義鈞以卜이라하고 昭二十六年에 王子朝曰 年鈞以德하고 德鈞以卜[17]이라하니 蓋亦擧古人之語니 文勢正與此同이라하니라 百萬曰億이라 紂雖有億萬臣이나 而有億萬心하니 衆叛親離하여 寡助之至에 力且不同이어늘 況德與義乎아

度은 量度의 뜻이다. 德은 得의 뜻이니, 道를 행하여 몸에 얻어짐이 있는 것이다. 義는 宜의 뜻이니, 일을 함에 있어서 그 때에 알맞게 하는 것이다. '힘이 같을 적에는 德을 헤아리고 〈힘도 같고〉 德도 같을 적에는 義를 헤아린다.'는 것은 생각건대

---

15 有得於身 : 《禮記》 〈鄕飮酒〉의 "德者得也 得於身也"에서 온 말인데, 朱子가 만년에 '有得於身'을 '有得於心'으로 고쳐서 이내 '有得於心'이 通例가 되었다 한다.(《書傳大全》 小註)

16 達 : 朴文鎬는 "達자는 宜에 대한 해석이다.〔達字釋於宜〕"라고 하였다.(《壺山集》)

17 年鈞以德 德鈞以卜 : 《春秋左氏傳》에는 옛날 先王께서 왕후에게 적자가 없으면 나이 많은 서자를 세우도록 당부한 말로 되어 있다.

옛날 兵志(兵書)의 말일 터인데, 武王이 兵書의 말을 들어서 商나라를 정벌하면 반드시 이길 수 있음을 밝힌 것일테다.

林氏(林之奇)는 말하기를 "《春秋左氏傳》 襄公 31년 조에 魯나라 穆叔(叔孫豹)이 '나이가 같을 적에는 어진 쪽을 택할 것이고, 의리도 같다면 점을 쳐서 정할 것이다.'라고 하였고, 昭公 26년 조에 王子 朝가 '나이가 같을 경우에는 德이 높은 이를 세우고, 德도 같을 경우에는 점을 쳐서 세우라.'고 하였으니, 이 또한 옛사람의 말을 든 것일 터인데, 文勢가 이와 똑같다."라고 하였다.

百萬을 '億'이라 한다. 紂가 비록 억만 명의 신하를 가졌다 하더라도 마음이 분열된 억만 명의 신하들을 가진 셈이니, 대중이 배반하고 친척이 등을 돌려서 돕는 이가 지극히 적어 힘도 같지 않거늘, 하물며 德과 義는 더 말할 것이 있겠는가.

字義 度 : 헤아릴 탁 得 : 얻어질 득 宜 : 알맞을 의 鈞 : 고를 균

9. 商罪貫盈이라 天命誅之하시나니 予弗順天하면 厥罪惟鈞하리라

商나라 〈王의〉 죄가 한도에 가득 차서 하늘이 명하여 그를 誅伐하게 하셨으니, 내가 하늘의 뜻을 따르지 않는다면 그 죄가 〈紂와〉 같을 것이다.

貫은 通이요 盈은 滿也라 言紂積惡如此하여 天命誅之하니 今不誅紂면 是長惡也라 其罪豈不與紂鈞乎아 如律故縱者도 與同罪也니라

貫은 通의 뜻이요, 盈은 滿의 뜻이다 "紂의 積惡이 이와 같아서 하늘이 誅伐하도록 명하셨으니, 지금 紂를 주벌하지 않으면 이는 惡을 助長하는 셈이다. 그 죄가 어찌 紂와 같지 않겠는가."라고 말한 것이다. 이는 刑律에서 고의로 죄인을 놓아준 자도 그 죄인과 동일하게 처벌하는 규정과 같은 것이다.

字義 故 : 일부러 고 縱 : 놓을 종

10. 予小子는 夙夜祗懼하여 受命文考하여 類于上帝하며 宜于冢土하여 以爾有衆으로 厎天之罰[18]하노라

---

18 以爾有衆 厎(지)天之罰 : 〈夏書 胤征〉에 "以爾有衆 奉將天罰"의 將을 孔傳과 蔡傳이 모두 行으로 풀이하였다. 여기의 '厎'는 孔傳과 蔡傳에서 모두 '致'로 풀이하였는데, '致'에는 與(주다)의 뜻도 있다.

나 小子는 밤낮으로 공경하고 두려워하여 文考께 명을 받아 上帝에게 類제사를 지내고 冢土(大社)에 宜제사를 지내고서 너희 군중과 함께 하늘의 벌을 행하려고(주려고) 하노라.

厎는 致也라 冢土는 大社也니 祭社曰宜라 上文에 言縱紂不誅면 則罪與紂鈞이라 故로 此言予小子 畏天之威하여 早夜敬懼하여 不敢自寧하고 受命于文王之廟하여 告于天神地祇하고 以爾有衆으로 致天之罰於商也라 王制曰 天子將出에 類乎上帝하고 宜乎社하고 造乎禰라하니 受命文考는 卽造乎禰也라 王制는 以神尊卑爲序어늘 此先言受命文考者는 以伐紂之擧가 天本命之文王이니 武王이 特稟文王之命하여 以卒其伐功而已니라

厎는 致(주다)의 뜻이다. 冢土는 바로 大社인데, 社에 지내는 제사를 '宜'라 한다. 윗글에서는 紂를 놓아주고 誅伐하지 않으면 죄가 紂와 같다는 점을 말하였다. 그러므로 여기서는 "나 小子는 하늘의 위엄을 무서워한 나머지 밤낮으로 공경하고 두려워하여 감히 스스로 편안하지 못하고 文王의 사당에서 명을 받아 천지신명에게 고유하고 나서 너희 군중을 데리고 하늘의 벌을 商나라에 행하려고 한다."라고 말한 것이다. 《禮記》 〈王制〉에 "天子가 장차 출정하려고 할 때에는 上帝에게 類제사를 지내고 社에 宜제사를 지내고 禰廟에 造제사를 지낸다."라고 하였으니, 文考에게 命을 받는 것은 곧 아버지 사당에 造제사를 지낸 것이다. 〈王制〉는 神의 尊卑로 차례를 삼았는데, 여기서는 먼저 文考에게 명을 받았다고 말한 것은 紂를 정벌하는 일을 하늘이 본래 文王에게 명했기 때문이니 武王은 단지 文王의 명을 받아서 그 정벌하는 공을 마치려고 한 것일 뿐이다.

字義 祇 : 공경 지 懼 : 두려울 구 類 : 제사이름 류 宜 : 제사이름 의 造 : 제사이름 조
稟 : 받을 품

11. 天矜于民이라 民之所欲을 天必從之하시나니 爾尙弼予一人하여 永淸四海하라 時哉라 弗可失이니라

하늘은 백성들을 가엾게 여기신지라, 백성들이 바라는 것을 하늘은 반드시 따라주시니, 너희들은 부디 나 한 사람을 도와 온 세상을 영원히 맑게 하도록 하라. 적시인지라 때를 놓쳐서는 안 된다."

天矜憐於民이라 民有所欲을 天必從之라 今民欲亡紂如此하니 則天意可知라 爾庶

幾輔我一人하여 除其邪穢하여 永清四海하라 是乃天人合應之時라 不可失也니라

하늘은 백성들을 가엾게 여기신지라, 백성들이 바라는 것을 하늘은 반드시 따라 주신다. 지금 백성들이 紂를 망하게 하고자 함이 이와 같으니 하늘의 뜻을 알 수 있다. 너희들은 부디 나 한 사람을 도와 사악하고 더러움을 제거해서 온 세상을 영원히 맑게 하도록 하라. 이는 바로 하늘과 사람이 함께 호응하는 적시인지라 이때를 놓쳐서는 안 된다는 것이다.

字義 矜 : 가여워할 긍 欲 : 하고자할 욕 尙 : 부디 상 憐 : 가련할 련 穢 : 더러울 예

泰誓 中

1. 惟戊午에 王이 次于河朔커시늘 群后以師로 畢會한대 王이 乃徇師而誓하시다

戊午日에 왕이 황하 북쪽에 머물러 계시니, 여러 諸侯들이 군대를 거느리고 다 모였다. 왕은 이에 군대를 둘러보며 다음과 같이 맹세하였다.

次는 止요 徇은 循也라 河朔은 河北也라 戊午는 以武成考之하면 是一月二十八日이라

次는 止(머물다)의 뜻이요, 徇은 循의 뜻이다. 河朔은 황하의 북쪽이다. 戊午는 〈武成〉으로써 상고해보면 1월 28일이다.

2. 曰 嗚呼라 西土有衆아 咸聽朕言하라

"아, 西土(서쪽 땅)의 군중들아. 모두 내 말을 듣도록 하라.

周都豐鎬하여 其地在西하니 從武王渡河者는 皆西方諸侯라 故曰 西土有衆이라하니라

周나라는 豐鎬에 도읍을 세워 그 땅이 서쪽에 있었으니, 武王을 따라 황하를 건너온 자는 모두 서쪽 땅의 제후들이었다. 그러므로 '西土有衆'이라고 한 것이다.

3. 我聞吉人은 爲善하되 惟日不足이어든 凶人은 爲不善하되 亦惟日不足이라하니 今商王受 力行無度하여 播棄犂老하고 昵比罪人하며 淫酗[19]肆虐한대 臣下化之하여

19 淫酗 : 孔傳은 淫을 過(지나치다)의 뜻으로 보아 "술을 과다하게 마셔 주정을 한다."라고 풀이하였다. 蔡傳은 淫을 풀이하지 않았으니, 孔傳의 풀이를 따른 것으로 보인다.

朋家作仇하여 脅權相滅한대 無辜籲天하여 穢德이 彰聞하니라

내 듣건대 '훌륭한 사람은 착한 일을 행하되 날마다 부족하게 여기거늘, 흉악한 사람은 날마다 좋지 않은 일을 행하되 또한 날마다 부족하게 여긴다.'고 하였다. 지금 商나라 王 受는 법도에 어긋난 일을 힘써 행하여 노인들을 버리고 죄인들과 친하게 지내며, 술을 과다하게 마셔 술주정을 하고 마구 역정을 내어 포학을 일삼자, 신하들도 동화되어 패거리를 이루어 서로 원수가 되고 권세를 빌어 위협하여 서로 멸망시키니 죄 없는 사람들이 하늘에 호소하여 추악한 행실이 드러나 알려졌다.

惟日不足者는 言終日爲之而猶爲不足也라 將言紂力行無度라 故로 以古人語發之라 無度者는 無法度之事라 播는 放也라 犂는 黧通이니 黑而黃也라 微子所謂耄遜于荒[20]이 是也라 老成之臣은 所當親近者어늘 紂乃放棄之하고 罪惡之人은 所當斥逐者어늘 紂乃親比之라 酗는 醉怒也라 肆는 縱也라 臣下亦化紂惡하여 各立朋黨하여 相爲仇讐하고 脅上權命하여 以相誅滅하여 流毒天下한대 無辜之人이 呼天告寃하여 腥穢之德이 顯聞于上이라 呂氏曰 爲善至極이면 則至治馨香하고 爲惡至極이면 則穢德彰聞이라하니라

惟日不足은 종일토록 하고도 외려 부족하게 여김을 말한다. 紂가 법도에 어긋나는 일을 힘써 행하는 것을 장차 말하려고 하였기 때문에 옛사람의 말을 꺼낸 것이다. 無度는 법도가 없는 일이다. 播는 放(방치하다)의 뜻이다. 犂는 黧와 통하니, 머리가 검누런 것이다. 微子가 이른바 '노성한 사람들이 황야로 도피했다.'는 것이 이것이다. 노성한 신하는 마땅히 가까이해야 할 사람인데 紂가 이들을 내쳐버렸으며, 죄악을 저지른 사람은 마땅히 내쫓아야 할 것인데 紂가 이들을 가까이하였다. 酗는 취해서 노기를 띤 것이다. 肆는 縱(방종하다)의 뜻이다. 신하들 또한 紂의 惡에 물들어서 각각 패거리를 지어 서로 원수가 되고, 임금의 권세와 명령을 빌어 위협해서 서로 誅滅을 일삼아 천하에 해독을 퍼뜨리니, 무고한 사람들이 하늘을 우러러 부르짖으며 원통함을 호소하여 추악한 행실이 위에 드러나 알려졌다는 것이다.

呂氏가 말하였다. "착한 일을 지극히 하면 지극한 다스림의 향기가 풍기고, 악한 일을 지극히 하면 추악한 행실이 드러나 알려진다."

字義 度 : 법도 도 播 : 버릴 파 棄 : 버릴 기 犂 : 검을 리 昵 : 친할 닐 比 : 가까울 비

20 微子所謂耄遜于荒 : 이 내용은 앞의 〈微子〉에 보인다.

淫 : 지나칠 음　酗 : 술주정할 후　肆 : 놓을 사　化 : 동화할 화　辜 : 죄 고　籲 : 호소할 유
彰 : 드러날 창　放 : 방치할 방　黥 : 검누를 려　斥 : 내칠 척　逐 : 쫓을 축　縱 : 방종할 종
脅 : 위협할 협　權 : 권세 권　腥 : 비린내 성　馨 : 향기 형

4. 惟天이 惠民이어시든 惟辟은 奉天하나니 惟夏桀이 弗克若天하여 流毒下國한대 天乃佑命成湯하사 降黜夏命하시니라

하늘이 백성을 사랑하시거든 임금은 하늘의 뜻을 받들어야 할 것인데, 夏나라 桀은 능히 하늘의 뜻을 따르지 아니하여 諸侯國에 해독을 퍼뜨리자, 하늘이 곧 成湯을 도와 명하여 夏나라의 운명을 퇴출시키셨다.

言天惠愛斯民이어든 君當奉承天意리니 昔에 桀不能順天하여 流毒下國이라 故로 天命成湯하여 降黜夏命하시니라

하늘이 이 백성들을 사랑하시거든 임금은 마땅히 하늘의 뜻을 받들어야 할 것인데, 옛날에 桀은 하늘의 뜻을 따르지 아니하여 제후국에 해독을 퍼뜨렸기 때문에 하늘이 成湯에게 명하여 夏나라의 명을 퇴출시켰다고 말한 것이다.

字義 惠 : 사랑 혜　辟 : 임금 벽　降 : 내릴 강　黜 : 내칠 출

5. 惟受는 罪浮于桀[21]하니 剝喪元良하며 賊虐諫輔[22]하며 謂己有天命이라하며 謂敬不足行이라하며 謂祭無益이라하며 謂暴(포)無傷이라하나니 厥鑑이 惟不遠하여 在彼夏王하니라 天其[23]以予로 乂民이라 朕夢協朕卜하여 襲于休祥하니 戎商必克하리라

21 罪浮于桀 : 《史記》〈夏本紀〉와 《帝王世紀》를 살펴보면 "諸侯들이 桀을 배반하자, 關龍逢이 皇圖(河圖)를 가지고 諫하니, 桀이 그를 죽였다. 伊尹이 桀에게 간하자, 桀이 말하기를 '하늘에 해가 있는 것은 마치 내게 백성이 있는 것과 같으니, 해가 없어져야 내가 없어질 것이다.' 했다."라고 하였으니, 桀 또한 간언을 한 보필을 해치고 자기에게 天命이 있다고 하였는데, '〈紂가〉 桀보다 더하다.'고 한 것은, 《史記》〈殷本紀〉에 "紂는 比干의 배를 갈라 그의 심장을 살펴보았다."라고 하였는데, 桀은 龍逢을 죽였으나 심장을 가른 일은 없었고, 또 桀은 해에 비교만 했을 뿐인데, 紂는 '하늘에게 명을 받았다.'고 사칭하였고, 또 紂는 炮烙刑을 만든 일이 있고 또 胎盤을 쪼개고 정강이를 쪼갠 일이 있는데, 桀은 그런 일들이 모두 없었으니, 이것이 바로 '紂의 죄악이 桀보다 더하다.'는 것이다.

22 諫輔 : 諫諍으로 紂를 보좌한 사람이다.

23 其 : 林之奇(《尙書全解》)는 "'其'는 부족하게 여기는 말이다.……아마 그렇게 되기 전에 한 말일 것이니, 그 말이 응당 이와 같아야 한다.〔其者 未足之辭也……蓋言之於未然之前者 其辭當如此也〕"라고 하여 '其'자에 큰 의미를 부여하고 있는데, 깊이 분석한 것이라 할 수 있겠다.

受는 죄악이 桀보다 더하니, 元良을 떨어뜨려서 나라를 떠나가게 만들고 諫輔를 해치고 학대하였으며, 자기가 天命을 가졌다고 큰소리치고 공경을 굳이 행할 것이 못된다고 말하며, 제사 지내는 것을 이익이 없는 짓이라고 핀잔하고 포학한 짓을 남을 해치는 것이 아니라고 이르나니, 그가 보아야 할 거울은 먼 곳에 있는 것이 아니라 바로 저 夏나라 왕에게 있다. 하늘이 아마 나로써 백성을 다스리게 하실 모양이다. 朕의 꿈이 朕의 점괘와 들어맞아 아름다운 상서의 조짐이 거듭 되니, 商나라를 치면 반드시 이길 것이다.

浮는 過요 剝은 落이라 喪은 去也니 古者에 去國爲喪이라 元良은 微子也요 諫輔는 比干也[24]라 謂己有天命은 如答祖伊我生不有命在天之類[25]니 下三句도 亦紂所嘗言者라 鑑은 視也니 其所鑑視가 初不在遠이라 有夏多罪어늘 天旣命湯하여 黜其命矣니 今紂多罪어늘 天其以我乂民乎인저 襲은 重也니 言我之夢이 協我之卜하여 重有休祥之應하니 知伐商而必勝之也라 此는 言天意有必克之理니라

浮는 過(더하다)의 뜻이요, 剝은 落(떨어뜨리다)의 뜻이다. 喪은 去(떠나가다)의 뜻이니, 옛날에 나라를 떠나가는 것을 '喪'이라 하였다. 元良은 微子이고, 諫輔는 比干이다. 자기가 天命을 소유했다고 뽐낸 것은 祖伊에게 "나의 삶은 유독 命이 하늘에 달려 있지 아니한가."라고 답한 것과 같은 따위이니, 아래의 세 句 또한 紂가 일찍이 말한 것이다. 鑑은 視(보다)의 뜻이니, 그가 보아야 할 거울은 애당초 먼 데 있지 않았다. 夏나라가 죄가 많으므로 하늘이 이미 成湯에게 명하여 그 명을 퇴출시켰으니, 지금 紂가 죄가 많기 때문에 하늘이 아마 나로써 백성을 다스리게 하실 모양이란 것이다.

襲은 重(거듭)의 뜻이니, 나의 꿈이 나의 점괘와 들어맞아서 아름다운 상서의 조짐이 거듭 있으니 商나라를 치면 반드시 이길 것을 알 수 있다는 것이다. 이는 하늘의 뜻에 반드시 이길 이치가 있음을 말한 것이다.

字義 浮 : 지나칠 부　剝 : 박살낼 박　鑑 : 볼 감　乂 : 다스릴 예　協 : 합할 협　襲 : 거듭 습
休 : 아름다울 휴　戎 : 칠 융　克 : 이길 극

---

24 元良……比干也 : 蔡傳에서 元良을 微子로 본 것은 아마 微子가 帝乙의 長子이기 때문인가 본데, 孔傳은 '元良'의 元을 善의 우두머리라 하여 善한 사람 중에 善한 사람으로 보았다.

25 如答祖伊我生不有命在天之類 : 이 내용은 〈西伯戡黎〉에 보인다.

6. 受有億兆夷人이나 離心離德[26]커니와 予有亂臣十人이나(호니) 同心同德하니 雖有周親하나 不如仁人하니라

亂臣十人圖

受는 평등한 사람을 億兆 명 정도나 가지고 있지만 그들은 마음이 같지 않고 德(행동)이 같지 않거니와, 나는 〈亂을〉 다스리는 신하 10명만을 가지고 있는데도 마음이 같고 德(행동)이 같으니, 〈受가〉 비록 至親을 가지고 있으나 〈내가 가지고 있는〉 仁人만 못하다.

夷는 平也니 夷人은 言其智識이 不相上下也라 治亂曰亂이라 十人은 周公旦, 召公奭, 太公望, 畢公, 榮公, 太顚, 閎夭, 散宜生, 南宮括이요 其一은 文母니 孔子曰 有婦人焉이라 九人而已[27]라하시니라 劉侍讀以爲子無臣母之義하니 蓋邑姜也라 九臣은 治外하고 邑姜은 治內[28]라하니라 言紂雖有夷人之多나 不如周治臣之少而盡忠也라 周는 至也라 紂雖有至親之臣이나 不如周仁人之賢而可恃也라 此는 言人事有必克之理라

夷는 平의 뜻이니, 夷人은 智識이 서로 어금지금함을 말한 것이다. 亂을 다스리는 것을 '亂'이라 한다. 10인은 周公 旦·召公 奭·太公 望·畢公·榮公·太顚·閎夭·散宜生·南宮括이요, 그 하나는 文母(文王의 妃인 太姒)이니, 孔子가 말씀하기를 "부인이 있으니, 실제로는 9명뿐이다."라고 하셨는데, 〈宋代〉 劉侍讀(劉敞)이 "자식이 어머니를 신하로 삼는 법이 없으니, 아마 〈武王의 妃인〉 '邑姜'일 것이다. 〈武王의〉 아홉 신하는 밖을 다스리고 邑姜은 안을 다스리게 했다."라고 하였다.

---

26 離心離德 : 孔疏는 "마음가짐과 德을 씀이 동일하지 않음을 말한 것이니, 心은 謀慮를 이르고 德은 用行을 이른다.〔言執心用德不同 心謂謀慮 德爲用行〕"라고 풀이하였다.

27 孔子曰……九人而已 : 이 내용은 《論語》 〈泰伯〉에 보인다.

28 劉侍讀……邑姜治內 : 이 내용은 劉敞의 《公是七經小傳》에 보인다.

紂가 비록 평등한 사람을 많이 가지고 있으나 周나라의 亂을 다스리는 신하가 적으면서 충성을 다하는 것만 못함을 말한 것이다. 周는 至(지극하다)의 뜻이다. 紂가 비록 至親의 신하를 가지고 있으나 周나라의 仁人이 어질어서 믿을 수 있는 것만 못하다는 것이다. 이는 사람의 일에 반드시 이길 이치가 있음을 말한 것이다.

字義 夷 : 평범할 이 亂 : 다스릴 란 周 : 지극할 주

7. 天視 自我民視하시며 天聽이 自我民聽하시나니라 百姓有過 在予一人[29]하니 今朕은 必往하리라

하늘의 보심은 우리 백성들을 통하여 보시고, 하늘의 들으심은 우리 백성들을 통하여 들으신다. 백성들의 책망이 나 한 사람에게 있으니, 지금 朕은 반드시 〈그들을 정벌하러〉 가리라.

過는 廣韻에 責也라 武王言 天之視聽이 皆自乎民하나니 今民이 皆有責於我하여 謂我不正商罪라하니 以民心而察天意면 則我之伐商은 斷必往矣라 蓋百姓이 畏紂之虐하고 望周之深하여 而責武王不卽拯己於水火也니 如湯東面而征에 西夷怨하고 南面而征에 北狄怨[30]之意니라

過는《廣韻》에서 責(책망하다)의 뜻이라고 하였다. 武王이 말씀하기를 "하늘의 보고 들음은 모두 우리 백성들을 통하여 〈보고 듣는데,〉 지금 백성들이 모두 나에게 책망하는 마음이 있어 '내가 商나라의 죄를 바로잡지 않는다.'고 하니, 民心을 가지고 天意를 살펴보면 내가 商나라를 정벌하는 일은 단연코 반드시 가리라."라고 하신 것이다. 아마 백성들이 紂의 虐政에 시달린 나머지 周나라에 기대하는 바가 컸기 때문에 武王이 즉시 자기들을 水火에서 구원해주지 않는 것을 책망하였으니, 이것은 湯임금이 동쪽을 향해 정벌하면 서쪽의 오랑캐들이 원망하고, 남쪽을 향해 정벌하면 북쪽의 오랑들이 원망한 사례와 같은 뜻이다.

字義 拯 : 구원할 증, 건질 증

---

29 百姓有過 在予一人 : 孔傳은 過를 '허물'로 보아 "나 자신은 〈지금 善을 가져서〉 백성들에게 미움을 받지 않으니, 백성들이 과오를 범한 것은 나의 가르침이 지극하지 못한 데 그 원인이 있다.〔己能無惡於民 民之有過 在我教不至〕"라고 풀이하였다.

30 湯東面而征……北狄怨 : 이 내용은 앞의 〈咸有一德〉에 보인다.

8. 我武를 惟揚하여 侵于之疆①하여 取彼凶殘하여 我伐이 用張하면 于湯에 有光[31]하리라

① 書經 侵于之疆 : 그의 강역으로 쳐들어가서
　一般 侵于受疆 : 受의 강역으로 쳐들어가서

우리의 무력을 드날려 受의 강역으로 쳐들어가서 그 흉악하고 잔인한 자를 잡음으로써 우리의 정벌한 공적이 크게 펼쳐진다면 湯임금에게 영광이 있을 것이다.

揚은 擧요 侵은 入也라 凶殘은 紂也니 猶孟子謂之殘賊[32]이라 武王弔民伐罪는 於湯之心에 爲益明白於天下[33]也라 自世俗觀之면 武王이 伐湯之子孫하고 覆湯之宗社하니 謂之湯讐可也라 然이나 湯放桀과 武王伐紂는 皆公天下爲心이요 非有私於己者니 武之事를 質之湯而無愧하고 湯之心을 驗之武而益顯하니 是則伐商之擧가 豈不於湯에 爲有光也哉리오

揚은 擧(거행하다)의 뜻이요, 侵은 入(쳐들어가다)의 뜻이다. 凶殘은 紂를 가리키니, 孟子가 '殘賊'이라고 말씀한 것과 같다. 武王이 백성들을 위로하고 죄지은 자를 정벌한 것을 湯임금의 마음에 징험하면 더욱 천하에 명백해지게 된다. 세속의 입장에서 보면 武王이 湯임금의 자손을 정벌하고 湯임금의 종묘사직을 전복하였으니 湯임금의 원수라고 해야 될 것이다. 그러나 湯임금이 桀을 내쫓고 武王이 紂를 정

---

31 我伐用張 于湯有光 : 孔傳은 "惡을 치는 길이 펼쳐진다면 湯임금에 비하여 또한 더욱 광명이 있을 것이다.〔伐惡之道張設 比於湯又有光明〕"라고 풀이하였고, 朱子도 "정벌의 공이 그로 인하여 크게 펼쳐진다면 湯임금이 桀을 정벌한 것에 비하여 또한 더욱 빛이 날 것이다.〔伐之功 因以張大 比於湯之伐桀 又有光焉〕"라고 하여 孔傳과 軌를 같이 하였는데, 蔡傳은 이와 사뭇 다르게 풀이하였다.

32 孟子謂之殘賊 : 《孟子》〈梁惠王 下〉에 "仁을 해치는 자를 賊이라 이르고 義를 해치는 자를 殘이라 이르고 殘賊한 사람을 一夫라 이르니, 一夫인 紂를 베었다는 말은 들었고 君主를 시해하였다는 말은 듣지 못하였다.〔賊仁者 謂之賊 賊義者 謂之殘 殘賊之人 謂之一夫 聞誅一夫紂矣 未聞弑君也〕"라고 보인다.

33 弔民伐罪……爲益明白於天下 : 宋代 錢時(《融堂書解》)도 "'弔民伐罪'는 예전에 없던 일인데 湯임금이 최초로 행하였다. 湯임금이 부끄러워했던 것은 亂臣賊子가 簒逆을 하면서 자기를 구실로 삼을까 두려워서였다. 武王의 마음으로 말하면 湯임금의 마음인지라, 湯임금의 최초로 행한 것이 武王에 와서 發揚되었으니, 前日의 부끄러움이요 今日의 영광이었다.〔弔民伐罪 古所未有 而湯創行之 湯之所以慙者 誠懼亂臣賊子 爲簒爲逆 而以我藉口也 若夫武王之心 是乃湯之心 湯之所創行者 至武王而發揚之 前日之慙 今日之光也〕"라고 비슷한 말을 하고 있다.

벌한 것은 다 천하를 공정하게 할 마음을 먹은 것이고, 자기들에게 사사로움을 둔 것이 아니었다. 武王의 일을 湯임금에게 질정하면 부끄러울 것이 없고, 湯임금의 마음을 武王에게 징험하면 더욱 나타나니, 이는 商나라를 정벌하는 일이 어찌 湯임금에게 영광이 있음이 되지 않겠는가.

字義 揚 : 드날릴 양 侵 : 쳐들어갈 침 疆 : 지경 강 殘 : 해칠 잔 賊 : 해칠 적 弔 : 위로할 조 覆 : 전복할 복 質 : 질정할 질 擧 : 거행할 거, 일 거

9. 勖哉夫子는 罔或無畏하여 寧執非敵이라하라 百姓이 懍懍하여 若崩厥角[34]하나니 嗚呼라 乃一德一心하여 立定厥功하여 惟克永世[35]하라

힘쓸지어다. 將士들은 혹시라도 〈紂는〉 두려워할 것이 못된다고 하지 말고, 차라리 우리의 대적할 대상이 아니라는 마음을 가져라. 〈商나라〉 백성들이 〈紂의 虐政을〉 몹시 두려워하여 마치 짐승이 그 뿔이 부러져 나간 것처럼 떨고 있으니, 아. 너희들은 德(행동)을 같이 하고 마음을 같이 하여 공을 세워서 세상이 영원할 수 있도록 하라."

勖은 勉也라 夫子는 將士也라 勉哉將士는 無或以紂爲不足畏하여 寧執心以爲非我所敵也라하라 商民이 畏紂之虐하여 懍懍若崩摧其頭角然이라 言人心危懼如此하니 汝當一德一心하여 立定厥功하여 以克永世也라

勖은 勉의 뜻이다. 夫子는 바로 將士이다. 힘쓸지어다. 장사들은 혹시라도 紂를 두려워할 것이 못된다고 하지 말고, 차라리 우리가 대적할 바가 아니라고 마음을 가지도록 하라. 商나라 백성들이 紂의 虐政을 두려워하여 마치 짐승이 그 머리의 뿔이 부러져 나간 것처럼 떨고 있다. 인심이 위태롭게 여기고 두려움에 떠는 것이 이와 같으니, 너희들은 마땅히 德(행동)을 같이하고 마음을 같이하여 공을 세워서 세상이 영원할 수 있도록 해야 한다는 것이다.

字義 勖 : 힘쓸 욱 寧 : 차라리 녕 懍 : 두려워할 름 崩 : 무너질 붕 摧 : 꺾을 최

---

34 若崩厥角 : 조선시대 金長生은《孟子》〈盡心 下〉의 '若崩厥角'과 같은 뜻으로 보았다.

35 乃一德一心……惟克永世 : 孔傳은 "너희들이 마음을 같이하여 공을 세운다면 세상을 영원케 해서 백성들을 편안하게 할 수 있을 것이다.〔汝同心立功 則能長世以安民〕"라고 풀이하였다.

泰誓 下

1. 時[36]厥明에 王이 乃大巡六師하사 明誓衆士하시다

때는 그 다음날, 王이 六師(六軍)를 두루 돌아보고 여러 군사들에게 분명히 맹세하셨다.

厥明은 戊午之明日也라 古者에 天子는 六軍이요 大國은 三軍이라 是時에 武王이 未備六軍이니 牧誓敍三卿에 可見이라 此曰六師者는 史臣之詞也라

厥明은 戊午日의 다음날이다. 옛날에 天子는 六軍이고, 大國은 三軍이었다. 이때는 武王이 〈아직 제후였으므로〉 六軍을 갖추지 못하였으니, 〈牧誓〉의 三卿(司徒·司馬·司空)을 서술한 것에서 볼 수 있다. 여기서 '六師'라고 한 것은 史臣의 말이다.

2. 王曰 嗚呼라 我西土君子아 天有顯道하여 厥類惟彰[37]하니 今商王受 狎侮五常하며 荒怠弗敬하여 自絶于天하며 結怨于民하나다

王이 말씀하였다. "아, 우리 서쪽 땅의 君子(士卒)들아. 하늘에는 밝은 道(이치)가 있어 〈본받을 만한〉 그 義類(법칙)가 너무도 분명한데, 지금 商나라 王 受는 五常의 가르침을 얕잡아보고 업신여기며 폐기하고 태만하여 경건하지 않아서 스스로 하늘과 인연을 끊고 백성들과 원망을 맺고 있다.

天有至顯之理하여 其義類甚明하니 至顯之理는 卽典常之理也라 紂於君臣父子兄弟夫婦典常之道에 褻狎侮慢하며 荒棄怠惰하여 無所敬畏하여 上自絶于天하고 下結怨于民하니 結怨者는 非一之謂라 下文은 自絶結怨之實也라

하늘에는 지극히 나타난 이치가 있어 그 義類(법칙)가 매우 분명하니, 지극히 나타난 이치는 곧 典常의 도리이다. 紂는 君臣·父子·兄弟·夫婦의 떳떳한 도리에 대하여 얕잡아보고 업신여기며 폐기하고 태만하여 敬畏하는 바가 없어 위로는 스스로 하늘과 인연을 끊고 아래로는 백성들과 원망을 맺고 있으니, 원망을 맺고 있다는 것은 한두 가지가 아님을 이른다. 아랫글이 바로 스스로 하늘과 인연을 끊고 백

---

36 時 : 孔傳은 是의 뜻으로 보았다.

37 厥類惟彰 : 孔傳은 "義類가 너무도 명백하니 王者가 마땅히 法則으로 삼아야 할을 바를 말한 것이다.〔義類惟明 言王所宜法則〕"라고 풀이하였다.

성들과 원망을 맺은 실제이다.

字義 狎 : 친압할 압, 얕잡아볼 압 侮 : 업신여길 모 褻 : 무람없을 설 慢 : 거만할 오
惰 : 게으를 타

3. 斮朝涉之脛하며 剖賢人之心하며 作威殺戮으로 毒痛四海하며 崇信姦回하고 放黜師保하며 屛棄典刑하고 囚奴正士하며 郊社를 不修①하며 宗廟를 不享②하고 作奇技淫巧하여 以悅婦人한대 上帝弗順하사 祝降時喪하시나니 爾其孜孜하여 奉予一人하여 恭行天罰하라

① 書經 郊社不修 : 郊祀와 社祀를 닦지 않고 (一般일 경우 : 郊祀와 社祀가 닦이지 않고)
一般 不修郊社 : 郊祀와 社祀를 닦지 않고
② 書經 崇廟不享 : 崇廟에도 제사를 지내지 않으며
一般 不享崇廟 : 崇廟에도 제사를 지내지 않으며

겨울 아침에 물을 건너가는 사람의 정강이를 쪼개서 〈근육의 강인함을〉 살펴보고, 어진 사람의 배를 갈라 심장을 들여다보고, 위엄을 세워 살육을 함으로써 온 천하에 해독을 끼치고, 간사한 자들을 높이고 신임하며, 師保를 내쫓고, 典刑을 팽개쳐버리고, 中正한 인사를 가두어 노예로 삼으며, 郊祀와 社祀를 닦지 않고, 宗廟에도 제사를 지내지 않으며, 기묘한 재주와 지나친 기교를 부려 한 부인만을 기쁘게 하거늘, 上帝가 그를 못마땅하게 여기시어 단연코 이와 같은 喪亡을 내리시니, 너희들은 부지런히 힘써서 나 한 사람을 받들어 공손히 하늘의 벌을 행하도록 하라.

宗廟不享圖

斮은 斫也라 孔氏曰 冬月에 見朝涉

水者하고 謂其脛耐寒이라하여 斫而視之라하니라 史記云 比干强諫하니 紂怒曰 吾聞聖人은 心有七竅라하고 遂剖比干하여 觀其心하니라 痡는 病也라 作刑威하여 以殺戮爲事하여 毒病四海之人하니 言其禍之所及者遠也라 回는 邪也라 正士는 箕子也라 郊는 所以祭天이요 社는 所以祭地라 奇技는 謂奇異技能이요 淫巧는 爲過度之巧라 列女傳에 紂膏銅柱하고 下加炭하여 令有罪者行하여 輒墮炭中이어든 妲(달)己乃笑라하니 夫欲妲己之笑하여 至爲炮烙之刑이면 則其奇技淫巧以悅之者 宜無所不至矣라 祝은 斷也라 言紂於姦邪則尊信之하고 師保則放逐之하며 屛棄先王之法하고 囚奴中正之士하며 輕廢奉祀之禮하고 專意汚褻之行하여 悖亂天常이라 故로 天弗順而斷然降是喪亡也하시니 爾衆士는 其勉力不怠하여 奉我一人而敬行天罰乎인저

斮은 斫(쪼개다)의 뜻이다. 孔氏(孔安國)는 말하기를 "〈紂는〉 겨울 아침에 물을 건너는 사람을 보고 그 정강이가 얼마나 단단하면 추위를 견딜까 하고는 그의 정강이를 쪼개 보았다."라고 하였다. 《史記》〈殷本紀〉에 이르기를 "比干이 강력하게 諫하자, 紂는 노하여 말하기를 '내 들으니, 聖人은 심장에 일곱 구멍이 있다고 하더라.' 하고는 드디어 比干의 배를 갈라 그 심장을 살펴보았다."라고 하였다.

痡는 病(해치다, 해를 끼치다)의 뜻이다. 형벌의 위엄을 세워 殺戮을 일삼아 온 천하 사람들에게 해독을 끼치니, 그 禍의 파급 범위가 먼 점을 말한 것이다. 回는 邪의 뜻이다. 正士는 箕子이다. 郊는 하늘에 제사 지내는 것이고, 社는 땅에 제사 지내는 것이다. 奇技는 기이한 기능을 이르고, 淫巧는 도에 지나친 솜씨를 이른다.

《列女傳》에 "紂가 구리기둥에 기름을 바르고 그 아래에 숯불을 피워놓은 다음 죄인으로 하여금 구리기둥을 걸어가게 하여 곧 숯불 속으로 떨어져 죽으면 妲己가 그것을 보고 웃었다."라고 하였다. 妲己를 웃기기 위하여 炮烙의 형벌까지 행했다면 그 기이한 재주와 도에 지나친 솜씨로 기쁘게 해주는 일은 응당 못할 짓이 없었을 것이다.

祝은 斷(단연코)의 뜻이다. 紂가 간사한 자를 높이고 신임하며, 師保를 내치고, 先王의 法을 팽개쳐버리고, 中正한 인사를 가두어 노예로 삼으며, 제사를 받드는 禮를 가벼이 폐기하고, 경솔하고 오만한 행동에 전념하여 하늘의 常道를 어지럽혔다. 그러므로 하늘이 그를 못마땅하게 여겨 단연히 이와 같은 喪亡을 내리신 것이니, 너희 군사들은 게으름 부리지 말고 부지런히 힘써서 나 한 사람을 받들어 경건히 하늘의 벌을 행하도록 하라고 한 것이다.

字義 斮 : 쪼갤 착　涉 : 물건널 섭　脛 : 정강이 경　剖 : 가를 부　痡 : 병들 보(부)　回 : 간사할 회
屛 : 물리칠 병　祝 : 끊을 축　孜 : 부지런할 자　耐 : 견딜 내　斫 : 쪼갤 작　竅 : 구멍 규
膏 : 기름 고　墮 : 떨어질 타　炭 : 숯 탄　炮 : 구을 포　烙 : 지질 락　斷 : 단연코 단

汚 : 더러울 오　褻 : 더러울 설

4. 古人이 有言曰 撫我則后요 虐我則讐라하니라(라하니) 獨夫受 洪惟作威하나니 乃汝世讐니라 樹德인댄(호댄) 務滋요 除惡인댄(호댄) 務本이니라(이니) 肆予小子 誕以爾衆士로 殄殲乃讐하노니 爾衆士 其尙迪果毅하여 以登乃辟이어다 功多하면 有厚賞하고 不迪하면 有顯戮하리라

옛사람이 말하기를 '우리를 보살펴주면 우리의 임금이지만, 우리를 학대하면 우리의 원수이다.'라고 하였다. 獨夫인 受가 크게 위엄을 세우고 있으니, 바로 너희들 대대의 원수이다. 德을 심으려 할진댄 자라나도록 힘써야 하고, 惡을 제거하려 할진댄 뿌리 채 뽑도록 힘써야 한다. 그러므로 나 小子가 너희 많은 군사를 거느리고 너희들의 원수를 섬멸하려고 하노니, 너희 여러 군사들은 부디 '果'와 '毅'를 행하여 너희 임금을 성공시키도록 하라. 공이 많은 사람에게는 후한 상이 있을 것이고, '果'와 '毅'를 행하지 않는 자는 여럿이 지켜보는 앞에서 죽일 것이다.

洪은 大也라 獨夫는 言天命已絶하고 人心已去하여 但一獨夫耳라 孟子曰 殘賊之人을 謂之一夫라하시니라 武王이 引古人之言에 謂撫我則我之君也요 虐我則我之讐也라하여 今獨夫受 大作威虐하여 以殘害于爾百姓하니 是乃爾之世讐也라 務는 專力也니 植德則務其滋長이요 去惡則務絶根本이니라 兩句도 意亦古語로 喩紂爲衆惡之本이니 在所當去라 故로 我小子大以爾衆士로 而殄絶殲滅汝之世讐也라 迪은 蹈요 登은 成也라 殺敵爲果요 致果爲毅[38]라 爾衆士는 其庶幾蹈行果毅하여 以成汝君하라 若功多면 則有厚賞이니 非特一爵一級而已요 不迪果毅면 則有顯戮이라 謂之顯戮인댄 則必肆諸市朝하여 以示衆庶니라

洪은 大의 뜻이다. 獨夫는 天命이 이미 끊기고 人心이 이미 떠나서 단지 한 獨夫일 뿐임을 말한 것이다. 孟子는 "殘賊한 사람을 '一夫'라 한다."라고 하였다. 武王이 옛사람의 말에 "우리를 보살펴주면 우리의 임금이지만, 우리를 학대하면 우리의 원수이다."라고 한 것을 인용하여, "獨夫인 受가 크게 위엄을 세워 너희 백성들을 殘害하니, 바로 너희들 대대의 원수이다."라고 하신 것이다.

務는 전적으로 힘을 쓰는 것이니, 德을 심으려 한다면 자라나도록 힘써야 하고,

38 殺敵爲果 致果爲毅 : 《春秋左氏傳》 宣公 2년 조에 있는 말이다.

惡을 제거하려 한다면 뿌리 채 뽑도록 힘써야 한다. 이 두 句도 짐작컨대 또한 옛말로서, 紂가 여러 惡의 근본이 되므로 마땅히 제거해야 할 대상에 있음을 비유한 것이다. 그러므로 나 小子가 너희 많은 군사를 성대히 거느리고 너희들 대대의 원수를 섬멸하려 하는 것이다.

迪은 蹈(이행)의 뜻이요, 登은 成(성공)의 뜻이다. 敵을 죽이는 것을 '果'라 하고, 과감하게 수행하는 것을 '毅'라 한다. 너희 여러 군사들은 부디 '果'와 '毅'를 행하여 너희 임금을 성공시키도록 하라. 공이 많은 사람에게는 후한 상이 있을 것이니, 단지 한 爵位와 한 계급을 올려줄 뿐만이 아니고, '果'와 '毅'를 행하지 않으면 여럿이 지켜보는 앞에서 죽임이 있을 것이라고 한 것이다. '여럿이 지켜보는 앞에서 죽임'이라 일렀으면 반드시 시신을 저자거리나 조정에 진열하여 여러 사람들에게 보일 것이다.

字義 撫 : 어루만질 무 虐 : 학대할 학 獨 : 홀로 독 樹 : 심을 수 滋 : 자랄 자 本 : 뿌리 본
肆 : 그러므로 사 誕 : 큰 탄 殄 : 죽일 진 殲 : 죽일 섬 尙 : 부디 상 迪 : 이행할 적
果 : 적군 죽일 과 毅 : 과감할 의 登 : 이룰 등 辟 : 임금 벽 蹈 : 이행할 도
肆 : 진열할 사 朝 : 조정 조

5. 嗚呼라 惟我文考 若日月之照臨하사 光于四方하시며 顯于西土하시니 惟我有周는 誕受多方이리라

아. 우리 文考께서 해와 달이 위에서 밝게 비추듯 사방을 비추시며 서쪽 땅에 나타나셨으니, 우리 周나라는 많은 나라들을 크게 받아들일 수 있을 것이다.

若日月照臨은 言其德之輝光也요 光于四方은 言其德之遠被也요 顯于西土는 言其德尤著於所發之地也라 文王之地는 止於百里로되 文王之德은 達于天下하니 多方之受는 非周면 其誰受之리오 文王之德은 實天命人心之所歸라 故로 武王이 於誓師之末에 歎息而言之하시니라

若日月照臨은 그 德이 빛나는 것을 말하고, 光于四方은 그 德이 멀리까지 입혀진 것을 말하고, 顯于西土는 그 德이 발상지에 더욱 나타남을 말한다. 文王의 영토는 100里에 국한되었으나 文王의 德은 온 천하에 미쳤으니, 많은 나라들을 받는 것은 周나라가 아니면 그 누가 받아들일 수 있겠는가. 文王의 德은 실로 천명과 인심이 귀의할 바였다. 그러므로 武王이 군사들에게 맹세한 끝에 탄식하고서 이를 말씀한 것이다.

字義 輝 : 빛날 휘 被 : 입을 피

6. 予克受라도 非予武라 惟朕文考無罪시며 受克予라도 非朕文考有罪라 惟予小子無良이니라

내가 受를 이기더라도 내 무력 때문이 아니라 朕의 文考께서 허물이 없기 때문이며, 受가 나를 이기더라도 朕의 文考께서 허물이 있어서가 아니라 나 小子가 선행이 없기 때문이다."

無罪는 猶言無過也요 無良은 猶言無善也라 商周之不敵이 久矣로되 武王이 猶有勝負之慮하여 恐爲文王羞者는 聖人臨事而懼也如此니라

無罪는 '허물이 없다'는 말과 같고, 無良은 '선행이 없다'는 말과 같다. 商나라와 周나라가 대적할 수 없을 정도로 〈周나라가 우위를 점한 지 이미〉 오래되었으나, 武王이 외려 승부에 대한 우려가 있어 행여 文王에게 수치가 될까 염려하신 것은 聖人이 일에 임하여 두려워하심이 이와 같았던 것이다.

字義 良 : 선행 량

牧誓

牧은 地名으로 在朝歌南하니 卽今衛州治之南也라 武王이 軍於牧野하고 臨戰誓衆하니라 前旣有泰誓三篇일새 因以地名別之라 今文古文에 皆有하니라

牧은 지명으로 朝歌의 남쪽에 있었으니, 바로 지금 衛州의 治所 남쪽이다. 武王이 牧野에 군대를 주둔시키고 싸움에 임하여 군사들에게 맹세하였다. 앞에 이미 〈泰誓〉 3篇이 있으므로 인하여 지명을 가지고 구별한 것이다. 〈牧誓〉는 《今文尙書》와 《古文尙書》에 모두 들어 있다.

字義 軍 : 군대주둔할 군

1. 時甲子[39]昧爽에 王이 朝至于商郊牧野[40]하사 乃誓하시니 王이 左杖黃鉞하시고 右

39 甲子 : 月을 말하지 않은 것은 앞의 〈泰誓〉의 글에 근본하였기 때문이다.

40 郊牧野 : 孔傳에서 "紂의 수도 近郊의 30리 땅으로 이름은 '牧'이다.〔紂近郊三十里地名牧〕"라고 풀이한 데 대하여 兪樾은 "여기서는 응당 '郊牧野' 3자를 연결해야 한다. 《爾雅》 〈釋地〉에 '邑外를 郊라 이르고, 郊外를 牧이라 이르고, 牧外를 野라 이른다.'고 하였으니, 이는 틀림없이 《尙書》의

秉白旄하사 以麾曰 逖矣라 西土之人아

때는 甲子日 이른 새벽, 王이 일찍 商나라의 교외인 牧野에 이르시어 군사들에게 맹세하셨는데, 王이 왼손으로는 황금으로 꾸민 도끼를 짚고, 오른손으로는 흰 깃발을 가지고서 깃발을 휘두르며 "멀리 왔도다. 서쪽 땅의 사람들아."라고 말씀하였다.

甲子는 二月四日也라 昧는 冥이요 爽은 明也니 昧爽은 將明未明之時也라 鉞은 斧也니 以黃金爲飾이라 王은 無自用鉞之理하니 左杖以爲儀耳라 旄는 軍中指麾니 白則見遠이라 麾非右手면 不能이라 故로 右秉白旄也라 按武成에 言癸亥陳于商郊라하니 則癸亥之日에 周師已陳牧野矣요 甲子昧爽에 武王始至而誓師焉이라 曰者는 武王之言也라 逖은 遠也니 以其行役之遠而慰勞之也라

甲子는 2월 4일이다. 昧는 冥의 뜻이요, 爽은 明의 뜻이니, 昧爽은 날이 밝을 듯 말 듯 먼동이 틀 무렵이다. 鉞은 도끼이니, 황금으로 장식한 것이다. 王은 직접 도끼를 쓸 이치가 없으니, 왼손으로 짚어 의장으로 삼을 뿐이다. 旄는 군중에서 지휘하는 깃발이니, 깃발의 색깔이 희면 멀리까지 보인다. 깃발

牧野誓師圖

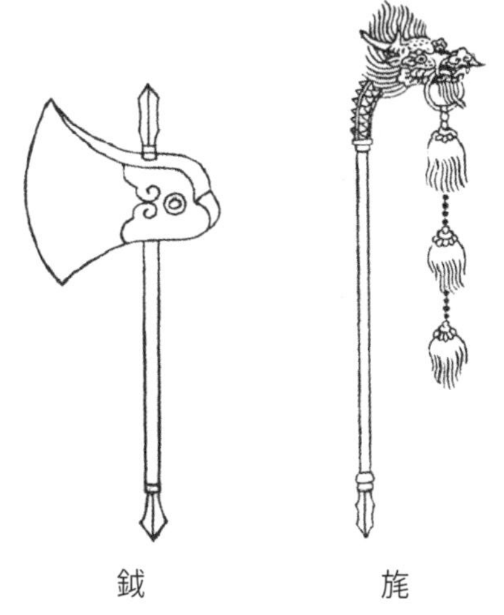
鉞 旄

'郊牧野' 3자의 뜻을 해석한 것이다. 합해서 말하면 '郊牧野'라 하고, 생략해서 말하면 '牧'이라 한다.〔此當以郊牧野三字連文 爾雅釋地 邑外謂之郊 郊外謂之牧 牧外謂之野 此正釋尚書郊牧野三字之義 合言則郊牧野 省言則但曰牧也〕"라고 하였다.(《群經平議》)

을 휘젓는 것은 오른손이 아니면 불가능하므로 오른손으로 흰 깃발을 잡은 것이다. 살펴보건대 〈武成〉에서 "癸亥日에 商나라 교외에 진을 쳤다."라고 하였으니, 그렇다면 癸亥日에 周나라 군대가 이미 牧野에 진을 쳤고, 甲子日 먼동이 틀 무렵에 武王이 비로소 이르러 군사들에게 맹세한 것이다. 曰은 武王의 말씀이다. 逖은 遠의 뜻이니, 멀리 行軍한 노고를 위로한 것이다.

字義 昧 : 어둘 매 爽 : 밝을 상 杖 : 짚을 장, 가질 장 鉞 : 도끼 월 旄 : 기 모 麾 : 휘저을 휘 逖 : 멀 적

2. 王曰 嗟我友邦冢君과 御事인 司徒와 司馬와 司空과 亞旅와 師氏와 千夫長과 百夫長과

왕이 말씀하였다. "아. 우리 우방의 임금들과 일을 다스리는 司徒·司馬·司空과 亞와 旅와 師氏와 千夫의 우두머리와 百夫의 우두머리

司徒司馬司空은 三卿也라 武王是時에 尙爲諸侯라 故로 未備六卿이라 唐孔氏曰 司徒는 主民하여 治徒庶之政令하고 司馬는 主兵하여 治軍旅之誓戒하고 司空은 主土하여 治壘壁以營軍이라하니라 亞는 次요 旅는 衆也라 大國은 三卿이요 下大夫五人이요 士二十七人이니 亞者는 卿之貳로 大夫 是也요 旅者는 卿之屬으로 士 是也라 師氏는 以兵守門者니 猶周禮師氏王擧則從者也라 千夫長은 統千人之帥요 百夫長은 統百人之帥也라

司徒·司馬·司空은 三卿이다. 武王이 이때 아직 諸侯였기 때문에 六卿을 갖추지 못한 것이다. 唐나라 孔氏(孔穎達)는 말하기를 "司徒는 民政을 주관하여 백성들의 政令을 다스리고, 司馬는 兵政을 주관하여 軍旅의 誓戒를 다스리고, 司空은 土木을 주관하여 堡壘와 城壁을 쌓는 등 軍營을 다스린다."라고 하였다.

亞는 次의 뜻이요, 旅는 衆의 뜻이다. 大國은 卿이 3명이고 下大夫가 5명이고 士가 27명이다. 亞는 卿의 다음으로 大夫가 이것이고, 旅는 卿의 屬官으로 士가 이것이다. 師氏는 병사를 거느리고 문을 지키는 사람이니, 《周禮》 〈地官 師氏〉에 "임금이 거둥하면 수행한다."라는 것과 같다. 千夫長은 천 명을 거느리는 장수이고, 百夫長은 백 명을 거느리는 장수이다.

字義 壘 : 토성 루 壁 : 벽 벽 堡 : 작은성 보

3. 及庸蜀羌髳(모)微盧彭濮(복)人아

및 庸·蜀·羌·髳·微·盧·彭·濮의 사람들아.

左傳에 庸與百濮伐楚라하니 庸濮은 在江漢之南이라 羌은 在西蜀이요 髳微는 在巴蜀이요 盧彭은 在西北이라 武王伐紂에 不期會者八百國이어늘 今誓師에 獨稱八國者는 蓋八國이 近周西都하여 素所服役일새 乃受約束以戰者요 若上文所言友邦冢君은 則泛指諸侯而誓者也라

《春秋左氏傳》 文公 16년에 "庸이 百濮과 함께 楚나라를 정벌했다."라고 하였으니, 庸과 濮은 江水·漢水의 남쪽에 있었다. 羌은 西蜀에 있었고, 髳와 微는 巴蜀에 있었고, 盧와 彭은 서북쪽에 있었다. 武王이 紂를 정벌할 때에 약속 없이 모인 나라가 800개 나라였는데, 지금 군사들에게 맹세할 때에 유독 8개 나라만을 칭한 것은 이들 8개 나라는 周나라의 西都(鎬京)와 가까워서 평소에 복역하였기 때문에 곧 약속(군령)을 받고 싸운 나라이며, 윗글에서 말한 우방의 冢君은 諸侯들을 범연하게 가리켜 맹세한 것이다.

4. 稱爾戈하며 比爾干하며 立爾矛하라 予其誓하리라

너희들 창을 들고, 너희들 방패를 나란히 하고, 너희들 긴 창을 세워라. 내 맹세를 하겠다."

矛

稱은 擧요 戈는 戟이요 干은 楯이라 矛亦戟之屬이니 長二丈이라 唐孔氏曰 戈는 短하여 人執以擧之라 故로 言稱이요 楯則竝以扞敵이라 故로 言比요 矛는 長하여 立之於地라 故로 言立이라하니라 器械嚴整이면 則士氣精明하니 然後에 能聽誓命이라

稱은 擧(들다)의 뜻이요, 戈는 戟의 뜻이요, 干은 楯의 뜻이다. 矛 또한 戟의 등속이니, 길이가 2丈이다. 唐나라 孔氏는 말하기를 "戈는 짧아서 사람이 쥐고 들기 때문에 '稱'이라 말하고, 楯은 나란히 들고 적을 막기 때문에 '比'라 말하고, 矛는 길어서 땅에 세우기 때문에 '立'이라고 말한 것이다."라고 하였다. 모든 무기가 엄정하게 정돈되면 士氣가 精明하니, 그런 뒤에야 맹세하는 명령을 귀담아 들을 수 있는 것이다.

字義 稱 : 들 칭 戈 : 창 과 比 : 나란히 비 干 : 방패 간 矛 : 긴창 모 擧 : 들 거 戟 : 창 극 楯 : 방패 순 扞 : 막을 한 整 : 정돈할 정

5. 王曰 古人有言曰하되 牝鷄는 無晨이니 牝鷄之晨이면(은) 惟家之索(삭)[41] 이라하도다

왕이 말씀하였다. "옛사람의 말에 '암탉은 새벽을 알리지 말아야 하니, 암탉이 새벽을 알리면 집안이 삭막해진다(위축된다).'고 하였다.

索은 蕭索也라 牝鷄而晨이면 則陰陽反常이니 是爲妖孽而家道索矣라 將言紂惟婦言是用이라 故로 先發此하니라

索은 蕭索(위축되다)의 뜻이다. 암탉이 새벽을 알리면 陰과 陽이 常道에 어긋나니, 이는 요망스러운 것이어서 家道가 삭막해진다. 紂가 오직 부인의 말만 따른 것을 말하려고 하였기 때문에 먼저 이 말을 꺼낸 것이다.

字義 牝 : 암컷 빈 索 : 쓸쓸할 삭 蕭 : 쓸쓸할 소 妖 : 요망할 요 孽 : 재앙 얼

6. 今商王受 惟婦言을 是用하여 昏棄厥肆祀하여 弗答하며 昏棄厥遺王父母弟[42]하여 不迪[43][44]하고 乃惟四方之多罪逋逃를 是崇是長하며 是信是使하여 是以爲大夫卿

---

41 牝鷄之晨 惟家之索(삭) : 孔傳에서 索을 盡의 뜻으로 보아 "암탉이 수탉을 대신해서 울면 집안이 망한다.〔雌代雄鳴則家盡〕"라고 한 데 대하여 兪樾은 "'집안이 망한다.'는 것은 뜻에 온당하지 못하니, 枚說이 틀린 것이다. 《周禮》〈夏官 方相氏〉에 '방안을 뒤져서 疫鬼를 몰아낸다.'고 하였으니, 곧 이 '索'자의 뜻이다. 암탉이 새벽을 알리면 반드시 妖孽이 있는 법이니, 마땅히 방안을 뒤져서 몰아내야 한다. 그러므로 '집안이 삭막해진다.'고 한 것이다. 武王이 諸侯를 거느리고 紂를 쳐서 천하를 위해 暴亂을 제거한 일 또한 방안을 뒤져 疫鬼를 몰아내는 일과 같기 때문에 비유했을 뿐이다.〔惟家之盡 于義未安 枚說非也 周禮方相氏 以索室毆疫 卽此索字之義 牝鷄晨鳴 必有妖孽 當索室以毆除之 故曰 惟家之索 武王以諸侯伐紂 爲天下除暴亂 亦猶索室毆疫也 故曰以爲喩耳〕"라고 하였다.(《群經平議》)

42 王父母弟 : 孔傳은 할아버지, 아버지, 어머니의 아우들로 보고, 陳師凱(《尙書蔡傳旁通》)는 《春秋左氏傳》에서 말한 先君이 남긴 姑·姊·妹와 같은 것으로 보았다.

43 不迪 : 孔傳은 "도리로 접하지 아니하였다.〔不接之以道〕"로, 蔡傳에서도 "도리로 대우하지 아니하였다.〔不以道遇之〕"라고 풀이하였다.

44 昏棄厥遺王父母弟 不迪 : 兪樾은 "《隸釋》에 실린 《石經》에는 '厥遺任父母弟不迪'으로 되어 있다. 漢代 사람은 隸書로 '王'과 '壬' 두 글자를 쓸 때 이따금 구별 없이 썼다. 이 經의 '王'자도 漢代 사람은 '壬'자로 쓰고 따라서 또 '사람인 변〔人旁〕'을 더하여 '任'자를 만들었다. 蔡邕 등이 六經文字를 정정하면서 이 같은 글자는 능히 정정하지 못했다. 학자들은 다 같이 글자는 비록 '任'으로 되어 있으나 읽을 때는 그대로 '王'으로 읽는다. 서로 습관이 된 지 이미 오래여서 옛 것을 바꾸는 일이 없다. '不迪'의 迪은 응당 由의 뜻으로 읽어야 한다. 《漢書》〈揚雄傳〉의 注에 '迪은 由의 뜻이다.'라고 하였으니, 이 '迪'과 '由'는 聲音이 가깝고 뜻이 통한다. '由'는 用의 뜻이다. 枚傳에 '도리로 접하지 아니하였다.'고 하였으니, 거리가 먼 해석이다.〔隸釋載石經 作厥遺任 父母弟不迪 漢人隸書王壬二字 往往無別 此經王字 漢人書作壬字 因又加人旁作任耳 蔡邕等 正定六經文字

士하여 俾暴虐于百姓하며 以姦宄于商邑하나다

지금 商나라 王 受는 부인의 말만 따른다. 그러므로 혼란하여 응당 지내야 할 제사를 팽개쳐버려 보답하지 않고, 혼란하여 남겨두신 王父母의 아우들을 팽개쳐 도리로 대우하지 않으며, 오직 사방에서 죄를 많이 지고 도망해온 자들을 높이고 받들며 믿고 부려서 이들로 大夫와 卿士를 삼아 백성들에게 포학한 짓을 하도록 하고, 商나라 邑에서 안팎으로 소란을 피우게 한다.

肆는 陳이요 答은 報也라 婦는 妲己也라 列女傳云 紂好酒淫樂(락)하고 不離妲己하여 妲己所擧者를 貴之하고 所憎者를 誅之라하니 惟妲己之言是用이라 故로 顚倒昏亂이라 祭는 所以報本也어늘 紂以昏亂으로 棄其所當陳之祭祀而不報하며 昆弟는 先王之胤也어늘 紂以昏亂으로 棄其王父母弟而不以道遇之니라 廢宗廟之禮하고 無宗族之義하며 乃惟四方多罪逃亡之人을 尊崇而信使之하여 以爲大夫卿士하여 使暴虐于百姓하고 姦宄于商邑이라 蓋紂惑於妲己之嬖하여 背常亂理하여 遂至流毒이 如此也니라

肆는 陳의 뜻이요, 答은 報의 뜻이다. 婦는 妲己이다. 《列女傳》에 "紂는 술을 좋아하고 음탕하게 놀고 즐기며, 妲己의 곁을 떠나지 아니하여 妲己가 천거하는 사람은 귀하게 해주고, 미워하는 사람은 주벌했다."라고 하였으니, 오직 달기의 말만을 따랐기 때문에 전도되고 혼란하였다. 祭는 근본(조상)에 보답하기 위한 일이건만, 紂는 혼란했기 때문에 응당 지내야 할 제사를 팽개쳐버리고 보답하지 아니하며, 昆弟는 先王의 아들이건만, 紂는 혼란했기 때문에 王父母의 아우들을 팽개쳐버리고 도리로써 대우하지 아니하였다.

宗廟의 禮를 폐기하고 宗族의 의리를 무시하였으며, 오직 사방에서 죄를 많이 지고 도망해온 자들만을 尊崇하고 믿고 부려서 이들로 大夫와 卿士를 삼아 백성들에게 포학한 짓을 하게 하고, 商나라 邑에서 안팎으로 소란을 피우게 하였다. 紂는 妲己의 사랑에 현혹되어 常道를 위배하고 常理를 어지럽혀 마침내 해독을 퍼뜨림이 이와 같았던 것이다.

[字義] 逋 : 도망갈 포　俾 : 하여금 비　姦 : 밖에서 소란피울 간　宄 : 안에서 소란피울 궤

而此等字 未能正定 學者共曉字 雖作任 讀仍爲王 相習已久 無庸改易其舊耳 不迪之迪 當讀爲由 漢書揚雄傳注曰迪由1)也 是迪與由 聲近義通 由者用也 枚傳曰 不接之以道 迂矣〕"라고 하였다.(《群經平議》) 顔師古의 注에는 "'迪'은 道의 뜻과 由의 뜻이다.〔迪道也由也〕"라고 하였다.

憎 : 미워할 증　妲 : 사람이름 달　胤 : 맏아들 윤　惑 : 현혹할 혹　嬖 : 사랑할 폐
背 : 등질 배

7. 今予發은 惟恭行天之罰하노니 今日之事는 不愆于六步七步하여 乃止齊焉하리니 夫子는 勖哉하라

지금 나 發은 오직 하늘의 罰을 공손히 행하고자 하노니, 오늘의 싸움에서는 6步와 7步를 넘지 않는 상태에서 멈추어 정제할 것이니, 장사들은 힘쓸지어다.

愆은 過요 勖은 勉也라 步는 進趨也요 齊는 齊整也니 今日之戰은 不過六步七步하여 乃止而齊라 此는 告之以坐作進退之法이니 所以戒其輕進也라

愆은 過의 뜻이요, 勖은 勉의 뜻이다. 步는 앞으로 걸어가는 것이고, 齊는 整齊하는 것이니, 오늘의 싸움에서는 6步와 7步를 넘지 않는 상태에서 멈추어 정제하라고 한 것이다. 이는 坐作하고 進退하는 방법을 알려준 것이니, 가볍게 전진함을 경계하려는 것이다.

字義　愆 : 넘을 건　勖 : 힘쓸 욱　過 : 지날 과, 넘을 과

8. 不愆于四伐五伐六伐七伐[45]하여 乃止齊焉하리니 勖哉하라 夫子아

4伐·5伐·6伐·7伐을 넘지 않는 상태에서 멈추어 정제할 것이니, 힘쓸지어다. 장사들아.

伐은 擊刺也라 少不下四五요 多不過六七而齊라 此는 告之以攻殺擊刺之法이니 所以戒其貪殺也라 上言夫子勖哉하고 此言勖哉夫子者는 反覆成文하여 以致其丁寧勸勉之意니 下倣此니라

伐은 치고 찌르는 동작이다. 적어도 4, 5번 이하로 내려가지 않고 많아도 6, 7번을 넘지 않는 상태에서 정제하라고 한 것이다. 이는 공격하여 죽이고 치고 찌르는 방법을 알려준 것이니, 살상을 탐하는 일을 경계하기 위한 것이다. 위에서는 '夫子勖哉'라 말하고, 여기서는 '勖哉夫子'라고 말한 것은 반복해서 글을 이루어서 간곡하게 권면하는 뜻을 극도로 다한 것이니, 아랫글도 이와 같다.

字義　擊 : 칠 격　刺 : 찌를 자　倣 : 본받을 방

45 步·伐 : 宋代 王炎은 '步'는 발을 놀리는 방법으로, '伐'은 손을 놀리는 방법으로 보았다.

9. 尙桓桓如虎如貔하며 如熊如羆于商郊하여 弗迓克奔하여 以役西土[46]하라 勖哉하라 夫子아

부디 위력을 떨쳐 범처럼, 비휴처럼, 곰처럼, 말곰처럼 商나라 교외에서 힘차게 싸우되, 달려와 항복하는 자를 맞아 공격함으로써 우리 西土 사람들을 노역시키지 말도록 하라. 힘쓸지어다. 장사들아.

桓桓은 威武貌라 貔는 執夷也니 虎屬이라 欲將士如四獸之猛하여 而奮擊于商郊也라 迓는 迎也라 能奔來降者는 勿迎擊之하여 以勞役我西土之人[47]이니 此는 勉其武勇而戒其殺降也라

桓桓은 위엄이 있고 武勇이 있는 모습이다. 貔는 執夷란 짐승으로 범의 등속이다. 장병들이 네 종류의 짐승 같은 용맹함으로 商나라 교외에서 奮擊하기를 바란 것이다. 迓는 迎의 뜻이다. 달려와 항복하는 자를 맞받아 공격함으로써 우리 西土 사람들을 노역시키지 말도록 하라는 것이니, 이는 〈한편으로는〉 武勇을 떨치기를 권면하고, 〈다른 한편으로는〉 항복하는 자를 죽이는 일을 경계한 것이다.

字義 尙 : 부디 상　桓 : 굳셀 환　貔 : 비휴 비　羆 : 말곰 비　迓 : 맞이할 아　役 : 노역할 역

---

46 弗迓克奔 以役西土 : 孔傳은 "商나라 민중 중에 와서 항복하는 사람은 맞받아 치지 말아야 할 것이니, 이와 같이 하는 것은 우리 西土의 의리를 〈저들에게〉 사용하기(보여주기) 위한 것이다.〔商衆能奔來降者 不迎擊之 如此 則所以役我西土之義〕"라고 풀이하였는데, 兪樾은 "經에는 단지 '奔'만 말하고 '降'은 말하지 않았으며, 經에는 단지 '迓'만 말하고 '擊'은 말하지 않았으며, 經에는 단지 '役西土'만 말하고 '役西土之義'는 말하지 않았으니, 傳의 뜻이 잘못된 것이다. '迓'자는 응당 《史記》에 적힌 '禦'를 따라야 하니, 《廣雅》 〈釋詁〉에 '禦는 止의 뜻이다.'라고 하였다. '克奔以役西土' 6자를 1句로 하고, '奔'은 '奮'과 같이 읽으니, '克奔以役西土'는 '능히 분발하여 우리 西土의 役을 따른다.'는 말이다. 이 편은 본래 友邦冢君 및 정벌을 따르는 庸과 蜀 등 여러 나라를 위해 지은 것이기 때문에 '役西土'란 말이 있게 된 것이다.〔經但言奔 不言降 經但言迓 不言擊 經但言役西土 不言役西土之義 傳義非也 迓字宜從史記作禦 廣雅釋詁 禦止也 克奔以役西土六字爲句 奔讀如奮也 克奔以役西土者 克奮發以從我西土之役也 此篇本爲友邦冢君及從征庸蜀諸國而作 故有以役西土之語〕"라고 하였다.(《群經平議》)

47 勿迎擊之 以勞役我西土之人 : 王夫之는 "'以役西土' 4자에 대하여 孔傳은 뜻풀이가 이미 합당하지 못하고, 蔡註에서는 '달려와 항복하는 자를 맞받아 공격함으로써 우리 西土 사람들을 노역시키지 말도록 하라는 것이다.'라고 풀이하였다. 저들이 죽음을 당하는 것은 걱정하지 않고 칼을 드는 것을 노역으로 여겼으니, 그 말 또한 몹시 不仁하다. 役은 '服役'의 뜻이고, 以는 用의 뜻이니, 그들을 데리고 돌아오는 것이다. 곧 항복하는 자를 죽이지 말고 마땅히 그들을 데리고 돌아와서 西土에 服役하도록 함을 말한 것이다. 經文이 본래 너무도 분명한데, 어찌 꼭 교묘하게 立說하여 섬뜩한 말을 할 필요가 있겠는가.〔以役西土四字 孔傳義旣不諧 蔡註謂勿迎擊之 以勞役我西土之人 則不恤彼之見殺 而以擧刃爲勞 其言亦甚不仁矣 役 服役也 以 用也 以歸也 言降者勿殺 當以之而歸 使服役于西土也 經文本皎然可見 何必巧于立說 以爲慘刻之言哉〕"라고 하였다.(《尙書稗疏》)

10. 爾所弗勖이면 其于爾躬에 有戮하리라

너희들이 만약 힘쓰지 않는다면 너희들 몸에 刑戮이 있을 것이다.”

弗勖은 謂不勉於前三者[48]라 愚謂 此篇은 嚴肅而溫厚하여 與湯誓誥로 相表裏하니 眞聖人之言也라 泰誓, 武成은 一篇之中이 似非盡出於一人之口니 豈獨此爲全書乎아 讀者其味之니라

'힘쓰지 않는다.'는 것은 앞의 세 가지 일에 힘쓰지 않는 것을 이른다. 나는 생각건대, 이 篇의 내용은 엄숙하면서도 온후하여 〈湯誓〉·〈湯誥〉와 서로 表裏가 되니, 참으로 聖人의 말씀이다. 〈泰誓〉·〈武成〉은 한 篇 속의 글이 한 사람의 입에서 다 나오지 않은 듯한데, 이 〈牧誓〉만은 아마도 〈한 사람의 입에서 나온〉 완전한 글이 된 셈인가. 읽는 자들은 이 점을 잘 음미하여야 할 것이다.

武成

史氏가 記武王往伐, 歸獸, 祀群神, 告群后, 與其政事하여 共爲一書하고 篇中에 有武成二字일새 遂以名篇하니라 今文無하고 古文有하니라

史氏가 武王이 가서 정벌한 일과 軍馬를 돌려보낸 일과 여러 神에게 제사 지낸 일과 諸侯들에게 고한 일과 정사에 관한 일들을 기록하여 함께 한 책을 만들었고, 篇 가운데 '武成'이란 두 글자가 있기 때문에 드디어 이것으로 篇名을 한 것이다. 〈武成〉은 《今文尙書》에는 들어 있지 않고 《古文尙書》에는 들어 있다.

1. 惟一月壬辰旁死魄[49]越[50]翼日癸巳에 王이 朝步自周①하사 于征伐商하시다

① 書經 朝步自周 : 아침에 감을 周(鎬京)로부터 하시어
一般 朝自周步 : 아침에 周(鎬京)로부터 가시어

48 前三者 : 앞의 7章·8章·9章을 가리킨다.

49 旁死魄 : 死魄의 다음날, 곧 음력 초이튿날이다. 정월에는 壬辰日을 일컫는다. 死魄은 달의 검은 부분이 줄어들기 시작한다는 뜻으로, 음력 초하룻날을 일컫는 말이다.

50 越 : '於'자처럼 전치사로 쓰인 것이다.

1월 壬辰日 旁死魄 다음날인 癸巳日에 王이 아침에 周(鎬京)로부터 가시어 商나라를 정벌하셨다.

一月은 建寅之月이니 不曰正而曰一者는 商建丑하여 以十二月로 爲正朔이라 故로 曰一月也니 詳見(현)太甲泰誓篇하니라 壬辰은 以泰誓戊午推之면 當是一月二日이라 死魄은 朔也니 二日이라 故로 曰旁死魄이라 翼은 明也라 先記壬辰旁死魄하고 然後에 言癸巳伐商者는 猶後世言某日에 必先言某朔也라 周는 鎬京也라 在京兆鄠(호)縣上林이니 卽今長安縣昆明池北鎬陂(피) 是也라

1월은 北斗七星의 자루가 寅方을 가리키는 달이니, '正月'이라 말하지 않고 '1월'이라 말한 것은 商나라는 北斗七星의 자루가 丑方을 가리키는 달을 정월로 하여 〈夏曆의〉 12월을 正朔으로 삼았기 때문에 '1월'이라 말한 것이니, 〈太甲〉과 〈泰誓〉에 자세히 보인다. 壬辰은 〈泰誓〉의 '戊午日'로 미루어보면 1월 2일에 해당된다. 死魄은 초하루이니, 2일이기 때문에 '旁死魄'이라 말한 것이다. 翼은 明日(이튿날)이니, 먼저 '壬辰 旁死魄'이라 기록하고 그런 뒤에 "癸巳日에 商나라를 정벌했다."고 말한 것은 후세에 아무 날을 말할 적에 반드시 먼저 아무 朔을 말하는 것과 같다. 周는 바로 鎬京이다. 京兆의 鄠縣 上林에 있었으니, 곧 지금의 長安縣 昆明池 북쪽 鎬陂가 이곳이다.

字義 步 : 갈 보

2. 厥四月哉生明[51]에 王이 來自商①하사 至于豐하사 乃偃武修文하사 歸馬于華山之陽하시며 放牛于桃林之野하사 示天下弗服하시다

① 書經 來自商 : 돌아오심을 商나라로부터 하시어
一般 自商來 : 商나라로부터 돌아오시어

4월 哉生明에 왕이 商나라로부터 돌아오시어 豐에 이르러 武備를 거두고 文敎를 닦으시려고 말은 華山의 남쪽 기슭으로 돌려보내고, 소는 桃林의 들에 풀어놓아서, 천하 사람들에게 〈다시는 무력을〉 쓰지 않을 뜻을 보였다.

---

51 哉生明 : 달이 밝아지기 시작할 때, 곧 사흗날을 가리킨다.

哉는 始也니 始生明은 月三日也라 豐은 文王舊都也니 在京兆鄠縣이라 卽今長安縣西北靈臺豐水之上에 周先王廟在焉이라 山南曰陽이라 桃林은 今華陰縣潼(동)關也라 樂記曰 武王勝商하고 渡河而西하사 馬는 散之華山之陽而弗復乘하고 牛는 放之桃林之野而弗復服하며 車甲은 衅而藏之府庫하고 倒載干戈하여 包以虎皮하시니 天下知武王之不復用兵也라하니라

哉는 始의 뜻이니, 始生明은 그달 3일이다. 豐은 文王의 옛 도읍이니 京兆의 鄠縣에 있었다. 곧 지금의 長安縣 서북쪽 靈臺 豐水의 가에 周나라 先王의 사당이 있다. 산의 남쪽을 '陽'이라 한다. 桃林은 지금의 華陰縣 潼關이다. 《禮記》 〈樂記〉에 "武王이 商나라를 쳐서 이기고 黃河를 건너 서쪽으로 와서 말은 華山의 남쪽에 풀어놓아 다시는 타지 않고, 소는 桃林의 들에 풀어놓아 다시는 일을 시키지 않았으며, 수레와 갑옷은 피를 발라서 府庫에 보관하고, 창과 방패는 거꾸로 실어 虎皮로 포장하였으니, 천하 사람들이 武王이 다시는 병력을 쓰지 않을 것을 알았다."라고 하였다.

○此는 當在萬姓悅服之下라

○이 부분은 마땅히 8章의 '萬姓悅服'의 뒤에 있어야 한다.

字義 哉 : 비로소 시　偃 : 거둘 언　放 : 풀어놓을 방　服 : 쓸 복
衅 : 피칠할 흔　倒 : 거꾸러질 도　載 : 실을 재　包 : 포장할 포

豆

3. 丁未[52]에 祀于周廟하실새 邦甸侯衛[53]駿奔走하여 執豆籩하더니 越三日庚戌에 柴望하사 大告武成하시다

丁未日에 周나라 사당에 제사를 지낼 때 邦國인 甸服과 侯服과 衛服의 제후들이 재빨리 달려와 분주하게 다니며 제기를 나르는 등 제사 일을 도왔다. 3일이 지난 庚戌日에는 柴제사와 望제사를 지내어 무공이 이루어진 것을 크게 고하셨다.

籩

52 丁未 : 여기서는 4월 19일을 가리킨다.

53 邦甸侯衛 : 孔傳에서는 邦國인 甸服과 侯服과 衛服의 諸侯들로 풀고, 孔疏에서는 "《周禮》 〈秋官 大行人〉에 6服은 侯服·甸服·男服·采服·衛服·要服이지만 여기서는 諸侯들의 服에 있는 邦國만을 대략 들었기 때문에 '甸服·侯服·衛服'이라고 한 것인데, 그 말이 차서대로 된 것은 아니다.〔周禮六服侯甸男采衛要 此略擧邦國在諸侯 故云甸侯衛 其言不次〕"라고 부연설명하였다.

駿은 爾雅曰 速也라 周廟는 周祖廟也라 武王이 以克商之事로 祭告祖廟하실새 近而邦甸과 遠而侯衛가 皆駿奔走執事하여 以助祭祀라 豆는 木豆요 籩은 竹豆니 祭器也라 旣告祖廟하고 燔柴祭天하고 望祀山川하여 以告武功之成하니 由近而遠이요 由親而尊也라

駿은 《爾雅》에 "速의 뜻이다."라고 하였다. 周廟는 周나라 조상의 사당이다. 武王이 商나라를 쳐서 이긴 일을 조상의 사당에 제사를 올려 고할 적에 가깝게는 邦國인 甸服과 멀게는 侯服·衛服의 제후들이 모두 재빨리 달려와 분주하게 다니며 일을 맡아서 제사를 도왔다. 豆는 나무로 만든 그릇이고, 籩은 대나무로 만든 그릇이니, 제사에 쓰는 그릇이다. 이미 조상의 사당에 고하고 나서 나무를 태워서 하늘에 제사 지내며, 山川을 바라보고 제사 지내어 무공이 이루어진 것을 고하였으니, 가까운 곳으로부터 먼 곳에 이르고 친한 쪽으로부터 높은 쪽에 이른 것이다.

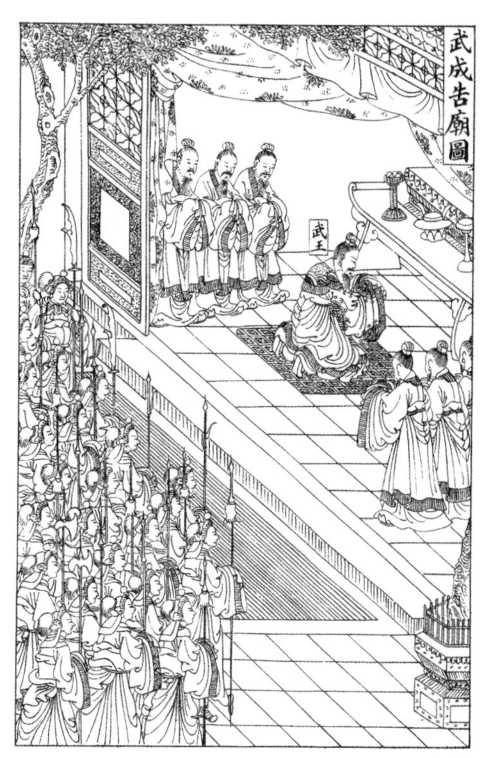

武成告廟圖

○此는 當在百工受命于周之下라

○이 부분은 마땅히 4章의 '百工受命于周'의 뒤에 있어야 한다.

字義 駿 : 빠를 준 豆 : 나무그릇 두 籩 : 대나무그릇 변 柴 : 나무 시 燔 : 태울 번

4. 旣生魄[54]에 庶邦冢君과 暨百工이 受命于周하니라

旣生魄에 여러 나라의 제후 및 여러 관원들이 周나라에서 임명을 받았다.

生魄은 望後也라 四方諸侯及百官이 皆於周受命이라 蓋武王新卽位에 諸侯百官이 皆朝見(현)新君은 所以正始也라

---

54 旣生魄 : 달그림자가 생기기 시작하는 날, 곧 음력 열엿샛날이다. 여기서는 4월 16일이다.

生魄(달그림자가 생김)은 보름 뒤이다. 사방의 제후 및 여러 관원이 모두 周나라에서 임명을 받았다. 武王이 새로 즉위함에 제후와 여러 관원이 모두 새 임금을 朝見(신하가 入朝하여 임금을 뵘)하는 것은 시작을 바르게 하기 위해서이다.

○此는 當在示天下弗服之下라

○이 부분은 마땅히 2章의 '示天下弗服'의 뒤에 있어야 한다.

字義 曁 : 및 기

5. 王若曰하사대 嗚呼群后아 惟先王이 建邦啓土하여시늘 公劉克篤前烈하시고 至于大(太)王하여 肇基王迹하여시늘 王季其勤王家하시고 我文考文王이 克成厥勳하사 誕膺天命하사 以撫方夏하신대 大邦은 畏其力하고 小邦은 懷其德이(이언) 惟九年이러니 大統을 未集이어시늘 予小子其承厥志하노라

王이 이렇게 말씀하였다. "아, 여러 제후들아. 先王(后稷)께서 나라를 세워 국토를 여셨거늘, 公劉께서는 전인의 功烈을 돈독히 다졌고, 太王에 이르러 처음으로 왕업의 터전을 닦으셨거늘, 王季께서는 王家의 일에 노력하셨으며, 우리 文考이신 文王께서는 그 공훈을 잘 이루시어 크게 天命을 받아 사방의 중원 땅을 어루만져 보살피시니, 큰 나라는 그 힘을 두려워하고 작은 나라는 그 德을 그리워한 지가 9년이었는데, 〈서거하여〉 大統을 이루지 못하셨거늘, 나 小子가 그 뜻을 이었노라."

群后는 諸侯也라 先王은 后稷이니 武王이 追尊之也라 后稷이 始封於邰라 故로 曰建邦啓土라 公劉는 后稷之曾孫이니 史記云 能修后稷之業이라하니라 太王은 古公亶父(보)也니 避狄하여 去邠居岐한대 邠人이 仁之하여 從之者如歸市하니라 詩曰 居岐之陽이 實始翦商이라하니 太王이 雖未始有翦商之志나 然太王이 始得民心하니 王業之成이 實基於此라 王季能勤以繼其業하고 至於文王하여는 克成厥功하여 大受天命하여 以撫安方夏하시니 大邦은 畏其威而不敢肆하고 小邦은 懷其德而得自立이라 自爲西伯專征으로 而威德이 益著於天下러니 凡九年에 崩하시니라 大統未集者는 非文王之德이 不足以受天下라 是時에 紂之惡이 未至於亡天下也라 文王은 以安天下爲心이라 故로 予小子 亦以安天下爲心이니라

群后는 바로 諸侯이다. 先王은 后稷인데, 武王이 追尊하였다. 后稷이 처음 邰나라에 봉해졌기 때문에 나라를 세워 국토를 열었다고 말한 것이다. 公劉는 后稷의 曾孫인데, 《史記》〈周本紀〉에 "后稷의 業을 닦았다."라고 하였다. 太王은 古公亶父

인데, 오랑캐를 피해 邠 땅을 떠나 岐山으로 가서 거주하자, 邠 땅의 사람들이 어질게 여겨 따르는 자가 마치 시장을 가는 사람처럼 많았다. 《詩經》〈魯頌 閟宮〉에 "岐山의 남쪽 기슭에 거주하여 비로소 商나라를 전멸했다."라고 하였으니, 太王이 비록 일찍이 商나라를 전멸할 뜻을 가지지는 않았으나 太王이 처음으로 민심을 얻었으니, 王業의 이루어짐이 실은 여기에서 기초를 세운 셈이다.

王季는 능히 노력하여 그 業을 계승하였고, 文王에 이르러서는 능히 그 공을 이루어 크게 天命을 받아 사방의 중원을 어루만져 편안하게 하니, 큰 나라는 그 위엄을 두려워하여 감히 방자하게 굴지 못하였고, 작은 나라는 그 德을 그리워하여 자립하게 되었다. 〈文王이〉 西伯이 되어 정벌을 마음대로 한 뒤로부터 위엄과 德이 더욱 천하에 드러났는데, 9년 만에 서거하였다. "大統을 이루지 못했다."라는 것은 文王의 德이 천하를 받기에 부족해서가 아니라, 이때 紂의 惡이 아직 천하를 잃는 지경에 이르지 않았기 때문이었다. 文王은 천하를 편안히 할 것을 마음먹었다. 그러므로 나 小子(武王) 또한 천하를 편안히 할 것을 마음먹은 것이다.

○此는 當在大告武成之下라

○이 부분은 마땅히 3章의 '大告武成'의 뒤에 있어야 한다.

字義 肇 : 비로소 조 篤 : 돈독할 독 誕 : 클 탄 膺 : 받을 응 撫 : 어루만질 무 懷 : 기릴 회
邰 : 나라이름 태 邠 : 땅이름 빈 岐 : 산이름 기 翦 : 깎을 전

6. 厎(지)商之罪[55]하사 告于皇天后土와 所過名山大川하사 曰 惟有道曾孫周王發은 將有大正于商하노니 今商王受無道하여 暴殄天物하며 害虐烝民하며 爲天下엣 逋逃主라 萃淵藪어늘 予小子既獲仁人하여 敢祗承上帝하여 以遏亂略하니 華夏蠻貊이 罔不率俾하나다

商나라 王의 죄를 〈치러 갈 때에〉 皇天과 后土와 지나가는 곳의 名山과 大川에 고하였다. "道를 가진 분의 曾孫인 周나라 王 發은 장차 商나라를 크게 바로잡으려고 하니, 지금 商나라 王인 受가 無道하여 하늘이 낸 물건을 함부로 버리며, 백성들을 해치고 학대하며, 천하에 도망친 자들의 주인이 되어 마치 못에 물고기가 모이듯 숲에 짐승이 모이듯 하고 있습니다. 나 小子는 이미 仁人을 얻었기 때문에

---

55 厎(지)商之罪 : 孔傳은 "紂를 칠 때를 이른다.〔謂伐紂之時〕"라고 풀이하였다. 蔡傳은 풀이가 없는 것으로 보아 孔傳을 따른 듯하다.

감히 上帝를 경건히 받들어 어지럽히는 謀略을 못하게 막으니, 華夏와 蠻貊이 따르지 않는 자가 없습니다.

厎는 至也[56]라 后土는 社也니 句龍爲后土라 周禮大祝云 王過大山川則用事焉이라하니라 孔氏曰 名山은 謂華요 大川은 謂河라하니 蓋自豐鎬往朝歌면 必道華涉河也라 曰者는 擧武王告神之語라 有道는 指其父祖而言이라 周王二字는 史臣追增之也라 正은 卽湯誓不敢不正之正이라 萃는 聚也라 紂殄物害民하고 爲天下逋逃罪人之主가 如魚之聚淵하고 如獸之聚藪也라 仁人은 孔氏曰 太公周召之徒라하니라 略은 謀略也라 俾는 廣韻曰 從也라하니라 仁人旣得이면 則可以敬承上帝하여 而遏絶亂謀니 內而華夏와 外而蠻貊이 無不率從矣라 或曰 太公歸周는 在文王之世요 周召는 周之懿親이니 不可謂之獲이요 此蓋仁人은 自商而來者라하나 愚謂 獲者는 得之[57]云爾니 卽泰誓之所謂仁人[58]이요 非必自外來也라 不然이면 經傳에 豈無傳乎아

厎는 至(이르다)의 뜻이다. 后土는 바로 社이니, 句龍氏가 后土가 되었다. 《周禮》〈春官 大祝〉에 "임금이 큰 산과 큰 하천을 지나갈 때에는 제사를 지낸다."라고 하였다. 孔氏(孔安國)는 말하기를 "名山은 華岳(華山)을 이르고 大川은 黃河를 이른다."라고 하였으니, 아마 豐과 鎬로부터 朝歌에 갔다면 반드시 화산을 넘고 황하를 건넜을 것이다. 曰은 武王이 神에게 고한 말씀을 든 것이다. 有道는 그 父祖를 가리켜 말한 것이다. '周王' 두 글자는 史臣이 추후에 보탠 것이다.

正은 곧 〈湯誓〉에 "감히 바로잡지 않을 수 없다."란 正과 같은 것이다. 萃는 聚의 뜻이다. 紂가 물건을 함부로 버리고 백성들을 해치고 학대하며, 천하에 도망친 죄인들의 주인이 된 것이 마치 물고기가 못에 모인 것과 같고, 짐승이 숲에 모인 것과

---

56 厎 至也 : 다른 데서는 모두 '厎'를 致의 뜻으로 풀이하고, 여기서만 유독 至의 뜻으로 풀이하였으니, '至'가 致의 잘못인지도 모를 일인데, 洪奭周는 "'厎商之罪'의 厎는 〈大誥〉의 '若考作室旣厎法(이를테면 아버지는 집을 지으려고 이미 건축할 법을 정해놓았으나)'의 厎와 같으니, 아마 죄를 정한다는 말일 것이다. 그런데 蔡傳은 至의 뜻으로 풀이하였으니, 분명치 못한 듯하다.〔厎商之罪之厎 猶若考作室旣厎法之厎 蓋定罪之辭也 蔡傳訓厎爲至 恐未瑩〕"라고 하였다.(《尙書補傳》)

57 得之 : 朴文鎬는 "'그 힘을 얻었다.'라고 말한 것과 같다.〔俗言得其力〕"라고 풀이하였다.(《壺山集》)

58 泰誓之所謂仁人 : 〈泰誓 中〉에 "受는 평등한 사람을 億兆 명 정도나 가지고 있지만 그들은 마음이 같지 않고 덕(행동)이 같지 않거니와, 나는 亂을 다스리는 신하 10명만을 가지고 있는데도 마음이 같고 덕이 같으니, 〈受가〉 비록 至親을 가지고 있으나 〈내가 가지고 있는〉 仁人만 못하다.〔受有億兆夷人 離心離德 予有亂臣十人 同心同德 雖有周親 不如仁人〕"라고 한 것을 가리킨다.

같다는 것이다. 仁人은 孔氏(孔安國)가 말하기를 "太公·周公·召公의 무리이다."라고 하였다.

略은 곧 謀略이다. 俾는《廣韻》에 "從의 뜻이다."라고 하였다. 仁人을 이미 얻었다면 上帝를 경건히 받들어 어지러운 謀略을 막을 수 있으니, 안으로는 華夏와 밖으로는 蠻貊이 모두 따르지 않는 자가 없었을 것이다. 혹자는 말하기를 "太公이 周나라로 돌아온 것은 文王의 세대에 있었고, 周公과 召公은 周나라의 가까운 친척이니, '獲'이라 이를 수 없다. 이는 아마도 商나라로부터 온 仁人일 것이다."라고 하나, 나는 생각하건대, 獲은 얻었다는 말이다. 〈仁人은 바로〉〈泰誓〉의 이른바 '仁人'이요, 반드시 밖으로부터 온 仁人이 아닐 것이다. 그렇지 않다면 經傳에 어찌 傳(註)이 없었겠는가.

○此는 當在于征伐商之下라

○이 부분은 마땅히 1章의 '于征伐商'의 뒤에 있어야 한다.

字義 殄 : 망칠 진　逋 : 도망갈 포　萃 : 모일 췌　藪 : 수풀 수　獲 : 얻을 획　祗 : 공경 지
遏 : 막을 알　略 : 모략 략　蠻 : 오랑캐 만　貊 : 오랑캐 맥　率 : 거느릴 솔　俾 : 따를 비
懿 : 아름다울 의

7. 恭天成命[59]이라(하여) 肆予東征하여 綏厥士女하니 惟其士女 篚厥玄黃하여 昭我周王[60]은 天休震動이라 用附我大邑周니라

하늘의 成命을 공경히 받들었다. 그러므로 내가 동쪽으로 정벌하여 그곳 士女(남녀)들을 편안하게 해주었더니, 士女들이 검은 비단과 누런 비단을 광주리에 담아가지고 와서 우리 周나라 왕의 德을 밝힌 것은 하늘의 아름다운 命의 힘이 진동했기 때문이다. 그래서 우리 큰 邑인 周나라에 귀속한 것이다.

成命은 黜商之定命也라 篚는 竹器요 玄黃은 色幣也라 敬奉天之定命이라 故로 我東征하여 安其士女하니 士女喜周之來하여 筐篚에 盛其玄黃之幣하여 明我周王之德者는 是蓋天休之所震動이라 故로 民用歸附我大邑周也라 或曰 玄黃은 天地之

59 罔不率俾 恭天成命 : 孔傳은 '率'에 구두를 떼고 '恭'을 奉의 뜻으로 보아 "모두 서로 이끌고 와서 하늘의 成命을 받들게 하였다.〔皆相率 而使奉天成命〕"라고 풀이하였다.

60 昭我周王 : 朱子는 "商나라 사람이 '우리 周나라 왕'이라고 한 것은 商書에 〈다른 나라 사람들이 湯임금을〉 '우리 임금님'이라고 한 것과 같다."라고 하였다.(《書傳大全》 小註)

色이니 篚厥玄黃者는 明我周王有天地之德也라하니라

成命은 商나라를 내치려는 확정된 命이다. 篚는 대그릇이고, 玄黃은 색깔이 있는 폐백이다. 하늘의 확정된 命을 공경히 받들었기 때문에 내가 동쪽으로 정벌하여 士女들을 편안하게 해주었더니, 士女들이 周나라가 온 것을 기뻐하여 광주리에 검은색과 누런색 폐백을 담아가지고 와서 우리 周나라 왕의 德을 밝힌 것은 하늘의 아름다운 命의 힘이 진동했기 때문이다. 그러므로 백성들이 우리 큰 邑인 周나라에 歸附한 것이다. 혹자는 말하기를 "玄黃은 天地의 색깔이니, 검은색과 누런색 비단을 광주리에 담아가지고 온 것은 우리 周나라 왕에게 天地의 德이 있음을 밝힌 것이다."라고 한다.

○此는 當在其承厥志之下니라

○이 부분은 마땅히 5章의 '其承厥志'의 뒤에 있어야 한다.

字義 肆 : 그러므로 사 綏 : 편안할 수 篚 : 광주리 비 休 : 아름다울 휴 附 : 붙일 부
黜 : 내칠 출 筐 : 광주리 광 盛 : 담을 성 幣 : 폐백 폐

8. 惟爾有神은 尙克相予하여 以濟兆民하여 無作神羞하소서(하라) 旣戊午에 師渡孟津하고(하여) 癸亥에 陳于商郊하여 俟天休命하더시니 甲子昧爽에 受率其旅하되 若林하여 會于牧野하되(하니) 罔有敵于我師요 前徒倒戈하여 攻于後以北(배)하니(하여) 血流漂杵러라(하여) 一戎衣에 天下大定이어늘 乃反商政하여 政由舊하시고 釋箕子囚하시며 封比干墓하시며 式商容閭하시며 散鹿臺之財하시며 發鉅橋之粟하사 大賚于四海하신대 而萬姓이 悅服하니라

당신네 神들은 부디 나를 도와 억조창생을 구제하여 神의 부끄러움이 되지 말도록 하소서."

벌써 戊午日에는 군사들이 孟津을 건넜고, 癸亥日에는 商나라 교외에 진을 쳐서 하늘의 아름다운 命이 내리기를 기다리셨는데, 甲子日 이른 새벽에 受가 숲처럼 많은 군대를 이끌고 와서 牧野에 모였으되, 우리 군대에게 대적하는 자는 없고, 앞에 있던 적의 무리들이 창끝을 거꾸로 돌려서 뒤에 있는 자기편을 공격하여 패배시키니, 피가 흘러 절굿공이가 떠다녔더라. 戰服을 입고 한번 싸움에 천하가 크게 안정되었거늘, 이에 商나라의 정사를 되돌려서 옛날의 정사를 따르시고, 갇힌 箕子를 풀어주시고, 比干의 무덤에 봉분을 만들어주시고, 商容의 마을에 경의를 표하

셨으며, 鹿臺의 재물을 나누어주시고, 鉅橋의 곡식을 풀어서 크게 온 천하에 주시니, 만백성이 기뻐하며 따랐다.

休命은 勝商之命也라 武王이 頓(屯)兵商郊하고 雍容不迫하여 以待紂師之至而克之어시늘 史臣이 謂之俟天休命이라하니 可謂善形容者矣라 若林은 卽詩所謂其會如林者라 紂衆이 雖有如林之盛이나 然皆無有肯敵我師之志요 紂之前徒倒戈하여 反攻其在後之衆以走하여 自相屠戮하여 遂至血流漂杵하니 史臣이 指其實而言之라 蓋紂衆이 離心離德이로되 特劫於勢而未敢動耳러니 一旦에 因武王弔伐之師하여 始乘機投隙하여 奮其怨怒하여 反戈相戮하여 其酷烈이 遂至如此하니 亦足以見紂積怨于民이 若是其甚이요 而武王之兵則蓋不待血刃也라 此所以一被兵甲而天下遂大定乎인저

休命은 商나라를 이기게 하는 〈하늘의 아름다운〉 命이다. 武王이 군대를 商나라 교외에 주둔시킨 다음, 서두르지 않고 조용히 紂의 군대가 오기를 기다려서 이겼는데, 史臣이 "하늘의 아름다운 命이 내리기를 기다렸다."라고 하였으니, 잘 표현한 말이라고 할 수 있겠다. "숲과 같다."는 것은 《詩經》〈大雅 大明〉에 이른바 "그 모인 수가 숲과 같다."라는 것이다. 紂의 무리가 비록 숲과 같이 많았으나 모두 우리 군대에게 대적하려는 뜻을 가진 자가 없고, 紂의 앞에 있던 무리들이 창끝을 거꾸로 돌려서 도리어 뒤에 있는 자기편을 공격하여 패주시키는 등 자기편끼리 서로 屠戮하여 마침내 피가 흘러 절굿공이가 떠다니는 지경에 이르렀으니, 史臣이 그 실제 상황을 가리켜 말한 것이다.

아마 紂의 군대는 마음을 달리하고 덕(행동)을 달리하였으나 다만 세력에 눌려서 감히 꼼짝 못하고 있었을 뿐이었는데, 하루아침에 백성을 위문하고 죄인을 치는 무왕의 군대로 인하여 비로소 기회를 타고 틈을 얻어서 원망과 분노를 터뜨리어 창끝을 거꾸로 돌려서 서로 도륙하여 그 참혹하고 비참한 광경이 마침내 이와 같은 지경에 이르렀으니, 또한 紂가 백성들에게 원망을 쌓은 것이 이처럼 심했음을 족히 볼 수 있고, 무왕의 군대는 아마 칼날에 피 한 방울 묻힐 필요가 없었을 것이다. 이래서 한 번 兵甲을 걸침에 천하가 드디어 크게 안정된 것이다.

乃者는 繼事之辭니 反紂之虐政하여 由商先王之舊政也라 式은 車前橫木이니 有所敬則俯而憑之라 商容은 商之賢人이라 閭는 族居里門也라 賚는 予也라 武王이 除殘去暴하시고 顯忠遂良하며 賑窮賙乏하사 澤及天下하시니 天下之人이 皆心悅而誠服之라 帝王世紀云 殷民言 王之於仁人也에 死者도 猶封其墓어든 況生者乎아 王

之於賢人也에 亡者도 猶表其閭어든 況存者乎아 王之於財也에 聚者도 猶散之어든 況其復籍之乎아하니라 唐孔氏曰 是爲悅服之事라하니라

乃는 일을 이어가는 말이니, 紂의 虐政을 되돌려 商나라 先王의 옛 정사를 따른 것이다. 式은 수레 앞에 가로질러 댄 나무이니, 공경할 대상이 있으면 고개를 숙여 거기에 대는 것이다. 商容은 商나라의 賢人이고, 閭는 겨레가 사는 마을이다. 賚는 予(주다)의 뜻이다. 武王이 잔인하고 포악한 자를 제거하고 충성스럽고 어진 사람을 드러내며, 곤궁한 자를 구휼하여 은택이 천하에 미치게 하시니, 천하 사람들이 모두 마음으로 기뻐하고 성신으로 복종하였다.

《帝王世紀》에 "殷나라 백성들이 말하기를 '王께서는 仁人에 대하여 죽은 사람도 외려 그 무덤에 봉분을 만들어주시는데, 하물며 산 사람에게야 오죽하시겠는가. 王께서는 賢人에 대하여 사망한 사람도 외려 그 마을에 정표를 하시는데, 하물며 생존한 사람에게야 오죽하시겠는가. 王께서는 재물에 있어서 모아놓은 것도 외려 나누어주시는데, 하물며 다시 거두시겠는가.'라 했다." 하였다. 唐나라 孔氏(孔穎達)는 말하기를 "이것이 바로 마음으로 기뻐하고 성신으로 복종한 사례이다."라고 하였다.

○此는 當在罔不率之下라

○이 부분은 마땅히 6章의 '罔不率俾'의 뒤에 있어야 한다.

字義 倒 : 거꾸로돌릴 도　漂 : 떠다닐 표　杵 : 절구공이 저　戎 : 군사 융　反 : 되돌릴 반
粟 : 곡식 속　賚 : 줄 뢰　雍 : 화할 옹　屠 : 무찌를 도　刦 : 겁먹을 겁　隙 : 틈 극
奮 : 터뜨릴 분　刃 : 칼날 인　憑 : 비길 빙　賑 : 구휼할 진　窮 : 곤궁할 궁　賙 : 구원할 주
乏 : 다할 핍

9. 列爵惟五에 分土惟三이며 建官惟賢하시고 位事惟能하시며 重民五敎하사되 惟食喪祭하시며 惇信明義하시며 崇德報功하시니 垂拱而天下治하니라

爵位는 다섯 가지로 정하되 땅은 세 가지로 나누어 주었으며, 벼슬을 임명할 때에는 오직 어진 이만을 임명하시고, 일을 시킬 때에는 오직 능력 있는 이만을 시키셨으며, 백성들에게는 五敎를 중히 여기게 하시되 음식과 喪禮와 祭禮를 더욱 중히 여기도록 하셨으며, 믿음을 도탑게 하고 의리를 밝히시며, 德을 높이고 공로에 보답하시니, 옷을 드리우고 팔짱을 끼고 가만히 있어도 천하가 저절로 다스려졌다.

列爵惟五는 公侯伯子男也요 分土惟三은 公侯百里와 伯七十里와 子男五十里之

三等也라 建官惟賢이면 不肖者不得進이요 位事惟能이면 不才者不得任이라 五教는 君臣父子夫婦兄弟長幼五典之敎也라 食以養生하고 喪以送死하고 祭以追遠이라 五教와 三事는 所以立人紀而厚風俗이니 聖人之所甚重焉者라 惇은 厚也니 厚其信하고 明其義하여 信義立에 而天下無不勵之俗이요 有德者를 尊之以官하고 有功者를 報之以賞하여 官賞行에 而天下無不勸之善이라 夫分封有法하고 官使有要하며 五教修而三事擧하고 信義立而官賞行하니 武王於此에 復何爲哉아 垂衣拱手而天下自治矣라 史臣이 述武王政治之本末에 言約而事博也 如此哉인저

'爵位는 다섯 가지로 정했다.'는 것은 公·侯·伯·子·男을 말하고, '땅은 세 가지로 나누어 주었다.'는 것은 公과 侯는 100리, 伯은 70리, 子와 男은 50리의 세 등급을 말한다. 벼슬을 임명할 때에 오직 어진 이만을 임명하면 어질지 못한 자가 진출할 수 없고, 일을 시킬 때에 오직 능력 있는 이만을 시키면 재주 없는 자가 임용될 수 없다. 五教는 君臣·父子·夫婦·兄弟·長幼에 관한 다섯 가지 일정한 가르침이다. 飮食은 산 사람을 기르는 것이고, 喪禮는 죽은 사람을 떠나보내는 것이고, 祭禮는 먼 조상을 추모하는 것이다. 五教와 三事는 사람의 기강을 세우고 풍속을 후하게 하고자 함이니, 聖人이 매우 중요시하는 것이다.

惇은 厚의 뜻이니, 믿음을 돈독히 하고 의리를 밝혀서 믿음과 의리가 확고히 서자 천하에 닦여지지 않는 풍속이 없으며, 德이 있는 이를 벼슬로써 높여주고 功이 있는 이를 賞으로써 보답하여 벼슬의 임명과 賞의 수여가 제대로 행해지자 천하에 권장되지 않는 善이 없었다. 땅을 나누어 봉해주는 데에는 일정한 법규가 있고 벼슬을 임명하고 일을 시키는 데에는 중요한 격식이 있었으며, 또한 五教가 닦여지고 三事가 거행되었으며, 믿음과 의리가 확고히 서고 벼슬의 임명과 賞의 수여가 제대로 행해졌으니, 武王이 여기서 다시 무엇을 하겠는가. 그저 옷을 늘어뜨리고 팔짱을 끼고 가만히 있어도 천하가 저절로 다스려질 수밖에 없었다.

史臣이 武王의 정치의 본말에 대한 서술에 있어서 말은 간략하게 하면서도 일은 폭넓게 다룬 솜씨가 이와 같았다.

○此는 當在大邑周之下로되 而上에 猶有缺文이라 按此篇이 編簡錯亂하여 先後失序일새 今考正其文于後하노라

○이 부분은 마땅히 〈7章의〉 '大邑周'의 뒤에 있어야 할 것이로되, 위에 그래도 빠진 글이 있다. 살펴보건대, 이 篇은 엮은 대쪽이 뒤섞여 어지러워서 앞뒤의 순서를 잃었기 때문에 지금 그 글을 자세히 상고해서 뒤에 바로잡아 놓았다.

字義 錯 : 어그러질 착

今考定武成[61](지금 상고해서 정한 무성편)

1. 惟一月壬辰旁死魄越翼日癸巳에 王이 朝步自周하사 于征伐商하시다

1월 壬辰日 旁死魄 다음날인 癸巳日에 王이 아침에 周(鎬京)로부터 가시어 商나라를 정벌하셨다.

2. 厎(지)商之罪하사 告于皇天后土와 所過名山大川하사 曰 惟有道曾孫周王發은 將有大正于商하노니 今商王受 無道하여 暴殄天物하며 害虐烝民하며 爲天下앳 逋逃主라 萃淵藪어늘 予小子旣獲仁人하여 敢祗承上帝하여 以遏亂略하니 華夏蠻貊이 罔不率俾하나다

商나라 왕의 죄를 〈칠 때에〉 이르러 皇天과 后土와 지나가는 곳의 名山과 大川에 고하였다. "道를 가진 분의 曾孫인 周나라 王 發은 장차 商나라를 크게 바로잡으려고 합니다. 지금 商나라 왕인 受가 無道하여 하늘이 낸 물건을 함부로 버리며, 백성들을 해치고 학대하며, 천하에 도망친 자들의 주인이 되어 마치 못에 물고기가 모이듯 숲에 짐승이 모이듯 하고 있습니다. 나 小子는 이미 仁人을 얻었기 때문에 감히 上帝를 경건히 받들어 어지러운 謀略을 막으니, 華夏와 蠻貊이 모두 따르지 않는 자가 없습니다.

3. 惟爾有神은 尙克相予하여 以濟兆民하여 無作神羞하소서 旣戊午에 師渡孟津하여 癸亥에 陳于商郊하여 俟天休命하더시니 甲子昧爽에 受率其旅하니(호되) 若林하여 會于牧野하되(하니) 罔有敵于我師요 前徒倒戈하여 攻于後以北(배)하니(하여) 血流漂杵러라(하여) 一戎衣에 天下大定이어늘 乃反商政하여 政由舊하시고 釋箕子囚하시며 封比干墓하시며 式商容閭하시며 散鹿臺之財하시며 發鉅橋之粟하사 大賚于四海하신대

---

61 今考定武成 : 孔傳은 개정하지 않고 원래의 순서대로 풀이하였고, 袁仁(《尙書砭蔡編》)은 "蔡氏가 〈武成〉을 考定한 것은 모두 劉氏(劉敞과 劉攽)·王氏(王安石)·程子(程頤)의 說에 근거한 것이나 허심탄회하게 읽는다면 개정하지 않아도 저절로 통할 수 있다.〔蔡氏考定武成 皆本劉氏王氏程子之說 然虛心讀之 卽不改亦自可通〕"라고 하였다.

而萬姓이 悅服하니라

당신네 神들은 부디 나를 도와 억조창생을 구제하여 神의 부끄러움이 되지 말도록 하소서."

벌써 戊午日에는 군대가 孟津을 건넜고, 癸亥日에는 商나라 교외에 진을 쳐서 하늘의 아름다운 命이 내리기를 기다리셨는데, 甲子日 이른 새벽에 受가 숲처럼 많은 군대를 이끌고 와서 牧野에 모였으되, 우리 군대에게 대적하는 자는 없고, 앞에 있던 적의 무리들이 창끝을 거꾸로 돌려서 뒤에 있는 자기편을 공격하여 패배시키니, 피가 흘러 절굿공이가 떠다녔더라. 戰服을 입고 한번 싸움에 천하가 크게 안정되거늘, 이에 商나라의 정사를 되돌려서 옛날의 정사를 따르시고, 갇힌 箕子를 풀어주시고, 比干의 무덤에 봉분을 만들어주시고, 商容의 마을에 경의를 표하셨으며, 鹿臺의 재물을 나누어주시고, 鉅橋의 곡식을 풀어서 크게 온 천하에 주시니, 만백성이 기뻐하며 따랐다.

4. 厥四月哉生明에 王來自商하사 至于豐하사 乃偃武修文하사 歸馬于華山之陽하시며 放牛于桃林之野하사 示天下弗服하시다

4월 哉生明에 왕이 商나라로부터 돌아오시어 豐邑에 이르러 武備를 거두고 文教를 닦으시려고 말은 華山의 남쪽 기슭으로 돌려보내시고, 소는 桃林의 들에 풀어놓아, 천하에 〈다시는 무력을〉 쓰지 않을 것을 보이셨다.

5. 旣生魄에 庶邦冢君과 暨百工이 受命于周하니라

旣生魄에 여러 나라의 제후와 여러 관원들이 周나라에서 임명을 받았다.

6. 丁未에 祀于周廟하실새 邦甸侯衛駿奔走하여 執豆籩하더니 越三日庚戌에 柴望하사 大告武成하시다

丁未日에 周나라 사당에 제사를 지낼 때 邦國인 甸服과 侯服과 衛服의 제후들이 재빨리 달려와 분주하게 다니며 제기를 나르는 등 제사 일을 도왔다. 3일이 지난 庚戌日에는 柴제사와 望제사를 지내어 무공이 이루어진 것을 크게 고하셨다.

7. 王若曰하사대 嗚呼群后아 惟先王이 建邦啓土하여시늘 公劉克篤前烈하시고 至于

大王하여 肇基王迹하여시늘 王季其勤王家하시고 我文考文王이 克成厥勳하사 誕膺天命하사 以撫方夏하신대 大邦은 畏其力하고 小邦은 懷其德이 惟九年이러니 大統을 未集이어시늘 予小子其承厥志호라

王이 이렇게 말씀하였다. "아, 여러 제후들아. 先王(后稷)께서 나라를 세워 국토를 여셨거늘, 公劉께서는 전인의 功烈을 돈독히 다지셨고, 太王에 이르러 처음으로 왕업의 터전을 닦으셨거늘, 王季께서는 王家의 일에 노력하셨으며, 우리 文考이신 文王께서는 그 공훈을 잘 이루시어 크게 天命을 받아 사방의 중원을 어루만져 보살피시니, 큰 나라는 그 힘을 두려워하고 작은 나라는 그 德을 그리워한 지가 9년이었는데, 〈서거하여〉 大統을 이루지 못하셨거늘, 나 小子가 그 뜻을 이었노라."

8. 恭天成命이라(하여) 肆予東征하여 綏厥士女호니 惟其士女 篚厥玄黃하여 昭我周王은 天休震動이라 用附我大邑周니라

하늘의 成命을 공경히 받들었다. 그러므로 내가 동쪽으로 정벌하여 그곳 士女(남녀)들을 편안하게 해주었더니, 士女들이 검은 비단과 누런 비단을 광주리에 담아가지고 와서 우리 周나라 王의 德을 밝힌 것은 하늘의 아름다운 命의 힘이 진동했기 때문이다. 그래서 우리 큰 邑인 周나라에 귀속한 것이다.

9. 列爵惟五에 分土惟三이며 建官惟賢하시고 位事惟能하시며 重民五教하사되 惟食喪祭하시며 惇信明義하시며 崇德報功하시니 垂拱而天下治하니라

爵位는 다섯 가지로 정하되 땅은 세 가지로 나누어 주었으며, 벼슬을 임명할 때에는 오직 어진 이만을 임명하시고, 일을 시킬 때에는 오직 능력 있는 이만을 시키셨으며, 백성들에게는 五教를 중히 여기게 하시되 음식과 喪禮와 祭禮를 더욱 중히 여기도록 하셨으며, 믿음을 돈독히 하고 의리를 밝히시며, 德을 높이고 공로에 보답하시니, 옷을 늘어뜨리고 팔짱을 끼고 가만히 있어도 천하가 저절로 다스려졌다.

按劉氏王氏程子 皆有改正次序일새 今參考定讀如此하니 大略集諸家所長이라 獨四月生魄丁未庚戌一節은 今以上文及漢志日辰推之컨대 其序當如此耳라 疑先儒以王若曰로 宜繫受命于周之下라 故로 以生魄在丁未庚戌之後라하니 蓋不知生魄之日에 諸侯百工이 雖來請命이나 而武王以未祭祖宗하고 未告天地라하여 未敢

發命이라 故로 且命以助祭하여 乃以丁未庚戌로 祀于郊廟하여 大告武功之成而後에 始告諸侯하니 上下之交와 神人之序가 固如此也라

살펴보건대, 劉氏(劉敞)와 王氏(王安石)와 程子(程頤)가 모두 개정해 놓은 차서가 있기 때문에 지금 이것을 참고해서 읽는 순서를 이와 같이 정하였으니, 대략 諸家의 장점을 모은 것이다. 다만 四月, 生魄, 丁未, 庚戌의 한 節은 지금 윗글과 《漢書》〈律曆志〉의 日辰으로 미루어보면 그 순서가 마땅히 이와 같아야 할 것이다. 아마 先儒들은 '王若曰'을 마땅히 '受命于周'의 뒤에 붙여야 한다고 생각하였던 모양이다.

그러므로 '生魄'이 '丁未'와 '庚戌'의 뒤에 있어야 한다고 주장하였으니, 이는 生魄의 날에 諸侯와 百工들이 비록 와서 명을 청하였으나 武王은 아직 祖宗에게 제사를 지내지 않고 天地에 고하지 않았다 하여 감히 명령을 내리지 못하였던 모양이다. 그러므로 우선 명하여 제사를 돕게 해서, 丁未日과 庚戌日에 郊와 廟에 제사를 지내 크게 武功이 이루어졌음을 고한 뒤에 비로소 제후에게 고하였음을 알지 못한 것이니, 上·下의 교차와 神·人의 순서가 진실로 이와 같아야 한다.

劉氏謂 予小子其承厥志之下에 當有缺文이라하니 以今考之컨대 固所宜有라 而程子는 從恭天成命以下三十四字를 屬于其下하니 則已得其一節이요 而用附我大邑周之下는 劉氏所謂缺文이니 猶當有十數語也라 蓋武王革命之初에 撫有區夏하시니 宜有退托之辭하여 以示不敢遽當天命而求助於諸侯하고 且以致其交相警勅之意하여 略如湯誥之文하니 不應但止自序其功而已也라 列爵惟五以下는 又史官之詞요 非武王之語니 讀者詳之니라

劉氏는 "'予小子其承厥志'의 뒤에 응당 빠진 글이 있다."라고 하였는데, 지금 살펴보건대 응당 〈빠진 글이〉 있다. 程子는 '恭天成命'으로부터 이하의 34字를 그 뒤에 연결시켰으니 이미 그 한 節을 얻은 것이고, '用附我大邑周'의 아래는 劉氏의 이른바 "글이 빠졌다."란 것이니, 그래도 응당 10여 마디의 말이 있어야 한다. 아마 武王이 혁명 초기에 區夏를 어루만져 소유한 모양이니, 응당 겸양하는 말씀이 있어서, 감히 갑작스레 天命을 감당하지 못해서 諸侯들에게 도움을 요청하는 뜻을 보이고, 또 서로 경계하고 삼가는 뜻을 다하여 대략 〈湯誥〉의 글과 같이 하여야 할 것이니, 단지 스스로 자기의 공만 서술하는 것으로 끝내서는 안 된다.

'列爵惟五' 이하는 또한 史官의 말이고, 武王의 말씀이 아니니, 읽는 이가 이것을 자세히 살펴보아야 한다.

洪範

漢志曰 禹治洪水에 錫洛書[62]어늘 法而陳之하시니 洪範이 是也라하고 史記에 武王克殷하시고 訪問箕子以天道하신대 箕子以洪範陳之라하니라 按篇內에 曰而와 曰汝者는 箕子告武王之辭니 意洪範은 發之於禹하고 箕子推衍增益하여 以成篇歟아 今文古文에 皆有하니라

《漢書》〈五行志〉에 "禹가 洪水를 다스릴 적에 하늘이 洛書를 내려주거늘 이것을 본받아 나열하였으니, 洪範이 바로 이것이다."라고 하였고, 《史記》〈周本紀〉에 "武王이 殷나라를 정벌해 승리하고 나서 箕子를 찾아가 天道에 대해 물으니, 箕子는 洪範을 가지고 말해주었다."라고 하였다. 살펴보건대, 篇 안에 '而'라 하고 '汝'라 한 것은 箕子가 武王에게 고한 말이니, 아마 〈洪範〉은 禹에게서 발단되었고 箕子가 그 뜻을 미루어 더 부연해서 이 篇을 작성하였을 것이다. 〈洪範〉은 《今文尚書》와 《古文尚書》에 모두 들어 있다.

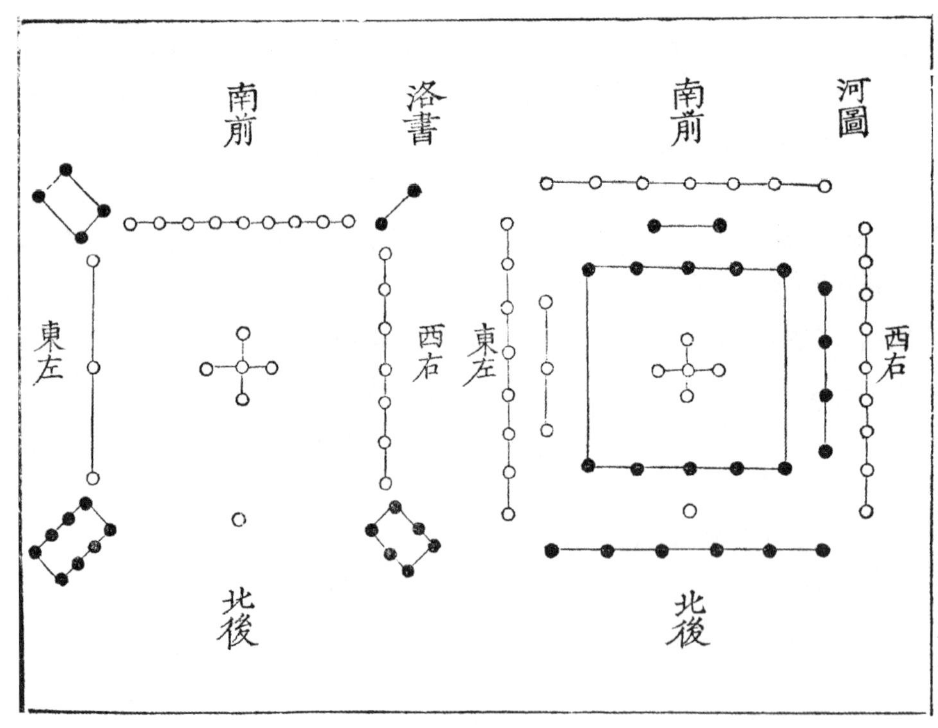

河圖洛書圖

62 洛書 : 洛水에서 등에 숫자 무늬가 있는 神龜가 나왔기 때문에 禹가 그 숫자를 차례로 나열해서 九疇를 이루었으니, 이것을 바로 '洛書'라고 한다.

1. 惟十有三祀[63]에 王이 訪于箕子하시다

---

63 惟十有三祀 : 孔傳에서 "箕子가 '祀'로 칭한 것은 근본을 잊지 않기 위함이다.〔箕子稱祀 不忘本〕"라고 풀이하였는데, 明代의 馬明衡(《尙書疑義》)은 "〈洪範〉의 글에 대하여 注疏에서는 '이는 箕子가 武王에게 고한 뒤에 돌아와서 차례대로 엮어서 篇을 이루어 典敎를 삼은 것이다.'라고 하였으니, 이와 같다면 이 〈홍범〉편은 모두 箕子의 手筆인 것이다. 蔡註에서도 '箕子가 그 뜻을 미루어 더 부연해서 이 〈홍범〉편을 작성하였을 것이다.'라고 하였다. 그러므로 '祀'로 칭한 것을 근본을 잊지 않는 것이라 일렀다.……내가 반복해서 생각하여 그 뜻을 파보았더니, 이 〈홍범〉편은 아마 무왕이 이미 방문을 하고, 기자가 이미 진술을 마치고 난 뒤에, 周나라의 史官이 그 말들을 차례대로 엮어서 〈홍범〉편을 작성한 듯하다. '祀'로 칭하고 '年'으로 칭하지 않은 것은 무왕이 기자를 신하로 여기지 않는 차원에서 존경하고, 기자의 道를 존중하였기 때문에 특별히 商나라의 옛 紀年을 가지고 칭하였을 것이니, 이것이 바로 聖人의 大公無我한 마음이다.〔洪範之書 注疏以爲 是箕子告武王之後 歸而次敍成篇 以爲典敎 如是則是篇 通是箕子之筆 蔡註亦云 箕子推衍增益 以成篇 故謂稱祀者 不忘本也……愚反覆思之 沈潛其義 是篇蓋武王旣訪 箕子旣陳 周之史官 次第其語而成篇也 稱祀不稱年者 則武王重箕子之不臣 尊箕子之道 故特以商之舊稱之 此聖人大公無我之心也〕"라고 하였다.

王夫之(《尙書稗疏》)는 "'十有三祀'에 대하여 孔安國은 '箕子가 祀로 칭한 것은 근본을 잊지 않기 위함이었다.'고 하고, 孔穎達은 따라서 '이 〈홍범〉편은 史官의 서술이 아니고 바로 箕子가 이미 武王에게 대답하고 나서 물러가 스스로 그 일을 편찬했기 때문에 祀로 칭한 것이다.'라고 하였다. 箕子는 이미 周나라에 신하 노릇 하지 않았으니, 그가 〈홍범〉을 진술할 때에도 스스로 現身하는 것을 즐거워하지 않았을 터인데, 어떻게 簡編으로 찬수하여 〈武王이 나라를 다스리는〉 방법을 물은 영광을 극대화할 수 있겠는가. 더구나 이미 周나라의 '十三年'을 '十三祀'로 삼았으면, 벌써 周나라의 正朔을 받든 셈인데, 周나라의 正朔을 받들고서 거기에 商나라 祀의 호칭을 더하였으니, 명분은 주인을 따르지 않았으나 이미 실속은 잃은 것이다. 또한 그 編年을 사용하면서 한갓 '祀' 한 글자만을 아끼는 것은 바로 큰 것은 놓아두고 작은 것을 다투는 꼴이다.……명칭을 정하고 제도를 개혁하며, 禮를 제정하고 樂을 제작한 것은 모두 周公이 한 일이고, 武王의 세대가 끝날 때까지는 단지 紂의 포학만을 제거하였을 뿐, 湯임금의 典法은 바꾸지 않기를 마치 漢 高祖가 秦나라를 따라 10월을 歲首로 삼은 것과 같이 하였을 따름이다.……武王이 商나라를 쳐서 승리한 뒤에 곧 '祀'를 바꾸어 '年'으로 칭하지 않은 것이 분명하다. 〈泰誓〉에서 '年'으로 칭한 것은 成王 때에 追序한 말이고, 여기서 '祀'를 칭한 것은 史官이 기술한 글인데, 어찌 箕子가 商나라를 〈잊지 않고 마음속에〉 간직했기 때문이겠는가.〔十有三祀 孔安國曰 箕子稱祀 不忘本 孔穎達因謂 此篇非史官敍述 乃箕子旣對武王 退而自撰其事 故稱祀 夫箕子旣不臣周 則其陳洪範也 亦非樂於自見 奈何撰之簡編 以侈其訪道之榮乎 況業以周之十三年 爲十三祀 則已奉周正朔矣 奉周正朔 而加之以商祀之號 名不從乎主人 旣爲失實 且用其編年 而徒愛祀之一字 是舍其大而爭其小……定名革制 秩禮作樂 皆周公之事 終武王之世 則但除紂之虐 而不易湯之典 如漢高帝之沿秦以十月爲歲首……武王於克商之餘 不卽易祀稱年 亦明矣 泰誓之稱年者 成王時 史官追序之詞也 此之稱祀 武王時 史官記述之文也 而豈箕子之以存商也哉〕"라고 하였다.

조선 말기의 黃景源은 "武王이 이미 천하를 차지하였으니, 箕子가 아무리 근본을 잊지 않는다 하더라도 반드시 周나라 '十三年'의 年을 商나라의 祀로 칭하지는 않았을 것이다.〔武王旣有天下 則箕子雖不忘本 必不以周十三年 稱商之祀也〕"라고 하였고,(《江漢集》〈雜著 洪範傳〉) 徐命膺은 "殷나라에서는 '祀'로, 周나라에서는 '年'으로 표기하였는데, 史臣이 장차 武王과 箕子의 問答을 기록하려고 하면서 年數는 周나라를 따라 武王의 大一統의 뜻을 보이고, 年稱은 殷나라를 따라 箕子가 臣僕을 하지 않은 뜻을 밝혔다.〔殷曰祀 周曰年 史臣將記武王箕子之問答 而年數則從周以示武王大一統之義 年稱則從殷以明箕子罔臣僕之志〕"라고 하였다.(《保晩齋剩簡》)

13祀에 王(武王)이 箕子에게 찾아가셨다.

王訪箕子圖

商曰祀요 周曰年이니 此曰祀者는 因箕子之辭也라 箕子嘗言 商其淪喪이라도 我罔爲臣僕[64]이라하고 史記에 亦載箕子陳洪範之後에 武王이 封于朝鮮而不臣也[65]라하니 蓋箕子不可臣이요 武王이 亦遂其志而不臣之也라 訪은 就而問之也라 箕는 國名이요 子는 爵也라

商나라는 '祀'라 하고 周나라는 '年'이라 하였는데, 여기에 '祀'라 한 것은 箕子의 말을 그대로 따른 것이다. 箕子가 일찍이 "商나라가 멸망하더라도 나는 臣僕이 되지 않겠다."란 말을 한 적이 있었고, 《史記》〈宋世家〉에 또한 "箕子가 洪範을 陳言한 뒤에 武王께서 그를 朝鮮에 봉해주고 신하로 삼지 않았다."라고 기재하고 있으니, 아마 箕子는 신하가 될 수 없다는 굳은 뜻을 가졌고, 武王 또한 그의 뜻을 존중하여 신하로 삼지 않았을 것이다. 訪은 찾아가서 물은 것이다. 箕는 國名이고, 子는 爵位이다.

---

64 箕子嘗言……我罔爲臣僕 : 이 내용은 앞의 〈微子〉에 보인다.

65 史記……封于朝鮮而不臣也 : 조선 말기의 吳熙常은 "가만히 생각해보건대, 아마도 蔡氏는 太史令 司馬遷의 말을 인습하여 세밀히 살펴보지 않은 듯하다. 대개 '道'란 것은 하늘이 주는 바요, 천하의 公物이다 그러므로 武王이 〈나라를 다스리는〉 방법을 묻자, 箕子는 洪範九疇만 진술했을 뿐, 결코 그 封爵은 받지 않았다. 봉해졌는데 신하 노릇을 하지 않았다는 것은 더욱 사리에 가깝지 않다. 이미 신하가 되지 않았다면 어떻게 봉할 수 있겠는가. 그를 봉했다면 어떻게 신하 노릇을 하지 않을 수 있겠는가. 또한 朝鮮은 본래 中國 판도 밖에 있어 일찍부터 服屬하지 않았으니, 武王이 비록 봉하고 싶어도 될 수 있겠는가. 谿谷(張維)이 이른바 '箕子가 中國을 떠나 朝鮮에 들어오니, 조선 백성들이 다 같이 그를 높여 임금으로 삼기를 또한 泰伯이 蠻荊에 가서 결국 그 땅에 임금 노릇을 한 것과 같았다.'라고 한 것은 그 실제를 얻었다고 할 만하다.〔竊恐蔡氏因襲史遷之語而不細勘也 盖道者 天之所界 而天下之公也 故武王訪道 箕子爲陳範疇而已 決不受其封 而封而不臣 尤不近事理 旣不臣之 則何爲封之 抑其封之 則何得曰不臣 且朝鮮 本在中國幅員之外 而曾不服屬 則武王雖欲封之得乎 谿谷所謂箕子去中國而入朝鮮 鮮民共尊以爲君 亦猶泰伯之適蠻荊 而遂君其地也者 可謂得其實矣〕"라고 하였다.(《老洲集》〈讀書隨記〉)

○蘇氏曰 箕子之不臣周也어늘 而曷爲爲武王陳洪範也오 天以是道로 畀之禹하여 傳至於我하니 不可使自我而絶이요 以武王而不傳이면 則天下無可傳者矣라 故로 爲箕子之道者는 傳道則可어니와 仕則不可라하니라

○蘇氏가 말하였다. "箕子가 周나라에 신하 노릇을 하지 않았는데 어찌하여 武王을 위해 洪範을 진언하였을까. 하늘이 이 유일한 '道'를 禹에게 주어서 전하여 자신에게 이르렀으니, 자신으로부터 끊어지게 해서는 안 되고, 武王이란 이유로 전해주지 않는다면 천하에 전해줄 만한 사람이 없다. 그러므로 箕子의 도리로 볼 때 道를 전하는 것은 가하거니와 벼슬을 하는 것은 불가하다."

字義 祀 : 해 사　訪 : 찾을 방　淪 : 빠질 륜　喪 : 망할 상　載 : 기재할 재　遂 : 이룰 수　畀 : 줄 비

2. 王이 乃言曰 嗚呼라 箕子아 惟天이 陰騭(즐)下民하사 相協厥居하시니 我는 不知其彛倫의 攸敍하노다(하노라)

王이 신중하게 말하였다. "아, 箕子시여. 하늘이 묵묵히 백성들을 안정시켜 그들의 삶을 도와 화합하게 하시는데, 나는 그 彛倫이 차례대로 펼쳐지게 된 까닭을 전연 모르고 있소이다."

乃言者는 難辭니 重其問也라 箕子는 稱舊邑爵者니 方歸自商하여 未新封爵也일새라 騭은 定이요 協은 合이라 彛는 常이요 倫은 理也니 所謂秉彛人倫也[66]라 武王之問은 蓋曰 天於冥冥之中에 默有以安定其民하여 輔相保合其居止어시늘 而我不知其彛倫之所以敍者 如何也라

乃言은 말하기를 어렵게 여기는 것이니, 그 물음을 신중하게 한 것이다. 箕子는 舊邑(商)의 爵位를 칭한 것이니, 그가 막 商나라로부터 돌아와서 아직 새로 爵位를 봉하지 못했기 때문이다. 騭은 定의 뜻이고, 協은 合의 뜻이다. 彛는 常의 뜻이고, 倫은 理의 뜻이니, 이른바 '秉彛'와 '人倫'이란 것이다. 武王의 묻는 의도는 "하늘이 어둡고 어두운 가운데 묵묵히 백성들을 안정시키어 그들의 삶을 도와 보합하게 하시는데, 나는 그 彛倫이 차례로 펼쳐지게 된 까닭이 무엇인 줄을 모르고 있노라."고 한 것이다.

字義 陰 : 묵묵히 음　騭 : 안정할 즐　相 : 도울 상　協 : 화협할 협　彛 : 떳떳할 이　倫 : 윤리 륜

---

66 所謂秉彛人倫也 : 秉彛는 《詩經》 〈大雅 烝民〉에 나오고, 人倫은 《孟子》 〈滕文公 上〉에 나온다.

攸 : 바 유　敍 : 펼 서　常 : 떳떳할 상　秉 : 잡을 병　冥 : 어두울 명　默 : 묵묵할 묵

3. 箕子乃言曰 我聞하니 在昔鯀(곤)이 陻洪水하여 汨陳其五行한대 帝乃震怒하사 不畀洪範九疇하시니 彝倫의 攸斁(두)요(니라) 鯀則殛死어늘 禹乃嗣興하신대 天乃錫禹洪範九疇하시니 彝倫의 攸敍라하니다(니라)

箕子가 신중하게 말하였다. "내가 들으니, '옛날에 鯀이 홍수를 잘못 막아 五行의 배열을 어지럽혀 놓자, 上帝가 震怒하여 洪範九疇를 내려주지 않으시니, 彝倫이 무너지게 되었고, 鯀이 곧 귀양 가서 죽고 禹가 그를 이어 일어나자, 하늘이 禹에게 洪範九疇를 내려주시니, 彝倫이 차례로 펼쳐지게 되었다.'고 합니다.

乃言者는 重其答也라 陻은 塞이요 汨은 亂이요 陳은 列이요 畀는 與요 洪은 大요 範은 法이요 疇는 類요 斁는 敗요 錫은 賜也라 帝는 以主宰言이요 天은 以理言也라 洪範九疇는 治天下之大法으로 其類有九하니 卽下文初一至次九者라 箕子之答은 蓋曰 洪範九疇는 原出於天이어늘 鯀逆水性하여 汨陳五行이라 故로 帝震怒하사 不以與之하니 此彝倫之所以敗也요 禹順水之性하사 地平天成이라 故로 天出書于洛이어늘 禹別之하여 以爲洪範九疇하니 此彝倫之所以敍也라 彝倫之敍는 卽九疇之所敍者也라

乃言은 그 답을 신중하게 하는 것이다. 陻은 塞(막다)의 뜻이요, 汨은 亂의 뜻이요, 陳은 列의 뜻이요, 畀는 與(주다)의 뜻이요, 洪은 大의 뜻이요, 範은 法의 뜻이요, 疇는 類(무리)의 뜻이요, 斁는 敗(무너지다)의 뜻이요, 錫은 賜의 뜻이다. 帝는 主宰를 가지고 말한 것이고, 天은 이치를 가지고 말한 것이다. 洪範九疇는 천하를 다스리는 大法으로 그 종류가 아홉 가지가 있으니, 곧 아랫글의 初一에서 次九까지이다.

箕子의 답은 대개 "洪範九疇는 원래 하늘에서 나온 것인데, 鯀이 물의 성질을 거슬려 五行의 배열을 어지럽혀 놓았다. 그러므로 上帝가 震怒하여 '홍범구주'를 내려주지 않으니, 이것이 彝倫이 무너지게 된 이유이다. 禹가 물의 성질에 따라 잘 다스려 水土가 평탄하게 됨에 하늘이 만물을 내는 공이 이에 이루어졌다. 그러므로 하늘이 洛水에 書를 내놓자, 禹가 이것을 구별하여 '홍범구주'를 만드니, 이것이 彝倫이 차례로 펼쳐지게 된 이유이다."라고 한 것이다. 彝倫이 차례로 펼쳐진다는 것은 곧 九疇가 펼쳐지는 것이다.

○按孔氏曰 天與禹神龜 負文而出하여 列於背하니 有數至九어늘 禹遂因而第之하여 以成九類라하니라 易言河出圖하고 洛出書[67]어늘 聖人則(칙)之라하니 蓋治水功成에 洛龜呈瑞가 如簫韶奏而鳳儀[68]하고 春秋作而麟至[69]니 亦其理也라 世傳戴九履一이요 左三右七이요 二四爲肩이요 六八爲足[70]이 卽洛書之數也라

○살펴보건대, 孔氏(孔安國)는 말하기를 "하늘이 禹에게 내려준 神龜가 무늬를 지고 나와 등에 무늬가 배열되었는데 數가 9까지 있으므로 禹가 드디어 이 무늬를 인하여 차례로 배열해서 九類를 이루었다."라고 하였다. 《周易》〈繫辭傳 上〉에 "河水에서 圖가 나오고 洛水에서 書가 나오므로 聖人이 이것을 본받았다."라고 하였으니, 홍수를 다스려 공이 이루어지자 낙수의 거북이 상서를 바친 것이 마치 簫韶를 연주하자 봉황이 와서 춤을 추고, 《春秋》를 짓자 기린이 이른 것과 같으니, 또한 그 이치인 것이다. 세상에 전하기를 "앞쪽에는 九를 이고 있고 뒤쪽에는 一을 밟고 있으며, 왼쪽에는 三이 놓여 있고 오른쪽에는 七이 놓여 있으며, 二와 四는 어깨 쪽에 배열되어 있고, 六과 八은 발쪽에 배열되어 있다."라고 하니, 이것이 곧 洛書의 數이다.

字義 鯀 : 이름 곤　陻 : 막을 인　汨 : 어지러울 골　疇 : 무리 주, 종류 주　斁 : 무너질 두
殛 : 귀양갈 극　嗣 : 이을 사　塞 : 막을 색　與 : 줄 여　類 : 무리 류, 종류 류
敗 : 무너질 패　賜 : 줄 사　宰 : 주재할 재　負 : 질 부　文 : 무늬 문　則 : 본받을 칙
簫 : 소소풍류 소, 퉁소 소　韶 : 소소풍류 소, 이을 소　奏 : 연주할 주　戴 : 일 대
履 : 밟을 리　肩 : 어깨 견

67 河出圖 洛出書 : 《尙書正義》의 孔疏에 의하면, "劉歆이 '《漢書》〈五行志〉에서 伏羲가 하늘을 계승하여 王 노릇을 할 때에 河水에서 圖가 나오자 그것을 본받아서 획을 그렸으니 八卦가 이것이다. 禹가 洪水를 다스리자 하늘이 洛書를 주므로 그것을 본받아 진열하였으니 洪範이 이것이다.'라고 하였다. 先達들이 모두 이런 말을 하지만 거북이 洛書를 등에 지고 나왔다는 것은 經에 그런 사실이 없고, 《中候》 및 여러 緯書에서 黃帝·堯·舜·禹·湯·文王·武王이 圖와 書를 받은 일을 많이들 말하는데, 모두가 '河水에서는 龍이 圖를 등에 지고 나오고 洛水에서는 거북이 書를 등에 지고 나왔다.'고들 한다. 緯書나 候書는 누가 만든 것인지 알 수 없다."라고 하였다.

68 簫韶奏而鳳儀 : 〈益稷〉에 "簫韶를 아홉 번 연주하자, 봉황이 와서 춤을 추었다.〔簫韶九成 鳳凰來儀〕"라고 보인다.

69 春秋作而麟至 : 《春秋》 哀公 14년 조에 "봄에 서쪽으로 사냥을 가서 기린을 잡았다.〔春西狩獲麟〕"는 기사가 보이는데, 당시 孔子가 《春秋》를 집필하다가 기린을 잡았다는 소식을 듣고 絶筆한 일이 있기 때문에 이렇게 말한 것이다.

70 戴九履一……六八爲足 : 後魏 때 《關氏易傳》을 남긴 關朗이 한 말이다. 關朗의 字는 子明이다.

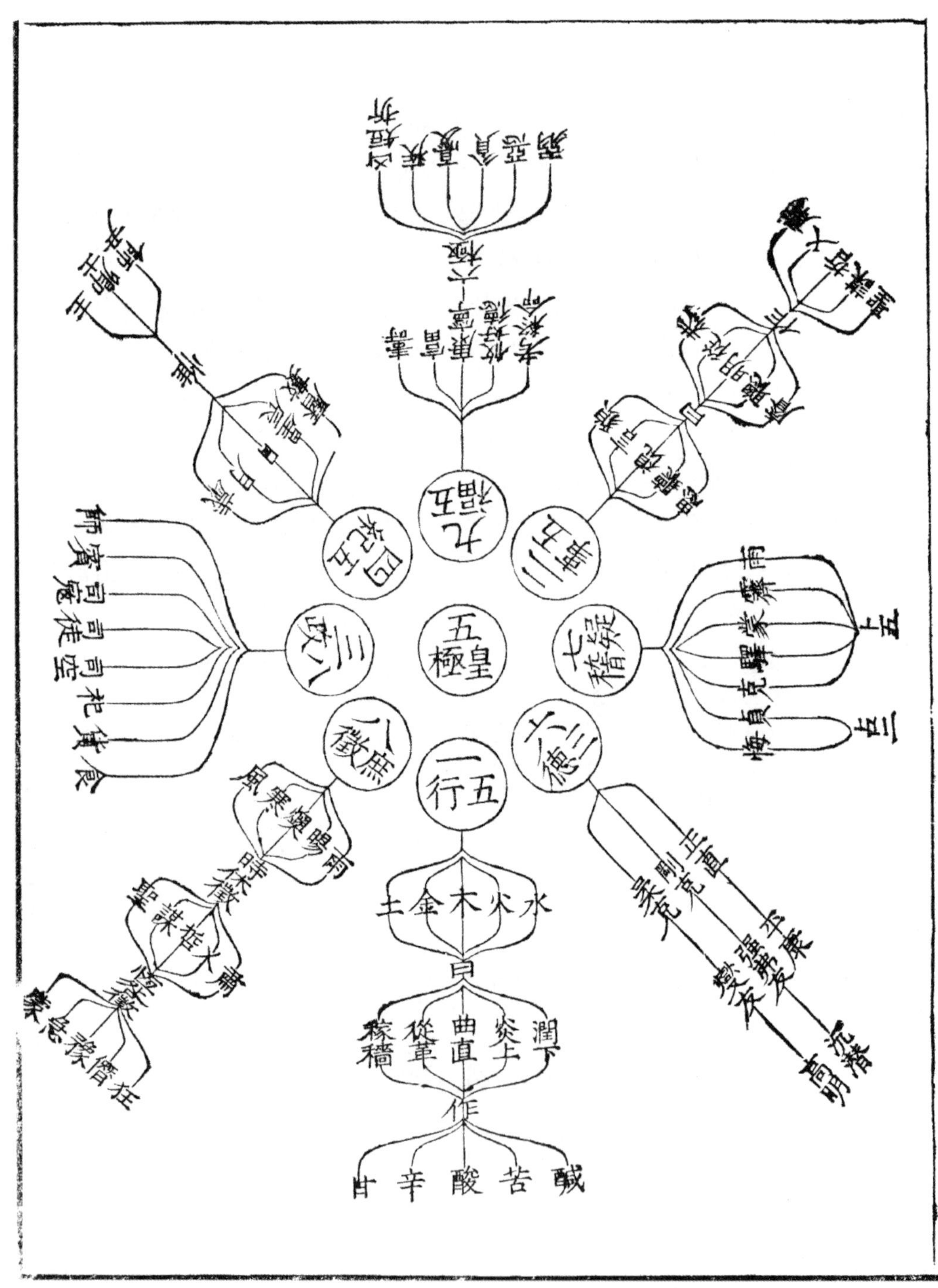

洪範九疇圖

4. 初一은 曰五行이요 次二는 曰敬用五事①요 次三은 曰農用八政②[71]이요 次四는 曰協用五紀③요 次五는 曰建用皇極④[72]이요 次六은 曰乂用三德⑤이요 次七은 曰明用稽疑⑥요 次八은 曰念用庶徵⑦이요 次九는 曰嚮用五福⑧이요 威用六極⑨이니다(이니라)

① 書經 曰敬用五事 : 경건하되 다섯 가지 일로써 한다는 것이요
一般 曰用五事敬身 : 다섯 가지 일로써 경건히 몸을 닦는다는 것이요

② 書經 曰農用八政 : 농사를 함에 여덟 가지 정책으로써 한다는 것이요
一般 曰用八政爲農厚生 : 여덟 가지 정책으로써 농사를 지어 생활을 풍족하게 한다는 것이요

③ 書經 曰協用五紀 : 합함을 다섯 가지 도수로써 한다는 것이요
一般 用五紀協天人 : 다섯 가지 도수로써 天道와 人道를 합한다는 것이요

④ 書經 曰建用皇極 : 세움을 임금의 표준으로써 한다는 것이요
一般 曰用皇中建極 : 중앙에 자리잡은 임금의 지극한 중정으로써 사방의 표준을 세운다는 것이요

⑤ 書經 曰乂用三德 : 다스림을 세 가지 德으로써 한다는 것이요
一般 曰用三德治民 : 세 가지 德으로써 백성을 다스린다는 것이요

⑥ 書經 曰明用稽疑 : 밝힘을 의심스러움을 살피는 일로써 한다는 것이요
一般 曰用稽疑明惑 : 의심스러움을 살피는 일로써 의혹을 밝힌다는 것이요

⑦ 書經 曰念用庶徵 : 생각함을 여러 가지 徵兆로써 한다는 것이요
一般 用庶徵省驗 : 여러 가지 徵兆로써 살펴서 징험한다는 것이요

⑧ 書經 曰嚮用五福 : 嚮(向)慕함을 다섯 가지 福으로써 한다는 것이요
一般 用五福嚮勸之 : 다섯 福으로써 향모해 善을 권면한다는 것이요

⑨ 書經 威用六極 : 위엄을 여섯 가지 極(禍)으로써 한다는 것입니다.
一般 用六極懲之 : 여섯 가지 極으로써 징계한다는 것입니다.

처음 一은 五行이란 것이요, 다음 二는 다섯 가지 일〔五事〕로써 경건히 몸을 닦는다는 것이요, 다음 三은 여덟 가지 정책〔八政〕으로써 농사를 지어 생활을 풍족하게

71 農用八政 : 孔傳은 農을 厚의 뜻으로 보아 "후하게 써야만 정사가 이에 이루어진다.〔厚用之 政乃成〕"라고 풀이하고, 馬融·張晏·王肅은 모두 農을 농사로 보아 "먹을거리가 八政의 우두머리가 되기 때문에 農으로써 명칭을 했다.〔食爲八政之首 故以農名〕"라고 풀이하였다.

72 建用皇極 : 孔傳은 皇은 大의 뜻으로, 極은 中의 뜻으로 보아 "무릇 일을 수립함에 있어서는 마땅히 大中의 道를 써야 한다.〔凡立事 當用大中之道〕"라고 풀이하였다.

한다는 것이요, 다음 四는 다섯 가지 도수〔五紀〕로써 天道와 人道를 합한다는 것이요, 다음 五는 중앙에 자리 잡은 임금의 지극한 중정〔皇極〕으로써 사방의 표준을 세운다는 것이요, 다음 六은 세 가지 德〔三德〕으로써 백성을 다스린다는 것이요, 다음 七은 의심스러운 것을 살피는 일〔稽疑〕로써 의혹을 밝힌다는 것이요, 다음 八은 여러 가지 徵兆〔庶徵〕로써 살펴서 징험한다는 것이요, 다음 九는 五福으로써 향모해 善을 권면하고 六極으로써 위엄을 보인다는 것입니다.

此는 九疇之綱也라 在天에 惟五行이요 在人에 惟五事니 以五事로 參(참)五行이면 天人合矣라 八政者는 人之所以因乎天이요 五紀者는 天之所以示乎人이라 皇極者는 君之所以建極也요 三德者는 治之所以應變也라 稽疑者는 以人而聽於天也요 庶徵者는 推天而徵之人也요 福極者는 人感而天應也라 五事曰敬은 所以誠身也[73]요 八政曰農은 所以厚生也요 五紀曰協은 所以合天也요 皇極曰建은 所以立極也요 三德曰乂는 所以治民也요 稽疑曰明은 所以辨惑也요 庶徵曰念은 所以省驗也요 五福曰嚮은 所以勸也요 六極曰威는 所以懲也라 五行에 不言用은 無適而非用也요 皇極에 不言數는 非可以數明也니라 本之以五行하고 敬之以五事하고 厚之以八政하고 協之以五紀는 皇極之所以建也요 乂之以三德하고 明之以稽疑하고 驗之以庶徵하고 勸懲之以福極은 皇極之所以行也라 人君治天下之法이 是孰有加於此哉리오

이는 九疇의 綱領이다. 하늘에 있어서는 五行이고 사람에 있어서는 五事이니, 五事를 가지고 五行을 참작하면 하늘과 사람이 합치한다. 八政이란 사람이 하늘을 따르는 것이고, 五紀란 하늘이 사람에게 보여주는 것이다. 皇極이란 임금이 極(표준)을 세우는 것이고, 三德이란 정치를 함에 있어서 수시로 응변하는 것이다. 稽疑란 사람을 통하여 하늘의 명을 듣는 것이고, 庶徵이란 하늘을 미루어 사람에게 징험하는 것이고, 福과 極이란 사람이 느끼면 하늘이 응하는 것이다.

五事에서 '敬'을 말한 것은 몸을 성실히 하기 위해서이고, 八政에서 '農'을 말한 것은 생활을 풍족하게 하기 위해서이고, 五紀에서 '協'을 말한 것은 하늘과 합하기 위

---

73 五事曰敬 所以誠身也 : 朴文鎬는 "新安 陳氏가 '몸이 닦여짐에 極(표준)이 선다. 九疇의 중심은 皇極에 있고, 皇極의 요점은 五事에 있고, 五事의 요점은 또 敬의 한 글자에 있다.'고 하였다. 이것은 곧 堯의 '欽'과 舜의 '恭'이 서로 전한 心法이다.〔新安陳氏曰 身修而極建矣 九疇之樞在皇極 皇極之要在五事 五事之要又在敬之一字 ○卽堯欽舜恭相傳之心法也〕"라고 하였다.(《壺山集》)

해서이고, 皇極에서 '建'을 말한 것은 표준을 세우기 위해서이고, 三德에서 '乂'를 말한 것은 백성을 다스리기 위해서이고, 稽疑에서 '明'을 말한 것은 의혹을 분별하기 위해서이고, 庶徵에서 '念'을 말한 것은 살펴서 징험하기 위해서이고, 五福에서 '嚮'을 말한 것은 권면하기 위해서이고, 六極에서 '威'를 말한 것은 징계하기 위해서이다.

五行에서 '用'을 말하지 않은 것은 가는 곳마다 쓰이지 않음이 없기 때문이고, 皇極에서 '數'를 말하지 않은 것은 숫자로써 밝힐 수 없기 때문이다. 五行으로써 근본을 삼고, 五事로써 경건하게 하고, 八政으로써 풍족하게 하고, 五紀로써 합하게 하는 것은 皇極이 세워지기 위해서이고, 三德으로써 다스리고, 稽疑로써 밝히고, 庶徵으로써 징험하고, 五福과 六極으로써 권면하고 징계하는 것은 皇極이 행해지기 위해서이다. 임금이 천하를 다스리는 방법이 그 무엇이 이보다 더 나은 것이 있겠는가.

字義 用 : 써 용　極 : 표준 극　稽 : 살필 계　徵 : 징조 징　嚮 : 향모할 향　極 : 재앙 극

5. 一五行은 一曰水요 二曰火요 三曰木이요 四曰金이요 五曰土이니다(니라) 水曰潤下요 火曰炎上이요 木曰曲直이요 金曰從革[74]이요 土爰稼穡이니다(이니라) 潤下는 作鹹하고 炎上은 作苦하고 曲直은 作酸하고 從革은 作辛하고 稼穡은 作甘이니다(이니라)

첫째 '五行'은, 첫째는 水(물)요, 둘째는 火(불)요, 셋째는 木(나무)이요, 넷째는 金(쇠)이요, 다섯째는 土(흙)입니다. 물은 적시기도 하고 아래로 흘러가기도 하는 것이고, 불은 불꽃을 튀기기도 하고 위로 올라가기도 하는 것이고, 나무는 굽기도 하고 곧기도 하는 것이고, 쇠는 따르기도 하고 바뀌기도 하는 것이고, 흙은 이에 곡식을 심을 수도 거둘 수도 있는 것입니다. 적시기도 하고 아래로 흘러가기도 하는 것은 짠맛을 내고, 불꽃을 튀기기도 하고 위로 올라가기도 하는 것은 쓴맛을 내고, 굽기도 하고 곧기도 하는 것은 신맛을 내고, 따르기도 하고 바뀌기도 하는 것은 매운맛을 내고, 곡식을 심을 수도 거둘 수도 있는 것은 단맛을 냅니다.

---

74 金曰從革 : 馬融(《史記集解》)은 "쇠의 성질은 사람을 따라 변개하므로 녹일 수 있다.〔金之性 從人而更 可銷鑠〕"라고 하였고, 張晏(《前漢書》)은 "'革'은 更(고치다)의 뜻이니, 고쳐 녹여서 주조할 수 있다.〔革更也 可更銷鑄也〕"라고 하였다. 宋代 程公說(《春秋分記》)은 "'金不從革'은 쇠가 본성을 잃어 變怪됨을 이른다.〔金不從革 謂金失其性而爲變怪也〕"라고 하였다.

此下는 九疇之目也라 水火木金土者는 五行之生序也니 天一生水하고 地二生火하고 天三生木하고 地四生金하고 天五生土니라 唐孔氏曰 萬物成形에 以微著爲漸하니 五行先後도 亦以微著爲次니라 五行之體에 水最微하니 爲一이요 火漸著하니 爲二요 木形實하니 爲三이요 金體固하니 爲四요 土質大하니 爲五라하니라 潤下, 炎上, 曲直, 從革은 以性言也요 稼穡은 以德言也라 潤下者는 潤而又下也요 炎上者는 炎而又上也요 曲直者는 曲而又直也요 從革者는 從而又革也요 稼穡者는 稼而又穡也니 稼穡에 獨以德言者는 土兼五行하여 無正位요 無成性이나 而其生之德은 莫盛於稼穡이라 故로 以稼穡言也라 稼穡은 不可以爲性也라 故로 不曰曰而曰爰이라 爰은 於也니 於是稼穡而已요 非所以名也라 作은 爲也라 鹹苦酸辛甘者는 五行之味也라 五行에 有聲色氣味로되 而獨言味者는 以其切於民用也일새라

여기서부터 이하는 九疇의 條目이다. 물·불·나무·쇠·흙은 五行이 생겨난 순서이니, 하늘의 '一'이 물을 낳고, 땅의 '二'가 불을 낳고, 하늘의 '三'이 나무를 낳고, 땅의 '四'가 쇠를 낳고, 하늘의 '五'가 흙을 낳는다.

唐나라 孔氏(孔穎達)는 말하기를 "萬物이 형태를 이룰 때에는 미세하게 나타나는 것으로 점점 진화해가니, 五行의 先後도 역시 미세하게 나타나는 것으로 차례를 삼는다. 五行의 體에 물은 가장 미세하니 '一'이 되고, 불은 점점 드러나니 '二'가 되고, 나무는 형체가 실하니 '三'이 되고, 쇠는 體가 견고하니 '四'가 되고, 흙은 形質이 크니 '五'가 된다."라고 하였다.

潤下·炎上·曲直·從革은 성질을 가지고 말한 것이고, 稼穡은 德을 가지고 말한 것이다. 潤下는 적시기도 하고 또 아래로 내려가기도 하는 것이며, 炎上은 불꽃을 튀기기도 하고 또 위로 올라가기도 하는 것이며, 曲直은 굽기도 하고 또 곧기도 하는 것이며, 從革은 따르기도 하고 또 바뀌기도 하는 것이며, 稼穡은 심기도 하고 또 거두기도 하는 것이니, 稼穡에서 유독 '德'을 말한 것은 흙은 五行을 겸해서 바른 위치도 없고 이루어진 성질도 없지만, 그 낳는 德은 稼穡보다 더 성대한 것이 없다. 그러므로 稼穡을 가지고 말한 것이다. 稼穡은 '性'이라 할 수 없기 때문에 '曰'이라 말하지 않고 '爰'이라 말한 것이다. 爰은 於(前置詞)의 뜻이니, 이에 심기도 하고 거두기도 한다는 것만 표현했을 뿐이지, 명칭하기 위한 것이 아니다. 作은 爲(되다)의 뜻이다. 鹹·苦·酸·辛·甘은 五行의 맛[味]이다. 五行에는 聲과 色과 氣(五臭)와 味가 다 있는데, 유독 맛만을 말한 것은 백성들의 일상생활에 있어서 가장 중요한 역할을 하기 때문이다.

字義 潤 : 적실 윤 革 : 고칠 혁 爰 : 이에 원 稼 : 심을 가 穡 : 거둘 색 鹹 : 짤 함
苦 : 쓸 고 酸 : 실 산

6. 二五事는 一曰貌요 二曰言이요 三曰視요 四曰聽이요 五曰思이니다(니라) 貌曰恭이요 言曰從이요 視曰明이요 聽曰聰이요 思曰睿이니다(니라) 恭은 作肅하며 從은 作乂하며 明은 作哲하며 聰은 作謀하며 睿는 作聖이니다(이니라)

둘째 '五事'는, 첫째는 貌(용모)요, 둘째는 言(언어)이요, 셋째는 視(봄)요, 넷째는 聽(들음)이요, 다섯째는 思(생각함)입니다. 용모는 공손해야 하는 것이요, 언어는 순종해야 하는 것이요, 봄은 밝아야 하는 것이요, 들음은 분명해야 하는 것이요, 생각함은 슬기로워야 하는 것입니다. 공손함은 엄숙하게 만들고, 순종함은 일이 잘 다스려지게 만들고, 밝음은 명철하게 만들고, 분명함은 계책이 바로 서게 만들고, 슬기로움은 성스러움을 만드는 것입니다.

貌言視聽思者는 五事之敍也라 貌는 澤하니 水也요 言은 揚하니 火也요 視는 散하니 木也요 聽은 收하니 金也요 思는 通하니 土也라 亦人事發見(현)先後之敍니 人始生則形色具矣요 既生則聲音發矣니 既乂而後能視하고 而後能聽하고 而後能思也라 恭從明聰睿者는 五事之德也니 恭者는 敬也요 從者는 順也요 明者는 無不見也요 聰者는 無不聞也요 睿者는 通乎微也라 肅乂哲謀聖者는 五德之用也니 肅者는 嚴正也요 乂者는 條理也요 哲者는 智也요 謀者는 度(탁)也요 聖者는 無不通也라

貌·言·視·聽·思는 다섯 가지 일의 순서이다. 용모는 윤택하는 것이니 水에 속하고, 언어는 發揚하는 것이니 火에 속하고, 봄은 〈안에서 밖으로〉 흩어지는 것이니 木에 속하고, 들음은 〈밖에서 안으로〉 수렴하는 것이니 金에 속하고, 생각은 〈사방으로〉 통하는 것이니 土에 속한다. 이것은 또한 사람의 일이 발현하는 선후의 순서이기도 하니, 사람이 처음 태어나면 형체와 색깔이 갖추어지게 되고, 이미 태어났으면 音聲이 발양하게 되니, 〈언어가 이치를 따라〉 잘 다스려져 條理가 있은 뒤에야 보게 되고, 그런 뒤에야 듣게 되고, 그런 뒤에야 생각할 수 있게 되는 것이다.

恭·從·明·聰·睿는 다섯 가지 일의 德이니, 恭이란 공경하는 것이고, 從이란 이치를 따르는 것이고, 明이란 보지 못함이 없는 것이고, 聰이란 듣지 못함이 없는 것이고, 睿란 은미한 것에 통하는 것이다. 肅·乂·哲·謀·聖은 다섯 가지 德의 用이니, 肅이란 嚴正한 것이고, 乂란 條理가 있는 것이고, 哲이란 지혜로운 것이고, 謀란 헤아리는 것이고, 聖이란 통하지 않음이 없는 것이다.

7. 三八政은 一曰食이요 二曰貨요 三曰祀요 四曰司空[75]이요 五曰司徒요 六曰司寇요 七曰賓이요 八曰師이니다(니라)

셋째 '八政'은, 첫째는 食(식량)이요, 둘째는 貨(財貨)요, 셋째는 祀(祭祀)요, 넷째는 司空(토지를 맡은 관원)이요, 다섯째는 司徒(교육을 맡은 관원)요, 여섯째는 司寇(법을 맡은 관원)요, 일곱째는 賓(외교를 맡은 관원)이요, 여덟째는 師(적을 막는 군사)입니다.

食者는 民之所急이요 貨者는 民之所資라 故로 食爲首而貨次之라 食貨는 所以養生也요 祭祀는 所以報本也라 司空은 掌土하니 所以安其居也요 司徒는 掌教하니 所以成其性也요 司寇는 掌禁하니 所以治其姦也요 賓者는 禮諸侯遠人이니 所以往來交際也요 師者는 除殘禁暴也라 兵은 非聖人之得已라 故로 居末也라

식량은 백성들의 생활에 가장 급한 것이고, 재화는 백성들의 생활에 자본이 되는 것이다. 그러므로 식량이 첫째 자리를 차지하고 재화가 그 다음 자리를 차지한 것이다. 식량과 재화는 산 사람의 생계를 꾸리는 것이고, 제사는 조상의 덕에 보답하는 것이다. 司空은 水土를 맡으니 백성들의 주거를 편안하게 해주는 벼슬아치이고, 司徒는 교육을 맡으니 인성을 양성하는 벼슬아치이고, 司寇는 법을 맡으니 간악한 무리들을 다스리는 벼슬아치이고, 賓은 諸侯와 먼 지방 사람들을 禮로 대우하니 왕래와 교제를 원활하게 하는 외교행정을 맡은 벼슬아치이고, 師는 殘虐한 자를 제거하고 暴惡한 자를 금지하는 일을 맡은 병정이다. 병정은 성인이 부득이해서 쓰는 것이기 때문에 맨 끝에 놓인 것이다.

8. 四五紀는 一曰歲요 二曰月이요 三曰日이요 四曰星辰이요 五曰曆數이니다(니라)

---

75 司空 : 孔傳에서 "나라의 空土를 주관하여 백성들을 거주시키는 것이다.〔主空土以居民〕"라고 풀이하였는데, 兪樾은 "'司空'의 空은 응당 '工'으로 읽어야 한다. '空'을 '工'이라 한 것은 '功'을 '工'이라 하고 '紅'을 '工'이라 한 것과 같다. 冬官은 百工의 일을 주관하기 때문에 '司工'이라 일렀는데, 그 職은 비록 없어졌으나 《周禮》〈天官 冢宰〉의 小宰職에서 '冬官은 國事를 관장한다.'고 하였고, '冬官은 國土를 관장한다.'고 하지 않았으니, 司空은 司工임이 명백하다. '工'은 '功'과 통하니, '功'이란 일이다. 그것이 司工이기 때문에 국사를 관장하는 것이다. 後人은 '空'이 工의 假借字임을 알지 못하고 따라서 '空土를 주관한다.'는 說을 하여 僞古文에서 결국 '司空은 邦土를 관장한다.'고 했다.〔司空之空 當讀爲工 以空爲工 猶以功爲工 以紅爲工也 冬官主百工之事 故謂之司工 其職雖亡而 小宰職曰 冬官掌邦事 不曰冬官掌邦土 則司空之爲司工明矣 工與功通 功者事也 惟其司工 故掌邦事也 後人不知空爲工之假字 因有主空土之說 而僞古文遂曰 司空掌邦土矣〕"라고 하였다.(《群經平議》)

넷째 '五紀'는, 첫째는 歲(해)요, 둘째는 月(달)이요, 셋째는 日(날)이요, 넷째는 星辰(별과 별자리)이요, 다섯째는 曆數(曆法)입니다.

歲者는 序四時也요 月者는 定晦朔也요 日者는 正躔度也요 星은 經星緯星也요 辰은 日月所會十二次也라 曆數者는 占步之法이니 所以紀歲月日星辰也라

歲는 四時를 차례로 정하는 것이요, 月은 그믐과 초하루를 정하는 것이요, 日은 하늘의 운행하는 도수를 바르게 하는 것이요, 星은 經星과 緯星이요, 辰은 해와 달이 만나는 열두 방위이다. 曆數는 하늘의 운행을 헤아리는 방법이니, 곧 歲·月·日·星辰에 관한 일을 기록하는 것이다.

字義 躔 : 운행할 전 經 : 날줄 경 緯 : 씨줄 위 占 : 헤아릴 점 步 : 운행할 보

9. 五皇極은 皇이 建其有極[76]이니 斂是五福하여 用敷錫厥庶民하면 惟時厥庶民이 于汝極에 錫汝保極하리니다(하리라)

다섯째 '皇極'은, 임금이 〈자신의 몸으로〉 지극한 표준을 세우는 것이니, 이 五福을 거두어 모아서 백성들에게 베풀어 주면 백성들도 당신의 지극한 표준에 대하여 당신에게 함께 지극한 표준을 잘 보호해 지킴을 〈福을 준 대가로〉 줄 것입니다.

皇은 君이요 建은 立也라 極은 猶北極之極이니 至極之義요 標準之名으로 中立而四方之所取正焉者也라 言人君은 當盡人倫之至니 語父子則極其親에 而天下之爲父子者 於此取則(칙)焉이요 語夫婦則極其別에 而天下之爲夫婦者 於此取則焉이요 語兄弟則極其愛에 而天下之爲兄弟者 於此取則焉이라 以至一事一物之接과 一言一動之發에 無不極其義理之當然하여 而無一毫過不及之差면 則極建矣라 極者는 福之本이요 福者는 極之效니 極之所建은 福之所集也라 人君이 集福於上은 非厚其身而已라 用敷其福하여 以與庶民하여 使人人觀感而化니 所謂敷錫

---

76 皇建其有極 : 孔傳은 '皇'을 大의 뜻으로, '有'를 大의 뜻으로, '極'을 中의 뜻으로 보아 "무릇 일을 설립함에 있어서는 마땅히 大中의 道를 써야 한다는 것이다.〔凡立事 當用大中之道〕라고 풀이하였는데, 兪樾은 "'皇極'을 大中으로 여긴 것은 본디 古義이나, 아랫글에서 말한 '皇建其有極'과 '惟皇作極'을 한결같이 大中으로 풀이하였으니, 실로 통할 수 없는 점이 있다. 蔡傳에서 「皇」은 君(임금)의 뜻이요, 「建」은 立(세우다)의 뜻이다. 極은 「北極」의 極과 같으니, 至極의 뜻이고 標準의 이름이다.'라고 하였으니, 그 說이 자못 우수하다.〔以皇極爲大中 固古義也 然下文言皇建其有極 惟皇作極 一以大中訓之 實有不可通者 蔡傳曰 皇君 建立也 極猶北極之極 至極之義 標準之名 其說殊勝〕"라고 하였다.(《群經平議》)

也요 當時之民도 亦皆於君之極에 與之保守하여 不敢失墜하니 所謂錫保也라 言皇極君民所以相與者 如此也니라

皇은 임금이고, 建은 세우는 것이다. 極은 '北極'의 極과 같으니 至極의 뜻이요 標準의 명칭으로 중앙에 우뚝 서 있으면 사방에서 그를 취하여 바로잡는 것이다. 임금은 마땅히 인륜의 지극함을 다해야 하니, 父子의 측면으로 말하면 그 친함을 극도로 다함에 천하의 부자된 자들이 여기에서 법을 취하고, 夫婦의 측면으로 말하면 그 분별함을 극도로 다함에 천하의 부부된 자들이 여기에서 법을 취하고, 兄弟의 측면으로 말하면 그 사랑함을 극도로 다함에 천하의 형제된 자들이 여기에서 법을 취한다. 일 하나 물건 하나를 접하거나 말 한 마디 행동 하나를 하는 것까지도 의리의 당연함을 극도로 다하지 않음이 없어서, 일호라도 過하거나 不及한 차이가 없게 된다면 표준이 세워질 것이다.

極(표준)은 福의 근본이고, 福은 極의 효험이니, 極이 서는 것은 바로 福이 모이는 것이다. 임금이 위에서 福을 모으는 것은 자기 몸만 후하게 할 뿐 아니라 그 福을 베풀어서 백성들에게 주어 사람마다 보고 감화하게 하는 것이니, 이른바 '베풀어준다'는 것이요, 당시의 백성들 또한 모두 임금의 표준(極)에 대해 임금과 더불어 보호해 지켜서 감히 실추하지 않는 것이니, 이른바 '보호해준다'는 것이다. 임금의 표준에 대하여 임금과 백성이 서로 주는 것이 이와 같음을 말한 것이다.

字義 斂 : 거둘 렴 敷 : 펼 부 錫 : 줄 석 保 : 보존할 보 墜 : 떨어질 추

10. 凡厥庶民이 無有淫朋하며 人無有比德은 惟皇이 作極일새니다(일새니라)

무릇 백성들이 邪黨을 조직하는 일이 없고, 관리들이 패거리를 결성하는 일이 없는 것은 오직 임금이 표준을 세우기 때문입니다.

淫朋은 邪黨也라 人은 有位之人이라 比德은 私相比附也라 言庶民與有位之人이 而無淫朋比德者는 惟君이 爲之極하여 而使之有所取正耳니 重言君不可以不建極也니라

淫朋은 邪黨이다. 人은 지위를 가진 사람이다. 比德은 사사로이 서로 패거리를 결성하는 것이다. 백성들과 지위를 가진 사람들이 사당을 조직하고 패거리를 결성하는 일이 없는 것은 오직 임금이 표준을 세워서 그들로 하여금 취하여 바로잡는 바가 있도록 하기 때문이니, 임금이 표준을 세우지 않으면 안 된다는 점을 거듭 말

한 것이다.

字義 淫 : 음란할 음 朋 : 붕당 붕 比 : 패거리 비 重 : 거듭 중 取 : 취할 취 正 : 바로잡을 정

11. 凡厥庶民이 有猷[77]有爲有守어든(를) 汝則念之하며 不協于極이라도 不罹于咎어든 皇則受之[78]하소서(하라) 而康而色하여 曰予攸好德[79]이라커든 汝則錫之福하면 時人이 斯其惟皇之極하리니다(하리라)

무릇 백성들 중에 혹 지식이 족히 일을 도모할 만한 이가 있고 才力이 족히 일을 시행할 만한 이가 있고 지조를 지키어 아무 일이나 하지 않는 이가 있거든 당신은 이들을 유념해야 할 것입니다. 표준에 합하지 않더라도 허물에 걸리지 않는 사람이면 임금님은 곧 이들을 받아주십시오. 그리고 〈그 사람이〉 화평한 얼굴빛을 하고서 말하기를 '내가 좋아하는 것은 바로 德이다.'라고 하거든, 당신은 그 사람에게 福(祿)을 내려주십시오. 그러면 그 사람은 이에 임금님의 표준을 따를 것입니다.

此는 言庶民也라 有猷는 有謀慮者요 有爲는 有施設者요 有守는 有操守者니 是三

---

77 有猷 : 孔傳은 '道德이 있는 사람'으로 보았다.

78 皇則受之 : 孔傳은 皇은 大, 則은 法의 뜻으로 보아 "대승적인 방법으로 받아주라.〔大法受之〕"고 풀이하였다. '皇'을 孔傳은 大의 뜻으로, 蔡傳은 君의 뜻으로 보았는데, 蔡傳대로라면 皇(임금님)과 汝(당신)가 어울리지 않아 말의 흐름이 순조롭지 못하다.

79 而康而色 曰予攸好德 : 孔傳은 '而康而色'을 "당신은 마땅히 당신 얼굴빛을 온화하게 가져 아랫사람에게 겸손해야 한다.〔汝當安汝顔色 以謙下人〕"라고 풀이하고, '曰予攸好德'은 사람이 하는 말로 보았으며, 林之奇(《尙書全解》)도 "'而康而色'은 응당 당신의 안색을 온화하게 해서 가르쳐야 함을 말한 것이다.〔而康而色 言當安汝之顔色以敎之〕"라고 하여 孔傳을 따랐는데, 유독 蔡傳만은 "외모로는 온화한 기색을 보이고 중심에서는 德을 좋아한다는 말이 나오거든〔見於外而有安和之色 發於中而有好德之言〕"이라고 하여 모두 그 사람이 하는 것으로 보고 있다.

孔傳의 풀이에 대하여 兪樾은 "아래에 있는 '而'자는 汝의 뜻으로 풀이되나, 위에 있는 '而'자는 汝의 뜻으로 풀이되지 않는 바로 語詞이다. 이 句는 윗글의 '皇則受之'를 이어받아 '皇則(大法)으로 그들을 받아들이라.'고 말한 것이고, '而康而色'은 '단지 받아들일 뿐만 아니라 또한 응당 당신의 얼굴빛을 온화하게 해서 받아들이라.'고 말한 것이다. '康'의 뜻은 '편안함'이기 때문에 또한 和(온화하다)의 뜻을 가지게 되니, 《史記》〈樂書〉의 正義에 '康은 和의 뜻이다.'라고 하였다. 枚傳에서는 '皇則受之'를 윗글의 '汝則念之'와 서로 對가 됨으로 인하여, '念之' 아래에 다시 다른 글이 없으니, '受之' 아래에 또한 이 네 글자를 붙일 수 없다. 그러므로 이에 이 네 글자를 아래에 붙여서 뜻을 만들었으니, 그 소견이 전혀 통하지 않는다.〔下而字訓汝 上而字不訓汝 乃語詞也 此句承上文皇則受之 而言皇則受之 而康而色 言不但受之 而又當和汝之顔色以受之也 康之義爲安 故亦爲和 史記樂書正義曰 康和也 枚傳因皇則受之 與上文汝則念之 相對 念之下 更無他文 則受之下 亦不得着此四字 乃以此四字屬下爲義 其所見殊泥矣〕"라고 하였다.(《群經平議》)

者는 君之所當念也라 念之者는 不忘之也니 帝念哉之念이라 不協于極은 未合於善也요 不罹于咎는 不陷於惡也라 未合於善이나 不陷於惡은 所謂中人也니 進之則可與爲善이요 棄之則流於惡이니 君之所當受也라 受之者는 不拒之也니 歸斯受之之受라 念之受之는 隨其才而輕重하여 以成就之也라 見於外而有安和之色하고 發於中而有好德之言이어든 汝於是則錫之以福이면 而是人이 斯其惟皇之極矣리라 福者는 爵祿之謂라 或曰 錫福은 卽上文斂福錫民之福이니 非自外來也라하니 曰 祿亦福也라 上文은 指福之全體而言이요 此則爲福之一端而發이니 苟謂非祿之福이면 則於下文于其無好德에 汝雖錫之福이라도 其作汝用咎에 爲不通矣니라

이는 일반 백성들에 대해 말한 것이다. 有猷는 일을 도모할 만한 지식이 있는 사람이고, 有爲는 일을 시행할 만한 才力이 있는 사람이고, 有守는 지조를 지키는 사람이니, 이 세 사람은 임금이 마땅히 유념해야 할 대상이다. '유념한다'는 것은 잊지 않는 것이니, 〈大禹謨〉의 "황제께서는 유념하소서.〔帝念哉〕"란 '念'과 같다. "표준에 합하지 않는다."라는 것은 善에 합하지 못한 것이고, "허물에 걸리지 않는다."라는 것은 惡에 빠지지 않는 것이다. 善에는 합하지 못하나 惡에 빠지지 않으면 이른바 '중급 자질을 가진 사람'이니, 권면하면 더불어 善을 할 수 있고 버리면 惡으로 흘러갈 수 있기 때문에 임금이 마땅히 받아주어야 할 사람이다. '받아준다'는 것은 거절하지 않는 것이니, 《孟子》〈盡心 下〉의 "돌아오면 받아준다.〔歸斯受之〕"라는 '受'와 같다. 유념하고 받아주는 것은 그들 재주에 따라 경중을 조절해서 성취시키는 것이다.

외모에는 온화한 기색을 보이고 중심에서는 德을 좋아하는 말이 나오거든 당신은 이런 사람에게 福을 내려주십시오. 그러면 이 사람이 이에 임금의 표준을 따를 게라는 것이다. 福이란 爵祿을 이른 것이다. 혹자는 "'福을 내려준다.'는 것은 곧 윗글에 보인 '五福을 거두어 모아서 그 백성들에게 베풀어 준다.'는 福이니, 밖으로부터 온 것이 아니다."라고 한다. 그러나 祿 역시 福이다. 윗글에서는 福의 전체를 가리켜 말한 것이고, 여기서는 福의 일단을 위해서 발언한 것이니, 만일 '祿이 아닌 福'을 말한다면 아랫글에서 "德을 좋아하지 않는 이에게 당신이 비록 福(祿)을 주더라도 그것은 당신이 허물이 있는 사람을 쓰는 꼴이 된다."는 말과 통하지 않는다.

字義 猷 : 도모할 유　罹 : 걸릴 리　咎 : 허물 구　念 : 유념할 념　時 : 이 시　謀 : 꾀 모
慮 : 생각 려　施 : 베풀 시　設 : 베풀 설　操 : 지조 조　守 : 지킬 수　陷 : 빠질 함
拒 : 거절할 거

12. 無虐煢獨하고 而畏高明① 하소서(하라)

① 書經 無虐煢獨 而畏高明 : 의지할 곳 없이 외로운 사람을 학대하거나 지위가 높게 드러난 사람을 두려워하지 말라.
一般 無虐煢獨 無畏高明 : 의지할 곳 없이 외로운 사람을 학대하지 말고, 지위가 높게 드러난 사람을 두려워하지 말라.

의지할 곳 없이 외로운 사람을 학대하지 말고, 지위가 높게 드러난 사람을 두려워하지 마소서.

煢獨은 庶民之至微者也요 高明은 有位之尊顯者也니 各指其甚者而言이라 庶民之至微者라도 有善則當勸勉之요 有位之尊顯者라도 有不善則當懲戒之라 此는 結上章而起下章之義라

煢獨은 일반 백성들 중에 지극히 미천한 사람이고, 高明은 지위를 가진 이 중에 높게 드러난 사람이니, 각각 그 심한 경우를 가리켜 말한 것이다. 일반 백성들 중에 지극히 미천한 사람이라도 善이 있으면 마땅히 권면해야 하고, 지위를 가진 이 중에 높게 드러난 사람이라도 不善이 있으면 마땅히 징계해야 한다는 것이다. 이는 윗 章의 뜻을 결론짓고 아랫 章의 뜻을 일으킨 것이다.

字義 虐 : 학대할 학 煢 : 외로울 경 畏 : 두려워할 외

13. 人之有能有爲를 使羞其行하면 而邦이 其昌하리니다(하리라) 凡厥正人은 既富오사 方穀[80]이니 汝弗能使有好于而家하면 時人이 斯其辜리니다(리라) 于其無好德에 汝雖錫之福이라도 其作汝用咎①[81] 리니다(리라)

---

80 凡厥正人……方穀 : 孔傳은 '正人'을 정직한 사람으로 보아 "그 정직한 사람에 대해선 이미 마땅히 爵祿으로 부유한 생활을 누릴 수 있게 해주어야 하고, 또 마땅히 善道로 대해 주어야 한다.〔凡其正直之人 既當以爵祿富之 又當以善道接之〕"로, 蔡傳은 "관원들에게 녹을 후하게 주어 풍요로운 생활을 누릴 수 있게 한 뒤에야 비로소 직무를 잘 진행하도록 책임지울 수 있는 것인데"로 풀이하였는데, 丁若鏞은 "忠信으로 대하고 祿을 후하게 주는 것은 선비들을 권면하기 위한 것이니, 蔡氏의 풀이가 극히 옳다.〔忠信重祿 所以勸士 蔡訓極是〕"라고 하였다.(《尙書知遠錄》)

81 汝弗能使有好于而家……其作汝用咎 : 孔傳은 "당신이 능히 정직한 사람으로 하여금 국가에서 잘 지낼 수 있게 하지 못한다면 이 사람은 곧 거짓으로 죄를 취해서 떠나갈 것이다. 德을 좋아하는 마음이 없는 사람에게는 당신이 비록 爵祿을 주더라도 그는 당신의 신하가 되어 반드시 惡道를 써서 당신의 善을 망칠 것이다.〔凡其正直之人 既當以爵祿富之 又當以善道接之 不能使正直之人 有

① 書經 其作汝用咎 : 그는 당신이 허물을 씀이 될 것입니다.
一般 爲汝用咎惡之人 : 당신이 나쁜 사람을 쓰는 꼴이 될 것입니다.

〈지위를 가진〉 사람 중에 우수한 재능을 가진 이나 일의 시행에 장기를 가진 이가 있거든 〈권장하여 그 재능과 장기를 계속〉 살려나가게 한다면 나라가 창성해질 것입니다. 그리고 관원들은 〈녹을 후하게 주어〉 풍요로운 생활을 누릴 수 있게 한 뒤에야 비로소 직무를 잘 수행하도록 책임지울 수 있는데, 당신이 능히 그들로 하여금 그들 가정에서 평화로운 생활을 누릴 수 없게 한다면 이 사람이 〈부정을 저지르는〉 죄에 빠질 것입니다. 德을 좋아하지 않는 이에게 주어서는 안 됩니다. 덕을 좋아하지 않는 이에게 당신이 비록 祿을 준다 하더라도 이는 당신이 나쁜 사람을 쓰는 꼴이 될 것입니다.

此는 言有位者也라 有能은 有才智者요 羞는 進也니 使進其行이면 則官使者皆賢才而邦國昌盛矣라 正人者는 在官之人이니 如康誥所謂惟厥正人者라 富는 祿之也요 穀은 善也라 在官之人은 有祿可仰然後에 可責其爲善이니 廩祿不繼하고 衣食不給하여 不能使其和好于而家면 則是人이 將陷於罪戾矣라 於其不好德之人에 而與之以祿이면 則爲汝用咎惡之人也라 此는 言祿以與賢이요 不可及惡德也라 必富之而後에 責其善者는 聖人設敎에 欲中人以上皆可能也라

이는 지위를 가진 사람에 대해 말한 것이다. 有能은 재주와 지혜가 있는 사람이다. 羞는 進(나아가다)의 뜻이니, 그들로 하여금 재능과 장기를 계속 살려나가게 한다면 관원이 모두 어질고 재주가 있어서 나라가 창성해질 수 있다는 것이다. 正人은 관직에 있는 사람이니, 〈康誥〉에서 말한 "惟厥正人"이라는 것과 같다. 富는 祿을 후하게 주는 것이고, 穀은 善의 뜻이다. 관직에 있는 사람은 먹고살 만한 祿이 있은 뒤에야 직무를 잘 수행하도록 책임지울 수 있는데, 祿이 이어지지 못하고 衣食이 풍족하지 못하여 그들 가정에서 평화로운 생활을 누릴 수 없게 한다면 이 사람이 장차 부정을 저지르는 죄에 빠질 것이다. 그러나 德을 좋아하지 않는 사람에게 祿을 준다면 당신이 나쁜 사람을 쓰는 꼴이 된다는 것이다.

好於國家 則是人斯其詐取罪而去 於其無好德之人 汝雖與之爵祿 其爲汝用惡道 以敗汝善]"라고 풀이하였다. '其作汝用咎'를 孔傳은 "그는 당신의 신하가 되어 반드시 惡道를 써서 당신의 善을 망가뜨릴 것이다.[其爲汝臣 必用惡道以敗汝善]"로, 蔡傳은 "당신이 나쁜 사람을 쓰는 꼴이 된다.[爲汝用咎惡之人]"로 풀이하고 있는 것이다.

이는 祿은 어진 이에게만 주어야 하고 惡德한 사람에게까지 미쳐가서는 안 된다는 점을 말한 것이다. 반드시 부유하게 해준 뒤에야 직무를 잘 수행하도록 책임지우는 것은, 聖人이 가르침을 베풂에 있어서 중급 자질을 가진 사람 이상은 모두 가능하게 하려고 한 것이다.

字義 羞 : 나아갈 수 穀 : 착할 곡 時 : 이 시 辜 : 죄 고 咎 : 허물 구 仰 : 우러를 앙
廩 : 녹봉 름 給 : 넉넉할 급 戾 : 죄 려

14. 無偏無陂[82]하여 遵王[83]之義하며 無有作好하여 遵王之道하며 無有作惡(오)하여 遵王之路하소서(하라) 無偏無黨하면 王道蕩蕩하며 無黨無偏하면 王道平平하며 無反無側하면 王道正直하리니 會其有極하고(하여) 歸其有極[84]하리니다(하리라)

치우침도 없고 기울어짐도 없어서 王의 바른 義를 따를 것이며, 혼자만 좋아하는 일을 일으키지 말아서 왕의 바른 도리를 따를 것이며, 혼자만 싫어하는 일을 일으키지 말아서 왕의 바른 길을 따르도록 하소서. 치우침이 없고 편을 가름이 없으면 왕의 길이 광활해질 것이고, 편을 가름이 없고 치우침이 없으면 왕의 길이 평탄해질 것이며, 常道를 위배하는 일이 없고 正道를 잃는 일이 없으면 왕의 길이 正直해질 것이니, 결국은 그 표준에 모이고 그 표준에 귀착될 것입니다.

偏은 不中也요 陂는 不平也라 作好와 作惡는 好惡를 加之意也라 黨은 不公也라 反은 倍(背)常也요 側은 不正也라 偏陂와 好惡는 己私之生於心也요 偏黨과 反側은 己私之見(현)於事也라 王之義와 王之道와 王之路는 皇極之所由行也라 蕩蕩은 廣遠也요 平平은 平易也요 正直은 不偏邪也라 皇極은 正大之體也라 遵義와 遵道와 遵路는 會其極也요 蕩蕩과 平平과 正直은 歸其極也라 會者는 合而來也요 歸者는 來而至也라 此章은 蓋詩之體니 所以使人吟詠而得其情性者也라 夫歌詠以協其

---

82 無陂 : 經文에 '無頗'로 되어 있는데, 《唐書》〈藝文志〉에 의하면 唐 玄宗 開元 14년에 '頗'와 '義'가 韻字상 音이 맞지 않다고 해서 詔命으로 '頗'자를 '陂'자로 고쳤다고 한다. 아랫글의 '人用側頗僻'이나 《呂氏春秋》와 《史記》 등에 '無頗'로, 孔疏에 '無頗曲'·'偏頗'로 적은 것들은 본래 經文에 '無頗'로 되어 있었다는 점을 입증해주고 있다.

83 王 : 孔傳은 先生으로 보았다.

84 無偏無陂……歸其有極 : '偏陂'와 '好惡'가 모두 없어져 마음이 極의 體와 서로 융합하면 마치 물의 흐름이 여러 갈래의 물을 합하여 하나가 되는 것과 같고, '偏黨'과 '反側'이 모두 없어져 행실이 極의 用과 서로 접하면 마치 물이 바다로 돌아와서 모두 정지할 곳을 얻는 것과 같다는 논리이다.

音하고 反復以致其意하며 戒之以私而懲創其邪思하고 訓之以極而感發其善性하면 諷詠之間에 恍然而悟하고 悠然而得하여 忘其傾斜狹小之念하고 達乎公平廣大之理하여 人欲消熄하고 天理流行하여 會極歸極이 有不知其所以然而然者라 其功用深切이 與周禮大師에 教以六詩[85]者로 同一機而尤要者也라 後世에 此意不傳하니 皇極之道 其不明於天下也 宜哉인저

偏은 한가운데가 되지 못한 것이고, 陂는 평평하지 못한 것이다. 作好·作惡는 좋아하고 미워하는 생각을 마음에 갖는 것이다. 黨은 공정하지 못한 것이다. 反은 常道를 위배하는 것이고, 側은 바르지 못한 것이다. 偏·陂·好·惡는 자기의 사욕이 마음에서 생기는 것이고, 偏·黨·反·側은 자기의 사욕이 일에 나타나는 것이다. 王之義·王之道·王之路는 皇極이 이로 말미암아 행해지는 것이다. 蕩蕩은 廣遠한 것이고, 平平은 平易한 것이고, 正直은 偏邪하지 않은 것이다. 皇極은 正大한 體이다. 遵義·遵道·遵路는 그 표준〔極〕에 모이는 것이고, 蕩蕩·平平·正直은 그 표준에 귀착되는 것이다. 會는 합해서 오는 것이고, 歸는 와서 이른 것이다.

이 章은 대개 詩體(시의 형식)로 구성되어 있으니, 사람들로 하여금 읊어서 그 性情을 얻게 하기 위한 것이다. 노래하고 읊어서 그 音律을 맞추고 반복해서 그 뜻을 추구하며, '私'로써 경계하여 간사한 생각을 징계하고, '極'으로써 가르쳐 善한 性을 감발시킨다면 읊조리는 사이에 恍然히 깨닫고 悠然히 터득하여 그 傾斜狹小한 생각을 잊고 公平廣大한 이치를 통달하여 인욕이 사라지고 천리가 유행해서 표준에 모이고 표준에 귀착하는 것이 왜 그렇게 되는지도 모르는 사이에 그렇게 되는 것이다. 그 功用의 깊고 간절함이《周禮》〈春官 大師〉에서 大師가 六詩를 가르친 것과 같은 맥락이면서 더욱 중요한 비중을 차지한다. 후세에 이 뜻이 전하지 않았으니, 皇極의 道가 천하에 밝혀지지 못한 것은 당연한 일이다.

字義 偏 : 치우칠 편　陂 : 기울어질 피　遵 : 따를 준　黨 : 편가를 당　蕩 : 광활할 탕
平 : 평탄할 평　反 : 위배할 반　側 : 기울 측　懲 : 징계할 징　諷 : 노래할 풍　詠 : 읊을 영
恍 : 황홀할 황　傾 : 기울어질 경　斜 : 비낄 사　狹 : 좁을 협　熄 : 불꺼질 식

15. 曰 皇極之敷言이 是彛是訓이니 于帝其訓[86]이시니다(이시니라)

---

85 六詩 : 賦·比·興·風·雅·頌을 가리킨다.

86 曰皇極之敷言……于帝其訓 : 孔傳은 '曰'은 그 뜻을 확대시키기 위한 것으로, '敷'는 布陳의 뜻으로 보아 "大中의 道로써 布陳하여 가르침을 말하되 그 常道를 잃지 않으면 사람들이 모두 따를 것이다. 하늘도 따르거늘 하물며 사람이야 더 말할 것 있겠는가.〔以大中之道 布陳言教 不失其常 則

임금이 極의 이치로 부연한 말이 바로 常理이고 大訓이니, 이는 上帝의 교훈이십니다.

曰은 起語辭라 敷言은 上文敷衍之言也라 言人君以極之理로 而反復推衍爲言者는 是天下之常理요 是天下之大訓이니 非君之訓也요 天之訓也라 蓋理出乎天하니 言純乎天이면 則天之言矣라 此는 贊敷言之妙如此라

曰은 말을 일으키기 위한 어조사이다. 敷言은 윗글의 부연한 말이다. 임금이 極의 이치를 가지고 반복해 미루어 부연해서 말한 것은 천하의 常理이고 천하의 大訓이니, 이는 임금의 가르침이 아니고, 바로 하늘의 교훈인 것이다. 대개 이치는 하늘에서 나오니, 말이 천리에 순전히 부합하면 바로 하늘의 말인 것이다. 이는 부연한 말의 묘함이 이와 같음을 칭찬한 것이다.

字義 贊 : 칭찬할 찬

16. 凡厥庶民이 極之敷言을 是訓是行하면 以近天子之光하여 曰 天子作民父母하사 以爲天下王이라하리니다(이라하리라)

人皆是順矣 天且其順 而況於人乎〕"라고 풀이하였는데, 兪樾은 "枚傳에서 '順'자로 '訓'자를 풀이한 것은 아마 《史記》에 근거를 둔 모양인데, 아랫글에서 '于帝其訓'이라 하고 '是訓是行'이라 한 두 '訓'자는 《史記》에서 '順'으로 적었으며, 이 句에서만 '是夷是訓'으로 적고 '順'으로 적지 않은 것을 알지 못하였다. 集解에서 인용한 馬融의 注는 '이는 大中의 道요 常行의 用이니, 이것으로 天下를 교훈한다.'로 되어 있다. 이는 馬融이 이 句에 근거한 것인데, 또한 '順'으로 적지 않았다. 오직 馬融이 '彝'를 '常'으로 적은 것만이 太史公(司馬遷)이 '彝'를 '夷'로 적은 것과 같지 않을 뿐이다. '夷'는 陳의 뜻이다. '是夷是訓'은 바로 陳列하는 것이고 바로 訓敎하는 것이니, 이는 임금을 가지고 말한 것이다. 아랫글에 '是順是行'은 바로 순종하는 것이고 바로 봉행하는 것이니, 이는 백성을 가지고 말한 것이다. 임금은 마땅히 하늘을 순종해야 하기 때문에 '于帝其順'이라 하고, 백성은 마땅히 임금을 따라야 하기 때문에 '以近天子之光'이라 한 것이다. 아래 두 '訓'자는 '順'으로 읽고, 이 한 '訓'자만은 本字와 같이 읽었다. 太史公은 분별을 가장 명백하게 하였는데, 枚賾은 섞어서 동일하게 하였으니, 오류를 범한 것이다.〔枚傳以順字解訓字 蓋本之史記 不知下文于帝其訓 是訓是行 兩訓字 史記作順 至此句 作是夷是訓 不作順也 集解引馬注曰 是大中之道(《史記》에는 '之道' 2자가 없음) 而常行之用 是敎訓天下 是馬本於此句 亦不作順也 惟馬以彝爲常 不如史公以彝爲夷 夷陳也 是夷是訓者 是陳列之 是訓敎之也 此以君言也 下文曰 是順是行者 是順從之 是奉行之也 此以民言也 君宜順天 故曰于帝其順 民宜從君 故曰以近天子之光 下兩訓字 讀爲順 此一訓字 讀如本字 史公分別最明 枚混而一之誤矣〕"라고 하였다.(《群經平議》)

蔡傳은 "천하의 大訓"으로 풀이하였는데, 丁若鏞은 "'訓'은 順의 뜻이다. 馬融과 王肅이 모두 이와 같이 말하였으니, 바꿀 수 없는 해석이다.〔訓者順也 馬融王肅 皆如此說 不可易也〕"라고 하였다.(《尚書知遠錄》)

무릇 일반 백성들이 極의 이치로 부연한 말을 교훈으로 삼고 행한다면 천자의 道德의 광채를 직접 받을 수 있으니, 그러고서 말하기를 '천자께서 우리들의 부모가 되시는 동시에 천하의 王이 되셨다.'고 할 것입니다.

光者는 道德之光華也라 天子之於庶民에 性一而已니 庶民이 於極之敷言에 是訓是行이면 則可以近天子道德之光華也라 曰者는 民之辭也라 謂之父母者는 指其恩育而言이니 親之之意요 謂之王者는 指其君長而言이니 尊之之意라 言天子恩育君長乎我者 如此其至也라 言民而不言人者는 擧小以見(현)大也니라

光은 道德의 광채이다. 천자와 일반 백성 사이에 性만이 동일할 뿐이니, 백성들이 極의 이치로 부연한 말에 대하여 이것을 교훈으로 삼고 이것을 행한다면 천자의 道德의 광채를 직접 받을 수 있는 것이다. 曰은 백성의 말이다. '부모'라고 이름은 그 은혜로 길러줌을 가리켜 말한 것이니 친근히 하는 뜻이고, '王'이라 이름은 그 君長 노릇 함을 가리켜 말한 것이니 높이는 뜻이다. 곧 천자가 우리를 은혜로 길러 주시는 동시에 군장 노릇을 하심이 이와 같이 지극함을 말한 것이다. '民(庶民)'만 말하고 '人(在位之人)'은 말하지 않은 것은 작은 것을 들어서 큰 것을 나타내 보인 것이다.

字義 至 : 지극할 지　見 : 보일 견, 나타낼 현

17. 六三德은 一曰正直[87]이요 二曰剛克이요 三曰柔克이니 平康은 正直이요 彊弗友는(란) 剛克하고 燮友는(란) 柔克하며 沈潛은(으란) 剛克[88]하고 高明은(으란) 柔克[89]이니다(이니라)

여섯째 '三德'은, 첫째는 정직한 방법으로 다스리는 것이요, 둘째는 강경한 방법으로 다스리는 것이요, 셋째는 유순한 방법으로 다스리는 것이니, 평강 무사한 시대에는 정직한 방법으로 다스리고, 강경 불순한 시대에는 강경한 방법으로 다스리고, 화순한 시대에는 유순한 방법으로 다스리며, 沈潛(懦弱)한 사람은 강경한 방법

87 正直 : 孔傳은 "다른 사람의 곡직을 바로잡아 곧게 해주는 것(能正人之曲直)"으로 풀이하였다.

88 沈潛剛克 : 孔傳은 "〈沈潛한〉 땅은 비록 유순하나 또한 강함이 있어 능히 金石을 낼 수 있다.(地雖柔 亦有剛 能出金石)"라고 풀이하였다.

89 高明柔克 : 孔傳은 "하늘은 剛德이지만 또한 柔德이 있어서 四時의 순서를 간섭하지 않는다는 것이니, 곧 신하는 마땅히 강직함을 가지고 임금을 바로잡아야 하고, 임금 또한 마땅히 유순함을 가지고 신하의 의견을 받아들여야 함을 비유한 것이다.(天爲剛德 亦有柔克 不干四時 喩臣當執剛以正君 君亦當執柔以納臣)"라고 풀이하였다.

으로 다스려서 힘을 내도록 해야 하고, 高明(高亢)한 사람은 유순한 방법으로 다스려서 〈힘을 빼도록 해야 하는 것입니다.〉

克은 治요 友는 順이요 燮은 和也라 正直, 剛, 柔는 三德也라 正者는 無邪요 直者는 無曲이요 剛克과 柔克者는 威福予奪抑揚進退之用也라 彊弗友者는 彊梗弗順者也요 燮友者는 和柔委順者也라 沈潛者는 沈深潛退하여 不及中者也요 高明者는 高亢明爽하여 過乎中者也니 蓋習俗之偏과 氣稟之過者也라 故로 平康正直은 無所事乎矯拂이니 無爲而治是也라 彊弗友剛克은 以剛克剛也요 燮友柔克은 以柔克柔也며 沈潛剛克은 以剛克柔也요 高明柔克은 以柔克剛也니 正直之用은 一이로되 而剛柔之用은 四也라 聖人撫世酬物에 因時制宜하여 三德乂用하되 陽以舒之하고 陰以斂之하여 執其兩端하여 用其中于民하시니 所以納天下民俗於皇極者 蓋如此니라

克은 治의 뜻이요, 友는 順의 뜻이요, 燮은 和의 뜻이다. 正直·剛·柔는 세 가지 德이다. 正은 邪가 없는 것이고, 直은 曲이 없는 것이다. 剛克과 柔克이란 것은 威福, 與奪, 抑揚, 進退에 대한 활용수단이다. 彊弗友란 강경 불순한 것이고, 燮友란 和柔하고 온순한 것이다. 沈潛이란 沈深하고 潛退하여 中에 미치지 못하는 것이고, 高明이란 高亢하고 明爽하여 中에 지나친 것이니, 대개 習俗의 치우침과 氣稟의 지나침이다. 그러므로 平康正直은 바로잡을 일이 없으니, 無爲而治가 바로 이것이다. 彊弗友剛克은 剛으로 剛을 다스리는 것이고, 燮友柔克은 柔로 柔를 다스리는 것이고, 沈潛剛克은 剛으로 柔를 다스리는 것이고, 高明柔克은 柔로 剛을 다스리는 것이니, 正直의 쓰임은 하나뿐인데 剛·柔의 쓰임은 넷이나 된다.

聖人이 세상을 어루만지고 사물을 수작함에 있어서 때에 따라 알맞게 제정하여 三德으로 다스리되 陽(剛)으로 펴주고 陰(柔)으로 거두어주는 등 양 끝을 잡아 백성에게 그 中을 쓰셨으니, 천하의 民俗을 皇極으로 들어가게 하기 위한 노력이 대개 이와 같았던 것이다.

字義 克 : 다스릴 극 彊 : 강경할 강 燮 : 화할 섭 亢 : 높을 항 懦 : 나약할 나 予 : 줄 여
奪 : 빼앗을 탈 抑 : 억누를 억 揚 : 드날릴 양 梗 : 강경할 경 矯 : 바로잡을 교
拂 : 어길 불 撫 : 어루만질 무 酬 : 수작할 수 乂 : 다스릴 예 舒 : 펼 서 斂 : 거둘 렴

18. 惟辟이사 作福하며 惟辟이사 作威하며 惟辟이사 玉食하나니 臣無有作福作威玉

食이니다(이니라)

오직 임금만이 복을 내릴 수 있고, 오직 임금만이 위세를 부릴 수 있고, 오직 임금만이 玉食을 먹을 수 있는 것이니, 신하는 복을 내리거나, 위세를 부리거나, 옥식을 먹을 수 없는 것입니다.

福威者는 上之所以御下요 玉食者는 下之所以奉上也라 曰惟辟者는 戒其權不可下移요 曰無有者는 戒其臣不可上僭也라

福과 威(위엄)는 윗사람이 아랫사람을 어거하는 도구이고, 玉食은 아랫사람이 윗사람을 받드는 음식이다. '惟辟'이라 말함은 임금이 그 권위를 아래로 옮겨서는 안 된다는 점을 경계한 것이고, '無有'라 말함은 신하가 위로 참월한 짓을 해서는 안 된다는 점을 경계한 것이다.

字義 辟 : 임금 벽 御 : 어거할 어 僭 : 참월할 참

19. 臣之有作福作威玉食하면 其害于而家하며 凶于而國하여 人用側頗僻하며 民用僭忒[90]하리니다(하리라)

신하가 복을 내리고 위세를 부리고 옥식을 하면 너의 집에 해를 끼치게 되고, 너의 나라에 凶禍를 끼치게 되어서, 〈결과는〉 관리들은 기울고 편벽되어 분수에 맞지 않는 짓을 하게 되고, 백성들도 참월하여 지나친 일을 하게 될 것입니다.

頗는 不平也요 僻은 不公也라 僭은 踰요 忒은 過也라 臣而僭上之權이면 則大夫는 必害于而家하고 諸侯는 必凶于而國하여 有位者는 固側頗僻而不安其分하고 小民者도 亦僭忒而踰越其常이니 甚言人臣僭上之患如此라

頗는 반듯하지 못한 것이고, 僻은 공정하지 못한 것이다. 僭은 踰(넘다)의 뜻이고, 忒은 過(지나치다)의 뜻이다. 신하가 임금의 권위를 참월하게 되면 大夫의 경우는 반드시 그의 집에 해를 끼치게 되고, 諸侯의 경우는 반드시 그의 나라에 흉화를 끼치게 되어, 지위를 가진 자는 기울고 편벽되어 분수에 안주하지 못하게 되고, 백성들도 참람하여 그 정상을 뛰어넘는 일을 하게 된다는 것이니, 이는 신하가 참월하

---

90 臣之有作福作威玉食……民用僭忒 : '臣'은 大臣을 말한다. 大臣이 天子를 참월하면, 그 다음은 諸侯, 그 다음은 大夫, 그 다음은 小臣, 그 다음은 庶民이 차례로 참월하고 지나친 짓을 한다는 점을 말한 것이다.

는 흉화가 이와 같은 결과를 가져온다는 점을 심하게 말한 것이다.

字義 側 : 기울 측 頗 : 기울어질 피 僻 : 치우칠 벽 忒 : 지나칠 특, 과실 특 踰 : 넘을 유
越 : 넘을 월

20. 七稽疑는 擇建立卜筮人하고서 乃命卜筮이니다(니라)

일곱째 '稽疑'는, 거북점과 시초점 치는 사람을 골라 세우고서야 이에 명하여 거북점과 시초점을 치게 하는 것입니다.

稽는 考也니 有所疑則卜筮以考之라 龜曰卜이요 蓍曰筮라 蓍龜者는 至公無私라 故로 能紹天之明이요 卜筮者도 亦必至公無私而後에 能傳蓍龜之意니 必擇是人而建立之然後에 使之卜筮也라

稽는 살피는 것이니, 의심스러운 일이 있으면 거북점과 시초점을 쳐서 살피는 것이다. 거북점을 '卜'이라 하고, 시초점을 '筮'라 한다. 시초와 거북은 지극히 공평무사하기 때문에 하늘의 밝은 命을 이을 수 있고, 거북점과 시초점을 치는 사람 또한 반드시 지극히 공평무사한 뒤에야 시초와 거북의 뜻을 전달할 수 있다. 반드시 이러한 사람을 골라서 세운 뒤에야 거북점과 시초점을 치게 한다는 것이다.

建立卜筮圖

字義 卜 : 거북점 복 筮 : 시초점 시

21. 曰雨와 曰霽와 曰蒙과 曰驛과 曰克이며

비온 듯 젖은 현상과 갠 듯 건조한 현상과 흐릿한 현상과 이어지지 않는 현상과 엇갈려 서로 이기려는 듯한 현상이 나타나는 것이며,

此는 卜兆[91]也라 雨者는 如雨니 其兆爲水요 霽者는 開霽니 其兆爲火요 蒙者는 蒙

昧니 其兆爲木이요 驛者는 絡驛不屬이니 其兆爲金이요 克者는 交錯有相勝之意니 其兆爲土라

이것은 거북의 등딱지에 나타난 조짐이다. 雨는 비온 듯 젖은 현상이니 〈거북의 등딱지에 나타난 그 가늘게 굽은〉 흔적이 마치 '水'자처럼 생긴 것이고, 霽는 갠 듯 건조한 현상이니 그 〈등의 경사진〉 흔적이 마치 '火'자처럼 생긴 것이고, 蒙은 몽매한 현상이니 그 〈꼿꼿이 선〉 흔적이 마치 '木'자처럼 생긴 것이고, 驛은 이어지지 않는 현상이니 그 〈비스듬히 향한〉 흔적이 마치 '金'자처럼 생긴 것이고, 克은 이리저리 엇갈려 뒤섞여서 서로 이기려는 뜻이 있는 현상이니 그 〈가로지른〉 흔적이 마치 '土'자처럼 생긴 것이다.

字義 霽 : 갤 제 蒙 : 어두울 몽 驛 : 끊어질 역 克 : 이길 극

22. 曰貞과 曰悔이니다(니라)

점괘는 貞(內卦)과 悔(外卦)로 이루어지는 것입니다.

此는 占卦也라 內卦爲貞이요 外卦爲悔라 左傳에 蠱之貞은 風이요 其悔는 山[92]이 是也라 又有以遇卦爲貞하고 之卦爲悔하니 國語에 貞屯悔豫皆八[93]이 是也라

---

91 卜兆 : 거북점을 칠 때 거북의 등딱지를 불로 지져서 거북의 등딱지에 나타난 상태를 말한다.

92 蠱之貞風 其悔山 : 《春秋左氏傳》에 의하면, 秦 穆公이 晉 惠公과 싸울 때에 秦나라 占術家인 徒父(도보)가 兩國의 승패를 알아보기 위하여 점을 쳤더니 蠱卦가 뽑혔는데, 蠱卦가 아래 3爻인 內卦는 巽卦로서 바람을 상징하고, 위 3爻인 外卦는 艮卦로서 산을 상징하므로, 바람은 秦나라에 해당시키고 산은 晉나라에 해당시켜서 秦나라가 승리할 것으로 판단하였다고 한다.

93 遇卦爲貞……貞屯悔豫皆八 : 《國語》 〈晉語〉에 나오는 말이다. 韋昭의 注에 의하면 "重耳(晉 惠公)가 秦나라에 있을 때 晉나라로 돌아갈 수 있을지 여부를 알아보기 위하여 점을 쳤더니, '貞'은 屯卦이고 '悔'는 豫卦인 것이 뽑혀 모두 八의 숫자였다. 內卦를 '貞'이라 하고, 外卦를 '悔'라 한다. 震卦가 아래에 있고 坎卦가 위에 있는 것이 屯卦요, 坤卦가 아래에 있고 震卦가 위에 있는 것이 豫卦인데, 이 두 卦가 뽑혔으니, 震卦가 屯卦에 있어서는 內卦인 '貞'이 되고, 豫卦에 있어서는 外卦인 '悔'가 된다. '八'은 震卦의 두 陰爻를 말하니, '貞'에 있어서나 '悔'에 있어서나 모두 움직이지 않기 때문에 '모두 八의 숫자'라고 한 것인데, 爻가 無爲한 것을 이른다."라고 한다. 시초점에서 얻는 숫자는 6·7·8·9인데, 6·8은 陰爻요, 7·9는 陽爻이다. 6은 老陰, 7은 少陽, 8은 少陰, 9는 老陽인데, 6과 9는 변하는 것이고, 7과 8은 변하지 않는 것이다. 重耳가 얻은 屯卦를 숫자로 표시하면 9·8·8·6·9·8인데, 老陽·老陰인 9·6이 변하여 6·8·8·9·6·8이 되어 豫卦로 변한 것이다. 8은 3개 爻가 少陰으로 변하지 않아서 遇卦(本卦, 곧 처음 뽑힌 卦)와 之卦(변해 옮겨간 卦)에 그대로 있는데, 震卦는 本卦의 貞과 之卦의 悔에 모두 2개 爻인 8의 숫자이기 때문에 '모두 8의 숫자'라고 한 것이다.

이것은 占卦이다. 內卦를 '貞'이라 하고, 外卦를 '悔'라 한다. 《春秋左氏傳》 僖公 15년 조의 "蠱卦의 貞은 風이고 그 悔는 山이다."라고 한 것이 이것이다. 또 遇卦를 '貞'이라 하고, 之卦를 '悔'라 하니, 《國語》 〈晉語〉에 "貞은 屯이고 悔는 豫이니, 모두 8의 숫자였다."라고 한 것이 이것이다.

字義 貞 : 내괘 정 悔 : 외괘 회

23. 凡七은 卜五요 占用二니 衍忒[94]하나니다(하나니라)

이 일곱 가지는 거북점에 다섯 가지, 시초점에 두 가지가 쓰이니, 모든 일의 과실을 미루어 아는 것입니다.

凡七은 雨霽蒙驛克貞悔也요 卜五는 雨霽蒙驛克也요 占二는 貞悔也라 衍은 推요 忒은 過也니 所以推人事之過差也라

'일곱 가지'란 것은 雨·霽·蒙·驛·克·貞·悔이며, '거북점에 다섯 가지'란 것은 雨·霽·蒙·驛·克이고, '시초점에 두 가지'란 것은 貞과 悔이다. 衍은 推의 뜻이요, 忒은 過(과실)의 뜻이니, 인간의 모든 일의 과실을 미루어 아는 것이다.

24. 立時人하여 作卜筮하되 三人이 占이어든 則從二人之言이니다(이니라)

이 사람들을 세워 거북점과 시초점을 치되, 세 사람이 점을 쳤거든 두 사람의 말을 따라야 합니다.

凡卜筮엔 必立三人하여 以相參考하니 舊說에 卜有玉兆, 瓦兆, 原兆하고 筮有連山, 歸藏, 周易[95]者는 非是라 謂之三人은 非三卜筮也라

무릇 거북점과 시초점을 칠 때에는 반드시 세 사람을 세워서 서로 참고하니, 舊說(孔疏)에 "거북점에는 玉兆·瓦兆·原兆가 있고, 시초점에는 《連山》·《歸藏》·《周易》이 있다."라고 한 것은 옳지 않다. '三人'이라 이른 것은 세 차례 거북점과 시초점을

---

94 卜五……衍忒 : 孔安國은 傳을 달지 않았고, 鄭玄은 "'卜五占用'은 雨·霽·蒙·驛·克을 이르고, '二衍忒'은 貞·悔를 이른다.〔卜五占用 謂雨霽蒙驛克也 二衍忒謂貞悔也〕"라고 하여 '用'자에 句를 끊어 윗句로 붙이고, '二衍忒'은 시초점 치는 일을 가리켰다.

95 玉兆……周易 : 모두 점칠 때 사용하는 기구이다. 玉兆는 顓頊의 시대에, 瓦兆는 帝堯의 시대에, 原兆는 周나라 시대에 사용된 것이고, 《連山》은 伏犧의 易, 《歸藏》은 黃帝의 易이라 하며, 《連山》은 夏代의 易, 《歸藏》은 商代의 易이라고도 한다.

치는 것이 아니다.

25. 汝則有大疑어든 謀及乃心하며 謀及卿士하며 謀及庶人하며 謀及卜筮하소서(하라)

당신에게 큰 의문이 있거든 당신의 마음에 물어보며 卿士에게 물어보며 백성들에게 물어보며 거북점과 시초점을 쳐서 물어보십시오.

26. 汝則從하며 龜從하며 筮從하며 卿士從하며 庶民從이면 是之謂大同이니 身其康彊하며 子孫이 其逢吉하리다(하리라)

당신 마음이 따르며 거북점이 따르며 시초점이 따르며 卿士가 따르며 백성들이 따르면 이것을 '大同'이라 하니, 자신은 강건하고 자손은 길함을 만날 것입니다.

27. 汝則從하며 龜從하며 筮從하면(이요) 卿士逆하며 庶民이 逆하여도 吉하리니다(하리라)

당신 마음이 따르며 거북점이 따르며 시초점이 따르면 卿士가 거역하며 백성들이 거역하더라도 吉할 것입니다.

28. 卿士從하며 龜從하며 筮從하면(이요) 汝則逆하며 庶民이 逆하여도 吉하리니다(하리라)

卿士가 따르며 거북점이 따르며 시초점이 따르면 당신 마음이 거역하며 백성들이 거역하더라도 吉할 것입니다.

29. 庶民이 從하며 龜從하며 筮從하면(이요) 汝則逆하며 卿士逆하여도 吉하리니다(하리라)

백성들이 따르며 거북점이 따르며 시초점이 따르면 당신 마음이 거역하며 卿士가 거역하더라도 吉할 것입니다.

30. 汝則從하며 龜從하면(이요) 筮逆하며 卿士逆하며 庶民이 逆하여도(하면) 作內는 吉하고 作外는 凶하리니다(하리라)

당신 마음이 따르며 거북점이 따르면 시초점이 거역하며 卿士가 거역하며 백성들이 거역하더라도 안에서 하는 일은 吉하고 밖에서 하는 일은 凶할 것입니다.

31. 龜筮共違于人하면 用靜은 吉하고 用作은 凶하리니다(하리라)

거북점과 시초점이 모두 사람의 뜻과 어긋난다면 가만히 있을 경우에는 吉하고, 움직일 경우에는 凶할 것입니다.

稽疑는 以龜筮爲重하니 人與龜筮皆從이면 是之謂大同이니 固吉也요 人一從而龜筮不違者도 亦吉이라 龜從筮逆이면 則可作內요 不可作外니 內는 謂祭祀等事요 外는 謂征伐等事라 龜筮共違면 則可靜이요 不可作이니 靜은 謂守常이요 作은 謂動作也라 然이나 有龜從筮逆而無筮從龜逆者는 龜尤聖人所重也일새라 故로 禮記에 大事는 卜하고 小事는 筮[96]라하고 傳에 謂筮短龜長是也라 自夫子贊易하여 極著蓍卦之德으로 蓍重而龜書不傳云이라

稽疑는 거북점과 시초점을 중요시하니, 사람과 거북점과 시초점이 다 따르면 이것을 '大同'이라 하니 참으로 吉하며, 사람은 누구든지 하나만 따르고 거북점과 시초점이 거역하지 않는 경우도 또한 吉하다. 거북점은 따르고 시초점이 거역하면 안에서 하는 일은 괜찮고 밖에서 하는 일은 안 되니, '안'이란 祭祀 등의 일이고, '밖'이란 征伐 등의 일을 이른다. 거북점과 시초점이 모두 거역하면 가만히 있으면 괜찮고 움직이면 안 되니, 靜은 常道를 지키는 것이고, 作은 동작함을 이른다. 그러나 거북점은 따르고 시초점이 거역하는 경우는 있어도 시초점은 따르고 거북점이 거역하는 경우는 없는데, 이것은 거북점을 聖人이 더욱 중요시했기 때문이다. 그러므로《禮記》〈曲禮〉의 注에 "큰일에는 거북점을 치고, 작은 일에는 시초점을 친다."라고 하고,《春秋左氏傳》僖公 4년 조의 "시초점은 맞는 확률이 낮고 거북점은 맞는 확률이 높다."라고 한 것이 이것이다. 夫子(孔子)께서《易》을 부연하여 설명하면서 蓍卦의 德을 극도로 드러냄으로부터 시초점의 비중이 높아지고 거북점의 책은 전해지지 않았다고 한다.

32. 八庶徵은 曰雨와 曰暘과 曰燠과 曰寒과 曰風이(과) 曰時[97]니 五者來備하되 各以

---

96 大事卜 小事筮 : 〈曲禮 上〉의 "假爾泰龜……"에 대한 鄭玄의 注釋이다.

97 曰時 : 林之奇(《尙書全解》)는 "중간에 또 군더더기로 '曰時' 두 글자를 가지고 다섯 가지와 나란히 배열하여 여섯으로 만든 것은 마땅치 않다.〔不當於其中間 又贅以曰時二字 與五者竝列而爲六也〕"라고 지적하였는데, 朱子는 이에 대하여 "林氏는 한갓 '時'자가 雨·暘·燠·寒·風의 다섯 글자와 나란히 배열되어 여섯이 된 것만을 보고 드디어 이 '時'자를 군더더기로 여겼으니, 옛사람의 말을 모른 것이다.〔林氏徒見時字 與雨暘燠寒風五字 竝列而爲六 則遂以此時字爲贅 不知古人之言〕"라고 하였다.

其敍[98]하면 庶草도 蕃廡하리니다(하리라)

여덟째 '庶徵'은, 비오는 것과 볕 나는 것과 따스한 것과 추운 것과 바람 부는 것이 각각 때에 따라 이르니, 만일 다섯 가지가 오는 것이 완벽하게 갖춰지되 각각 그 절서에 맞게 작용한다면 모든 풀도 무성하게 자랄 것입니다.

徵은 驗也라 廡는 豐茂라 所驗者非一이라 故로 謂之庶徵이요 雨暘燠寒風이 各以時至라 故로 曰時也라 備者는 無缺少也요 敍者는 應節候也라 五者備而不失其敍하면 庶草且蕃廡矣니 則其他를 可知也라 雨屬水하고 暘屬火하고 燠屬木하고 寒屬金하고 風屬土니라 吳仁傑曰 易에 以坎爲水하니 北方之卦也요 又曰 雨以潤之라하니 則雨爲水矣라 離爲火하니 南方之卦也요 又曰 日以烜之라하니 則暘爲火矣라 小明之詩首章云 我征徂西 二月初吉이라하고 三章云 昔我往矣엔 日月方燠이라하니 夫以二月爲燠이면 則燠之爲春爲木이 明矣라 漢志에 引狐突金寒[99]之言이어늘 顏師古謂金行在西라 故로 謂之寒이라하니 則寒之爲秋爲金이 明矣라 又按稽疑에 以雨屬水하고 以霽屬火하니 霽는 暘也니 則庶徵에 雨之爲水와 暘之爲火는 類例 抑又甚明이라하니라 蓋五行은 乃生數自然之敍요 五事則本於五行하고 庶徵則本於五事하니 其條理次第 相爲貫通하여 有秩然而不可紊亂者也니라

徵은 징험하는 것이다. 廡는 풍성한 것이다. 징험하는 바가 한 가지가 아니기 때문에 '庶徵'이라 한 것이다. 비오는 것과 볕 나는 것과 따스한 것과 추운 것과 바람 부는 것이 각각 때에 따라 이르기 때문에 '時'라고 말한 것이다. 備는 부족함이 없는 것이고, 敍는 節候에 응하는 것이다. 다섯 가지가 갖춰져 절서를 잃지 않으면 모든 풀도 무성하게 자라날 것이니 다른 것도 알 수 있다. 비는 水에 속하고, 볕은 火에 속하고, 따뜻함은 木에 속하고, 추위는 金에 속하고, 바람은 土에 속한다.

吳仁傑은 말하였다. "《易》에서 坎을 水로 삼으니 北方에 해당하는 卦이고, 또 비

98 敍 : 孔傳에서는 '次序'로 보았다.

99 狐突金寒 : 춘추시대 晉 獻公이 太子 申生을 시켜 東山의 皐落氏를 치러 보낼 때에 태자에게 雜色의 옷을 입히고 金으로 만든 玦을 차게 하자, 大夫 狐突이 탄식하기를 "지금 獻公은 한 해가 끝나가는 때에 명령을 내렸으니 그 일을 막히게 한 것이고, 雜色 옷을 입혔으니 太子를 멀리한 것이고, 金으로 만든 玦을 채웠으니 태자의 衷心을 버린 것이다. 雜色 옷을 입혀 멀리하는 뜻을 보이고, 한 해가 끝나가는 때에 命을 내려 일을 막히게 하였으며, 잡색은 冷情을, 겨울은 肅殺을, 金은 寒冷을, 玦은 訣別을 뜻하니, 어찌 믿을 수가 있겠는가. 아무리 노력한들 狄人을 全滅할 수 있겠는가."라고 한 데서 온 말이다.(《春秋左氏傳》 閔公 2년)

로 윤택하게 하니, 비는 水가 되는 것이다. 離를 火로 삼으니 南方에 해당하는 卦이고, 또 해로 볕을 쬐니, 볕은 火가 되는 것이다. 《詩經》〈小雅 小明〉의 首章에 '내가 길을 떠나 서쪽으로 갈 때는 2월 초하루였는데.'라고 하였고, 3章에 '옛날 내가 갈 때에는 날씨가 막 따뜻했다.'라고 하였으니, 2월을 따뜻하다고 했으면 燠이 봄이 되고 木이 되는 것이 분명하다. 《漢書》〈五行志〉에 狐突의 '金은 차다.'는 말을 인용하였는데, 顔師古는 '金의 운행이 서쪽에 있기 때문에 寒이라 한다.'라고 하였으니, 그렇다면 寒이 가을이 되고 金이 되는 것이 분명하다. 또 살펴보건대, 稽疑에서 雨를 水에 소속시키고 霽를 火에 소속시켰는데, 霽는 볕이 나는 것이니, 〈그렇다면〉 庶徵에서 雨가 水가 되고 暘이 火가 되는 것은 그 類例가 또한 매우 분명하다."

대개 五行은 바로 生數의 자연스런 순서이며, 五事는 五行에 뿌리를 두고, 庶徵은 五事에 뿌리를 두었으니, 그 조리와 차제가 서로 관통하여 질서가 너무도 정연하기 때문에 문란하게 할 수 없는 것이다.

字義 暘 : 볕날 양　燠 : 따스할 욱　蕃 : 성할 번　廡 : 무성할 무　烜 : 밝을 훤

33. 一이 極備하여도 凶하며 一이 極無하여도 凶하나니다(하니라)

한 가지만 너무 많아도 凶하게 되며, 한 가지만 너무 적어도 凶하게 됩니다.

極備는 過多也요 極無는 過少也라 唐孔氏曰 雨多則澇하고 雨少則旱하니 是極備亦凶이요 極無亦凶이라 餘準是라하니라

極備는 지나치게 많은 것이고, 極無는 지나치게 적은 것이다. 唐나라 孔氏는 말하기를 "비가 많이 오면 장마가 지고 비가 적게 오면 가무니, 이것이 바로 너무 많아도 凶하게 되는 것이고, 너무 적어도 凶하게 되는 것이다. 나머지도 이런 식이다."라고 하였다.

字義 澇 : 장마 로　旱 : 가뭄 한　準 : 준거할 준

34. 曰休徵은 曰肅에 時雨 若[100]하며 曰乂에 時暘이 若하며 曰哲에 時燠이 若하며 曰謀에 時寒이 若하며 曰聖에 時風이 若이니다(이니라) 曰咎徵은 曰狂에 恒雨 若하며 曰僭에

100 若 : 順의 뜻으로 孔傳은 임금의 태도에 따르는 것으로 보고, 蔡傳은 사람의 태도에 따르는 것으로 보았는데, 이 사람 중에는 王·卿士·師尹이 포함되어 있다.

恒暘이 若하며 曰豫에 恒燠이 若하며 曰急에 恒寒이 若하며 曰蒙에 恒風이 若이니다(이니라)

'좋은 징험'이란 것은 〈사람이〉 단정하고 엄숙한 용모를 가지면 제때에 맞는 비가 따르며, 〈사람이〉 뜻 깊고 조리 있는 말을 하면 제때에 맞는 볕이 따르며, 〈사람이〉 밝게 보아 예리한 지혜를 가지면 제때에 맞는 따뜻함이 따르며, 〈사람이 밝게 들어〉 깊은 계략을 가지면 제때에 맞는 추위가 따르며, 〈사람이〉 성스러워 깊은 생각을 가지면 제철에 맞는 바람이 따르는 것입니다.

'나쁜 징험'이란 것은 〈사람이〉 경망스런 용모를 가지면 늘 비만 내리는 날씨가 따르며, 〈사람이〉 사리에 어긋난 말을 하면 늘 볕만 나는 날씨가 다르며, 〈사람이〉 밝게 보지 못하여 일처리를 미루면 늘 덥기만 한 날씨가 따르며, 〈사람이 듣는 것이 부족하여〉 조급한 계략을 하면 늘 춥기만 한 날씨가 따르며, 〈사람이 생각이 부족하여〉 몽매하고 현혹하면 늘 바람만 부는 날씨가 따릅니다.

狂은 妄이요 僭은 差요 豫는 怠요 急은 迫이요 蒙은 昧也라 在天에 爲五行이요 在人에 爲五事니 五事備則休徵이 各以類應之요 五事失則咎徵이 各以類應之니 自然之理也라 然이나 必曰某事得則某休徵應하고 某事失則某咎徵應이라하면 則亦膠固不通하여 而不足與語造化之妙矣니라 天人之際는 未易(이)言也니 失得之機와 應感之微는 非知道者면 孰能識之哉리오

狂은 妄(망령되다)의 뜻이요, 僭은 差(어긋나다)의 뜻이요, 豫는 怠의 뜻이요, 急은 迫(급박하다)의 뜻이요, 蒙은 昧(어둡다)의 뜻이다. 하늘에 있어서는 五行이 되고, 사람에 있어서는 五事가 되니, 五事가 갖추어지면 좋은 징험이 각각 類에 따라 반응을 보이고, 五事가 잘못되면 나쁜 징험이 각각 類에 따라 반응을 보이니, 이는 자연의 이치인 것이다. 그러나 반드시 "아무 일이 잘되면 아무 좋은 징험이 반응을 보이고, 아무 일이 잘못되면 아무 나쁜 징험이 반응을 보인다."라고 하면 이는 고지식하여 융통성이 없어서 더불어 조화의 묘를 말할 수 없을 것이다. 하늘과 사람의 관계는 쉽게 말할 수 없으니, 得失의 기미와 感應의 은미함은 道를 아는 자가 아니면 그 누가 알겠는가.

字義 豫 : 게으를 예 膠 : 아교 교 固 : 굳을 고 易 : 쉬울 이 機 : 기틀 기

35. 曰[101]王省은 惟歲요 卿士는 惟月이요 師尹은 惟日[102]이니다(이니라)

王은 살펴봄에 있어서 한 해의 〈좋은 징조와 나쁜 징조를 가지고 자신의 득실관

계를 살펴보고,〉 卿士는 한 달의 〈좋은 징조와 나쁜 징조를 가지고 자신의 득실관계를 살펴보고,〉 師尹은 하루의 〈좋은 징조와 나쁜 징조를 가지고 자신의 득실관계를 살펴보는 것입니다.〉

歲月日은 以尊卑爲徵也라 王者之失得은 其徵以歲요 卿士之失得은 其徵以月이요 師尹之失得은 其徵以日이라 蓋雨暘燠寒風五者之休咎는 有係一歲之利害하고 有係一月之利害하고 有係一日之利害하니 各以其大小言也라

해·달·날은 신분의 존비를 가지고 징험하는 것이다. 王의 득실관계는 한 해를 가지고 징험하고, 卿士의 득실관계는 한 달을 가지고 징험하고, 師尹의 득실관계는 하루를 가지고 징험한다. 대개 비·볕·따뜻함·추위·바람 다섯 가지의 좋은 징조와 나쁜 징조에는 한 해의 이해관계가 매어 있고 한 달의 이해관계가 매어 있고 하루의 이해관계가 매어 있으니, 각각 그 크고 작은 차이를 가지고 말한 것이다.

36. 歲月日에 時[103]無易하면 百穀用成하며 乂用明하며 俊民이 用章하며 家用平康하리니다(하리라)

해와 달과 날에 각각 때가 바뀌지 않으면 百穀이 잘 여물고 정치가 밝아지고 준걸한 인물이 드러나고 집안이 안락해질 것입니다.

歲月日三者에 雨暘燠寒風이 不失其時면 則其效如此하니 休徵所感也라

해와 달과 날 세 가지에 비 오고 볕 나고 따뜻하고 춥고 바람 부는 것이 각각 때를 잃지 않으면 그 효험이 이와 같으니, 좋은 징조가 반응을 보인 것이다.

字義 易 : 바뀔 역 成 : 여물 성 乂 : 다스릴 예 章 : 드러날 장

---

101 曰 : 孔疏는 "이미 다섯 가지 일의 休徵과 咎徵을 진언하고 나서 또 皇極의 得失을 말하되, 위와 단서를 달리하여 고쳐서 다시 '曰'로 말하였다.〔既陳五事之休咎 又言皇極之得失 與上異端 更復言曰〕"라고 하였고, 陳師凱는 "曰字는 화제를 바꿔서 말한 것이다.〔曰字 更端而言〕"라고 하였는데, 蔡傳은 아마 "曰皇極之敷言"의 '曰'자에 주를 단 것처럼 '말을 일으키는 말〔起語辭〕'로 본 것 같다.

102 曰王省……惟日 : 孔傳은 "王의 살피는 직책은 통솔하는 여러 관리를 겸함이 마치 한 해가 4철을 겸함과 같고, 卿士가 각각 관장하는 바를 가지는 것은 마치 달의 분별이 있음과 같고, 여러 正官의 관리가 그 직사를 나누어 다스림은 마치 날이 歲와 月을 가짐과 같다.〔王所省職 兼所總群吏 如歲兼四時 卿士各有所掌 如月之有別 衆正官之吏 分治其職 如日之有歲月〕"라고 풀이하였다.

103 時 : 孔傳은 '是'의 뜻으로 보았다.

37. 日月歲에 時旣易하면 百穀用不成하며 乂用昏不明하며 俊民이 用微[104]하며 家用不寧하리니다(하리라)

날과 달과 해에 각각 때가 바뀌면 百穀이 잘 여물지 못하고 정치가 어두워 밝지 못하고 준걸한 인물이 卑微해지고 집안이 편안치 못하게 될 것입니다.

日月歲三者에 雨暘燠寒風이 旣失其時하면 則其害如此하니 咎徵所致也라 休徵에 言歲月日者는 總於大也요 咎徵에 言日月歲者는 著其小也라

날과 달과 해 세 가지에 비 오고 볕 나고 따뜻하고 춥고 바람 부는 것이 각각 때를 잃으면 그 害가 이와 같으니, 이는 나쁜 징조의 소치인 것이다. 좋은 징조에서 해, 달, 날 순으로 말한 것은 큰 것에 총괄되기 때문이고, 나쁜 징조에서 날, 달, 해 순으로 말한 것은 그 작은 것을 드러내기 때문이다.

38. 庶民은 惟星이니 星有好風하며 星有好雨이니다(니라) 日月之行은 則有冬有夏하니 月之從星이면(으로) 則以風雨이니다(니라)

백성은 별인 셈인데, 별에는 바람을 좋아하는 별이 있고 비를 좋아하는 별이 있습니다. 해와 달의 운행은 겨울이 있고 여름이 있으니, 달이 별을 따르면 바람이 불고 비가 내립니다.

民之麗(리)乎土는 猶星之麗乎天也라 好風者는 箕星이요 好雨者는 畢星이라 漢志言軫星亦好雨[105]라하니 意者컨대 星宿皆有所好也라 日有中道하고 月有九行이라 中道者는 黃道也니 北至東井하면 去極近하고 南至牽牛하면 去極遠하고 東至角하고 西至婁하면 去極中이 是也라 九行者는 黑道二는 出黃道北하고 赤道二는 出黃道南하고 白道二는 出黃道西하고 靑道二는 出黃道東하니 幷黃道爲九行也라 日極南하여 至于牽牛면 則爲冬至요 極北하여 至於東井이면 則爲夏至요 南北中하여 東至角하고 西至婁면 則爲春秋分이라 月은 立春春分엔 從靑道하고 立秋秋分엔 從白道하고 立冬

---

104 俊民用微 : 孔傳은 "賢人이 숨어버린다.〔賢隱〕"라고 하고, 孔疏는 "준걸한 인물이 이로써 卑微해져서 모두 隱遁한다.〔俊民用此而卑微皆隱遁〕"라고 부연 설명하였다.

105 軫星亦好雨 : 《史記》〈天官書〉와 《漢書》〈天文志〉에는 모두 軫星이 바람을 주관하는 것으로 되어 있고 비를 좋아한다는 말은 없다. 이 점에 대하여 淸代 閻若璩는 "'好雨'는 蔡傳이 만들어낸 것이니, 蔡傳을 어떻게 믿을 수 있겠는가.〔好雨者 蔡傳也 蔡傳詎足信與〕"라고 하였다.(《古文尙書疏證》)

冬至엔 從黑道하고 立夏夏至엔 從赤道하니 所謂日月之行則有冬有夏也라 月行東北하여 入于箕則多風하고 月行西南하여 入于畢則多雨하니 所謂月之從星이면 則以風雨也라

백성이 땅에 붙어 있는 것은 마치 별이 하늘에 걸려 있는 것과 같다. 바람을 좋아하는 별은 箕星이고, 비를 좋아하는 별은 畢星이다. 《漢書》〈天文志〉에 "軫星 또한 비를 좋아한다."라고 하였으니, 생각건대, 별들에는 모두 좋아하는 바가 있는 듯하다.

《漢書》〈天文志〉에 "해에는 中道가 있고, 달에는 아홉 길이 있다. 中道는 黃道이니, 북쪽으로 東井에 이르면 北極과의 거리가 가까워지고, 남쪽으로 牽牛星에 이르면 北極과의 거리가 멀어지고, 동쪽으로 角星에 이르고 서쪽으로 婁星에 이르면 北極과의 거리가 중앙지점이다."란 것이 이것이다. '아홉 길'이란 것은 黑道 둘은 黃道의 북쪽으로 나오고, 赤道 둘은 黃道의 남쪽으로 나오고, 白道 둘은 黃道의 서쪽으로 나오고, 靑道 둘은 黃道의 동쪽으로 나오니, 黃道까지 아울러 아홉 길이 되는 것이다.

해가 極南으로 牽牛星에 이르면 冬至가 되고, 極北으로 東井에 이르면 夏至가 되며, 南北의 중앙지점에서 동쪽으로 角宿에 이르고 서쪽으로 婁星에 이르면 春分과 秋分이 된다. 달의 경우, 立春과 春分에는 靑道를 따르고, 立秋와 秋分에는 白道를 따르고, 立冬과 冬至에는 黑道를 따르고, 立夏와 夏至에는 赤道를 따르니, 이른바 "해와 달의 운행에 겨울이 있고 여름이 있다."라는 것이다. 달이 동북쪽으로 가서 箕星에 들어가면 바람이 많고, 달이 서남쪽으로 가서 畢星에 들어가면 비가 많으니, 이른바 "달이 별을 따르면 바람이 불고 비가 내린다."라는 것이다.

民不言省者는 庶民之休咎는 係乎上人之得失이라 故로 但以月之從星으로 以見(현)所以從民之欲者如何爾라 夫民生之衆이 寒者欲衣하고 飢者欲食하고 鰥寡孤獨者之欲得其所하니 此는 王政之所先이요 而卿士師尹近民者之責也라 然이나 星雖有好風好雨之異나 而日月之行則有冬有夏之常하니 以月之常行으로 而從星之異好하고 以卿士師尹之常職으로 而從民之異欲이면 則其從民者는 非所以徇民矣라 言日月而不言歲者는 有冬有夏하여 所以成歲功也요 言月而不言日者는 從星이 惟月이라야 爲可見耳일새라

백성에 대하여 '省'(살핌)을 말하지 않은 것은 백성의 좋은 징조와 나쁜 징조는 윗사람의 득실관계에 달려 있기 때문이다. 그러므로 단지 "달이 별을 따른다."라는 것

만 가지고 백성들의 하고 싶은 바를 따르는 것이 어떠한가를 나타냈을 뿐이다. 백성들의 경우, 추운 사람은 옷을 입고 싶어 하고, 배고픈 사람은 밥을 먹고 싶어 하고, 鰥·寡·孤·獨의 처지에 있는 자들은 살 곳을 얻고 싶어 하니, 이는 왕도정치에 있어서 제일 먼저 해야 할 바이고, 백성을 가까이하는 卿士와 師尹의 책무인 것이다.

그러나 별들은 비록 바람을 좋아하고 비를 좋아하는 차이점이 있으나 해와 달의 운행은 겨울과 여름의 일정한 길이 있으니, 달의 일정한 운행으로 별의 각기 달리 좋아하는 것을 따르고, 卿士와 師尹의 일정한 직책으로 백성들의 각기 달리하고 싶어 하는 것을 따른다면 그 "백성을 따른다."라는 것은 〈직무수행을 하기 위한 것이지〉 백성을 따르기 위한 것이 아니다.

해와 달을 말하고 歲를 말하지 않은 것은 겨울이 있고 여름이 있어 歲功을 이루기 때문이고, 달을 말하고 해를 말하지 않은 것은 별을 따르는 것이 오직 달이어야 볼 수 있기 때문이다.

字義 麗 : 걸릴 리 徇 : 따를 순

39. 九五福은 一曰壽요 二曰富요 三曰康寧이요 四曰攸好德이요 五曰考終命[106]이니다(이니라)

아홉째 '五福'은, 첫째는 壽요, 둘째는 富요, 셋째는 康寧이요, 넷째는 攸好德(德을 좋아함)이요, 다섯째는 考終命(바른 명을 순하게 받는 것, 곧 명대로 사는 것)입니다.

人은 有壽而後에 能享諸福이라 故로 壽先之라 富者는 有廩祿也요 康寧者는 無患難也요 攸好德者는 樂其道也요 考終命者는 順受其正也니 以福之急緩으로 爲先後니라

사람은 오래 살아야만 여러 福을 누릴 수 있기 때문에 '壽'가 맨 앞에 놓인 것이다. 富는 廩祿이 있는 것이고, 康寧은 患難이 없는 것이고, 攸好德은 道를 즐기는 것이고, 考終命은 바른 命을 순하게 받는 것이다. 福의 緩急을 가지고 先後를 삼은 것이다.

---

106 考終命 : 孔傳은 "각각 長短의 命대로 살다가 스스로 일생을 마치고 橫死(뜻밖에 죽음)하거나 夭死(일찍 죽음)하지 않는다는 것이다.〔各成其長短之命以自終 不橫夭〕"라고 풀이하였다.

40. 六極은 一曰凶短折이요 二曰疾이요 三曰憂요 四曰貧이요 五曰惡이요 六曰弱이니다

'六極'은 첫째는 凶함과 短折이요, 둘째는 疾病이요, 셋째는 憂患이요, 넷째는 가난이요, 다섯째는 惡함이요, 여섯째는 연약함입니다."

凶者는 不得其死也요 短折者는 横夭也니 禍莫大於凶短折이라 故로 先言之니라 疾者는 身不安也요 憂者는 心不寧也요 貧者는 用不足也요 惡者는 剛之過也요 弱者는 柔之過也니 以極之重輕으로 爲先後니라 五福과 六極은 在君則係於極之建不建이요 在民人則由於訓之行不行이니 感應之理 微矣니라

凶은 제대로 죽지 못하는 것이고, 短折은 夭折하는 것이니, 禍는 凶함과 短折보다 더 큰 것이 없기 때문에 맨 먼저 말한 것이다. 疾은 몸이 편하지 못한 것이고, 憂는 마음이 편하지 못한 것이고, 貧은 財用이 부족한 것이고, 惡은 剛이 지나친 것이고, 弱은 柔가 지나친 것이니, 極의 輕重을 가지고 先後를 삼은 것이다. 五福과 六極은 임금에 있어서는 皇極(임금의 표준)을 세우느냐 못 세우느냐에 달려 있고, 백성에 있어서는 敎訓을 행하느냐 못 행하느냐에 달려 있으니, 감응의 이치가 은미한 것이다.

書經集傳 卷七

旅獒

西旅貢獒어늘 召公이 以爲非所當受라하여 作書以戒武王하니 亦訓體也라 因以旅獒名篇하니 今文無하고 古文有하니라

서쪽 旅나라에서 큰 개를 공물로 바치자, 召公이 받아서는 안 된다고 생각하여 이 글을 지어 武王을 경계하였으니, 역시 訓體이다. 따라서 '旅獒'를 가지고 편명을 하였다. 〈旅獒〉는《今文尙書》에는 들어 있지 않고《古文尙書》에는 들어 있다.

字義 貢 : 바칠 공 獒 : 큰개 오

1. 惟克商하시니 遂通道于九夷八蠻이어늘 西旅底(지)貢厥獒한대 太保乃作旅獒하여 用訓于王하니라

〈武王이〉 商나라를 쳐서 승리하시니, 드디어 九夷와 八蠻에 길이 통하였거늘, 서쪽 旅나라에서 큰 개를 공물로 바치자, 太保가 곧 〈旅獒〉를 지어서 王(武王)을 훈계하였다.

九夷八蠻은 多之稱也라 職方에 言四夷八蠻이라하고 爾雅에 言九夷八蠻이라하니 但言其非一而已라 武王克商之後에 威德이 廣被九州之外하여 蠻夷戎狄이 莫不梯山航海而至니라 曰通道云者는 蓋蠻夷來王이면 則道路自通이요 非武王有意於開四夷而斥大境土也라 西旅는 西方蠻夷國名이라 犬高四尺曰獒라 按說文曰 犬은 知人心可使者라하고 公羊傳曰 晉靈公이 欲殺趙盾(돈)한대 盾

西旅貢獒圖

躇(착)階而走어늘 靈公이 呼獒而屬(촉)之한대 獒亦躇階而從之라하니 則獒能曉解人意하고 猛而善搏人者니 異於常犬이요 非特以其高大也라 太保는 召公奭也니 史記云 與周同姓姬氏라하니라 此는 旅獒之本序니라

九夷와 八蠻은 많은 숫자를 칭한 것이다. 《周禮》〈夏官 職方氏〉에는 四夷와 八蠻이라고 말하고, 《爾雅》에는 九夷와 八蠻이라고 말하였으니, 이는 단지 그 하나가 아님을 말했을 뿐이다. 武王이 商나라를 쳐서 승리한 뒤에 위엄과 德이 널리 九州의 밖까지 입혀져서 蠻夷와 戎狄들이 산은 사다리를 타고 넘고 바다는 배를 타고 건너기까지 하면서 오지 않는 이가 없었다.

"길이 통했다."라고 말한 것은 蠻夷가 내왕하면 도로가 저절로 통한 것이지, 武王이 사방 오랑캐 지역을 개척하여 영토를 확장하려는 데 뜻을 두었던 것은 아니다. 西旅는 서쪽 지방에 있는 蠻夷의 나라 이름이다. 키가 4尺인 개를 '獒'라고 한다. 《說文解字》에 "개는 사람의 마음을 앎으로 부릴 만한 것이다."라고 하였고, 《春秋公羊傳》 宣公 5년 조에 "晉 靈公이 趙盾을 죽이려고 하므로 趙盾이 섬돌을 건너뛰어 도망하자, 靈公이 '獒'라는 개를 불러서 추격을 부탁하니, 獒 또한 섬돌을 건너뛰어 따라갔다."라고 하였으니, 그렇다면 獒는 사람의 뜻을 잘 이해하고 사나워서 사람에게 잘 달려들었으니 보통 개와 다르고, 단지 키만 클 뿐이 아니었다. 太保는 바로 召公 奭이니, 《史記》〈燕世家〉에 "周나라와 同姓인 姬氏이다."라고 하였다. 이것은 〈旅獒〉의 본래 서문이다.

字義 梯 : 사다리 제 航 : 배 항 盾 : 방패 순 躇 : 건너뛸 착 階 : 뜰 계 曉 : 깨우칠 효
解 : 알 해 猛 : 사나울 맹 善 : 잘 선 搏 : 칠 박

2. 曰 嗚呼라 明王이 愼德이어시든 四夷咸賓하여 無有遠邇히 畢獻方物하나니 惟服食器用이니이다

〈太保가〉 말하였다. "아. 예전부터 명철한 王이 德을 삼가 닦으면 사방 오랑캐들이 모두 복종하여 원근을 막론하고 다들 토산물을 바쳤는데, 오직 의복을 만들 수 있는 옷감과 음식을 만들 수 있는 재료와 그릇으로 사용할 수 있는 물건뿐이었습니다.

謹德은 蓋一篇之綱領也라 方物은 方土所生之物이라 明王謹德이어든 四夷咸賓하고 其所貢獻은 惟服食器用而已니 言無異物也니라

謹德은 대개 이 한 편의 綱領이다. 方物은 그 지방에서 나는 물건이다. 명철한 王

이 德을 삼가 닦으면 사방 오랑캐들이 모두 복종하였고, 그들이 공물로 바친 것은 오직 의복을 만들 수 있는 옷감과 음식을 만들 수 있는 재료와 그릇으로 사용할 수 있는 물건뿐이었으니, 특이한 물건이 없었음을 말한 것이다.

字義 邇 : 가까울 이 畢 : 다 필 獻 : 드릴 헌

3. 王이 乃昭德之致于異姓之邦하사 無替厥服하시며 分寶玉于伯叔之國하사 時庸展親[1]하시면 人不易(이)物하여 惟德其物하리이다

王께서는 〈사방 오랑캐들이 공물을 바친 것은〉 王이 덕을 닦은 소치임을 異姓의 나라에 보여주시어 그들로 하여금 藩屛의 직무를 폐기함이 없게 하시며, 공물 중에 寶玉을 同姓인 伯叔의 나라에 나눠주어 親誼를 다지시면 사람(諸侯)들이 모두 물건을 가볍게 여기지 아니하여 〈이 물건이 바로 임금님이 덕을 닦은 소치임을 알기 때문에〉 그 물건을 덕으로 여길 것입니다.

昭는 示也라 德之致는 謂上文所貢方物也라 昭示方物于異姓之諸侯하여 使之無廢其職하고 分寶玉于同姓之諸侯하여 使之益厚其親[2]하니 如分陳以肅愼氏之矢하고 分魯以夏后氏之璜之類라 王者以其德所致方物로 分賜諸侯라 故로 諸侯亦不敢輕易其物하고 而以德視其物也니라

昭는 示의 뜻이다. 德之致(덕으로 생긴 것)는 윗글에 보인 공물로 바친 그 지방에서 나는 물건을 이른다. 方物을 異姓의 諸侯들에게 보여주어 그 직책을 폐기함이 없게 하고, 寶玉을 同姓의 諸侯들에게 나눠주어 그 친의를 더욱 두텁게 하라는 것이니, 그것은 陳나라에는 肅愼氏의 화살을 나누어주고 魯나라에는 夏后氏의 璜玉을 나누어준 것과 같은 따위이다. 王者는 德으로 생긴 方物을 諸侯들에게 나누어주기 때문에 諸侯들 또한 감히 그 물건을 가볍게 여기지 않고 그 물건을 덕으로 여기는 것이다.

---

1 分寶玉于伯叔之國 時庸展親 : 孔傳은 "寶玉을 同姓의 나라에 나누어 주는 것이니, 이는 성심으로 친족을 친애하는 도리를 편 것이다.〔以寶玉分同姓之國 是用誠信其親親之道〕"라고 풀이하였다.

2 使之益厚其親 : 吳熙常은 "'展'을 厚의 뜻으로 풀이하였는데, 그것이 정확한 해석인지는 모르겠다. 일찍이 《林滄溪集》에 '展은 敍의 뜻이니, 그 親親의 뜻을 편 점을 말한 것이다.'란 구절이 있음을 보았는데, 이 말이 참뜻을 터득한 듯하다.〔夫展之訓厚 未見其的確 曾看林滄溪集 有曰展敍也 言敍其親親之意也 此說竊恐得之矣〕"라고 하였다.(《老洲集》〈讀書隨記〉)

字義 昭 : 밝을 소 易 : 쉬울 이 寶 : 보배 배 璜 : 반달옥 황 廢 : 폐할 폐

4. 德盛은 不狎侮하나니 狎侮君子하면 罔以盡人心하고 狎侮小人하면 罔以盡其力하리이다

德이 성대한 분은 남을 업신여기지 않는 법이니, 군자를 업신여기면 사람(군자)의 마음을 다하게 할 수 없고, 소인을 업신여기면 그 힘을 다하게 할 수 없을 것입니다.

德盛則動容周旋이 皆中禮라 然後에 能無狎侮之心이니 言謹德을 不可不極其至也라 德而未至면 則未免有狎侮之心이라 狎侮君子하면 則色斯擧矣니 彼必高蹈遠引하여 望望然而去하리니 安能盡其心이며 狎侮小人하면 雖其微賤이 畏威易役이나 然至愚而神이어늘 亦安能盡其力哉리오

德이 성대하면 動容과 周旋이 모두 禮에 맞는다. 그런 뒤에야 업신여기는 마음이 없을 수 있으니, 德을 삼가 닦음을 지극히 하지 않을 수 없음을 말한 것이다. 德이 지극하지 못하면 업신여기는 마음이 있음을 면치 못한다. 군자를 업신여기면 자기를 대하는 기색을 보고 떠날 것이니, 저들은 반드시 멀리 떠나 뒤도 돌아보지 않고 갈 터인데, 어떻게 그 마음을 다하게 할 수 있겠는가. 소인을 업신여기면 비록 미천함이 위엄을 두려워하여 부리기는 쉬우나 지극히 어리석으면서도 신명하거늘, 또한 어떻게 그 힘을 다하게 할 수 있겠는가.

字義 狎 : 친압할 압 侮 : 업신여길 모 旋 : 돌 선 中 : 맞을 중 至 : 지극할 지 蹈 : 밟을 도 易 : 쉬울 이 役 : 부릴 역

5. 不役耳目하사 百度를 惟貞[3]하소서

귀와 눈에 사역당하지 마시어 온갖 행위의 법도를 바르게 지키소서.

貞은 正也라 不役於耳目之所好하여 百爲之度를 惟其正而已라

貞은 正의 뜻이다. 귀와 눈의 좋아하는 바에 사역당하지 말아서 온갖 행위의 법도를 오직 바르게 지킬 뿐이란 것이다.

---

3 不役耳目 百度惟貞 : 孔傳은 "聲色으로써 스스로 〈귀와 눈을〉 사역하지 않으면 온갖 법도가 바르게 된다는 점을 말한 것이다.〔言不以聲色自役 則百度正〕"라고 풀이하였다.

字義 役 : 사역 역 度 : 법도 도 貞 : 바를 정

6. 玩人하면 喪德하고 玩物하면 喪志하리이다

사람을 가지고 놀다보면 덕을 상실할 것이고, 물건을 가지고 놀다보면 뜻을 상실할 것입니다.

玩人은 則上文狎侮君子之事요 玩物은 卽上文不役耳目之事라 德者는 己之所得이요 志者는 心之所之라

玩人은 곧 윗글에 보인 군자를 업신여기는 일이며, 玩物은 곧 윗글에 보인 귀와 눈에 사역당하지 않는 일이다. 德은 자기가 얻은 것이고, 志는 마음이 지향해 간 것이다.

字義 玩 : 장난칠 완

7. 志以道寧하시며 言以道接하소서

자신의 뜻을 道로써 편안하게 하시고, 남의 말을 道로써 접하소서.

道者는 所當由之理也라 己之志를 以道而寧이면 則不至於妄發이요 人之言을 以道而接이면 則不至於妄受라 存乎中者는 所以應乎外요 制乎外者는 所以養其中이니 古昔聖賢相授心法也니라

道는 마땅히 경유해야 할 이치이다. 자신의 뜻을 道로써 편안하게 하면 함부로 발로함에 이르지 않고, 남의 말을 道로써 접하면 함부로 받아들임에 이르지 않는다. 마음에 간직하는 것은 외물에 응대하기 위한 것이고, 외물을 제재하는 것은 마음을 수양하기 위한 것이니, 이것은 옛날 聖賢들이 서로 전수하던 心法이다.

字義 由 : 경유할 유 妄 : 망령 망 中 : 중심 중 授 : 전수할 수

8. 不作無益하여 害有益하면 功乃成하며 不貴異物하고 賤用物하면 民乃足하며 犬馬를 非其土性이어든 不畜(휵)하시며 珍禽奇獸를 不育于國하소서 不寶遠物하면 則遠人이 格하고 所寶惟賢이면 則邇人이 安하리이다

무익한 일을 하여 유익한 일을 해치지 않으면 功이 이에 잘 이루어질 것이며, 특이한 물건을 귀하게 여기고 늘 쓰는 물건을 천하게 여기지 않으면 백성들이 이에

풍족해질 것이며, 개나 말을 그 지방에서 나오는 것〔土性〕이 아니거든 기르지 마시고, 진귀한 새나 기이한 짐승을 나라 안에서 기르지 마소서. 먼 곳의 물건을 보배로 여기지 않으면 먼 곳 사람들이 복종해 오게 될 것이고, 보배로 여기는 것이 오직 어진 사람뿐이라면 가까운 곳 사람들이 편안하게 될 것입니다.

孔氏曰 遊觀爲無益이요 奇巧爲異物이라하고 蘇氏曰 周穆王이 得白狼白鹿에 而荒服이 因以不至[4]라하니라 此章은 凡三節이니 至所寶惟賢이면 則益切至矣라

孔氏(孔安國)는 말하기를 "유람하는 따위가 무익한 일이 되고, 기이하고 교묘한 것이 특이한 물건이 된다."라고 하였고, 蘇氏는 말하기를 "周 穆王이 흰 이리와 흰 사슴을 구득해옴에 荒服의 제후가 그로 인하여 오지 않았다."라고 하였다.

이 章은 모두 3節인데, '보배로 여기는 것이 오직 어진 사람뿐이라면〔所寶惟賢〕'이란 구절에 이르면 뜻이 더욱 간절하고 지극하다.

字義 畜 : 기를 휵 格 : 이를 격 邇 : 가까울 이 狼 : 이리 랑 鹿 : 사슴 록

9. 嗚呼라 夙夜에 罔或不勤하소서 不矜細行하시면 終累大德하여 爲山九仞에 功虧一簣하리이다

아. 이른 새벽부터 밤늦게까지 혹여 부지런하지 않음이 없게 하소서. 잔다란 행실을 삼가지 않으시면 마침내는 큰 德에 누를 끼치게 되어, 아홉 길 높이의 산을 만듦에 있어서 功이 한 삼태기의 흙이 모자라는 데서 무너질 것입니다.

或은 猶言萬一也라 呂氏曰 此는 卽謹德工夫라 或之一字가 最有意味하니 一暫止息이면 則非謹德矣라 矜은 矜持之矜이라 八尺曰仞이라 細行과 一簣는 指受獒而言也라

或은 萬一(만에 하나라도)이라는 말과 같다. 呂氏는 말하기를 "이는 곧 德을 삼가 닦는 공부이다."라고 하였다. '或'이란 한 글자가 가장 의미가 있으니, 한 번이라도 잠시 止息하면 德을 삼가 닦는 것이 아니다. 矜은 바로 '矜持(감정을 억눌러서 謹愼함)'의 矜이다. 8尺을 '仞'이라 한다. 細行과 一簣는 '獒'라는 개를 받는 일을 가리켜 말한 것이다.

---

4 周穆王……因以不至 : 《國語》 〈周語〉에 나온다.

字義 矜 : 삼갈 긍 仞 : 길 인 虧 : 모자랄 휴, 이지러질 휴 簣 : 삼태기 궤

10. 允迪兹하시면 生民이 保厥居하여 惟乃世王하시리이다

진실로 이(경계)를 행하신다면 生民이 그 거처를 보전하게 되어서, 대대로 王 노릇 하실 수 있을 것입니다."

信能行此면 則生民이 保其居하여 而王業可永也라 蓋人主一身은 實萬化之原이니 苟於理에 有毫髮之不盡이면 卽遺生民無窮之害하여 而非創業垂統可繼[5]之道矣라 以武王之聖으로도 召公所以警戒之者如此하니 後之人君은 可不深思而加念之哉아

진실로 능히 이(경계)를 행한다면 생민이 그 거처를 보전하게 되어서, 王業이 영원할 수 있다는 것이다. 대개 임금의 한 몸은 실로 萬化의 근원이니, 만일 이치에 털끝만큼이라도 다하지 못한 점이 있으면 곧 생민에게 무궁한 해를 끼치게 되어 王業을 창건하고 계통을 전하여 〈후대로 하여금〉 계속 이어지게 할 수 있는 방도가 아니다. 武王 같은 성인으로도 召公의 경계함이 이와 같았으니 후세의 임금들은 깊이 생각하고 더 유념하지 않을 수 있겠는가.

字義 迪 : 행할 적 遺 : 끼칠 유

金縢

武王有疾하니 周公以王室未安하고 殷民未服하여 根本易(이)搖라 故로 請命三王하여 欲以身代武王之死커늘 史錄其冊祝之文하고 幷敍其事之始末하여 合爲一篇이라 以其藏於金縢之匱일새 編書者因以金縢名篇이라 今文古文에 皆有하니라

武王이 병을 앓자, 周公은 王室이 아직 안정되지 못하고 殷나라 백성들이 아직 복종하지 아니하여 근본이 흔들리기 쉽다고 여겼기 때문에 세 분 王(太王, 王季, 文王)에게 命을 청하여 자신으로 武王의 죽음을 대신하려고 하였는데, 史官이 그 冊祝文을 기록하고 아울러 그 일의 전말을 서술한 다음 합하여 한 篇을 만들었다. 쇠사슬로 묶어 봉함〔金縢〕한 궤에 보관하였기 때문에, 책을 엮는 이가 그로 인하여 〈金縢〉이라

---

5 創業垂統可繼 : 《孟子》 〈梁惠王 下〉에 나온다.

고 편명을 한 것이다. 〈金縢〉은 《今文尙書》와 《古文尙書》에 모두 들어 있다.

○唐孔氏曰 發首로 至王季文王은 史敍將告神之事也요 史乃冊祝으로 至屛璧與珪는 記告神之辭也요 自乃卜으로 至乃瘳는 記卜吉及王病瘳之事也요 自武王旣喪已下는 記周公流言居東及成王迎歸之事也라하니라

○唐나라 孔氏가 말하였다. "서두를 꺼낸 데서부터 '王季文王'까지는 史官이 장차 神에게 고하려는 일을 서술한 것이며, '史乃冊祝'에서부터 '屛璧與珪'까지는 神에게 고한 말을 기록한 것이며, '乃卜'에서부터 '乃瘳'까지는 점괘의 길함과 武王의 병이 쾌유된 일을 기록한 것이며, '武王旣喪'에서부터 이하는 周公이 유언비어 때문에 동쪽에 거주하게 된 일과 成王이 周公을 맞아 돌아온 일을 기록한 것이다."

字義 縢 : 봉함할 등　易 : 쉬울 이　搖 : 흔들 요　匱 : 궤 궤　屛 : 갈무리할 병　璧 : 구슬 벽
珪 : 옥홀 규　瘳 : 병나을 추

1. 旣克商二年[6]에 王이 有疾하사 弗豫하시다

商나라를 쳐서 승리한 지 겨우 2년 만에 王이 병이 나서 편치 못하셨다.

記年은 見(현)其克商之未久也라 弗豫는 不悅豫也라

햇수를 기록한 것은 商나라를 쳐서 승리한 지 오래지 않았음을 나타낸 것이다. 弗豫는 편치 못한 것이다.

字義 豫 : 편할 예

2. 二公曰 我其爲王하여 穆卜하리다(호리라)

두 公(太公과 召公)이 말하였다. "우리가 왕을 위하여 穆卜을 하겠습니다."

二公은 太公召公也라 李氏曰 穆者는 敬而有和意니 穆卜은 猶言共(恭)卜也라하니라 愚謂 古者에 國有大事하여 卜則公卿百執事皆在하여 誠一而和同하여 以聽卜筮라 故로 名其卜曰穆卜이니 下文에 成王이 因風雷之變하여 王與大夫盡弁하고 啓金縢之書以卜者 是也라 先儒專以穆爲敬이라하니 而於所謂其勿穆卜에 則義不通矣[7]니라

6　二年 : 이때 成王은 겨우 5살이었다고 한다.

7　先儒專以穆爲敬……則義不通矣 : 先儒는 孔安國을 가리키는데, 陳師凱는 "蔡傳에서 孔注가 오로지 '穆'을 敬의 뜻으로만 본 점을 비난한 것이 옳다.〔蔡傳非孔注專以穆爲敬是矣〕"라고 하였

두 公은 太公과 召公이다. 李氏는 말하기를 "穆은 경건하고 화합한 뜻이니, 穆卜은 '恭卜(공손하게 점치다.)'이란 말과 같다."라고 하였다. 나는 생각하건대, 옛날엔 나라에 큰일이 있어 점을 치게 되면 公卿과 百執事가 모두 〈그 점치는 자리에〉 참석하여 誠一한 마음과 화합한 모습으로 卜筮의 명령을 들었다. 그러므로 그 점치는 것을 '穆卜'이라 명명한 것이니, 아랫글에 "成王이 風雷의 변고로 인하여 王과 大夫가 모두 皮弁을 쓰고 金縢의 글을 열어서 점을 치려고 했다."라는 것이 이것이다. 先儒는 오로지 '穆'을 敬의 뜻으로 보았으니, 이른바 "그 穆卜하지 말지어다."란 뜻과 통하지 않는다.

字義 穆 : 공경할 목 卜 : 점칠 복 共 : 공손할 공 弁 : 皮弁 변 專 : 오로지 전

3. 周公曰 未可以戚我先王[8]이라하시고

周公이 말씀하기를 "우리 先王을 걱정시켜드릴 수 없다."라고 하시고,

戚은 憂惱之意니 未可以武王之疾而憂惱我先王也라 蓋却二公之卜이라

戚은 근심하고 고민하는 뜻이니, 武王의 병 때문에 우리 先王을 근심하고 고민하시게 하지 못하겠다는 것이다. 대개 두 公이 점을 치겠다는 청을 물리친 것이다.

字義 戚 : 걱정할 척

4. 公이 乃自以爲功[9]하사 爲三壇호되 同墠하고 爲壇於南方하되 北面하고 周公立焉하사 植(치)璧秉珪하사 乃告太王王季文王하시다

周公이 스스로 자신의 일로 삼으시어 세 壇을 만들되 땅을 깨끗이 닦는 것을 똑같이 하고, 〈세 壇의〉 남쪽 방면에 壇을 만들되 북향을 하고 周公이 여기에 서시어 璧을 〈세 임금의 壇에〉 놓고 珪를 손에 쥐고는 太王·王季·文王에게 고하셨다.

다.(《書蔡傳旁通》)

8 未可以戚我先王 : 孔傳은 '戚'을 近의 뜻으로 보아 "죽음을 가지고 우리 先王을 가까이하게 할 수 없다.[未可以死近我先王]"로, 鄭玄은 憂의 뜻으로 보아 "걱정을 가지고 우리 先王을 두렵게 할 수 없다.[未可以憂怖我先王]로 풀이하였다.

9 公乃自以爲功 : 林之奇(《尙書全解》)는 "이는 周公이 武王을 위해 비는 것이 아니고 자신을 위해 비는 것이다.[是周公不爲武王禱 而爲身禱]"라고 풀이하였다.

功은 事也라 築土曰壇이요 除地曰墠이라 三壇은 三王之位니 皆南向하고 三壇之南에 別爲一壇하되 北向하니 周公所立之地也라 植(치)는 置也라 圭璧은 所以禮神이니 詩言圭璧既卒이라하고 周禮에 祼圭[10]以祀[11]先王이라하니라 周公이 却二公之卜하고 而乃自以爲功者는 蓋二公은 不過卜武王之安否爾하여 而周公이 愛兄之切과 危國之至로 忠誠懇懇於祖父之前을 如下文所云者는 有不得盡焉이니 此其所以自以爲功也니라 又二公穆卜은 則必禱於宗廟에 用朝廷卜筮之禮하리니 如此則上下喧騰하여 而人心搖動이라 故로 周公이 不於宗廟하고 而特爲壇墠 以自禱也니라

功은 事의 뜻이다. 흙을 쌓는 것을 '壇'이라 하고, 땅을 깨끗이 닦는 것을 '墠'이라 한다. 세 壇은 세 왕의 자리이니 모두 남향을 하고, 세 壇의 남쪽에 별도로 한 壇을 만들되 북향을 하였으니, 이것은 周公이 설 자리이다. 植는 置(두다)의 뜻이다. 圭璧은 神에게 禮物로 바치는 것이니, 《詩經》〈大雅 雲漢〉에 "圭璧을 이미 다 올렸다."라고 하였고, 《周禮》〈春官 典瑞〉에 "祼圭로 先王께 제사 지낸다."라고 하였다. 周公이 두 公의 점을 치겠다는 청을 물리치고 스스로 자신의 일로 삼은 것은, 대개 두 公은 武王의 쾌차여부를 점치는 정도에 불과할 뿐이어서, 周公의 兄을 사랑함이 간절함과 나라를 위태롭게 여김이 지극함으로 祖·父의 앞에 충성으로 간곡히 드러냄을 아랫글에서 말한 바와 같은 것을 다하지 못함이 있을 것이니, 이 때문에 스스로 자신의 일로 삼은 것일 터이다. 또한 두 公의 穆卜은 반드시 宗廟에서 빌게 됨에 朝廷의 卜筮하는 禮를 사용할 것이니, 이와 같이 한다면 위아래가 떠들썩하여 인심이 동요된다. 그러므로 周公이 宗廟에서 하지 않고 특별히 壇墠을 마련해서 스스로 빈 것이다.

字義 壇 : 단 단 墠 : 터닦을 선 植 : 둘 치 禱 : 빌 도 祼 : 강신할 관 圭 : 홀 규
肆 : 제사이름 사, 그러므로 사 懇 : 정성 간 喧 : 떠들 훤 騰 : 날 등 搖 : 흔들 요

5. 史乃冊祝曰 惟爾元孫某[12] 遘厲虐疾하니 若爾三王은 是有丕子之責于天[13]하시니

---

10 祼圭 : 降神祭를 지낼 적에 술을 따르는 그릇의 위에 달린 옥으로 된 자루를 말한다.

11 祀 : 《周禮》에는 '肆'로 되어 있는데, 鄭玄의 注에 "牲體를 해체해서 제사 지냄을 이르니, 이로 인하여 '肆'라고 이름하게 된 것이다.〔謂肆解牲體以祭 因以爲名〕"라고 하였다.

12 某 : 孔疏에서 "본래는 神에게 '元孫發'이라고 했는데, 신하가 임금의 이름을 휘하기 때문에 '某'라 한 것이다.〔本告神云 元孫發 臣諱君 故曰某〕"라고 하였다. 그러나 《春秋左氏傳》 桓公 6년 조에 의하면 魯나라 大夫인 申繻(수)가 "周나라 사람은 諱로써 神을 섬겼다.〔以諱事神〕"라고 하였으니, 이름을 휘한 일이 周나라 때에 시작된 것 같다.

以旦으로 **代某之身**하소서

太史가 祝版에 다음과 같이 적었다. "당신의 元孫 某가 사납고 포학한 병에 걸렸는데, 당신 세 분 王께서는 이 丕子(元子)를 보호할 책임을 하늘에서 맡고 계시니, 〈만일 원손을 죽게 하려고 하시거든〉 저〔旦〕로써 某의 몸을 대신하게 해주소서.

史는 太史也라 冊祝은 如今祝版之類라 元孫某는 武王也라 遘는 遇요 厲는 惡이요 虐은 暴也라 丕子는 元子也라 旦은 周公名也라 言武王遇惡暴之疾하니 若爾三王은 是有元子之責于天이라 蓋武王은 爲天元子라 三王은 當任其保護之責于天이리니 不可令其死也라 如欲其死인댄 則請以旦代武王之身이라 于天之下에 疑有缺文이라 舊說에 謂天責取武王者는 非是[14]라 詳下文予仁若考와 能事鬼神等語면 皆主祖

---

13 若爾三王 是有丕子之責于天 : 孔傳은 '責'을 負債로 보아 "大子의 부채 때문에 '질병을 하늘에서 救療할 수 없다.'고 생각하신다면〔大子之責 謂疾不可救於天〕"이라 풀이하였고, 孔疏는 "'責'은 《春秋左氏傳》에 '勞役을 면제하고 負債의 지불을 그만두게 한다.'라는 責처럼 읽어야 한다.〔責讀如左傳施舍已責之責〕"라고 하여 '責'을 負의 뜻으로 보고, "'丕子之責於天'은 바로 하늘이 武王을 취하려고 한 것이다.〔丕子之責於天 則是天欲取武王〕"라고 하였으며, 鄭玄은 이와 달리 "'丕'는 不의 뜻으로 읽어야 하고, 자손을 사랑하는 것을 '子'라고 하니, 元孫이 병이 났는데 만일 당신들이 救療하지 않는다면 이는 장차 자손을 사랑하지 않는 과실이 있어 하늘의 책망을 듣게 될 것이다.〔丕讀曰不 愛子孫曰子 元孫遇疾 若汝不救 是將有不愛子孫之過 爲天所責〕"라고 풀이하였는데, 淸代 毛奇齡(《尙書廣聽錄》)은 "孔疏는 어린애 말이라 가소로운 것이고, 鄭玄은 더욱 의미가 없을 뿐더러, 또 '丕'는 '否'의 뜻이 아니다. 蔡註는 또 '如欲其死' 네 글자를 보탠 것은 經을 푸는 방법이 아니다.〔孔疏 此孺語之可笑者 鄭玄 尤爲無理 且丕非否也 蔡註 且必增如欲其死四字 非解經法也〕"라고 비판한 다음, "徐仲山의 《傳是齋日記》에 '당신들의 元孫 某가 이처럼 위중한 병에 걸렸으니, 혹 당신들 세 분 王께서 「이는 비록 우리 원손이지만 실은 하늘의 큰아들이니, 그 책임이 막중하므로 죽게 할 수 없다.」고 생각하신다면 旦이 〈죽음을〉 대신할 것을 청합니다.'라고 하였으니, 이와 같이 한다면 '孫'과 '子'란 두 글자에 모두 관계가 있고 문리와 말씨도 모두 관통이 된다.〔惟徐仲山日記曰 惟爾元孫某遘疾若此 儻爾三王以爲此雖我元孫 實天之大子也 其責甚重 不可死 則旦請代耳 如此則于孫子二字 俱有關合 文理與語氣 俱通貫矣〕"라고 하였다.

또한 兪樾(《群經平議》)은 지금 살펴보면 '是'자는 '實'자와 통하니, '당신 같은 세 분 王께서는〔若爾三王〕 이 丕子(元子)에 대한 책임을 하늘에서 맡고 계시니,〔實有丕子之責于天〕 저를 가지고 某의 몸을 대신하게 해주소서.〔以旦代某之身〕'란 세 문구는 한 기맥으로 '丕'자에 연속되었다. 《史記》에는 '負'로 적었으니, '負子'는 諸侯의 疾病 이름이다. 天子의 病을 '不豫'라 한 것은 다시 정사에 참여할 수 없음을 말한 것이고, 諸侯의 병을 '負子'라 한 것은 '子'는 '民'의 뜻이니, 백성을 다시 자식처럼 여길 수 없음에 대해 근심함을 말한 것이다. 이 '負子'의 뜻이 본래 '不子'이기 때문에 이 經文에서는 '丕子'로 적었으니, '丕'와 '不'는 예전에 통용하였다.〔今按是通作實 若爾三王 實有丕子之責于天 以旦代某之身 三句一氣 連屬丕字 史記作負 負子者 諸侯疾病之名 天子病曰不豫 言不復豫政也 諸侯曰負子 子民也 言憂民不復子之也 是負子之義 本爲不子 故此經作丕子 丕與不 古通用也〕"라고 하였다.

14 舊說……非是 : 陳師凱는 "蔡氏가 '보호할 책임을 하늘에서 맡고 있음을 이른 것이다.'라고 한 것

父人鬼爲言이요 至於乃命帝庭과 無墜天之降寶命하여는 則言天命武王이 如此之大하여 而三王이 不可墜天之寶命이니 文意可見이라

史는 太史이다. 冊祝은 지금의 祝版과 같은 따위이다. 元孫某는 武王이다. 遘는 遇의 뜻이요, 厲는 惡의 뜻이요, 虐은 暴의 뜻이다. 丕子는 元子이다. 旦은 周公의 이름이다.

"武王이 포악한 병에 걸렸는데, 진실로 당신 세 분 王께서는 元子를 보호할 책임을 하늘에서 맡고 계십니다. 아마 武王은 하늘의 元子인지라 세 분 王께서는 그를 보호할 책임을 하늘에서 맡고 계실 것이니, 죽게 해서는 안 됩니다. 만일 죽게 하려고 하거든 저〔旦〕로써 武王의 몸을 대신하게 해주기를 청합니다."라고 말한 것이다.

'于天'의 아래에 아마 빠진 글이 있는 듯하다. 舊說(孔疏)에 "하늘이 武王을 취하려 한다."라고 한 것은 옳지 않다. 아랫 글의 '予仁若考'와 '能事鬼神' 등의 말을 자세히 살펴보면 모두 祖·父의 人鬼를 위주로 해서 말한 것이고, '乃命帝庭'과 '無墜天之降寶命'으로 말하면 하늘이 武王을 명함이 이와 같이 커서 세 분 王이 하늘이 내린 소중한 命을 실추시켜서는 안 됨을 말한 것이니, 글 뜻을 분명하게 볼 수가 있다.

又按 死生有命이어늘 周公이 乃欲以身으로 代武王之死하시니 或者疑之라 蓋方是時엔 天下未安하고 王業未固하니 使武王死면 則宗社傾危하고 生民塗炭하여 變故有不可勝言者라 周公이 忠誠切至에 欲代其死하여 以紓危急하니 其精神感動이라 故로 卒得命於三王이라 今世之匹夫匹婦도 一念誠孝하면 猶足以感格鬼神하여 顯有應驗이어든 而況於周公之元聖乎아 是固不可謂無此理也니라

또 살펴보건대, 죽고 삶은 천명에 달려 있는 것인데, 周公이 자신으로써 武王의 죽음을 대신하고자 하였으니, 혹자는 이 점을 의심한다. 그러나 이때에는 천하가 아직 안정되지 못하고 王業이 굳게 다져지지 못하였는데, 가령 武王이 죽는다면 宗社는 기울어 위태롭게 되고, 生民은 도탄에 빠져 그 변고를 이루 다 말할 수 없을 것이다. 周公은 충성이 지극한 나머지 그 죽음을 대신하여 위급함을 풀고자 하니,

---

은 옳지 못하다. 師說을 쓰지 않았기 때문에 '于天'의 아래에 빠진 글이 있음을 의심하게 된 것이다. 《朱子語錄》에 '이 한 문단은 先儒의 해석이 도통 잘못되었고, 다만 晁以道(宋代 사람으로 이름은 說之)가 丕子之責을 史傳 중의 「그 侍子(모실 자식)를 책임지우다.」란 責과 같이 풀이한 것이 좋다. 대개 「上帝가 세 분 왕의 侍子를 책임지우다.」라고 한 것인데, 侍子는 武王을 가리킨다.'고 했다.〔蔡氏謂任保護之責于天 未然 惟不用師說 所以疑于天之下有缺文 朱子語錄云 此一段 先儒都解錯了 只有晁以道說得好他解丕子之責 如史傳中責其侍子之責 蓋云上帝責三王之侍子 侍子指武王也〕"라고 하였다.(《書蔡氏傳旁通》)

그 정신이 감동되었기 때문에 결국은 세 분 王에게 명을 얻어낸 것이다. 지금 세상의 평범한 남녀도 일념으로 효성을 다하면 외려 귀신을 감동시켜 나타난 응험이 있는데, 하물며 周公 같은 대성인이야 오죽했겠는가. 이는 진실로 이러한 이치가 없다고 말할 수 없는 것이다.

字義 遘 : 만날 구 厲 : 사나울 려 虐 : 포악할 학 丕 : 클 비 責 : 책임 책 遇 : 만날 우
暴 : 포악할 포 墜 : 떨어질 추 傾 : 기울 경 塗 : 진흙 도 炭 : 숯 탄 紓 : 펼 서

6. 予仁若考[15]하며(라) 能多材多藝하여 能事鬼神이어니와 乃元孫은 不若旦의 多材多藝하여 不能事鬼神하리이다

저는 仁하여 할아버지와 아버지에게 순종하며, 재간이 많고 예능이 많아 귀신을 잘 섬길 수 있거니와 元孫은 재간이 많고 예능이 많은 저만 못하여 귀신을 잘 섬기지 못할 것입니다.

周公言 我仁順祖考하며 多材幹하고 多藝能하여 可任役使하니 能事鬼神이어니와 武王은 不如旦의 多材多藝하여 不任役使하니 不能事鬼神이라 材藝는 但指服事役使而言이라

周公이 말씀하기를 "나는 仁하여 할아버지와 아버지에게 순종하며, 재간이 많고 예능이 많아 役使를 맡을 만하니 귀신을 섬길 수 있거니와, 武王은 저처럼 재간이 많고 예능이 많지 않아 役使를 맡지 못하니 귀신을 섬길 수 없다."라고 한 것이다. 材藝는 단지 使役에 종사하는 것만을 가리켜 말했을 뿐이다.

字義 若 : 순할 약, 같을 약

7. 乃命于帝庭하사 敷佑四方[16]하사 用能定爾子孫于下地하신대 四方之民이 罔不

15 予仁若考 : 若을 '순하다(順)'의 뜻으로 보아야 할지, '같다(如)'의 뜻으로 보아야 할지에 대한 문제다. 孔傳은 "나 - 周公 - 는 仁하여 능히 아버지에게 순종하고(我 - 周公 - 仁能順父)"라고 풀이하였는데, 蘇軾(《書傳》)은 孝자와 祖자를 더 넣어서 "나는 仁孝하여 능히 아버지와 할아버지에게 순종하고(我仁孝能順父祖)"라고 하고, 蔡傳은 能자를 빼고 祖자를 넣어 "나는 仁하여 할아버지와 아버지에게 순종하고(我仁順祖考)"라고 하였으며, 林之奇(《尙書全解》)는 "'我仁若考'를 先儒(孔安國)가 '仁하여 능히 아버지에게 순종하여'라고 해서 '若'을 順의 뜻으로 풀이한 것은 薛氏(薛肇明)의 說의 우수함만 같지 못하다. 薛氏는 '若은 如(같음)의 뜻이다. 「不若旦」의 若과 같은 뜻이니, 아마 그 仁이 아버지와 같았기 때문에 귀신을 섬길 수 있었을 것이다.' 했다.(予仁若考 先儒謂仁能順父 以若訓順 不如薛氏之說爲長 薛氏曰 若如也 與不若旦之若同義 蓋惟其仁如父 故可以事鬼神)"라고 하였다.

祗畏하나니 嗚呼라 無墜天之降寶命이라사(하시사) 我先王도 亦永有依歸하시리이다

上帝의 뜰에서 命을 받아 〈文德을〉 펴서 사방을 도우시어 당신의 자손들을 下土에서 안정시키자, 사방의 백성들이 공경하고 두려워하지 않는 이가 없게 되었으니, 아! 하늘이 내리신 소중한 명을 실추시키지 마셔야 우리 先王들께서도 또한 길이 依歸할 곳이 있게 될 것입니다.

言武王이 乃受命於上帝之庭하여 布文德하여 以佑助四方하사 用能定爾子孫於下地하여 使四方之民으로 無不敬畏하니 其任大하고 其責重하여 未可以死라 故로 又歎息申言호되 三王은 不可墜失天降之寶命이니 庶先王之祀도 亦永有所賴以存也라 寶命은 卽帝庭之命也니 謂之寶者는 重其事也라

武王이 上帝의 뜰에서 명을 받아 文德을 펴서 四方을 도와 당신의 자손들을 下土에서 안정시켜 四方의 백성으로 하여금 공경하고 두려워하지 않는 이가 없게 하였으니 임무가 크고 책임이 무거워 죽을 수 없다. 그러므로 탄식하고 나서 거듭 말씀하기를 "세 분 王께서는 하늘이 내린 소중한 命을 실추시켜서는 안 되니, 그래야 先王의 祭祀도 길이 의뢰하여 보존될 바가 있게 될 것입니다."라고 한 것이다. 寶命은 곧 上帝의 뜰에서 내린 명이니, '寶'라 이른 것은 그 일을 소중히 여긴 것이다.

8. 今我卽命于元龜[17]하리니 爾之許我인댄 我其以璧與珪로 歸俟爾命하리어니와 爾不許我인댄 我乃屛璧與珪하리다(하리라)

지금 저는 큰 거북에게 나아가 세 분 王의 명을 받을 것이니, 당신들이 저의 청을 허락하신다면 저는 璧과 珪를 가지고 돌아가서 당신들의 명을 기다리겠지만, 당신

---

16 敷佑四方 : 孔傳에서 "德敎를 펴서 四方을 돕고 있다.〔布其德敎 以佑助四方〕"로 풀이한 데 대하여 兪樾은 "枚氏가 '敷'를 布의 뜻으로 풀이하고 '德敎'자를 더 보태서 그 뜻을 이루었으니, 經의 본뜻이 아니다. 《史記集解》에서 馬注의 '布其道 以佑助四方'을 인용하였으니, 그 잘못이 또한 枚氏와 같다. '敷'란 徧의 뜻을 말한 것이다. '佑'는 俗字로 적은 것이므로 마땅히 '右'로 적어서 '有'로 읽어야 하니, '敷佑四方'은 사방을 두루 가졌다는 것이다. 곧 武王이 帝庭에서 명을 받아 사방의 땅을 두루 가져 천하의 주인이 되었음을 말한 것이다.〔枚訓敷爲布而增出德敎字 以成其義 非經旨也 史記集解 引馬注曰 布其道 以佑助四方 其失亦與枚同 敷之言徧也 佑乃俗字 當作右而讀爲有 敷佑四方者 普有四方也 言武王受命于帝庭 普有四方 爲天下主也〕"라고 하였다.(《群經平議》)

17 今我卽命于元龜 : 孔傳은 "큰 거북에게 나아가 세 분 王의 命을 받을 것이다.(거북점을 통하여 세 분 王의 命을 받을 것이다.)〔就受三王之命於大龜〕"라고 풀이하였다. 蔡傳은 "'卽'은 就의 뜻이다."라고 글자 풀이만 하고 문단 풀이는 하지 않았으니, 孔傳을 수용한 것으로 본다.

들이 저의 청을 허락하지 않으신다면 저는 璧과 珪를 깊이 갈무리할 것입니다.”

卽은 就也라 歸俟爾命은 俟武王之安也라 屛은 藏也니 屛璧與珪는 言不得事神也라 蓋武王喪이면 則周之基業必墜하리니 雖欲事神이나 不可得也라 其稱爾稱我를 無異人子之在膝下하여 以語其親者는 此亦終身慕父母와 與不死其親之意니 以見公之達孝也라

卽은 就(나아가다)의 뜻이다. “돌아가서 당신들의 명을 기다린다.”는 것은 武王이 편안해지기를 기다린다는 것이다. 屛은 藏(감추다)의 뜻이니, “璧과 珪를 깊이 갈무리하겠다.”는 것은 神을 섬길 수 없음을 말한 것이다. 武王이 죽으면 周나라의 基業이 반드시 실추될 것이니, 비록 神을 섬기고자 하더라도 섬길 수가 없는 것이다. ‘爾’라 칭하고 ‘我’라 칭하여 마치 자식이 膝下에 있으면서 그 어버이에게 말하는 것과 다름이 없이 한 것은 이 또한 종신토록 부모를 사모하는 뜻과 그 어버이를 죽었다고 여기지 않는 뜻이니, 周公의 ‘達孝(천하 사람들이 모두 인정하는 효도)’를 볼 수 있다.

字義 屛 : 갈무리할 병　藏 : 갈무리할 장

9. 乃卜三龜하니 一習吉이어늘 啓籥見書하니 乃幷是吉하더라

이에 세 거북을 가지고 점을 쳐 보니, 하나같이 거듭 吉하거늘, 자물쇠를 따고 궤짝을 열어 〈조짐이 나타난〉 글을 보았더니, 과연 모두 吉하였다.

卜筮는 必立三人하여 以相參考하니 三龜者는 三人所卜之龜也라 習은 重也니 謂三龜之兆一同이라 開籥하여 見卜兆之書하니 乃幷是吉이라

卜筮는 반드시 세 사람을 세워 점을 쳐서 서로 참고하게 하니, 三龜란 것은 세 사람이 점을 치는 거북이다. 習은 重(거듭)의 뜻이니, 세 거북의 조짐이 동일함을 이른다. 자물쇠를 따고 궤

三兆習吉圖

짝을 열어서 조짐이 나타난 글을 보았더니, 모두 吉하였다는 것이다.

字義 習 : 거듭 습　啓 : 열 계　籥 : 자물쇠 약　幷 : 아우를 병　重 : 거듭 중

10. 公曰 體[18]는 王其罔害로소니 予小子新命于三王이란대 惟永終을 是圖[19]하리라(하리니) 玆攸俟니 能念予一人이셨다(이샷다)

周公이 말씀하였다. "〈이와 같은〉 조짐의 體는 왕에게 해가 없는 법이니, 나 小子가 세 분 왕에게 명을 새로 받아 보건대, 〈武王이 周나라를 다스리는 일을〉 영원히 마침을 도모할 수 있을 것이다. 이는 바로 기다리던 것이니, 우리 한 사람(武王)을 잘 생각해주셨다."

體는 兆之體也라 言視其卜兆之吉하니 王疾이 其無所害니라 我新受三王之命이런대 而永終을 是圖矣라 玆攸俟者는 卽上文所謂歸俟也라 一人은 武王也니 言三王이 能念我武王하여 使之安也라 詳此言新命于三王하고 不言新命于天하면 以見果非謂天責取武王也라

體는 점쳐서 나타난 조짐의 體다. 그 점쳐서 나타난 조짐의 吉함을 보니 왕의 병이 해될 바가 없을 게라고 말한 것이다. 내가 세 분 왕에게 새로 명을 받아 보건대, 〈武王이 周나라를 다스리는 일을〉 영원히 마침을 도모할 수 있을 게란 것이다. '이것이 바로 기다리던 것'이란 윗글에 이른바 "돌아가서 당신들의 명을 기다리겠다."라는 것이다. 一人은 武王이니, 세 분 왕이 우리 武王을 생각하여 편안하게 해줌을 말한 것이다. 여기에서 "세 분 왕에게 명을 새로 받았다."라고 말하고, "하늘에게 명을 새로 받았다."라고 말하지 않은 것을 자세히 살펴보면, 과연 하늘이 〈세 분 왕을 모실 자식을 요구하여〉 武王을 데려가려 함을 이른 것이 아님을 볼 수 있다.

字義 體 : 조짐 체　攸 : 바 유　俟 : 기다릴 사

11. 公歸하사 乃納冊于金縢之匱中하시니 王이 翼(翌)日에 乃瘳하시다

---

18 體 : 兪樾은 "'體'자는 한 글자가 한 句가 되니, 곧 發語辭로서 경사스러운 일로 기뻐하는 뜻을 나타낸 것이다.〔體字以一言爲句 乃發語之辭 慶幸之意也〕"라고 하였다. (《群經平議》)

19 惟永終是圖 : 孔傳은 "武王은 이 周나라를 도모하는 治道를 길이 잘 마무리할 수 있을 것이다.〔武王惟長終是謀周之道〕"라고 풀이하였다.

周公은 돌아와서 쇠사슬로 봉함한 궤짝 안에 祝冊을 넣어두었는데, 왕은 이튿날 곧 병이 나으셨다.

冊은 祝冊也라 匱는 藏卜書之匱요 金縢은 以金緘之也라 翼日은 公歸之明日也라 瘳는 愈也라 按金縢之匱는 乃周家藏卜筮書之物이니 每卜則以告神之辭를 書於冊하고 旣卜則納冊於匱而藏之하니 前後卜皆如此라 故로 前周公이 乃卜三龜하니 一習吉이어늘 啓籥見書者는 啓此匱也요 後成王이 遇風雷之變하여 欲卜啓金縢者도 亦啓此匱也라 蓋卜筮之物은 先王不敢褻이라 故로 金縢其匱而藏之요 非周公始爲此匱하여 藏此冊祝하여 爲後來自解計也니라

冊은 祝冊이다. 匱는 卜書를 보관해두는 궤짝이고, 金縢은 쇠사슬로 봉함한 것이다. 翼日은 周公이 돌아온 이튿날이다. 瘳는 愈(낫다)의 뜻이다. 살펴보건대, 金縢의 匱는 바로 周나라 王家에서 卜筮한 문서를 보관해두는 궤짝이니, 점을 칠 때마다 神에게 고하는 말을 冊에 적고, 점이 끝나면 그 冊을 궤짝 안에 넣어 보관하였으니, 전후에 점친 것이 모두 이와 같았다. 그러므로 앞에서 "周公이 세 거북을 가지고 점을 치니 하나같이 거듭 吉하거늘 자물쇠를 따고 궤짝을 열어서 조짐이 나타난 글을 보았다."라는 것도 이 궤짝을 연 것이고, 뒤에 "成王이 風雷의 변고를 만나서 점을 치려고 金縢을 열었다."라는 것도 또한 이 궤짝을 연 것이다. 아마 卜筮하는 물건은 先王께서 감히 함부로 하지 않기 때문에 그 궤짝을 쇠사슬로 봉함해서 보관한 것이지, 周公이 처음으로 이 궤짝을 만들어 이 冊祝을 보관해두어서 뒤에 스스로 해명할 계책으로 삼은 것은 아니었을 것이다.

字義 翌 : 이튿날 익　瘳 : 병나을 추　緘 : 봉할 함　愈 : 병나을 유　納 : 넣을 납　褻 : 함부로할 설　解 : 해명할 해

12. 武王이 旣喪이어시늘 管叔이 及其群弟로 乃流言於國曰 公將不利於孺子하리라

武王이 이미 승하하시거늘, 管叔은 그 여러 아우들과 함께 나라에 근거 없는 말을 퍼뜨리기를 "公(周公)은 장차 孺子(成王)에게 이롭지 못할 존재이다."라고 하였다.

管叔은 名鮮이니 武王弟요 周公兄也라 群弟는 蔡叔度, 霍(곽)叔處也라 流言은 無根之言이니 如水之流 自彼而至此也라 孺子는 成王也라 商人은 兄死弟立者多[20]라

---

20 商人 兄死弟立者多 : 林之奇는 "대개 商나라 사람들은 높은 이를 높게 여겼으므로 형이 죽으면

武王崩하고 成王幼하여 周公攝政[21]하니 商人이 固已疑之요 又管叔은 於周公에 爲兄하니 尤所覬覦라 故로 武庚管蔡 流言於國하여 以危懼成王하여 而動搖周公也라 史氏言管叔及其群弟而不及武庚者는 所以深著三叔之罪也라

管叔은 이름이 '鮮'이니, 武王의 동생이자 周公의 兄이다. 여러 아우는 蔡叔 度와 霍叔 處이다. 流言은 근거 없는 말이니, 물의 흐름이 저쪽에서 이쪽으로 이르는 것과 같은 것이다. 孺子는 成王이다. 商나라 사람들은 兄이 죽으면 아우가 즉위한 경우가 많았다. 武王이 승하하고 成王이 어리므로 周公이 攝政하자, 商나라 사람들은 이미 이 점을 의심하고 있었고, 또한 管叔은 周公에게 형이 되므로 더욱이 임금의 자리를 넘보았다. 그러므로 武庚과 管叔·蔡叔이 나라에 근거 없는 말을 퍼뜨려 成王을 위태롭고 두렵게 해서 周公을 흔들었던 것이다. 史官이 "管叔이 여러 아우들과 함께 했다."고만 말하고 武庚을 언급하지 않은 것은 三叔(管叔·蔡叔·霍叔)의 죄를 심도 있게 드러내기 위해서였다.

字義 孺 : 어릴 유 覬 : 바랄 기 覦 : 넘볼 유 搖 : 흔들 요 著 : 드러낼 저

13. 周公이 乃告二公曰 我之弗辟(피)[22]면 我無以告我先王이라하시고

아우가 그 자리를 차지하였던 것이다.〔蓋商人尊尊 兄死則弟及〕"라고 하였다.(《尙書全解》)

21 周公攝政 : 孔安國·鄭玄·荀卿 등은 周公이 천자의 일을 攝行했다고 주장하고, 蔡沈은 단순히 冢宰로서 百官만 거느렸다고 주장하였다.

22 我之弗辟(피) : 孔傳은 '辟'을 法의 뜻으로 보아 "내가 법으로 三叔을 다스리지 않으면 나는 周나라의 治道를 이루어 우리 先王께 고할 거리가 없게 된다.〔我不以法法三叔 則我無以成周道 告我先王〕"로, 馬融과 鄭玄은 '辟'을 避의 뜻으로 보아 "東都로 피해 가 지낸 것〔避居東都〕"으로 풀이하였는데, 朱子는 이에 대하여 "馬融과 鄭玄이 '동쪽으로 가서 비방을 피했다.'고 한 것은 바로 時務를 달관하지 못한 鄙生腐儒의 말이다.〔馬鄭以爲東行避謗 乃鄙生腐儒不達時務之說〕"라고 하였다. 그리고 주자는 또 董銖의 물음에 답하기를 "'辟'자는 마땅히 孔傳의 말을 따라야 한다.〔辟字當從古注說〕"라고 하였고, 또 蔡沈의 帖紙에 답하기를 "'弗辟'의 說은 다만 鄭氏를 따르는 것이 옳을 뿐이다.〔弗辟之說 只從鄭氏爲是〕"라고 하였다. 그래서 蔡沈은 馬融과 鄭玄을 따르게 된 것인데, 이에 대하여 丁若鏞(《尙書知遠錄》)은 "梅氏가 여기에서 '辟'을 法의 뜻으로 풀이하고 이내 그 손으로 〈蔡仲之命〉을 지어 엄하게 '管叔을 법으로 처단했다.'고 하였다. 仲默(蔡沈)은 이미 梅經 -〈蔡仲之命〉을 이름- 은 따르고, 梅傳 -여기의 經을 이름- 은 따르지 않았으니, 두 군데 다 합당하지 못하다.……朱子는 이미 馬融과 鄭玄의 말을 鄙生腐儒의 論으로 여겼고, 蔡沈의 帖紙에 답할 때는 문득 전의 견해를 변경하였으니, 이것이 후학들이 깊이 한탄하는 바이다.〔梅氏於此訓辟爲法 仍以其手 作蔡仲之命 儼云致辟管叔 仲默旣信梅經 -謂蔡仲之命- 不從梅傳 -謂此經- 兩無當矣……朱子旣以馬鄭之說 爲鄙生腐儒之論 其答蔡沈之帖 遽變前見 此後學之深恨也〕"라고 하였고, 洪奭周(《尙書補傳》)는 "朱子는 詩傳에서 孔說을 사용하고, 蔡氏는 書傳에서 馬融과 鄭玄을 따랐는데, 蔡氏의 傳 또한 朱子의 晩年의 論이다. 朱子가 일찍이 何叔京과 《書》를 논할 때에는 馬融과 鄭玄을 時務를

周公이 두 公(召公과 太公)에게 고하기를 "내가 피하지 않는다면 나는 우리 先王께 아뢸 말씀이 없게 될 것이다."라고 하시고,

辟은 讀爲避니 鄭氏詩傳에 言周公이 以管蔡流言으로 辟(피)居東都가 是也라 漢孔氏는 以爲致辟(벽)於管叔之辟은 謂誅殺之也[23]하니라 夫三叔이 流言以公將不利於成王이나 周公이 豈容遽興兵以誅之耶[24]아 且是時에 王方疑公이어늘 公將請王而

달관하지 못한 鄙生腐儒라 배척하였고, 뒤에 蔡氏에게 준 書札에 가서는 또 鄭說을 마땅히 따라야 한다고 적극 말하였으니, 아마 이치를 더욱 정밀하게 보아서 옛 견해를 버리기를 꺼리지 않았던 것이리라. 이와 같아야 學者의 법이 될 수 있는 것이다.〔朱子詩傳用孔說 蔡氏書傳從馬鄭 蔡氏之傳 亦朱子晩年之論也 朱子與何叔京論書 嘗斥馬鄭爲鄙生腐儒不達時務之說 及後與蔡氏書則又極言鄭說之當從 蓋其見理彌精 而不憚於舍舊也 如此可以爲學者法矣〕"라고 하였으니, 여기에서 東人과 西人의 朱子에 대한 이견을 엿볼 수 있다.

또한 權近도 일찍이 소회를 밝힌 바 있다. "周公이 두 公(召公·太公)에게 고하기를 '내가 피하지 않는다면 나는 우리 先王께 아뢸 말씀이 없게 될 것이다.'라고 하고, 周公이 동쪽에 가서 지낸 지 2년 만에 〈成王께서〉 죄인들을 이제야 파악하게 되었다. 集傳에서 '辟'을 避의 뜻으로 읽은 것은 鄭氏의 《詩箋》에 '周公이 管叔과 蔡叔의 유언비어 때문에 東都(洛陽)로 피해 가 지냈다.'라는 說을 따른 것이다. 漢나라 孔氏는 '管叔을 致辟(誅殺)했다.'는 辟(벽)으로 여겼는데, 朱子가 《詩傳》에서는 곧 孔氏의 說을 따르고서, 뒤에 學者들에게는 또 鄭氏를 따를 것을 말하였다. 이 때문에 集傳에서 이를 바탕으로 한 것인데, 이후로 諸儒의 論說이 분분하여 제대로 정착되지 못하였다. 대개 孔氏의 說을 따른 이들은 '三叔의 유언비어는 禍變을 예측할 수 없는데, 周公이 어찌 혐의를 피하여 스스로 자신을 위하는 계책을 할 수 있었겠는가.'라고 하고, 鄭氏의 說을 따른 이들은 '三叔이 유언비어를 퍼뜨려 「周公은 장차 成王에게 불리할 존재이다.」라고 했다 해서, 周公이 어찌 문득 군사를 일으켜 誅殺할 수 있었겠는가.'라고 하니, 이 두 說이 모두 사리에는 절실하지만, 다른 증거를 댈 만한 것이 없기 때문에 제대로 정착되지 못한 것이다. 내가 반복하여 생각해보건대, 三叔이 밖에서 유언비어를 퍼뜨린 것은 禍가 매우 급한 지경에 이르지 않았고, 두 公이 안에서 보필하고 있으므로 형세가 매우 위험한 지경에 이르지 않았으며, 저들이 유언비어를 하게 된 것은 다만 주공 자신이 攝政하고 있기 때문이니, 자신이 만일 피하여 밖에서 지낸다면, 저들의 유언비어는 구실을 삼을 바가 없기 때문에, 왕실이 스스로 편안해지고 형제의 은혜 또한 온전하게 될 것이니, 이것이 바로 周公이 동쪽에서 지내게 된 이유였던 것이다.〔周公告二公曰 我之不辟 我無以告我先王 周公居東二年 則罪人斯得 集傳辟讀爲避 從鄭氏詩傳周公以管蔡流言 避居東都之說也 漢孔氏以爲致辟管叔之辟 朱子於詩傳 乃從孔氏之說 後語學者 又從鄭氏 故集傳本之 自後諸儒論說 紛紛莫之能定 蓋從孔氏之說者 以爲三叔流言 禍變不測 周公豈容避嫌 自爲身計哉 從鄭氏之說者 以爲三叔流言 公將不利於成王 周公豈容遽興兵以誅之 此二說者 皆切於事理 無他事證可以爲據 故莫能定也 愚嘗反復思之 三叔流言於外 禍不至於甚急 二公協輔於內 勢不至於甚危 彼之所以流言者 徒以我之攝政也 我若避而居外 則彼之流言 無所藉口 王室自安 而兄弟之恩 亦全矣 此周公所以居東之意也〕"(《書淺見錄》)

23 漢孔氏……謂誅殺之也 : 〈蔡仲之命〉의 "致辟叔于商"이란 致辟에 대한 孔安國의 "致法은 誅殺함을 말한 것이다.〔致法 謂誅殺〕"라는 주장을 이른다.

24 豈容遽興兵以誅之耶 : 蔡沈이 朱子의 말을 반영한 것인데, 조선시대 尹鑴는 "朱子가 이른바 '周公은 형제지간에 응당 片言半辭를 가지고 문득 군사를 일으켜 정벌하지 않았을 것이다.'란 주장은 사실과 어긋나는 듯하다. '東征'에 대한 일은 마땅히 孔氏를 따라야 한다. 그렇지 않으면 '辟'

誅之耶아 將自誅之也아 請之면 固未必從이요 不請自誅之도 亦非所以爲周公矣라 我之弗辟(피)면 我無以告我先王은 言我不避면 則於義에 有所不盡하여 無以告先王於地下也라 公豈自爲身計哉리오 亦盡其忠誠而已矣라

辟은 避의 뜻으로 읽어야 하니, 鄭氏(鄭玄)의 《詩箋》에 "周公이 管叔과 蔡叔의 유언비어 때문에 東都(洛陽)로 피해 가 지냈다."라는 것이 이것이다. 漢나라 孔氏(孔安國)는 "'管叔을 致辟했다.'는 '辟'은 誅殺함을 이른다."라고 하였다. 三叔이 "公(周公)은 장차 成王에게 불리할 존재이다."라는 뜬소문을 퍼뜨렸다 하더라도 周公이 어떻게 대번에 군대를 일으켜 誅殺할 수 있었겠는가. 더구나 이때에 王(成王)이 막 公을 의심하고 있는 판인데, 公은 장차 왕에게 청해서 주살하려 했겠는가. 장차 스스로 주살하려 했겠는가. 청하였다면 왕이 반드시 따르지 않았을 것이고, 청하지 않고 스스로 주살했어도 또한 周公답지 못한 것이다. "내가 피하지 않으면 나는 우리 先王께 아뢸 말씀이 없게 될 것이다."란 것은 내가 피하지 않으면 의리에 다하지 못한 바가 있어 지하에 가서 先王께 아뢸 말씀이 없음을 말한 것이다. 公이 어찌 스스로 자신을 위한 계책을 하였겠는가. 또한 그 충성만을 다할 뿐이었다.

字義 辟 : 피할 피　遽 : 문득 거

14. 周公이 居東二年에 則罪人을 斯得[25]하시다

의 말은 마땅히 鄭氏를 따라야 한다.〔朱子所謂周公於兄弟之間 不應以片言半辭 遽興兵伐之者 恐失事實 東征之事 當從孔氏 不然 辟之語 當從鄭氏〕"라고 하였다.(《白湖全書》〈讀書記 讀尙書〉) 尹鑴는 蔡傳에 불만을 품고 편마다 지적을 했는가 하면, 〈洪範〉 같은 데서는 "明나라 高皇帝가 일찍이 〈洪範〉을 읽으면서……蔡傳이 그 뜻을 잘 발양하지 못한 점을 지척하고, 결국 儒臣에게 명하여 다시 《書傳會選》을 편찬하여 후세에 보이도록 하였다.……삼가 蔡傳의 의심스런 점을 논하여 군자들을 기다린다.〔明高皇帝 嘗讀洪範……斥蔡傳不能發其意 遂命儒臣更撰書傳會選 以示後世云云 謹竊論蔡傳之可疑者 以竢君子〕"라고까지 하였다.

25 周公……斯得 : 孔傳에서 "周公이 이미 두 公에게 고하고 나서 드디어 東征하여 2년 중에 죄인들을 파악했다.〔周公旣告二公 遂東征之 二年之中 罪人此得〕"라고 풀이한 데 대하여 兪樾은 "經文에서 '居東'만 말했으니, 東征이 아니었다. 그러므로 윗글의 '我之弗辟'에 대하여 馬融과 鄭玄은 모두 '東都로 피해 가 있는 것'으로 여겼다. 이 문단의 '罪人斯得'은 管叔과 蔡叔을 주살하지 않은 것이 분명하다. 蔡傳에서 '2년 후에 王이 비로소 流言이 管叔과 蔡叔의 소행임을 알았다.'고 하였는데, 이 또한 그렇지 않다. 대개 是非와 曲直은 반드시 竝行하는 이치가 없다. 이미 管叔과 蔡叔의 流言임을 알았다면 또 어찌 周公을 의심하고 반드시 風雨의 變을 기다려 金縢의 글을 꺼낸 뒤에야 후회하고 주공을 맞았겠는가. 지금 살펴보면 '罪人斯得'이란 글은 곧 '周公居東二年'의 뒤를 이어받았으니, 이는 周公이 파악한 것이고 成王이 파악한 것이 아니다. 이른바 '파악했다'는 流言이 어디로부터 일어났는지 파악한 점을 이른 것이다. 윗글에 '管叔과 그 여러 아우가

周公이 동쪽에 가서 지낸 지 2년 만에 〈成王이〉 죄인들을 이제야 파악하게 되셨다.

居東은 居國之東也라 鄭氏謂 避居東都는 未知何據요 孔氏以居東爲東征은 非也라 方流言之起엔 成王이 未知罪人爲誰[26]라가 二年之後에 王始知流言之爲管蔡라 斯得者는 遲之之辭也라

居東은 나라의 동쪽에서 지낸 것이다. 鄭氏(鄭玄)가 "東都로 피해 가 지냈다."고 한 것은 무엇을 근거하였는지 알 수 없고, 孔氏(孔安國)가 居東을 東征으로 여긴 것은 잘못이다. 유언비어가 막 일어났을 때에는 죄인이 누구인지 成王이 몰랐다가 2년 뒤에야 성왕이 비로소 유언비어를 퍼뜨린 장본인이 管叔과 蔡叔이란 것을 알았다. 斯得의 斯(이제야)는 '더디다'는 것을 나타내는 말이다.

字義 遲 : 더딜 지

15. 于後에 公이 乃爲詩하여 以貽王하시고 名之曰鴟鴞라하시니 王亦未敢誚公하시다

그 뒤에 周公이 詩를 지어 왕에게 드리고 제목을 '鴟鴞'라 하시니, 왕 또한 周公을 꾸짖지 못하셨다.

나라에 유언비어를 퍼뜨렸다.'고 하였으니, 이것은 史臣으로부터 事後에 그 사실을 기록한 말이다. 그 당시에는 단지 '公은 장차 孺子에게 불리할 존재이다.'란 말이 國中에 파다하게 전파된 것을 들었을 뿐, 그것이 어떤 사람으로부터 일어났고 어떤 지역으로부터 전해졌는지는 成王과 두 公만이 알지 못하였을 뿐 아니라, 周公 또한 알지 못하였다. 東都에 있은 지 2년 만에 비로소 流言을 조작한 자가 실로 管叔과 蔡叔임을 알았다. 그러므로 '罪人斯得'이라 한 것이다.〔經文止言居東 則非東征也 故上文我之弗辟 馬鄭皆以爲避居東都 此文罪人斯得 其非謂誅管蔡明矣 蔡傳曰 二年之後 王始知流言之爲管蔡 此亦不然 夫是非曲直 必無竝行之理 旣知管蔡流言 則又何疑乎周公 乃必待風雨之變 發金縢之書而後 悔而迎公乎 今按罪人斯得之文 卽承周公居東二年之後 是周公得之 而非成王得之也 所謂得之者 謂得流言之所自起也 上文曰 管叔及其群弟 乃流言於國 此自史臣事後記實之辭 若當其時 則但聞公將不利於孺子之言 播滿國中 其倡自何人 傳自何地 非獨成王與二公不知 雖周公亦不知也 及居東二年 乃始知造作流言者 實爲管蔡 故曰罪人斯得〕"라고 하였다.(《群經平議》)

26 方流言之起 成王未知罪人爲誰 : 丁若鏞은 "지금 〈大誥〉 1篇을 자세히 살펴보면 東征의 초기에 周公은 벌써 管叔과 蔡叔이 商을 계도한 것을 알았고, 단지 그 流言의 根苗脈絡만 아직 覈實하지 못하였다. 2년 후에 가서 이미 管叔과 蔡叔을 誅殺하니 流言에 대한 한 가지 일이 그 단서가 모두 드러나서 王 또한 환하게 알았기 때문에 '죄인들을 이제야 파악하게 되었다.'라고 하였으니, '이제야 파악하게 되었다.'는 것은 王이 파악한 것이다.〔今詳大誥一篇 東征之初 周公已知管蔡啓商 但其流言之根苗脈絡 猶未覈實 及至二年 旣誅管蔡 則流言一事 端緖畢露 而王亦洞知 故曰罪人斯得 斯得也者 王得之也〕"라고 하여 채침의 풀이를 옳게 여겼다.(《尙書知遠錄》)

鴟鴞는 惡鳥也니 以其破巢取卵으로 比武庚之敗管蔡及王室也라 誚는 讓也라 上文에 言罪人斯得하니 則是時에 成王之疑 十已去其四五矣라

鴟鴞는 악한 새이니, 딴 새의 둥지를 부수고 알을 가져가는 것을 가지고 武庚이 管叔·蔡叔과 王室을 파괴한 점을 비유한 것이다. 誚는 讓(꾸짖다)의 뜻이다. 윗글에 "죄인을 이제야 파악하게 되었다."라고 말하였으니, 이때에 成王의 의심이 10분에 4, 5는 이미 가신 셈이다.

字義 貽 : 줄 이　鴟 : 솔개 치　鴞 : 올빼미 효　誚 : 꾸짖을 초　破 : 부술 파　巢 : 둥지 소
讓 : 꾸짖을 양

16. 秋大熟하여 未穫이어늘 天이 大雷電以風하니 禾盡偃하며 大木이 斯拔이어늘 邦人이 大恐하더니 王이 與大夫로 盡弁하사 以啓金縢之書하사 乃得周公所自以爲功하여 代武王之說하시다

가을에 곡식이 크게 여물어 아직 수확하지 않았는데 하늘에서 크게 천둥번개가 치고 바람이 부니, 벼가 모두 쓰러지고 큰 나무가 뽑히거늘 나라 사람들이 크게 두려워하였다. 그런데 王이 大夫들과 모두 皮弁을 쓰고 金縢의 글을 열어서 이에 周公이 스스로 자신의 일로 여겨 武王의 죽음을 대신하겠다고 비는 말이 적힌 축문을 발견하게 되었다.

王이 與大夫로 盡弁하고 以發金縢之書하여 將卜天變이라가 而偶得周公冊祝請命之說也라 孔氏謂 二公이 倡王啓之者는 非是라 按秋大熟이 係于二年之後하니 則成王迎周公之歸는 蓋二年秋也라 東山之詩에 言自我不見이 于今三年이라하니 則居東之非東征이 明矣라 蓋周公이 居東二年에 成王이 因風雷之變하여 旣親迎以歸하니 三叔이 懷流言之罪하고 遂脅武庚以叛이어늘 成王이 命周公征之하니 其東征往反首尾가 又自三年也라

王이 大夫들과 모두 皮弁을 쓰고 金縢의 글을 열어서 장차 하늘의 변고에 대해 점을 치려고 하다가 우연히 周公이 武王의 죽음을 대신하겠다고 비는 말이 적힌 축문을 발견하게 된 것이다. 孔氏가 "두 公(太公과 召公)이 왕을 창도하여 열게 하였다."고 한 것은 옳지 못한 말이다. 살펴보건대, '秋大熟'이 '居東二年'의 뒤에 연결되어 있으니, 成王이 周公을 맞아 돌아온 시기가 아마 2년 가을이었던 모양이다. 〈東山詩〉에 "내가 보지 못한 지가 지금 3년이 되었다."라고 하였으니, '居東'이 '東征'이

아닌 것이 분명하다. 周公이 동쪽에서 지낸 지 2년 만에 成王이 風雷의 변고로 인하여 친히 맞아 돌아오자, 三叔이 유언비어를 퍼뜨린 죄를 의식하고 드디어 武庚을 협박해서 반란을 일으켰기 때문에 成王이 周公에게 명하여 정벌하였으니, 그 東征하기 위해 가고 온 年數가 통산하면 또 따로 3년인 것이다.

字義 熟 : 익을 숙 穫 : 수확 획, 거둘 획 偃 : 누울 언 禾 : 벼 화 盡 : 모두 진 拔 : 뽑을 발 弁 : 피변 변 得 : 얻을 득, 발견할 득 偶 : 우연 우 倡 : 인도할 창 按 : 살펴본 안 迎 : 맞을 영 懷 : 인식할 회 脅 : 위협할 협 反 : 돌아올 반

17. 二公及王[27]이 乃問諸史[28]與百執事하신대 對曰 信하니이다 噫라 公命이어시늘 我勿敢言이로소이다

두 公(召公과 太公)과 왕이 이에 여러 太史와 百執事에게 그 일에 대해 물으시니, 그들은 대답하기를 "사실입니다. 아, 公(周公)이 명하신 일인데, 저희들이 감히 말하지 못했을 뿐입니다."라고 하였다.

周公卜武王之疾을 二公이 未必不知之로되 周公冊祝之文은 二公이 蓋不知也라 諸史百執事는 蓋卜筮執事之人이라 成王이 使卜天變者는 卽前日周公使卜武王疾之人也라 二公及成王이 得周公自以爲功之說하고 因以問之라 故로 皆謂信有此事라하고 已而요 歎息言 此實周公之命이어시늘 而我勿敢言爾라하니 孔氏謂 周公使之勿道者[29]는 非是라

周公이 武王의 병환에 대해 점친 것을 두 公이 필시 모른 것은 아니었으나 周公의 冊祝에 적힌 글은 두 公이 아마 몰랐던 것 같다. 여러 사관과 百執事는 아마 卜

27 二公及王 : 顧炎武는 "임금은 어린데다 나라 사람들은 의심을 품고 周公은 또 밖에 나가서 거주하고 있었으나 위아래가 편안하여 腹心의 우환이 없었던 것은 두 公의 힘이었다.〔主少國疑 周公又出居於外 而上下安寧 無腹心之患者 二公之力也〕"라고 하였다.(《日知錄》〈周公居東〉)

28 諸史 : 孔傳은 '諸'자를 빼고 '史'자만 적고, 孔疏는 "史는 公을 위하여 策書를 지었다.〔史爲公造策書〕"라고 하였으니, 이들은 '史'를 太史로 본 것 같다.

29 孔氏謂 周公使之勿道者 : 孔傳은 經文의 '公命我勿敢言' 6자를 1句로 보아 "周公이 저희들로 하여금 감히 말하지 말도록 하였다.〔周公使我勿敢道〕"라고 풀이하였고, 宋代에서 林之奇·時瀾·黃度 등 학자들은 孔傳을 따랐는데, 유독 蔡沈만은 孔傳을 비판하고 자기의 의견을 제시하였으나 "勿敢言"의 勿을 不의 뜻으로 본 점이 수긍이 가지 않는다. 그런데 元代 王希朝(《書傳大全》 小註)는 "蔡沈의 句讀대로라면 응당 '우리는 감히 말하지 못했을 뿐이다.'라고 해야 하니, 《說文解字》에 '勿은 莫의 뜻이다.'라고 했다.〔如蔡點 當云我莫敢言耳 說文勿莫也〕"라고 하여 蔡沈을 옹호하고 있다.

筮의 일을 집행한 사람들이었을 것이다. 成王이 하늘의 변고에 대해 점을 치게 한 자들은 바로 전일에 周公이 武王의 병환에 대해 점을 치도록 했던 사람들이었다. 두 公과 成王은 周公이 스스로 자신의 일로 삼아 武王의 죽음을 대신하겠다고 비는 말이 적힌 축문을 발견하고, 인하여 그에 대해 물었기 때문에 그들이 모두 말하기를 "진실로 그런 일이 있었습니다."라고 하고는 이윽고 탄식하고 나서 말하기를 "이는 실로 周公께서 명하신 일이지만, 저희들이 감히 말하지 못했을 뿐입니다."라고 한 것이니, 孔氏(孔安國)가 "周公이 말하지 말도록 하였다."고 한 것은 옳은 해석이 아니다.

字義 信 : 사실 신 噫 : 한숨지을 희

18. 王이 執書以泣曰 其勿穆卜이로다 昔에 公이 勤勞王家어시늘 惟予沖人이 弗及知러니 今天이 動威하사 以彰周公之德하시니 惟朕小子其新逆[30]이(호미) 我國家禮에 亦宜之라하시고

왕이 祝版에 적힌 글을 들고 울면서 말씀하기를 "穆卜을 하지 말지어다. 옛날에 公(周公)이 우리 王家를 위하여 勤勞하셨으나 나 어린 사람이 미처 알지 못하였는데, 지금 하늘이 위엄을 나타내시어 周公의 德을 밝혀 주셨으니, 나 小子가 직접 그분을 맞이하는 것이 우리 국가의 전례에 있어서 또한 마땅한 일이다."라고 하시고,

新은 當作親이라 成王이 啓金縢之書하여 欲卜天變이라가 既得公冊祝之文하고 遂感悟하여 執書以泣하고 言不必更卜이로라 昔에 周公이 勤勞王室이어시늘 我幼不及知러니 今天이 動威하여 以明周公之德하시니 我小子其親迎公以歸가 於國家禮에 亦宜也라하시니라 按鄭氏詩傳(箋)에 成王이 既得金縢之書하고 親迎周公이라하니 鄭氏學出於伏生이요 而此篇則伏生所傳이니 當以親爲正이라 親誤作新은 正猶大學의 新誤作親也[31]라

---

30 其新逆 : 孔傳은 "周公이 成王께서 깨닫지 못하기 때문에 동쪽에 머물러 돌아오지 못하거늘, 成王께서 과오를 고쳐 스스로 새로워져서 使者를 보내 〈周公을〉 맞이하였다.〔周公以成王未寤 故留東未還 改過自新 遣使者迎之〕"라고 풀이하였다.

31 按鄭氏詩傳(箋)……新誤作親也 : 丁若鏞은 "新逆과 親迎의 옳고 그른 것은 우선 그만두고라도 '鄭玄의 學이 伏生에게서 나왔다.'고 한 것은 이 무슨 말인가. 仲默(蔡沈)은 단지 注疏 1部만 가지고 删潤, 取捨를 했을 뿐이고, 儒林의 傳授系統은 전연 상고하지 않았기 때문에 이와 같은 망

新은 응당 親자가 되어야 한다. 成王이 金縢의 글을 열어서 하늘의 변고에 대해 점을 치려고 하다가 周公이 祝版에 적은 글을 발견하고 드디어 感悟하여 그 글을 들고 울면서 말씀하기를 "다시 점칠 필요 없다. 옛날에 周公이 王室에 대해 勤勞하셨으나 내가 어려서 미처 알지 못하였는데, 지금 하늘이 위엄을 나타내어 周公의 德을 밝혀 주시니, 나 小子가 친히 公을 맞아 돌아오는 것이 국가의 전례에 있어서 또한 마땅한 일이다."라고 하셨다. 살펴보건대, 鄭氏의 《詩箋》에 "成王이 이미 金縢의 글을 발견하고 周公을 친히 맞이했다."라고 하였으니, 鄭氏의 學은 伏生에게서 나왔고 이 篇은 伏生이 전한 것이니, 마땅히 '親'을 바른 것으로 삼아야 할 것이다. 親을 잘못 新으로 쓴 것은 바로 《大學》에서 新을 잘못 親으로 쓴 것과 같다.

字義 執 : 가질 지 彰 : 밝힐 창 逆 : 맞이할 역 悟 : 깨달을 오 誤 : 잘못 오

19. 王이 出郊하신대 天乃雨하여 反風하니 禾則盡起어늘 二公이 命邦人하여 凡大木所偃을 盡起而築之하니 歲則大熟하니라

왕이 교외로 나가자, 하늘이 비를 내려 바람을 반대로 불게 하니, 쓰러졌던 벼가 모두 일어났거늘, 두 公이 나라 사람들에게 명하여 쓰러진 큰 나무들을 모두 일으켜 세우고 단단히 다져주게 하였더니, 그 해에 크게 풍년이 들었다.

國外曰郊라 王出郊者는 成王이 自往迎公이니 卽上文所謂親逆者也라 天乃反風은 感應이 如此之速이니 洪範庶徵을 孰謂其不可信哉아 又按 武王이 疾瘳四年而崩하니 群叔流言하고 周公居東二年에 罪人旣得하며 成王이 迎周公以歸하니 凡六年事也라 編書者附于金縢之末하여 以見請命事之首末과 金縢書之顯晦也라

國都 밖을 '郊'라 한다. 王出郊는 成王이 직접 가서 公(周公)을 맞이한 것이니, 곧 윗글에 이른바 "직접 맞이한다."란 것이다. 하늘이 바람을 반대로 불게 한 것은 感應이 이와 같이 신속한 것이니, 〈洪範〉의 庶徵을 믿을 수 없다고 누가 말하겠는가. 또 살펴보건대, 武王이 병이 나은 지 4년 만에 승하하니 여러 叔들이 유언비어를 퍼뜨렸고, 周公이 동쪽에서 지낸 지 2년 만에 죄인을 파악하게 되었으며, 成王이 周

발을 하게 된 것이다. 孔疏를 자세히 살펴보면 鄭學의 淵源을 알 수 있는데, 이것을 가지고 말하면 注疏 1部를 仲默 또한 자세히 살펴보지 못했던 것이다.〔新逆親迎 姑捨是 鄭學出於伏生 是何言也 仲默但執注疏一部 刪潤取捨 而儒林傳授之統 全不溯攷 有此妄發 詳覽孔疏 則可知鄭學淵源 以此言之 注疏一部 仲默亦未嘗詳看〕"라고 하였다.(《尙書知遠錄》)

公을 맞아 돌아왔으니, 모두 6년 동안에 있었던 일들이다. 책을 엮는 이가 〈金縢〉편의 끝에 이것을 붙여서, 명을 청한 일의 전말과 金縢의 글이 나타나고 숨겨진 점을 보인 것이다.

字義 反 : 반대 반 築 : 다질 축 附 : 붙일 부 顯 : 나타날 현 晦 : 어두울 회, 그믐 회

大誥

武王이 克殷하고 以殷餘民으로 封受子武庚하고 命三叔監殷하시니라 武王崩에 成王立하고 周公相之어늘 三叔이 流言公將不利於孺子라한대 周公이 避位居東하니라 後에 成王悟하여 迎周公歸하니 三叔懼하여 遂與武庚叛이어늘 成王이 命周公하여 東征以討之할새 大誥天下하니라 書言武庚而不言管叔者는 爲親者諱也라 篇首에 有大誥二字일새 編書者 因以名篇이라 今文古文에 皆有라

武王이 殷나라를 쳐서 승리한 다음 殷나라의 남은 백성을 受(紂)의 아들 武庚에게 봉해주고 三叔에게 명하여 殷나라를 감시하게 하였다. 武王이 승하함에 成王이 즉위하고 周公이 보필하였는데, 三叔이 뜬소문을 퍼뜨리기를 "公은 장차 孺子에게 불리한 존재일 것이다."라고 하니, 周公이 자리를 피해 동쪽에서 지냈다. 뒤에 成王이 깨달아 周公을 맞아 돌아오니, 三叔이 두려워한 나머지 결국 武庚과 함께 반란을 일으키거늘, 成王이 周公에게 명해서 東征하여 토벌하도록 할적에 천하에 크게 告諭한 것이다. 글에서 武庚만 말하고 管叔을 말하지 않은 것은 친족을 위해 숨긴 것이다. 篇首에 大誥라는 두 글자가 있기 때문에 책을 엮는 이가 그를 인하여 篇名으로 한 것이다. 〈大誥〉는 《今文尙書》와 《古文尙書》에 모두 들어 있다.

○按此篇誥語는 多主卜言하니 如曰寧王遺我大寶龜라하고 曰朕卜幷吉이라하고 曰予得吉卜이라하고 曰王害(할)不違卜이라하고 曰寧王惟卜用이라하고 曰矧亦惟卜用이라하고 曰予曷其極卜이라하고 曰矧今卜幷吉이라하고 至於篇終하여는 又曰卜陳惟若玆라하니 意邦君御事에 有曰艱大不可征이라하여 欲王違卜이라 故로 周公以討叛卜吉之義와 與天命人事之不可違者로 反復誥諭之也니라

○살펴보건대, 이 篇의 誥語는 대부분 占을 위주로 해서 말하였으니, 이를테면 "寧王이 나에게 큰 보배로운 거북을 물려주었다."라고 하고, "朕의 거북점이 모두 吉하기 때문이다."라고 하고, "내가 길한 점괘를 뽑았다."라고 하고, "왕께서는 어

찌하여 점괘를 어기지 않으려 하십니까."라고 하고, "寧王이 점괘를 이용했다."라고 하고, "하물며 또한 점괘를 이용하는 데는……"라고 하고, "내 어찌 점괘를 다 쓰려는 것인가."라고 하고, "하물며 지금 점괘가 모두 吉하지 아니한가."라고 한 것이고, 篇 끝에 가서는 또 "점괘에 나타난 징조가 이와 같다."라고 하였으니, 생각하건대, 諸侯와 일을 주관하는 사람 중에 "어렵고 중대해서 정벌할 수 없다."라고 말하여, 왕이 점괘를 어기기를 바라는 이가 있었기 때문에 周公이 반역을 토벌하는 것에 대한 점괘가 吉한 뜻과, 天命과 人事는 어길 수 없다는 것을 가지고 반복해서 誥諭한 것이다.

字義 克 : 이길 극 孺 : 어릴 유 諱 : 숨길 휘 害 : 어찌 할 曷 : 어찌 갈 矧 : 하물며 신

1. 王若曰[32]하사대 猷[33]라 大[34]誥爾多邦과 越[35]爾御事하노라 弗弔라 天이 降割于我

---

32 王若曰 : 孔安國은 "주공이 성왕의 명이라 칭한 것이다.〔周公稱成王命〕"라고 풀이하였고, 鄭玄은 "'王'은 周公이다. 周公이 王의 일을 攝行하였기 때문에 큰일을 명할 때에는 임시로 '王'이라 칭하였다.〔王周公也 周公居攝 命大事 則權稱王〕"라고 하였는데, 孔穎達은 "오직 '名'과 '器'만은 남에게 빌려줄 수 없는 것인데, 周公이 스스로 '王'이라 칭하였다면 이는 신하답지 못한 것이다.〔惟名與器不可假人 周公自稱爲王 則是不爲臣矣〕"라고 하여 鄭玄을 반박하였다. 林之奇(《尙書全解》)는 "정무가 비록 周公에게 總攝되었으나 成王이 위에 天子로 있으니, 호령이 비록 자기에게서 나간다 하더라도 반드시 王命을 칭해서 고하였으니, 그래서 이 經에서 '王若曰'이라 칭하게 된 것이다.…… 鄭康成은 '王'은 周公이다.……'라고 하였으니, 이 말은 敎令을 해친 것이 너무 컸기 때문에 唐나라 孔氏가 이미 이 점을 변별했다.〔政雖總於周公 而成王在上爲天子 號令雖由己出 而必稱王命以告之 此經所以稱王若曰……鄭康成曰 王周公……此言實害敎之大者 唐孔氏旣已辨之矣〕"라고 지적하였다.

朱子(《朱子語類》)는 "'王若曰'의 若자는……혹 기록한 사람이 그 말을 잃고 추후에 '그 뜻이 이와 같았다.'는 식으로 기록한 듯하다.〔王若曰若字……或記錄者 失其語而追記其意如此也〕"라고만 했을 뿐, '王'이 成王인지 周公인지는 밝히지 않았다. 蔡沈은 '王'이 누구를 칭한 것이지는 말하지 않고, 뒤에 있는 "王曰爾惟舊人"에 대한 傳에서 느닷없이 "周公專呼舊臣而告之……"라 하여 독자를 당황하게 만들고 있다. '王'은 經文의 "我幼沖人"이나 당시 상황을 감안하면 鄭玄을 따라 周公으로 보기 보다는 孔安國을 따라 成王으로 보는 것이 옳을 듯하다.

33 猷 : 林之奇(《尙書全解》)는 "猷는 發語辭이니, 이를테면 〈堯典〉·〈舜典〉의 이른바 咨나 〈甘誓〉·〈胤征〉의 이른바 嗟와 같은 것이다. 짐작컨대 周나라 때에 와서는 發語辭가 변하여 猷가 되었을 것이다. 그러므로 〈微子之命〉·〈多士〉·〈多方〉에서 모두 '王若曰猷'라 말했다.〔猷發語之辭 若二典所謂咨 甘誓胤征所謂嗟 竊意至周時 發語之辭 變而爲猷 故微子之命多士多方 皆言王若曰猷〕"라고 하였다.

34 猷大 : 孔安國은 猷를 道의 뜻으로 보아 "大道를 따라……에게 고유하노라."로 풀이하였는데, 孔疏에서 "'道로써 여러 나라에게 고했다.'고 말하면 문장이 편리할 텐데, 이 經에서는 달랑 猷라고만 말하였다. 옛날 사람의 말은 대부분 전도되었으니, 《詩經》에서 谷中을 中谷이라 칭한 것과 같은 것이다."라고 하여 孔傳의 풀이를 이해시키고 있다. 林之奇(《尙書全解》)는 猷는 發語聲으로, 大는 '크게'로 보아 "아! 크게……에게 고유하노라."로 풀이하였는데, 蔡傳은 林之奇를 따랐다.

家하사 不少延이시니라(이어시늘) 洪惟컨대 我幼沖人[36]이 嗣無疆大歷(曆)服[37]언만(하여) 弗造哲하여 迪民康이온 矧曰其有能格知天命[38]가

王이 이처럼 말씀하였다. "아, 너희 여러 나라와 너희 일을 다스리는 이들에게 크게 고하노라. 〈우리가 하늘에게〉 불쌍히 여김을 받지 못하였는지라, 〈하늘이〉 우리 周나라 王家에 재앙을 내려 〈결국 武王이 승하하게 만들고〉 조금도 기다려주지 않으셨다. 깊이 생각해보건대, 나 어린 사람이 한없이 큰 歷數와 五服을 이어받았건만, 능히 〈식견이〉 明哲(총명하고 사리에 밝음)한 경지에 이르지 못하여 백성들도 편

---

35 越 : 林之奇는 及(및)의 뜻으로 보았다.

36 弗弔……我幼沖人 : 孔安國은 弔, 少, 洪, 人에 句를 끊고 '弔'은 至(지극하다)의 뜻으로 보아 "周나라의 治道가 지극하지 못하기 때문에 하늘이 우리 王家에 凶害를 내림이 적지 않고, 凶害가 크게 번져서 나 어린 사람에게 미쳤다.〔周道不至 故天下凶害於我家不少 凶害延大 惟累我幼童人〕"로 풀이하였는데, 孔疏는 "經에서 말한 '惟我幼童人'은 '나 어린 사람에게 해가 미쳤다.'란 식으로 되어 있기 때문에 傳에서 累자를 보탠 것이다."라고 하였다. 馬融은 天, 家, 延, 人에 句를 끊고 '弔'를 恤(불쌍히 여기다)의 뜻으로 보아 "우리가 하늘에게 불쌍히 여김을 받지 못한지라, 하늘이 우리 周나라 王家에 재앙을 내려 〈결국 武王의 승하에〉 조금도 기다려 주지 않으시므로 크게 생각하건대 나 어린 임금이"라고 풀이하였는데, 蔡傳은 馬融을 따르고 있다.

37 嗣無疆大歷(曆)服 : 孔傳은 '服'을 行의 뜻으로 보아 "子孫이 祖考의 무궁한 大數를 계승하여 그 정사를 服行하되〔子孫承繼祖考無窮大數 服行其政〕"로 풀이하였다.

38 弗造哲……矧曰其有能格知天命 : 孔傳은 造를 爲로, 哲을 智로, 迪을 道로, 格을 至로 보아 "지혜와 도리를 다함으로써 인민도 편하게 하지 못하거늘, 하물며 능히 하늘의 命을 아는 데 이른 자라고 할 수 있겠는가.〔不能爲智道以安人 況其有能至知天命者乎〕"라고 풀이하였는데, 孔疏는 孔傳의 '至'자 아래에 前置詞인 '於'자를 넣어 "하물며 능히 하늘의 命을 아는 데에 이른 자라고 말할 수 있겠는가.〔況其有能至於知天命者乎〕"라고 하여 공전의 풀이를 분명히 알 수 있도록 도왔고, 林之奇(《尙書全解》)는 "그 智識이 통달하지 못하여 외려 능히 사람을 알아보는 明哲에 이르러, 邪正을 분별하고 賢能을 선택하여 백성들을 인도해서 그 거처를 편안하게 할 수 없는데, 그 능히 天命을 아는 자에 이를 수 있겠는가.〔其智識未達 尙不能造於知人之哲 分別邪正遴簡賢能 以迪民而安其居 況其能至於知天命者乎〕"라고 풀이하였다.

孔傳의 풀이에 대하여 兪樾은 "《爾雅》〈釋言〉에 '格은 來의 뜻이다.'라고 하였다. '格'을 往의 뜻으로 풀이하는 것은 '亂'을 治의 뜻으로 풀이하는 예와 같기 때문에 오늘날의 例文이 된 것이다. 대개 사물이 이미 온 것을 '格'이라 이르고, 사물이 아직 오지 않았을 때 내가 가서 맞는 것도 '格'이라 이른다. 《春秋左氏傳》 僖公 15년 조의 '輅秦伯(秦伯을 맞이하려 하다.)'과 《春秋左氏傳》 宣公 2년 조의 '狂狡輅鄭人(狂狡는 鄭나라 사람을 맞아서 싸우다.)'에 대한 杜注에서 모두 「輅」은 迎의 뜻이다.'라고 하였는데, '輅'은 곧 '格'자이니, '格知天命'은 '逆知天命(천명을 맞아 알다.)'이라 한 것과 같은 것이다. 枚傳에서 '至知天命'이라 한 것은 바로 '來'자의 뜻 그대로이니, 古訓에 얽매여 능히 변통하지 못한 것이다.〔爾雅釋言 格來也 訓格爲往 如亂爲治 故爲今之例 蓋物之旣來 謂之格 物未來而我往逆之 亦謂之格 僖十五年 左傳輅秦伯 宣二年傳 狂狡輅鄭人 杜注竝曰 輅迎也 輅卽格字 格知天命 猶曰逆知天命 枚傳云 至知天命 則仍是來字之義 泥于古訓 不能變通〕"라고 하였다.(《群經平議》)

안한 곳으로 인도하지 못하거늘, 하물며 하늘의 命을 궁구하여 안다고 말할 수 있겠는가.

猷는 發語辭也니 猶虞書咨嗟之例라 按爾雅에 猷訓最多하여 曰謀라하고 曰言이라하고 曰已라하고 曰圖라하니 未知此何訓也라 弔는 恤也라 猶詩言不弔昊天之弔니 言我不爲天所恤이라 降害於我周家하여 武王遂喪而不少待也라 沖人은 成王也라 歷은 歷數[39]也요 服은 五服[40]也라 哲은 明哲也라 格은 格物[41]之格이라 言大思我幼沖之君이 嗣守無疆之大業이언만 弗能造明哲하여 以導民於安康하니 是는 人事도 且有所未至온 而況言其能格知天命乎아

猷는 발어사이니, 虞書에 있는 咨·嗟의 例와 같다. 살펴보건대 《爾雅》에 猷의 뜻풀이가 가장 많아, "謀의 뜻이다." 하고, "言의 뜻이다." 하고, "已의 뜻이다." 하고, "圖의 뜻이다." 하였으니, 여기서는 무슨 뜻으로 풀어야 할지 모르겠다. 弔는 恤(불쌍히 여기다)의 뜻이다. 《詩經》 〈小雅 節南山〉에서 말한 "不弔昊天(하늘에게 불쌍히 여김을 받지 못한다.)"에서의 弔와 같으니, "우리가 하늘에게 불쌍히 여김을 받지 못한지라, 〈하늘이〉 우리 周나라 王家에 재앙을 내려 결국 武王이 승하하게 만들고 조금도 기다려 주지 않았다."라고 말한 것이다. 沖人은 成王이다. 歷은 歷數이고, 服은 五服이다. 哲은 明哲이고, 格은 格物의 格이다. "깊이 생각해보건대, 나 어린 사람이 한없이 큰 王業을 이어받아 지키건만, 능히 明哲한 경지에 이르러서 백성들도 편안한 곳으로 인도하지 못하니, 이는 인간의 일에도 지극하지 못한 바가 있거늘, 하물며 능히 하늘의 命을 궁구하여 안다고 말할 수 있겠는가."라고 한 것이다.

字義 猷 : 발어사 유　越 : 및 월　弔 : 불상할 조　降 : 내릴 강　割 : 재앙 할
延 : 기다릴 연, 연장할 연　洪 : 클 홍　惟 : 생각 유　造 : 할 조　迪 : 인도할 적　格 : 이를 격

2. 已[42]아 予惟小子 若涉淵水하니 予惟往은 求朕攸濟[43]니라 敷賁(비)[44]하며 敷前人

---

39 歷數 : 周代의 王家가 后稷으로부터 서로 전하는 歷數를 가리킨다.

40 五服 : 周代의 영토인 甸服·侯服·男服·采服·衛服을 가리킨다.

41 格物 : 《大學》의 "지식을 밝힘은 사물을 궁구하는 데에 있다.〔致知在格物〕"라는 데서 온 것이다.

42 已 : 孔傳은 "단서를 꺼내는 탄사이다.〔發端歎辭〕"라고 풀이하였다.

43 若涉淵水……求朕攸濟 : 孔傳은 水, 濟에 句를 끊어서 "〈나 小子는 先人의 業을 계승하는 것이〉 마치 깊은 물을 건널 때에 가서 내가 건너려는 곳을 찾는 것과 같은 심정이다.〔若涉淵水 往求我所以濟渡〕"라고 풀이하였다.

受命은 玆不忘大功[45]이니 予不敢閉于天降威用[46]이니라

내가 말을 안 할 수가 없다. 나 小子는 깊은 물을 건널 때와 같은 심정이니, 그래

---

44 敷賁(비) : 《書經諺解》에서는 "敷하여 賁하며(펴서 꾸미며)"로 풀이하였는데, 退溪(李滉)의 《三經釋義》에 "지금 살펴보건대 여러 해석들이 이와 같다. 그러나 蔡傳에서 '修明其典章法度'라 하였으니, '修明'은 곧 '敷'자를 해석한 것이고, '典章法度'는 곧 '賁'자를 해석한 것이니, 마땅히 '賁를 敷하며'라고 하여, 夏氏가 이른바 '꾸미는 일을 펴서'라고 한 것처럼 풀이해야 文義를 볼 수 있다.〔今按諸釋同此 然傳修明其典章法度 修明 卽所以釋敷字 典章法度 卽所以釋賁字 當云 賁을 敷하며 夏氏所謂敷布賁飾之事 文義可見〕"라고 하였는데, 宋代 夏僎의 《尙書詳解》에 "敷布其賁飾之事 以敷布恢張前人所受之命"이란 말이 보인다.

洪奭周는 '敷賁'에 대하여 "孔傳은 '敷賁'을 大道를 펴서 행하는 것으로 여겨, '賁'을 大의 뜻을 가진 곧 '클 분'자로 읽었고, 蔡傳은 '敷賁'를 그 典章法度를 닦아 밝히는 것으로 여겨, '賁'를 飾의 뜻을 가진 곧 '꾸밀 비'자로 읽었으니, 兩說이 모두 너무도 통창하지 못한데, 蔡氏가 더욱 牽强傅會하였다. 대개 〈大誥〉는 읽기 어려움이 〈盤庚〉에 비해 더욱 심하다. 〈康誥〉 이하가 다 그렇다. 蔡氏說은 諸家에 비하여 가장 우수하다. 그러나 이처럼 견강부회한 것은 또한 하나뿐이 아니다. 朱子는 말하기를 '周誥 諸篇은 이해할 수 없는 부분이 많으므로, 또한 그 大意만을 볼 뿐이다.'라고 하였으니, 讀書者는 이 말씀으로 법을 삼는 것이 옳다.〔孔傳以敷賁 爲布行大道 讀賁爲扶云反也 蔡傳以敷賁 爲修明其典章法度 讀賁爲比也 兩說俱未甚暢 而蔡氏尤牽强 蓋大誥難讀 比盤庚尤甚 康誥以下皆然 蔡氏說 比諸家最長 然其牽强若此者 亦非一 朱子曰 周誥諸篇 多有不可解者 亦且觀其大意所在而已 讀書者 以此爲法可也〕"라고 하였다.(《尙書補傳》)

45 敷賁……玆不忘大功 : 孔傳은 "'前人'은 文王과 武王이다. '내가 건널 곳을 구하는 목적'은 大道를 布行함에 있고, 文王과 武王이 받은 命을 布陳함에 있고, 큰 공을 잊지 않음에 있다.〔前人 文武也 我求濟渡 在布行大道 在布陳文武受命 在此不忘大功〕"라고 풀이하였다. 顔師古는 '前人'을 周公으로 보았다.

46 予不敢閉于天降威用 : 孔傳에서 "'하늘이 威用을 내렸다.'는 것은 惡人을 誅伐할 일을 이른다. 나는 감히 하늘이 내린 威用을 閉絶하여 행하지 않을 수 없음을 말한 것이니, 장차 네 나라를 치려고 한 것이다.〔天下威用 謂誅惡也 言我不敢閉絶天所下威用而不行 將欲伐四國〕"라고 풀이한 데 대하여 兪樾은 "《前漢書》〈翟方進傳〉을 상고해보면, 王莽이 周書에 의해 지은 〈大誥〉는 '予豈敢自比於前人乎 －顔師古曰 前人謂周公－ 天降威明 －師古曰 威明 猶明威－ 用寧帝室 遺我居攝寶龜'로 되어 있으니, 이는 王莽이 이 〈大誥〉를 읽을 때에 '予不敢閉'에 句를 끊었던 것이다. '于'자가 王莽의 〈大誥〉에 없는 것으로 보아, 아마 이 '于'자는 본래 '閉'자의 위에 있어 '予不敢于閉'가 아랫글의 '敢不于從'과 같았던 모양인데, 傳寫에서 잘못 倒置된 것이리라. '用'자는 아래에 붙여서 '用寧王' 3자를 읽기를 마치 王莽의 〈大誥〉의 뜻과 같이 한다면 '하늘이 우리 王室을 편안케 하기 위하여'란 말이 된다. 그러나 '寧王'자가 篇中에 워낙 자주 보이고 있으니, 자연 枚傳에서 文王으로 여긴 것을 따르게 된다. 蔡傳은 '大艱'의 두 마디 말이 있는 까닭으로 '거북점괘가 미리 고해 준 것'으로 여겼으니, 매우 뜻을 터득하였으나 단, '用'자를 위에 붙여서 읽었으니, 외려 枚傳의 잘못을 답습하고 있을 뿐이다.〔謹按 王莽大誥 作予豈敢自比於前人乎 －顔師古曰 前人謂周公－ 天降威明 －師古曰 威明 猶明威－ 用寧帝室 遺我居攝寶龜 是莽讀此誥 於予不敢閉絶句 于字莽誥所無 疑此于字 本在閉字之上 予不敢于閉 猶下文曰 敢不于從 傳寫誤倒之耳 用字屬下 讀用寧王三字 如莽誥之義 則爲天用寧我王室 然寧王字 篇中屢見 自當從枚傳以爲文王 蔡傳以有大艱二語爲龜兆豫告 甚得其旨 但以用字屬上讀 則尙仍枚傳之失耳〕"라고 하였다.(《群經平議》)

도 내가 가는 것은 朕이 다 건널 곳을 찾기 위해서다. 펴서 꾸미며, 前人이 받은 天命을 펴는 것은 큰 공을 잊지 않으려는 뜻에서이니, 내 감히 하늘이 내린 위엄을 막지 못하는 것이다.

已는 承上語하여 詞已而有不能已之意라 若涉淵水者는 喩其心之憂懼요 求朕攸濟者는 冀其事之必成이라 敷는 布요 賁는 飾也니 敷賁者는 修明其典章法度요 敷前人受命者는 增益開大前王之基業이니 若此者는 所以不忘武王安天下之大功也라 今武庚不靖하여 天固誅之하시니 予豈敢閉抑天之威用而不行討乎아

已는 윗말을 이어서 말을 안 할래야 안 할 수가 없다는 뜻이다. "깊은 물을 건너는 것과 같다."는 것은 그 마음의 두려움을 비유한 것이고, "짐이 다 건널 곳을 찾는다."는 것은 이 일이 반드시 이루어지기를 바라는 것이다. 敷는 布의 뜻이요, 賁는 飾의 뜻이니, 敷賁는 典章과 法度를 닦아 밝히는 것이고, "前人이 받은 명을 편다."는 것은 前王의 基業을 더 확장하는 것이니, 이와 같이 하는 것은 武王이 천하를 안정시킨 큰 공을 잊지 않으려는 의도에서다. 지금 武庚이 반란을 일으키므로 하늘이 그를 주벌하시는데, 내 어찌 감히 하늘의 위엄을 거역하여 토벌을 행하지 않을 수 있겠는가라는 것이다.

字義 濟 : 건널 제 敷 : 펼 부 冀 : 바랄 기 靖 : 평화로울 정

3. 寧王[47]이 遺我大寶龜는(하샨든) 紹天明이시니 卽命[48]한대 曰 有大艱于西土라 西土人이 亦不靜이라하더니 越玆蠢[49]이로다

寧王이 나에게 큰 보배로운 거북을 물려주신 것은 하늘의 밝은 뜻을 소개받게 하신 것이니, 전번에 일찍이 거북의 명한 바에 나아가 〈살펴보건대 그 점괘에〉 '서쪽 땅에 큰 어려움이 있을 것이다. 서쪽 땅 사람들 또한 안정하지 못할 것이다.'라고 했었는데, 이에 와서 과연 준동하는구나.

---

47 寧王 : 孔傳은 文王으로 보았다.

48 卽命 : 宋代 薛肇明은 "〈金縢〉의 '卽命于元龜(지금 저는 큰 거북에게 나아가 세 분 王의 명을 받을 것이니)'와 같은 뜻이다."라고 하였다.(《書傳大全》 小註)

49 曰有大艱于西土……越玆蠢 : 孔傳은 '曰'을 말끝을 바꾼 것으로 보아 "네 나라가 京師에서 대란을 일으키니, 西土 사람들 또한 불안하여 이에 준동하는구나.(四國作大難於京師 西土人亦不安 於此蠢動)"라고 풀이하였다.

寧王은 武王也라 下文에 又曰寧考라하니라 蘇氏曰 當時에 謂武王爲寧王은 以其克殷而安天下也라하니라 蠢은 動而無知之貌라 寧王이 遺我大寶龜者는 以其可以紹介天明하여 以定吉凶이라 曩嘗卽龜所命하니 而其兆에 謂將有大艱難之事于西土라 西土之人이 亦不安靜이라하니 是武庚未叛之時에 而龜之兆 蓋已預告矣라 及此에 果蠢蠢然而動하니 其卜可驗이 如此라 將言下文伐殷卜吉之事라 故로 先發此하여 以見(현)卜之不可違也라

寧王은 武王이다. 아랫글에는 또 寧考라고 하였다. 蘇氏는 말하기를 "당시에 武王을 寧王이라 일렀으니, 이것은 殷나라를 쳐서 이겨 천하를 안정시켰기 때문이다."라고 하였다. 蠢은 준동하여 어리석은 짓을 하는 모양이다. 寧王이 나에게 큰 보배로운 거북을 물려주신 것은 하늘의 밝은 뜻을 소개받아 吉凶을 정하게 하신 것이다. 전번에 일찍이 거북의 명한 바에 나아가 〈살펴보건대〉 그 점괘에 "장차 서쪽 땅에 큰 어려운 일이 있을 것이다. 서쪽 땅 사람들 또한 안정하지 못할 것이다."라고 하였으니, 이는 武庚이 아직 반란을 일으키지 않았을 때에 거북점이 이미 예고한 것이었다. 그런데 이에 와서 과연 꿈틀거려 준동하니, 그 점괘를 징험할 수 있음이 이와 같은 것이다. 장차 아랫글에서 殷나라를 정벌하기 위해 쳐본 점괘가 吉하다는 것을 말하려고 하기 때문에 먼저 이것을 말해서 점괘를 어길 수 없음을 보인 것이다.

字義 紹 : 소개할 소　艱 : 어려울 간　越 : 미칠 월　蠢 : 꿈틀거릴 준　克 : 이길 극　曩 : 전번 낭　嘗 : 일찍 상　預 : 미리 예　見 : 보일 현　違 : 어길 위

4. 殷小腆[50]이 誕敢紀其敍①하여 天降威[51]나 知我國에 有疵하여 民不康하고 曰予復(복)이라하여(하여) 反鄙我周邦[52][53]하나다(이라하나다)

---

50 小腆 : 孔安國은 '하찮은 祿父〔腆腆之祿父〕'로, 鄭玄은 '작은 나라〔小國〕'로, 王肅은 '하찮은 군주〔小主〕'로, 孔穎達은 '작은 모양〔小貌〕'으로, 蘇軾은 "'腆'은 厚의 뜻이니, 殷나라가 조금 富厚한 것이다.〔腆厚也 殷少富厚〕"로, 林之奇는 "상고하건대 左氏가 '우리나라가 넉넉하지는 못하다.〔不腆弊邑〕'라고 하였으니, '腆'자는 마땅히 厚의 뜻으로 풀이해야 한다.〔案左氏曰不腆弊邑 則腆之字 固當訓厚〕"고 하였는데, 蔡沈은 蘇軾과 林之奇를 따르고 있다. 蘇軾·林之奇·蔡沈은 물론 글자의 뜻에 따라 정확히 풀이하려고 노력은 하였지만, 전체의 문맥으로 볼 때 孔安國·鄭玄·王肅의 풀이에 비해 어색한 것 같다. 王夫之《尙書稗疏》도 "蔡氏가 '腆은 厚의 뜻이다.'라고 하였으니, 그 본의를 잃은 것이다.〔蔡氏曰 腆厚也 則失其義矣〕"라고 하였다.

51 天降威 : 孔傳은 三叔이 유언비어를 퍼뜨린 일로 보았다.

① 書經 誕敢紀其敍 : 대담하게 감히 그 緖業(基業)을 세워볼 생각을 하여
一般 敢大紀其旣亡之敍 : 감히 대담하게 그 이미 망한 緖業을 세워볼 생각을 하여

殷나라의 〈武庚이〉 조금 富厚한 나라를 가지고 대담하게 감히 그 緖業(基業)을 세워볼 생각을 하여 하늘이 〈殷에〉 위엄을 내렸는데도 우리 周나라에 병폐(하자)가 있어 민심이 불안해하는 것을 알고는 '내가 殷의 基業을 되찾겠다.'라고 하여, 도리어 우리 周나라를 〈殷의〉 고을로 삼으려 하고 있다.

腆은 厚요 誕은 大요 敍는 緖요 疵는 病也라 言武庚이 以小厚之國으로 乃敢大紀其旣亡之緖하여 是雖天降威于殷이나 然亦武庚이 知我國有三叔疵隙하여 民心不安이라 故로 敢言我將復殷業이라하여 而欲反鄙邑我周邦也니라

腆은 厚의 뜻이요, 誕은 大의 뜻이요, 敍는 緖의 뜻이요, 疵는 病의 뜻이다. "武庚이 조금 富厚한 나라를 가지고 감히 대담하게 그 이미 망한 基業을 세워볼 생각을 하여 비록 하늘이 殷에 위엄을 내렸으나 또한 武庚이 우리 周나라에 三叔의 병폐가 있어 민심이 불안해하는 것을 알기 때문에 감히 '나는 장차 殷의 基業을 되찾겠다.' 라고 하여 도리어 우리 周나라를 〈殷의〉 고을로 삼으려 하고 있다."는 점을 말한 것이다.

字義 腆 : 두터울 전 誕 : 클 탄 紀 : 터 기 敍 : 서업 서 疵 : 병들 자, 흠집 자 復 : 회복할 복
鄙 : 고을 비 隙 : 틈 극

5. 今蠢이어늘 今翼日[54]에 民獻有十夫 予翼以于①하여 敉寧武圖功[55]하나니 我有大

---

52 民不康……反鄙我周邦 : 孔傳은 "祿父가 '우리 殷나라는 응당 회복될 것이다.'라고 해서 東國 사람들을 속여 불안하게 만들고, 도리어 우리 周나라를 비하한다는 것이니, 그의 죄가 무상함을 이른 것이다.[祿父言我殷當復 欺惑東國人 令不安 反鄙易我周家 道其罪無狀]"라고 풀이하였다.

53 天降威……反鄙我周邦 : 兪樾은 "王莽의 〈大誥〉에 '天降威 遺我寶龜 固知我國呰災 使民不安 是天反覆右我漢國也'라고 하였으니, 이에 의거하면 '予復反鄙我周邦' 7자는 당연히 1句가 되어야 한다. '復反'은 '反復'과 같다. '鄙'자는 응당 '啚'자가 되어야 하니, 經傳에서 모두 통용하고 있다. '啚'는 '嗇'이 되어 곧 '愛嗇'이 되는 것이다. 그러므로 王莽의 〈大誥〉에서 '右'자로 적었으니, '右'는 助의 뜻을 말한다. '愛'는 이 助의 뜻이다. '國有疵'는 곧 이른바 '큰 어려움이 西土에 있다.'는 것이고, '民不康'은 곧 이른바 '西土 사람 또한 조용하지 않다.'는 것이다.[王莽大誥曰 天降威遺我寶龜固知我國呰災使民不安是天反覆右我漢國也 據此則予復反鄙我周邦七字 當作一句 復反猶反復也 鄙當作啚 經傳皆通用 啚爲嗇卽爲愛嗇 故莽誥作右 右之言助也 愛之斯助之矣 國有疵 卽所謂有大艱于西土也 民不康 卽所謂西土人 亦不靜也]"라고 풀이하였다.(《群經平議》)

事休는 朕卜이 幷吉이니라

① 書經 予翼以于 : 우리를 보필하고 가서
一般 翼予以于 : 우리를 보필하고 가서

지금 〈武庚이〉 준동하거늘, 〈준동한 바로〉 그 다음날 백성 중에 어진 이 열 명이 찾아 와서 나를 보필하고 가서 정벌하여 〈商나라를〉 어루만져 안정시키고 〈武王이〉 도모하신 功을 계승〔武〕토록 하니, 우리에게 軍事(戰功)의 아름다움이 있을 줄 안 것은 朕의 거북점이 모두 吉하기 때문이다.

于는 往이요 敉는 撫요 武는 繼也라 謂今武庚이 蠢動이어늘 今之明日에 民之賢者十夫 輔我以往하여 撫定商邦하고 而繼嗣武王所圖之功也라 大事는 戎事니 左傳云 國之大事는 在祀與戎이라하니라 休는 美也라 言知我有戎事休美者는 以朕卜三龜而幷吉也라 按上文에 卽命한대 曰 有大艱于西土는 蓋卜於武王方崩之時요 此云朕卜幷吉은 乃卜於將伐武庚之日이니 先儒合以爲一은 誤矣라

于는 往의 뜻이요, 敉는 撫의 뜻이요, 武는 繼의 뜻이다. "지금 武庚이 준동하는데, 〈준동한 바로〉 그 다음날 백성 중에 어진 이 열 명이 찾아 와서 나를 보필하고 가서 정벌하여 商나라를 어루만져 안정시키고 武王이 도모하신 功을 계승토록 한

---

54 今蠢 今翼日 : 孔傳은 "지금 천하가 준동하였으나 지금의 다음 날〔今天下蠢動 今之明日〕"이라고 풀이하였는데, 兪樾은 "'今之明日'은 뜻이 통할 수 없다. 아마 '今蠢'과 '今翼'은 두 단어의 뜻이 서로 對가 된 것으로 보아, '翼'자는 본래 '翌'자였을 것인데 衛包가 '翼'자로 改作하였을 것이다. 그에 대한 해설이 段氏(段玉裁)의 《古文尙書撰異》에 자세히 보인다. '翌'자는 곧 '翊'자의 變體이다. '蠢'은 벌레를 가지고 비유하고 '翊'은 새를 가지고 비유한 것이다. 글자를 또 변경하여 翌으로도 적는다. 윗글의 '越玆蠢'은 전적으로 武庚을 가지고 말했고, 이 글의 '今蠢'과 '今翌'은 武庚이 蠢動함에 淮夷의 추종이 衆多함을 보인 것이다. '日'자는 아래에 붙여서 뜻을 이루어야 하니, '日民獻有十夫子翼'은 '근일에 백성의 어진 자 열 명이 와서 우리를 도왔다.'고 말한 것이다. 枚傳에서는 '翌日'을 連文으로 보아 단순히 〈金縢〉과 동일하게 다루어 결국 '今翌日'을 1句로 읽어 오류를 범한 것이다.〔今之明日 義不可通 疑今蠢今翼 兩義相對 翼本作翌 衛包改作翼 說詳段氏古文尙書撰異 翌卽翊之變體 蠢以蟲喩 翊以鳥喩 字又變作翌 上文越玆蠢 專以武庚言 此文今蠢今翌 則見武庚蠢動而淮夷從之衆多也 日字屬下爲義 日民獻有十夫子翼 言近日民之賢者十夫來翼佐我也 枚傳見翌日連文 適與金縢篇同 遂讀今翌日爲句誤矣〕"라고 하였다.(《群經平議》)

55 民獻有十夫……敉寧武圖功 : 孔傳은 '以'는 用의 뜻으로, '于'는 조사로, '敉'는 撫의 뜻으로, '武'는 군사문제로 보고, '夫', '翼', '武', '功'에 句를 끊어서 "어진 사람 열 명이 와서 우리 周나라를 돕거늘, 그들을 이용하여 군사문제를 잘 다루어서 전공을 세울 것을 도모하였나니"로 풀이하였다.

다.”는 점을 이른 것이다.

大事는 바로 兵事를 말하니, 《春秋左氏傳》 成公 13년 조의 “나라의 큰일은 바로 祭祀와 戎事(兵事)이다.”라고 하였다. 休는 美의 뜻이다. “우리에게 戰功의 아름다움이 있을 줄 안 것은 朕의 세 거북점이 모두 吉하기 때문이다.”라고 한 점을 말한 것이다.

살펴보건대, 윗글에 “거북의 명한 바에 나아가 보니, 그 점괘에 ‘서쪽 땅에 큰 어려움이 있을 것이다.’ 했다.”라고 한 것은 대개 武王이 막 승하했을 때에 거북점을 친 것이고, 여기에 “朕의 거북점이 모두 길하기 때문이다.”라고 한 것은 장차 武庚을 정벌하려던 날에 거북점을 친 것이니, 先儒(孔安國)가 이를 합하여 하나로 만든 것은 잘못이다.

大事卜吉圖

字義 翼 : 다음날 익 獻 : 어질 헌 翼 : 보필할 익 于 : 갈 우 敉 : 어루만질 미 武 : 이을 무 圖 : 도모할 도 休 : 아름다울 휴 撫 : 어루만질 무 繼 : 이을 계 嗣 : 이을 사 戎 : 군사 융

6. 肆予告我友邦君과 越尹氏[56]와 庶士御事[57]하여 曰 予得吉卜이라 予惟以爾庶邦으로 于伐殷의 逋播臣하노라

그러므로 나는 나의 우방의 임금 및 여러 벼슬의 正官과 여러 일을 다스리는 인사들에게 고하기를 “나는 좋은 점괘를 뽑았다. 그래서 내 너희 여러 나라를 데리고 가서 殷나라의 도망 다니는 신하들을 정벌하겠다.”라고 하였노라.

此는 擧嘗以卜吉之故하여 告邦君御事往伐武庚之詞也라 肆는 故也라 尹氏는 庶官之正也라 殷逋播臣者는 謂武庚及其群臣이 本逋亡播遷之臣也라

56 尹氏 : 孔傳은 “正官尹氏卿大夫(正官尹氏인 경대부)”라고 풀이하였다.

57 庶士御事 : 아랫글에 ‘庶士御事’를 한 문구로 다룬 것이 옳다고 생각한다.

이는 일찍이 거북점을 쳐서 좋은 점괘를 뽑은 이유를 들어서 여러 나라 임금과 일을 다스리는 이들에게 가서 武庚을 정벌할 것을 고유한 말이다. 肆는 故(그러므로)의 뜻이다. 尹氏는 여러 벼슬의 正官이다. '殷나라의 도망 다니는 신하들'이란 武庚과 그 여러 신하들이 본래 도망간 신하들이란 점을 말한 것이다.

字義 肆 : 그러므로 사 越 : 및 월 逋 : 도망할 포 播 : 달아날 파 擧 : 들 거 遷 : 옮길 천

7. 爾庶邦君과 越庶士御事 罔不反하여 曰 艱大[58]하며 民不靜이 亦惟在王宮과 邦君室이라하며 越予小子考翼[59]도 不可征[60]이라하여 王은 害(할)不違卜[61 62]고하나다

너희 여러 나라의 임금 및 여러 일을 다스리는 인사들 중에 반대하지 않는 이가

---

58 艱大 : 孔傳은 '大難'으로 보았다.

59 越予小子考翼 : 退溪(李滉)(《三經釋義》〈書釋義〉)는 "'및 나의 小子와 考 존경하나이도'라는 뜻이니, 註 가운데 있는 '與'자에 의거하면 당연히 이 말을 따라야 한다. 일설에 '나 小子의 考'라고 한 것은 잘못인 듯하다.〔밋 予의 小子와 考 翼하나니도 據註中與字 當從此說 一云予小子의 考 恐非〕"라고 하였다. 越을 孔傳은 전치사인 '於'의 뜻으로 보고, 蘇軾과 呂祖謙은 '及'의 뜻으로 보았다.

60 越予小子考翼 不可征 : 洪奭周(《尙書補傳》)는 "이는 아마 '小子'를 年少한 신하로 본 것 같다. 그러나 經傳에 '予小子'라고 한 곳이 많은데, 모두 임금이 자칭한 말이다. 年少한 신하를 '내 小子'라고 한 데가 있지 않다. 그러니 아마도 '予小子考翼'은 '나 小子의 考翼'으로 풀어서 '내가 존경하는 老臣도 정벌해서는 안 된다.'고 해야 할 것 같다.〔是蓋以小子爲年少之臣也 經傳言予小子者多矣 皆人君自稱之辭 未嘗有稱其年少之臣 爲予小子者也 竊疑予小子考翼 當解作予小子之考翼 若曰予所尊敬之老臣 亦以爲不可征耳〕"라고 하였다.

61 越予小子考翼……王害不違卜 : 孔傳은 '考'는 考卜의 뜻으로, '翼'은 敬의 뜻으로, '害'는 本字(해로움)로 보고, '翼', '征', '害', '卜'에 句를 끊어서 "나 小子에 있어서 먼저 거북점을 친 것은 周道를 경건히 이루려는 것이거늘, 만일 지금 네 나라를 정벌할 수 없다고 한다면 王室에 害가 있을 것이다. 그러므로 마땅히 거북점을 따라야 한다.〔於我小子先卜 敬成周道 若謂今四國不可征 則王室有害 故宜從卜〕"로, 蘇軾(《書傳》)은 "덕을 고찰하고 일을 경건히 하고 몸을 닦아 바로잡을 것이다.〔考德敬事修己以正之〕"로, 林之奇(《尙書全解》)도 "마땅히 그 敬을 이루어 몸을 닦아야 할 뿐이다.〔當成其敬 以修己而已〕"로, 呂祖謙(《增修東萊書說》)도 "스스로 그 敬을 이룰 뿐이다.〔自成其敬爾〕"로, 모두 成王의 일을 가지고 풀이하였는데, 유독 蔡沈만은 다른 사람으로 풀이하고 있다.

62 王害 不違卜 : 淸代 段玉裁는 《古文尙書撰異》에서 "'害'자를 孔傳은 本字로 보고, 蔡集傳에서는 '害(할)은 曷(어찌)의 뜻이니, 「王께서는 어찌하여 점괘를 어겨 정벌을 말려 하지 않습니까.」한 것이다.'라고 하였다. 지금 이 篇을 살펴보면 '曷'을 말한 것이 다섯 곳인데, 여기서만 유독 '害'로 적었으니, 古經에는 응당 이와 같지 않았을 것이다. 그러나 蔡氏는 이 註에서 '이는 제후와 일을 다스리는 이들이 정벌을 싫어하여 왕이 점괘를 어기기를 바라는 마음에서 한 말을 든 것이다.'라고 하였으니, 가장 해석을 잘 한 것이다.……衛包가 '害'를 모두 '曷'로 고치면서 이 '害'자만 孔傳에서 '曷'로 풀이하지 않았기 때문에 겨우 존치시킨 것이다.〔害 孔傳 如字 蔡集傳 害曷也 王曷不違卜而勿征乎 今按此篇言曷者五 而此獨作害 古經不當如是 然蔡氏此注云 擧邦君御事 不欲征 欲王違卜之言也 最爲得解……衛包盡改害爲曷 獨此害字 以孔傳不訓曷僅存〕"라고 하였다.

없어 '어렵고 중대하며, 백성들이 안정하지 못하는 원인이 천자와 제후가 〈정사를 잘못한 데에도〉 있습니다.'라고 하고, 나 小子와 아버님〔考〕이 경건히 섬기던 분들까지도 '정벌해서는 안 됩니다.'라고 하여 '王께서는 어찌하여 점괘를 어기지 않으려 하십니까.'라고 한다.

此는 擧邦君御事不欲征하여 欲王違卜之言也라 邦君御事無不反하여 曰 艱難重大하니 不可輕擧요 且民不靜이 雖由武庚이나 然亦在於王之宮과 邦君之室이라하니 謂三叔不睦之故가 實兆釁端이니 不可不自反이라 害은 曷也라 越我小子與父老敬事者[63]도 皆謂不可征이라하여 王은 曷不違卜而勿征乎아하니라

이는 제후와 일을 다스리는 이들이 정벌을 싫어하여 왕이 점괘를 어기기를 바라는 마음에서 한 말을 든 것이다. 제후와 일을 다스리는 이들이 모두 반대하는 입장에서 말하기를 '어렵고 중대하니 가볍게 움직일 수 없으며, 더구나 백성들이 안정하지 못하는 원인이 비록 武庚 때문이기는 하지만 또한 천자와 제후가 〈정사를 잘못한 데에도〉 있습니다.'라고 하였으니, 三叔이 화목치 못한 까닭이 실로 禍의 단서를 만든 것이니, 스스로 반성하지 않을 수 없다고 말한 것이다. 害은 曷(어찌)의 뜻이다. 나 小子와 아버님〔父老〕이 경건히 섬기던 분들까지도 모두 '정벌해서는 안 된다.'고 말하여 "王께서는 어찌하여 점괘를 어겨 정벌을 말려 하지 않습니까."라고 한 것이다.

字義 越 : 및 월 反 : 반대할 반 征 : 정벌 정 害 : 어찌 할 釁 : 틈 흔

---

63 越我小子與父老敬事者 : '我小子'가 분명 成王이라면 정벌을 반대하는 사람들을 열거하는 문맥에 '與'자가 끼게 되면 成王도 정벌을 반대하는 꼴이 되니, 衍字로 보는 것이 좋을 듯하다. 조선시대 林泳(《滄溪集》〈讀書箚錄〉)도 "蔡傳에 '越我小子與父老敬事'의 與자는 의심스럽다. 아마 '小子'는 王이 자신을 이른 것이고, '考翼'은 王이 父兄처럼 모든 尊敬하는 사람을 이를 것일 터이니, '나 소자가 부형으로 존경하는 분들까지도〔予小子之考翼〕'라고 한 것과 같다. 그런데 만일 '與'자를 사이에 놓는다면 〈그런 뜻이 되지 않으니〉 잘못된 것이다. 아랫글의 '考翼'은 이와 또 다르니, 〈거기서는〉 곧장 그 아버지를 가리킨 것 같다.〔傳云越我小子與父老敬事者 與字可疑 蓋小子王自謂也 考翼謂王父兄凡所尊敬者 猶曰予小子之考翼也 若下與字則非矣 且下文考翼 與此又不同 似直指其父〕"라고 하였으니, 林泳처럼 보는 것이 무난할 것 같다. 아니면 '與'자는 그대로 두고 '父老'의 老자를 衍字로 보아 "나와 아버님이 함께 경건히 섬기던 분들까지도"라고 하면 될 것 같다. 退溪(李滉)도 《三經釋義》〈書釋義〉에서 '父老'를 考의 뜻으로 보았다.

王夫之(《尙書稗疏》)는 "'考'란 말은 이미 작고한 아버지에 대한 칭호이다. 蔡氏가 '父老敬事'라고 이른 것은 단지 아래의 '舊人'이란 說에 통하지 않을 뿐만 아니라, 또한 다른 父老를 '考'로 부르는 것은 더욱 옳지 못한 것이다.〔言考者 父已沒之稱 蔡氏謂父老敬事者 不但不達於下舊人之說 且呼他父老爲考 尤所不可〕"라고 지적하였다.

8. 肆予沖人이 永思艱하니 曰 嗚呼라 允蠢이면 鰥寡哀哉나 予造는 天役이라 遺大投艱于朕身이시니 越予沖人은 不卬自恤①이니라 義②[64]인댄(엔) 爾邦君과 越爾多士와 尹氏와 御事는 綏予하여 曰 無毖于恤이어다 不可不成乃寧考[65]의 圖功이니라

① 書經 沖人 不卬自恤 : 나 어린 사람은 나를 스스로 돌보지 못한다.
一般 沖人 不暇自恤卬躬 : 나 어린 사람은 내 몸을 스스로 돌볼 겨를이 없다.

② 書經 義 : 의리로 말할진댄
一般 以義言之 : 의리로써 말할진댄

그러므로 나 어린 사람이 어려움에 대해 오래 생각해보니, 아! 정말 저들이 준동한다면 〈피해를 당할〉 홀아비와 과부들이 불쌍하다. 그러나 내가 하는 일은 하늘이 시키신 것이다. 내 몸에 큰일을 물려주고 어려운 일을 던져 주시니, 나 어린 사람은 내 몸을 돌볼 겨를이 없다. 의리로써 너희들 나라 임금과 너희들 많은 인사와 여러 벼슬의 正官과 일을 다스리는 이들은 나를 안심시켜 말하기를 '너무 걱정하지 마십시오. 당신의 寧考께서 도모하시던 일을 이루지 않으면 안 됩니다.'라고 해야 할 것이다.

造는 爲요 卬은 我也라 故로 我沖人이 亦永思其事之艱大하고 歎息言 信四國[66]蠢動이면 害及鰥寡니 深可哀也라 然이나 我之所爲는 皆天之所役使라 今日之事는 天實以其甚大者로 遺於我之身하고 以其甚艱者로 投於我之身이니 於我沖人에 固不暇自恤矣라 然이나 以義言之인댄 於爾邦君과 於爾多士及官正治事之臣은 當安我曰 無勞於憂어다 誠不可不成武王所圖之功이라하여 相與戮力致討可也니라 此章은 深責邦君御事之避事니라

造는 爲(하다)의 뜻이요, 卬은 我의 뜻이다. 그러므로 나 어린 사람이 또한 이 일의 어렵고 중대함을 오래 생각해보았다고 하고 나서 탄식하여 말하기를 "정말 네 나라가 준동한다면 피해가 홀아비와 과부에게 미칠 것이니, 몹시 슬픈 일이다. 그

64 義 : 孔傳은 "의리를 베풀려 한다.〔欲施義〕"라고 풀이하였다.

65 寧考 : 孔傳은 "寧祖聖考"라 하여 '寧祖'는 文王을, '聖考'는 武王을 가리켰는데, 蔡傳은 武王만을 가리키고 있다.

66 四國 : 毛傳에는 管·蔡·商·淮로, 《書傳輯錄纂註》 등에는 殷·管·蔡·霍으로 적고 있다.

러나 내가 하는 일은 다 하늘이 시키신 일이다. 오늘의 일은 하늘이 실로 매우 큰 일을 나의 몸에 끼쳐주고 너무 어려운 일을 나의 몸에 던져주신 것이니, 나 어린 사람에 있어서는 정말 내 몸을 돌볼 겨를이 없다. 그러나 의리를 가지고 말할진댄 너희들 나라 임금과 너희들 많은 인사 및 官正과 일을 다스리는 신하들에 있어서는 마땅히 나를 안심시켜 말하기를 '너무 걱정하지 마십시오. 진실로 武王께서 도모하시던 일을 이루지 않으면 안 됩니다.'라고 하여 서로 힘을 합해서 토벌하는 것이 옳을 것이다."라고 한 것이다. 이 章은 제후와 일을 다스리는 이들이 일을 회피하는 점을 깊이 나무란 것이다.

字義 造 : 할 조　役 : 사역 역　遺 : 끼칠 유　卬 : 나 앙　綏 : 편안할 수　毖 : 수고로울 비
恤 : 구휼할 휼　乃 : 당신 내　勠 : 힘쓸 륙　責 : 나무랄 책　避 : 피할 피

9. 已아 予惟小子 不敢替上帝命이로니 天休于寧王하사 興我小邦周하실새 寧王이 惟卜을 用①하사 克綏受玆命하시니라(하시며) 今天이 其相民하신데도 矧亦惟卜을 用이온여 嗚呼라 天明畏②는 弼我丕丕基시니라

① 書經 寧王 惟卜用 : 寧王이 점괘를 이용하여
一般 寧王 惟用卜 : 寧王이 점괘를 이용하여
② 書經 天明畏 : 하늘의 밝은 命이 두려운 것은
一般 天之明命可畏如此 : 하늘의 밝은 命이 두렵기가 이와 같은 것은

그렇다고 그만두겠나. 나 小子는 감히 上帝의 命을 저버리지 못하겠으니, 하늘이 寧王을 아름답게 여기시어 우리 작은 周나라를 일으키실 적에 寧王께서 점괘를 이용하여 능히 하늘의 命을 편안히 받으셨다. 지금 하늘이 백성들을 돕고 계신데도 하물며 또한 점괘를 이용하는 데는 〈그럴 이유가 있지 않겠는가.〉 아, 하늘의 밝은 命이 두려운 것은 우리의 크고 큰 기업을 돕기 때문이다."

卜伐武庚而吉은 是上帝命伐之也니 上帝之命을 其敢廢乎아 昔天眷武王하여 由百里而有天下에도 亦惟卜用하니 所謂朕夢協朕卜하여 襲于休祥이 是也라 今天이 相佑斯民하여 避凶趨吉에도 況亦惟卜을 是用하니 是는 上而先王과 下而小民이 莫不用卜이니 而我獨可廢卜乎아 故로 又歎息言 天之明命이 可畏如此는 是蓋輔成我丕丕基業이니 其可違也리오 天明은 卽上文所謂紹天明者니라

武庚을 정벌하는 일에 대해 거북점을 쳐서 좋은 점괘를 뽑은 것은 바로 上帝가 정벌하도록 명한 것인데, 上帝의 命을 감히 저버릴 수 있겠는가. 옛날에 하늘이 武王을 도와 고작 백 리의 땅을 가지고 있다가 天下를 소유하게 되었을 적에도 점괘를 이용하였으니, 〈《泰誓 中》에〉 이른바 "朕의 꿈이 朕의 점괘와 들어맞아 아름다운 상서의 조짐이 거듭 생겨나고 있으니"란 것이 이것이다.

지금 하늘이 이 백성들을 도와 凶한 쪽을 피해 吉한 쪽으로 나가게 하고 있는데도 하물며 점괘를 이용하는 데는 〈그럴 이유가 있지 않겠는가.〉 이는 바로 위로는 先王께서, 아래로는 小民이 점괘를 이용하지 않는 이가 없는데, 나 혼자만이 점괘를 이용하지 않을 수 있겠는가. 그러므로 또 탄식하고 나서 말하기를 "하늘의 밝은 命이 두렵기가 이와 같은 것은 바로 우리의 크고 큰 기업을 돕기 때문이니, 이를 어길 수 있겠는가."라고 한 것이다. 天明은 곧 윗글의 이른바 "하늘의 밝은 뜻을 소개받게 하신 것이다."란 것이 바로 그것이다.

字義 已 : 그만둘 이　替 : 저버릴 체, 폐지할 체　休 : 아름다울 휴　相 : 도울 상　弼 : 도울 필
丕 : 클 비　眷 : 돌볼 권　協 : 맞을 협　襲 : 거듭 습　由 : 말미암을 유　趨 : 나갈 추
況 : 하물며 황　廢 : 폐기할 폐　紹 : 소개할 소

10. 王曰 爾惟舊人이라 爾丕克遠省이리니(하나니) 爾知寧王若勤哉인저 天閟毖는 我成功所[67]니 予不敢不極卒寧王圖事니라 肆予大化誘我友邦君[68]하노니 天棐忱辭는 其考我民[69]이니 予曷其不于前寧人에 圖功攸終①[70]이리오 天亦惟用勤毖我民을(이라) 若有疾하시나니 予는 曷敢不于前寧人攸受休[71]에 畢②[72]하리오

① 書經 予曷其不于前寧人 圖功攸終 : 나는 어찌 그 전의 寧人에 대하여 功의 마무리할 바를 도모하지 않을 수 있겠는가.
一般 予曷其不圖終前寧人之功 : 나는 어찌 그 전의 寧人의 공을 잘 마무리할 바를 도모하지 않을 수 있겠는가.
② 書經 予曷敢不于前寧人攸受休畢 : 나는 어찌 감히 전의 寧人이 받으신 아름다운 事

---

67 天閟毖 我成功所 : 孔傳은 '閟'를 愼의 뜻으로, '毖'를 勞의 뜻으로 보고, 我·所에 句를 끊어서 "하늘이 우리 周나라를 신중히 아끼고 위로해서 성공이 있게 하시니〔天愼勞我周家 成功所在〕"로 풀이하였다.

68 肆予大化誘我友邦君 : 孔傳은 化, 君에 句를 끊어서 "나는 文王께서 도모하신 일을 극진히 달성하려고 하기 때문에 크게 천하를 교화하여, 우리 우방인 諸侯들에게 〈함께 반역자들을 칠 것을〉 유도한다.〔我欲極盡文王所謀 故大化天下 道我友國諸侯〕"라고 풀이하였다.

功에 대하여 잘 마무리 하지 않을 수 있겠는가.

一般 予曷敢其不畢前寧人之所受休 : 나는 어찌 감히 전의 寧人이 받으신 아름다운 事功을 잘 마무리하지 않을 수 있겠는가.

王이 말씀하였다. "너희들은 〈武王의〉 옛 신하들인지라, 너희들은 크게 멀리 〈전일의 일을〉 살필 것이니, 너희들은 寧王께서 얼마나 근로하셨는지를 알 것이다. 하늘이 막고 어렵게 만든 것은 바로 우리가 공을 이룰 수 있는 좋은 기회이니, 나는 감히 寧王께서 도모하시던 일을 잘 마무리하지 않을 수 없다. 그러므로 나는 크게 우리 友邦의 임금들을 풀어주고 유도하노니, 하늘이 誠信한 말을 돕는 것은 우리 백성을 살펴보면 〈볼 수 있다.〉 나는 어찌 그 전의 寧人의 공을 잘 마무리할 바를 도모하지 않을 수 있겠는가. 하늘이 또한 〈네 나라가〉 우리 백성들을 괴롭히는 것을 보기를 마치 〈백성들이〉 병을 앓고 있는 것처럼 여기시니, 내가 어찌 감히 전의

---

69 天棐忱辭 其考我民 : 孔傳은 '考'를 成의 뜻으로 보아 "우리 周나라에 크게 교화한다는 성신한 말이 있는 것은 하늘의 도움을 받았기 때문이니, 그 〈반드시〉 우리 백성들을 성취시킬 것이란 것이다.〔我周家 有大化誠辭 爲天所輔 其成我民矣〕"라고 풀이하였는데, 兪樾은 "아랫글의 '越天棐忱'과 〈康誥〉의 '天畏棐忱'과 〈君奭〉의 '若天棐忱'은 모두 '忱'자에 句를 끊었으니, 이 또한 당연한 것이다. 종래에 '天棐忱辭'로 구두를 뗀 것은 잘못이다. '棐'를 輔의 뜻으로 풀이한 것은 비록 《爾雅》〈釋詁〉의 글에 근거한 것이나 옛날 글자는 假借한 것이 많으니, 일률적으로 本字를 가지고 해석할 수는 없다. 經文에서 무릇 '棐忱'이라 말한 것은 모두 응당 '非'의 뜻으로 읽어야 한다. 옛날에는 '棐'자와 '匪'자를 통용하였으니, 무릇 '棐忱'이라 말한 것은 '非忱'이라 말한 것과 같다. '辭'자는 아래에 붙여서 읽으니, '辭'는 바로 '嗣'의 假字이다. 이는 '予不敢不極卒寧王圖事'를 이어서 말한 것이니, '嗣其考我民'이란 것은 天命을 당하지 않으니, 嗣王은 마땅히 먼저 우리 백성들을 성취시켜야 함을 이른 것이다. 〈高宗肜日〉의 '王司敬民'을 《史記》에서는 '王嗣敬民'으로 적었으니, 이 經文의 '嗣其考我民'과 文義가 정히 서로 가깝다. '司'로 적거나 '辭'로 적는 것은 모두 假借字이다. 王莽의 〈大誥〉에 '天輔誠辭'라고 하였으니, 구두를 잘못 뗀 지 이미 오래되었다.〔下文曰 越天棐忱 康誥曰 天畏棐忱 君奭曰 若天棐忱 竝于忱字絶句 此亦當然 自來以天棐忱辭爲句 非也 棐之訓輔 雖本爾雅釋詁文 然古字多假借 不得概以本字釋之 經凡言棐忱者 竝當讀爲非 古棐匪字通 凡言棐忱者 猶言非忱也 辭字屬下讀 辭乃嗣之假字 此承予不敢不極卒寧王圖事而言 嗣其考我民者 謂天命不當 嗣王宜先成我民也 高宗肜日篇 王司敬民 史記作王嗣敬民 此經云嗣其考我民 文義正相近 作司作辭 竝假字也 莽誥作天輔誠辭 則失其讀久矣〕"라고 하였다.(《群經平議》)

70 予曷其不于前寧人 圖功攸終 : 孔傳은 "나는 어찌 전의 文王께서 사람을 편안케 하신 道에 대하여 그 공을 잘 마무리할 대책을 세울 것을 도모하지 않을 수 있겠는가.〔我何其不於前文王安人之道 謀立其功所終乎〕"라고 풀이하였는데, 蔡傳은 孔傳을 따르고 있다.

71 圖事·圖功·休 : 陳大猷는 "'圖事'는 행한 것을 가지고 말하고, '圖功'은 이룬 것을 가지고 말하고, '休'는 명을 받은 것을 가지고 말하여 반복해서 타일렀을 뿐이다.〔圖事 以其所行言 圖功以其所成言 休以受命言 反覆論之耳〕"라고 하였다.(《書傳大全》 小註)

寧人이 받으신 아름다운 事功을 잘 마무리하지 않을 수 있겠는가."

當時邦君御事有武王之舊臣者도 亦憚征役하니 上文考翼不可征이 是也라 故로 周公이 專呼舊臣而告之曰 爾惟武王之舊人이라 爾大能遠省前日之事리니 爾豈不知武王若此之勤勞哉아 閟者는 否(비)閉而不通이요 毖者는 艱難而不易라 言天之所以否閉艱難하여 國家多難者는 乃我成功之所在니 我不敢不極卒武王所圖之事也라 化者는 化其固滯요 誘者는 誘其順從이라 棐는 輔也라 寧人은 武王之大臣이니 當時에 謂武王爲寧王하고 因謂武王之大臣爲寧人也라 民獻十夫以爲可伐[73]이라니 是天輔以誠信之辭[74]는 考之民而可見矣니 我曷其不於前寧人에 而圖功所終乎아 勤毖我民若有疾者는 四國勤毖我民[75]이 如人有疾하여 必速攻治之니 我曷其不於前寧人所受休美而畢之乎아 按此三節은 謂不可不卒終畢寧王寧人

---

72 予曷敢不于前寧人攸受休畢 : 孔傳은 "하늘이 백성들을 편안하게 하려고 하거늘, 나는 어찌 감히 전의 文王께서 받으신 아름다운 命에 대하여 잘 마무리 짓지 않을 수 있겠는가라는 것이다.〔天欲安民 我何敢不於前文王所受美命 終畢之〕"라고 풀이하였다.

73 民獻十夫以爲可伐 : 위에 있는 "民獻有十夫 予翼以于"에 대해 蘇軾의 《書傳》에서 "백성의 어진이 중에 10夫가 와서 나를 돕고 가서 네 나라를 정벌하기를 요구한 바 있었다.〔民之賢者有十夫 來助我求往征四國〕"라고 주를 달았기 때문에 이렇게 말한 것이다. 그러나 10夫가 과연 蔡沈이 주장한 '亂臣十人'인지는 재고할 문제다.

74 天輔以誠信之辭 : 본문의 '天棐忱辭'를 풀이한 것인데, 朱子(《朱子語類》)는 "諸家가 '棐'자를 모두 '輔'자로 만들어 풀이한 것이니, 본시 통한 것으로 여겼다가 뒤에 《漢書》를 읽었더니, 顔師古의 注에 '匪와 棐는 통용한다.'고 했다. 《書經》 속의 '棐'자 같은 경우는 단지 '匪'자의 뜻으로만 보아야 한다. 그리고 '忱'은 바로 '諶'자로서 단지 '信(믿다)'의 뜻으로만 풀이되니, '天棐忱'은 '하늘은 믿을 것이 못된다.'고 한 것과 같다.〔諸家 棐字竝作輔字訓 固爲可通 後讀漢書顔師古注云 匪棐通用 如書中棐字 只合作匪字義 忱諶字 只訓信 天棐忱 如云天不可信〕"라고 하였으니, '棐'를 처음에는 '輔'의 뜻으로 보다가 뒤에 '匪(아니다)'의 뜻으로 전환하였음을 알 수 있다. 蔡傳은 '棐'를 輔의 뜻으로 풀이하였으니, 朱子는 初見說을 따른 셈이다.

75 周公專呼舊臣……四國勤毖我民 : 조선시대 李瀷은 《書疾書》에서 "經文에서는 분명 '王曰'이라 했는데도 해석에서는 '周公專呼'라고 했고, 經文에서는 분명 '天亦惟用勤毖我民'이라고 했는데도 해석에서는 '四國勤毖'라고 한 것은 무엇 때문인가. 위아래에 있는 두 '毖'는 같은 글자인데 두 가지로 해석하였으니, 또한 의심스럽다. 나의 생각에는 '勤毖我民'은 '우리 백성에게 勤勞한 것'이고, '閟毖我成功所' 또한 '몰래 우리 성공할 바에 勤勞한 것'을 이른다. '閟毖'는 '陰騭'이란 말과 같다. 《朱子語類》에서 '匪'와 '棐'는 통용하였으니, '天棐忱'은 곧 友邦의 임금들이 점괘가 좋다는 말을 믿지 않는 것이다. 그러므로 成王이 크게 깨우친 것이다. 이미 師門의 定說이 있건만, 蔡傳에서 그를 따르지 않은 것은 무엇 때문인가.〔經文分明道王曰 而解云 周公專呼 經文分明道天亦惟用勤毖我民 而解云四國勤毖 何也 上下二毖 同字而二解 亦可疑 愚意勤毖我民 勤勞於我民也 閟毖我成功所 亦謂陰以勤勞於我成功之所也 閟毖猶言陰騭也 語類匪棐通 天棐忱 卽友邦君不信卜吉之辭 故成王乃大化誘之也 旣有師門定說 蔡傳不從何也〕"라고 하였다.

事功休美之意니 言寧人이면 則舊人之不欲征者도 亦可愧矣리라

당시 제후와 일을 다스리는 이들 중에 武王의 옛 신하인데도 정벌하는 일을 꺼리는 자가 있었으니, 윗글에 "아버님이 경건히 섬기시던 분들까지도 '정벌해서는 안 된다.'고 한다."는 것이 이것이다 그러므로 周公이 오로지 옛 신하들만을 불러서 고하기를 "너희들은 武王의 옛사람(신하)인지라, 너희들은 크게 멀리 전일의 일을 살필 것이니, 너희들이 어찌 武王이 그처럼 근로하셨음을 모르겠는가."라고 한 것이다. 閟는 닫혀서 통하지 않는 것이고, 毖는 어려워서 쉽지 않은 것이다. 하늘이 막고 어렵게 만들어 국가에 곤란한 일이 많은 것은 바로 우리가 공을 이룰 수 있는 좋은 기회이니, 나는 감히 武王께서 도모하시던 일을 잘 마무리하지 않을 수 없다.

化는 그들의 固滯됨을 풀어주는 것이고, 誘는 그들이 순종하기를 유도하는 것이다. 棐는 輔(돕다)의 뜻이다. 寧人은 바로 武王의 大臣이니, 당시에 武王을 일러 寧王이라 하고, 따라서 武王의 大臣을 일러 寧人이라 하였다. 백성 중에 어진 이 열 명이 정벌하여야 한다고 말하였으니, 이 하늘이 〈어진 백성의〉 誠信한 말 때문에 도운 것은 우리 백성을 살펴보면 볼 수 있을 것이다. 내가 어찌 전의 寧人의 공을 마무리할 것을 도모하지 않을 수 있겠는가.

"勤毖我民若有疾"이란 것은 네 나라가 우리 백성들을 괴롭히는 것이 마치 사람에게 병이 있어 반드시 빨리 치료해야 하는 것과 같은 상황이니, 내가 어찌 감히 전의 寧人이 받으신 아름다운 事功을 잘 마무리하지 않을 수 있겠는가라는 것이다.

살펴보건대, 이 세 구절은 寧王과 寧人의 일과 功과 아름다움을 잘 마무리하지 않을 수 없다는 뜻이니, 寧人이라 말했으면 옛사람으로서 정벌하려고 하지 않은 자들도 부끄러워할 만 하였으리라.

字義 閟 : 막을 비 毖 : 어려울 비, 삼갈 비 憚 : 꺼릴 탄 易 : 쉬울 이 否 : 막을 비 閉 : 닫을 폐 滯 : 막힐 체 誘 : 꾈 유 攻 : 다스릴 공 愧 : 부끄러울 괴

11. 王曰 若昔에 朕其逝할새 朕言艱하여 日思[76]하니 若考作室하여 旣厎(지)法이어든 厥子乃弗肯堂이온 矧肯構[77]아 厥父菑어든 厥子乃弗肯播온 矧肯穫가 厥考翼[78]은 其肯曰 予有後하니 弗棄基아 肆予는 曷敢不越卬하여 敉寧王大命하리오

---

76 若昔……日思 : 孔傳은 '若'을 順(따르다)의 뜻으로 보아 "옛 道를 따라 나는 동쪽으로 가서 정벌할 것이다. 내가 말한 국가의 어려운 점이 빠짐없이 밝혀졌으니, 날마다 유념하도록 하라.〔順古道我其往東征矣 我所言國家之難備矣 日思念之〕"로 풀이하였다.

王이 말씀하였다. "전일에 朕이 〈三監을 치러〉 가려고 할 적에 朕도 그 일의 어려운 점을 말하여 매일같이 깊이 생각하였으니, 이를테면 아버지는 집을 지으려고 이미 법을 정해놓았으나 그의 아들은 집터도 닦으려 하지 않는데, 하물며 집을 지으려고 하겠는가. 그 아버지는 밭을 일구어 놓았으나 그의 아들은 씨도 뿌리려 하지 않는데, 하물며 곡식을 수확하려 하겠는가. 〈그 아들 된 자가 이와 같다면〉 아버지로 경건히 섬기던 분이 '나에게 後嗣가 있으니, 나의 基業을 버리지 않을 것이다.'라고 말하려 하겠는가. 그러므로 내가 어찌 감히 내 생전에 寧王의 큰 命을 어루만져 보존하지 않을 수 있겠는가.

昔은 前日也니 猶孟子昔者[79]之昔이라 若昔我之欲往에 我亦謂其事之難하여 而日思之矣니 非輕擧也라 以作室喩之하면 父旣底定廣狹高下어든 其子不肯爲之堂基온 況肯爲之造屋乎아 以耕田喩之하면 父旣反土而菑矣어든 其子乃不肯爲之播種이온 況肯俟其成而刈穫之乎아 考翼은 父敬事者也[80]라 爲其子者如此면

---

77 厥子乃弗肯堂 矧肯構 : 孔傳에서 "집을 짓는 일로 정치하는 것을 비유하였다. 아버지가 이미 법을 마련하였으나 아들은 집터도 닦으려 하지 않는데, 하물며 집을 지으려고 하겠는가. 쉬운 것도 하지 않으니, 어려운 일을 〈하지 않을 것은〉 알 수 있다.〔以作室喩治政也 父已致法 子乃不肯爲堂基 況肯構立屋乎 不爲其易 則難者可知〕"라고 풀이하였는데, 兪樾은 '堂'을 壇의 뜻으로 보아 "經文에서 '堂'만 말하고 堂의 基(터)는 말하지 않았는데, 傳에서 반드시 '基'자를 보탠 것은 '構'를 상대해서 말하기 위해서이다. 그러나 堂 또한 반드시 얽어 세워서 이루어진 것이니, '堂을 지으려 하지 않거늘, 하물며 얽어 세우려 하겠는가.'라고 한다면 뜻에 온당하지 못함이 있을까 의심했기 때문에 '基'자를 보태서 그 뜻을 이룬 것이다. 만일 그렇다면 經文에서 왜 곧 '터를 닦으려 하지 않는다.'고 하지 않고 꼭 '堂을 지으려 하지 않는다.'고 하였을까. 傳의 뜻은 잘못된 것이다. 이 經文에서는 '堂'과 '構'를 가지고 상대해서 말하여 '흙을 쌓아 堂을 만들려 하지 않음을 보겠는데, 또 어떻게 屋을 얽어 세울 책임을 가지겠는가.'라고 한 것이다. 經文이 본래 극히 분명한데, 後人은 옛 제도를 알지 못하기 때문에 그 해석을 잘못한 것이다.〔經言堂 不言堂基 傳必增基字者 以其對構而言 疑堂亦必構立而成 不肯堂 矧肯構 於義未安 故增基字 以成其義也 若然則經文何不卽云不肯基而必云不肯堂乎 傳義非也 此經以堂構對言 見封土以爲堂 且不肯 又安責其構立屋乎 經文本極分明 後人不達古制 故失其解〕"라고 하였다.(《群經平議》)

78 厥考翼 : 孔傳은 '考'는 父의 뜻으로, '翼'은 敬의 뜻으로 보아 "그 아버지는 일을 경건히 행해서 창업을 하였으나〔其父敬事創業〕"로, 蘇軾(《書傳》)은 孔傳을 따라 "아버지는 그 일을 경건히 하나 아들이 계승하지 않으면〔父雖敬其事而子不繼〕"으로, 林之奇(《尙書全解》)는 蘇軾을 따라 "아버지는 그 일을 경건히 하나 아들이 계승하지 않는다면〔父欽其事而子無以繼之〕"으로 풀이하였다. 위에 있는 '考翼'은 아버지가 경건히 섬기던 분들로 해석해야 하고, 여기에 있는 '考翼'은 아버지로 공경히 섬기던 분으로 해석해야 한다.

79 昔者 : 《孟子》 〈公孫丑 下〉에 나오는 말인데, 趙岐의 注에 "昔者는 昨天(전일)이다."라고 하였다.

80 考翼 父敬事者也 : 李濂(《書經疾書》)은 "蔡傳에서 '考翼'은 '아버지로 경건히 섬기던 분이다.'라고

則考翼이 其肯曰 我有後嗣하니 弗棄我之基業乎아 蓋武王이 定天下하여 立經陳紀를 如作室之厎法하고 如治田之旣菑나 今三監이 叛亂커늘 不能討平하여 以終武王之業이면 則是不肯堂하고 不肯播온 況望其肯構肯穫하여 而延綿國祚於無窮乎아 武王在天之靈이 亦必不肯自謂其有後嗣하여 而不棄墜其基業矣라 故로 我何敢不及我身之存하여 以撫存武王之大命乎아 按此三節은 申喩不可不終武功之意니라

昔은 前日이니, 孟子가 말한 '昔者'의 昔과 같은 것이다. 전일 내가 〈三監을 치러〉 가려 할 적에 나 또한 그 일의 어려운 점을 말하여 매일같이 심사숙고하였으니, 가볍게 행동한 것이 아니었다. 집을 짓는 일을 가지고 비유하면 아버지는 집을 지으려고 廣狹, 高下에 대한 법을 이미 정해놓았거든 그 아들은 집터도 닦으려 하지 않는데, 하물며 집을 지으려고 하겠는가. 밭을 가는 일을 가지고 비유하면 아버지는 흙을 갈아엎어서 이미 밭을 일구어 놓았거든 그 아들은 씨도 뿌리려 하지 않는데, 하물며 그 곡식이 여물기를 기다려서 수확하려 하겠는가.

考翼은 아버지로 경건히 섬기던 분이다. 그 아들 된 자가 이와 같다면 아버지로 경건히 섬기던 분이 '나에게 後嗣가 있으니, 나의 基業을 버리지 않을 것이다.'라고 말하려 하겠는가. 대개 武王이 천하를 평정하고 나서 법을 세우고 기강을 확립하기를 마치 집을 지을 때 설계하는 것처럼, 밭을 일굴 때 흙을 갈아엎는 것처럼 하였으나 지금 三監이 반란을 일으켰는데, 그를 토벌하여 평정함으로써 武王의 基業을 잘 마무리하지 못한다면 이는 바로 집터를 닦으려 하지 않고 씨를 뿌리려 하지 않는 것인데, 하물며 그가 집을 지으려 하고 수확을 하려 하여 國運을 무궁히 이어가기를 바랄 수 있겠는가. 하늘에 계신 武王의 혼령 또한 반드시 스스로 "後嗣가 있어 그 基業을 실추시키지 않을 것이다."라고 말하려 하지 않을 것이다. 그러므로 내 어찌 감히 내 생전에 寧王의 큰 命을 어루만져 보존하지 않을 수 있겠는가.

살펴보건대, 이 세 節은 武王의 功을 마무리하지 않을 수 없다는 뜻을 거듭 말한 것이다.

字義 朕 : 나 짐　逝 : 갈 서　艱 : 어려울 간　厎 : 이룰 지　肯 : 즐길 긍　矧 : 하물며 신
構 : 얽을 구　菑 : 밭일굴 치　播 : 뿌릴 파　穫 : 거둘 확　肆 : 그러므로 사　曷 : 어찌 갈
敉 : 어루만질 미　喩 : 비유할 유　廣 : 넓을 광　狹 : 좁을 협　種 : 씨앗 종　俟 : 기다릴 사
刈 : 벨 예　嗣 : 자식 사　祚 : 복 조　撫 : 어루만질 무

하였고, 이어서 아랫글에 '하늘에 계신 武王의 혼령'이라고 하였다. 그렇다면 成王이 경건히 섬기던 아버지이시다.〔蔡傳考翼父敬事者也 下文云 武王在天之靈 然則成王所敬事之父也〕"라고 하였다.

12. 若兄考의 乃有友 伐厥子어든 民養은 其勸하고 弗救[81]아

이를테면 父兄의 어떤 친구가 그 아들을 攻伐하거든 民養(民養은 未詳이다.)은 이것을 권면하고 구제하지 않겠는가.

民養은 未詳이라 蘇氏曰 養은 廝養也라하니 謂人之臣僕이라 大意는 言若父兄有友攻伐其子어든 爲之臣僕者 其可勸其攻伐而不救乎아 父兄은 以喩武王이요 友는 以喩四國이요 子는 以喩百姓이요 民養은 以喩邦君御事라 今王之四國이 毒害百姓이어늘 而邦君臣僕이 乃憚於征役이면 是는 長其患而不救니 其可哉아 此는 言民被四國之害하니 不可不救援之意니라

民養은 未詳이다. 蘇氏는 말하기를 "養은 바로 廝養이다."라고 하였으니, 사람의 臣僕을 이른 것이다. 대체적인 뜻은 "이를테면 父兄의 어떤 친구가 父兄의 아들을 攻伐하거든 臣僕이 된 자가 攻伐을 권면하고 구원하지 않으면 되겠느냐."라고 말한 것이다. 父兄은 武王을 비유하고, 친구는 네 나라를 비유하고, 아들은 백성을 비유하고, 民養은 제후와 일을 다스리는 이를 비유한 것이다. 지금 임금의 네 나라가 백성들에게 해독을 끼치고 있거늘, 제후와 臣僕이 征役을 꺼린다면 이는 禍를 조장하고 구제하지 않는 행위인데 그것이 옳은 일인가. 이는 백성들이 네 나라의 폐해를 입고 있으니 구제하지 않을 수 없다는 뜻을 말한 것이다.

字義 憚 : 꺼릴 탄 被 : 입을 피 援 : 구원할 원

13. 王曰 嗚呼라 肆哉어다 爾庶邦君과 越爾御事아 爽邦은 由哲이며 亦惟十人[82][83]이

---

81 若兄考……弗救 : 孔傳은 '民養'을 '백성들이 攻伐을 권면하는 마음을 기르는 것으로 보아 "이를테면 형이나 아우 또는 아버지나 아들이 가장이 된 집에 어떤 친구가 와서 그 아들을 攻伐하거든 백성들이 모두 토벌을 권면하는 마음을 길러 구제하지 않는 것은 그 아들이 악하기 때문이다. 이와 같이 네 나라를 장차 주벌하려 해도 구제하는 자가 없는 것은 그들 죄가 크기 때문이다.〔若兄弟父子之家 乃有朋友來伐其子 民養其勸不救者 以子惡故 以此四國將誅而無救者 罪大故〕"로, 蘇軾(《書傳》)은 '民養'을 '厮養'(하인)으로 보아 "부형이 친구들과 함께 그 아들을 토벌하거든 그 집 하인은 부형을 도와야 하겠는가. 아니면 그 아들을 도와야 하겠는가. 그들은 장차 서로 권면하여 그 부형을 돕고 그 아들을 구제하지 않을 것이다. 지금 왕이 제후와 함께 네 나라를 정벌하는 것은 마치 부형이 친구들과 함께 그 아들을 토벌하는 것과 같은데, 백성들은 그 누구를 도와야 하겠는가.〔父兄而與朋友伐其子 其家之民養 當助父兄歟 抑助其子歟 其將相勸助其父兄 弗救其子也 今王與諸侯征伐四國 如父兄與朋友 伐其子爾 衆人孰當助乎〕"로 풀이하였다.

82 十人 : 孔傳은 '民獻十夫'로 보았고, 蘇軾과 林之奇도 孔傳을 따랐으며, 蔡傳은 여기서도 '亂臣十人'으로 보았다.

迪知上帝命하며 越天이 棐忱이시니라(이시니) 爾時에 罔敢易法[84]하니 矧今에 天이 降戾于周邦하사 惟大艱人이 誕隣하여 胥伐于厥室이온여 爾亦不知天命不易[85]이로다

왕이 말씀하였다. "아, 마음을 놓을지어다. 너희 여러 나라의 임금과 너희 일을 다스리는 이들아. 〈大命을〉 나라에 밝힐 수 있었던 것은 밝은 지혜를 가진 선비들이 있었기 때문이며, 또한 〈亂臣〉 열 사람이 上帝의 命에 대한 참으로 앎을 이행하였기 때문이며, 그리고 하늘이 〈武王의〉 誠信을 도와주셨기 때문이니라. 너희들은 이때에도 감히 〈武王의〉 法制를 어기지 못하였는데, 하물며 지금은 하늘이 周나라에 禍를 내리시어 大難을 일으키는 사람들이 매우 가까이 있어 서로 그 집안을 공격하고 있는 때가 아닌가. 너희들은 또한 天命은 어길 수 없는 것임을 알지 못하는구나.

肆는 放也니 欲其舒放而不畏縮也라 爽은 明也니 爽厥師之爽이라 桀昏德에 湯伐之라 故로 言爽師요 受昏德에 武王伐之라 故로 言爽邦이라 言昔武王之明大命於邦은 皆由明智之士요 亦惟亂臣十人이 蹈知天命이요 及天輔武王之誠하여 以克商受니라 爾於是時에 不敢違越武王法制하여 憚於征役이온 矧今武王死에 天降禍於周하여 首大難之四國이 大近하여 相攻於其室하니 事危勢迫이 如此어늘 爾乃以爲不可征이라하니 爾亦不知天命之不可違越矣라 此는 以今昔互言하여 責邦君御事之不知天命이라

---

83 爽邦由哲 亦惟十人 : 孔傳은 由를 用의 뜻으로 보고 邦, 人에 句를 끊어서 "그 까닭은 國事에 밝고 지혜와 도리를 쓰는 열 사람이 있어 하늘의 命을 알아서 이행하였기 때문임을 말한 것이니, 인민 중에 어진 열 사람이 와서 周나라를 도운 것을 이른다.〔言其故 有明國事 用智道十人 蹈知天命 謂人獻十夫來佐周〕"라고 풀이하고, 孔疏는 "반드시 이길 수 있음을 아는 까닭은 國事에 밝고 지혜와 도리를 쓴 자가 있기 때문이고, 또한 열 사람이 있어, 이들이 上帝의 命에 대한 앎을 이행하였기 때문이며, -백성 중에 어진 열 사람이 와서 周나라를 도운 일을 말한다. 이 사람들이 이미 왔으니 이길 것은 필연적인 일이다.- 우리에 대하여 하늘이 그 誠信함을 돕기 때문이다.〔所以知必克之故 有明國事用智道者, 亦惟有十人 此人皆蹈知上天之命 -謂民獻十夫來佐周家 此人旣來 克之必也- 於我天輔誠信之故〕"라고 풀이하였다.

84 越天……罔敢易法 : 孔疏는 '越'을 於의 뜻으로, '時'를 是의 뜻으로 보아 "우리에 대하여 하늘이 그 誠信을 도와주었기 때문이니라. 너희들 天下(나라)는 여기에서 天法(天命)은 감히 변역할 수 없는 것임을 알았을 것이다.〔於我天輔誠 汝天下 是知無敢變易天法〕"로 풀이하였다.

85 矧今天降戾于周邦……爾亦不知天命不易 : 孔傳은 "하물며 지금 하늘이 周나라에 죄를 내려서 네 나라로 하여금 반역을 하게 함에랴. 대란을 일으키는 사람들이 매우 가까이서 서로 그 집을 공격하고 있건만, 너희들은 또한 天命은 변역할 수 없는 것임을 알지 못하는구나."로 풀이하였다.

肆는 放(풀어놓다)의 뜻이니, 그들이 마음을 놓고 두려워서 위축되지 않게 하고자 한 것이다. 爽은 明의 뜻이니, 〈《仲虺之誥》에 나오는〉 "爽厥師(그 민중을 밝게 다스려 주도록 했다.)"의 爽이다. 桀이 혼우하여 어진 덕이 없자 湯이 정벌하였기 때문에 "민중을 밝게 다스리도록 했다."라고 말하였고, 受가 혼우하여 어진 덕이 없자 武王이 정벌하였기 때문에 "나라를 밝혔다."라고 말한 것이다. 옛날 武王이 大命을 나라에 밝힐 수 있었던 것은 모두 밝은 지혜를 가진 선비들이 있었기 때문이며, 또한 亂臣 열 명이 天命을 참으로 알아서 이행하였기 때문이며, 그리고 하늘이 武王의 誠信함을 도와 商나라 受를 이기게 했기 때문이다.

너희들은 이때에도 감히 武王의 法制를 어겨 정벌하는 일을 꺼리지 않았었는데, 하물며 지금은 武王이 서거함에 하늘이 周나라에 禍를 내려서, 앞장서서 大難을 일으키는 네 나라가 매우 가까이 있어 서로 그 집안을 공격하니, 일이 위태롭고 형세가 급박함이 이와 같은데도 너희들은 "정벌해서는 안 된다."고 말하니, 너희들은 또한 天命은 어길 수 없는 것임을 알지 못하는 것이다. 이는 지금과 옛날을 가지고 상호적으로 말하여 제후와 일을 다스리는 이들이 天命을 알지 못한 점을 질책한 것이다.

按 先儒皆以十人爲十夫라 然이나 十夫는 民之賢者爾니 恐未可以爲迪知帝命이요 未可以爲越天棐忱이라 所謂迪知者는 蹈行眞知之詞也요 越天棐忱은 天命已歸之詞也니 非亂臣昭武王以受天命者면 不足以當之라 況君奭之書에 周公이 歷擧虢叔閎夭之徒에도 亦曰迪知天威라하고 於受殷命에도 亦曰若天棐忱이라하니 詳周公前後所言하면 則十人之爲亂臣을 又何疑哉아

살펴보건대, 先儒들은 모두 十人을 十夫라고 하였다. 그러나 十夫는 백성 중에 어진 사람일 뿐이니, 上帝의 命에 대한 참으로 앎을 이행했다고 여기지 못할 듯하고, 하늘이 誠信함을 도왔다고도 여기지 못할 듯하다. 이른바 '迪知'라는 것은 "참으로 앎을 이해했다."는 말이며, '越天棐忱'은 "天命이 이미 돌아왔다."는 말이니, 亂臣으로서 武王을 밝게 보필하여 天命을 받게 한 자가 아니라면 족히 이에 해당되지 못한다. 하물며 〈君奭〉의 글에 周公이 虢叔과 閎夭의 무리를 열거할 때에도 또한 "하늘의 위엄에 대한 참으로 앎을 이행하였다."라고 말하였고, 殷나라의 命을 받은 점을 말할 때에도 또한 "혹여 하늘이 誠信함을 도울까."라고 말하였으니, 周公이 앞뒤에서 말씀한 것을 자세히 살펴보면 十人이 亂臣이란 것을 또한 어찌 의심할 수 있겠는가.

字義 肆 : 놓을 사 越 : 전치사 월 爽 : 밝을 상 迪 : 이행할 적 易 : 바꿀 역 矧 : 하물며 신

戾 : 죄 려 誕 : 클 탄 隣 : 가까울 린 胥 : 서로 서 放 : 놓을 방 舒 : 펼 서 輔 : 도울 보
縮 : 위축될 축 迫 : 급박할 박 互 : 서로 호 棐 : 도울 비 忱 : 정성 침

14. 予永念하여 曰 天惟喪殷이 若穡夫시니 予는 曷敢不終朕畝[86]하리오 天亦惟休于前寧人이시니라

내 장시간 생각해보고 말하노라. "하늘이 殷나라를 멸망시킨 것이 마치 농부가 〈잡초를 없애는 것과〉 같은데, 내 어찌 감히 나의 밭일을 마무리하지 않을 수 있겠는가. 하늘이 또한 전의 寧人에게 아름답게 하고자 하셨느니라.

天之喪殷은 若農夫之去草에 必絶其根本[87]이니 我何敢不終我之田畝乎아 我之所以終畝者는 是天亦惟欲休美於前寧人也라

하늘이 殷나라를 멸망시킨 것이 마치 농부가 잡초를 제거할 때에 반드시 그 뿌리를 잘라버리는 것과 같은데, 내 어찌 감히 나의 밭일을 마무리하지 않을 수 있겠는가. 내가 밭일을 마무리하는 것은 바로 하늘이 또한 전의 寧人에게 아름답게 하고자 하는 것이다.

字義 畝 : 이랑 무(묘)

15. 予는 曷其極卜이며 敢弗于從이리오 率寧人인댄 有指疆土[88]어시늘 矧今에 卜幷

86 予永念……予曷敢不終朕畝 : 孔傳은 "농사짓는 농부는 잡초를 제거하고 곡식 싹을 기른다. 나는 장시간 생각하건대, 하늘이 殷나라의 악한 임금을 망가뜨린 것도 역시 이와 같을 것이다. 내 어찌 감히 하늘을 순종하여 우리 농장을 마무리하지 않을 수 있겠는가라는 것이니, 마땅히 殷나라를 멸망시켜야 함을 말한 것이다.〔稼穡之夫 除草養苗 我長念天亡殷惡主 亦猶是矣 我何敢不順天 終竟我壟畝乎 言當滅殷〕"라고 풀이하였고, 林之奇(《尙書全解》)는 "지금 남은 종자가 있으면 내 어찌 감히 밭일을 마무리하듯 그 일을 끝내지 않을 수 있겠는가. 武庚의 반역을 제거하지 않으면 나의 밭일을 마무리하지 않는 꼴이 되기 때문이다.〔有遺種焉 則我何敢不如田畝之終而畢其事乎 蓋武庚之叛不去 則爲不終朕畝矣〕"라고 하였다.

87 天之喪殷……必絶其根本 : 丁若鏞(《尙書知遠錄》)은 "蔡說이 잘못된 것이다. '穡夫'는 아랫구의 첫구이니, 곧 지금 우리 周나라의 일이 마치 농부가 밭갈이를 시작한 것과 같은데, 내 감히 밭일을 마무리하지 않을 수 있겠는가라는 것이다.〔蔡說非也 穡夫下句之起句也 今我周之事 如農夫之始耕 予敢不終畝乎〕"라고 풀이하였다.

88 予曷其極卜……有指疆土 : 孔傳은 "내 어찌 〈文王의〉 거북점 치는 법을 다 써서 감히 따르지 않을 수 있겠는가. 文王께서 가지신 〈반역자는 반드시 정벌해야 한다는〉 뜻을 따라 강토를 안정시킨다면 〈점을 쳐볼 필요 없이〉 그것만으로도 좋을 것이다.〔我何其極卜法 敢不於從 循文王所有指意 以安疆土則善矣〕"라고 풀이하였다.

吉이온여 肆朕이 誕以爾로 東征하노니 天命이 不僭이라 卜陳이 惟若玆하니라

내 어찌 점괘를 다 쓰려는 것이며, 감히 〈너희들의 말을〉 따르지 않으려는 것이겠느냐. 寧人을 따르려 할진댄 疆土를 지정할 의무가 있거늘, 하물며 지금은 점괘가 모두 吉하지 아니한가. 그러므로 朕은 크게 너희들을 데리고 동쪽으로 정벌하러 가려는 것이니, 天命은 어그러지지 않을 것이다. 점괘에 나타난 징조가 이와 같으니라."

我何敢盡欲用卜이며 敢不從爾勿征이리오 蓋率循寧人之功인댄 當有指定先王疆土之理니 卜而不吉이라도 固將伐之어든 況今卜而幷吉乎아 故로 我大以爾東征하니 天命이 斷不僭差라 卜之所陳이 蓋如此니라 按此篇은 專主卜言이나 然其上原天命하고 下述得人하며 往推寧王寧人不可不成之功하고 近指成王邦君御事不可不終之責하여 諄諄乎民生之休戚과 家國之興喪하되 懇惻切至하여 不能自已하고 而反復終始乎卜之一說하여 以通天下之志하고 以斷天下之疑하고 以定天下之業하니 非聰明睿知(智)神武而不殺者면 孰能與於此哉리오

내 어찌 감히 점괘를 모두 쓰려고 하며, 감히 너희들의 정벌하지 말자는 말을 따르지 않으려는 것이겠느냐. 寧人의 事功을 따르려 할진댄 응당 先王의 疆土를 지정할 의무가 있으니, 점을 쳐서 불길하더라도 진실로 정벌하여야 하는데, 하물며 지금 점을 친 것이 모두 길하지 아니한가. 그러므로 내가 크게 너희들을 데리고 동쪽으로 정벌하러 가려는 것이니, 천명은 결단코 어그러지지 않을 것이다. 점괘에 나타난 바가 이와 같다.

살펴보건대, 이 篇은 오로지 점만을 위주로 해서 말했으나 위로는 天命에 근원을 하고 아래로는 인재를 얻는 것을 기술하였으며, 지난 일로는 寧王과 寧人이 이루지 않을 수 없는 事功을 미루어 말하고, 가까운 일로는 成王과 제후 그리고 일을 다스리는 이들이 마무리하지 않을 수 없는 책임을 지적하였다. 그리하여 民生의 休戚과 國家의 興亡에 대해 자상하게 말하되, 간절하고 지극한 심정의 토로를 스스로 그치지 않았으며, 占卜에 대한 一說을 시종 반복하여, 천하의 뜻을 통하고 천하의 의심을 결단하고 천하의 대업을 정하였으니, 聰明하고 睿智하고 神武하여 살육을 일삼지 않는 자가 아니라면 그 누가 여기에 참여할 수 있겠는가.

字義 率 : 거느릴 솔　肆 : 그러므로 사　誕 : 클 탄　僭 : 어긋날 참　循 : 따를 순　斷 : 단연코 단　差 : 어긋날 차　述 : 기술할 술　諄 : 지극할 순　休 : 아름다울 휴　戚 : 슬플 척　懇 : 정성 간　惻 : 슬플 측　切 : 간절할 절　至 : 지극할 지　斷 : 결단할 단　與 : 참여할 여

微子之命[89]

微는 國名이요 子는 爵也라 成王이 旣殺武庚하고 封微子於宋하여 以奉湯祀한대 史錄其誥命하여 以爲此篇이라 今文無하고 古文有하니라

微는 國名이고, 子는 爵位이다. 成王이 이미 武庚을 죽이고 나서 微子를 宋나라에 봉하여 湯임금의 제사를 받들게 하였는데, 史官이 그에 대한 誥命을 기록하여 이 篇을 만들었다. 〈微子之命〉은 《今文尙書》에는 들어 있지 않고 《古文尙書》에는 들어 있다.

1. 王若曰하사대 猷라 殷王元子아 惟稽古하여 崇德하며 象賢[90]할새 統承先王하여 修其禮物하여 作賓于王家하노니 與國咸休하여 永世無窮하라

王(成王)이 이렇게 말씀하였다. "아, 殷나라 왕의 元子야. 옛 제도를 상고하여 德 있는 분(湯임금)을 존숭하며, 〈당신(微子)이〉 선대의 어진 이를 닮았기 때문에 先王을 계승해서 그 典禮와 文物을 닦아 周나라 王家에 賓客이 되게 하노니, 周나라와 함께 아름다워 영세토록 무궁한 복을 누리도록 하라.

元子는 長子也라 微子는 帝乙之長子요 紂之庶兄也라 崇德은 謂先聖王之有德者를 則尊崇而奉祀之也요 象賢은 謂

微子圖

---

89 微子之命 : 顧炎武는 "微子는 周나라에서 아마 나라는 받고 관작은 받지 않았을 것이다. 나라는 받아 先王의 제사를 보존하고, 관작은 받지 않아 신하 노릇 하지 않는 절의를 보였기 때문에 종신토록 '微子'로 칭했던 것이다.〔微子之於周 蓋受國而不受爵 受國以存先王之祀 不受爵以示不爲臣之節 故終身稱微子也〕"라고 하였다.(《日知錄》 微子之命)

90 惟稽古……象賢 : 孔傳은 "古典을 상고하니 덕을 높이고 어진 이를 존숭한 의의가 있었다."라고 풀이하였다.

其後嗣子孫에 有象先聖王之賢者를 則命之以主祀也라 言考古制하여 尊崇成湯之德하고 以微子象賢而奉其祀也라 禮는 典禮요 物은 文物也니 修其典禮文物하여 不使廢壞하여 以備一王之法也라 孔子曰 夏禮를 吾能言之나 杞不足徵也요 殷禮를 吾能言之나 宋不足徵也는 文獻不足故也라하시니 殷之典禮를 微子修之로되 至孔子時에 已不足徵矣라 故로 夫子惜之하시니라 賓은 以客禮遇之也니 振鷺에 言我客戾止요 左氏謂 宋은 先代之後니 天子有事에 膰焉하고 有喪에 拜焉者也라 呂氏曰 先王之心은 公平廣大하여 非若後世滅人之國에 惟恐苗裔之存하여 爲子孫害라 成王이 命微子하고 方且撫助愛養하여 欲其與國咸休하여 永世無窮하시니 公平廣大氣象을 於此可見이라하니라

元子는 맏아들이다. 微子는 帝乙의 맏아들이자 紂의 庶兄이다. 崇德은 先聖王의 德이 있는 분을 존숭하여 제사를 받드는 것을 이르고, 象賢은 그 後嗣의 자손 중에 先聖王의 어진 덕을 닮은 이가 있을 경우에는 그에게 명하여 제사를 주관하게 하는 것을 이른다. 이는 옛날 제도를 상고하여 成湯의 德을 존숭하고 微子가 그 선성왕의 어진 덕을 닮았다고 해서 그 제사를 받들게 함을 말한 것이다. 禮는 典禮요, 物은 文物이니, 典禮와 文物을 닦아 파괴되지 않게 해서 한 王朝의 법도를 갖추도록 한 것이다.

孔子께서 말씀하기를 "夏나라 禮를 내 말할 수 있지만 杞나라가 증빙하기에 부족하고, 殷나라 禮를 내 말할 수 있지만 宋나라가 증빙하기에 부족한 것은 文獻(문적과 인물)이 부족하기 때문이다."라고 하셨으니, 殷나라의 典禮를 微子가 닦았지만, 孔子 때에 와서 이미 증빙하기에 부족한 상태였다. 그러므로 夫子(孔子)께서 이를 애석하게 여기신 것이다. 賓은 賓禮를 가지고 대우하는 것이니, 《詩經》 〈周頌 振鷺〉에 "우리 손님이 이르렀다." 말하고, 《春秋左氏傳》 僖公 24년 조에 "宋나라는 先代의 後裔이니, 天子가 제사를 지내게 되면 膰肉을 내리고, 〈周나라가〉 喪을 당했을 때 〈宋나라에서 조문하면 천자가〉 절을 했다." 이른 것이 바로 그것이다.

呂氏가 말하였다. "先王의 마음은 公平하고 廣大하여 후세에 남의 나라를 멸망시켰을 경우, 행여 그 후손이 남아 있어 자기 자손에게 해가 될까 염려하는 것과는 같지 않다. 成王이 微子를 봉해서 그를 어루만져 도와주고 사랑하여 길러서 周나라와 함께 아름다워 영세토록 무궁한 복을 누리게 하려고 하였으니, 공평하고 광대한 기상을 여기에서 볼 수 있겠다."

字義 象 : 본받을 상 休 : 아름다울 휴 壞 : 무너질 괴 徵 : 징빙할 징 戾 : 이를 려
播 : 제사고기 번

2. 嗚呼라 乃祖成湯이 克齊聖廣淵하신대 皇天이 眷佑어시늘 誕受厥命하사 撫民以寬①하시며 除其邪虐하시니 功加于時하시며 德垂後裔하시니라

① 書經 撫民以寬 : 백성들을 어루만지되 너그러움으로써 하며
一般 以寬撫民 : 너그러움으로 백성들을 어루만지며

아. 너의 조상 成湯이 능히 경건하고 성스럽고 광대하고 심원하시니, 皇天이 돌보고 도우시거늘, 크게 황천의 命을 받아 너그러움으로 백성들을 어루만지시며 사악하고 포학한 자를 제거하시니, 功이 당시에 가해지고 德이 후손들에게 드리워졌느니라.

齊는 肅也니 齊則無不敬이요 聖則無不通이라 廣은 言其大요 淵은 言其深也라 誕은 大也라 皇天眷佑어늘 誕受厥命은 卽伊尹所謂天監厥德하사 用集大命[91]者요 撫民以寬하며 除其邪虐은 卽伊尹所謂代虐以寬하신대 兆民允懷[92]者라 功加于時는 言其所及者衆이요 德垂後裔는 言其所傳者遠也라 後裔는 卽微子也라 此는 崇德之意라

齊는 肅의 뜻이니, 엄숙하면 경건하지 않음이 없고, 성스러우면 통하지 않음이 없는 것이다. 廣은 그 큼을 말하고 淵은 그 깊음을 말한 것이다. 誕은 大의 뜻이다. "황천이 돌보고 도우시거늘 크게 황천의 명을 받았다."라는 것은 곧 伊尹이 이른바 "하늘이 그분의 德을 살펴보시고 〈그분의 몸에〉 大命을 모아주었다."라는 것이며, "너그러움으로 백성들을 어루만지며 사악하고 포학한 자를 제거했다."라는 것은 곧 伊尹이 이른바 "너그러움으로써 포악함을 대신하시니, 만백성이 믿고 따르게 되었다."라는 것이다. "공이 당시에 가해졌다."라는 것은 그 파급된 바가 많았음을 말한 것이고, "덕이 후손에게 드리워졌다."라는 것은 그 전한 바가 장원함을 말한 것이다. 後裔는 바로 微子이다. 이것은 崇德의 뜻이다.

字義 齊 : 경건할 제 淵 : 심원할 연 眷 : 돌볼 권 誕 : 클 탄 裔 : 후손 예

---

91 天監厥德 用集大命 : 〈太甲 上〉에 보인다.
92 代虐以寬 兆民允懷 : 〈伊訓〉에 보인다.

3. **爾惟踐修厥猷**하여 **舊有令聞**하니 **恪愼克孝**하며 **肅恭神人**일새 **予嘉乃德**하여 **曰篤不忘**[93]하노라 **上帝時歆**하시며 **下民祗協**할새 **庸建爾于上公**하여 **尹茲東夏**하노라

네가 그 道를 실천하고 닦아서 오래 전부터 훌륭한 명성이 나 있었으니, 공경하고 삼가는 마음으로 능히 어버이에게 효도하며, 神과 사람을 엄숙하고 공손한 태도로 섬기기 때문에 내 너의 德을 가상히 여기어 '〈그 덕이〉 순후해서 잊지 못하겠다.'고 하노라. 上帝는 흠향하시고 백성들은 화합하기 때문에 너를 上公으로 세워 이 東夏를 다스리도록 하노라.

猷는 道요 令은 善이요 聞은 譽也라 微子踐履修擧成湯之道하여 舊有善譽하니 非一日也라 恪은 敬也라 恪謹克孝하고 肅恭神人은 指微子實德而言이니 抱祭器歸周가 亦其一也라 篤은 厚也니 我善汝德하여 曰厚而不忘也하노라 歆은 饗이요 庸은 用也라 王者之後를 稱公이라 故로 曰上公이라 尹은 治也라 宋亳在東이라 故로 曰東夏라 此는 象賢之意라

猷는 道의 뜻이요, 令은 善의 뜻이요, 聞은 譽의 뜻이다. 微子가 成湯의 道를 실천하고 닦아서 오래 전부터 훌륭한 명성이 있는 것이지, 하루 이틀에 난 것이 아니다. 恪은 敬의 뜻이다. "공경하고 삼가는 마음으로 어버이에게 효도하며, 神과 사람을 엄숙하고 공손한 태도로 섬긴다."는 것은 微子의 實德을 가리켜 말한 것이니, '祭器를 안고 周나라로 돌아온 것'이 또한 그 한 가지 사례이다. 篤은 厚의 뜻이니, 나는 너의 德을 훌륭하게 여기어 "그 덕이 순후하여 그 덕을 잊지 못하겠노라."라고 한 것이다. 歆은 饗의 뜻이요, 庸은 用의 뜻이다. 王者의 후손을 '公'이라 칭하기 때문에 '上公'이라 한 것이다. 尹은 治의 뜻이다. 宋나라의 亳邑이 동쪽에 있기 때문에 '東夏'라고 한 것이다. 이것은 象賢의 뜻이다.

字義 踐 : 밟을 천 猷 : 도덕 유 令 : 착할 령 恪 : 공경 각 乃 : 너 내 篤 : 순후할 독
時 : 이 시 歆 : 흠향할 흠 祗 : 공경 지 協 : 화할 협 庸 : 써 용 尹 : 다스릴 윤
譽 : 기릴 예 抱 : 안을 포 厚 : 두터울 후 饗 : 흠향할 향

---

93 恪愼克孝……曰篤不忘 : 呂祖謙은 "微子의 德이 이와 같기 때문에 成王과 周公이 아름답게 여겼다. '曰'은 發語辭이니, 微子는 恪愼하고 肅恭하는 일을 하루도 거르지 않고 독실하게 하여 잊지 않음을 이른다. '篤'은 微子가 힘을 지극히 쓰는 것이다.〔微子之德如此 故成王周公嘉美之 曰者發語之辭 謂微子之恪愼肅恭 未嘗一日替 篤而不忘 篤者微子用力之至也〕"라고 풀이하였다.(《增修東萊書說》)

4. 欽哉하여 往敷乃訓하여 愼乃服命[94]하여 率由典常하여 以蕃王室하며 弘乃烈祖하며 律乃有民하여 永綏厥位하여 毗予一人하여 世世享德하여 萬邦作式①하여 俾我有周로 無斁케하라

① 書經 萬邦作式 : 만방에 법식이 되어
　一般 爲萬邦法式 : 만방의 법식이 되어

경건한 마음을 가지고 가서 너의 교훈을 잘 펴고, 너의 章服과 命數를 신중히 하여 일정한 典禮를 그대로 따라서 王室에 울타리 역할을 하며, 네 烈祖(成湯)의 道를 넓히고 네 백성들을 모범적으로 잘 다스려 길이 네 지위를 편안히 지키어 나 한 사람을 도와서 대대로 〈너의 자손들이〉 德을 누리면서 萬邦의 법식이 되어 우리 周나라로 하여금 〈宋나라를〉 싫어하는 일이 없도록 하라.

此는 因戒勉之也라 服命은 上公服命也라 宋은 王者之後라 成湯之廟에 當有天子禮樂하니 慮有僭擬之失이라 故로 曰謹其服命하여 率由典常이라하여 以戒之也라 弘은 大요 律은 範이요 毗는 輔요 式은 法이요 斁은 厭也니 卽詩言在此無斁之意라

이는 따라서 경계하고 권면한 것이다. 服命은 바로 上公의 章服과 命數이다. 宋나라는 王者의 後裔인지라 成湯의 祠堂에 응당 天子의 禮樂이 있어야 하는데, 혹여 참람하게 天子에 견주는 잘못이 있을까 우려한 것이다. 그러므로 "服章과 命數를 신중히 하여 일정한 典禮를 그대로 따르라."라고 말하여 경계한 것이다. 弘은 大의 뜻이요, 律은 法의 뜻이요, 毗는 輔의 뜻이요, 式은 法의 뜻이요, 斁은 厭의 뜻이니,《詩經》〈周頌 振鷺〉에 "여기에 있어도 싫어하는 이가 없다."라는 뜻이다.

○林氏曰 偪生於僭하고 僭生於疑(擬)니 非疑(擬)면 無僭이요 非僭이면 無偪이니 謹其服命하여 遵守典常이면 安有偪僭之過哉리오 魯實侯爵이어늘 乃以天子禮樂으로 祀周公하니 亦旣不謹矣라 其後에 遂用於群公之廟하고 甚至季氏僭八佾하며 三家僭雍徹하니 其原一開에 末流無所不至라 成王이 於宋에 謹愼如此하니 必無賜周公以天子禮樂之事리니 豈周室旣衰에 魯竊僭用하고 託爲成王之賜요 伯禽之受

94 服命 : 孔疏에서는 殷나라의 本服과 上公의 九命으로 풀이하였고, 蘇軾은 服章과 命令으로, 蔡傳은 上公의 服命으로 보았다.

乎아하니라

○林氏가 말하였다. "핍박함은 참람한 데서 생기고, 참람함은 견주는 데서 생기니, 견주는 일이 없으면 참람한 일이 없고, 참람한 일이 없으면 핍박하는 일이 없으니, 服章과 命數를 신중히 하여 일정한 典禮를 준수하면 어찌 핍박하고 참람하는 잘못이 있겠는가. 魯나라는 실제로 侯爵이었는데 天子의 禮樂을 가지고 周公을 제사 지냈으니, 또한 이미 신중하지 못했던 것이다. 그 뒤에 결국 여러 公의 사당에 〈천자의 예악을〉 사용하였으며, 심지어 季氏는 참람하게 八佾舞를 추게 하고 三家는 참람하게 雍章을 노래하면서 徹床을 하였으니, 그 근원이 한 번 열리면 末流에 가서 못하는 짓이 없게 될 것이다. 成王이 宋나라에 대하여 이처럼 근신한 것으로 볼 때, 반드시 周公에게 천자의 예악을 하사하는 일이 없었을 것이니, 아마도 周나라 왕실이 이미 쇠퇴해지자 魯나라가 슬그머니 참람하게 사용하고서 成王이 하사한 것이고 伯禽이 받은 것이라고 핑계하였던 것 같다."

字義 欽 : 공경 흠 敷 : 펼 부 乃 : 너 내 率 : 따를 솔 蕃 : 울타리 번 烈 : 공렬 렬
律 : 모범 률 綏 : 편안할 수 毗 : 도울 비 式 : 법 식 俾 : 하여금 비 斁 : 싫어할 역
僭 : 참람할 참 擬 : 비길 의 偪 : 핍박할 핍 遵 : 따를 준 佾 : 춤출 일 雍 : 악장 옹
徹 : 철상할 철 竊 : 슬그머니 절 託 : 핑계할 탁

5. 嗚呼라 往哉惟休하여 無替朕命하라

아, 가서 아름답게 정사를 하여 朕의 명령을 폐기하지 말도록 하라."

歎息言 汝往之國하여 當休美其政하여 而無廢棄我所命汝之言也라

탄식하고 나서 "너는 네 나라로 가서 응당 그 정사를 아름답게 하여 내가 너에게 명한 말을 폐기하지 말아야 한다."라고 말한 것이다.

字義 休 : 아름다울 휴 替 : 폐기할 체

康誥[95]

康叔은 文王之子요 武王之弟라 武王이 誥命爲衛侯라 今文古文에 皆有하니라

---

95 康誥 : 孔傳은 周公이 成王의 命으로 康叔에게 誥한 글로 보았다.

康叔은 文王의 아들이자 武王의 아우이다. 武王이 誥命으로 衛侯를 삼았다. 〈康誥〉는 《今文尙書》와 《古文尙書》에 모두 들어 있다.

○按書序에 以康誥爲成王之書나 今詳本篇컨대 康叔은 於成王爲叔父니 成王이 不應以弟稱之라 說者謂周公以成王命誥라 故曰弟나 然旣謂之王若曰이면 則爲成王之言이니 周公이 何遽自以弟稱之也아 且康誥, 酒誥, 梓材三篇에 言文王者非一이로되 而略無一語以及武王은 何耶아 說者又謂 寡兄[96]勖이 爲稱武王이라하니 尤爲非義라 寡兄云者는 自謙之辭로 寡德之稱이니 苟語他人인댄 猶之可也어니와 武王은 康叔之兄이니 家人相語에 周公이 安得以武王爲寡兄而告其弟乎아 或又謂 康叔在武王時에 尙幼라 故로 不得封이나 然康叔은 武王同母弟니 武王은 分封之時에 年已九十이어늘 安有九十之兄同母弟가 尙幼하여 不可封乎아 且康叔은 文王之子요 叔虞는 成王之弟니 周公東征에 叔虞已封於唐이어늘 豈有康叔得封이 反在叔虞之後리오 必無是理也니라

○살펴보건대, 〈書序〉에서 〈康誥〉를 成王의 글로 여겼으나 지금 本篇을 자세히 살펴보면, 康叔은 成王에게 叔父가 되니, 成王이 응당 그를 아우라고 칭하지 않았을 것이다. 說者는 "周公이 成王의 命으로 誥하였기 때문에 아우라 했다."라고 하지만, 이미 '王若曰'이라고 했으면 成王의 말씀이니 周公이 어떻게 문득 스스로 아우라고 칭할 수 있겠는가. 더구나 〈康誥〉·〈酒誥〉·〈梓材〉 세 篇에서 文王을 말한 곳이 한두 군데가 아닌데, 한 마디도 武王을 언급한 곳이 없는 것은 무엇 때문인가. 說者는 또 "寡兄勖이란 寡兄은 武王을 칭한 것이다."라고 하는데, 더더욱 옳지 못한 말이다. 寡兄이라 한 것은 스스로를 낮추는 겸사로 寡德(德이 적음)을 일컫는 것이니, 다른 사람에게 말했다면 외려 괜찮거니와 武王은 康叔의 형인데, 집안 식구들과 말할 적에 周公이 어떻게 武王을 寡兄이라 칭해서 그 아우에게 告할 수 있겠는가.

或者는 또 "康叔이 武王 때에 아직 어렸으므로 封號를 얻지 못했다."라고 하지만, 康叔은 武王의 同母弟인데, 武王은 땅을 나누어 봉해줄 때에 나이가 이미 90세였거늘, 어찌 나이 90세 된 兄의 同母弟가 아직 어려서 봉할 수 없었겠는가. 더구나 康叔은 文王의 아들이고 叔虞는 成王의 아우인데, 周公이 東征할 때에 叔虞가 이미 唐나라에 봉해졌거늘, 어찌 康叔의 봉해짐이 叔虞의 뒤에 있을 수 있겠는가. 반드시 그럴 리는 없었을 것이다.

---

96 寡兄 : 孔傳에는 寡少之兄, 곧 '못난 형'으로 보았다.

又按汲(급)冢周書克殷篇에 言王卽位於社南에 群臣畢從하여 毛叔鄭은 奉明水하고 衛叔封은 傳禮하고 召公奭은 贊采하고 師尙父(보)는 牽牲이라하고 史記에 亦言衛康叔封이 布茲라하여 與汲書로 大同小異하니 康叔이 在武王時에 非幼亦明矣라 特序書者 不知康誥篇首四十八字 爲洛誥脫簡하여 遂因誤爲成王之書하니 是知書序果非孔子所作也라 康誥, 酒誥, 梓材는 篇次當在金縢之前이니라

또 살펴보면《汲冢周書》〈克殷篇〉에 "王이 社 남쪽에서 즉위할 때에 신하들이 모두 수행하여 毛叔 鄭은 明水를 받들어 올리고, 衛叔 封은 禮를 전하고, 召公 奭은 일을 돕고, 師尙父는 犧牲을 끌고 갔다."라고 하였으며,《史記》〈周本紀〉에 또한 "衛나라 康叔 封이 풀로 짠 자리를 폈다."라고 하여《급총주서》의 글과 大同小異하니, 康叔이 武王 때에 어리지 않았다는 것이 또한 분명하다. 다만《書》에 서문을 쓴 이가 〈康誥〉의 篇 머리에 있는 48字가 〈洛誥〉의 脫簡이란 것을 알지 못하고 결국 그대로 잘못 成王의 글로 삼았으니, 이것으로 〈書序〉는 과연 孔子께서 지은 글이 아니라는 것을 알 수 있다. 〈康誥〉·〈酒誥〉·〈梓材〉는 篇次가 응당 〈金縢〉의 앞에 놓여야 한다.

字義 遽 : 문득 거 勖 : 힘쓸 욱 贊 : 도울 찬 采 : 일 채 牽 : 끌 견 牲 : 희생 생 茲 : 풀자리 자

1. 惟三月哉生魄에 周公이 初基하사 作新大邑于東國洛하시니 四方民이 大和會어늘 侯甸男邦[97]采衛百工이 播民[98](하여) 和見(현)士(事)于周[99][100]하더니 周公이 咸勤하고(하사) 乃洪大誥治[101]하시다

3월 哉生魄(16일)에 周公이 처음 터를 닦아 새로운 큰 도읍을 東國인 洛에 만드시니, 사방의 백성들이 크게 和悅한 마음으로 모였거늘, 侯服·甸服·男服邦·采服·衛服의 百工(百官)이 그 백성들을 통솔하여 和悅한 마음으로 朝見하고 곧 周나라에서 일을 하였더니, 周公이 〈五服의 사람들을〉 모두 위로해 권면하고, 크게 封하는 命을 인하여 治道를 가지고 크게 誥하셨다.

三月은 周公攝政七年之三月也요 始生魄은 十六日也라 百工은 百官也라 士는 說文曰 事也라하고 詩曰 勿士行枚[102]라하니라 呂氏曰 斧斤版築之事는 亦甚勞矣로되

---

97 男邦 : 孔疏에 "'男服' 아래에만 유독 '邦'자를 둔 것은 五服에 '男服'이 그 중앙에 자리잡고 있기 때문이다. 그러므로 중앙을 들면 五服에 모두 나라가 있다는 것을 알 수 있다. '邦(나라)'을 말한 것은 그 나라의 '임금'임을 보이기 위한 것이다.〔男下獨有邦 以五服男居其中 故擧中則五服皆有邦可知 言邦見其國君焉〕"라고 하였다.

而民大和會하여 悉來赴役하니 卽文王作靈臺에 庶民子來之意라하고 蘇氏曰 此는 洛誥之文이니 當在周公拜手稽首之上[103]이라하니라

---

98 播民 : 宋代 錢嚋(《融堂書解》)는 "한 播자가 당시의 기상을 극도로 표현하였으니, 그 和悅하게 모인 정상을 인하여 播揚하고 鼓舞시켰다.〔一播字極形容得當時氣象 因藝和會之情而播揚鼓舞之〕"라고 풀이하였는데, 陳師凱(《書蔡氏旁通》)는 錢嚋를 따랐다.

99 播民和見(현)士(事)于周 : 官吐는 和에 '하여'로, 周에 '하더니'로 현토하였고, 諺解는 "民의 和를 播하여 見하며 周의 士하더니"로 해석하였다. 그러나 蔡傳은 이 부분을 풀이하지 않았기 때문에 우선 孔傳의 풀이와 孔傳을 따른 林之奇의 《尙書全解》에 의거하여 번역해둔다.

100 四方民……播民和見(현)士(事)于周 : 孔傳은 "五服의 百官이 그 백성들을 통솔하여 和悅한 마음으로 아울러 朝見하고 곧 周나라에서 일을 했다.〔五服之百官 播率其民 和悅竝見 卽事於周〕"라고 풀이하였는데, 林之奇(《尙書全解》)와 朱祖義(《尙書句解》) 등은 孔傳을 따랐다. 林之奇는 孔傳을 따라 "百官皆播率其民 和悅而見 士于周以服其役"이라고 하였으니, 蔡傳도 林之奇처럼 孔傳을 따랐을 것으로 본다.

101 乃洪大誥治 : 鄭玄은 '洪'을 代의 뜻으로 보아 "周公이 成王을 대신해서 誥한 것"으로 풀이하였다. 孔疏에서는 大의 뜻으로 보아 "乃洪大誥治"를 "큰 封命을 해서 康叔에게 治道를 가지고 크게 誥했다.〔爲大封命 大誥康叔以治道〕"라고 풀이하였다.

102 勿士行枚 : 鄭玄이 "士는 '事'의 뜻이고, 行은 '陣(行陣)'의 뜻이다. 枚는 젓가락과 비슷하니, 이것으로 입에 재갈을 물되, 노끈이 달려 있어서 목 가운데 묶어 말을 못하게 하는 것이다.〔士事也 行陣也 枚如箸銜之 有繣結项中以止语也〕"라고 註를 달았다.

103 蘇氏曰……當在周公拜手稽首之上 : 蘇軾(《書傳》)은 '周公 咸勤 乃洪大誥治'에 대하여 "〈洛誥〉 제15에 '召公旣相宅 周公往營成周 使來告卜 作洛誥'라 하였으니, 周나라 사람은 '洛邑'을 成周라 하고, '鎬京'은 宗周라 하였다. 이 아래에 脫簡이 있으니, 〈康誥〉에 있는 '惟三月哉生魄'에서부터 '洪大誥治'까지는 아래 '周公拜手稽首'의 글에 속한다.〔洛誥第十五召公旣相宅 周公往營成周 使來告卜 作洛誥 周人謂洛爲成周 謂鎬爲宗周 此下有脫簡在康誥 自惟三月哉生魄 至洪大誥治 下屬周公拜手稽首之文〕"라고 하였는데, 宋代 袁燮(《絜齋家塾書鈔》)은 "이 한 문단은 說者가 대부분 脫簡이라 하는데, 실은 그렇지 않다. 이 일은 틀림없이 康叔을 봉한 한 가지 일과 맥락이 서로 관통한다.……'侯甸男邦采衛'라 하여 '邦'자를 그 가운데 끼어 넣은 것은 九服의 諸侯가 다 이른 것을 말한다. 다 볼 수가 없기 때문에 보는 것은 오직 일일뿐이고, 모두 위로하는 것은 모두 온 것을 위로한 것이다.〔此一段 說者多以爲脫簡 其實不然 此事正與封康叔一事 脈絡相貫……侯甸男邦采衛 間邦字于其中者 以言九服之諸侯 無有不至也 不可得而盡見 故所見者 惟士焉 咸勤者 咸勞來之也〕"라고 하고, 林之奇(《尙書全解》)는 "蘇氏(蘇軾)의 說經은 뜯어고치는 데에 문제가 많다. 고쳐대면 經의 本文 중에 남는 것이 얼마 되지 않을 것이다.……唐나라 孔氏가 '3년에 三監을 멸망시키고 7년에 비로소 康叔을 봉했다.……'고 하였으니, 康叔의 封地가 과연 7년에 있었다면 이해는 바로 洛邑을 경영하던 해이니, 經文에 의심할 만한 것이 없다.〔蘇氏之說經 多失之易 易則經之本文其存者幾希……唐孔氏曰 旣三年滅三監 七年始封康叔……使康叔之封 果在於七年則 是正營洛邑之歲 而於經文可以無疑矣〕"라고 하고, 元代 吳澄(《書纂言》)도 蘇氏說을 비난하였는데, 蔡傳만은 외려 蘇氏의 脫簡說을 따르고 있는 것이다.

明代 王夫之(《尙書稗疏》)는 "〈康誥〉의 簡首에 있는 48자에 대하여 宋儒가 〈康誥〉의 글이 아니라고 해서 '周公이 王을 攝稱한 것'이란 漢儒의 의심을 깨뜨린 점은 옳지만, 다만 〈洛誥〉 '周公拜手稽首'의 위에 놓일 글이라고 한 것은 또한 옳지 않다. 〈洛誥〉는 바로 周公이 거북점을 고한

三月은 周公이 攝政한 7년의 3월이며, 始生魄은 16일이다. 百工은 바로 百官이다. 士를 《說文解字》에는 "事의 뜻이다."라고 하였고, 《詩經》 〈豳風 東山〉에는 "行枚를 일삼지 말지어다."라고 하였다.

呂氏는 말하기를 "도끼질을 하고 자귀질을 하며, 版築을 하는 일들은 또한 매우 괴로운 일이었지만, 백성들이 크게 和悅한 마음으로 모여 모두 와서 부역하러 달려갔으니, 이는 곧 文王이 靈臺를 지을 적에 '庶民이 자식처럼 왔다.'란 뜻이다."라고 하였다.

蘇氏(蘇軾)는 말하기를 "이는 〈洛誥〉의 글이니, 응당 '周公拜手稽首'의 앞에 놓여야 한다."라고 하였다.

字義 播 : 거느릴 파　士 : 일 사　枚 : 하무 매
斧 : 도끼 부　斤 : 자귀 근　版 : 담틀 판
築 : 쌓을 축　悉 : 다 실

2. 王若曰[104]하사대 孟侯朕其弟小子[105]封아

王이 이렇게 말씀하였다. "孟侯인 朕의 그 아우 小子 封아.

王은 武王也라 孟은 長也니 言爲諸侯之長也라 封은 康叔名이라 舊說에 周公以成王命으로 誥康叔者는 非是라

王은 武王이다. 孟은 長의 뜻이니, 諸侯의 長임을 말한 것이다. 封은 康叔의 이름이다. 舊說(孔傳)에 "周公이 成王의 命으로 康叔에게 고했다."라고 한 것은 옳지

康誥圖

글로서 시종일관 모두 周公과 成王이 酬答한 말이니, '周公咸勤洪大誥治'의 글과는 서로 접속이 되지 않는다.〔康誥簡首四十八字 宋儒以爲非康誥之文 用破漢儒公攝稱王之疑 是已 但以爲在洛誥周公拜手稽首之上 則亦非是 洛誥乃周公告卜之書 始終皆公與王酬答之辭 與周公咸勤洪大誥治之文 爲不相屬〕"라는 다른 견해를 보였고, 淸代 段玉裁(《古文尙書撰異》)는 "《經典釋文》에 '一本에는 「周公迺洪大誥治」로 되어 있다.'고 하였다. 이 本에 '周公' 2字가 더 많고, '乃'가 迺로 적힌 것을 살펴보면, 아마 天寶 이전의 《尙書》는 본래 모두 '迺'로 적었고, 天寶 때에 비로소 모두 '乃'로 고쳤다는 것을 여기에서 증명할 수 있다.〔釋文曰 一本周公迺洪大誥治 按此本多周公二字 乃作迺者 蓋天寶以前尙書本皆作迺 天寶時 始皆改爲乃 於此可證〕"라고 하였다.

않다.

3. 惟乃丕顯考文王이 克明德愼罰하시니라

너의 크게 나타나신 아버지 文王께서는 능히 덕을 밝히고 형벌을 신중하게 하셨다.

左氏曰 明德謹罰은 文王所以造周也[106]라 明德은 務崇之之謂요 謹罰은 務去之之謂라하니라 明德謹罰은 一篇之綱領이니 不敢侮鰥寡以下는 文王明德謹罰也요 汝念哉以下는 欲康叔明德也요 敬明乃罰以下는 欲康叔謹罰也요 爽惟民以下는 欲其以德行罰也요 封敬哉以下는 欲其不用罰而用德也라 終則以天命殷民으로 結之하니라

左氏가 말하기를 "〈周書에〉 '덕을 밝히고 형벌을 신중하게 하였다.'는 것은 바로 文王이 周나라를 창건하게 된 요소였다. '덕을 밝힌다.'는 것은 힘써 덕을 존중하는 것을 이르고, '형벌을 신중하게 한다.'는 것은 힘써 형벌을 없애는 것을 이른다."라고 하였다.

明德과 謹罰은 이 한 篇의 綱領이니, 不敢侮鰥寡 이하는 文王이 덕을 밝히고 형벌을 신중하게 한 것이고, 汝念哉 이하는 康叔이 덕을 밝히게 하려고 한 것이고, 敬明乃罰 이하는 康叔이 형벌을 신중하게 하려고 한 것이고, 爽惟民 이하는 덕을 가지고 형벌을 행하게 하려고 한 것이고, 封敬哉 이하는 형벌을 쓰지 않고 德을 쓰게 하려고 한 것이다. 맨 끝에 가서는 天命과 殷民을 가지고 끝을 맺었다.

字義 乃 : 너 내 丕 : 클 비 造 : 창조할 조 去 : 버릴 거 爽 : 밝을 상

4. 不敢侮鰥寡하시며 庸庸하시며 祗祗하시며 威威하사 顯民하사 用肇造我區夏어시늘 越我一二邦이 以修하며 我西土惟時怙冒하여 聞于上帝하신대 帝休하사 天乃大命文王하사 殪戎殷[107]이어시늘 誕受厥命하시니 越厥邦厥民이 惟時敍어늘 乃寡兄이

---

104 王若曰 : 孔傳은 '王'을 成王으로 보아 "周公이 成王의 命이라 칭하고서……王께서 나로 하여금 그 아우인 封을 임명하게 했다.〔周公稱成王命……王使我命其弟封〕"라고 풀이하였다.

105 小子 : 孔傳은 "'小子'라 칭한 것은 마땅히 教訓을 받아야 함을 밝히기 위해서였다.〔稱小子 明當受教訓〕"라고 풀이하였다.

106 左氏曰……文王所以造周也 : 이 내용은 《春秋左氏傳》 成公 2년 조에 보인다.

107 殪戎殷 : 孔傳은 '殪'를 殺, '戎'을 兵의 뜻으로 보고, 孔疏는 "하늘이 곧 크게 문왕에게 명하여 誅殺하는 방법을 가지고 병력을 써서 殷나라에 해독을 제거하게 하였다.〔上天乃大命文王 以誅殺之

勖하니 肆汝小子封이 在玆東土하니라

감히 홀아비와 과부들도 업신여기지 않으시며 써야 할 사람을 쓰시며, 공경해야 할 사람을 공경하시며 위엄을 보여야 할 사람에게 위엄을 보이시어, 〈덕과 위엄을〉 백성들에게 드러내서 우리 中原을 창조하시게 되었거늘, 멀게는 우리 한두 나라의 友邦이 점점 다스려지게 되고, 가깝게는 우리 西土가 아버지처럼 의지하고 하늘처럼 무릅쓰게 되어서 〈그 덕이〉 上帝에게 알려지니, 上帝께서 아름답게 여기셨다. 그래서 하늘이 곧 文王에게 크게 명하여 큰 殷나라를 쳐서 멸하게 하시거늘 그 명을 크게 받으시니, 온 천하의 만백성이 〈각각 그 生理를 얻어〉 이에 활기를 띠지 않는 자가 없었거늘, 네 寡兄도 힘써서 〈덕을 밝히고 형벌을 신중하게 하신 그 뜻을 이었다.〉 그러므로 너 小子 封이 이 東土에 있게 된 것이다."

鰥寡는 人所易(이)忽也어늘 於人易忽者에 而不忽焉하여 以見(현)聖人無所不敬畏也니 卽堯不虐無告之意라 論文王之德에 而首發此하니 非聖人이면 不能也라 庸은 用也라 用其所當用하고 敬其所當敬하고 威其所當威라 言文王이 用能과 敬賢과 討罪는 一聽於理요 而己無與焉이라 故로 德著於民하여 用始造我區夏어늘 及我一二友邦이 漸以修治하며 至罄西土之人히 怙之如父하고 冒之如天하여 明德昭升하여 聞于上帝하니 帝用休美하사 乃大命文王하여 殪滅大殷이어늘 大受其命하니 萬邦萬民이 各得其理하여 莫不時敍라 汝寡德之兄이 亦勉力不怠라 故로 爾小子封이 得以在此東土也라 吳氏曰 殪戎殷은 武王之事也어늘 此稱文王者는 武王이 不敢以爲己之功也일새라하니라

홀아비와 과부는 사람들이 소홀히 대하기 쉬운 것인데, 사람들이 소홀히 대하기 쉬운 것에 소홀히 대하지 아니하여 聖人이 공경하고 조심하지 않는 바가 없음을 보였으니, 바로 堯帝가 '호소할 곳 없는 자들을 학대하지 않았다.'라는 뜻이다. 文王의 덕을 논하면서 맨 처음 이 점을 말하였으니, 聖人이 아니면 이렇게 할 수 없기 때문이다. 庸은 用의 뜻이다. 마땅히 써야 할 사람은 쓰고 공경해야 할 사람은 공경하고 위엄을 보여야 할 사람에게는 위엄을 보였다. 文王이 유능한 이를 쓰고 어진 이를 공경하고 죄지은 자를 토벌하는 일은 오직 이치대로만 하였을 뿐, 자기의 사견은 전혀 개입되지 않았다. 그러므로 덕이 백성들에게 드러나 처음으로 우리 중원을 창

道, 用兵除害於殷)"라고 부연 설명하였다.

조하게 되었는데, 우리의 한두 友邦이 점점 다스려지게 되고, 온 西土의 사람들이 文王을 의지하기를 부모처럼 하고 文王을 덮어쓰기를 하늘처럼 하여서 〈文王의〉 밝은 德이 환하게 올라가 上帝에게 알려지니, 上帝가 아름답게 여기고는 곧 文王에게 크게 명하여 큰 殷나라를 쳐서 멸하게 하였다. 그러므로 그 명을 크게 받으니, 온 천하의 만백성이 각각 그 生理를 얻어 이에 활기를 띠지 않는 자가 없었다. 너의 寡德한 兄도 힘을 쓰고 게을리하지 않았기 때문에 너 小子 封이 이 東土에 있게 되었다는 것이다.

吳氏는 말하기를 "殷나라를 쳐서 멸한 것은 武王이 한 일인데, 여기서 文王이라 칭한 것은 武王이 감히 자신의 공으로 여기지 못했기 때문이다."라고 하였다.

○又按東土云者는 武王이 克商하고 分紂城朝歌하여 以北爲邶(패)하고 南爲鄘(용)하고 東爲衛하니 意邶鄘은 爲武庚之封이요 而衛는 卽康叔也라 漢書에 言周公이 善康叔不從管蔡之亂이라하니 似地相比近之辭나 然不可攷矣니라

○또 살펴보건대, 東土라 말한 것은 武王이 商나라를 쳐서 이기고 나서 紂의 都城인 朝歌를 나누어 북쪽은 邶로, 남쪽은 鄘으로, 동쪽은 衛로 삼았으니, 생각건대 邶와 鄘은 武庚의 封地이고 衛는 곧 康叔의 封地이었던 듯하다. 《漢書》에 "周公은 康叔이 管叔과 蔡叔의 亂에 가담하지 않은 것을 착하게 여겼다."라고 말하였으니, 이들의 封地가 서로 가까웠기 때문에 한 말인 것 같으나 상고할 수는 없다.

字義 庸 : 쓸 용　祗 : 공경 지　肇 : 비로소 조　造 : 지을 조　區 : 구역 구　越 : 및 월
怙 : 믿을 호　冒 : 무릅쓸 모　休 : 아름다울 휴　乃 : 이에 내, 너 내　殪 : 죽일 에
戎 : 군사 융　誕 : 클 탄　時 : 이 시　敍 : 펼 서　勖 : 힘쓸 욱　肆 : 그러므로 사
易 : 경홀할 이　忽 : 소홀할 홀　用 : 쓸 용　著 : 나타날 저　漸 : 점점 점　罄 : 다할 경
升 : 오를 승　邶 : 나라이름 패　鄘 : 나라이름 용　衛 : 위나라 위　比 : 가까울 비
攷 : 상고할 고

5. 王曰 嗚呼라 封아 汝念哉어다 今民은 將在祗遹乃文考니 紹聞하며 衣德言[108]하라 往敷求于殷先哲王하여 用保乂民하며 汝丕遠惟商耉成人하여 宅心知訓[109]하며 別

---

108 衣德言 : 孔傳은 "그 덕스런 말씀을 복종해 실행하는 것〔服行其德言〕"으로 풀이하였고, 兪樾(《群經平議》)은 '衣'를 陳의 뜻을 가진 '旅'의 古字로 보아 "그 덕스런 말씀을 布陳함을 말한 것이다."라고 풀이하였다.

109 宅心知訓 : 孔傳은 "늘 마음에 간직하면 곧 백성들을 교훈할 방법을 알 수 있을 것이다.〔常以居心則知訓民〕"라고 풀이하였다.

求聞由古先哲王하여 用康保民[110]하라 弘于天하여 若德이 裕乃身이라야 不廢在王命[111]하리라

王이 말씀하였다. "아, 封아. 너는 잘 생각할지어다. 지금 백성들을 다스리는 방법은 오직 文考(文王)의 일을 경건하게 따르는 데에 달려 있을 뿐이니, 줄곧 들어온 〈文考의 德을〉 잘 계승하도록 하며, 〈文考의〉 덕스런 말씀을 잘 행하도록 하라. 〈너는 봉해진 衛나라로〉 가서 殷나라의 先哲王들이 행한 업적을 널리 탐구하여 백성들을 보호해 다스리는 기준으로 삼으며, 너는 크게 〈어진 임금들을 보필하던〉 商나라의 老成한 신하들이 〈밝은 덕으로 백성들을 교훈하던 행적을〉 원대하게 생각하여 마음을 안정하고 백성들을 교훈할 방법을 알도록 하며, 또 별도로 탐구하여 〈堯·舜·禹 같은〉 옛적 先哲王의 일들을 듣고서 그를 따라 행하여 백성들을 편안히 보호하도록 하라. 〈이렇게 해서〉 하늘의 이치를 깊이 터득하여 너의 德이 너의 몸에 넉넉하게 축적되어야 王에게 있는 命을 폐기하지 않을 것이다."

此下는 明德也라 遹은 述이요 衣는 服也라 今治民은 將在敬述文考之事니 繼其所聞而服行文王之德言也라 往은 之國也라 宅心은 處心也니 安汝止之意요 知訓은 知所以訓民也라 由는 行也라 曰保乂와 曰知訓과 曰康保는 經緯以成文爾라 武王이 旣欲康叔이 祗遹文考하고 又欲敷求商先哲王하며 又丕遠惟商耇成人하고 又別聞由古先哲王하여 近述諸今하고 遠稽諸古하여 不一而足은 以見義理之無盡이니라 易曰 君子多識前言往行하여 以畜其德이라하니라 弘者는 廓而大之也요 天者는 理之所從出也라 康叔이 博學以聚之하고 集義以生之하여 眞積力久에 衆理該通하여 此心之天理之所從出者 始恢廓而有餘用矣라 若是면 則心廣體胖하여 動無違禮하니 斯能不廢在王之命也라

이 이하는 德을 밝힌 것이다. 遹은 述의 뜻이요, 衣는 服(행하다)의 뜻이다. 지금 백성들을 다스리는 방법은 오직 文考의 일을 경건히 따르는 데에 달려 있을 뿐이

110 別求聞由古先哲王 用康保民 : 孔傳은 "또한 마땅히 들은 바 '父兄이 옛 先智王의 道를 이용했다.'는 것들을 별도로 탐구하여 그중에서 안정성 있는 것을 이용해서 백성들을 편안하게 해야 한다.〔又當別求所聞父兄用古先智王之道 用其安者以安民〕"라고 풀이하였다.

111 弘于天若德裕乃身不廢在王命 : 孔傳은 天, 身, 廢, 命에 句를 끊어서 "하늘의 道를 확대하는 것으로 順한 德을 삼으면 폐기 당하지 아니하여 항상 王命을 가질 수 있을 것이다.〔大于天 爲順德 則不見廢 常在王命〕"라고 풀이하였다.

니, 줄곧 들어온 〈文考의 업적을〉 잘 계승하고 文王의 덕스런 말씀을 잘 행하도록 하라는 것이다. 往은 〈봉해진〉 나라로 가는 것이다. 宅心은 마음을 안정하는 것이니, 너의 머물 곳에 안정하라는 뜻이며, 知訓은 백성들을 교훈할 방법을 아는 것이다. 由는 行(행하다)의 뜻이다. 保乂라 하고 知訓이라 하고 康保라 한 것은 날과 씨로 베를 짜듯 짜임새 있게 문장을 이룬 것이다.

武王은 이미 康叔이 文考의 일을 경건히 따르게 하려고 하고, 또 商나라 先哲王의 업적을 널리 탐구하게 하며, 또 商나라의 老成한 사람들의 행적을 원대하게 생각하게 하고, 또 별도로 옛적 〈堯·舜·禹 같은〉 先哲王들의 일까지도 탐문하여 행하게 하여, 가깝게는 지금의 일들을 따르고 멀게는 옛적의 일들을 상고하는 등 한없이 추구하게 하려고 한 것은 의리의 무궁무진함을 보이기 위한 때문이었다. 《周易》 大畜卦에 "君子는 옛적 성현들의 말씀과 행실을 많이 알아서 그 德을 쌓는다."라고 하였다.

弘이란 확장해서 키우는 것이고, 天이란 이치가 좇아 나오는 곳이다. 康叔이 널리 배워 〈지식을〉 모으고 義를 집적하여 〈호연지기를〉 발생시킨 가운데 정성이 쌓이고 힘을 오래 들인 끝에 모든 이치를 다 통달하여 이 마음의 天理가 좇아 나온 것이 비로소 확대되어 쓰고 남음이 있게 될 것이다. 이와 같이 된다면 마음이 넉넉해지고 몸이 확 펴져서 움직임에 禮를 어김이 없으니, 이래야 왕에게 있는 命을 폐기하지 않을 것이란 말이다.

○呂氏曰 康叔이 歷求聖賢問學하고 至於弘于天하여 德裕身이면 可謂盛矣로되 止能不廢王命하여 才(纔)可免過而已니 此見人臣職分之難盡이라 若欲爲子인댄 必須如舜與曾閔이라야 方能不廢父命이요 若欲爲臣인댄 必須如舜與周公이라야 方能不廢君命이라하니라

○呂氏가 말하였다. "康叔이 성현의 학문을 차례차례 탐구하고, 天理를 확대하여 덕이 몸에 넉넉해지는 지경에 이르게 된다면 성대하다고 이를 수 있다. 그러나 단지 王命을 폐기하지 않는 정도에서 끝나 겨우 허물만 면할 수 있었을 뿐이니, 이는 人臣의 직분이 다하기 어려운 점을 보인 것이다. 만일 제대로 자식 노릇 하려고 한다면 반드시 모름지기 舜이나 曾子·閔子와 같아야 바야흐로 아버지의 命을 폐기하지 않을 수 있고, 만일 제대로 신하 노릇 하려고 한다면 반드시 모름지기 舜이나 周公과 같아야 바야흐로 임금의 命을 폐기하지 않을 수 있을 것이다."

字義 遹 : 따를 휼 乃 : 너 내 紹 : 이를 소 衣 : 실행할 의 乂 : 다스릴 예 丕 : 클 비

惟 : 생각 유　耇 : 늙을 구　宅 : 안정할 택　由 : 행할 유　若 : 너 약　裕 : 넉넉할 유
述 : 이을 술　繼 : 이을 계　處 : 안정할 처　行 : 행할 행　廓 : 확장할 확　聚 : 모을 취
該 : 다 해　恢 : 넓을 회　胖 : 펴질 반　斯 : 이 사　才(纔) : 겨우 재　過 : 허물 과
須 : 모름지기 수

6. 王曰 嗚呼라 小子封아 恫瘝乃身하여 敬哉[112]어다 天畏나 棐忱이니라(이어니와) 民情은 大可見이나 小人은 難保[113]니 往盡乃心하여 無康好逸豫[114]라사 乃其乂民이니라(이니) 我聞하니 曰 怨은 不在大하며 亦不在小라 惠不惠하며 懋不懋[115][116]니라

王이 말씀하였다. "아, 小子 封아. 〈백성들의 불안을〉 마치 네 몸에 통증이 있는 것처럼 보아 경건하게 다스릴지어다. 天命은 〈무상한 것이라〉 두렵지만, 誠信을 다한 사람은 도와주느니라. 民情은 대략 볼 수 있으나 小人(小民)은 보전하기 어려운 것이다. 〈너는 봉해진 나라로〉 가서 네 마음을 다하여, 무사안일을 좋아하지 말아야 이에 백성들을 잘 다스릴 수 있을 것이다. 내 들으니, '백성들의 원망은 큰일에도 있지 않고 또한 작은 일에도 있지 않다. 오직 이치를 따라 다스리느냐 그렇지 않느냐와 실행에 힘쓰느냐 그렇지 않느냐에 달려 있을 뿐이다.'라고 했다."

---

112 恫瘝乃身 敬哉 : 孔傳은 "백성들을 다스릴 때 힘써 惡政을 제거하기를 응당 네 몸에 있는 고통스런 병을 제거하듯이 하여 나의 말을 경건히 행해야 한다.〔治民務除惡政 當如痛病在汝身欲去之 敬行我言〕"라고 풀이하였고, 呂祖謙(《增修東萊書說》)은 '恫瘝乃身'을 "너에게 명하여 諸侯를 삼은 것은 네 몸을 부귀하게 하려는 것이 아니라 네 몸에 고통거리를 맡겼을 뿐이다.〔命爾爲諸侯 非欲富貴爾身 乃委疾痛于爾身耳〕"라고 풀이하였다.

113 天畏……難保 : 孔傳은 "'天德이 두렵다.'는 것은 그 誠信을 다한 사람을 도와주기 때문이고, '人情은 대략 볼 수 있다.'는 것은 小人은 안보하기 어렵기 때문이다.〔天德可畏 以其輔誠 人情大可見 以小人難安〕"라고 풀이하였는데, 孔疏는 "'人情은 대체로 볼 수 있다.'는 것은 小人은 안보하기 어려운 것을 가지고 볼 수 있는 것을 삼기 때문에 모름지기 그들을 안보해야 하는 것이다.〔人情所以大可見者 以小人難安爲可見 故須安之〕"라고 부연 설명하였다.

114 豫 : 兪樾은 衍字로 보았다.

115 惠不惠 懋不懋 : 孔傳은 "원망을 사는 일은 해서는 안 된다. 그러므로 마땅히 이치를 따르지 않는 자는 이치를 따르게 하고, 일을 힘쓰지 않는 자는 일을 힘쓰도록 해야 함을 말한 것이다.〔言怨不可爲 故當使不順者順 不勉者勉〕"라고 풀이하고, 呂祖謙(《增修東萊書說》)은 "은혜를 베풀어야 할 데에 은혜를 베풀지 않고, 힘써주어야 할 데에 힘써주지 않는 것이다.〔惠所不惠也 懋所不懋〕"라고 풀이하였다.

116 恫瘝乃身……懋不懋 : 이 문단은 '敬'을 강조한 것이 특징이다. '恫瘝' 2句는 '백성을 다스림에 있어서는 마땅히 하늘을 공경해야 한다.'고 하고, '天畏' 3句는 '마땅히 공경해야 한다.'는 뜻을 추구하고, '往盡' 3句는 '공경할 실제'를 말하고, 끝에 가서는 古語를 인용하여 공경으로 백성을 안보하지 않을 수 없음을 보였다.

恫은 痛이요 瘝은 病也라 視民之不安을 如疾痛之在乃身하여 不可不敬之也라 天命이 不常하여 雖甚可畏나 然誠則輔之니라 民情好惡는 雖大可見이나 而小民은 至爲難保니라 汝往之國하여 所以治之者는 非他라 惟盡汝心하여 無自安而好逸豫라야 乃其所以治民也라 古人言 怨不在大하고 亦不在小라 惟在順不順하며 勉不勉耳라하니라 順者는 順於理요 勉者는 勉於行이니 卽上文所謂往盡乃心하여 無康好逸豫者也니라

恫은 痛의 뜻이요, 瘝은 病의 뜻이다. 백성들의 불안을 보기를 마치 疾痛이 네 몸에 있는 것처럼 여겨 경건히 다스리지 않으면 안 된다. 天命은 무상한 것이라 비록 심히 두려워할 만한 것이지만, 誠信을 다한 사람은 도와준다. 백성들의 마음에 좋아하고 미워함은 대략 볼 수 있으나 小民은 지극히 보전하기 어려운 것이다. 너는 네 나라에 가서 〈백성들을 다스리되〉 백성들을 다스리는 데는 다른 방법이 없다. 오직 네 마음을 다하여 무사안일을 좋아하지 말아야 이에 백성들을 다스릴 수 있을 것이다. 옛사람이 말하기를 "원망은 큰일에도 있지 않고 또한 작은 일에도 있지 않다. 오직 이치를 따라 다스리느냐 그렇지 않느냐와 실행에 힘쓰느냐 그렇지 않느냐에 달려 있을 뿐이다."라고 하였다. 順은 이치를 따르는 것이고, 勉은 행실을 힘쓰는 것이니, 곧 윗글에 이른바 "〈봉해진 나라로〉 가서 네 마음을 다하여, 무사안일을 좋아하지 말라."는 것이다.

字義 恫 : 아플 통　瘝 : 병들 환　棐 : 도울 비　忱 : 정성 침　豫 : 편안할 예　乂 : 다스릴 예
惠 : 은혜 혜, 따를 혜　懋 : 힘쓸 무　乃 : 너 내　輔 : 도울 보　惡 : 미워할 오

7. 已[117]아 汝惟小子아 乃服은 惟弘王하여 應保殷民하며 亦惟助王하여 宅天命하며 作新民[118]이니라

그만둘 수 있겠느냐. 너 小子야. 네가 할 일은 오직 王(天子)의 德을 널리 베풀어서 殷나라 백성들을 화합시키고 보호하는 것이며, 또한 王을 도와서 天命을 안정

117 已 : 14문단에 "已는 어조사로서 그만둘 수 없음을 나타낸 것이다.〔已者語辭之不能已也〕"라고 풀이하였다.

118 乃服……作新民 : 孔傳은 "너는 마땅히 德政을 服行하고 王道를 확대하여 위로는 하늘을 응하고 아래로는 우리가 받은 殷나라 민중을 안보시켜야 하니, 王道를 확대하여 殷나라 백성들을 안보시키는 것은 또한 王者를 도와 天命을 안정시키고 백성들이 날로 새로워지는 가르침을 하기 위한 것이다.〔乃當服行德政 惟弘大王道 上以應天 下以安我所受殷之民衆 弘王 安殷民 亦所以惟助王者 居順天命 爲民日新之敎〕"라고 풀이하였다.

시키고 백성들을 진작시켜 쇄신하도록 하는 것이다."

服은 事요 應은 和也라 汝之事는 惟在廣上德意하여 和保殷民하여 使之不失其所하며 以助王하여 安定天命而作新斯民也라 此는 言明德之終也라 大學言明德에도 亦擧新民終之니라

服은 事의 뜻이요, 應은 和의 뜻이다. 네가 할 일은 오직 王의 德을 널리 베풀어서 殷나라 백성들을 화합시키고 보호하여 그들의 살 곳을 잃지 않게 하는 것이며, 王을 도와서 天命을 안정시키고 이 백성들을 진작시켜 쇄신하도록 하는 데 있을 뿐이란 것이다. 이는 明德의 마무리를 말한 것이다. 《大學》에서 德을 밝힘을 말할 때에도 또한 新民을 들어 마무리하였다.

字義 服 : 일 복 應 : 화합할 응 宅 : 안정할 택

8. 王曰 嗚呼라 封아 敬明乃罰하라 人有小罪라도 非眚이면 乃惟終이라 自作不典[119]하여 式爾[120]면(니) 有厥罪小나 乃不可不殺이니라 乃有大罪라도 非終이면 乃惟眚災[121]라 適爾[122]니 旣道極厥辜어든 時乃不可殺[123]이니라

王이 말씀하였다. "아, 封아. 너의 형벌을 경건히 밝히도록 하라. 사람이 작은 죄를 지었더라도 모르고 지은 죄가 아니거든 곧 끝까지 죄를 지을 것이다. 스스로 불법을 저질러, 마음먹음이 이와 같으면 그 죄가 작더라도 곧 죽이지 않을 수 없는 것

---

119 自作不典 : 兪樾(《群經平議》)은 '典'을 善의 뜻을 가진 '腆'으로 보아 "'自作不典'은 스스로 不善을 저지른 것이다.〔自作不典者 自作不善也〕"라고 풀이하였다.

120 自作不典 式爾 : 孔安國은 "스스로 정상적이지 못한 일을 하여 너를 범할 것〔自爲不常 用犯汝〕"으로, 蘇軾(《書傳》)은 "스스로 불법을 자행하면서 당연한 법인 양 하는 것〔乃惟自作不法 而曰法固當爾〕"으로 풀이하였다.

121 災 : 兪樾은 衍字로 보았다.

122 適爾 : 孔傳과 孔疏에서는 풀이하지 않았고, 蘇軾(《書傳》)은 "마침 그렇게 됨을 만난 것〔適會其如此〕"으로, 宋代 楊簡(《五誥解》)은 "과오로 인하여 마침 죄를 얻은 것이지, 그 본심은 아니다.〔乃因眚災 適爾得罪 非其本心〕"로 풀이하였는데, 林之奇(《尙書全解》)와 元代 朱祖義(《尙書句解》)는 蘇軾의 말을 따랐으며, 兪樾은 '適'을 始의 뜻으로 보아 "'適爾'는 始爾의 뜻이니, 정말 끝까지 죄를 지을 것이 아님을 볼 수 있겠다.〔適爾者 始爾也 正見其非終也〕"라고 풀이하였다.

123 旣道極厥辜時乃不可殺 : 孔傳은 '旣'를 盡의 뜻으로 보고 道, 辜, 殺에 句를 끊어서 "너는 송사를 듣는 이치를 다하여 그 죄를 끝까지 추궁해서 이 사람이 범한 바가 죽일 것이 아니거든 마땅히 罰宥를 가지고 논죄해야 한다.〔汝盡聽訟之理 以極其罪 是人所犯 亦不可殺 當以罰宥論之〕"로 풀이하였다.

이다. 큰 죄를 지었더라도 끝까지 죄를 지을 것이 아니면 곧 모르고 지은 죄가 불행에서 발생하여 우연히 이와 같이 된 것이니, 그 죄에 대해 〈숨김없이 실정을〉 다 밝혔거든 〈그 정상을 참작하여〉 이에 죽이지 말아야 할 것이다."

此下는 謹罰也라 式은 用이요 適은 偶也라 人有小罪라도 非過誤면 乃其(固)〔終〕[124] 爲亂常之事라 用意如此면 其罪雖小나 乃不可不殺이니 卽(舜典)〔大禹謨〕[125]所謂刑故無小也라 人有大罪라도 非是故犯이면 乃其過誤가 出於不幸하여 偶爾如此니 旣自稱道하여 盡輸其情하여 不敢隱匿이면 罪雖大나 時乃不可殺이니 卽(舜典)〔大禹謨〕[126]所謂宥過無大也라 諸葛孔明이 治蜀에 服罪輸情者는 雖重이라도 必釋이라하니 其旣道極厥辜어든 時乃不可殺之意歟인저

이 이하는 '謹罰'에 관한 것이다. 式은 用의 뜻이요, 適은 偶(우연)의 뜻이다. 사람이 작은 죄를 지었더라도 과오가 아니거든 끝까지 常道를 어지럽히는 일을 할 것이다. 마음먹음이 이와 같으면 그 죄가 비록 작더라도 죽이지 않을 수 없으니, 이는 곧 〈大禹謨〉에 이른바 "고의로 지은 죄는 아무리 작은 죄라도 처벌하라."는 것이다. 사람이 큰 죄를 지었더라도 고의로 지은 것이 아니면 바로 과오로 불행히도 죄를 지어 우연히 이와 같이 된 것이니, 이미 스스로 진술하여 그 정실을 다 말해서 감히 숨긴 일이 없거든 죄가 비록 크더라도 죽이지 말아야 하니, 이는 곧 〈大禹謨〉에 이른바 "과오로 지은 죄는 아무리 큰 죄라도 용서하라."는 것이다.

諸葛孔明이 蜀을 다스릴 적에 "죄를 자복하고 실정을 밝힌 자는 비록 죄가 무겁더라도 반드시 풀어주었다."라고 하였으니, 이는 그 죄에 대해 숨김없이 실정을 다 밝혔거든 〈그 정상을 참작하여〉 죽이지 말라는 뜻일 것이다.

字義 乃 : 너 내, 이에 내, 곧 내　眚 : 모르고 지은죄 생　終 : 끝까지 저지를 종　典 : 법 전
式 : 써 식　爾 : 이와같을 이　災 : 죄 재　適 : 우연히 적　辜 : 허물 고　道 : 이를 도
極 : 다할 극　時 : 이 시　輸 : 바칠 수　匿 : 숨길 익　釋 : 풀어줄 석

---

124 (固)〔終〕 : 저본에는 '固'로 되어 있으나, 經文에 의거하여 '終'으로 바로잡았다.

125 (舜典)〔大禹謨〕 : 〈舜典〉에는 "怙終賊刑(믿는 구석이 있어 저지른 죄와 〈같은 죄를〉 다시 범하는 자는 사형에 처하시되)"으로 되어 있고, "刑故無小"는 〈大禹謨〉에 있는 내용이기 때문에 〈大禹謨〉에 의거하여 바로잡았다.

126 (舜典)〔大禹謨〕 : 〈舜典〉에는 "眚災肆赦(과오로 지은 죄와 불행히 실수로 지은 죄는 놓아주시고)"로 되어 있고, "宥過無大"는 〈大禹謨〉에 있는 내용이기 때문에 〈大禹謨〉에 의거하여 바로잡았다.

9. 王曰 嗚呼라 封아 有敍라사 時乃大明服[127]하여 惟民이 其勅懋和하리라 若有疾하면 惟民이 其畢棄咎하며 若保赤子하면 惟民이 其康乂하리라

王이 말씀하였다. "아, 封아. 형벌에 질서가 있어야 이에 그 형벌을 크게 밝혀 〈민심을〉 복종시켜서 백성들이 스스로 경계하여 和順을 힘써 〈범법하지 않을 것이다. 백성들에게 죄가 있을 경우〉 마치 내 몸에 병이 있는 것처럼 〈애처롭게〉 여긴다면 백성들이 모두 허물을 버릴 것이며, 마치 赤子를 보호하듯 사랑한다면 백성들이 편안히 다스려질 것이다.

有敍者는 刑罰이 有次序也라 明者는 明其罰이요 服者는 服其民也라 左氏曰 乃大明服이어늘 己則不明하고 而殺人以逞하니 不亦難乎[128]아하니라 勅은 戒勅也니 民其戒勅而勉於和順也라 若有疾者는 以去疾之心으로 去惡也라 故로 民皆棄咎요 若保赤子者는 以保子之心으로 保善也라 故로 民其安治니라

有敍는 형벌에 차서가 있는 것이다. 明은 그 형벌을 밝히는 것이고, 服은 그 백성을 복종시키는 것이다. 左氏가 말하기를 "〈周書에〉 '크게 형벌을 밝혀 백성을 복종시킨다.'고 하였는데, 자기는 밝지 못하면서 남을 죽여 상쾌함을 느끼려고 하니, 〈남을 복종시키기〉 어렵지 않겠는가."라고 하였다. 勅은 경계하고 삼가는 것이니, 백성들이 경계하고 삼가서 和順에 힘쓰는 것이다. "병이 있는 것처럼 여긴다."는 것은 병을 제거하는 마음으로 惡을 제거하는 것이다. 그러므로 백성들이 모두 허물을 버리게 되며, "赤子를 보호하듯이 한다."는 것은 자식을 보호하는 마음으로 착한 사람을 보호하는 것이다. 그러므로 백성들이 편안히 다스려지는 것이다.

---

127 有敍 時乃大明服 : 孔傳에서 "탄식하면서 '政敎에 질서가 있어야 이에 治理가 크게 밝혀져서 백성들이 복종한다.〔嘆政敎有次敍 是乃治理大明 則民服〕'"라고 풀이하였는데, 兪樾(《群經平議》)은 "《春秋左氏傳》 僖公 23년 조에 '周書에 「乃大明服」이란 말이 있다.'고 하고, 《荀子》〈富國篇〉에 '《書》에 「乃大明服」이라 했다.'고 하였으니, 《春秋左氏傳》과 《荀子》에서 인용한 것에 의거하면 '時'자는 응당 위에 붙여서 읽어야 할 것임을 알겠다. 그러나 '有敍時' 3자는 文義를 밝히기 어렵다. 윗글에 '越厥邦厥民 惟時敍'라 하고 아랫글에 '乃汝盡遜 曰敍時'라 하였으니, 아마 이 글 또한 응당 '有時敍'가 되어야 할 것이 잘못 倒置되었을 것이다. '有時敍'는 이 차서가 있다는 것이니, 이 차서가 있으면 治理가 크게 밝혀져서 백성들이 복종한다.〔僖二十三年左傳 周書有之曰 乃大明服 荀子富國篇 書曰 乃大明服 據左荀所引 知時字當屬上讀 然有敍時三字 文義難明 上文曰 越厥邦厥民 惟時敍 下文曰 乃汝盡遜 曰敍時 疑此文亦當作有時敍 而誤倒之耳 有時敍者 有是次序也 有是次序 則治理大明而民服矣〕"라고 하였다.

128 左氏曰……不亦難乎 : 이 내용은 《春秋左氏傳》 僖公 23년 조에 보인다.

字義 敍 : 차례 서 服 : 굴복시킬 복 勅 : 경계할 칙 懋 : 힘쓸 무 和 : 화순할 화 畢 : 다 필
棄 : 버릴 기 咎 : 허물 구 乂 : 다스릴 예 逞 : 쾌할 령(정)

10. 非汝封이 刑人殺人[129]이니 無或刑人殺人하라 〔又曰〕[130] 非汝封이 (又曰)劓刵人[131]이니 無或劓刵人하라

〈刑殺은 하늘이 하는 일이지〉 너 封이 임의로 사람을 형벌하거나 사람을 죽일 것이 아니니, 혹시라도 임의로 사람을 형벌하거나 사람을 죽이지 말도록 하라."

또 말씀하였다. "너 封이 사람의 코를 자르거나 귀를 자를 것이 아니니, 혹시라도 임의로 사람의 코를 자르거나 귀를 자르지 말도록 하라."

刑殺者는 天之所以討有罪요 非汝封이 得以刑之殺之也니 汝無或以己而刑殺之하라 刵는 截耳也라 刑殺은 刑之大者요 劓刵는 刑之小者니 兼擧小大하여 以申戒之也라 又曰은 當在無或刑人殺人之下라 又按刵는 周官五刑[132]所無요 呂刑에 以爲苗民所制라하니라

刑殺은 하늘이 죄진 자를 벌주는 것이지 너 封이 임의로 형벌하거나 죽일 것이 아니니, 너는 혹시라도 임의로 사람을 형벌하거나 죽이지 말라는 것이다. 刵는 귀를 자르는 것이다. 刑殺은 형벌의 큰 것이고, 劓刵는 형벌의 작은 것이니, 작은 형벌과 큰 형벌을 함께 들어서 거듭 경계한 것이다. 又曰은 응당 '無或刑人殺人'의 아래에 놓여야 한다. 또 살펴보건대 刵는 《周禮》의 五刑에는 없는 것이고, 〈呂刑〉에 苗民이 만든 것이라고 하였다.

---

129 非汝封 刑人殺人 : 孔傳은 "刑殺할 죄인(대상자)을 얻음을 말한 것이다.〔言得刑殺罪人〕"라고만 풀이하였다.

130 〔又曰〕 : 저본에는 '劓刵人'의 앞에 있으나, 蔡沈의 註에 근거하여 '非汝封' 앞으로 옮겨 순서를 바로잡았다.

131 非汝封……劓刵人 : 孔傳은 "형벌의 가벼운 것도 역시 대상자를 얻어서 형벌을 행할 바를 말한 것이다.〔刑之輕者 亦言所得行〕"라고만 풀이하였는데, 孔疏는 "너 封이 스스로 말하기를 '코를 자르고 귀를 자를 사람(대상자)을 얻었다고 한 것이 어찌 아니겠느냐.〔豈非汝封又自言曰 得劓刵人〕"라고 부연 설명하였다.

132 五刑 : 《周禮》의 다섯 종류의 형벌〔五刑〕은 얼굴을 刺字하는 것〔墨〕, 코를 베는 것〔劓〕, 발을 베는 것〔剕〕, 거세하는 것〔宮〕, 죽이는 것〔大辟〕이고, 〈呂刑〉의 다섯 종류의 포학한 형벌은 무고한 사람을 죽이는 형벌에 코를 베고〔劓〕, 귀를 베고〔刵〕, 陰部를 제거하고〔椓〕, 얼굴을 刺字하는〔黥〕 형벌을 보탠 것이다.

字義 劓 : 코벨 의 刵 : 귀벨 이

11. 王曰 外事에 汝陳時臬하여 司師玆殷罰有倫[133]케하라

王이 말씀하였다. "外事에 너는 이 法을 베풀어서 有司들이 이 殷나라의 형벌 중에 질서 있는 것을 본받을 수 있게 하라."

外事는 未詳이라 陳氏曰 外事는 有司之事也라하니라 臬은 法也니 爲準限之義라 言汝於外事에 但陳列是法하여 使有司師此殷罰之有倫者하여 用之爾라

外事는 무슨 뜻인지 알지 못하겠다. 陳氏는 말하기를 "外事는 有司의 일이다."라고 하였다. 臬은 法의 뜻이니, 기준과 한계의 뜻을 담고 있다. 너는 外事에 있어서 다만 이 法을 베풀어 有司들로 하여금 殷나라의 형벌 중에 질서가 있는 것을 본받아 쓰게 할 뿐이란 것이다.

○呂氏曰 外事는 衛國事也라 史記에 言康叔이 爲周司寇라하니 司寇는 王朝之官으로 職任內事라 故로 以衛國對言爲外事라하니라 今按篇中에 言往敷求 往盡乃心이라하며 篇終曰 往哉封이라하니 皆令其之國之辭요 而未見其留王朝之意라 但詳此篇컨대 康叔은 蓋深於法者니 異時에 成王이 或擧以任司寇之職이나 而此則未必然也니라

○呂氏는 말하기를 "外事는 衛나라의 일이다. 《史記》〈衛世家〉에 '康叔이 周나라의 司寇가 되었다.'고 하였으니, 司寇는 王朝의 벼슬로 직책이 內事를 맡았다. 그러므로 衛나라와 對로 말해서 外事라 한 것이다."라고 하였다.

지금 살펴보건대, 篇 가운데에 "가서 널리 찾아라." 하고, "가서 네 마음을 다하라." 하였으며, 篇의 끄트머리에서는 "가라, 封아."라고 하였으니, 모두 그 나라로 가게 한 말들이지, 王朝에 머물게 한 뜻은 보지 못하겠다. 다만 이 편을 자세히 살펴보면, 康叔은 아마 法에 조예가 깊은 자인 듯하니, 후일에 成王이 혹 그를 기용하여 司寇의 직책을 맡겼던 것도 같지만, 여기서는 꼭 그런 것은 아닐 것이다.

字義 臬 : 법 얼 師 : 본받을 사 準 : 기준 준 限 : 한계 한 留 : 머무를 류

---

133 王曰……司師玆殷罰有倫 : 孔傳은 事, 臬, 師, 倫에 句를 끊어서 "外土의 諸侯들이 王의 일을 받들거든 너는 응당 이 법을 포진하여 그 백성들을 맡아 다스리고, 또한 이 殷나라의 형벌 중에 질서가 있는 것도 겸해서 쓰도록 하라.〔外土諸侯奉王事 汝當布陳是法 司牧其衆 及此殷家刑罰有倫理者兼用〕"로 풀이하였다.

12. 又曰 要囚[134]를 服念五六日하며 至于旬時하여서 丕蔽要囚하라

---

134 要囚 : 〈康誥〉에 두 군데, 〈多方〉에 두 군데 나온다. 〈康誥〉의 첫 번째 '要囚'에 대해서는 孔傳에서 "'要囚'는 그 요긴한 말을 살펴서 獄事를 단정함을 이른다.〔要囚 謂察其要辭以斷獄〕"라고 하였는데, 孔疏에서 "'要囚'는 긴요한 말을 죄수에게서 밝게 취하는 것이다.〔要囚 明取要辭於囚〕"라고 더 분명하게 설명하였고, 蘇軾(《書傳》)은 "중요한 獄辭〔要獄辭〕"로, 楊簡(《五誥解》)은 "'要囚'는 獄의 囚辭가 이미 정해져서 장차 처단하려는 것이다.〔要囚者 獄之囚辭已定 而將斷之也〕"로, 林之奇(《尙書全解》)는 "죄수의 요긴한 말이다.〔囚之要辭〕"로, 夏僎(《尙書詳解》)은 "'要囚'는 囚辭의 요긴한 것이다.〔要囚者 囚辭之要者也〕"로, 呂祖謙(《增修東萊書說》)은 "처단해야 할 죄수가 있을 때에는 그 죄수의 정상을 요긴하게 살펴야 한다.〔有囚當斷 要察其情矣〕"로, 陳大猷는 "'要囚'는 그 죄수의 죄를 결정하는 것을 이른다.〔要囚 謂結定其囚之罪〕"로, 蔡傳은 "獄辭의 요긴한 것이다.〔獄辭之要者〕"로, 元代 朱祖義(《尙書句解》)는 "죄수의 말을 考覈하여 이미 그 요긴한 점을 찾았더라도〔囚辭考覈 已得其要〕"로 각각 해석하였고, 두 번째 "要囚"에 대해서는 모두 별도의 해석이 없다.

〈多方〉의 첫 번째 "要囚"에 대해서는 孔傳은 "要察囚情"이라 하여, 〈康誥〉의 "要囚"에 대한 해석과 다르게 "죄수의 정상을 요긴하게 살피는 것"으로 해석한 것 같은데, 孔疏는 굳이 "장차 죄를 단정하려 하면 반드시 그 요긴한 말을 받아서 그 虛實을 살피기 때문에 '要囚'라고 말했다.〔將欲斷罪 必受其要辭 察其虛實 故言要囚也〕"라고 하여 〈康誥〉의 "要囚"에 대한 孔傳의 해석에 맞추어 확대 설명하였다. 林之奇는 "그 요긴한 말을 살피는 것이다.〔察其要辭〕"라고 하여 〈康誥〉의 "要囚"에 대한 해석과 같게 풀이하였다.

두 번째 "戰要囚"에 대해서는 孔傳은 "'戰要囚之'는 그 亂을 주도한 사람은 토벌하고 그 朋黨은 잡아 가두는 것을 이른다.〔戰要囚之 謂討其倡亂 執其朋黨〕"로, 孔疏는 "戰伐을 사용하여 단단히 살펴서 가두는 것이다.〔其用戰伐 要察囚繫之〕"로, 또는 "'戰要囚之'는 그 군사를 戰敗시키고 그 사람들을 잡아서 그 요긴한 말을 취조하여 가두는 것을 이른다.〔戰要囚之 謂戰敗其師 執取其人 受其要辭而囚之〕"로 확대 설명하였다. 각각 다르게 해석한 孔傳에 대하여 夏僎은 "'要囚'는 아마 단단히 묶어서 잡아 가두는 일을 일렀을 것이다. 《書》에 '要囚'를 말한 것이 세 번인데……孔氏는 그를 해석하되 그 說이 각각 다르다.……지금 자세히 살펴보면 세 說은 다 옳지 않다. 이른바 '要囚'란 것은 단단히 묶어서 잡아 가두는 일을 이른다. 〈康誥〉에서 이른바 '要囚服念五六日'이란 단단히 묶어서 잡아 가둔 죄인에 대해서는 반드시 5, 6일 동안 가슴속에 두고 깊이 생각한 연후에 중대한 죄수를 크게 처단하도록 해야 한다는 것이고, 여기의 이른바 '要囚殄戮多罪'란 혹은 죄를 많이 진 자를 단단히 묶어서 잡아 가두기도 하고, 혹은 죄를 많이 진 자를 殄絶하고 殺戮함에 백성들 또한 착함을 힘쓰게 됨을 이른 것이다. 이른바 '戰要囚'란 단단히 묶어서 잡아 가두는 위협을 가지고 벌벌 떨게 함을 이른 것이다.〔要囚 盖謂要勒而拘囚之也 書言要囚者三……孔氏釋之 其說各不同……今詳考之 三說皆不然 所謂要囚者 乃謂要勒而拘囚之 康誥所謂要囚服念五六日 乃謂凡要勒拘囚罪人 必當服念之至五六日然後 丕蔽其所要囚者 此所謂要囚殄戮多罪者 乃謂或要勒拘囚其多罪者 或殄絶殺戮其多罪者 而民亦勉于善也 所謂戰要囚者 乃謂恐懼之以要勒拘囚之威也〕"라고 밝혔다. 蔡傳은 〈多方〉의 '要囚'에 대한 해석이 없으니, 아마 〈康誥〉의 '要囚'와 같이 본 것 같다. 官吐와 諺解는 〈康誥〉와 〈多方〉에서 다같이 '要囚를' 또는 '要한 囚'로 적었으니, 아마 "요긴한 죄수"로 본 것 같다.

그러나 '要囚'는 孔疏처럼 글의 내용에 따라 다르게 보아야 할 것 같다. 〈康誥〉의 '要囚'는 陳大猷의 해석이 알맞고, 〈多方〉의 '要囚'는 孔安國과 呂祖謙의 해석이 타당한 것 같다. 그러므로 본 번역에서는 〈康誥〉의 '要囚'는 "요긴한 죄수"로 〈多方〉의 첫 번째 '要囚'는 "죄수의 정상을 긴요하게 살펴서"로 번역하고, 〈多方〉의 '要囚'는 '吐'도 '하여'로 달았고, 두 번째 '戰要囚'는 孔傳과 孔疏에 의해 번역하였다. 만일 蔡傳을 따를 경우, 〈康誥〉의 上段 '要囚'는 "獄辭의 요긴한 것"으로 해석하면 된다고 하겠지만, 下段 '丕蔽要囚'는 '獄辭의 요긴한 것을 처단하라."로 해석하면 되

또 말씀하였다. "要囚에 대해서는 닷새나 엿새 동안 가슴속에 두고 깊이 생각할 것이며, 열흘이나 한 철이 되어서야 要囚를 크게 결단하도록 하라."

要囚는 獄辭之要者也라 服念은 服膺而念之라 旬은 十日이요 時는 三月이니 爲囚求生道也라 蔽는 斷也라

要囚는 獄辭의 중요한 것이다. 服念은 가슴속에 두고 깊이 생각하는 것이다. 旬은 열흘이고 時는 3개월이니, 죄수를 위하여 살릴 방도를 찾기 위해 〈시일을 두고 생각하는 것이다.〉 蔽는 斷(결단하다)의 뜻이다.

字義 旬 : 열흘 순 時 : 철 시 丕 : 클 비 蔽 : 결단할 폐

13. 王曰 汝陳時臬事하여 罰蔽殷彝하되 用其義刑義殺이요 勿庸以次汝封하라 乃汝盡遜하여 曰時敍라도 惟曰未有遜事라하라

王이 말씀하였다. "너는 〈衛나라로 가서〉 이 法과 일을 실시하여, 처벌함에 있어서는 殷나라의 常法으로 결단하되 딱 맞는 형벌과 딱 맞는 사형을 적용하고, 너 封의 마음 내키는 대로 하지 말도록 하라. 그리고 네가 모두 의리에 따라 비록 질서있게 처결했더라도 너는 행여 의리에 따라 처결하지 못했을 것이라고 말하도록 하라.

義는 宜也라 次는 次舍之次요 遜은 順也라 申言敷陳是法與事하여 罰斷以殷之常法矣요 又慮其泥古而不通하여 又謂其刑其殺을 必察其宜於時者而後用之라하고 旣又慮其趨時而徇己하여 又謂刑殺을 不可以就汝封之意라하고 旣又慮其刑殺이 雖已當罪나 而矜喜之心乘之하여 又謂使汝刑殺이 盡順於義하여 雖曰是有次敍라도 汝當惟謂未有順義之事라하라하니라 蓋矜喜之心生하면 乃怠惰之心起하니 刑殺之所由不中也라 可不戒哉아

義는 宜(알맞다)의 뜻이다. 次는 次舍(쉬다, 멈추다)의 次요, 遜은 順의 뜻이다. 거듭 말하기를 "이 〈殷나라의〉 법과 일을 실시하여, 처벌함에 있어서는 殷나라의 常法으로 결단하도록 하라."고 하였고, 또 행여 예전 법에 집착하여 융통성 있게 처벌

겠는가. 그러므로 〈康誥〉의 '要囚'는 "요긴한 죄수"로 보면 위아래의 '要囚'가 자연스럽게 처리되고, 〈多方〉의 첫 번째 '要囚'는 "죄수의 정상을 요긴하게 살펴서"로 풀이하면 글의 내용에 잘 맞지만, 만일 "긴요한 죄수"로 보면 글의 내용과 잘 어울리지 않는다. 그러므로 〈康誥〉의 '要囚'는 "요긴한 죄수"로, 〈多方〉의 첫 번째 '要囚'는 "죄수의 정상을 요긴하게 살펴서"로 번역하게 된 것이다.

하지 못할까 염려해서 또 "그 형벌을 적용하는 일과 그 사형을 집행하는 일은 반드시 그 때에 딱 맞는 것인가 신중히 살핀 뒤에 쓰도록 하라."고 하였으며, 또 시속에 붙좇고 자기 뜻대로 할까 염려해서 또 "형벌을 적용하는 일과 사형을 집행하는 일을 너 封의 마음 내키는 대로 하지 말도록 하라."고 하였고, 또 형벌을 적용하는 일과 사형을 집행하는 일이 비록 이미 죄에 합당하더라도 행여 뽐내고 기뻐하는 마음이 틈타서 생길까 염려해서 또 "가령 네가 형벌을 적용한 일과 사형을 집행한 일이 모두 의리를 따라서 비록 질서있게 처결했다 하더라도 너는 행여 의리를 따르는 일이 있지 못했을 것이라고 말하도록 하라."고 한 것이다. 뽐내고 기뻐하는 마음이 생기면 태만한 마음이 일어나기 마련이니, 형벌을 적용하는 일과 사형을 집행하는 일이 그로 말미암아 적중하지 않게 되는 것이다. 그러니 경계하지 않을 수 있겠는가.

字義 時 : 이 시　彝 : 떳떳할 이　次 : 나갈 차　遜 : 따를 손　泥 : 진흙 니　趨 : 나갈 추
徇 : 따를 순　矜 : 뽐낼 긍　喜 : 기쁠 희　乘 : 탈 승

14. 已아 汝惟小子나 未其有若汝封之心하니 朕心朕德은 惟乃知니라

그만둘 수 있겠느냐. 네가 비록 〈나이 어린〉 小子이지만 너 封의 마음과 같은 이가 없으니, 朕의 마음과 朕의 德은 오직 너만이 알고 있다.

已者는 語辭之不能已也라 小子는 幼小之稱이니 言年雖少나 而心獨善也라 爾心之善을 固朕知之요 朕心朕德을 亦惟爾知之라 將言用罰之事라 故로 先發其良心焉이라

已는 어조사로서 그만둘 수 없음을 나타낸 것이다. 小子는 어림을 일컫는 것이니, 나이는 비록 어리나 마음만은 착하다는 점을 말한 것이다. 네 마음의 착한 점을 진실로 朕이 알고 있고, 朕의 마음과 朕의 德을 또한 오직 너만이 알고 있다는 것이다. 장차 형벌을 쓰는 일을 말하려고 하기 때문에 먼저 그 양심을 발현시킨 것이다.

字義 乃 : 너 내

15. 凡民이 自得罪하여 寇攘姦宄하며 殺越人于貨하여 暋不畏死를 罔弗憝니라

백성들이 스스로 죄를 지어 재물을 빼앗고 난을 일으키며, 재물 때문에 사람을 죽이거나 넘어뜨리는 등 강포하여 죽음을 두려워하지 않는 자를 미워하지 않는 이가 없느니라."

越은 顚越也니 盤庚云 顚越不恭이라하니라 暋은 强이요 憝는 惡(오)也라 自得罪는 非爲人誘陷以得罪也라 凡民이 自犯罪하여 爲盜賊姦宄하며 殺人顚越人하여 以取財貨하여 强狠亡命者를 人無不憎惡之也라 用罰而加是人이면 則人無不服하나니 以其出乎人之同惡(오)요 而非卽乎吾之私心也일새라 特擧此하여 以明用罰之當罪하니라

越은 쓰러뜨리고 넘어뜨리는 것이니, 〈盤庚 中〉에 "쓰러뜨리고 넘어뜨리는 〈거친 행동을 하여 임금의 명령을〉 공손히 따르지 않는다."라고 하였다. 暋은 强의 뜻이요, 憝는 惡(미워하다)의 뜻이다. "스스로 죄를 지었다."는 것은 남의 꾐에 빠져 죄를 지은 것이 아니다. 백성들이 스스로 죄를 범하여 재물을 빼앗고 난을 일으키며, 사람을 죽이거나 사람을 넘어뜨리어 財貨를 탈취하는 등 강포하여 생명을 무시하는 자에 대해서는 증오하지 않는 사람이 없는 것이다. 형벌을 쓰되 이러한 자에게 쓰면 사람들 중에 복종하지 않는 이가 없으니, 이는 사람들이 다 같이 미워한 데서 처벌한 것이고, 나의 사심으로 나온(처벌한) 것이 아니기 때문이다. 특별히 이 사례를 들어서 형벌을 씀이 죄에 합당함을 밝힌 것이다.

字義 寇 : 도적 구 　攘 : 훔칠 양 　姦 : 밖에서 소란피울 간 　宄 : 안에서 소란피울 궤
越 : 넘어뜨릴 월 　暋 : 강할 민 　畏 : 두려울 외 　憝 : 미워할 대 　顚 : 쓰러뜨릴 전
惡 : 미워할 오 　誘 : 꾈 유 　陷 : 빠질 함 　狠 : 사나울 한 　憎 : 미워할 증 　服 : 복종할 복

16. 王曰 封아 元惡은 大憝니 矧惟不孝不友온여 子弗祗服厥父事하여 大傷厥考心[135]하면 于父不能字厥子[136]하여 乃疾厥子하리며 于弟弗念天顯하여 乃弗克恭厥

---

135 子弗祗服厥父事 大傷厥考心 : 孔傳은 "사람의 자식이 되어, 능히 몸을 경건히 가져 아버지의 도리를 행하지 않으며, 그 業을 怠忽히 하여 그 아버지의 마음을 상하게 하면(爲人子不能敬身服行父道 而怠忽其業 大傷其父心)"이라고 풀이하고, 蔡傳은 "아들이 그 아버지를 경건히 섬기지 아니하여 크게 아버지의 마음을 상하게 하면(子不敬事其父 大傷父心)"이라고 풀이하였다. 孔傳은 '父事'를 父道와 事業으로 나누어 풀이하여 약간 지리하지만 原意는 살렸는데, 蔡傳은 '事'를 동사로 만들어 '服'과 겹치게 해서 原意를 손상하였다. 그러므로 번역에서는 經文이 服과 事가 겹치면 풀 수 없기 때문이 부득이 經文은 經文에 맞게, 傳文은 傳文에 맞게 번역하였다.

136 于父不能字厥子 : 孔傳에서 "사람의 아버지가 되어, 그 자식을 사랑하지 않고(於爲人父 不能字愛其子)"라고 풀이하였는데, 兪樾은 "옛적엔 '于'와 '爲'는 同聲이었기 때문에 通用하게 되었으니, '于父不能字厥子'는 '爲父不能字厥子'와 같다. 枚氏는 '于'가 곧 이 爲의 뜻임을 모르고 '于'를 於의 뜻으로 풀이하고 또 '爲'자를 보태서 그 뜻을 이루었으니, 잘못된 것이다.(古于爲同聲 故得通用 于父不能字厥子 猶曰爲父不能字厥子也 枚不知于卽是爲 而訓于爲於 又增爲字 以成其義 失之矣)"라고 하였다.

兄하면 兄亦不念鞠子哀[137]하여 大不友于弟하리라(하리니) 惟弔(적)茲요 不于我政人에 得罪①[138]하면 天惟與我民彝 大泯亂하리니 曰乃其速由文王作罰하여 刑茲無赦하라

① 書經 不于我政人得罪 : 우리 정치하는 사람에게 죄를 얻지 않는다면
一般 不得罪于我政人 : 우리 정치하는 사람에게 죄를 얻지 않는다면

王이 말씀하였다. "封아. 크게 악한 자는 크게 미워하는 법인데, 하물며 효도하지 않고 우애하지 않는 자야 오죽하겠는가. 아들이 그 아버지의 일을 경건히 행하지 아니하여 아버지의 마음을 크게 상하게 하면 아버지는 그 아들을 예뻐하지 아니하고 그 아들을 미워할 것이며, 아우가 하늘의 밝은 도리를 생각지 않고 그 형을 공경하지 않으면 형 또한 부모가 자식을 기른 수고로움은 생각지 않은 채 아우에게 크게 우애하지 않을 것이다. 이와 같은 지경에 이르렀는데도 우리 정치하는 사람에게 죄를 얻지 않는다면 하늘이 우리 인간에게 주신 彝倫이 크게 민멸되어 혼란해질 것이니, 이렇게 되면 文王께서 정해 놓으신 벌을 속히 내리어 이들을 처벌하고 용서하지 말도록 하라.

大憝는 卽上文之罔弗憝니 言寇攘姦宄 固爲大惡而大可惡(오)矣어든 況不孝不友之人으로 而尤爲可惡者아 當商之季에 禮義不明하고 人紀廢壞하여 子不敬事其父하여 大傷父心하면 父不能愛子하여 乃疾惡其子하리니 是父子相夷也라 天顯은 猶孝經所謂天明이니 尊卑顯然之序也라 弟不念尊卑之序하여 而不能敬其兄이면 兄亦不念父母鞠養之勞하여 而大不友其弟하리니 是兄弟相賊也라 父子兄弟至於如此로되 苟不於我爲政之人에 以得罪焉이면 則天之與我民彝 必大泯滅而紊亂矣리라 曰者는 言如此則汝其速由文王作罰하여 刑此無赦而懲戒之를 不可緩也니라

大憝는 곧 윗글에 "미워하지 않는 이가 없다."란 것이다. 재물을 빼앗고 난을 일으키는 것도 본시 큰 惡이어서 크게 미워하는 법인데, 하물며 효도하지 않고 우애

137 鞠子念 : 孔傳은 '鞠子'를 '稚子'로 보아 "애처로운 어린애[稚子之可哀]"로 풀이하였다.

138 惟弔茲 不于我政人得罪 : 孔傳은 "사람들이 이와 같은 不孝·不慈·弗友·不恭에 이른 것은 우리 執政한 사람에게서(사람으로 인하여) 죄를 얻은 것이 아니겠는가. 교훈이 이르지 못한 소치인 것이다.[惟人至此不孝不慈弗友不恭 不於我執政之人得罪乎 道教不至所致]"라고 풀이하여 교육을 잘못시킨 위정자 때문에 죄를 얻는 것으로 보고, 蔡傳은 효도 않고 우애 않은 사람은 엄하게 다스리는 것으로 보았다.

하지 않는 사람으로서 더욱 미워할 자야 오죽하겠는가. 商나라의 말기에 禮義가 밝지 못하고 人倫이 무너져서 아들이 그 아버지를 경건히 섬기지 아니하여 크게 아버지의 마음을 상하게 하면 아버지는 아들을 사랑하지 아니하여 그 아들을 미워하였을 것이니, 이는 아버지와 아들이 서로 손상시키는 것이다. 天顯은《孝經》에서 말한 '天明'과 같은 것이니, 尊卑가 밝게 드러난 질서이다. 아우가 尊卑의 질서를 생각지 않아 그 형을 공경하지 않으면 형 또한 부모가 자식을 기른 수고로움은 생각지 않아 크게 그 아우에게 우애하지 않을 것이니, 이는 형과 아우가 서로 해치는 것이다. 부자와 형제가 이와 같은 지경에 이르렀는데도 만일 우리 정치하는 사람에게 죄를 얻지 않는다면 하늘이 우리 인간에게 주신 彝倫이 반드시 크게 민멸되어 문란해질 것이란 말이다. 曰은 "이와 같이 되면 너는 文王께서 정해 놓은 罰을 속히 내리어 이들을 가차 없이 처벌하여 징계하는 일을 늦추지 말도록 하라."고 한 것이다.

字義 元 : 클 원 祗 : 공경 지 服 : 섬길 복, 행할 복 字 : 사랑할 자 疾 : 미워할 질
鞠 : 기를 국 弔 : 이를 적 泯 : 민멸할 민 赦 : 용서할 사 壞 : 무너질 괴 夷 : 상할 이
賊 : 해로울 적 紊 : 문란할 문 懲 : 징계할 징 緩 : 늦출 완

17. 不率은 大戛[139]이어늘(이니) 矧惟外庶子[140]訓人과 惟厥正人과 越小臣諸節이 乃別播敷하여 造民大譽하여 弗念弗庸하여 瘝厥君이온여 時乃引惡이라 惟朕의 憝[141]니 已아 汝乃其速由茲義하여 率殺하라

교훈을 따르지 않는 자들은 크게 法으로 다스려야 하는데, 하물며 外庶子로서 사람을 가르치는 직책을 가진 자와 正人 및 小臣으로서 모든 符節을 가진 자들이 따로 교훈을 펴서 백성들에게 큰 명예를 구할 속셈으로 임금도 생각지 않고 법도 쓰

139 不率 大戛 : 孔傳은 '戛'을 常의 뜻으로 보아 "평민이 大常의 교훈을 따르지 않아도 외려 형벌이 사면되지 못하거늘〔凡民不循大常之教 猶刑之無赦〕"이라고 풀이하였다.

140 外庶子 : 孔傳은 "밖에 있어서 여러 아들을 관장하는 벼슬아치다.〔在外掌衆子之官〕"라고 풀이하였고, 孔疏는 '外'를 外土로 보는 동시에 "《周禮》에서 말한 '諸子의 관원'〔諸子之官〕도 역시 '王朝의 신하'〔王朝之臣〕인데 굳이 '在外'라고 말한 것은 父子와 兄弟를 對로 해서 '外'라고 한 것이다.〔周禮諸子之官 亦是王朝之臣 言在外者 對父子兄弟爲外〕"라고 보충 설명하였다.

141 乃別播敷……惟朕憝 : 孔傳은 "너는 지금 衛나라로 부임해 가서 응당 〈卿大夫들을 나누어보내서〉 德敎를 펼쳐 백성들을 아주 착하게 만든 명예를 세우도록 하라. 만일 나의 말을 유념하지 않고 나의 법을 쓰지 않는 것은 그 임금의 도리를 해치는 것이니, 이는 네가 惡을 조장하는 꼴이라, 나 또한 너를 미워할 것이다.〔汝今往之國 當分別播布德敎 以立民大善之譽 若不念我言 不用我法者 病其君道 是汝長惡 惟我亦惡汝〕"라고 풀이하였다.

지 않아 그 임금을 해치는 짓을 하는 자들이야 말할 것 있겠는가. 이는 바로 惡을 조장하는 행위인지라 朕이 미워하는 바인데, 〈형벌을〉 그만둘 수 있겠는가. 너는 속히 이 의리를 따라서 모두 죽이도록 하라.

戛은 法也라 言民之不率敎者는 固可大置之法矣어든 況外庶子以訓人爲職과 與庶官之長과 及小臣之有符節者가 乃別布條敎하여 違道干譽하여 弗念其君하고 弗用其法하여 以病君上가 是乃長惡於下니 我之所深惡也라 臣之不忠이 如此면 刑其可已乎아 汝其速由此義하여 而率以誅戮之 可也니라

戛은 法의 뜻이다. 백성 중에 가르침을 따르지 않는 자들은 본시 크게 法으로 다스려야 하는데, 하물며 外庶子로서 사람을 가르치는 것을 직책으로 삼는 자와 여러 벼슬아치의 우두머리 및 小臣으로서 符節을 가진 자들이 따로 가르침을 펴서 道를 어기고 명예를 구할 속셈으로 그 임금도 생각지 않고 그 法도 쓰지 않아 君上을 해치는 짓을 하는 자들이야 말할 것 있겠는가. 이는 바로 아래에서 惡을 조장하는 것이니, 내가 깊이 미워하는 바이다. 신하의 충성치 못함이 이와 같다면 형벌을 그만둘 수 있겠는가. 너는 속히 이 의리를 따라서 모두 誅戮해도 된다고 말한 것이다.

○按上言民不孝不友면 則速由文王作罰하여 刑兹無赦라하고 此言外庶子正人小臣이 背上立私하면 則速由兹義하여 率殺이라하니 其曰刑曰殺하여 若用法峻急者는 蓋殷之臣民이 化紂之惡하여 父子兄弟之無其親하고 君臣上下之無其義하니 非繩之以法하고 示之以威하면 殷民이 孰知不孝不義之不可干哉아 周禮所謂刑亂國에 用重典者 是也라 然이나 曰速由文王이라하고 曰速由兹義라하니 則其刑其罰이 亦仁厚而已矣니라

○살펴보건대, 위에서는 "백성들이 효도하지 않고 우애하지 않으면 속히 文王이 만들어 놓은 벌을 행하여 이들을 처벌하고 용서하지 말라."고 말하였고, 여기서는 "外庶子와 正人과 小臣들이 君上을 배반하고 私門을 세우면 속히 이 의리를 따라서 모두 죽이도록 하라."고 말하였으니, 그 刑이라 하고 殺이라 하여, 法을 씀이 준엄한 듯한 것은 아마 殷나라의 臣民들이 紂의 惡에 동화(오염)되어 부자 사이와 형제 사이에 친함이 없어지고 군신 사이와 상하 사이에 의리가 없어졌으니, 법으로 다스리거나 위엄을 보이지 않는다면 殷나라 백성들이 그 누가 不孝와 不義는 범할 수 없는 것이란 점을 알겠는가. 《周禮》〈秋官 大司寇〉에 이른바 "어지러운 나라를 처벌할 때에는 무거운 법을 쓴다."라는 것이 이것이다. 그러나 "속히 文王을 따르

라."고 하고, "속히 이 의리를 따르라."고 하였으니, 그 刑과 그 罰이 또한 仁厚했을 뿐이다.

字義 率 : 따를 솔, 모두 솔 戛 : 법 알 矧 : 하물며 신 越 : 및 월 播 : 뿌릴 파 敷 : 펼 부
造 : 구할 조 譽 : 명예 예 庸 : 쓸 용 瘝 : 해칠 환, 병들 환 時 : 이 시
引 : 조장할 인, 끌 인 與 : 및 여 干 : 구할 간 戮 : 죽일 륙 畯 : 높을 준 繩 : 다스릴 승

18. 亦惟君惟長[142]이 不能厥家人과 越厥小臣外正이요 惟威惟虐으로 大放王命하면 乃非德用乂[143]니라

또한 君과 長이 되어, 그 집안 식구 및 小臣과 外正들을 다스리지 못하고 오직 위엄과 사나움만을 일삼아 크게 王命을 폐기한다면 이는 곧 德이 아닌 것으로 다스리려고 하는 것이다

君長은 指康叔而言也라 康叔而不能齊其家하고 不能訓其臣하고 惟威惟虐으로 大廢棄天子之命하면 乃欲以非德用治니라 是는 康叔도 且不能用上命矣어늘 亦何以責其臣之瘝厥君也哉아

君과 長은 康叔을 가리켜 말한 것이다. 康叔이 자기 집안도 다스리지 못하고 자기 신하들도 가르치지 못하고서 오직 위엄과 사나움만을 일삼아 크게 天子의 命을 폐기한다면 이는 곧 德이 아닌 것으로 다스리려고 하는 것이다. 이는 康叔 자신도 上의 命을 따르지 않고 있거늘, 또한 어떻게 신하들이 임금을 해치는 일을 꾸짖을 수 있겠는가라는 것이다.

字義 放 : 폐기할 방

19. 汝亦罔不克敬典하여 乃由裕民하되 惟文王之敬忌[144]로하여 乃裕民이요 曰我惟

---

142 亦惟君惟長 : 孔傳은 윗글에 붙여서 "또한 君과 長의 正道인 것이다."로 풀이하였다.

143 亦惟君惟長……乃非德用乂 : 孔傳은 '越'을 於의 뜻으로 보아 "남의 君과 長이 되어 능히 그 家人의 도리를 다스리지 않으면 그 小臣과 밖에 있는 正官의 관리들이 아울러 威虐을 하여 王命을 크게 버릴 것이니, 이는 바로 德이 아닌 것으로 다스리는 데서 문제가 생긴 것이다.〔爲人君長而不能治其家人之道 則於其小臣外正官之吏 並爲威虐 大放棄王命 乃由非德用治之故〕"라고 풀이하였다.

144 敬忌 : 孔傳은 "文王이 敬畏하던 德政만을 유념해 본받기를 생각해야 한다.〔當思惟念用文王之所敬畏而法之〕"라고 풀이하였고, 朱子는 '文王敬忌'의 忌를 惡(미워하다)의 뜻으로 보았다. '文王之敬忌'는 이를테면 〈康誥〉와 〈無逸〉의 "不敢侮鰥寡"는 文王의 '敬'에 해당한 것이고, 〈立政〉의 "罔攸兼于庶獄"은 文王의 '忌'에 해당한 것이다.

有及[145]이라하면 則予一人은(이) 以懌하리라

너는 또한 〈나라의〉 常典을 경건히 준수하지 않음이 없어서 이로 말미암아 백성들을 너그럽게 다스릴 방도를 구하되, 오직 文王의 〈德을〉 경건히 하고 〈刑을〉 꺼리시던 〈德政만을 본받아〉 이 백성들을 너그럽게 다스리기만을 〈기약하고서,〉 '내 오직 文王의 〈德政에〉 미쳐감이 있기를 원할 뿐이다.'라고 말한다면 나 한 사람(天子)이 〈이것을 가지고 너의 德政을〉 기뻐할 것이다."

汝罔不能敬守國之常法하여 由是而求裕民之道하되 惟文王之敬忌니 敬則有所不忽이요 忌則有所不敢이라 期裕其民하고 曰我惟有及於文王이라하면 則予一人은 以悅懌矣리라 此는 言謹罰之終也니 穆王訓刑에 亦曰敬忌[146]云이니라

너는 나라의 常法을 경건히 지키지 않음이 없어서 이로 말미암아 백성들을 너그럽게 다스리는 방도를 구하되 오직 文王께서 〈德을〉 경건히 하고 〈刑을〉 꺼리시던 德政을 본받을 것이니, 경건하면 소홀히 하지 않는 바가 있고, 꺼리면 감히 하지 않는 바가 있다. 이 백성들을 너그럽게 다스리기만을 기하고서 "내 오직 文王의 德에 미쳐가기만을 바랄 뿐이다."라고 말한다면 나 한 사람은 이것을 가지고 기뻐할 것이란 말이다. 이는 謹罰의 마무리를 말한 것이니, 〈呂刑〉에서 穆王이 刑法을 만들 때에도 또한 "敬忌"란 말을 하였다.

字義 由 : 말미암을 유　忌 : 꺼릴 기　裕 : 넉넉할 유　及 : 미쳐갈 급　懌 : 기쁠 역

20. 王曰 封아 爽惟民은 迪吉康[147]이니 我는 時其惟殷先哲王德으로 用康乂民하여 作求(逑)어늘(니) 矧今民은(이) 罔迪不適이온여 不迪하면 則罔政이 在厥邦①하리라

① 書經 罔政在厥邦 : 정사가 그 나라에 있지 않는 것이나 마찬가지일 것이다.
一般 爲無政於厥邦 : 정사가 그 나라에 없는 것이나 마찬가지일 것이다.

---

145 乃裕民 曰我惟有及 : 孔傳은 "네가 백성들을 너그럽게 하는 정사를 행하면서 '나는 오직 옛 분에 미쳐감이 있기만을 원할 뿐이다.'라고 말한다면(汝行寬民之政曰 我惟有及於古)"이라고 풀이하였고, 孔疏는 "〈옛 분은〉 곧 옛날의 어진 諸侯이다.(卽古賢諸侯)"라고 보충 설명하였다.

146 敬忌 : 〈呂刑〉의 "경건하고 조심하여 가릴 말을 자신에 두지 않고……"라는 데 보인다.

147 爽惟民 迪吉康 : 孔傳은 '迪'을 道의 뜻으로 보고 迪, 康에 句를 끊어서 "백성들을 다스리는 道를 밝게(깊이) 생각해서 잘 안정시키도록 하라.(明惟治民之道而善安之)"고 풀이하였다.

王이 말씀하였다. "封아. 밝게(깊이) 생각해보건대 백성들은 吉하고 편안한 방법으로 인도해야 하니, 나는 이 殷나라 先哲王의 德으로써 백성들을 편안하게 다스려서 〈殷나라의 先王과〉 같아지려고 하거늘, 하물며 지금 백성들은 인도하면 따르지 않는 자가 없지를 아니한가. 〈그런데도 만일〉 인도하지 않는다면 이는 정사가 그 나라에 있지 않는 것이나 마찬가지일 것이다."

此下는 欲其以德用罰也라 求는 等也니 詩曰 世德作求[148]라하니라 言明思夫民은 當開導之以吉康이니 我亦時其惟殷先哲王之德으로 用以安治其民하여 爲等匹於商先王也라 迪은 卽迪吉康之迪이라 況今民은 無導之而不從者아 苟不有以導之면 則爲無政於國矣라 迪은 言德이요 而政은 言刑也라 前旣嚴之民하고 又嚴之臣하고 又嚴之康叔하고 此則武王之自嚴畏也라

이 이하는 德을 가지고 刑罰을 쓰려 한 것이다. 求는 等(동등하다)의 뜻이니, 《詩經》 〈大雅 下武〉에 "대대로 德을 쌓아 짝을 지었다."라고 하였다. 밝게 생각해보건대 백성들은 吉하고 편안한 방법으로 인도해야 하니, 나 또한 이 殷나라 先哲王의 德으로써 백성들을 편안하게 다스려서 商나라의 先王과 같아지려고 함을 말한 것이다. 迪은 곧 '迪吉康'의 迪이다. 하물며 지금 백성들은 인도하면 따르지 않는 자가 없지를 아니한가. 〈그런데도 만일〉 인도하지 않는다면 이는 정사가 그 나라에 없는 것이나 마찬가지라는 것이다. 迪은 德을 말하고, 政은 형벌을 말한 것이다. 앞에서는 이미 백성들을 엄하게 단속하고 또 신하들을 엄하게 단속하고 또 康叔을 엄하게 단속한 것이고, 여기서는 武王이 스스로 엄중하면서도 두려워한 것이다.

字義 爽 : 밝을 상　惟 : 생각 유　迪 : 인도할 적　時 : 이 시　乂 : 다스릴 예　求 : 같을 구
適 : 따를 적　導 : 인도할 도　等 : 같을 등

21. 王曰 封아 予惟不可不監이라 告汝德之說于罰之行[149]하노니 今惟民이 不靜하여

148 世德作求 : 《詩經》 〈大雅 下武〉에 보이는데, 鄭箋은 '作'은 爲의 뜻으로, '求'는 終의 뜻으로 보아, "대대로 덕을 쌓았기 때문에 끝내 그 큰 공을 이룰 것을 기대했다.〔以其世世積德 庶爲終成其大功〕"로, 蘇軾(《書傳》)은 '作'을 起의 뜻으로 보아 "일어나서 선세의 덕을 구하여 계승한다.〔起而求其先世之德以繼之也〕"로, 林之奇(《尙書全解》)는 "무왕이 鎬京에서 왕위를 계승하여 짝을 지은 것은 세 임금이 하늘에 있기 때문이니, 이것이 '짝을 지음'을 이른다.〔夫武王之所以配于京者 以三后在天故也 此作求之謂也〕"로 풀이하였다. 蔡傳에서 '求'를 等의 뜻으로 본 것은 孔傳의 "동등해지기를 구한다.〔爲求等〕"에 근거한 것이다.

149 予惟不可不監 告汝德之說于罰之行 : 孔傳은 "나는 옛날의 올바른 도리를 살펴보지 않을 수 없

未戾厥心하여 迪屢나 未同[150]이라(하니) 爽惟天이 其罰殛我하시리니 我其不怨하리라 惟厥罪는 無在大하며 亦無在多하니 矧曰其尙顯聞于天[151]이온여

王이 말씀하였다. "封아. 나는 〈哲王의 德을〉 살펴보지 않을 수 없노라. 너에게 德을 쓰라는 말로 형벌을 행할 것을 고하노니, 〈그것은 덕으로 형벌을 행하고 형벌로 형벌을 행하지 않게 하기 위해서다.〉 지금 백성들이 안정하지 않아 그 나쁜 마음을 멈추지 못하여 여러 번 인도하였으나 〈위로 先王의 德治와〉 똑같게 하지 못하니, 〈이것은 내가 天心의 책망을 저버렸기 때문이다.〉 밝게 생각해보건대 하늘이 나에게 벌을 내려 죽이실 것이니, 나는 원망하지 않을 것이다. 그 백성들의 죄는 죄가 큰 데 문제가 있는 것도 아니고 죄가 많은 데 문제가 있는 것도 아니니 〈죄만 있으면 그 책임이 나에게 있거늘,〉 하물며 〈백성들이 효도하지 않고 우애하지 않는〉 나쁜 소문이 드러나 하늘에 알려지지를 않았는가."

戾는 止也라 又言 民不安靜하여 未能止其心之狠疾하여 迪之者雖屢나 而未能使之上同乎治니라 明思天其罰殛我하시리니 我何敢怨乎아 惟民之罪는 不在大하며 亦不在多하니 苟爲有罪면 卽在朕躬이온 況曰 今庶群腥穢之德이 其尙顯聞于天乎아

戾는 止의 뜻이다. 또 말씀하기를 "백성들이 안정하지 않아 능히 그 마음의 사나움과 질시함을 멈추지 못하여 인도하기를 비록 여러 번 하였으나 능히 그들로 하여금 〈위로 先王의 德治와〉 똑같게 하지 못하고 있다. 밝게 생각해보건대 하늘이 나에게 벌을 내려 죽이실 것이니, 내가 어찌 감히 원망하겠는가. 백성의 죄는 죄가 큰

다. 너에게 덕을 베풀라는 말로 형벌이 행해지는 마당에 고하는 것은 덕을 열심히 닦고 형벌을 신중히 하게 하려는 의도에서다.〔我惟不可不監視古義 告汝施德之說於罰之所行 欲其勤德愼刑〕"라고 풀이하였는데, 林之奇(《尙書全解》)는 "先儒의 이 말이 옳다.〔先儒此說是也〕"라고 하였고, 陳師凱(《書傳大全》 小註)도 "너에게 德을 하라는 말을 罰이 행해지는 때에 고하는 것은〔告汝以德之說於罰之行之時〕"이라고 풀이하였다.

150 今惟民……未同 : 孔傳은 "가령 지금 천하 백성들이 불안해하여 그 마음을 안정하지 못하면 周나라의 교훈에 대해 타이르기를 아무리 여러 번 한다 해도 和同하지 못할 게란 것이다. 〈곧 和同하지 못한〉 일을 가설하여 말했을 뿐이다.〔假令今天下民不安 未定其心 於周教道屢數 而未和同 設事之言〕"라고 풀이하였다.

151 惟厥罪……曰其尙顯聞于天 : 孔傳은 '大'와 '多'를 고을의 큼과 백성들의 많음으로 보고 "백성들이 불안해하면 비록 고을이 작고 백성들이 많다 하더라도 외려 罰誅가 있을 것이니, 꼭 백성들이 많고 고을이 커야만 罰誅를 하는 것이 아니거늘, 하물며 형벌을 삼가지 아니하여 하늘에 밝게 알려진 경우야 말할 것이 있겠는가라는 것이니, 곧 죄가 큼을 말한 것이다.〔民之不安 雖小邑少民 猶有罰誅 不在多大 況曰不愼罰 明聞於天者乎 言罪大〕"라고 풀이하였다.

데 문제가 있는 것이 아니고 또한 죄가 많은 데 문제가 있는 것이 아니니, 만일 사소한 죄라도 있으면 곧 나의 몸에 책임이 있는 것인데, 하물며 지금 여러 가지 비린내 나는 더러운 德이 외려 드러나 하늘에 알려지지를 않았는가."라고 하신 것이다.

字義 戾 : 그칠 려　迪 : 인도할 적　屢 : 여러 루　殛 : 죽일 극　止 : 멈출 지, 그칠 지
狠 : 사나울 한　疾 : 미워할 질　腥 : 비린내 성　穢 : 더러울 예

22. 王曰 嗚呼라 封아 敬哉어다 無作怨하며 勿用非謀非彝하고 蔽時忱하여 丕則(칙)敏德[152]하여 用康乃心하며 顧乃德하며 遠乃猷하며 裕乃以民寧하면 不汝瑕殄①[153]하리라

① 書經 裕乃以民寧 不汝瑕殄 : 너그럽게 하여 이에 써 백성을 편안케 해준다면 너를 흠잡아서 끊지 않을 것이다.
一般 裕而安民 不瑕汝殄之 : 너그럽게 하여 백성들을 편안케 해준다면 너를 흠잡아서 끊지 않을 것이다.

王이 말씀하였다. "아, 封아. 공경할지어다. 원망을 살 수 있는 일을 하지 말고, 나쁜 계획이나 정상이 아닌 법을 쓰지 말며, 이처럼 정성어린 마음을 가지고 결단하여 〈옛사람 중에〉 德을 닦는 일에 힘쓴 이를 크게 본받아 네 마음을 안정하고 네 德을 살펴보며, 네 智謀를 원대하게 가지며, 너그럽게 하여 백성들을 편안하게 해준다면 너를 흠잡아서 끊어버리지 않을 것이다."

此는 欲其不用罰而用德也라 歎息言 汝敬哉어다 毋作可怨之事하며 勿用非善之謀와 非常之法하고 惟斷以是誠하여 大法古人之敏德하여 用以安汝之心하고 省汝之德하며 遠汝之謀하고 寬裕不迫하여 以待民之自安이니 若是면 則不汝瑕疵而棄絶矣리라

이는 刑罰을 쓰지 말고 德을 쓰게 하고자 한 것이다. 탄식하고 나서 말씀하기를 "너는 공경할지어다. 원망을 살 수 있는 일을 하지 말고, 나쁜 계획이나 정상이 아

---

152 蔽時忱 丕則(칙)敏德 : 孔傳은 "이 誠信한 도리를 단행하고 機敏한 德을 크게 본받을 것이니, 성신하면 사람들이 신임하고, 기민하면 공이 있게 된다.〔斷行是誠道 大法敏德 信則人任焉 敏則有功〕"라고 풀이하였다.

153 不汝瑕殄 : 孔傳은 "나는 너를 죄주지도 않고 너를 絶亡시키지도 않을 것이다.〔我不汝罪過 不絶亡汝〕"라고 풀이하였다.

닌 법을 쓰지 말며, 오직 이처럼 정성어린 마음을 가지고 결단하여 옛사람 중에 德을 닦는 일에 힘쓴 이를 크게 본받아 네 마음을 안정하고 네 德을 살펴보며, 네 智謀를 원대하게 가지며, 너그럽게 하고 급박하게 서둘지 아니하여 백성들이 스스로 편안해지기를 기다려야 할 것이니, 이와 같이 한다면 너를 흠잡아서 끊어버리지 않을 것이다."라고 하신 것이다.

字義 蔽 : 결단할 폐 時 : 이 시 忱 : 정성 침 丕 : 클 비 則 : 본받을 칙 敏 : 민첩할 민
顧 : 살펴볼 고 乃 : 너 내 猷 : 생각 유 瑕 : 흠 하 殄 : 끊을 진 迫 : 급박할 박
疵 : 흠 자 棄 : 버릴 기 絶 : 끊을 절

23. 王曰 嗚呼라 肆[154]汝小子封아 惟命은 不于常이니 汝念哉하여 無我殄享①[155]하라(하여) 明乃服命[156]하며 高乃聽하여 用康乂民하라

① 書經 無我殄享 : 나로 너에게 누리도록 준 것을 끊음이 없게 하라.
一般 無使我殄所享國 : 나로 하여금 너에게 누리도록 준 나라를 끊는 일이 없도록 하라.

王이 말씀하였다. "아, 너 소자 封아. 天命은 무상한 것이니, 너는 그 점을 생각하여 나로 하여금 너에게 누리도록 준 나라를 끊는 일이 없도록 하라. 너의 服章과 命數를 밝히고 너의 청력을 높여서 백성들을 편안히 다스리도록 하라."

肆는 未詳이라 惟命은 不于常하여 善則得之하고 不善則失之하니 汝其念哉하여 無我殄絶所享之國也라 明汝侯國服命하고 高其聽하여 不可卑忽我言하여 用安治爾民也라

肆는 未詳이다. 天命은 무상한 것이어서 착하면 얻고 착하지 못하면 잃으니, 너는 이 점을 생각하여 나로 하여금 너에게 누리도록 준 나라를 끊는 일이 없도록 하라. 네 侯國의 服章과 命數를 밝히고 네 청력을 높여 내 말을 비천하게 여기거나 소

---

154 肆 : 孔傳에서는 풀이하지 않았고, 《爾雅》에는 "'今'의 뜻이다."라고 하였다. 宋代 董琮은 語助辭라고 보고, 따라서 〈梓材〉에 있는 '肆徂厥敬勞'의 肆와 '肆往奸宄'의 肆도 모두 어조사로 보았다.

155 無我殄享 : 孔傳은 '無我殄'을 1句로 삼아 "나의 말을 폐기하여 유념하지 않음이 없도록 하라.〔無絶棄我言而不念〕"고 풀이하고, '享'을 1句로 삼아 "國土를 향유하고〔享有國土〕"라고 풀이하였다.

156 明乃服命 : 孔傳은 "응당 네가 服行할 命令(德·刑)을 밝혀야 한다는 것이니, 법칙을 삼도록 한 것이다.〔當明汝所服行之命令 使可則〕"로 풀이하였다. 陳大猷는 "'服命'은 곧 服受한 誥命이다.〔服命卽所服受之誥命〕"라고 하였다.

홀히 여기지 말아서 네 백성들을 편안히 다스리도록 하라는 것이다.

字義 享 : 누릴 향 服 : 복장 복 命 : 명수 명 忽 : 소홀할 홀

24. 王若曰하사대 往哉封아 勿替敬典하여 聽朕의 告汝라사 乃以殷民으로 世享하리라

王이 이렇게 말씀하였다. "〈봉해진 나라로〉 가거라, 封아. 경건히 지켜야 할 法을 폐기하지 말아서 내가 너에게 고한 말을 새겨들어야 곧 殷나라 백성들을 데리고 대대로 나라를 누릴 수 있을 것이다."

勿廢其所敬之常法하여 聽我所命而服行之라야 乃能以殷民而世享其國也라 世享은 對上文殄享而言이라

경건히 지켜야 할 常法을 폐기하지 말아서 내가 명한 말을 새겨들어 실천에 옮겨야만, 殷나라 백성들을 데리고 대대로 그 나라를 누릴 수 있을 것이란 말이다. 世享은 윗글의 '殄享'을 상대해서 말한 것이다.

字義 替 : 폐기할 체

酒誥[157]

商受酗酒에 天下化之하니 妹土는 商之都邑으로 其染惡尤甚이라 武王以其地封康叔이라 故로 作書誥敎之云이라 今文古文에 皆有하니라

商나라 受가 술주정을 하자 온 천하가 이에 물들었는데, 妹土는 商나라의 도읍이었기 때문에 惡에 물든 것이 더욱 심하였다. 武王이 이 땅을 康叔에게 봉해주었기 때문에 글을 지어 교훈하였다. 〈酒誥〉는 《今文尙書》와 《古文尙書》에 모두 들어 있다.

○按吳氏曰 酒誥一書는 本是兩書로되 以其皆爲酒而誥라 故로 誤合而爲一이라 自王若曰明大命于妹邦以下는 武王이 告受故都之書也요 自王曰封我西土棐徂邦君以下는 武王告康叔之書也라 書之體 爲一人而作이면 則首稱其人하고 爲衆人而作이면 則首稱其衆하고 爲一方而作이면 則首稱一方하고 爲天下而作이면 則首

157 酒誥 : 孔傳은 周公이 成王의 命으로 康叔에게 誥한 글로 보았다.

稱天下하니 君奭書엔 首稱君奭하고 君陳書엔 首稱君陳하니 爲一人而作也요 甘誓는 首稱六事之人하고 湯誓는 首稱格汝衆하니 此爲衆人而作也요 湯誥는 首稱萬方有衆하고 大誥는 首稱大誥多邦하니 此爲天下而作也라 多方書는 爲四國而作이니 則首稱四國하고 多士書는 爲多士而作이니 則首稱多士라 今酒誥는 爲妹邦而作이라 故로 首言明大命于妹邦하니 其自爲一書無疑라하니라

○살펴보건대, 吳氏가 말하였다. "〈酒誥〉 한 편은 본래 두 편이었는데 모두 술 문제로 誥한 것이기 때문에 잘못 합쳐져 하나가 된 것이다. '王若曰明大命于妹邦'으로부터 이하는 武王이 受의 故都에 고한 글이고, '王曰封我西土邦君'으로부터 이하는 武王이 康叔에게 고한 글이다. 글의 體가 한 사람을 위하여 지었으면 첫머리에 그 사람을 일컫고, 衆人을 위하여 지었으면 첫머리에 그 중인을 일컫고, 한 지방을 위하여 지었으면 첫머리에 그 지방을 일컫고, 천하를 위하여 지었으면 첫머리에 천하를 일컬었었다. 〈君奭〉의 글에는 첫머리에 君奭을 일컬었고, 〈君陳〉의 글에는 첫머리에 君陳을 일컬었으니, 이는 한 사람을 위하여 지은 것이다. 〈甘誓〉는 첫머리에 六事의 사람을 일컬었고, 〈湯誓〉는 첫머리에 '格汝衆'이라 일컬었으니, 이는 중인을 위하여 지은 것이다. 〈湯誥〉는 첫머리에 '萬方有衆'이라 일컫고, 〈大誥〉는 첫머리에 '大誥多邦'이라 일컬었으니, 이는 천하를 위하여 지은 것이다. 〈多方〉의 글은 四國(사방의 나라)을 위하여 지었으니 첫머리에 四國을 일컬었고, 〈多士〉의 글은 多士를 위하여 지었으니 첫머리에 多士를 일컬었다. 지금 〈酒誥〉는 妹邦을 위하여 지었기 때문에 첫머리에 '큰 명령을 妹邦에 밝힌다.'라고 말한 것이니, 별도로 한 편이 된 것에 대해서는 의심할 나위가 없다."

按吳氏分篇引證이 固爲明甚이나 但旣謂專誥毖妹邦이면 不應有乃穆考文王之語라 意酒誥는 專爲妹邦而作이니 而妹邦이 在康叔封圻之內하니 則明大命之責을 康叔이 實任之라 故로 篇首에 專以妹邦爲稱이요 至中篇에 始名康叔以致誥하니 其曰尙克用文王敎者는 亦申言首章文王誥毖之意라 其事則主於妹邦이나 其書則付之康叔이니 雖若二篇이나 而實爲一書요 雖若二事나 而實相首尾하니 反復參究컨대 蓋自爲書之一體也라

살펴보건대, 吳氏가 篇을 나누고 인증한 것이 진실로 매우 분명하나 다만 이미 오로지 妹邦만을 고하여 경계했다고 한다면 응당 "네 穆考이신 文王"이라는 말이 있을 수 없다. 생각건대, 〈酒誥〉는 오로지 妹邦만을 위하여 지은 것인데, 妹邦은 康叔의 封圻 안에 들어 있었다. 그렇다면 큰 명령을 밝히는 책임을 康叔이 실제로 맡았

던 것이다. 그러므로 篇 머리에는 오로지 妹邦만을 일컬었고, 편 가운데에 가서야 비로소 康叔을 호명하여 고하였으니, "부디 文王의 가르침을 따르도록 하라."고 말한 것은 또한 首章에서 文王이 고하여 경계하게 한 뜻을 거듭 말씀한 것이다. 그 일은 妹邦을 위주로 하였으나 그 글은 康叔에게 붙여준 것이니, 비록 두 篇인 것 같지만 실제는 한 글이 되며, 비록 두 일인 것 같지만 실제는 서로 머리가 되고 꼬리가 되니, 반복해서 상고해보면 스스로 글의 한 體가 된다.

字義 酗 : 술주정할 후　染 : 물들 염　棐 : 도울 비　徂 : 갈 조　格 : 이를 격　毖 : 경계할 비
付 : 붙일 부

1. 王[158]若曰하사대 明大命于妹邦하노라

王이 이렇게 말씀하였다. "큰 명령을 妹邦에 밝히노라.

妹邦[159]은 卽詩所謂沬(매)鄕이라 篇首에 稱妹邦者는 誥命이 專爲妹邦發也일새라

妹邦은 곧 《詩經》〈鄘風 桑中〉에서 말한 '沬鄕'이다. 篇 머리에서 '妹邦'을 일컬은 것은 誥命이 오로지 妹邦만을 위하여 발표한 것이기 때문이다.

2. 乃穆考文王[160]이 肇國在西土하실새 厥誥毖庶邦庶士와 越少正御事하사 朝夕에 曰 祀玆酒[161][162]니 惟天이 降命하사 肇我民은(하샨들) 惟元祀니라

---

158 王 : 孔傳은 成王으로 보았다.

159 妹邦 : 孔穎達은 "妹는 紂가 도읍을 세운 朝歌 이북이 이곳이다."라고 하였다.

160 穆考文王 : 孔傳은 '穆'을 사당의 位牌 序列로 보아 "아버지는 昭요, 아들은 穆이니, 文王이 차례에 있어서 '穆'에 해당한다.〔父昭子穆 文王第稱穆〕"라고 풀이하였다. "文王이 차례에 있어서 '穆'에 해당한다."는 것은 周나라는 后稷으로부터 봉해져 始祖가 되었으며, 后稷이 不窋을 낳아 昭가 되고 鞠陶는 穆이 되며, 公劉는 昭가 되고 慶節은 穆이 되며, 皇僕은 昭가 되고 差弗은 穆이 되며, 毁隃는 昭가 되고 公非는 穆이 되며, 高圉는 昭가 되고 亞圉는 穆이 되며, 諸盩는 昭가 되고 大王(태왕)은 穆이 되며, 王季는 昭가 되고 文王은 穆이 되었던 것이다. 孔疏는 "'穆'이 '考'에 연해졌기 때문에 '昭穆'을 가지고 말한 것이다.〔以穆連考 故以昭穆言之〕"라고 하였다.

161 酒 : 《世本》에 의하면, 술은 儀狄이 만들었다고도 하고, 杜康이 만들었다고도 한다.

162 曰 祀玆酒 : 孔傳은 "祀玆酒"란 句만 문왕의 교시로 보아 "文王이 고유하여 근신하도록 한 그 여러 나라의 임금과 여러 인사들과 그리고 小正官과 일을 다스리는 관리들에 대하여 아침저녁으로 신칙하기를 '오직 제사에만 술을 사용하고, 늘 마시지 말도록 하라.'고 하신 것이다.〔文王其所告愼衆國 衆士 於少正官 御治事吏 朝夕勅之 惟祭祀而用此酒 不常飮〕"라고 풀이하였는데, 兪樾(《群經平議》)은 "枚傳의 뜻대로라면 '祀玆酒' 3자는 글이 뜻을 이루지 못한다. 이 '祀'자는 바로 已의 假借字이다. 《周易》 損卦 初九의 '已事遄往(일을 마쳤으면 빨리 떠나가야 한다.)'에 대해 《經典釋文》에서

네 穆穆하신 考인 文王께서 처음 나라를 창건하여 西土에 계실 적에 여러 나라의 여러 인사들 및 少正과 일을 다스리는 신하들에게 고유하여 경계하도록 하시어 아침저녁으로 당부하시기를 '제사에만 술을 쓸 것이니, 하늘이 명을 내리시어 우리 백성들에게 처음 술을 만들게 하신 것은 오직 큰 제사에만 쓰게 하려 하신 것이다.' 라고 하셨다.

穆은 敬也니 詩曰 穆穆文王이 是也라 上篇言文王明德엔 則曰顯考라하고 此篇言文王誥毖엔 則曰穆考라하니 言各有當也라 或曰 文王世次爲穆이라하니 亦通이라 毖는 戒謹也라 少正은 官之副貳也라 文王이 朝夕勅戒之하사 曰 惟祭祀則用此酒니 天始令民作酒者는 爲大祭祀而已라 西土庶邦은 遠去商邑이로되 文王誥毖에 亦諄諄以酒爲戒하시니 則商邑을 可知矣라 文王이 爲西伯이라 故로 得誥毖庶邦云이라

穆은 敬의 뜻이니, 《詩經》〈大雅 文王〉에서 말한 "穆穆하신 文王"이 바로 이것이다. 윗편에서 文王이 德을 밝힘을 말할 때에는 '顯考'라 하였고, 이 편에서 文王이 고하여 경계시킴을 말할 때에는 '穆考'라 하였으니, 말에 각각 온당함이 있는 것이다. 혹자는 "文王은 世次(昭穆)에 있어서 穆의 位次였다."라고 하니, 또한 통한다. 毖는 경계하고 삼가는 것이다. 少正은 관원의 副貳이다. 文王이 조석으로 경계하여 말씀하기를 "오직 제사에만 이 술을 쓸 것이니, 하늘이 처음 백성들로 하여금 술을 만들게 한 것은 큰 제사를 위해서일 뿐이다."라고 하였다. 西土 여러 나라는 商나라 도읍과 멀리 떨어져 있었는데도 文王이 고하여 경계시킬 적에 또한 자상하게 술을 가지고 경계시켰으니, 商나라의 도읍에 대해서는 〈더욱 자세하게 경계시켰을 것을〉 알 수 있다. 文王이 西伯이 되었기 때문에 여러 나라들에게 고하여 경계시킬 수 있었던 것이다.

字義 毖 : 경계하고 삼갈 비　諄 : 지성스러울 순

3. 天降威하사 我民이 用大亂喪德이 亦罔非酒의 惟行[163]이며 越小大邦用喪이 亦

'已'를 虞翻이 '祀'로 적었으니, 이는 '祀'를 빌어 '已'를 만든 증거이다. '已兹酒'는 '止此酒'로 곧 이 술을 금지하는 것이다.〔如枚傳之義 則祀兹酒三字 文不成義矣 此祀字 乃是已之假借字 周易損初九 已事遄往 釋文曰 已虞作祀 此假祀爲已之證 已兹酒者 止此酒也〕"라고 하였다.

宋代 馮椅의 《厚齋易學》에 "'初九目事遄徃'의 '目'자는 지금의 '以'자인데 잘못 '己'로 적고, 虞翻이 '祀'로 적은 것은 모두 그릇된 것이다.〔初九目事遄徃 目今以 訛作己 虞作祀 皆非〕"라고 하였다.

163 亦罔非酒惟行 : 孔傳에서 "하늘이 威罰을 내리어 백성으로 하여금 德을 어지럽히게 한 것 또한

罔非酒의 惟辜니라

하늘이 위엄을 내리시어 우리 백성들이 크게 혼란하여 德을 상실하게 하는 것 또한 술의 소행 아닌 것이 없으며, 작은 나라와 큰 나라가 망하는 것 또한 술의 죄 아닌 것이 없다.

酒之禍人也로되 而以爲天降威者는 禍亂之成이 是亦天爾일새라 箕子言受酗酒에도 亦曰天毒降災라하니 正此意也라 民之喪德과 君之喪邦이 皆由於酒라 喪德이라 故로 言行이요 喪邦이라 故로 言辜니라

술이 사람을 해치되 "하늘이 위엄을 내렸다."라고 말한 것은 禍亂이 이루어지는 것은 또한 하늘이 하는 것이기 때문이다. 箕子가 受가 술에 빠져 주정을 일삼은 것을 말할 때에도 "하늘이 호되게 재앙을 내렸다."라고 하였으니, 바로 이러한 뜻이다. 백성이 德을 상실함과 임금(諸侯)이 나라를 상실함이 모두 술에서 연유한다. 德을 상실하기 때문에 '行'(소행)이라 말하였고, 나라를 상실하기 때문에 '辜(죄)'라고 말한 것이다.

字義 越 : 및 월 辜 : 허물 고 酗 : 술주정할 후

4. 文王이 誥教小子와 有正有事[164]하사되 無彝酒[165]하라 越庶國이 飮호되 惟祀나(니) 德將[166]無醉①[167]하라

술의 소행 아님이 없기 때문이다. 술은 본래 제사를 지내기 위한 것이나 또한 덕행을 어지럽히기도 하는 것임을 말한 것이다.〔天下威罰 使民亂德 亦無非以酒爲行者 言酒本爲祭祀 亦爲亂行〕"라고 풀이하였는데, 兪樾은 "술을 行(소행)으로 다루는 것은 文義가 분명치 않으니, '行'은 마땅히 '衎'자의 오류로 보아야 한다.《春秋左氏傳》昭公 21년 조의 '豐愆'에 대한《經典釋文》에 '愆本或作衎('愆'은 본시 더러 '衎'으로도 쓴다.)'이라 하였으니, 이 '愆'과 '衎'은 옛날 글자가 통하였다. '亦罔非酒惟行'은 아랫글의 '亦罔非酒惟辜'와 語意가 동률이다.〔以酒爲行 文義不明 行當作衎字之誤也 昭二十一年左傳豐愆 釋文曰 愆本或作衎 是愆與衎 古字通 亦罔非酒惟行 正與下文 亦罔非酒惟辜 語意一律〕"라고 하였다.(《群經平議》)

164 小子 有正有事 : 孔傳은 '小子'를 백성의 子孫으로 보고, '有正有事'를 "正官治事 - 謂下群吏 -(正官으로 일을 다스리는 자들 - 하급 群吏를 이름 -)"이라고 풀이하였는데, 孔疏에서는 "'有正有事'는 士大夫가 아니라는 것을 〈孔安國이〉 알아서 "正官治事 謂下群吏"라고 한 것은 글이 '小子'와 서로 이어졌기 때문에 이는 正官 아래에서 일을 다스리는 群吏라는 것을 〈孔安國이〉 알았던 것이다.〔知有正有事 非士大夫 而云正官治事 謂下群吏者 以文與小子相連 故知是正官下治事之群吏〕"라고 보충 설명하였다.

① 書經 德將無醉 : 德으로 마음을 다잡아서 취하지 말도록 하라.
一般 以德將無醉 : 德으로써 마음을 다잡아서 취하지 말도록 하라.

文王이 小子와 벼슬이 있는 자와 일을 맡은 자들을 고유하여 가르치시되 '술을 늘 마시지 말라. 여러 나라가 술을 마시되 오직 제사 때에만 마실 것이나 외려 德으로써 마음을 다잡아서 취하지 말도록 하라.'고 하셨다.

小子는 少子之稱이니 以其血氣未定하여 尤易(이)縱酒喪德이라 故로 文王이 專誥敎之라 有正은 有官守者요 有事는 有職業者라 無는 毋로 同이요 彝는 常也니 毋常於酒하고 其飮을 惟於祭祀之時라 然이나 亦必以德將之하여 無至於醉也라

小子는 少子를 칭하니, 아직 血氣가 정해지지 못해서 더욱 술을 함부로 마셔 德을 상실하기 쉽기 때문에 文王이 오로지 小子에게 고하여 가르친 것이다. 有正은 官守를 가진 사람이고, 有事는 직업을 소유한 사람이다. 無는 毋와 같고, 彝는 常의 뜻이니, 술을 늘상 마시지는 말고 술을 마시는 것을 오직 제사 때에만 마셔야 한다. 그러나 또한 반드시 德으로써 마음을 다잡아서 취함에 이르지 말도록 하라는 것이다.

字義 彝 : 항상 이　越 : 및 월　將 : 다잡을 장

5. 惟曰 我民이 迪小子[168]하되 惟土物[169]愛①하면 厥心이 臧하리니 聽聽祖考之彝

---

165 無彝酒 : 孔傳에서는 "無彝酒"라는 句만 문왕의 교훈으로 보았다.

166 將 : 明代 王樵(《尙書日記》)는 "'將'은 持(다잡다)의 뜻이니, '德將'이란 心志에 操存한 바가 있어서 사물에 이김을 당하지 않는 것이다.〔將持也 德將者 心志有所操存而不爲物所勝也〕"라고 하였다. 淸代 《日講書經解義》에도 "'將'은 將持의 뜻이다.〔將者 將持之意〕"라고 하였다.

167 越庶國飮……德將無醉 : 孔傳은 "통치하는 여러 나라들이 술을 마시되 오직 제사 때에만 마실 것이나, 외려 德으로써 스스로 마음을 다잡아서 취하는 지경에 이르지 못하게 하라는 것이다.〔於所治衆國飮酒 惟當因祭祀 以德自將 無令至醉〕"라고 풀이하였는데, 兪樾은 "이 '祀'자 또한 '已'의 假借字로서, 윗글의 '祀茲酒'와 동일하니, 예전엔 '已'와 '以'가 통용되었다. 이는 마땅히 '越庶國飮'으로 句를 끊어 읽어야 하니 枚傳에서 이른바 '於所治衆國飮酒'이고, '惟已德將無醉'로 句를 끊어 '已'를 '以'로 읽어야 하니 枚傳에서 이른바 '惟當以德自將 無令至醉'인데, 이내 '祀'가 假借字임을 알지 못하고 잘못 本字를 가지고 설명하여 결국 經의 뜻을 크게 잃었다.〔此祀字 亦已之假字 與上文祀茲酒同 古已以通用 此當讀越庶國飮爲句 枚傳所謂於所治衆國飮酒也 惟已德將無醉爲句 已讀爲以 枚傳所謂惟當以德自將 無令至醉也 因不知祀之爲假字 而誤以本字說之 遂於經旨大失矣〕"라고 하였다.(《群經平議》)

168 惟曰……迪小子 : 段玉裁는 《古文尙書撰異》에서 "足利古本은 '我民'의 위에 '化'자가 있으니, 이

訓하여 越小大德에 小子惟一[170]하라하시니라(하라)

① 書經 惟土物愛 : 오직 土産物만을 사랑한다면
一般 惟愛土物 : 오직 土産物만을 사랑한다면

〈文王이〉 말씀하시기를 '우리 백성들이 小子(자손)를 訓導하되 오직 土産物만을 사랑하고 〈外物을 사모하지 않게〉 한다면 그 마음이 착해질 것이니, 〈자손들도〉 祖考의 일상적인 교훈을 밝게 들어, 작은 德과 큰 德을 小子들은 동일하게 보도록 하라.'고 하셨다.

文王言 我民이 亦常訓導其子孫하되 惟土物之愛하여 勤稼穡하여 服田畝하고 無外慕[171]하면 則心之所守者正하여 而善日生하리라 爲子孫者 亦當聰聽其祖父之常訓이요 不可以謹酒로 爲小德이니 小德大德에 小子惟一視之可也라

文王이 말씀하기를 "우리 백성들이 또한 항상 그 자손들을 훈도하되 오직 土産物만을 사랑하여 심고 거두는 일에 힘을 기울여 田畝에 종사하고 外物을 사모하지 않게 한다면 마음에 지키는 바가 바르게 되어 착한 마음이 날로 생길 것이다. 자손들 또한 응당 祖考의 일상적인 교훈을 밝게 들어야 하고, 술을 삼가는 것을 작은 德으로 여겨서는 안 되니, 작은 德과 큰 德을 小子들은 동일하게 보는 것이 좋다."라고 한 것이다.

字義 迪 : 훈도할 적 臧 : 착할 장 彝 : 항상 이 越 : 및 월 稼 : 심을 가 穡 : 거둘 색
服 : 일할 복

6. 妹土아 嗣爾股肱[172]하여 純其藝黍稷하고(하여) 奔走事厥考厥長[173]하며 肇牽車

는 孔傳에 의해서 보탠 것이다. 이 같은 것들을 모두 의거할 수 없다.〔足利古本 我民之上 有化字 此依孔傳增之也 此等皆不可據〕"라고 하였다.

169 土物 : 稼穡을 가리킨다.

170 聰聽祖考之彝訓……小子惟一 : 孔傳은 "〈백성의〉 자손이 모두 父祖의 일상적인 교훈을 밝게 듣고, 〈또한〉 小德(士)과 大德(大夫)도 모두 〈文王의〉 德을 유념하여 〈자손을 가르쳤다면〉 그 자손들도 전일하여 〈술을 경계했을 것이다.〉〔子孫皆聰聽父祖之常教 於小大之人 皆念德 則子孫惟專一〕"라고 풀이하였다.

171 外慕 : 宋代 眞德秀는 "한번 술에 빠지면 반드시 珍異한 물건을 널리 구하여 스스로 자기 몸을 보양하게 된다.〔蓋一溺於酒 則必旁求於珍異以自奉〕"라고 하였다.(《書傳大全》 小註)

牛[174]하고(하여) 遠服賈(고)하여 用孝養厥父母하여 厥父母慶이어사 自洗(선)腆하여 致用酒하라

妹土의 사람들아. 너희들의 팔다리를 계속 놀려서 곡식을 가꾸기에 크게 힘쓰고, 부모와 어른들을 부지런히 섬기며, 민첩하게 수레와 소를 끌고 멀리 다니며 장사를 하여 부모님을 효도로 봉양해서 부모님이 기꺼워하시거든 〈그때에야〉 스스로 깨끗하고 풍성하게 음식을 마련하여 술을 쓰도록 하라.

此는 武王이 教妹土之民也라 嗣는 續이요 純은 大요 肇는 敏이요 服은 事也라 言妹土民은 當嗣續汝四肢之力하여 無有怠惰하여 大修農功하고 服勞田畝하여 奔走以事其父兄하며 或敏於貿易하여 牽車牛하고 遠事賈하여 以孝養其父母하여 父母喜慶然後에야 可自洗腆하여 致用酒니 洗以致其潔하고 腆以致其厚也라 薛氏曰 或大修農功하고 或遠服商賈하여 以養父母하여 父母慶이면 則汝可以用酒也라하니라

이는 武王이 妹土의 백성들을 가르친 것이다. 嗣는 續의 뜻이요, 純은 大의 뜻이요, 肇는 敏의 뜻이요, 服은 事(일)의 뜻이다. 妹土의 백성들은 마땅히 너희들 四肢

---

172 股肱 : 孔安國은 "股肱之教"로, 蘇軾과 林之奇는 "股肱(四肢)之力"으로 보았는데, 蔡沈은 蘇軾과 林之奇를 따르고 있다.

173 妹土……奔走事厥考厥長 : 孔傳은 '純'을 純一한 행동으로 보아 '嗣爾股肱純'을 1句로 만들고 '股肱'을 신하로, 厥考厥長을 父兄으로 보아서 "지금 〈너는 임지로〉 가서 응당 妹土의 사람들로 하여금 너의 신하들의 교훈을 이어받아 純一한 행동을 하게 해야 하고, 그들은 응당 黍稷을 심는 일에 종사하여 분주하게 농사를 지어서 그 父兄을 섬기게 해야 한다.〔今往當使妹土之人 繼汝股肱之教 爲純一之行 其當勤種黍稷 奔走事其父兄〕"라고 풀이하였다.

174 嗣爾股肱……肇牽車牛 : 蔡傳에서 '純'을 大의 뜻으로, '肇'를 敏의 뜻으로 본 데 대하여 洪奭周는 이의를 제기하였다. 洪奭周는 "孔傳에서는 '嗣爾股肱純'을 1句로 읽었고, 蔡氏는 '純'을 下句에 붙여서 크게 농사일을 하는 것이라 일렀다. 나의 생각에는 '純'은 專의 뜻이니, 오로지 곡식을 가꾸는 것이다. 대개 농사일에 전력함을 이른다. 孔傳은 '肇'를 始의 뜻으로 보아 농사일이 이미 끝나거든 비로소 수레와 소를 끌어내어 행상하러 가는 것으로 풀이하자 先儒들은 모두 그를 따랐지만, 蔡傳만은 유독 '肇'를 敏의 뜻으로 보았으니, 아마 농사와 장사는 서로 겸할 수 없는 것으로 여겼던 모양이다. 그러나 '肇'를 敏의 뜻으로 풀이한 것은 옛 문적에 상고할 길이 없다. 나의 생각에는 곡식을 가꾸고 수레와 소를 끄는 일은 비록 한 사람이 꼭 하는 일은 아니지만, 백성들의 생활을 주력하는 자는 반드시 먼저 농사일을 힘쓴 뒤에 장사를 하도록 가르치기 마련이니, 먼저 곡식 가꾸는 일을 말하고 그 다음에 비로소 수레와 소를 끄는 일을 말하는 것이 본디 立言의 순서라고 여긴다.〔古注讀嗣爾股肱純爲一句 蔡氏以純屬下句 而謂大修農功 竊意純之爲言專也 純其藝黍稷 蓋謂專力於農功也 孔傳以肇爲始 農功既畢 始牽車牛爲商 先儒皆從之 而蔡傳獨以肇爲敏 蓋疑農賈之不可相兼也 然肇之訓敏 古無所稽 愚謂藝黍稷牽車牛 雖未必爲一人之事 然厎民之生者 必先教之以務農而後 及於通商 先言藝黍稷而次之曰始牽車牛 固立言之序也〕"라고 하였다.(《尚書補傳》)

의 힘을 계속 써서 게을리하지 말아 농사일을 크게 닦고 田畝에서 노력하여 父兄을 부지런히 섬기며, 혹 무역에 민첩하여 수레와 소를 끌고 멀리 다니며 장사를 하여 부모님을 효도로 봉양해서 부모님이 기꺼워한 뒤에야 스스로 깨끗하게 씻고 정성껏 장만하여 음식을 풍성하게 차렸을 때에는 술을 쓸 수 있으니, 씻음으로써 깨끗하게 하고 장만함으로써 풍성하게 하는 것이다.

薛氏가 말하였다. "혹은 농사일을 크게 닦고 혹은 멀리 다니며 장사일을 하여 부모를 봉양해서 부모가 기꺼워하면 〈그때에야〉 너희들이 술을 쓸 수 있다고 한 것이다."

字義 嗣 : 계속 사　股 : 다리 고　肱 : 팔 굉　純 : 클 순, 오로지 순　藝 : 가꿀 예　黍 : 기장 서　稷 : 피 직　肇 : 민첩할 조, 비로소 조　牽 : 끌 견　服 : 일할 복　賈 : 장사 고　洗 : 깨끗할 선　腆 : 두터울 전, 풍성할 전　潔 : 깨끗할 결　厚 : 풍성할 후

7. 庶士有正과 越庶伯君子아 其爾는 典聽朕教하라 爾大克羞耇惟君[175]이오사 爾乃飮食醉飽하라 丕惟曰 爾克永觀省[176]하여 作稽中德[177]이오사 爾尙克羞饋祀요(니) 爾乃自介[178]用逸이니라 玆乃允惟王正事之臣[179]이며 玆亦惟天이 若元德하사 永不

---

175 爾大克羞耇惟君 : 孔傳에서 '羞'를 進行으로 보아 "네가 크게 능히 노성한 사람의 도덕을 향하여 나아가 임금이 될 수 있을 것이다.〔汝大能進老成人之道 則爲君矣〕"라고 풀이하였는데, 兪樾은 "傳의 뜻은 잘못된 것이다. 이는 윗글의 '奔走事厥考厥長'과 뜻이 동일하니, '耇'는 곧 老의 뜻이고, '君'은 곧 長의 뜻이다. '耇'와 '君'을 連文하면 말이 잘 안 되기 때문에 '惟'자를 보태서 句를 이룬 것이니, 마치 〈禹貢〉에서 '齒革羽毛惟木'이라고 한 것과 같다. '大'는 곧 語詞이니 실제의 뜻이 없는 것이다.〔傳義非也 此與上文奔走事厥考厥長義同 耇卽老也 君卽長也 因耇君連文 則不辭 故加惟字以成句 猶禹貢曰 齒革羽毛惟木也 大乃語詞 無實義〕"라고 하였다.(《群經平議》) 본 번역에서는 蔡沈이 "惟君 未詳"이라고 한 것에 의거하여 '惟君'을 풀이하지 않았다.

176 丕惟曰 爾克永觀省 : 孔傳은 "내가 너를 크게 교훈하기를 "네가 능히 옛 道를 길이 살펴보아〔我大惟教汝曰 汝能長觀省古道〕"라고 풀이하였다.

177 作稽中德 : 孔傳에서 "그 中正의 德을 상고하면〔爲考中正之德〕"으로 풀이한 데 대하여 兪樾은 "'稽'는 止의 뜻이니, '너희들은 언제나 자신을 돌아보고 반성하면 행동거지가 德에 맞지 않음이 없다.'고 말한 것이다. '中'은 '從容中道'의 中처럼 읽어야 하니, 枚傳에서 '考中正之德'으로 풀이한 것은 잘못이다.〔作稽中德者 稽止也 言爾克永觀省 則所作所止 無不中德也 中讀如從容中道之中 枚傳以爲考中正之德失之〕"라고 하였다.(《群經平議》)

178 介 : 孔傳은 '大'의 뜻으로 보았다.

179 玆乃允惟王正事之臣 : 孔傳은 "이래서 진실로 王者의 일을 바로잡는 大臣임을 믿겠다.〔此乃信任王者正事之大臣〕"라고 풀이하였는데, 宋代 王欽若 등(《冊府元龜》)은 孔傳을 따랐고, 蘇軾(《書傳》)은 "너 小子는 곧 王의 일을 바로잡는 신하가 될 것이다.〔汝小子 乃爲王正事之臣〕"로, 林之奇(《尙書全解》)는 "진실로 王의 일을 다스리는 신하가 될 것이다.〔信爲王治事之臣〕"로, 夏僎(《尙書詳解》)도

忘이 在王家하리라

庶士와 벼슬이 있는 자 및 여러 우두머리 군자들아. 너희들은 朕의 가르침을 늘 듣도록 하라. 너희들은 크게 노인을 봉양하고 나서야 너희들의 음식을 마련하여 취하게 마시기도 하고 배부르게 먹기도 하여라. 〈내 너희들에게〉 크게 말하겠노라. '너희들은 언제나 자신을 돌아보고 반성하여 〈생각을 하거나 행동을 할 때에〉 모두 中正의 德을 상고하여 〈어긋남이 없고서야〉 너희들이 거의 제사를 올릴 수 있고, 너희들이 제사를 돕는 일을 계기로 宴樂을 할 수 있을 것이다. 이렇게 되면 진실로 王의 일을 바르게 다스리는 신하가 될 것이며, 이렇게 되면 또한 하늘이 큰 德을 따라서 영원히 잊지 않는 〈돌봄이〉 王家에 있을 것이다.'"

此는 武王이 教妹土之臣也라 伯은 長也라 曰君子者는 賢之也라 典은 常也라 羞는 養也니 言其大能養老也라 惟君은 未詳이라 丕惟曰者는 大言也라 介는 助也요 用逸者는 用以宴樂也라 言爾能常常反觀內省하여 使念慮之發과 營爲之際에 悉稽乎中正之德하여 而無過不及之差하면 則德全於身하여 而可以交於神明矣라 如是면 則庶幾能進饋祀요 爾亦可自副而用宴樂也라 如此면 則信爲王治事之臣이요 如此면 亦惟天順元德하여 而永不忘이 在王家矣라 按上文에 父母慶則可飮酒요 克羞耇則可飮酒요 羞饋祀則可飮酒라하니 本欲禁絶其飮이어늘 今乃反開其端者는 不禁之禁也니 聖人之教不迫而民從者 此也라 孝養과 羞耇와 饋祀는 皆因其良心之發而利導之니 人果能盡此三者면 且爲成德之士矣리니 而何憂其湎酒也哉아

이는 武王이 妹土의 신하들을 가르친 것이다. 伯은 長(우두머리)의 뜻이다. '君子'라고 말한 것은 어질게 여긴 것이다. 典은 常의 뜻이다. 羞는 養(봉양)의 뜻이니, 노인을 잘 봉양함을 말한 것이다. 惟君은 未詳이다. 丕惟曰은 크게 말한 것이다. 介는 助의 뜻이요, 用逸은 이용해서 宴樂을 하는 것이다. 너희들이 언제나 몸을 돌이켜보고 반성하여 생각을 하거나 어떤 일을 할 때에 모두 中正의 德을 상고하여 지나치거나 미치지 못하는 잘못이 없게 한다면 德이 몸에 온전하여 神明을 교접할 수

"진실로 王家의 일을 다스리는 신하가 될 것이다.〔信爲王家治事之臣〕"로, 呂祖謙(《增修東萊書說》)도 "이래서 진실로 王者의 천하의 일을 바로잡는 신하가 될 것이다.〔此乃信爲王者正天下事之臣〕"로, 陳經(《尙書詳解》)도 "이래서 진실로 王者의 일을 바로잡는 大臣이 될 것이니, 임금의 일을 맡아 임금의 책망을 저버림이 없을 것이다.〔玆乃信乎爲王者正事之大臣 任君之事 無負于君之責望〕"로, 金履祥(《資治通鑑前編》)은 "이래서 진실로 王의 일을 바로잡는 신하가 되기에 충분하다.〔此所以信足爲王正事之臣〕"로 풀이하였다.

있을 것이다. 이와 같이 되면 제사를 올릴 수 있고, 너희들 또한 제사를 돕는 일을 계기로 宴樂을 할 수 있을 것이다. 이렇게 되면 진실로 王의 일을 바르게 다스리는 신하가 될 것이며, 이렇게 되면 또한 하늘이 큰 德을 따라서 영원히 잊지 않는 돌봄이 王家에 있을 것이란 말이다.

살펴보건대 윗글에서 "부모가 기꺼워하면 술을 마실 수 있다."라고 하고, "노인을 잘 봉양하면 술을 마실 수 있다."라고 하고, "제사를 올리면 술을 마실 수 있다."라고 하였으니, 본래는 술을 마시는 일을 금하여 근절하려고 하였으나, 이제 도리어 그 술을 마실 단서(기회)를 열어준 것은 금지하지 않는 금지인 것이다. 聖人의 가르침이 급박하지 않아 백성들이 따름은 이 때문이다. 부모를 효도로 봉양하게 함과 노인을 잘 봉양하게 함과 제사를 올리게 함은 모두 그 양심의 발현에 따라 유리하게 유도하는 것이니, 사람이 과연 이 세 가지를 다한다면 장차 德을 이루는 선비가 될 것인데, 어찌 술에 빠짐을 걱정하겠는가.

字義 越 : 및 월　典 : 항상 전　羞 : 봉양할 수, 기를 수　耇 : 노인 구　稽 : 상고할 계　尙 : 거의 상
羞 : 올릴 수　饋 : 먹일 궤　介 : 도울 개　允 : 진실로 윤　若 : 따를 약　元 : 클 원
副 : 도울 부　導 : 유도할 도　湎 : 술취할 면

8. 王曰 封아 我西土棐徂邦君御事小子 尙克用文王敎[180]하여 不腆于酒일새(혼들로) 故我至于今하여 克受殷之命이니라

王이 말씀하였다. "封아. 우리 西土에서 돕던 지난날의 제후들과 일을 맡아보던 사람들과 小子들이 文王의 가르침을 잘 지키어 술을 많이 마시지 않았으므로, 내 지금에 이르러 殷나라의 천명을 대신 받게 된 것이다."

徂는 往也니 輔佐文王往日之邦君御事小子也라 言文王毖酒之敎 其大如此라

---

180 我西土棐徂邦君御事小子 尙克用文王敎 : 孔傳에서 "우리 文王이 西土에 계실 적에 지난날의 國君 및 일을 맡아 다스리는 자 그리고 백성의 자손들을 도리로써 교훈하였으므로 모두들 거의 능히 문왕의 교훈을 활용해서〔我文王在西土 輔訓往日國君及御治事者 下民子孫 皆庶幾能用上敎〕"라고 풀이한 데 대하여 兪樾은 "'輔訓往日'은 문장이 뜻을 이루지 못한다. '棐'는 응당 非의 뜻으로 읽어야 한다. '徂'는 往의 뜻이다. 《荀子》〈解蔽篇〉의 '不慕往'에 대한 楊注에 '往은 古昔의 뜻이다.'라고 하였으니, 그렇다면 '我西土棐徂'란 '우리가 西土에 건국한 지 지금 〈연대가 그리〉 멀지 않으므로 古昔이 아닌 것이다. 그러므로 제후들과 이를 맡아보던 사람들과 젊은이들은 외려 능히 文王의 교훈을 활용한다.'고 말한 것이다.〔輔訓往日 文不成義 棐當讀爲非 徂往也 荀子解蔽篇 不慕往 楊注曰 往古昔也 然則我西土棐徂者 言我肇西土 至今未遠 非古昔也 故邦君御事小子 尙克用文王敎也〕"라고 하였다.(《群經平議》)

徂는 往의 뜻이다. 文王을 보좌하던 지난날의 제후들과 일을 맡아보던 사람들과 小子들이다. 文王이 술을 경계한 가르침이, 그 효과의 큼이 이와 같았음을 말한 것이다.

字義 棐 : 도울 비　徂 : 지난날 조　迪 : 밟을 적, 행동할 적　崇 : 숭상할 숭

9. 王曰 封아 我聞하니 惟曰 在昔殷先哲王이 迪畏天顯小民[181]하사 經德秉哲하사 自成湯으로 咸至于帝乙히 成王畏相이어시늘 惟御事厥棐有恭하여 不敢自暇自逸이온 矧曰其敢崇[182]飮가

王이 말씀하였다. "封아. 나는 들으니 이르건대 '옛날에 殷나라의 先哲王은 하늘의 밝은 命과 小民들을 두려워하는 것이 행실에 나타나서, 〈자기의 처신에 있어서는〉 德을 늘 간직하여 변하지 않고, 〈사람을 씀에 있어서는〉 명철한 마음을 가져 〈의심하지 않았기 때문에〉 成湯으로부터 이후 帝乙에 이르기까지 〈모두 成湯의 덕을 간직하던 것을 본받아〉 자신이 가진 임금의 德을 성취시키고 〈또 成湯이 밝은 마음을 가진 것을 본받아〉 相臣을 경건히 예우하시거늘, 일을 맡은 사람들도 임금을 보좌하는 일에 공경(충성)을 다하느라 감히 스스로 한가하거나 스스로 안일하지 못했다.' 하는데, 하물며 감히 술 마시는 일을 숭상하였다고 할 수 있겠는가.

以商君臣之不暇逸者로 告康叔也라 殷先哲王은 湯也라 迪畏者는 畏之而見(현)於

181 迪畏天顯小民 : 孔傳은 '天'에 句를 끊어서 "옛날에 殷나라 先智王(湯)은 道를 몸소 실천하여 하늘의 위엄을 두려워하고, 덕을 밝혀 백성들에게 드러냈다.〔於古殷先智王 蹈道畏天 明著小民〕"로, 林之奇(《尙書全解》)는 '迪'을 道의 뜻으로 보아 "殷나라 先哲王의 道는 하늘의 밝은 道와 小民을 두려워하는 데에 있었을 뿐이다. 하늘에 밝은 道가 있어 吉凶과 善惡이 각각 그 類로써 應報하니 두려워하지 않을 수 없었다. 小民은 보호하기 어려워 愚夫와 愚婦라도 한 사람이 능히 나를 이겨내니 또한 두려워하지 않을 수 없다.〔迪道也 殷先哲王之道 在於畏天顯小民而已 天有顯道 吉凶善惡各以其類應 不可不畏也 小民難保 愚夫愚婦 一能勝予 亦不可不畏也〕"로, 呂祖謙(《增修東萊書說》)은 "商王이 흥할 적에는 대개 이 道 때문에 하늘을 두려워하고 백성을 두려워하였다. 하늘에는 밝은 道가 있고 小民은 보호하기 어려운데 어찌 감히 두려워하지 않을 수 있겠는가.〔商王之興 蓋以是道而畏天畏民也 天有顯道 小民難保 何敢不畏〕"로, 陳經(《尙書詳解》)은 "'迪'은 蹈의 뜻이니 몸소 실행함을 이른다. 하늘에는 밝은 道가 있고 小民은 보호하기 어려우니, 모두 두려워할 대상이다.〔迪蹈也 躬行之謂也 天有顯道 小民難保 皆可畏者也〕"로, 吳澄(《書纂言》)은 "'迪畏'는 실제로 하늘의 밝음 -天道의 顯明함- 을 두려워한다는 말과 같다.〔迪畏 猶言實畏天顯 -天道之顯明-〕"라고 풀이하였다. 孔傳은 '天'에 句를 끊고, 林之奇, 呂祖謙, 陳經, 吳澄은 모두 '顯'에 句를 끊었다.

182 崇 : 孔傳은 會(모이다)의 뜻으로 보았다.

行也니 畏天之明命하고 畏小民之難保라 經其德而不變은 所以處己也요 秉其哲而不惑은 所以用人也라 湯之垂統이 如此[183]라 故로 自湯至于帝乙히 賢聖之君이 六七作하니 雖世代不同이나 而皆能成就君德하고 敬畏輔相이라 故로 當時御事之臣도 亦皆盡忠輔翼而有責難之恭[184]하여 自暇自逸도 猶且不敢이온 況曰其敢尙飮乎아

商나라 君臣들이 한가하고 안일하지 않았던 일을 가지고 康叔에게 고한 것이다. 殷나라의 先哲王은 湯임금이다. 迪畏는 두려워하여 행실에 나타나는 것이니, 하늘의 밝은 命을 두려워하고 小民의 보호하기 어려움을 두려워한 것이다. "德을 늘 간직하여 변하지 않았다."라는 것은 자기의 처신 문제를 말한 것이고, "명철한 마음을 가져 의심하지 않았다."라는 것은 사람의 등용 문제를 말한 것이다. 湯임금이 전통을 전함이 이와 같았다. 그러므로 湯임금으로부터 帝乙에 이르기까지 賢君과 聖君이 6, 7명이 나오니, 비록 세대는 같지 않으나 모두 임금의 德을 성취시키고 보좌하는 相臣들을 경외하였다. 그러므로 당시에 일을 맡은 신하들 또한 모두 충성을 다해 보좌하여 임금에게 어려운 일을 하도록 요구하는 공손함이 있어 스스로 한가하거나 스스로 안일함도 감히 하지 못했다 하는데, 하물며 감히 술 마시는 일을 숭상했다 하겠느냐는 것이다.

10. 越在外服한 侯甸男衛邦伯과 越在內服한 百僚庶尹과 惟亞惟服과 宗工[185]과

---

183 湯之垂統 如此 : 孔疏는 "德은 몸에 있는 것이고 밝은 지혜는 마음에 있는 것이기 때문에 능히 德을 늘 간직하고 밝은 지혜를 가져서 곧 위로는 〈道를 몸소〉 실천하고 하늘을 두려워하는 것이 小民에게 나타났으니, 湯임금 이후로는 다 그렇게 하였던 것이다.〔德在於身 智在於心 故能常德持智 卽上迪畏天 顯小民 爲自湯後皆爾〕"라고 풀이하였다.

184 責難之恭 : 《孟子》 〈離婁 上〉의 "임금에게 어려운 일을 하도록 요구하는 것을 공손함이라 이른다.〔責難於君 謂之恭〕"라는 말을 인용한 것이다.

185 惟服 宗工 : 洪奭周(《尙書補傳》)는 "孔傳은 '惟服宗工'을 직사에 복무하는 尊官으로 보았고, 蔡傳은 '宗工'을 大臣으로 보았으나 '惟服'에 대해서는 분명한 해석이 없다. 나는 아랫章에서 말한 '百宗工'에 대해서는, 周나라 제도에 諸侯의 大國도 三卿·五大夫에 불과하였거늘, 또 어떻게 大臣·尊官을 100명씩이나 둘 수 있었겠는가라는 생각이 든다. 아마 殷나라의 官制에 이른바 '宗工'이란 것은 혹시 《周官》의 '宗伯' 등속과 같은 것으로서 宗廟의 제향에 이바지하는 직책을 맡기를 마치 都宗人과 家宗人 따위 같이 하였던 모양이나, 지금은 상고할 길이 없다.〔孔傳以惟服宗工爲服事尊官 蔡傳以宗工爲大臣 而於惟服 則無明釋 愚謂下章言百宗工 周制諸侯大國不過三卿五大夫 又安有大臣尊官 而可以百計者乎 意殷之官制 有所謂宗工者 或當如周官宗伯之屬 供宗廟祀享之職者 若都宗人家宗人之類 而今不可攷矣〕"라고 하였다. 蔡傳은 아랫章의 '百宗工'에 대해서 "百寮와 大臣"이라고 풀이하였다. '惟服宗工'에 대하여 官吐와 諺解는 服과 宗工 두 벼슬로 보았으나 孔傳은 '惟服

越百姓里居[186]에 罔敢湎于酒하니 不惟不敢이라 亦不暇요 惟助成王德顯과(하며) 越尹人祗辟(벽)하니라

外服에 있는 侯服·甸服·男服·衛服의 諸侯와 邦伯 및 內服에 있는 百僚와 庶尹과 亞와 服과 宗工과 백성과 휴직하고 마을에 거주하는 신하에 이르기까지 감히 술에 빠진 이가 없었으니, 단지 감히 하지 못할 뿐만 아니라 또한 할 겨를이 없었고, 오직 왕의 德을 이루어 드러나게 함과 尹人들이 임금을 공경하는 일을 도왔을 뿐이다.

自御事而下로 在外服엔 則有侯甸男衛諸侯與其長伯하고 在內服엔 則有百僚庶尹惟亞惟服宗工國中百姓과 與夫里居者 亦皆不敢沈湎于酒하니 不惟不敢이라 亦不暇니 不敢者는 有所畏요 不暇者는 有所勉이라 惟欲上以助成君德하여 而使之昭著하고 下以助尹人祗辟하여 而使之益不怠耳라 成王은 顧上文成王而言이요 祗辟은 顧上文有恭而言이라 呂氏曰 尹人者는 百官諸侯之長也니 指上文御事而言이라하니라

御事로부터 이하로 外服에 있어서는 侯服·甸服·男服·衛服의 諸侯와 長伯이 있고, 內服에 있어서는 百僚와 庶尹과 亞와 服과 宗工과 國中의 백성과 마을에 거주하는 자가 있는데 이들 또한 모두 감히 술에 빠지지 않았으니, 다만 감히 하지 못할 뿐만 아니라 또한 할 겨를이 없었다. "감히 하지 못했다."라는 것은 두려워하는 바가 있기 때문이고, "할 겨를이 없었다."라는 것은 힘쓰는 바가 있기 때문이다. 오직 위로는 임금의 德을 이루도록 도와서 드러나게 하고, 아래로는 尹人이 임금을 공경하도록 도와서 더욱 게을리하지 않게 하고자 했을 뿐이었다. 成王은 윗글의 〈임금

宗工'을 직사에 복무하는 尊官으로 보았으니, 蔡傳도 '惟服'에 대한 해석이 없는 것으로 보아 공전처럼 보았을지도 모른다.

186 百姓里居 : 孔傳은 "百官과 族姓 및 卿大夫로서 벼슬을 내놓고 田里에 거주하는 자들이다.〔於百官族姓及卿大夫致仕居田里者〕"라고 풀이하였고, 王夫之(《尙書稗疏》)는 "六經에서 말한 '百姓'은 모두 大夫 이상 賜姓의 집안이다.……孔孟의 시대에 와서는 民도 '百姓'이란 칭호를 가지게 되었다.……賜姓의 집안이 編氓으로 강등된 경우가 많았다. 지금 여기서 말한 '百姓里居'의 경우, '百姓'은 百官의 族이고, '里居'는 井疆·夫里의 氓이다. 그런데 蔡註에서는 百姓을 民으로 여겼다. 民은 마을에 거주하지 않는 자가 없는데, 蔡氏는 國中과 野外로써 나누고 있으니, 또한 살피지 못한 것이다.〔凡六經所言百姓 皆大夫以上賜姓之家也……至孔孟之時 民亦得有百姓之稱……賜姓之家 降爲編氓者多也 今此言百姓里居 則百姓者 百官之族 里居者 井疆夫里之氓也 蔡註以百姓爲民 民則無非里居者 而蔡氏以國中野外分之 亦不審矣〕"라고 하였다.

의 덕을 이룬다는〉 成王을 고려해서 말한 것이고, 祗辟은 윗글의 〈임금에게 어려운 일을 하도록 요구하는 공손함이 있다는〉 有恭을 고려해서 말한 것이다.

呂氏가 말하였다. "尹人은 百官과 諸侯의 우두머리이니, 윗글의 御事를 가리켜 말한 것이다."

字義 越 : 및 월　祗 : 공경 지　辟 : 임금 벽　沈 : 빠질 침

11. 我聞하니 亦惟曰 在今後嗣王하여는(하여) 酣身하여 厥命이 罔顯于民이요 祗保越怨이어늘 不易[187]하고 誕惟厥縱淫泆于非彝하여 用燕喪威儀한대 民이 罔不盡傷心이어늘 惟荒腆于酒하여 不惟自息乃逸하며 厥心疾狠하여 不克畏死하며 辜在商邑하여 越殷國滅無罹[188]라하니라(하니) 弗惟德馨香祀 登聞于天이요 誕惟民怨[189]庶群自酒腥이 聞在上이라 故天降(강)喪于殷[190]하사 罔愛于殷은 惟逸이니 天非虐이라 惟民이 自速

---

187 祗保越怨 不易 : 蔡傳은 '祗保'에 대한 풀이가 없는데, 孔傳은 "紂의 생각에는 善한 일로 여기나 경건히 여기는 바와 편안히 여기는 바가 〈시행할 때에 가서는 모두 백성들을 해치는 일로 변해서 백성들의〉 원망을 사게 된다. 〈그러나 紂의 惡이 굳어져서〉 변역할 수가 없다.〔紂意謂之爲善 所敬所安 皆在於怨 不可變易〕"라고 풀이한 반면, 蘇軾은 易을 '樂易(이)'의 뜻으로 보아 "본래는 느리고 평이한 樂을 추구하려고 했으나 그 惡德이 마침 족히 怨仇의 보조가 되어서 樂易를 하지 못하였다.〔本以求慢易之樂也 然其德適足以爲怨仇之保 未嘗樂易〕"로 풀이하였다. 그리고 林之奇는 "紂는 원망을 사는 일만을 편안히 여기므로 개역할 바가 없다.〔紂但安于怨 無所改易〕"로, 楊簡(《五誥解》)은 "保는 고수하여 옮기지 않는 뜻이니, 紂는 드러나지 않을 명령을 백성들에게 베풀고 마음에 굳게 保守한다. 백성들이 모두 원망해도 紂는 외려 그 마음을 바꿀 줄을 모른다.〔保者 守而不遷之意 紂以罔顯之命 施于民 保守于心 下民皆怨咨 而紂猶不知改易〕"로, 陳經(《陳氏尙書詳解》)은 "공경하여 保養하는 자는 바로 여러 사람들이 원망하는 사람이다. 不易은 그 마음을 변역하지 않음을 말한 것이다.〔所祗敬而保養之 惟是衆人所怨之人 不易 言敬保之 其心不變〕"로 풀이하였다.

188 不克畏死……越殷國滅無罹 : 孔傳에서 "'紂는 그 마음이 사나워서 능히 죽음을 두려워하지 않았다.'는 것은 곧 忌憚이 없었음을 말한 것이다. 紂는 죄인들을 모아다가 都邑에 두고 임용하였으니, 殷나라가 멸망하는 것은 걱정하거나 두려워하는 바가 없었다는 것이다.〔紂疾狠其心 不能畏死 言無忌憚 紂聚罪人在都邑而任之 於殷國滅亡無憂懼〕"라고 풀이한 데 대하여 兪樾은 "《白虎通》〈京師篇〉에 인용된 《尙書》의 '在商邑'은 바로 이 글이다. '辜'자는 응당 위로 붙여서 읽어야 하니, '不克畏死辜'는 '능히 죽을죄를 두려워하지 않았다.'라고 말한 것이다. '在商邑越殷國滅無罹'는 《爾雅》〈釋詁〉에 '在는 察의 뜻이다.'라고 하였고, '越'은 與와 동일한 뜻이다. 《尙書》에서 계속 이어진 말에서는 매번 '越'자를 사용하였다. '在商邑 越殷國'은 '在商邑與殷國'이란 말과 같으니, '商邑'은 紂의 도읍한 곳을 가지고 말하고, '殷國'은 대개 王畿 1,000里 안을 통틀어 말한 것이니, 紂는 商邑 및 殷國이 장차 멸망할 것을 살펴보고도 걱정함이 없었으니, 이는 곧 능히 죽을죄를 두려워하지 않은 증거이다.〔白虎通 京師篇 引尙書曰 在商邑 卽此文也 則辜字當屬上讀 不克畏死辜者 言其不能畏死罪也 在商邑 越殷國滅無罹者 爾雅釋詁曰 在察也 越與與同 尙書連及之詞 每用越字 在商邑 越殷國 猶言在商邑與殷國 商邑 以紂所都言 殷國 蓋通指王畿千里之內 紂察見商邑與殷國將滅亡而無憂 此卽不克畏死辜之證也〕"라고 하였다.(《群經平議》)

辜니라

酣身荒腆圖

내 들으니, 또한 이르건대 '지금(근래) 後嗣王(紂)에 있어서는 몸에 술이 흠뻑 배어 그 명령이 백성들에게 드러나지 못하고, 공경하여 보호한다는 것이 원망을 사는 일이었을 뿐인데도 이를 고치려 하지 않으며, 심상치 않게 마구 음탕하여 안일로써 위의를 상실하니, 백성들이 모두 마음 아파하지 않는 이가 없었다. 그런데도 〈후사왕은〉 거칠고 〈태만하여〉 술에 푹 빠져들어 스스로 安逸함을 멈출 것을 생각지 않고, 그 마음이 모질고 사나워서 죽음도 두려워하지 않으며, 죄가 商나라 도읍에 쌓여서 殷나라가 멸망하게 되었는데도 근심하지 않았다. 〈이리하여〉 향

189 弗惟德馨香祀……誕惟民怨 : 孔傳에서 "紂는 德의 향기를 풍겨서 하늘에 들리게 할 생각은 하지 않고, 제사를 지내서 흠향하는 술 냄새가 올라가 하늘에 들리게만 하고서, 크게 淫虐을 행하여 백성들의 怨咎한 바가 되게 하였다.〔紂不念發聞其德 使祀見享 升聞於天 大行淫虐 惟爲民所怨咎〕"라고 풀이한 데 대하여 兪樾은 "'登聞于天' 위에 '祀'자를 붙인 것은 자못 말이 되지 않고, 枚傳의 뜻 또한 迂曲하니, 經의 뜻이 아니다. '祀'는 바로 '巳'의 假借字이고, '巳'와 '以'는 예전에 통용하였다. 여기서는 응당 '香'에 句를 끊어야 하니, '惟德馨香 以登聞于天'이란 것과 같다. 또 傳에서 '弗惟'를 '不念'으로 해석한 것은 아마 《爾雅》〈釋詁〉의 '惟는 思이다.'라는 뜻을 활용하였을 것이다. 그러나 '不念德香'은 또한 말이 되지 않는다. 《文選》〈東京賦〉의 '卜惟洛食'에 대한 薛綜의 注에 '惟는 有의 뜻이다.'라고 하였으니, 여기의 '惟'는 有의 뜻으로 풀이할 수 있으므로, '弗惟德馨香'은 '弗有德馨香'이라 말한 것과 같고, '誕惟民怨'은 '誕有民怨'이라 말한 것과 같다. 대개 德이 하늘에 들림이 없으면 있는 것은 바로 백성들의 원성일 뿐이다. 《尙書》 중에 '惟'를 有의 뜻으로 풀이한 데가 너무도 많다.〔登聞于天 上着祀字 殊爲不辭 枚義亦迂曲 非經旨也 祀乃巳之假借字 巳以古通用 此當於香字絶句 猶曰惟德馨香 以登聞于天也 又傳解弗惟爲不念 蓋用爾雅釋詁惟思也之義 然不念德香 亦爲不辭 文選東京賦 卜惟洛食 薛綜注曰 惟有也 是惟可訓有 弗惟德馨香 猶言弗有德馨香也 誕惟民怨 猶言誕有民怨也 蓋無德以聞于天 則所有者 民之怨咨而已 尙書中惟字可訓有者甚多〕"라고 하였다.(《群經平議》)

190 我聞……故天降(강)喪于殷 : 林之奇(《尙書全解》)는 "내 들으니, 또한 이르건대 '……그러므로 하늘이 殷나라에 멸망을 내리셨다.' 하였으니 이 말이 잘한 말이다.〔我聞亦惟曰……故天降喪于殷 此說爲善〕"라고 하여 武王이 들은 말을 '하늘이 殷나라에 멸망을 내리셨다.'까지로 보았다.

내나는 德으로 지내는 향기로운 제사가 하늘에 올라가 풍겨지지 못하고, 크게 백성들이 원망하여 술로부터 생기는 모든 더러운 냄새가 하늘에 풍겨졌다. 그러므로 하늘이 殷나라에 멸망을 내리셨다.'라고 하였은즉, 〈하늘이〉 殷나라를 사랑하지 않으신 것은 安逸한 탓이니, 하늘이 학대한 것이 아니라 사람이 스스로 허물을 부른 것이다."

以商受荒腆于酒者로 告康叔也라 後嗣王은 受也라 受沈酣其身하여 昏迷於政하여 命令이 不著於民하고 其所祗保者 惟在於作怨之事어늘 不肯悛改하고 大惟縱淫泆于非彝하니 泰誓所謂奇技淫巧也라 燕은 安也니 用安逸而喪其威儀라 史記에 受爲酒池肉林하여 使男女로 裸而相逐이라하니 其威儀之喪이 如此라 此民所以無不痛傷其心하여 悼國之將亡也어늘 而受方且荒怠하여 益厚于酒하여 不思自息其逸하여 力行無度하며 其心疾狠하여 雖殺身而不畏也하고 辜在商邑하여 雖滅國而不憂也라 弗事上帝하여 無馨香之德以格天하고 大惟民怨하여 惟群酗腥穢之德이 以聞于上이라 故로 上天이 降喪于殷하여 無有眷愛之意者는 亦惟受縱逸故也라 天豈虐殷이리오 惟殷人이 酗酒하여 自速其辜爾라 曰民者는 猶曰先民이니 君臣之通稱也라

商나라 受가 술에 푹 빠진 일을 康叔에게 고한 것이다. 後嗣王은 受이다. 受가 그 몸을 술에 빠뜨려 정사에 혼미해서 명령이 백성들에게 드러나지 못하였고, 공경하여 보호한다는 것이 오직 원망을 사는 일일 뿐이었는데도 이를 고치려 하지 않았으며 심상치 않게 마구 음탕하였으니, 〈泰誓〉에서 말한 "기묘한 재주와 지나친 기교를 부렸다."라는 것이다.

燕은 安의 뜻이니 安逸로써 그 威儀를 상실한 것이다. 《史記》 〈殷本紀〉에 "受가 酒池肉林을 만들고 男女로 하여금 알몸으로 서로 따르게 했다."라고 하였으니, 그 威儀를 상실함이 이와 같았다. 이 때문에 백성들이 모두 상심하여 나라가 장차 망하게 될 것을 슬퍼했는데도 受는 거칠고 태만하여 더욱 술에 빠져서 스스로 그 안일함을 멈출 것을 생각지 아니하여 불법을 힘써 행하였고, 그 마음이 모질고 사나워서 비록 몸이 죽더라도 두려워하지 않았으며, 죄가 商나라 도읍에 쌓여 비록 나라가 망하더라도 근심하지 않았다는 것이다. 上帝를 섬기지 아니하여 향기로운 德이 하늘에 올라가 풍기는 일은 없고, 크게 백성들이 원망하여 오직 술주정으로 인한 여러 가지 더러운 德만이 하늘에 올라가 풍겨졌을 뿐이다. 그러므로 하늘이 殷나라에 멸망을 내려 사랑하는 뜻이 없었으니, 이는 또한 受가 방종하고 안일했기 때문이다. 하늘이 어찌 殷나라를 학대하였겠는가. 오직 殷나라 사람들이 술에 빠져 스스로 그 죄를 불렀을 뿐이란 것이다. '民'이라고 말한 것은 '先民'이란 말과 같으

니, 君臣의 통칭이다.

字義 越 : 살 월, 미칠 월 易 : 바꿀 역, 고칠 역 酣 : 취할 감 縱 : 방자할 종 泆 : 방탕할 일
燕 : 안일할 연 喪 : 상실할 상 衋 : 아플 혁 腆 : 두터울 전 惟 : 생각 유 狠 : 사나울 한
辜 : 죄 고 罹 : 근심할 리 馨 : 향기 형 誕 : 클 탄 腥 : 비린내 성 降 : 내릴 강
虐 : 사나울 학 速 : 부를 속 祗 : 공경 지 保 : 보호할 보 肯 : 즐길 긍 悛 : 고칠 전
祼 : 벗을 라 悼 : 슬플 도 息 : 그칠 식 格 : 이를 격 眷 : 돌볼 권 速 : 부를 속

12. 王曰 封아 予不惟若玆多誥[191]라 古人이 有言曰 人은 無於水에 監이요 當於民에 監①이라하니라(이니) 今惟殷이 墜厥命하니 我其可不大監하여 撫于時아

① 書經 人無於水監 當於民監 : 사람은 물에 거울삼아 보지 말고 마땅히 백성에 거울삼아 보아야 한다.
一般 人無監於水 當監於民 : 사람은 물에 거울삼아 보지 말고 마땅히 백성에 거울삼아 보아야 한다.

王이 말씀하였다. "封아. 나는 이처럼 많은 말을 하는 것을 좋아하지 않는다. 옛사람의 말에 '사람은 물에 거울삼아 보지 말고 마땅히 백성에 거울삼아 보아야 한다.'라고 하였다. 지금 殷나라가 하늘의 명을 실추시켰으니, 내 어찌 이를 크게 거울로 삼아 이때를 어루만지지 않을 수 있겠는가.

我不惟如此多言이라 所以言湯言受를 如此其詳者는 古人謂 人無於水監이니 水能見(현)人之姸醜而已요 當於民監이면 則其得失可知라 今殷民이 自速辜하여 旣墜厥命矣니 我其可不以殷民之失로 爲大監戒하여 以撫安斯時[192]乎아

나는 이처럼 많은 말을 하기를 좋아하지 않는다. 그럼에도 湯임금에 대해 말하고 受에 대해 말하기를 이처럼 상세하게 하는 까닭은 옛사람이 이르기를 '사람은 물에 거울삼아 보지 말 것이니, 물은 사람의 아름다움과 추악함을 나타낼 뿐이고, 백성에 거울삼아 보면 그 得失을 알 수 있다.'라고 하였다. 지금 殷나라 백성이 스스로 죄를 불러 하늘의 명을 실추시켰으니, 내 殷나라 백성의 잘못을 큰 監戒로 삼아 이때를 어루만져 편안하게 하지 않을 수 있겠는가.

---

191 予不惟若玆多誥 : 孔傳은 "나는 이처럼 너에게 많은 誥言을 할 뿐 아니라, 나는 친히 행하고 있다.〔我不惟若此多誥汝 我親行之〕"라고 풀이하였다.

192 時 : 孔傳은 是의 뜻으로 풀었다.

字義 監 : 볼 감 墜 : 떨어질 추 撫 : 어루만질 무 姸 : 고울 연 醜 : 추악할 추

13. 予惟曰 汝劼(괄)毖殷獻臣과 侯甸男衛니 矧太史友와 內史友와 越獻臣百宗工이온여 矧惟爾事인 服休服采[193]온여 矧惟若疇인 圻父(보)薄違[194]와 農父若保와 宏父定辟(벽)이온여 矧汝剛制于酒[195]온여

내 말하겠노라. '너는 殷나라의 獻臣(賢臣)과 侯服·甸服·男服·衛服의 諸侯들을 힘써 경계해야 할 것이니, 하물며 네가 벗으로 대하는 太史와 內史 및 獻臣과 百宗工이야 말할 것이 있겠는가. 더구나 네가 섬기는 服休와 服采야 더 말할 것이 있겠는가. 더구나 너의 짝으로서 법을 어기는 사람을 내쫓는 책임을 맡은 圻父와 백성들을 보호하는 책임을 맡은 農父와 땅을 넓혀 주거를 정해주는 일을 맡은 宏父야 더 말할 것이 있겠는가. 더구나 네 자신이 술을 강하게 제재해야 할 일은 더 말해 무엇하겠는가.

劼은 用力也라 汝當用力하여 戒謹殷之賢臣與隣國之侯甸男衛하여 使之不湎于酒也라 毖殷獻臣侯甸男衛는 與文王毖庶邦庶士로 同義라 殷之賢臣諸侯도 固欲知所謹矣어든 況太史掌六典八法八則(칙)하고 內史掌八柄[196]之法하여 汝之所友者와 及其賢臣百寮大臣이 可不謹於酒乎아 太史, 內史, 獻臣, 百宗工도 固欲知所謹

---

193 矧惟爾事 服休服采 : 孔安國은 '爾事'를 네가 몸소 일삼는 것, '服休'를 아름다운 道를 열심히 행하는 것, '服采'를 백성을 다스리는 일을 열심히 일삼는 것으로 보아, "하물며 네가 몸소 일삼는 아름다운 道를 열심히 행하는 것과 백성을 다스리는 일을 열심히 일삼는 것은 더 말할 것이 있겠는가.〔況汝身事服行美道 服事治民乎〕"라고 풀이하였으며, 鄭玄은 '服休'를 '燕息하는 近臣'으로, '服采'를 '朝祭하는 近臣'으로 보았고, 蔡傳은 '服休'를 앉아서 道를 논하는 신하, '服采'를 일어나서 일을 하는 신하로 보았는데, 전후 상황을 감안하면 정현의 풀이가 근리한 것 같다.

194 薄違 : 蘇軾은 薄은 近, 違는 去의 뜻으로 보아 "農父가 백성에게 다가가는 거리가 가장 가깝다.〔去民最近〕"로, 呂祖謙은 薄을 迫의 뜻으로 보아 "백성의 법에 어긋난 행위를 긴급히 제거하는 것〔迫去民之非違〕"으로, 蔡傳은 "명을 어기는 사람을 내쫓는 것〔迫逐違命〕"으로 풀이하였다.

195 矧惟若疇……矧汝剛制于酒 : 孔傳은 疇를 疇咨, 薄違를 迫迴, 辟을 君의 뜻으로 보고, 圻父, 農父, 宏父, 辟, 酒에 句를 끊어서 "더구나 유순하게 疇咨(訪問)해야 할 司馬와 능히 만백성을 가까이 다가가는 司徒야 말할 것이 있겠는가. 宏父는 司空이니, 마땅히 유순하고 편안하게 대해야 할 대상이다. 司馬와 司徒와 司空은 列國諸侯의 三卿이니, 그 사람들을 신중하게 골라서 임용하면 임금의 도리가 정해지거늘, 더더구나 네가 술을 강하게 끊는 일이야 말할 것이 있겠는가.〔況所順疇咨之司馬乎 況能迫迴萬民之司徒乎 宏父司空 當順安之 司馬司徒司空 列國諸侯三卿 愼擇其人而任之 則君道定 況汝剛斷於酒乎〕"라고 풀이하였다.

196 孟子曰……豈曰友之云乎 : 이 내용은 《孟子》 〈萬章 下〉에 보인다.

矣어든 況爾之所事로 服休坐而論道之臣과 服采起而作事之臣이 可不謹於酒乎아 曰友曰事者는 國君이 有所友하고 有所事也라 然이나 盛德은 有不可友者라 故로 孟子曰 古之人曰 事之云乎언정 豈曰友之云乎[197]아하시니라 服休와 服采도 固欲知所謹矣어든 況爾之疇匹而位三卿者로 若圻父迫逐違命者乎아 若農父之順保萬民者乎아 若宏父之制其經界以定法者乎아 皆不可不謹于酒也라 圻父는 政官으로 司馬也니 主封圻(畿)하고 農父는 教官으로 司徒也니 主農하고 宏父는 事官으로 司空也니 主廓地居民이라 謂之父者는 尊之也라 先言圻父者는 制殷人湎酒에 以政爲急也일새라 圻父와 農父와 宏父도 固欲知所謹矣어든 況汝之身은 所以爲一國之視傚者어늘 可不謹於酒乎아 故로 曰矧汝剛制于酒라 剛制도 亦劼毖之意니 剛果用力以制之也라 此章은 自遠而近하고 自卑而尊하여 等而上之하니 則欲其自康叔之身始하여 以是爲治면 孰能禦之리오 而況毖於酒德也哉아

劼은 힘을 쓰는 것이다. 너는 마땅히 힘을 써서 殷나라의 賢臣과 이웃 나라의 侯服·甸服·男服·衛服의 제후들을 경계하여 술에 빠지지 않게 하여야 한다. 殷나라의 獻臣과 侯服·甸服·男服·衛服의 제후들을 경계하는 것은 文王이 여러 나라의 여러 인사들을 경계한 것과 같은 뜻이다. 殷나라의 賢臣과 제후들도 진실로 삼갈 바를 알려고 하는데, 하물며 네가 벗으로 대하는 〈신하인〉 곧 六典·八法·八則을 관장한 太史와 八柄의 法을 관장한 內史 및 그 賢臣과 百僚와 大臣들이 술을 삼가지 않을 수 있겠는가. 太史·內史·獻臣·百宗工도 진실로 삼갈 바를 알려고 하는데, 하물며 네가 섬기는 〈신하인〉 服休 곧 앉아서 道를 논하는 신하와 服采 곧 일어나서 일을 하는 신하가 술을 삼가지 않을 수 있겠는가.

'友'라고 말하고 '事(섬김)'라고 말한 것은 나라의 임금은 벗으로 대하는 자가 있고 섬기는 자가 있기 때문이다. 그러나 盛德을 가진 사람은 벗으로 대해서는 안 되는 경우가 있다. 그러므로 孟子가 말씀하기를 "옛사람이 말하기를 '섬겼다고 할 수 있을지언정 어찌 벗했다고 할 수 있겠는가.'라 했다." 하였다. 服休와 服采도 진실로 삼갈 바를 알려고 하는데, 하물며 너의 짝으로 三卿의 지위에 있는 자 중에 명을 어기면 쫓아내는 일을 맡은 圻父와 만백성을 보호하는 일을 맡은 農父와 경계를 만들어 법을 정하는 일을 맡은 宏父 같은 이야 〈경계하지 않을 수 있겠는가.〉 이들은 모

197 六典八法八則(칙)……八柄 : 《周禮》〈天官 太宰〉에 의하면 六典은 治典·教典·禮典·政典·刑典·事典이고, 八法은 官屬·官職·官聯·官常·官成·官法·官刑·官計이고, 八則은 祭祀·法則·廢置·祿位·貢賦·禮俗·刑賞·田役이고, 八柄은 爵·祿·予·置·生·奪·廢·誅이다.

두 술을 삼가지 않으면 안 된다는 것이다.

圻父는 政官으로 곧 司馬이니 封圻의 군대를 주관하고, 農父는 敎官으로 곧 司徒이니 농사를 주관하고, 宏父는 事官으로 곧 司空이니 땅을 넓혀 백성을 거주시키는 일을 주관한다. '父'라고 말한 것은 높이는 의미에서다. 먼저 圻父를 말한 이유는 殷나라 사람들이 술에 빠진 것을 제재하려 함에 정무를 급선무로 삼았기 때문이다. 圻父·農父·宏父도 진실로 삼갈 바를 알려고 하는데, 하물며 너 자신은 한 나라의 본보기가 되는 자인데, 술을 삼가지 않을 수 있겠는가. 그러므로 "더구나 네 자신이 술을 강하게 제재해야 할 일은 더 말해 무엇하겠는가."라고 한 것이다. 剛制도 힘써 경계하는 뜻이니, 강하고 과감하게 힘을 써서 제재하는 것이다.

이 章은 먼 데서부터 가까운 데로, 낮은 데서부터 높은 데로 등급에 따라 올라갔으니, 이는 康叔의 몸으로부터 시작하여 이런 식으로 정사를 하고자 하면 그 누가 막을 수 있겠는가. 더구나 酒德을 삼가는 일에 있어서야 말할 나위 있겠는가.

字義 劼 : 힘쓸 활(괄) 毖 : 삼갈 비 獻 : 어질 헌 越 : 및 월 疇 : 무리 주 腆 : 두터울 전
寮 : 관리 료 廓 : 넓힐 곽 視 : 본보기 시 傚 : 본받을 효 禦 : 막을 어

14. 厥或誥曰 群飮이어든 汝勿佚(일)하여 盡執拘하여 以歸于周하라 予其殺이니라

그 어떤 이가 '여럿이 모여서 술을 마시고 있다.'고 고하거든, 너는 놓치지 말고 모두 붙잡아 周(鎬京)로 보내라. 내 죽이든지 하겠노라.

群飮者는 商民이 群聚而飮하여 爲姦惡者也라 佚은 失也라 其者는 未定辭也라 蘇氏曰 予其殺者는 未必殺也라 猶今法曰當斬者니 皆具獄以待命이요 不必死也라 然이나 必立法者는 欲人畏而不敢犯也라 群飮은 蓋亦當時之法에 有群聚飮酒하여 謀爲大姦者나 其詳은 不可得而聞矣라 如今之法에 有日夜聚曉散者는 皆死罪라하니 蓋聚而爲妖逆者也라 使後世不知其詳하고 而徒聞其名하여 凡民夜相過者를 輒殺之하니 可乎아하니라

群飮은 商나라 백성이 여럿이 모여서 술을 마시고 간악한 짓을 하는 자들이다. 佚은 놓치는 것이다. 其는 미정의 말이다.

蘇氏가 말하였다. "予其殺은 꼭 죽이겠다는 말이 아니다. 오늘날의 法에 '마땅히 斬刑에 처해야 한다.'는 것과 같으니, 모두 獄案을 갖추어 명령을 기다리겠다는 것이지 꼭 죽이겠다는 것은 아니다. 그러나 반드시 法을 설립하는 목적은 사람들이 두려워서 감히 범하지 못하게 하려고 해서이다. 群飮은 아마 당시의 法에 금하던

'모여서 술 마시며 크게 姦惡한 짓을 모의하는 자들'인 것 같으나 그에 대한 자세한 것은 들을 수가 없다. 오늘날의 法에서 '밤에 모였다가 새벽에 흩어지는 자들은 모두 사형에 처한다.'는 조항을 둔 것과 같으니, 아마 모여서 요망한 짓이나 역적질을 하는 자들이었던 모양이다. 후세에는 그 자세한 내용은 알지 못하고 한갓 그 명칭만을 듣고서 무릇 백성들 중 밤중에 서로 방문하는 자를 곧 죽이고 있으니, 과연 옳은 일인가."

字義 佚 : 놓칠 일 失 : 놓칠 실 曉 : 새벽 효 妖 : 요망할 요 過 : 방문할 과 輒 : 문득 첩

15. 又惟殷之迪諸臣惟工이 乃湎于酒어든 勿庸殺之하고 姑惟敎之하라

또 殷나라 受가 유도해서 〈나빠진〉 여러 신하들과 관리들이 술에 빠져있거든 죽이지 말고 우선 가르치도록 하라.

殷受 導迪爲惡之諸臣百工이 雖湎于酒하여 未能遽革이라도 而非群聚爲姦惡者면 無庸殺之하고 且惟敎之하라

殷나라 受가 유도해서 나빠진 여러 신하들과 관리들이 비록 술에 빠져있어 갑자기 고치지 못하더라도 떼로 모여서 간악한 짓을 한 자들이 아니거든 죽이지 말고 우선 가르치도록 하라는 것이다.

字義 迪 : 유도할 적 湎 : 술취할 면 姑 : 우선 고

16. 有斯면 明享[198]이어니와 乃不用我敎辭하면 惟我一人이 弗恤하여 弗蠲乃事하여

---

198 有斯 明享 : 孔傳은 윗글에 붙여서 "〈또 따라서 교훈을 한다면〉 너에게 이 밝은 교훈이 있어서 나라를 누릴 수 있을 것이다.〔汝有此明訓享國〕"라고 하였고, 蔡傳은 '姑惟敎之'는 윗글에 붙이고, '有斯明享'은 아랫글에 붙여서 "'享'은 '윗사람이 아랫사람에게 향연을 베풀어준다.〔上享下〕'는 享이니, 곧 殷나라의 여러 신하와 관리들이 가르친 말을 잊지 아니하여 술에 빠지지 않는다면 나는 분명히 향연 같은 대접을 해줄 것이나 나의 가르친 말을 따르지 않는다면 나 한 사람이 너희를 불쌍히 여기지 않아 너희의 일을 깨끗하게 여기지 아니하여 이에 곧 너희를 '떼로 모여 술 마시면 誅殺하는 죄'와 동일하게 다스릴 것이란 말이다.〔享 上享下之享 言殷諸臣百工 不忘敎辭 不湎于酒 我則明享之 其不用我敎辭 惟我一人 不恤於汝 弗潔汝事 時則同汝于群飮誅殺之罪矣〕"라고 하였으며, 따라서 蘇軾(《書傳》)은 "'有斯明享'은 哀敬의 뜻을 백성에게 전달하기를 마치 神에게 전달하듯 한다는 것이다. 이와 같이 하면 어찌 다시 명령을 쓰지 않을 자가 있겠는가. 만일 내가 당초에 이것을 불쌍히 여길 줄 몰라서 그 일을 깨끗이 다스리지 않는다면 이는 백성을 죽음에 빠뜨리는 것이 내가 죽인 것과 동일하다.〔有斯明享者 哀敬之意 達于民 如達于神也 如此 豈復有不用命者乎 若我初不知恤此 不潔治其事 則是陷民於死 同於我殺之也〕"로, 林之奇(《尙書全解》)는 "'有斯明享'은 곧 〈康誥〉에

時同于殺[199]하리라

이것을 기억하고 있으면 분명히 향연을 베풀어주겠지만, 나의 가르치는 말을 따르지 않는다면 나 한 사람이 너희를 구제하지 않아, 너희가 하는 일을 깨끗하게 여기지 아니하여 이에 誅殺하는 죄와 동일하게 다스릴 것이다."

有者는 不忘之也라 斯는 此也니 指教辭而言이라 享은 上享下之享이라 言殷諸臣百工이 不忘教辭하여 不湎于酒면 我則明享之어니와 其不用我教辭면 惟我一人이 不恤於汝하여 弗潔汝事하여 時則同汝于群飮誅殺之罪矣리라

有는 잊지 않는 것이다. 斯는 此의 뜻이니, 가르친 말을 가리켜 말한 것이다. 享은 '윗사람이 아랫사람에게 향연을 베풀어준다.〔上享下〕'는 享이니, 곧 殷나라의 여러 신하와 관리들이 가르친 말을 잊지 아니하여 술에 빠지지 않는다면 나는 분명히 향연을 베풀어 주겠지만 나의 가르친 말을 따르지 않는다면 나 한 사람이 너희를 구제하지 않아, 너희의 일을 깨끗하게 여기지 아니하여 이에 곧 너희를 '여럿이 모여 술을 마시면 誅殺하는 죄'와 동일하게 다스릴 것이란 말이다.

字義 享 : 향연 향 蠲 : 깨끗할 견 時 : 이 시

서 이른바 '나로 하여금 너에게 누리도록 준 나라를 끊는 일이 없도록 하라. 너의 服章과 命數를 밝히고'라는 것이니, 너 康叔이 이미 이를 기억하고 있어 분명히 祿位를 누리도록 해주었더라면 그 가르침이 지극하지 못한 것이 아니었다. 그런데 나의 가르친 말을 쓰지 않아, 나 한 사람의 말이 이를 구제하지 못하여 스스로 그 정사를 깨끗이 하지 않고 술에 지나치게 빠진 허물을 지었으니 이는 가르쳐도 따르지 않을 자들이다. 끝내 善으로 끌어들일 수 없기 때문에 또한 여럿이 모여서 술을 마시는 사람들과 동일하게 죽인다는 말이다.〔有斯明享 卽康誥所謂無我殄享 明乃服命也 言汝康叔旣有此明與享矣 則其教非不至也 而乃不用我之教辭 惟我一人之言 曾不之恤 不自蠲潔其事 而有淫湎之過 則是教之而不率者 終不可以入于善 故亦同于群飮之人而殺之〕"로, 呂祖謙(《增修東萊書說》)은 "또 응당 술에 빠지지 못하도록 가르치면 너희들은 반드시 彰明할 것이니, 祿位를 누리게 함으로써 천하에 권면함을 보이고, 나의 가르치는 말을 듣지 않고 그 일을 깨끗이 하지 않아서 끝내 고치지 않는 데까지 이르러서야 이에 곧 함께 죽음에 돌아가게 한다는 것이니, 여기까지 이른 자여야 바야흐로 죽일 수 있음을 말한 것이다.〔且當教之其有不湎于酒 爾必彰明 使享祿位 以示勸於天下 至不聽我教辭 不蠲潔其事 是終不能悛改 時則同歸于殺 言惟至此者 方可殺也〕"라고 하였고, 또한 朱祖義(《尙書句解》)는 "국가에서 벼슬을 두어 이 술을 주관하게 한 것은 본래 明潔하게 해서 享祀에 쓰기 위한 것이지, 여럿이 마시기 위해서 마련한 것이 아니었다.〔國家所以有官主此酒者 本以明潔爲享祀之用 非爲群飮設〕"라고 풀이하였다.

199 厥或誥曰……時同于殺 : 이상 3개 節(14, 15, 16)에 대하여 孔傳은 가르친 말을 따르고 안 따르는 것을 康叔이 하는 것으로 보았고, 宋代 王日休(《書傳大全》 小註)도 모두 王이 康叔에게 고한 말로 보았는데, 蔡傳은 제3節(16)에서 殷나라의 여러 신하와 관리들에게 고한 것으로 풀이하였다.

17. 王曰 封아 汝典聽朕毖하라 勿辯乃司하면 民湎于酒[200]하리라

王이 말씀하였다. "封아. 너는 나의 경계를 언제나 잘 듣도록 하라. 乃司(有司)를 다스리지 못하면 백성들이 술에 빠지게 될 것이다."

辯은 治也라 乃司는 有司也니 卽上文諸臣百工之類라 言康叔이 不治其諸臣百工之湎酒면 則民之湎酒者를 不可禁矣리라

辯은 治의 뜻이다. 乃司는 有司이니, 곧 윗글에 나오는 諸臣과 百工의 類이다. 康叔이 여러 신하들과 관리들이 술에 빠지는 것을 다스리지 못한다면 백성들이 술에 빠지는 것을 금할 수 없음을 말한 것이다.

字義 典 : 항상 전 毖 : 경계할 비 辯 : 다스릴 변

梓材[201]

亦武王誥康叔之書니 諭以治國之理하여 欲其通上下之情하고 寬刑辟之用이라 而篇中에 有梓材二字하니 比稽田作室에 爲雅라 故로 以爲簡編之別이요 非有他義也라 今文古文皆有하니라

이 또한 武王이 康叔에게 고해준 글이니, 나라를 다스리는 원리를 가지고 타일러 위아래의 뜻을 소통시키고 형벌의 사용을 관대하게 하도록 하려는 것이다. 篇 가운데 '梓材' 두 글자가 있으니, 稽田이나 作室 같은 것에 비하면 고상한 제목이 된 셈이다. 그러므로 梓材로 簡編의 구별을 삼은 것이지, 다른 뜻이 있는 것은 아니다. 〈梓材〉는 《今文尙書》와 《古文尙書》에 모두 들어 있다.

○按此篇은 文多不類하니 自今王惟曰以下는 若人臣進戒之辭라 以書例推之컨대

---

200 勿辯乃司 民湎于酒 : 孔傳은 '辯'을 使(하여금)의 뜻으로 보아 "백성을 주관하는 네 관리들로 하여금 술에 빠지게 하지 말라는 것이니, 곧 응당 자신을 바르게 가지고 백성들을 거느려야 한다고 말한 것이다.〔勿使汝主民之吏湎於酒 言當正身以帥民〕"라고 풀이하였다.

201 梓材 : 孔傳은 周公이 成王의 命으로 康叔에게 誥한 글로 보았다. 王夫之는 "〈梓材〉 1篇에 대하여 朱子는 도통 글이 잘 이루어지지 않은 것으로 의심하였고, 蔡氏(蔡沈)는 따라서 '今王惟曰' 이하를 지적하여 臣下가 進戒한 말로 삼고, 다른 글의 脫簡으로 의심하였는데, 지금 반복해서 읽어보니, 文義가 잘 통한다.〔梓材一編 朱子疑其都不成文 蔡氏因摘今王惟曰以下 爲臣下進戒之辭 疑他書之脫簡 今反覆諷誦 文義固有可通者〕"라고 하였다.(《尙書稗疏》)

曰今王惟曰者는 猶洛誥之今王卽命曰也요 肆王惟德用者는 猶召誥之肆惟王其疾敬德 王其德之用也요 已若茲監者는 猶無逸嗣王其監于茲也요 惟王子子孫孫永保民者는 猶召誥惟王受命無疆惟休也라 反覆參考컨대 與周公召公進戒之言으로 若出一口라 意者컨대 此篇은 得於簡編斷爛之中하여 文旣不全이요 而進戒爛簡에 有用明德之語하여 編書者 以與罔厲殺人等意合이라하고 又武王之誥에 有曰王曰監云者하고 而進戒之書에 亦有曰王曰監云者하여 遂以爲文意相屬이라하여 編次其後나 而不知前之所謂王者는 指先王而言이니 非若今王之爲自稱也요 後之所謂監者는 乃監視之監이요 而非啓監之監也니 其非命康叔之書 亦明矣라 讀書者 優游涵泳하고 沈潛反覆하여 繹其文義하고 審其語脈하면 一篇之中에 前則尊諭卑之辭요 後則臣告君之語니 蓋有不可得而强合者矣니라

○살펴보건대, 이 篇은 글들이 대부분 같지 않으니, '今王惟曰'로부터 이하는 신하가 進戒한 말인 것 같다. 書例를 가지고 미루어보건대, '今王惟曰'은 〈洛誥〉의 '今王卽命曰'과 같고, '肆王惟德用'은 〈召誥〉의 '肆惟王其疾敬德 王其德之用'과 같고, '已若茲監'은 〈無逸〉의 '嗣王其監于茲'와 같고, '惟王子子孫孫永保民'은 〈召誥〉의 '惟王受命無疆惟休'와 같다. 반복해서 참고해보건대 周公과 召公이 進戒한 말과 마치 한 입에서 나온 것 같다.

생각건대, 이 篇은 簡編이 끊어지고 해어져 온전하지 못한 데에서 얻어진 것이어서 글이 이미 완전하지 못하고, 進戒한 말이 적힌 해어진 簡編에 '用明德'이란 말이 있어서, 책을 엮는 자가 '罔厲殺人' 등의 뜻과 합한다고 여기고, 또 武王의 誥言에 '王曰監'이란 것이 있고, 進戒한 글에 또한 '王曰監'이라는 것이 있어서, 드디어 글뜻이 서로 연속된다고 생각하여 그 뒤에 編次를 한 모양이다. 그러나 앞의 이른바 '王'은 先王을 가리켜 말한 것이니, 今王이 自稱한 것과 같은 것이 아니고, 뒤의 이른바 '監'은 바로 監視의 監이지 啓監의 監이 아니라는 점을 알지 못한 것이니, 이는 康叔에게 명한 글이 아님이 또한 분명하다.

讀書者가 여유롭게 깊이 탐색하고 푹 잠겨 반복하여 글 뜻을 깊이 파보고 말의 맥락을 자세히 살펴본다면 한 篇 가운데 앞부분은 높은 사람이 낮은 사람을 타이른 말이고, 뒷부분은 신하가 임금에게 아뢴 말이니, 아마 억지로 합해서는 안 될 점이 있을 것이다.

字義 梓 : 가래나무 재 材 : 재목 재 辟 : 법 벽 比 : 비교할 비 稽 : 다스릴 계 雅 : 고상할 아
簡 : 대쪽 간 編 : 엮을 편 斷 : 끊어질 단 爛 : 문드러질 란 涵 : 담글 함 泳 : 헤엄칠 영
沈 : 잠길 침 潛 : 가라앉을 잠 繹 : 연구할 역 審 : 살필 심 脈 : 맥락 맥

1. 王曰 封아 以厥庶民과 暨(기)厥臣으로 達大家하며 以厥臣으로 達王은 惟邦君이니라

王이 말씀하였다. “封아. 백성과 신하로서 大家(世臣)에게 의사를 전달하게 하며, 신하로서 王에게 의사를 전달하게 하는 역할을 할 수 있는 이는 오직 邦君(諸侯)뿐이다.

大家는 巨室也라 孟子曰 爲政不難하니 不得罪於巨室[202]이라하니라 孔氏曰 卿大夫及都家也라하니라 以厥庶民暨厥臣으로 達大家면 則下之情이 無不通矣요 以厥臣으로 達王이면 則上之情이 無不通矣라 王言臣而不言民者는 率土之濱이 莫非王臣也일새라 邦君은 上有天子하고 下有大家하니 能通上下之情하여 而使之無間者는 惟邦君也니라

大家는 巨室(世臣大家)이다. 孟子가 말씀하기를 “정사를 하기가 어렵지 않으니, 巨室에 罪를 얻지 않으면 된다.”라고 하였다. 孔氏(孔安國)는 이르기를 “卿大夫 및 都家이다.”라고 하였다. 백성과 신하 입장에서 大家에 의사가 전달되면 아랫사람의 사정이 〈윗사람에게〉 통하지 않음이 없고, 신하 입장에서 임금에게 의사가 전달되면 윗사람의 사정이 〈아랫사람에게〉 통하지 않음이 없다. 임금에 대해서는 신하만 말하고 백성은 말하지 않은 것은 온 나라 사람들이 임금의 신하 아님이 없기 때문이다. 邦君(諸侯)은 위로는 天子가 있고 아래로는 大家가 있으니, 위아래의 사정을 통하여 간격이 없게 하는 역할을 할 수 있는 이는 오직 邦君뿐이다.

邦君達王圖

字義 厥 : 그 궐 暨 : 및 기 達 : 전달할 달 濱 : 물가 빈 間 : 틈새 간

---

202 孟子曰……不得罪於巨室 : 이 내용은 《孟子》 〈離婁 上〉에 보인다.

2. 汝若[203]恒越하여 曰我有師師는 司徒와 司馬와 司空과 尹과 旅라하고(왜냐) 曰 予罔厲殺人이라하라 亦厥君은 先敬勞니 肆徂厥敬勞하라 肆往姦宄殺人歷人을 宥①하라(면) 肆亦見厥君事하여 戕敗人을 宥②[204]하리라

① 書經 往姦宄殺人歷人宥 : 임지에 가서 소란과 반란을 일삼았거나 사람을 죽였거나 죄인을 숨겨준 자들을 너그럽게 용서하라.
一般 往宥姦宄殺人歷人 : 임지에 가서 소란과 반란을 일삼았거나 사람을 죽였거나 죄인을 숨겨준 자들을 너그럽게 용서하라.

② 書經 見厥君事戕敗人宥 : 〈신하들도〉 결국 또한 그 임금의 하는 일을 보고서 사람을 상해했거나 남의 물건을 손상한 자들을 또한 너그럽게 용서할 것이다.
一般 見厥君事 宥戕敗人 : 〈신하들도〉 결국 또한 그 임금의 하는 일을 보고서 사람을 상해했거나 남의 물건을 손상한 자들을 또한 너그럽게 용서할 것이다.

너는 순조롭게 항상 마음에서 떠올려서 말하기를 '내가 소유한, 서로 스승을 삼아 본받을 이는 司徒와 司馬와 司空과 尹과 旅이다.'라고 하고, 따라서 말하기를 '나는 사람을 학살하는 일이 없고자 한다.'라고 하라. 또한 임금은 먼저 백성들을 공경하고 위로해야 하니, 이제 임지로 가서 백성들을 공경하고 위로하도록 하라. 그리고 이제 이전에 〈과오로〉 소란과 반란을 일삼았거나 사람을 죽였거나 죄인을 숨겨

203 若 : 諺解에서 '만일에'로 풀이하였는데, '만일에……면'으로 마무리되지 않고 있다.

204 汝若恒越……戕敗人宥 : 孔傳은 '若恒越'을 若을 順, 恒을 常道, 越을 於是의 뜻으로 보아 "너는 임금의 도리를 해야 하기 때문에 〈마땅히 위아래로 하여금〉 常道를 따르게 하여야 하니, 이에 말하기를 '나에게는 師法할 만한 典常의 스승이 있다.'라고 하고, 나라의 三卿과 正官과 衆大夫가 모두 典常을 따르면서 '우리는 포학하게 사람을 죽이는 일이 없을 것이다.'라고 하게 하라. 이와 같이 하면 좋을 것이다. 또한 그 임금 된 도리는 마땅히 먼저 경건한 마음으로 백성들을 사랑하고 위로해야 하기 때문에 〈너는 맡은 나라로〉 가서 백성들을 다스리되, 먼저 경건한 마음으로 그들을 위로해서 오도록 하라. 백성들은 응당 경건한 마음으로 위로해야 하기 때문에 너는 맡은 그 나라로 가서 또 마땅히 소란과 반란을 일삼은 사람 및 사람을 죽인 賊과 범죄인을 숨겨준 사람을 자세히 살펴서 너그럽게 용서하는 바가 있어야 하니 또한 경건한 마음으로 위로하기 위한 것이다. 송사를 듣고 옥사를 결단함에 있어서는 마땅히 너그럽게 용서하는 쪽을 힘써 따라야 하기 때문에 너는 〈맡은 나라로〉 가서 백성들을 다스릴 때에 또한 마땅히 그 임금다운 일을 보여야 할 것이니, 백성들 중에 과오로 사람을 殘敗한 자가 있는가를 살펴서 마땅히 그를 용서해야 한다는 것이다.(汝惟君道 使順常 於是曰 我有典常之師可師法 言國之三卿 正官衆大夫 皆順典常 而曰 我無厲虐殺人之事 如此則善矣 亦其爲君之道 當先敬勞民 故汝往治民 必敬勞來之 以民當敬勞之故 汝往之國 又當詳察姦宄之人及殺人賊 所過歷之人 有所寬宥 亦所以敬勞之 聽訟折獄 當務從寬恕 故往治民 亦當見其爲君之事 察民以過誤殘敗人者 當寬宥之)"라고 풀이하였다.

준 자들을 너그럽게 용서하도록 하라. 그리하면 〈신하들도〉 이제 또한 그 임금이 하는 일을 보고서 〈과오로〉 사람을 상해했거나 남의 물건을 손상한 자를 용서할 것이다.

恒은 常也라 師師는 以官師爲師也[205]라 尹은 正官之長이요 旅는 衆大夫也라 敬勞는 恭敬勞來也라 徂는 往也라 歷人者는 罪人所過니 律所謂知情藏匿資給也라 戕敗者는 毁傷四肢面目이니 漢律所謂疻也라 此章은 文多未詳[206]이라

恒은 常의 뜻이다. 師師는 官師(관리)를 스승으로 삼는 것이다. 尹은 正官의 長이고, 旅는 여러 大夫이다. 敬勞는 공경하고 위로해서 오게 하는 것이다. 徂는 往(가다)의 뜻이다. 歷人은 죄인이 들렀던 곳이니, 刑律에 이른바 "정실을 알면서도 숨겨주고 물자를 대준다."는 것이다. 戕敗는 四肢와 面目을 훼손하는 것이니, 漢나라 刑律에 이른바 "疻(때려서 상처를 입히다.)"라는 것이다. 이 章은 글에 未詳한 부분이 많다.

字義 若 : 순조로울 약 恒 : 항상 항 越 : 떠올릴 월, 발월할 월 厲 : 모질 려 肆 : 드디어 사 徂 : 갈 조 姦 : 밖에서 소란피울 간 宄 : 안에서 소란피울 궤 戕 : 상해할 장, 해칠 장 敗 : 손상할 패 歷 : 지나갈 력 藏 : 숨길 장 匿 : 숨길 익 資 : 물자 자 給 : 대줄 급

---

205 師師 以官師爲師也 : 〈皐陶謨〉의 蔡傳에서는 "'師師'는 서로 스승을 삼아 본받는 것이다.〔師師 相師法〕"라고 풀이하였다.

206 文多未詳 : 蔡傳에서는 겨우 글자풀이만 하고서 "이 章은 글에 未詳한 부분이 많다."라고 하였고, 朱子(《朱子語類》)는 "'亦厥君先敬勞'에서 '戕敗人宥'의 類에 이르기까지는 도무지 제대로 문리를 이루지 못해서 이해할 수가 없다.〔亦厥君先敬勞 至戕敗人宥之類 都不成文理不可曉〕"라고 하였으며, 元代 陳櫟(력)(《書集傳纂疏》)은 "蔡傳에서 겨우 글자풀이만 하면서 '이 章은 미상한 부분이 많다.'고 하였으니, 의당 빼놓아야 하겠지만, 지금 우선 여러 說을 모아서 풀이하기를 '너는 순조롭게 항상 마음에서 떠올려서 여러 신하들에게 일러 말하기를 「나에게는 서로 官師(관리)를 스승으로 삼는 三卿과 正長의 尹과 衆大夫의 旅가 있다.」라고 하고, 나는 의견을 말하자면 「나는 사람을 학살하는 일이 없고자 할 뿐이다.」라고 하라. 또한 임금으로서 그 백성들을 먼저 공경하고 위로해서 오도록 하라. 그러면 신하된 자들도 결국 그곳에 가서 임금을 본받아 백성들을 공경하고 위로할 것이다. 따라서 지난날 소란과 반란을 일삼았거나 사람을 죽였거나 죄인을 숨겨준 자들을 지금 모두 너그럽게 용서하여 그들과 더불어 쇄신을 하면 여러 신하들도 결국에 또한 임금의 하는 일을 보고서 사람을 상해했거나 남의 물건을 손상한 자들을 또한 너그럽게 용서할 것이다. 임금이 그 큰 죄를 용서하면 신하는 또한 그 작은 죄를 용서할 것이다. - 대의는 康叔이 그 신하들을 거느리고 가서 포학하게 죽이는 것을 경계하고 너그럽게 용서를 베풀도록 한 것이다. -'〔蔡傳僅訓字而云 此章文多未詳 信當缺之 今姑采合諸說解之曰 汝若常發越謂羣臣言 我有交相師師之 三卿與正長之尹 衆大夫之旅 我意言 我欲無虐殺人耳 亦以其君先恭敬勞來其民 爲臣者 遂往效君以敬勞 遂與往日爲姦宄者殺人者 罪人所經歷者 今皆寬宥 與之爲新 群臣遂亦見其君之事 凡戕傷人毁敗人物者 亦寬宥之矣 君宥其大者 臣亦宥其小者 - 大意欲康叔 率其臣 以戒虐殺施寬宥也 -〕"라고 풀이하였다.

毁 : 헐 훼　肢 : 팔다리 지　疻 : 타박상 지

3. 王啓監은(하샤든) 厥亂이 爲民이니 曰 無胥戕하며 無胥虐하여 至于敬寡하며 至于屬(촉)婦하여 合由以容[207]하라 王이 其效邦君과 越御事는(하논) 厥命은 曷以오 引養引恬[208]이니라 自古로 王이 若茲하니 監은 罔攸辟[209]이니라

王(先王)이 監官을 처음 설치하신 목적은 그 다스림이 본래 백성들을 〈잘 다스리기〉 위한 것이었으니, 監官에게 이르기를 '서로 해치지 말고 서로 학대하지 말아서, 寡弱한 사람을 공경하기에 이르며 외로운 부인을 연계시키기에 이르며 백성들을 화합하게 하여 이끌어 포용하도록 하라.'고 하셨다. 王이 邦君(제후) 및 御事(일을 다스리는 관원)들에게 실효를 거두게 하는 그 명령은 어떻게 했는가 하면 백성들을 生養하는 곳으로 이끌고 안전한 곳으로 이끌도록 했다. 예로부터 王이 〈監官에게 命한 것이〉 이와 같았으니, 監官은 형벌을 쓰는 일이 없도록 해야 할 것이다.

監은 三監之監이라 康叔所封은 亦受畿內之民이니 當時에 亦謂之監이라 故로 武王이 以先王啓監意而告之也라 言王者所以開置監國者는 其治本爲民而已라 其命監之辭에 蓋曰無相與戕殺其民하고 無相與虐害其民하여 人之寡弱者는 則哀敬

207 至于屬(촉)婦 合由以容 : 孔傳은 屬婦를 妾婦로, 由를 用의 뜻으로 보아 "妾婦를 위문하고 구제함에 이르며, 그 가르침을 화합하고 大道를 써서 포용하여 억울함을 당하는 일이 없도록 하라.〔至於存恤妾婦 和合其教 用大道以容之 無令見冤枉〕"라고 풀이하였다.

208 引養引恬 : 孔傳은 '引'을 長의 뜻으로 보아 "백성들을 길이 보양하고 백성들을 길이 안정시키는 일〔長養民 長安民〕"로 풀이하였다.

209 自古王若茲 監罔攸辟 : 孔安國은 '自'를 用의 뜻으로, '若茲'를 如此의 뜻으로 보아 "예전 王의 道를 쓸 것이니, 이와 같이 감독하면 다시 죄를 지을 바가 없을 것이다.〔用古王道 如此監 無所復罪〕"로, 蘇軾(《書傳》)은 '若'을 順의 뜻으로 보아 "예전 우리 先王들은 이를 따르지 않는 분이 없었으니, 監은 살인을 하는 일이 없도록 하라.〔古我先王 未有不順此者 監無所用殺也〕"로, 林之奇(《尙書全解》)는 '若茲'를 如此로 보아 "예부터 先王이 이와 같이 하여 監을 개설하였으니, 형벌을 쓸 바가 없을 것이다.〔自古先王如此而啓監 則無所用刑矣〕"로, 呂祖謙(《增修東萊書說》)은 '若茲'를 如此로 보아 "周公이 康叔에게 '예부터 王者들은 백성을 어루만지기를 모두 이와 같이 하였으니, 法을 가지고 다스려서는 안 된다.'고 알려주었다.〔監謂康叔也 周公告康叔自古王者之撫民皆如此 不可以法治之〕"로, 蔡沈은 '若茲'를 若此로 보아 "예부터 王者가 監官에게 명한 것이 이와 같았으니, 네가 이제 監官이 됨에 형벌을 사용하여 사람을 해치거나 죽이는 일이 없어야 한다."로, 吳澄(《書纂言》)은 "예부터 王者들이 모두 이와 같이 했기 때문에 설립된 監官은 모두 능히 上(王)의 뜻을 준수하여 偏邪하는 일이 없었다.〔自古王者 皆如此 故其所立之監 皆能遵上意而無有偏邪也〕"로 각각 풀이하였다.

之하여 使不失其所하고 婦之窮獨者는 則聯屬之하여 使有所歸하며 保合其民하여 率由是而容畜之也라 且王所以責效邦君御事者는 其命何以哉오 亦惟欲其引掖斯民於生養安全之地而已라 自古로 王者之命監이 若此하니 汝今爲監에 其無所用乎刑辟하여 以戕虐人이 可也라

監은 三監이란 監이다. 康叔이 봉해진 곳은 또한 受가 통치하던 畿內의 백성들이 사는 곳이었으니, 당시에도 監이라 일렀다. 그러므로 武王이 先王이 監을 설치한 뜻을 가지고 고한 것이다. 王者가 나라를 감시하는 기관을 설치한 목적은 본래 백성들을 잘 다스리기 위해서일 뿐이었다. 그 監에게 명한 말에 대개 "서로 더불어 백성들을 죽이지 말고 서로 더불어 백성들을 포학하게 해치지 말아서, 寡弱한 사람은 불쌍히 여기고 공경하여 살 곳을 잃지 않게 하고, 窮獨한 부인은 聯繫시켜 돌아갈 곳이 있게 하며, 백성들을 안정시켜 화합하게 해서 모두 이끌어 포용해 길러야 한다."라고 하였다. 또 王이 邦君과 御事에게 실효를 거두게 하는 그 명령은 어떻게 했는가 하면, 또한 이 백성들을 生養할 수 있고 안전할 수 있는 곳으로 끌어들이게 하자고 했을 뿐이다. 예로부터 王者가 監官에게 命한 것이 이와 같았으니, 네가 이제 監官이 됨에 형벌을 사용하여 사람을 해치거나 죽이는 일이 없어야 옳을 것이라고 한 것이다.

字義 監 : 감관 감　亂 : 다스릴 란　胥 : 서로 서　屬 : 연할 촉　合 : 보합할 합　由 : 따를 유
容 : 포용할 용　效 : 효과 효　越 : 및 월　御 : 다스릴 어　曷 : 어찌 갈　恬 : 편안할 념
攸 : 바 유　辟 : 형벌 벽　聯 : 이을 연　畜 : 기를 휵　掖 : 낄 액

4. 惟曰 若稽田에 既勤敷菑[210]어든(하란대) 惟其陳修하여 爲厥疆畎하며 若作室家에 既勤垣墉어든 惟其塗塈茨하며 若作梓材에 既勤樸斲어든 惟其塗丹雘이니라

이르건대 '이를테면 밭을 다스릴 때에 이미 힘을 들여 널리 잡초를 제거해서 〈밭을 일구어〉 놓았을 경우, 그 땅을 잘 정리하여 밭두둑과 도랑을 만들어야 하는 것과 같으며, 집을 지을 때에 이미 힘을 들여 담을 쌓아 놓았을 경우, 맥질을 하고 지붕을 이어야 하는 것과 같으며, 떡갈나무 재목으로 물건을 만들 때에 이미 힘을 들여 다듬고 깎아 놓았을 경우, 색칠을 잘 해야 하는 것과 같다.'란 것이니라."

---

210 敷菑 : 孔傳은 '布發之'로 풀이하였는데, 孔疏에서 "두루 덤불 거름을 깔아서 그 밭을 갈아엎었거든(遍布菑而耕發其田)"으로 보충 설명하였다.

稽는 治也라 敷菑는 廣去草棘也라 疆은 畔也요 畎은 通水渠也라 塗墍는 泥飾也요 茨는 蓋也라 梓는 良材니 可爲器者라 雘은 采色之名이라 敷菑는 以喩除惡이요 垣墉은 以喩立國이요 樸斲은 以喩制度니 武王之所已爲也요 疆畎, 墍茨, 丹雘은 則望康叔以成終云耳니라

稽는 治의 뜻이다. 敷菑는 풀과 가시덤불을 널리 제거하는 것이다. 疆은 畔(밭두둑)의 뜻이고, 畎은 물을 통하게 하는 도랑이다. 塗墍는 진흙으로 벽을 바르는 것이고, 茨는 지붕을 이는 것이다. 梓는 좋은 재목이니 그릇을 만들 수 있는 것이다. 雘은 채색의 이름이다. 敷菑는 惡을 제거함을 비유하고, 垣墉은 나라를 세움을 비유하고, 樸斲은 법도를 제정함을 비유하였으니, 이는 武王이 이미 만들어놓은 것이며, 疆畎과 墍茨와 丹雘은 康叔이 마무리를 잘 완성하기를 바란 것이다.

字義 稽 : 다스릴 계 敷 : 넓을 부 菑 : 잡초 치, 개간할 치 疆 : 밭두둑 강 畎 : 밭이랑 견
垣 : 담 원 墉 : 담 용 塗 : 바를 도 墍 : 맥질할 기 茨 : 이엉 자 梓 : 가래나무 재
材 : 재목 재 樸 : 떡갈나무 박 斲 : 깎을 착 丹 : 붉을 단 雘 : 단청할 확 棘 : 가시 극
畔 : 밭두둑 반 渠 : 도랑 거 泥 : 진흙 니 飾 : 꾸밀 식 蓋 : 일 개, 덮을 개 采 : 채색 채
喩 : 비유할 유 除 : 제거할 거

5. 今王이 惟曰[211] 先王이 旣勤用明德하사 懷爲夾[212]하신대 庶邦享하여 作兄弟方來[213]하여 亦旣用明德하니 后式典集하시면 庶邦이 丕享[214]하리이다

"이제 王이 유념하시기를 '先王께서 이미 근면하여 밝은 德을 써서 제후들을 회

---

211 今王惟曰 : 孔疏는 "이제 王의 命을 칭하여 너에게 다음과 같이 말하겠노라.〔稱今者王命惟告汝曰〕"라고 풀이하였다.

212 先王旣勤用明德 懷爲夾 : 孔傳은 "文王과 武王이 이미 힘을 들여 明德을 가지고 먼 곳에 있는 사람들을 회유해 와 친근하게 하셨으니, 너는 나라를 다스릴 때에 마땅히 그를 본받아야 함을 말한 것이다.〔言文武已勤用明德 懷遠爲近 汝治國當法之〕"라고 풀이하였다.

213 庶邦享 作兄弟方來 : 孔傳에서 "여러 나라가 王에게 朝享을 하면 또 친절하게 선린관계를 맺어 兄弟之國을 삼으니, 여러 방면에서 모두 와서 賓服하여〔衆國朝享於王 又親仁善隣 爲兄弟之國 方方皆來賓服〕"라고 풀이한 데 대하여 兪樾은 "枚氏는 '作兄弟'를 1句로 하고, '方來'를 1句로 하여 몹시 말이 되지 않으니, 응당 '作兄弟方來' 5자를 1句로 해야 한다. '作'은 使의 뜻이고, '方'은 竝의 뜻을 말한 것이다. '作兄弟方來'는 곧 '使兄弟竝來'이니, 兄弟之國으로 하여금 모두 와서 朝享하게 함을 말한 것이다.〔枚以作兄弟爲句 方來爲句 甚爲不辭 當以作兄弟方來五字爲句 作者使也 方之言竝也 作兄弟方來者 使兄弟竝來也 言使兄弟之國 竝來朝享也〕"라고 하였다.(《群經平議》)

214 后式典集 庶邦丕享 : 孔傳은 典, 邦, 享에 句를 끊어서 "천하에 군림하여 능히 常法을 활용하면 여러 나라를 화열하게 집합하여 대대적으로 와서 朝享을 하게 할 것이란 말이다.〔君天下能用常法則和集衆國 大來朝享〕"라고 풀이하였다.

유하여 가까이하시니, 여러 나라 제후들도 朝享하여 형제처럼 서로 친하여 여러 방면에서 와서 모두 밝은 德을 써서 〈아래에서 본받으니〉 後王인 내가 선왕의 법전을 써서 〈여러 방면의 제후들을〉 안정시키겠다.'라고 하신다면, 여러 나라들이 크게 朝享할 것입니다.

先王은 文王武王也라 夾은 近也니 懷遠爲近也라 兄弟는 言友愛也니 泰誓曰 友邦冢君이라하니라 方來者는 方方而來也라 旣는 盡也라 先王이 盡勤用明德而懷來于上하니 諸侯亦盡用明德而視效於下也라 后는 後王也라 式은 用也라 典은 舊典也요 集은 和輯也라 此章以後는 若臣下進戒之辭니 疑簡脫誤於此니라

先王은 文王과 武王이다. 夾은 近의 뜻이니, 먼 데 있는 자를 회유하여 가깝게 만드는 것이다. 兄弟는 우애함을 말한 것이니, 〈泰誓〉에 "友邦의 冢君"이라고 하였다. 方來는 여러 방면에서 오는 것이다. 旣는 盡(모두)의 뜻이다. 先王들이 모두 근면하여 밝은 德을 써서 위에서 회유하여 오게 하니, 諸侯들 또한 모두 밝은 德을 써서 아래에서 본받았다. 后는 바로 後王이다. 式은 用의 뜻이다. 典은 옛법이고, 集은 안정시키는 것이다.

이 章 이후는 신하가 進戒한 말인 것 같은데, 의심컨대 簡策이 탈락하여 여기에 잘못 놓인 듯하다.

字義 旣 : 다할 기 夾 : 가까울 협 享 : 바칠 향 方 : 방면 방 后 : 임금 후 式 : 쓸 식
典 : 옛법전 전 集 : 모일 집 丕 : 클 비 輯 : 모을 집 脫 : 벗을 탈 誤 : 그릇 오

6. 皇天이 旣付中國民과 越厥疆土于先王하시니

皇天이 이미 中國의 백성 및 그 疆土를 先王에게 부여하셨으니,

越은 及也라 皇天이 旣付中國民及其疆土于先王也라

越은 及의 뜻이다. 皇天이 이미 中國의 백성 및 그 疆土를 先王에게 부여하였다는 것이다.

字義 越 : 및 월 付 : 부여할 부, 붙일 부

7. 肆[215]王은 惟德을 用①하사 和懌(역)先後[216]迷民하사 用懌先王受命하소서

① 書經 惟德用 : 밝은 德을 쓰셔서

一般 惟用德 : 밝은 德을 쓰셔서

이제 王께서는 밝은 德을 쓰셔서 미혹된 백성들을 기쁘게 해주고 위로해서 오게 함으로써 天命을 받으신 先王을 기쁘게 하소서.

肆는 今也라 德用은 用明德也라 懌는 和悅之也라 先後는 勞來之也요 迷民은 迷惑染惡之民也라 命은 天命也니 用慰悅先王克受天命者也라

肆는 今의 뜻이다. 德用은 밝은 德을 쓰는 것이다. 懌는 화열하게 하는 것이다. 先後는 위로해서 오게(귀순하게) 하는 것이요, 迷民은 미혹되어 惡에 물든 백성이다. 命은 天命이니, 天命을 받은 先王을 위로하고 기쁘게 하는 것이다.

字義 肆 : 지금 사 懌 : 기쁠 예 染 : 물들 염 慰 : 위로할 위

8. 已[217]若茲監하소서 惟曰[218]欲至于萬年惟王[219]하사 子子孫孫이 永保民하노이다

이와 같이 살펴보소서. 만년에 이르기까지 임금 노릇 하시어 子子孫孫이 영원히

---

215 肆 : 蔡傳에서 '今'의 뜻으로 본 것에 대하여 陳師凱(《書蔡氏傳旁通》)는 "蔡氏가 '肆'를 今의 뜻으로 풀이한 것은 온당치 못한 일이니, '肆'는 故나 遂의 뜻으로 보아야 한다.〔蔡氏訓肆爲今未安 肆故也遂也〕"라고 하였고, 洪奭周(《尙書補傳》)는 "'肆'의 풀이는 대부분 故와 今의 뜻으로 적었는데, 經傳에서는 또한 단지 '發語辭'로만 적었으니, 이를테면 〈舜典〉의 '肆類于上帝', 〈康誥〉의 '肆汝小子封', 〈梓材〉의 '肆王惟德用', 〈召誥〉의 '肆惟王其疾敬德'과 같은 것들이 모두 이것이다. 蔡傳은 〈康誥〉에서는 '肆는 未詳이다.'라고 하고, 〈梓材〉에서는 '肆는 今의 뜻이다.'라고 하였으니, 무엇 때문에 다르게 하였는지 모르겠다.〔肆之爲訓 多作故今 而經傳亦有只作發語辭者 如舜典之肆類于上帝 康誥之肆汝小子封 梓材之肆王惟德用 召誥之肆惟王其疾敬德 皆是也 蔡傳於康誥則曰 肆未詳 梓材則曰 肆今也 未知其何以異也〕"라고 하였다. 孔傳은 '遂'의 뜻으로 보아 윗글에 붙여서 "하늘이 이미 周나라에 中國의 백성들을 다스릴 권한을 부여하였으니, 능히 멀리 그 疆界의 土壤을 개척한다면 先王의 道가 드디어 다시 光大해질 것이다.〔大天已付周家治中國民矣 能遠拓其界壤 則於先王之道遂大〕"라고 풀이하였다.

216 先後 : 孔傳은 '敎訓'으로 풀이하였는데, 蔡傳은 '위로해서 오게 하다.〔勞來之〕'로 풀이하고 있다.

217 已 : 孔傳은 '旣(이미)'의 뜻으로 보고, 林之奇와 夏僎은 孔傳을 따랐으며, 黃度(《尙書說》)는 止의 뜻으로, 元代 陳悅道(《書義斷法》)는 "말의 마무리〔辭之終〕"로 보았는데, 蔡傳은 "어조사"로 풀이하고 있다.

218 惟曰 : 〈梓材〉편에 있는 '惟曰'의 曰을 孔傳은 虛자로, 孔疏는 實자로 보았고, 林之奇는 '의사를 밝히는 말'로 보았는데, 蔡傳은 孔傳처럼 본 것 같다.

219 已若茲監 惟曰欲至于萬年惟王 : 孔傳은 "監官으로서 행하는 바가 이미 여기서 진술한 법과 같다면 우리 周나라는 너로 하여금 만년에 이르도록 王室을 받들게 하려고 한다.〔爲監所行 已如此所陳法 則我周家 惟欲使至於萬年承奉王室〕"라고 풀이하였다.

백성들을 보호하시기 바라옵니다.”

已는 語辭라 監은 視也라 此는 人臣이 祈君永命之辭也라 按梓材에 有自古王若茲監罔攸辟之言而編書者 誤以監爲句讀하고 而爛簡에 適有已若茲監之語일새 以爲語意相類라하여 合爲一篇하니 而不知其句讀之本不同과 文義之本不類也라 孔氏는 依阿其說하여 於篇意에 無所發明이요 王氏는 謂成王自言에 必稱王者는 以覲禮考之컨대 天子以正(過)〔遇〕[220]諸侯면 則稱王[221]이라하니 亦强釋難通이라 獨吳氏以爲誤簡者 爲得之나 但謂王啓監以下는 卽非武王之誥라하니 則未必然也라

已는 어조사이다. 監은 視의 뜻이다. 이는 신하된 자가 임금에게 天命이 영원하기를 기원하는 말이다. 살펴보건대, 〈梓材〉에 “自古王若茲 監罔攸辟”이라는 말이 있는데, 책을 엮는 자가 監에서 句讀를 잘못 끊었고, 해어진 簡編에 마침 “已若茲監”이라는 말이 있으므로 말뜻이 서로 유사하다 하여 합쳐서 한 篇으로 만들었으니, 그 句讀가 본래 같지 않고 글 뜻이 본래 같지 않음을 알지 못했던 것이다. 孔氏는 그 말만 맹종하고 篇의 뜻에는 발명한 바가 없었으며, 王氏는 “成王이 스스로 말할 적에 반드시 王이라고 칭한 것은 《儀禮》 〈覲禮〉를 가지고 상고해보건대 天子가 정사에 관한 일로 諸侯를 만날 경우에는 王이라 칭한다.”라고 하였으니, 또한 억지로 해석한 것이라 통하기 어렵다. 다만 吳氏가 “잘못된 簡編이다.”라고 한 것이 맞으나 다만 “‘王啓監’ 이하는 곧 武王의 誥가 아니다.”라고 말했으니, 반드시 그렇지는 않을 것이다.

字義 依 : 따를 의 阿 : 아부할 아 正 : 정사 정

---

220 (過)〔遇〕 : 저본에는 ‘過’로 되어 있으나, 林之奇의 《尙書全解》에 의거하여 ‘遇’로 바로잡았다.

221 王氏……則稱王 : 林之奇는 《尙書全解》에서 “王氏가 ‘成王이 스스로 말할 적에 반드시 ‘王’이라 칭한 것은 覲禮를 가지고 상고해보면, 天子가 정치관계로 諸侯를 만날 경우는 ‘王’이라 칭하였으니, 이 誥는 정히 康叔을 諸侯의 일로써 가르쳤기 때문이다.’라고 하였다. 그 뜻은 ‘王’을 成王의 自稱으로 여겼기 때문에 이런 말을 한 것이다. 그러나 《書經》에 상고해보면, 王의 自稱에는 ‘予一人’, ‘台小子’, ‘予小子’란 것이 있을 뿐, ‘王’이라 자칭한 것은 없다. ‘王’을 成王의 자칭으로 여긴 것은 人情이 아니다.……더구나 이 篇은 바로 그 誥戒의 말인데 ‘정치관계로 제후를 만날 경우는 자칭에 반드시 ‘王’이라 한다는 것은 이런 이치가 없을 듯하다.〔王氏曰 成王自言必稱王者 以覲禮考之 天子以正(政)遇諸侯 則稱王 此誥正敎康叔以諸侯之事故也 其意以王爲成王之自稱 故爲此說 然考之於書 王自稱 有曰予一人 有曰台小子 有曰予小子 未有自稱王者 以王爲成王之自稱 非人情也……況于此篇乃其誥戒之辭 而謂以政遇諸侯 則其自稱必曰王 恐無此理〕”라고 하여 王安石의 견해를 부정하였다.

附錄

《書經集傳 中》도판 목록

|역자 소개|

金東柱

1942년 전북 임실 삼계 출생
剛齋 李起完 선생과 秋淵 權龍鉉 선생에게 修學

국사편찬위원회 교서실 근무
민족문화추진회 국역연수원 수료
민족문화추진회 전문위원·국역위원
한국정신문화연구원 전문위원
전통문화연구회 국역위원(現)

論文 및 譯書
〈磻溪遺集의 復元에 대하여〉
《설화문학총서》《금강산유람기》《달마대사의 건강비법》
《高麗名臣傳》《城南金石文大觀》《益齋集》《象村集》《退溪集》
《栗谷全書》《宋子大全》《順菴集》《星湖僿說》《燕行錄選集》
《海行摠載》《大東野乘》《藏書閣圖書韓國本解題輯(軍事類)》
《龜峯集(太極問答)》《牧民心書(吏典·戶典)》《東國李相國集(白雲小說)》
《青莊館全書(士小節)》《林下筆記(7·8)》《唐宋八大家文抄 蘇轍》
《尙書正義》등 多數

오서오경독본
懸吐完譯 **書經集傳** 中

2019년 11월 10일 초판 인쇄
2019년 11월 20일 초판 발행

집전 채침
역주 김동주

자문 오규근
윤문교정 박승주 전병수

출판 곽성용 김주현
관리 함명숙
보급 서원영

발행인 이계황
발행처 (사)전통문화연구회
서울시 종로구 삼일대로 428 낙원빌딩 411호
전화 : (02)762-8401 전송 : (02)747-0083
홈페이지 : juntong.or.kr
등록 1989. 7. 3. 제1-936호

인쇄처 한국법령정보주식회사(02-462-3860)
총판 한국출판협동조합(070-7119-1750)

ISBN 979-11-5794-233-6 (04140)
979-11-5794-202-2 (세트)

정가 30,000원